겐지이야기 풋고사리 그림 복원모사(제48화 부분)　바바 아요이. 도쿠가와미술관 소장

제42화 향내 나는 분(내궁匂宮)

용담

제43화 홍매화(紅梅)

홍매화

제44화 타케 강(竹河)

제45화 다리공주(橋姬)

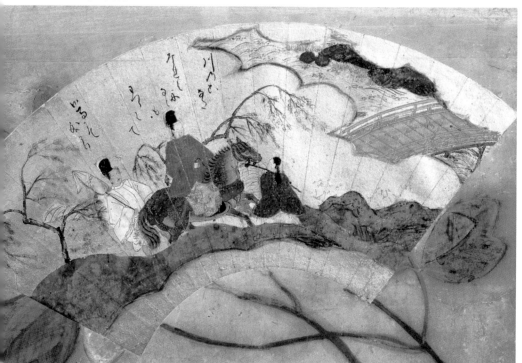

오이풀

제46화 모밀잣밤나무 밑(椎本)

버드나무 실가지

제47화 두 갈래머리(総角)

다시마일엽초 양치식물 고란초과 상록성 고사리

제48화 풋고사리(早蕨)

제49화 겨우살이(宿木)

어린고사리

제50화 정자(東屋)

제51화 우키후네(浮舟)

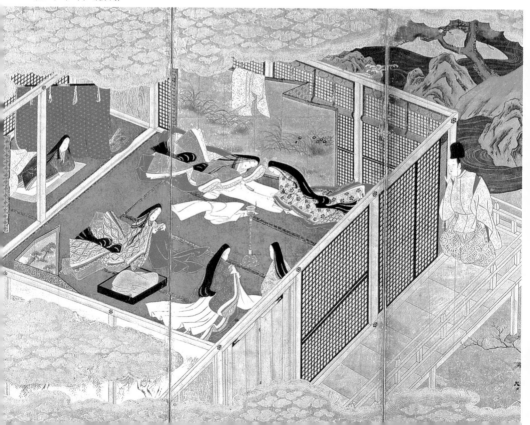

제52화 하루살이(蜻蛉)

제53화 글씨쓰기(手習)

제54화 꿈속 다리(夢浮橋)

World Book 294

紫式部

源氏物語

겐지 이야기 III

무라사키 시키부/추영현 옮김

동서문화사

디자인 : 동서랑 미술팀

겐지 이야기 I·II·III
차례

겐지 이야기 III

겐지 이야기 I

겐지 이야기 II

타케 강*1

여기에 쓰인 글은 겐지 집안과는 인연이 먼, 최근에 죽은 검은 턱수염 태정대신 댁의 이야기다. 살아남은 시녀가 넋두리로 들려준 이야기를 적은 터라 무라사키 부인과 인연 있던 시녀의 이야기와 다를 것이다. 겐지마마의 자손이라 일컫는 사람들 가운데 정당한 자손과 그렇지 않은 사람이 있다는 것은, 기억이 확실치 못한 노인이 전한 이야기여서, 잘못된 게 아닐까 이상하게 여기며 말한 적도 있으므로, 지금 쓰는 이야기도 모두 사실이 아니었을지도 모른다.

다마카즈라 상시와 고인인 검은 턱수염 대신 사이에는 아들 셋과 딸 둘이 있었는데, 대신은 자식들을 모두 행복하게 해주기 위해 고민을 하면서 키웠다. 하지만 안타깝게도 갑작스레 죽었기 때문에, 유족은 모든 일이 꿈처럼 생각되니 대신이 바라던 따님의 입궁도 그대로 중단되고 말았다.

보통 세상사람들은 권세를 따라 가게 마련이어서, 강대한 권력을 휘두르던 검은 턱수염 태정대신이 죽자 그가 남긴 재산과 영지 등이 많은데도, 드나드는 사람이 날이 갈수록 줄어들어 쓸쓸한 집이 되고 말았다.

다마카즈라 부인의 형제들은 널리 번영을 누리고 있지만, 귀족에게 있어 혈육 간의 정은 일반 사람들보다 오히려 엷은 것이어서, 대신이 살아 있는 동안에도 그리 친밀하게 왕래하지 않은 데다 대신이 좀 매정하고 변덕스런 성격이어서 원망을 사는 일도 많았기 때문인지 유족을 도우려는 사람은 별로 없었다.

겐지는 처음과 다름없이 상시를 가족으로 보고 유언장에 남긴 상속자 이름에도 아카시 중궁 다음에 다마카즈라를 넣어두셨기 때문에, 유기리 우대신 등은 다마카즈라 부인에게 형제의 정을 품고 무슨 일이 있을 때마다 돕는 일

---

*1 타케 강(竹河) : 제44권. 가오루의 나이 14세부터 22세에 이르는 동안의 이야기. 전체적으로 어색한 느낌을 주는 권이다. 《겐지 이야기》 일부가 별도 작가가 있다는 주장을 믿지 않는 사람도, 이 권은 역시 작자가 다르다고 보지 않을 수 없는 듯하다

을 잊지 않았다.

성년 착복식을 마친 아들들은 훌륭히 성장해 있었으니 아버지가 돌아가시고 의지할 곳 없어 서럽기는 하지만 충분히 스스로의 힘으로 살아갈 것이다.

그러나 다마카즈라는 딸들을 어떻게 하면 좋을지 늘 걱정하고 있었다. 남편 살아 있을 때 딸들을 입궁시키고 싶다고 천황께 말씀드렸다. 천황께서도 착상식을 치르길 손꼽아 기다리시며 입궐을 권하였으나, 다마카즈라는 아카시 중궁이 천황의 총애를 독차지하고 있는 상황에 뒤늦게 입궐한다면 후궁들에게 시기를 받게 될까 걱정되었다. 그리고 또 딸이 눈길도 받지 못하는 불쌍한 후궁이 되어 있는 것을 차마 어버이로서 볼 수 없는 일이라 천황의 뜻을 받아들이기 망설여졌다.

냉천원(冷泉院) 상황 역시 청혼해 오며, 옛날 다마카즈라가 자기 뜻을 무시하고 대신에게 시집을 가버린 일까지 원망하였다.

'지금은 나이 들어 황위에서 물러나 보잘것없지만, 믿을 수 있는 어버이에게 맡기는 셈치고 나에게 주시오.'

이런 편지가 오니 어쩌면 좋을까, 자신의 불행한 운명 때문에 상황의 마음을 상하게 했던 일이 부끄럽고 황공하여, 이 참에 딸을 드리고 그로써 사과를 대신할까 생각하며 다마카즈라는 망설이고 있었다.

맏딸 오이(大君) 아씨가 미인이라는 평판이 있어 사모하는 사람들도 많았다. 유기리 우대신 댁의 아들 장인소장은 구모이노카리의 아들로 가까운 형들보다 먼저 진급하여 사랑받고 있으며, 성품도 착하고 좋았다. 그런 그가 누구보다 열심히 아씨에게 청혼하고 있었다. 부모와도 가까운 사이였으므로, 우대신 댁 아들들이 놀러 올 때에는 서로 허물없이 지내고 있었다. 시녀들 중에도 친밀한 사람이 생겨 여러 모로 편리한 점이 있었는데, 낮이고 밤이고 이 집에 시녀들이 와서 말을 전하는 일이 성가시긴 해도 이해 못할 일은 아니라고 다마카즈라는 생각했다. 어머니인 구모이노카리 부인에게서도 편지가 왔다.

'아직 낮은 신분이지만, 모르는 사이도 아니니 혼인을 허락해 주시오.'

유기리 대신으로부터도 이런 글이 왔다. 그러나 다마카즈라는 오이 아씨를 평범한 남자와는 절대로 결혼시키지 않으리라 생각하고 있었다. 소장의 관위가 좀더 오른 뒤라면 작은 딸 나카노를 주어도 괜찮을 것이라 생각하고 있었다.

소장은 허락을 못 받으면 억지로 데려갈 작정까지 할 정도로 깊이 집착하고 있었다. 다마카즈라는 두 사람이 어울린다고 생각하지만, 여자가 동의하지 않는데 불합리하게 결혼이 이루어지는 일을 세상사람들이 들으면 좋지 않으리라 생각하고, 편지를 가져 온 시녀에게 이렇게 분부하였다.

"절대로 불상사가 일어나서는 안 된다."

시녀들은 다마카즈라가 무서워서 아무 말 못했다.

냉천원 상황은 겐지가 늘그막에 결혼한 주작원 셋째 황녀 온나산노미야의 아들을 자식같이 아꼈다. 4위 시종원(侍從院)인 가오루는 그 무렵 14, 5세였는데, 아직 작고 어렸지만 나이보다 성숙하여 좋은 인상을 주는 귀공자가 되어 있었다. 다마카즈라는 이처럼 장래가 유망하고 풍모가 갖춰진 사람을 사위로 삼고 싶어 했다. 이 저택은 온나산노미야 저택과 바로 이웃에 있어 가오루는 이 집 아들들을 보러 자주 놀러 오기도 했다. 결혼할 연령의 여성이 있는 집을 드나드는 젊은 사내들은 자신이 잘 보이기 바랐다. 미남이라 소문난 장인소장은 좀처럼 이 저택을 떠나지 않으려는 대표적 인물이었다. 그러나 인상이 좋고 귀인답게 아리따운 모습으로는 이 4위 시종보다 나은 사람은 없었다. 겐지의 아들이라는 선입견 때문인지, 특별히 뛰어난 존재로 보이는 사람이다. 그러니 젊은 시녀들은 유난스레 이 사람을 찬양해 마지않았다. 다마카즈라도 이렇게 말했다.

"사람들이 말하는 대로군. 정말 훌륭한 귀공자인걸."

"내게 친절을 베푸신 겐지마마를 생각하면 그분을 여읜 일이 너무나 안타깝고 하염없이 슬퍼지기만 하는데, 그분이 남긴 아이라 꼭 닮았습니다. 유기리 우대신은 너무 지체가 높아 특별한 기회가 없으면 만나뵐 수도 없습니다."

다마카즈라는 가오루를 동생같이 생각하고 친근하게 말을 걸어 주었다. 가오루도 가까운 친척집이라 생각하고 여기에 오는 것이다. 두 딸의 시녀들은 가오루가 다른 모든 젊은이들처럼 색을 탐하지도 않고, 침착하고 점잖기만 한 터라 이를 아쉽게 여기고 귀찮게 말을 걸어 가오루를 난감하게 했다.

정월 초하루 이조원에 아버지와 같이 와서 민요 '고사'를 노래했던 다마카즈라의 형제인 안찰사 대납언과 마키바시라 어머니에게서 태어난 검은 턱수염 태정대신의 장자인 등(藤) 중납언이 축하 인사를 하러 왔다. 유기리 우대신도 아들 여섯을 모두 거느리고 왔다. 용모는 물론이고 다른 사람과 비교가 안

되게 훌륭한 대관으로 보였다. 아름다운 아들들은 모두 나이에 비해 벼슬자리가 높았다. 조금도 걱정 없는 듯 보였다. 여느 때처럼 장인소장은 애지중지하는 아들답게 보였지만, 사랑에 대한 고민으로 울적하게 보였다.

유기리는 휘장을 사이에 두고 옛날과 다름없는 모습으로 다마카즈라와 이야기했다.

"용건이 없더라도 찾아뵈었어야 하는데 실례만 하고 있었군요. 나이가 41세가 된 지금 궁중 출입 말고는 외출이 모두 귀찮아져 옛날이야기를 듣고 싶을 때에도 기회를 놓치고 마니 유감으로 생각합니다. 젊은 아들들에게 무슨 일이든 시켜 주십시오. 성의를 보이도록 단단히 일러두었습니다."

"저도 이제 48세로 늙어 버려 사람 축에도 들지 못하게 되었는데, 잊지 않고 찾아 주시니, 겐지마마의 은혜를 지금도 잊을 수 없습니다."

다마카즈라는 이런 말을 하고 나서, 넌지시 냉천원에서 큰딸을 달라는 청혼이 있었다는 암시를 하였다.

"이렇다 할 후견인이 없는 사람이 그런 곳에 가면 오히려 괴로우리라 생각합니다."

유기리 우대신이 말했다.

"천황께서 그런 말씀을 하셨다고 들었는데 어떻게 정했습니까? 냉천원께서는 왕위에서 물러나시어 전성기가 지났다 생각하겠지만, 어디에도 비길 데 없이 아름다운 용모이시고 아직 정정하신 만큼, 훌륭한 딸이 있으면 저도 드리고 싶습니다. 하지만 다른 부인들 사이에 끼어 외롭게 지낼 것을 생각하면 유감스럽습니다. 첫째 황녀 어머니이신 홍휘전 여어는 동의하셨는지요. 지금까지도 사람들이 그분 눈치를 보느라 냉천원 상황의 부인이 되기를 단념했었는데요."

다마카즈라가 말했다.

"다름 아닌 그 여어가 '상황께서 심심하고 지루한 때에는 자신을 대신해서 보살펴 드렸으면 합니다'라면서 권했기 때문에 저도 그 문제를 깊이 생각하게 된 것입니다."

나중에 온 고관들은 여기에 모여 삼조원으로 하례를 갔다. 주작원의 은혜를 입은 사람들과 육조원에 관계된 사람들은 지금도 온나산노미야 마마께 경의를 표하기 위해 종종 찾아뵙는 일을 게을리하지 않았다. 다마카즈라의 아

들 좌근중장·우중변·시종 등도 유기리 우대신을 따라갔다. 우대신이 거느리고 가는 사람이 이리 많은 걸 보면 그 세력의 강대함을 짐작할 수 있었다.

저녁이 되어 가오루가 다마카즈라 부인 댁에 왔다. 낮에 다마카즈라 부인을 찾아왔던, 지체 높은 귀공자들도 저마다 특색을 지니고 있어 나무랄 데 없이 모두 아름다웠지만, 나중에 온 가오루는 그들보다 뛰어나게 아름다워서 모든 사람들의 눈길이 쏠렸다. 아름다운 것을 좋아하는 젊은 시녀들이 말했다.

"역시 다르구나."

"이 댁 큰 따님이 이분과 혼인하면 좋겠다."

이런 말로 듣기에도 거북하게 칭찬한다. 그도 그럴 것이 가오루는 동작이 우아하고 몸에서 풍기는 향기도 맑았다. 지각있는 귀족 따님이라면 가오루는 다른 사람보다 뛰어난 사람이라고 여기는 게 지당한 일이다. 다마카즈라는 염송당(念誦堂)에 있었기에 그리로 오라 하셨다.

"이쪽으로 오시도록."

가오루는 동쪽 층계로 올라가 쌍바라지 어귀의 발 앞에 앉았다. 앞마당의 어린 매화는 꽃봉오리가 맺혀 있고, 꾀꼬리 울음소리도 한가로이 들렸다. 그런 풍경에 가오루의 싱그러운 모습이 어울리니 시녀들은 호색적인 농담으로라도 그의 관심을 끌어보려 여러 가지 말을 건네지만, 조용하고 말수가 적은 가오루의 모습이 얄미워 재상 댁이라는 높은 시녀가 노래를 읊어 보였다.

꺾어 보면 더더욱 향기가 그윽해질 텐데
예쁘게 피어라 매화꽃 첫봉오리

가오루는 재상 댁의 재빠른 솜씨에 감탄하면서 이렇게 읊었다.

잎 없고 가지 없는 나무인 줄 알지만
속으로는 곱게 피어나는 매화꽃
"의심하신다면 소매를 만져 보시오."
가오루가 농담조로 이렇게 말했다.
"빛깔보다 향기를 맡고 싶어요."

그러자 시녀들은 저마다 한 마디씩 하며 가오루의 소매에 닿을 듯 가까이에서 맴돌았다. 안쪽에서 나온 다마카즈라 부인이 보고 나무랐다.

"자네들은 딱한 사람들이군. '얌전한 분'을 붙들고 부끄럽지도 않은가."

'얌전한 사내로 보여지고 있다니, 한심한 별명이다.'

가오루는 이렇게 생각했다. 다마카즈라의 셋째 아들인 등 시종은 아직 전상인이 되지 않았기에 문안 갈 일이 적어 일찍 집에 돌아와 있었다. 네모난 향목 쟁반 두 개에 과자와 술잔을 담아 내놓았다.

'유기리 우대신은 나이가 들수록 겐지마마를 닮아가는데, 가오루는 그다지 닮은 데는 없지만 그윽하고 아리따운 모습이 어쩐지 겐지마마 젊은 시절을 떠올리게 한다.'

가오루가 돌아간 뒤 다마카즈라는 이렇게 회상하고 눈물을 흘렸다. 주위에 남은 향기를 맡으며 시녀들은 소란스레 칭찬하고 있었다.

가오루는 '얌전한 사내'라는 말을 들은 것이 한심하여 20일이 지나서 매화가 한창일 때, 연애를 모르는 사람같이 여겨지는 불명예를 씻고자 등 시종을 찾아갔다. 중문을 들어서니 그곳에 자기와 같은 평복 차림을 한 사람이 서 있었다. 그 사람이 숨으려 하는데 소매를 잡고 보니 이 저택을 배회하는 장인소장이었다. 침전 서쪽 방에서 거문고와 쟁의금 소리가 나기에 넋을 놓고 있던 것이다.

'괴로운 모양이다. 어버이가 인정하지 않는 사랑을 하는 것은 죄가 되는 거야.'

가오루는 이렇게 생각했다. 거문고 소리가 멎었기에 가오루가 부탁했다.

"자, 안내해 주시오. 나는 어디가 어딘지 잘 모릅니다."

이렇게 말하고 장인소장과 함께 서쪽 복도 앞의 홍매화 근처를 걸으면서 민요 '매화 가지'를 노래했다. 가오루에게서 풍기는 향기는 꽃향기보다도 짙게 집 안에 스며들었으므로 시녀들은 쌍바라지를 열어젖히고 노래에 맞추어 화금을 타기 시작했다.

"여음(呂音)의 노래는 여자의 화금으로 맞추기 어려운데, 대단한 솜씨로구나."

가오루가 감탄하고 이번에는 장인소장과 함께 또 한 번 '매화가지'를 부르자, 비파까지 화사한 음색으로 합세하였다. 정말 예술적인 집안이라고 흥미롭게 여긴 가오루는 다소 마음이 풀려 시녀들에게 농담을 했다.

발 저편에서 화금을 내밀었으나 두 공자는 서로 사양하여 손을 대지 않고 있는데, 다마카즈라 부인은 셋째 아들 등 시종을 시켜 이렇게 말했다.

"당신 연주는 옛날 태정대신의 화금 소리와 닮았다고 들었던 터라 꼭 한번 들어보고 싶습니다. 오늘 밤엔 꾀꼬리 소리에 홀렸다고 생각하고 연주해 주세요."

가오루는 부끄럽지만 거절하면 안된다 생각하고, 살며시 타기 시작했다. 그 화금 소리는 화려한 느낌이 있었다.

돌아가신 태정대신은 같이 한 번도 산 적이 없었고 어리광 한 번 부려 보지 못했지만, 지금은 죽어 이 세상에 없다 생각하니 외로워서 견딜 수 없었다. 다마카즈라는 화금 소리에 추모의 정이 솟구쳐서 못내 슬퍼했다.

'이 사람은 이상하리만큼 죽은 동생 대납언*²을 닮았는데, 화금의 음색마저 꼭 빼닮았구나.'

다마카즈라는 이런 생각을 하면서 울었다. 이것도 나이 탓일 게다.

장인소장도 고운 목소리로 민요 '복초(福草)'를 노래했다. 비평하는 사람이 없기 때문에 모두 흥겹게 여러 가지 곡을 연거푸 타고 노래도 불렀다. 집 주인 등 시종은 아버지 검은 턱수염을 닮았는지, 음악은 잘 하지 못해 친구에게 술잔을 권하는 일을 하고 있었는데, 친구가 말했다.

"자네도 권배하는 노래나마 불러야지 않겠는가."

그러자 '타케 강'을 같이 노래했는데, 아직 어린 목소리긴 하지만 재미있게 들렸다. 발 안에서 또 술판이 나왔다.

"너무 취하면 평소 마음속에 담아 두었던 것을 숨기지 못하고 실수를 저지른다고 들었습니다. 그때에는 어떻게 하겠습니까."

이렇게 말하고 가오루는 술잔을 좀처럼 받지 않는다.

다마카즈라는 훈향이 밴 겉옷을 가오루에게 선물로 내놓았다. 가오루가 사양하며 말했다.

"무슨 까닭에 주시는 것인지 모르겠습니다."

가오루는 등 시종 어깨에 그 옷을 걸쳐주고 돌아가려 했다. 등 시종이 만류하고 굳이 돌려주려는 것을 뿌리치며 가오루는 이렇게 말했다.

---

*2 대납언 : 우위문독(가시와기)을 가리킨다

"잠깐 들를 작정이었는데 너무 늦어졌습니다."

그러고 나서 도망치듯 달아나 버렸다.

장인소장은 가오루가 자주 방문하여 관심을 끄는 오늘 밤 같은 일이 계속되면, 누구든지 모두 그 사람에 대해서만 호의를 품게 될 것이고, 자기는 더욱 비참하게 될 것이라 비관하고는, 끝까지 남아서 발 안에 있는 사람에게 원망하는 말을 읊조렸다.

　남들은 꽃을 보고 마음을 빼앗기는데
　이 몸은 어이하여 봄밤을 헤매는가

이렇게 읊조리고 탄식하면서 돌아가려는 장인소장에게 발 안 시녀가 답가를 읊었다.

　매화야 네 향기로움 모를 리 있으랴만
　향 좋다고 이 마음을 옮기지는 않으리

이튿날 아침에 가오루로부터 등 시종에게 편지가 왔다.

'어젯밤엔 실례를 하고 돌아왔습니다만, 여러분의 기분을 상하게 하지 않았을까 걱정됩니다.'

그리고 부인들에게도 보여달라는 듯이 가나(假名)를 많이 섞어 쓴 글이 편지 끝에 이렇게 써 있었다.

　타케 강의 그 노래여 내가 부를 가락에
　이 마음 깊은 뜻을 임 또한 아시리

등시종이 침전에 편지를 가지고 가서, 어머니 다마카즈라와 형제에게 보여주었다.

"글씨도 잘 쓰시는군. 어쩌면 이렇게 모든 것이 다 완벽한 사람일까. 가오루가 여덟 살 때 아버지 겐지를 여의셔서 어머니인 황녀마마가 응석꾸러기로 기르시지 않았나 했는데, 역시 남들보다 빼어난 운명을 타고난 듯하구나."

그리고 자기 아들의 글씨가 바르지 못하다고 나무라기도 했다.

등 시종은 서투른 글씨로 답장을 썼다.

'어젯밤에 너무 일찍 돌아가시어 모두 의아하게 생각하고 있습니다. '타케 강'을 부르고 밤 새우지 않으려고 바삐 돌아가셨는데, 무슨 까닭에서 그랬는지 알 수가 없군요.'

이후로 가오루는 등 시종의 방에 자주 오게 되어 넌지시 속마음을 전했다. 장인소장이 걱정한 대로 이 저택 사람에게 마음을 두고 있었다. 아직 어린 동생인 등 시종도 이 사람을 매형으로 삼아 한집에서 가까이 지내기를 바라고 있었다.

3월이 되어, 피기 시작한 벚꽃과 지는 벚꽃이 뒤섞여서 봄 기운이 한층 무르익었을 무렵, 한산한 이 집에서 할 일이 없어 아씨들은 마루에 나가 마당의 경치만 바라보고 있었다. 다마카즈라 부인의 아씨들은 18, 9세 정도로 용모도 성품도 남다르게 아름다웠다. 언니 오이는 뚜렷하고 품위가 있는 미모여서 화려한 느낌이 있는 사람이다. 평범한 사람의 아내로는 어울리지 않는다고 어머니가 높이 평가하는 것도 당연하게 생각되었다. 분홍빛 겉옷에 황매화와 이 계절에 어울리는 여러 빛깔의 옷을 보기 좋게 겹쳐 입어서 옷자락에서도 애교가 넘치는 듯 보였다. 몸가짐에도 귀여운 기품이 깃들여 있다. 또 다른 따님 나카노는 연한 홍매화빛 윗옷에 빛깔이 좋고 숱이 많은 검은 머리를 버들가지처럼 늘어뜨리고 있었다. 키가 크고 아리따우며, 맑고 청초한 느낌이 있고, 총명해 보이는 얼굴이기는 하지만, 언니가 더 화려하다고 시녀들은 생각했다.

자매는 바둑을 두려고 마주 앉았다. 빛나는 머릿결과 살결이 고운 얼굴은 두 아씨 모두 훌륭하였다. 등 시종이 심판을 보려 가까이 앉아 있는 모습을 형들이 들여다보고 말했다.

"시종에게 배려가 특별하군. 바둑의 심판을 맡게 됐으니 말이야."

이렇게 놀리면서 제법 어른스럽게 휘장 바로 옆에 무릎을 꿇고 앉았다. 그러자 시녀들도 자세를 고쳐 바르게 앉았다. 맏아들 좌근중장이 말했다.

"궁중 생활로 분주하게 지내는 동안에 시종에게 인기를 빼앗긴 건 서글픈 일이구나."

둘째 아들인 우중변이 말했다.

"변관인 저도 할 일이 바빠 집에서는 누이들을 제대로 보살피지 못했는데 조금은 정상을 참작해 줘야지."

　오라비들이 말하는 농담에 난처해져서 수줍어하는 아씨들은 아름다웠다.

　"궁중에 근무하고 있어도 아버지가 계셨으면 얼마나 좋을까 하고 생각이 들 때가 많아."

　이렇게 말하고, 우근중장은 눈물지으며 누이들을 바라보고 있었다. 이제는 27, 8세로 풍채도 의젓한 청년들이었다. 그들은 이 아씨들을 아버지가 예전에 하고자 했던 대로 보살펴 주겠다고 생각했다.

　아씨들이 마당의 꽃나무 중에서도 특히 아름다운 벚나무 가지를 꺾게 하였다.

　"이 꽃이 제일 좋네."

　그러면서 누이들이 즐거워하는 모습을 보고 우근중장이 말했다.

　"너희들이 어렸을 때 저 벚나무를 제 것이라 서로 싸우니, 아버지는 언니 것이라 하고 어머니는 동생 것이라 하기에, 둘 다 울지는 않았지만 불만스러워했던 일을 기억이나 하는지 몰라."

　"저 벚나무가 고목이 된 것만 보아도 오랜 시간이 지났다 생각이 들어. 의지가 되었던 모든 분들을 여읜 불행한 내 신세가 서글퍼지는구나."

　그들은 울기도 하고 웃기도 하면서 여느 때보다 오래 머물렀다. 처가에 살고 있어서 이렇게 집에 와서 조용하게 지낼 겨를이 별로 없는 오라비들도 오늘은 꽃에 마음이 끌려 오래 앉아 있었다.

　다마카즈라는 성인이 된 청년들의 어머니로 보이지 않을 만큼, 여전히 젊어 보여서 한창 나이의 미모라고 생각되었다.

　냉천원 상황은 여전히 옛날의 상시 다마카즈라를 그리워하고 있었다. 어떻게든 말을 나눌 기회가 없을까 생각하던 끝에 오이 아씨를 달라고 했던 것이다. 그러나 냉천원으로 들어가는 문제는 아들들이 이런 말로 반대했다.

　"아무래도 떳떳치 못한 일을 하는 것같이 생각됩니다. 지금 권세가 있는 곳에 사람들이 몰려드는 것도 자연스런 일이니까요. 냉천원은 풍채마저 훌륭하셔서 그분의 후궁으로 들어갈 수 있다면 여자로서 지극히 행복하리라 생각하지만, 지금의 위치로서는 한창때가 지난 분이라고 생각됩니다. 음악도 새도 꽃도 때가 지나면 매력이 없지요. 차라리 동궁은 어떻습니까."

　어머니 다마카즈라가 이렇게 말했다.

"글쎄 어떨까? 동궁에게는 처음부터 유기리 대신의 맏딸이 계시어 총애를 독차지하고 있으니, 그것만으로도 자격 없는 사람이 나중에 들어가면 고통스런 일이 많을 것이라고 생각되거든. 정말 아버지가 살아 계셨다면 먼 장래까지는 몰라도 좋은 입궁 자리를 만들어 주었겠지만."

이런 말에 침울한 공기가 감돌게 된 것도 어쩔 수 없는 일이었다.

중장 등이 물러간 뒤, 아씨들은 두다 만 바둑을 다시 두기 시작했다. 예전부터 다투고 있었던 벚나무를 걸고 이렇게 농담을 주고받았다.

"세 번 중 두 번 이긴 사람이 저 벚나무를 차지하는 거야."

차츰 날이 어두워져서 달빛이 드는 마루까지 나가 승부를 겨루었다. 발을 말아올리고 쌍방의 시녀들도 마른 침을 삼키며 바둑판을 지켜보고 있다.

때마침 장인소장이 등 시종을 찾아왔으나 시종은 형들과 함께 나간 뒤였으므로, 인기척도 드물어 조용한 집안을 소장은 혼자 거닐고 있었다. 마침 복도문이 열린 걸 보고 살며시 그리로 다가가서 들여다보니 저편 방에서는 아씨들이 바둑을 두고 있었다.

그런 모습을 볼 수 있는 일은 부처님이 눈앞에 나타나신 것과 같을 정도의 행복감을 소장에게 주었다. 어둠이 깊어져서 분명하게는 보이지 않았지만, 자세히 바라보니 벚꽃 빛깔의 옷을 입은 사람이 그리운 오이 아씨라는 것도 알 수 있었다. '꽃 진 뒤에'라는 노래처럼 뒷날의 기념으로라도 모습을 새겨두고 싶을 만큼 아름다운 모습이었다. 소장은 더욱더 이 사람을 다른 데로 보내기가 괴롭게 여겨졌다.

젊은 시녀들의 온화한 모습도 달빛에 모두 아름답게 보였다. 바둑은 오른편 나카노 아씨가 이겼다.

"고려악의 난성(亂聲)*³이 왜 들리지 않는 거죠?"

이렇게 신이 나서 떠드는 시녀도 있다.

"원래 저 벚나무는 오른편을 향하고 있어서 작은 아씨의 서쪽 방에 더 가까운 나무를 억지로 왼편이 가깝다 하니 다툼이 있는 게지요."

오른편 사람들은 유쾌하게 떠들어 댄다. 장인소장은 무슨 영문인지 모르나,

---

*3 고려악의 난성(亂聲) : 고려악은 오른편이 이기면 우악(右樂)을, 왼편이 이겼을 때는 당악(唐樂)을 연주했는데, 난성은 승부가 났을 때 징이나 북으로 알리는 것을 말한다. 이 말은 오른편 시녀들이 한 말이다

거기에 끼어 같이 놀고 싶은 마음이 간절했다. 그러나 아무도 보고 있지 않다고 해서 마음껏 떠들어대는 사람들 앞에 나서면 무례한 일이라 생각하고 그 자리를 떠났다.

장인소장은 그 뒤에도 한 번만 더 그런 기회를 얻을 수는 없을까 하여 나무 그늘에 숨어 은밀히 살피고는 드나들었다.

아씨들은 그 뒤에도 꽃나무를 두고 내기를 하면서 지내고 있었는데, 거친 바람이 불기 시작한 날 저녁 나뭇가지에서 흩날리는 꽃잎을 아쉽게 여기며 내기에서 진 오이 아씨가 노래를 지어 불렀다.

바람이 불면 걱정이 되네
벚꽃잎 떨어질까 꽃은 나를 마음도 안 쓰네.

오이의 시녀 재상 댁도 노래를 불러 위로한다.

피었다 싶으면 곧 져 버리는 꽃이니
내기에 져서 꽃을 빼앗긴다 해도 아깝지 않네.

내기에 이긴 나카노 아씨가 그 노래에 답했다.

부는 바람에 꽃이 지는 것은 세상의 순리라 하여도
가지째 내것이 된 이 벚꽃
편한 마음으로 볼 수 없네.

나카노 아씨 시녀 대보도 노래했다.

오른편에 마음이 끌려
연못으로 떨어지는 꽃잎이여.
물거품이 되더라도 이리 오너라.

내기에 이긴 나카노의 동녀가 꽃나무 아래에서 떨어진 꽃잎을 수두룩 주워

와서 노래했다.

　바람에 하늘 높이 흩날리는 저 벚꽃
　떨어진 꽃잎도 우리 것이니 한데 모아 놓고 봅니다.

그러자 왼편 오이의 어린 시녀가 응수했다.

　자신의 벚나무라 우겨도
　그 향까지 덮은 큰 소매는 없으리.

　이렇게 지내는 사이 세월은 자꾸 흘러갔고, 혼기가 찬 딸들을 둔 상시 다마카즈라만 혼자서 아씨들의 장래를 걱정하고 있었다.
　냉천원에서는 날마다 재촉하는 편지를 보내왔다. 홍휘전 여어도 간절한 글을 보내왔다.

　'나를 남이라 생각하십니까. 상황께서는 내가 가운데에서 훼방을 놓는 줄 알고 미워하십니다. 진심이 아니더라도 나로서는 괴로운 일이니 될 수 있는 대로 가까운 날에 그 일이 이루어지도록 힘써 주십시오.'

　'상황의 부인이 될 운명이란 말인가. 이렇게까지 말씀하시는 것도 황송한 일이다.'
　상시 다마카즈라는 이렇게 생각했다. 혼수 도구는 아버지인 검은 턱수염 대신이 충분히 준비해 두었기에 새로 만들 필요는 없고, 다만 아씨와 함께 냉천원으로 들여보낼 시녀들 의상과 그 밖의 간단한 것만 마련했다.
　오이 아씨의 결혼이 정해졌음을 듣고, 장인소장은 죽도록 슬퍼하며 어머니 구모이노카리를 책망하였다.
　구모이노카리 부인은 당혹하여 다마카즈라에게 편지를 보냈다.
　'쑥스러운 일입니다만 이렇게 넌지시 부탁을 드려야 하는 부모의, 아이를 향한 어리석은 사랑을 이해해주세요. 이미 알고 계시겠지만 현명하신 판단으로 그 아이 마음이 안정되도록 도와주십시오.'

이에 다마카즈라는 탄식했다.

"가엾고 딱하구나."

그러고 답장을 보냈다.

'어느 길을 택해야 딸이 행복해지는지 모르겠지만, 냉천원에서 자주 말씀이 있기 때문에 저는 그저 고민하고 있습니다. 애정을 가져주신다면 잠시 참으시고 제가 납득할 방도를 강구할 때까지 기다려 주시면 남들이 보기에도 좋을 듯합니다.'

이런 답장을 쓴 이유는 큰딸을 냉천원에 보내고 나서 작은딸을 대신 주려는 생각에서였다.

'둘 다 한꺼번에 혼인시키는 것은 세상사람들에게 자랑하려 하는 듯해 부끄럽구나. 소장이 좀더 승진한 뒤에 하는 편이 좋겠다.'

다마카즈라는 이렇게 생각하고 있었으나, 소장은 생각을 바꾸지 않았다. 장인소장은 살짝 오이 아씨의 얼굴을 본 뒤로는 잊을 수 없어서, 이 사람을 언제 또 볼 수 있을까 이런 생각뿐이었다. 그런데 이제 단념하지 않으면 안 되니 몹시 슬퍼했다. 그래도 자기 심정만은 전하고 싶어 소장은 등 시종의 방으로 찾아갔는데, 등 시종은 가오루에게서 온 편지를 읽다가 숨기려 했다. 이 모습 보고 장인소장은 짐작되는 바 있어 재빨리 편지를 뺏어 버렸다. 비밀로 숨길 일도 아니어서, 시종은 굳이 도로 뺏으려 하지 않았다. 이렇다 할 말은 없으나 은근히 아씨의 혼인을 원망하는 이야기가 씌어 있는 편지였다.

무정타 흘러가는 세월을 손꼽아 보아도
원망스런 이 봄도 어느덧 저무는가

이런 노래가 쓰여 있었다.

'이처럼 여유를 보이며 체면을 유지하는 사람도 있구나. 사랑에만 열중해 초조해한 내 모습이 이 집 사람들에게는 나쁘게 보였겠지.'

소장은 이렇게 생각하고는 가슴이 아파 시종과 그다지 이야기도 않고, 가까이 지내는 시녀 중장 댁 방에 가서는 이것도 틀림없이 헛일이리라 탄식만 하고 있었다.

등 시종이 가오루에게 보낼 답장에 대해 의논하기 위해 어머니에게 가는 것을 보고서 소장은 화가 났다. 아직 젊은 사람이라 실연의 슬픔에 빠지니 헤어날 줄을 몰랐다.

보기 딱하도록 원망하며 슬프게 말하는 소장을 대하고 있는 중장 댁은 소장을 측은하게 여기면서도 위로도 별로 하지 못했다. 소장은 저녁때 바둑을 두던 모습을 엿본 일을 말하면서 진지한 얼굴로 이렇게 말했다.

"그 순간의 즐거움을 한 번 더 경험해 보고 싶습니다. 저는 앞으로 무엇을 목표로 삼고 살아야 좋을까요. 이렇게 얘기할 수 있는 세월도 얼마 남지 않았습니다. 무정도 정이라고 하듯 죽어버릴 수 있다면 오히려 좋을지도 모르겠군요."

중장 댁은 동정은 해도 이렇다 위안할 말이 없었다. 소장의 실연을 위로하려고 부인이 큰딸 대신 작은딸을 주겠노라 제안했지만 소장은 조금도 기뻐하지 않았다.

'그 벚꽃 핀 저녁 열린 문으로 아씨가 있는 방 안까지 들여다본 탓에, 이처럼 병적인 사랑에 빠지게 된 것이겠지. 그럴 만도 해.'

중장 댁은 이렇게 생각하고, 소장에게 정색을 하고 말했다.

"아씨가 들으시면 소장께서 부정한 생각을 하고 계시다 하여 동정하는 마음도 엷어지실 것입니다. 제가 가엾게 여겼던 마음조차 어느덧 사라져 버렸습니다. 무리한 말씀만 하시니 말입니다."

소장이 말했다.

"그런 것은 상관없어요. 사람은 죽을 때가 되면 아무것도 두려운 게 없어집니다. 그렇지만 바둑에 진 일은 안 되었군요. 저를 너그럽게 대하고 그때 옆에 불러주셨더라면 눈짓으로나마 이길 수 있게 훈수드렸을 텐데."

그리고 이런 노래를 불렀다.

승부근성을 가지고 있은들 무엇하리
이토록 하찮은 나인걸.

노래를 듣고 중장 댁이 웃으면서 답했다.

강한 쪽이 이기는 게

승부의 세계
어찌 마음대로 될까요.

이렇게 읊조리는 그 태도조차 쌀쌀맞게 느껴지는 소장이었다.

불쌍타 한 수쯤은 봐 주면 어떠리
살고 죽는 것이 오직 그대에게 달린 몸

소장은 농담을 섞어가며 웃었다 울었다 하면서 밤새 중장 댁 방에서 물러가지 않았다.
이튿날은 4월이 되었다. 형제들은 계절이 바뀔 때라 모두 궁중에 들어가는데, 장인소장은 방 안에 들어앉아 수심에 잠겨 있으니 이 모습을 본 어머니 구모이노카리는 눈물을 지었다. 유기리 우대신이 말했다.
"냉천원 상황의 감정을 해쳐서는 안 되고, 내가 그런 문제에 관여하는 것도 안 좋을 듯해 정초에 만났을 때에도 아무 말 하지 않았는데, 모든 게 내 잘못이었소. 간곡하게 직접 말해보았다면, 설득할 수 있었을 텐데."
장인소장은 이날도 여느 때처럼 편지를 써서 보냈다.

아름다운 꽃을 보며
봄을 보냈네
꽃이 없어지니 슬픔만 가득하네.

큰아씨 방 상급 시녀들만 모여서 이 상사병 난 구혼자의 딱한 처지에 대해 이야기 나누고 있을 때, 중장 댁이 다마카즈라에게 말했다.
"살고 죽는 일이 저에게 달려 있다고 노래한 장인소장의 괴로워하는 모습이 진심이라 여겨지니 딱하기만 하군요."
이런 말을 다마카즈라도 애처롭게 듣고 있었다. 유기리 우대신과 그 부인에 대한 의리라 생각하며 장인소장의 소원이 그토록 간절하다면 작은딸을 보내 대신 성의를 보일 수 있다고 생각한 다마카즈라 부인이었다. 오이 아씨는 냉천원에 들어가기로 결정되어 있으니 말이다. 그러는 한편 냉천원으로 들어가는 일을 막으려는 태도가 매우 불쾌했다.

'아무리 훌륭한 사람이라도 평범한 사람에게는 절대로 시집 보내지 말라고 아비인 검은 턱수염 대신께서 유언을 남겼건만, 냉천원조차 좋은 자리가 아니라서 쓸쓸해 하는 참인데…….'

이런 생각을 하고 있을 때, 때마침 소장의 편지가 와서 시녀들이 더욱 가엾게 여겼다. 중장 댁의 답장은 이러했다.

이제 알았네
하늘을 본다 생각했건만
꽃을 보고 있을 줄이야.

"어머나 가엾어라. 그렇게 쓰면 농담인줄 알지 않겠습니까?"

이렇게 옆에서 말하는 사람도 있었으나, 중장댁은 귀찮은 마음에 고쳐 쓰지 않았다.

4월 9일, 다마카즈라는 맏딸 오이를 냉천원의 후궁으로 들여보냈다. 유기리 우대신은 수레며 수행원들을 많이 보냈다. 구모이노카리는 언니 다마카즈라를 원망스럽게 여기고 있으나, 지금까지 서먹서먹하여 자주 편지도 주고받지 않다가 이번 일로 연락을 자주 하다가 갑자기 소원해지는 일도 좋지 않다고 생각하고, 선물로 훌륭한 옷을 여러 벌 보냈다.

'우울해서 얼빠진 사람을 보살피느라 저는 아직 아무것도 듣지 못하고 있었습니다. 그러나 저에게 알려주지 않으심은 매우 섭섭합니다.'

이런 편지가 곁들여져 있었다. 너그럽게 말하면서도 원망이 잔뜩 풍겨 있어 다마카즈라는 민망하게 여겼다. 유기리 우대신에게서도 편지가 왔다.

'저도 찾아뵈려고 했지만 공교롭게 근신일이기 때문에 실례합니다. 아들들을 보내니, 무슨 일이든지 마음대로 시켜 주십시오.'

그리고 원소장과 병위자를 보냈다.

"정말 친절한 분이군."

다마카즈라는 고마워했다. 동생인 안찰사 대납언도 시녀들이 탈 수레를 보내 주었다. 이 사람의 부인은 고인이 된 검은 턱수염의 딸 마키바시라였으니, 어느 모로 보나 가까이 지내야 하지만 실제로는 그렇지 않았다. 등 중납언은 몸소 와서 이복동생인 좌근중장, 우중변 귀공자들과 같이 일을 거들고 있었다. 이 사람들은 아버지 검은 턱수염 대신을 그리워했다. 장인소장은 여느 때처럼 원망하는 글을 보냈다.

'죽음을 각오한 목숨이지만 역시 슬픕니다. 저를 "불쌍하게 여긴다"고 한 마디만이라도 말씀해 주신다면, 그 말을 위로 삼아 다소 목숨을 더 부지할 수 있을 것입니다.'

이런 편지를 중장 댁이 가져왔을 때, 거실에서는 두 아씨가 작별을 슬퍼하여 눈물을 흘리고 있었다. 밤낮으로 언제나 같이 있던 두 사람이라 방 사이에 문이 서쪽과 동쪽으로 나뉘는 것조차 못마땅하게 여기고, 항상 서로의 방에 가 있곤 하던 자매였으니 헤어지는 일은 몹시 슬펐다.

유독 아름답게 화장하고 화려한 옷을 입은 큰아씨는 매우 아름다웠다. 아버지가 자신을 보고 후궁이 될 만하다고 말씀하셨던 것을 떠올리며 쓸쓸해하고 있을 때 장인소장의 편지를 보게 되었다.

아버지는 유기리 우대신, 어머니는 구모이노카리 부인으로, 듬직한 두 분이 계시는 데 어찌하여 이처럼 감정의 절제도 없는 편지를 쓰는 것일까 아씨는 미심쩍어하면서도, 이제는 단념하리라고 씌어 있는 게 사실인가 싶기도 하여, 소장의 편지 끝에다 노래를 적어 보냈다.

이 덧없는 세상
가엾다는 말을
누구에게 해야 할까요.

'죽음까지 각오하신다니 그 말이 조금은 가엾습니다.'
큰아씨는 이렇게만 쓰고 그 뜻을 전하라 일렀다.
중장 댁은 그대로 장인소장에게 전했다.
진귀한 선물같이 이 편지가 무척 기쁘기는 했으나, 오늘이 무슨 날인가 생각하니 소장의 눈물은 또 하염없이 흘렀다. 그러곤 이내 '사랑 때문에 죽으면 누구의 입에 이름이 오르내릴까' 그렇게 원망하는 말을 쓰고 또 이런 말도 썼다.

삶과 죽음은 마음대로 안되네
당신의 그 한마디
들을 수 있으랴.

'무덤 위에나마 동정심을 베풀어주실 마음이 있다면 그 마음 믿고 당장에라도 죽음을 서두르게 될 것입니다.'

이 편지를 보고 아씨는 공연한 답장을 썼다고 후회하며, 중장 댁이 편지를 고치지 않고 그대로 전해 주었기 때문이라 생각하고는 난감하여 아무 말도 하지 않았다.

냉천원으로 따라갈 시녀와 어린 시녀도 아름다운 사람들만 뽑혔다. 의식은 궁중에 여어가 들어갈 때와 다름없이 화려했다. 다마카즈라는 먼저 큰아씨와 함께 홍휘전 여어의 처소를 찾았다. 새 여어는 밤이 깊어서 냉천원 침전으로 올라갔다. 53세인 상황비 아키고노무 중궁도, 여어들도 모두 오래 섬기고 계신 분들뿐이고, 젊은 사람이라곤 없는 곳에 꽃다운 여어가 들어갔으니, 상황의 총애가 그녀에게 쏠리지 않을 리가 없었다. 최고 지위에 있었던 때와는 달리 평범하게 지내시는 상황의 모습은 더욱 아름답고 빛나 보였다. 상황은 다마카즈라가 잠시 딸을 보살피며 머무르라 기대하고 있었는데 일찍 돌아가버리자 아쉽게 여기고 한편으로는 원망스럽게도 생각하였다.

상황은 가오루를 총애하여 늘 옆에 두니, 옛날의 겐지마마가 임금의 총아였을 때와 마찬가지로 행복하게 보였다. 냉천원 안에서 양자인 가오루는 따로 방을 두고, 상황비 아키고노무 중궁이 있는 곳에도, 다른 여어의 방에도 모두 친숙하게 드나들고 있었다. 가오루는 새 여어에게도 경의를 표하러 가면서 속으로는 자신을 어떻게 보는지 알고 싶어 했다.

어느 날 조용한 저녁 가오루는 등 시종과 함께 냉천원 뜰을 거닐다가, 새 여어 거처 가까이에 있는 물가 이끼 긴 돌에 앉아 오엽송에 아름답게 늘어져 있는 등꽃을 바라보고 있었다. 노골적으로 말하지는 않았으나, 가오루는 큰아씨에 대한 연모의 정을 이루지 못한 심정을 넌지시 호소하였다.

저 등꽃을 만질 수 있다면,
소나무보다도 훨씬 고운 저 빛깔을

허망하게 바라보지만은 않을 텐데.

그렇게 말하며, 꽃을 쳐다보는 가오루의 모습이 유난히 측은하게 여겨진 등시종은 이번 일이 뜻밖의 결과였음을 비치며 가오루를 달랬다.

연약한 빛깔이라도
등꽃이니
방법이 없구나.

등시종은 진실한 사람이므로 가오루를 깊이 동정하고 있었다. 가오루는 자제하지 못할 정도로 큰아씨를 흠모하지는 않았으나 유감으로 생각했다.
　장인소장은 어떻게 하면 좋을지 스스로도 모를 만큼, 실연의 괴로움에 시달리면서 목숨까지도 끊을 기색이었다. 구혼자였던 사람 가운데는 작은딸에게 마음을 옮기는 이도 있었다. 구모이노카리에 대한 의리로 다마카즈라는 장인소장을 둘째 사위로 삼을까 하는 뜻을 비친 적도 있었으나, 그 뒤로 소장은 이 집에 찾아오지 않았다.
　냉천원에는 우대신 댁의 아들들이 예전부터 친숙하게 다녔으나, 장인소장은 새 여어가 들어온 후 좀처럼 드나드는 일이 없었고, 어쩌다 전상의 대기소에 나타나더라도 이내 달아나듯 돌아갔다.
　천황은 고인이 된 검은 턱수염 대신이 아씨를 입궐시키고 싶어 했던 것이지 냉천원에 바치려고 했던 것은 아닌데 어찌하여 유족들이 일을 이렇게 만들었는지 괴이하다고 생각하고, 그 오라버니인 좌근중장을 불러 물었다.
　"천황께서 불쾌하게 여기고 계십니다. 그래서 세상사람들도 속으로는 이상하게 여길 것이라고 제가 말씀드렸잖습니까. 어머니께서 믿는 데가 있기라도 한 것처럼 일을 그렇게 결정하셔서 저희들이 무어라 말씀드릴 수가 없었지요. 주상께서도 이런 말씀을 하셨으니 제 앞길도 난감하게 되었습니다."
　좌근중장은 불쾌한 듯 어머니에게 불평했다. 다마카즈라는 조용히 말했다.
　"나도 꼭 그렇게 서둘러 정할 생각은 아니었고 무척 망설였던 일이다. 민망하리만큼 상황에서 간절히 소망하는 데다, 후원자가 없는 사람이 궁중에 들어가면 비참해진다는 것을 알기에, 심한 경쟁이 필요없는 냉천원에 보냈던 거다.

이렇게 될 일이라면 그때 충고를 해주면 좋았을 텐데, 그때에는 잠자코 있다가 이제 와서 유기리 우대신 같은 분도 내 처사가 나빴던 것처럼 넌지시 말씀하시니 괴로워서 견딜 수 없구나. 이 또한 전생의 인연이 아니겠느냐."

이렇게 온화하게 말하며 더는 문제 삼지 않으려고 했다.

"전생의 인연은 눈에 보이지 않으니, 주상께서 그렇게까지 말씀하시는데, 누이동생은 전생의 인연이 없었다고 말씀드릴 수 없지 않습니까. 아카시 중궁이 있기 때문이라고 해도 냉천원에는 큰이모인 홍휘전이 있지 않았습니까. 보살펴 주겠다느니 뭐니 양해하는 것 같아도, 언제까지 계속될지 두고 볼 일입니다. 궁중에 중궁이 있다 해서 다른 후궁이 들어오지 않는 것은 아니니까요. 천황을 섬기는 경우, 예부터 많은 후궁이 들어오는 것은 당연한 일 아니었습니까. 냉천원의 여어가 조그만 문제로 감정을 상하는 일이 생기면, 세상사람들은 이 결혼이 애당초 잘못된 인연이었다고 말할 것입니다."

두 형제가 이렇듯 비난하니 다마카즈라 부인은 매우 괴로워했다. 그러나 새 여어에 대한 상황의 총애는 날이 갈수록 더욱 깊어졌다.

7월쯤 오이아씨가 임신을 했다. 입덧에 시달리는 새 여어의 모습 또한 아름다우니 세상 사내들이 앞다투어 청혼하였던 일도 이렇듯 아름다운 분을 그냥 보고 지나칠 수만은 없어서였으려니 수긍이 갔다.

사랑하는 새 여어를 위로하고 싶어 그 어전에서 음악연회를 여는 경우가 잦았고, 상황의 부름을 받아 온 가오루 역시 오이의 거문고 소리를 들을 수 있었다. 가오루가 정초에 '매화 가지'를 노래하며 찾아갔을 때, 그 소리에 맞춰 화금을 연주한 중장 댁도 언제나 합주하라는 분부를 받고 있었다. 가오루는 발 안에서 연주하는 사람이 누구인지를 소리로 알고, 그날 밤의 추억이 되살아나기도 했다.

이듬해 정월에는 남자들의 토카[踏歌]*4가 열렸다. 전상하는 젊은 관리들 가운데 음악 소양이 있는 사람은 많았으나 그중에서도 가오루는 오른편의 가두로 뽑혔다. 장인소장은 연주자들 가운데 끼어 있었다. 이른 봄 14일 밝은 달밤에 그들은 궁중을 물러나와 냉천원으로 갔다. 홍휘전 여어도, 오이아씨로 불리게 된 새 여어도 자리를 잡고 구경했다. 친왕과 고관들도 동시에 냉천원으로

*4 토카[踏歌] : 발을 구르면서 하는 가무[歌舞]. 헤이안[平安]시대 연초의 궁중행사. 날짜는 정월 14일이나 15일, 여자들은 16일에 행하였다

왔다. 유기리 우대신 댁과 그 처가인 태정대신 댁 두 집안 사람들만큼 화려하고도 아름다운 이들도 없는 듯 느껴지는 밤이었다. 사람들은 궁중보다도 냉천원에서 연주하는 일을 더욱 명예롭게 여기고, 각별히 세심한 주의를 기울였다. 연주하는 사람들 중에서도 유독 장인소장은 새 여어가 보고 있으리라 생각하고 흥분을 가라앉힐 수 없었다. 향기도 없이 그저 희기만 한 목화솜꽃을 머리에 꽂았는데, 그것도 꽂는 사람에 따라 달리 보이니 소장은 모습도 화사했고, 목소리도 좋았다. 타케 강*5을 노래하고 층계 아래로 걸어갈 때 장인소장의 마음에는 또 지난해 정월 밤의 기억이 되살아나 실신할 듯한 기분으로 눈물짓고 있었다. 일행이 아키고노무 중궁전으로 왔을 때, 상황도 그리로 건너와 구경하고 있었다. 밤이 깊어지면서 달은 낮보다 밝게 비치고, 더욱 흥분한 소장은 발 안에서 오이아씨가 어떻게 보고 있을까만 신경쓰여 냉천원의 뜰을 걷는 게 아니라 둥둥 떠가는 기분이었다. 소장은 오늘따라 술잔까지 자신 앞으로만 모두 모이는 듯해 부끄러웠다.

가오루는 밤새 여기저기 돌아다녔기 때문에 이튿날은 지쳐서 자고 있었는데, 냉천원이 그를 불렀다.

"고단해서 좀 쉬고 싶은데."

가오루는 피곤했지만 냉천원을 찾아 뵈었다. 어제 연회에서 무슨 일이 있었냐고 상황이 물었다.

"지금까지 가두는 나이 많은 사람이 되는 법이었는데, 그대가 뽑힐 만큼 인정을 받고 있는 것이라 생각하니 대단하구나."

상황은 가오루를 귀엽게 여기는 표정이었다. 만춘악(萬春樂)*6을 웅얼거리며 새 여어의 거처로 가는 상황을 가오루는 수행원으로 따라갔다. 어젯밤 새 여어의 사가에서 구경온 사람이 많아서 여느 때보다도 발 안은 활기찼다. 가오루는 복도 어귀에서 목소리가 귀에 익은 시녀들에게 잠시 말을 걸었다.

"어젯밤 달이 너무 밝아서 곤란하더군요. 유독 장인소장이 달빛에 눈이 부신 모습이었는데, 꼭 달빛 때문은 아니었겠지요. 궁중에서는 그렇게 안절부절 못했으니 말입니다."

---

*5 타케 강(竹河) : 고대가요인 사이바라(催馬樂)의 곡이름. 남의 집에서 물러날 때 이 타케 강을 불렀다

*6 만춘악(萬春樂) : 토카의 반주로 타는 곡

가오루가 이렇게 말하는 것을 듣고 장인소장을 측은하게 느끼는 시녀도 있었다.

"봄날 어두운 밤이면 매화꽃은 보이지 않아 아무 소용없지만, 그 향기만은 숨길 수 없으니, 당신은 누구보다도 아름답다고 칭찬합니다."

시녀들이 이렇게 가오루를 치켜세우고, 발 안에서 노래를 읊었다.

타케 강 그 밤의 일을
기억하시는가.
추억이라 부를만한 일은 아니지만

별 뜻 없는 노래였지만 가오루는 저도 모르게 눈물이 솟았으니, 자기 마음속에 오이아씨에 대한 사무치는 사랑이 있음을 이제야 깨달았다. 가오루가 화답했다.

세월은 흘러가고
타케 강 불렀을 적 기대도 흘러가고
세상은 괴롭고도 허무하구나.

이처럼 가오루의 수심에 잠긴 모습을 시녀들이 넋을 잃고 바라보았다.

시녀들은 가오루가 장인소장처럼 노골적으로 사랑을 호소하진 않았으나, 마음속에 그리움을 간직하고 있으리라 동정하고 있었다.

"좀 부질없는 말까지 했지만, 소문내지 마십시오."

가오루가 그만 물러가려 하는데, 상황이 자신이 있는 쪽으로 오라는 분부를 내렸다. 가오루는 수줍어하면서 새 여어의 방으로 갔다.

"예전에 육조원에서 돌아가신 겐지님이 답가를 하신 이튿날 아침 부인들만 모여 관현놀이가 있었다고 하는데, 참 재미있었다고 유기리 우대신이 말하더군. 음악에서 겐지를 따라갈 사람은 없는 세상이 되어 버렸어. 그때 육조원에는 음악에 재능이 있는 여인들이 많이 모여 있었으니 재미있는 일이 많았을걸세."

이렇게 그 시절을 떠올리며 상황은 악기를 준비하게 하여 새 여어 오이아씨에게는 쟁을, 가오루에게는 비파를 건네고, 자신은 화금을 타면서 '이 대궐을' 이란 곡을 합주하였다. 오이아씨가 연주하는 쟁은 미숙한 점도 있었지만, 상황이 연습을 잘 시킨 듯했다. 화려하고 아름다운 소리를 낼 수 있고 가요든 연주곡이든 모두 잘 탔다. 무슨 일에든 뛰어난 소질을 가지고 있기에 용모도 반드시 아름다우리라 싶어 가오루는 마음이 끌렸다. 이렇게 만나는 일이 자주 있어서 오이아씨와 가오루는 금방 친해졌다. 반감을 살 만큼 원망하는 기색을 보이지는 않았으나 가끔 실연의 슬픔을 비치는 가오루를 오이아씨는 어떻게 생각했는지 알 수 없다.

4월에 오이아씨가 황녀를 낳았다. 눈에 띄게 화려한 행사는 벌어지지 않았지만, 상황의 마음을 존중하여 유기리 우대신을 비롯해서 출산을 축하드리는 사람이 많았다. 다마카즈라는 아기를 너무나 사랑해 잠시도 품에서 떼어놓지 않았다. 하지만 상황께서 빨리 들어오라고 자꾸 재촉하여 50일 만에 오이아씨는 아기를 데리고 냉천원으로 들어갔다. 상황의 자식이라고는 홍휘전 여어 소생 딸 하나밖에 없었기 때문에 아름다운 아기황녀를 얻은 일을 매우 기뻐하였다. 오이아씨에 대한 총애가 더 깊어져서 상황이 오이아씨의 처소로 가는 일이 잦아진 것을, 홍휘전 여어를 섬기는 시녀들은 '이렇게까지 하지 않아도 될 텐데……' 하며 좋아하지 않았다.

이모와 조카딸인 두 여어 사이에는 질투도 증오도 보이지 않았지만, 양측 시녀들 중에는 다투는 사람도 있고 해서, 좌근중장이 어머니에게 한 말은 오라비의 직감으로 진실을 예상한 예언이 되었다. 다마카즈라도 '이런 문제가 잇따라 일어난다면 장차 어떻게 될까 걱정스럽다. 딸의 처지가 불리해질 것은 의심할 여지가 없다. 상황의 사랑을 받더라도 주변 사람들로부터 오이아씨가 불쾌한 존재로 보여지면 딱한 일이다' 생각하고 있었다.

천황도 자주 상황에게 아씨를 바친 것을 불쾌하게 여기시는 말씀을 한다고 전하는 사람이 있었기에, 다마카즈라는 황송스럽게 여기고 둘째 나카노를 공식 여관(女官)으로 궁중에 보내기 위해서 자신의 상시 자리를 물려주려 했다. 상시의 사임과 새로운 임명은 관에서 중대한 일로 다루어지는 터였으므로 훨씬 전부터 다마카즈라는 물러날 뜻을 비쳤는데, 승낙이 내리지 않았던 참에 그 자리를 딸에게 물려주고 싶다 간청한 것이다.

천황은 검은 턱수염 대신의 공로를 생각하는 마음에서 전례를 따라 대신의 부인인 다마카즈라의 청원을 받아들여 둘째 딸을 새 상시로 임명하였다. 이것은 나카노에게 정해져 있던 운명인지 그 덕분에 오랜 소원이었던 상시 사임이 이루어졌다. 이렇게 나카노가 상시라는 마음대로 움직일 수 있는 지위를 얻어 경쟁자들 속에 끼는 일도 없으니, 마음 편하게 궁중에 머물 수 있으리라 생각한 다마카즈라 부인은 안심했다.

그렇지만 또 다른 일이 마음에 걸렸다.

'장인소장을 걱정하여 구모이노카리 부인이 편지를 보냈을 때, 나는 그것을 대신할 좋은 방도를 생각하고 있다고 말했었는데, 이렇게 되면 부인이 어떻게 생각할까?'

다마카즈라는 둘째 아들 우중변을 사자로 보내 다른 뜻이 없다는 말을 유기리 우대신에게 전하게 했다.

"주상께서 이런 의중을 밝혔는데, 두 딸을 모두 궁에 들여보내고 싶어 한다고 세상사람들이 손가락질할 것 같아 그것이 걱정입니다."

유기리 우대신이 대답은 이러했다.

"주상께서 불쾌하게 생각하는 것은 당연하다 생각합니다. 그리고 상시란 공직에 있으면서 부인처럼 주상을 모시지 않는 일은 불충이라 할 수 있지요. 둘째 아씨도 마땅히 궁중에 출사해야지요."

오이를 보냈을 때처럼 아카시 중궁의 양해를 구하고 나서 다마카즈라는 작은딸을 궁중에 출사시켰다.

"남편인 검은 턱수염 대신이 살아 있다면, 작은딸을 그렇게까지 해서 떳떳치 못하게 궁중에 출사시키지 않아도 되었을 텐데."

다마카즈라는 또 구슬픈 기분이 들었다. 주상은 큰딸이 아름다운 미인이라는 소문을 들었기에 오이아씨 대신 둘째를 보낸 것을 서운하게 생각했다. 그러나 나카노 아씨도 세련된 귀녀다운 사람이었다. 다마카즈라는 이 일이 끝난 뒤에 여승이 되려 했지만 아들들이 말리기에 그 일도 단념하였다.

"두 딸이 아직 보살핌을 받아야 하니 지금은 부처님을 모시기에 충분한 시간이 없어 여승이 되신 보람도 없을 것입니다. 당분간 그대로 계시면서 두 딸이 안정될 때까지 보살피신 뒤에 불도에 전념하시는 게 좋을 듯합니다."

이렇게 아들들이 말하기에 출가를 단념하였다.

궁중의 작은 딸에게는 부인이 가끔 가서 2, 3일 묵으면서 보살펴 주기도 했으나, 냉천원 상황은 아직도 옛일을 잊지 못하시는 듯해 가야 할 일이 있어도 가지 않았다. 난처하게 여기면서 황공하고 괴롭게 여겼던 옛일이 있기 때문에 모든 사람들의 반대도 무시하고 큰딸을 상황께 바쳤지만, 자기에 대해서 잠시라도 아름답지 못한 소문이 퍼뜨려지게 되면 이토록 창피한 일은 없다고 부인은 생각했다.

큰딸인 오이아씨에게 이런 속사정을 털어놓을 수도 없는 터라, 큰딸은 자신을 찾아주지 않는 어머니를 원망했다.

'아버지는 각별히 나를 사랑해 주었는데, 어머니는 우리 자매가 벗나무를 두고 싸울 때처럼 사소한 일에도 동생 편을 들어 줬어. 지금도 변함 없이 그러시니 나는 안중에도 없는 거야.'

옛일에 대한 원망이 깊었던 상황 또한 오이아씨 이상으로 다마카즈라 부인을 냉정한 사람이라고 말했다.

"나와 같은 노인에게 그대를 보내놓고 나 몰라라 하는 것도 그럴만하지."

상황은 이렇게 말했지만, 이런 일 때문에 더욱더 오이아씨에 대한 사랑이 깊어갔다.

5년 후 오이아씨는 상황의 황자를 낳았다. 상황의 다른 후궁들에게선 후사를 얻지 못했으므로 사람들은 상황과 오이아씨의 인연이 예사롭지 않다며 놀라워했다. 상황은 이 일을 그지없이 신기하게 여기고 어린 아들을 사랑

하였다. 재위 때였다면 얼마나 이 아들의 지위가 빛을 발했겠는가. 퇴위한 자기에게서 태어나 보통 친왕이 되어야 하는 점을 상황은 유감스럽게 생각하였다. 그리고 상황은 오이아씨가 낳은 황녀를 더없이 소중하게 여겨 왔는데, 뜻밖의 황자가 또 태어나니 더더욱 기쁘게 생각하여 오이아씨를 한층 더 총애하였다. 마침내 홍휘전 여어가 상황의 그 지나친 총애를 시샘하기에 이르렀다. 그렇게 된 뒤로 오이아씨의 처지는 더욱 괴로워지고, 양측의 시녀들

사이에 좋지 않은 사건까지 벌어지니 자연히 두 여어 사이도 멀어졌다.

흔히 세상에선 전례에 따라 본처의 편을 드는 것이 보통이다. 냉천원에서 일하는 상하 관리들도 존귀한 지위에 있는 황후와 홍휘전 여어 편을 들어, 새 여어에 대해서는 반감을 가지고 나쁘게 말하는 모습을 보고, 오라비 되는 좌근 중장과 우중변이 어머니에게 이렇게 역정을 내면서 말했다.

"그것 보십시오. 저희들이 말씀드린 게 틀리지 않았지요."

부인 역시 세간의 풍문과 냉천원의 분위기가 걱정스러워 탄식했다.

"불쌍한 내 딸 세상에는 괴로워하지 않고도 행복을 쉽게 얻는 사람도 많은데 뒤를 돌봐줄 사람이 든든히 있고 행운을 가진 사람이 아니면 입궁이나 상황을 모시는 일은 꿈에도 생각해서는 안 될 일이었어."

큰딸 구혼자로 순탄하게 출세해서 사윗감으로 손색이 없을 사람이 여럿 있었다. 그중에서도 가장 젊었던 가오루는 지금은 재상 중장이 되어 '향기로운 사람' 또는 '향기를 풍기는 사람'이라 사람들 입에 오르내렸다. 과묵하고 침착한 인격이어서, 존귀한 황족들이나 대신이 자신들의 여식과 혼인시키고 싶어 청혼을 하나, 가오루는 신경도 안 썼다.

그런 소문이 들리자, 다마카즈라는 시녀들과 이런 얘기를 나누었다.

"전에는 나이가 어려 믿음직하지 못한 젊은이였지만, 이제 어엿한 어른이 되었구나."

장인소장 역시 삼위중장이 되어 이제는 상당한 세력을 가지고 있으며 평판도 좋았다. 시녀들이 소곤거렸다.

"그분은 용모도 나무랄 데가 없지요."

"냉천원에 시집가는 것보다 차라리 장인소장 쪽이 좋았을 텐데요."

시녀들이 이렇게 험담하니, 다마카즈라는 마음이 좋지 않았다. 그러나 아직까지 다마카즈라 부인의 첫째 딸에게 호의를 가진 사람이 있었다. 삼위중장은 첫사랑을 잊을 수가 없어 스스로를 원망스럽게 생각하고 있었다. 삼위중장은 좌대신 댁의 딸과 결혼했지만, 아내에 대한 애정이 없어 '땅 끝에 계실 내 님 꿈속에서나마 만났으면' 이런 글을 결혼한 이튿날부터 쓰고 있었으니 무슨 공상을 하는지 도통 알 수 없었다.

냉천원의 새 여어 오이아씨는 괴로운 일이 많아 마음고생이 심해 친정에 물러가 있는 날이 많았다. 어머니는 딸의 그런 모습을 안타까워했다. 궁중에 들어간 둘째 아씨는 오히려 화려하고 행복한 나날을 보내고 있어, 세상사람들로부터 총명하고 취미가 고상한 후궁으로 인정받고 있었다.

좌대신이 죽었으므로 유기리 우대신이 좌대신이 되고, 다마카즈라 부인의 동생 안찰사 대납언이 좌대장 겸 우대신이 되었다. 그 이하의 교관들에게도 이동이 생겨 가오루 재상중장은 중납언이 되고, 삼위중장은 재상중장이 되었다. 승진의 행운을 차지한 사람은 앞서 말한 두 집안사람 말고는 볼 수 없었다. 가오루 중납언은 인사차 상시였던 다마카즈라를 찾아와서 마당에서 절을 했다. 부인은 손님을 맞이하며 말했다.

"이처럼 누옥(陋屋)이 되어가는 집을 지나치지 않고 들러주시는 호의를 보니 모두 겐지마마의 은혜라 싶어 옛날이 떠오르는군요."

말하는 목소리에 애교와 기품이 있어 그 모습이 더없이 화려해 보였다.

'이러니 상황 폐하는 지금도 이 사람을 잊지 못하는 것이 아닌가. 조만간에 성가신 일이 일어나지나 않을까.'

가오루는 이렇게 생각하고 물었다.

"승진 소식을 알리기 위해서가 아니라 직접 뵙고 싶어 찾아왔습니다. 그냥 지나치지 않았다 하심은 평소 찾아뵙지 못했던 일을 꾸짖는 말씀인지요."

다마카즈라가 대답하였다.

"오늘과 같이 경사스런 날 늙은이의 푸념을 들려드려서는 안 된다고 생각하지만, 평소에 찾아오실 겨를은 없을 테고 편지로 전해 드릴 만큼 중요한 일도 아니니 들어 주십시오. 상황을 모시고 있는 큰아이가 괴로운 처지에 놓여서 번민을 하고 있습니다. 처음에는 홍휘전 여어를 믿고, 아키고노무 중궁께서도 겐지마마와 관계 있었으니 너그럽게 보아주시리라 생각했었지만, 이제는 두 분 다 그 아이를 무례한 침입자라 하여 미워하고 있습니다. 정말 난감한 일이지요. 오이는 황자와 황녀만 냉천원에 남겨두고, 여러 사람이 미워하는 시댁을 벗어나 친정에서나마 마음을 다독이게 하려고 데려왔습니다. 그 일에 관해서 민망한 소문이 나돌고, 상황께서도 언짢은 편지를 주는군요. 기회가 있으면 그대가 저희들 심정을 상황께 귀띔해 드려서 양해를 구해 주십시오. 중궁이든 여어든 믿고 의지할 수 있는 분이라 여겨 상황께 보낸 것입니다. 처음에는 두 분께서 모두 호의를 가져 주셨으나 결과가 이 모양이니, 제 생각이 어리석었음을 후회하고 있습니다."

다마카즈라 부인은 눈물을 흘리며 탄식했다. 가오루가 조용히 말했다.

"그렇게까지 걱정하실 일은 아니라 생각합니다. 예부터 후궁이란 모두 심적으로 힘든 것을 당연시했으니까요. 지금은 옥좌를 물러나 편안한 듯 보여도 후궁에게만은 평화가 오지 않으니, 제삼자가 보면 여전히 총애를 받는 듯 보여도 그 사람 자신으로서는 조그마한 차별이 생기기만 해도 이내 원망스러워집니다. 하찮은 일에 감정이 흔들리는 것은 여어나 황후에게 있을 법한 일입니다. 설마 그쯤의 일도 예견하지 않고 궁중에 들여보낸 것은 아니겠지요? 너무 걱정 마시고 평온하게 지켜보시는 편이 좋을 듯합니다. 남자인 제가 나서서 여쭐 문제는 아닙니다."

"모처럼 만난 기회에 넋두리를 늘어놓았더니 기다린 보람도 없이 무심하게 말하는군요."

다마카즈라 부인은 이렇게 말하며 웃고 있었다. 어머니답게 자식 때문에 애를 태우고 있는 모양이기는 하지만, 그 태도는 앳된 처녀 같았다.

큰딸도 이런 어머니를 닮은 사람일 것이라 생각하니, 오이아씨에게 마음이 끌리는 이유는 그 사람도 이같이 좋은 느낌을 갖고 있어서라고 가오루는 생각했다.

이 무렵 젊은 상시 나카노도 출궁하여 집에 와 있었다. 두 분이 이 방 저 방에서 우아하게 한가로이 지내는 모습은 참으로 풍정이 그윽했다. 잡일에 구애받지 않는 생활에다 발 안의 기척 또한 기품 있으니, 가오루는 더욱 조심스런 태도를 보였다. 다마카즈라는 조용하고 침착한 태도를 보이고 있는 가오루를 사위로 삼았더라면 하고 아쉬워하는 눈길로 보고 있었다.

새로 우대신이 된 안찰사 대납언의 저택은 바로 그 동쪽에 있었다. 대신의 임관 피로연에 초대를 받은 귀공자들이 거기에 많이 모여 있었다. 병부경은 유기리 좌대신 댁에서 있었던 활쏘기 대회와 씨름 대회를 마친 뒤 그곳에서 열린 잔치에 참석하셨기에 으뜸가는 귀빈으로서 초대했지만 오지 않았다. 우대신은 애지중지하는 둘째 딸을 위해 이 친왕을 사윗감으로 생각하고 있었지만, 어쩐 일인지 친왕은 냉담하였다. 예전보다 더욱 훌륭한 청년 고관으로 보이는 건 중납언 가오루의 나무랄 데 없는 모습에 우대신과 그 부인 마키바시라의 관심이 쏠렸다.

잔치가 열리고 있는 이웃집의 떠들썩한 기척이며 집 앞을 오가는 수레 소리와 잡인 통행을 금하는 소리 등에도 옛일이 떠올라 고인이 된 검은 턱수염 대신이 그리워 그 댁의 사람들은 구슬픈 심정이 되어 있었다. 다마카즈라는 생각했다.

'병부경이 죽은 지 얼마 안 되어 지금의 우대신이 병부경의 미망인 마키바시라 부인 처소에 드나들기 시작한 것을 사람들은 경박한 일이라고 비난했었지만, 우대신의 애정이 변하지 않고 부부가 된 일만 보면 감탄할 만하지. 남녀 사이란 정말 알 수 없는 것이다. 그러니 세상에 무엇이 최고의 행복으로 가는 길이라고 딱 잘라 말할 수 없는 게야."

유기리 좌대신의 아들인 재상중장이 이웃집에 큰 잔치가 있었던 이튿날 저녁 다마카즈라의 집을 찾아왔다. 상황의 오이아씨가 친정에 있다는 소리를 듣고 신경써서 아름답게 보이도록 단장하고 온 것이다.

"승진하는 일 따위는 별것 아닙니다. 진정으로 바라던 일이 이뤄지지 않아 맺힌 한은 날이 갈수록 쌓여서 어떻게 할 길이 없습니다."

재상중장은 오이아씨가 이곳에 와 있다는 생각에 눈물을 억누르고 이렇게 말하나, 그 모습이 아름다웠다. 나이는 27, 8세인데 한창 때의 미모를 지닌 화려한 사람이다.

그가 돌아간 뒤 다마카즈라 부인은 탄식을 했다.

"딱한 귀공자로군. 무엇이든 뜻대로 되는 줄 알고, 관위(官位) 문제 같은 것은 염두에 두지 않고, 승진 따위도 고맙지 않은 모양이군. 검은 턱수염 대신이 살아 계셨다면, 우리 아들들도 저 사람처럼 여자 문제로 한심하게 속을 끓였겠지."

다마카즈라의 두 아들은 우병위독과 우대변으로 아직 참의가 되지 않았으므로, 태정관의 정무에 관여하지 못하는 것을 부인은 걱정하고 있었다. 등 시종이라 불리던 셋째 아들은 두중장이 되어 있었다. 나이로 보면 누구 하나 관등 승진이 늦은 것은 아니었지만 다마카즈라는 남보다 뒤졌다고 한탄했다. 재상중장은 여전히 오이아씨에게 다가갈 구실을 찾고 있었다.

다리공주*1

그즈음 세상에서 존재가 잊힌 친왕이 한 분 있었다. 이분은 선황 기리쓰보의 여덟 번째 황자이자 겐지 이복동생인 하치노미야이다. 외가 측도 신분이 높은 귀족이어서 황태자가 될 자격이 갖추어진 분이었다. 그러나 홍휘전태후가 이 하치노미야를 황태자로 만들려다가 반대파에 정권이 넘어간 뒤로는 아무런 세력도 갖지 못하여 처량한 신세가 되고 말았다. 외척들도 앞날의 화려한 희망이 없어지자 점점 그의 곁을 떠나갔으므로, 그는 공적으로나 사적으로 의지할 곳 없는, 철저히 고립된 친왕이 되었다.

부인은 옛 대신의 딸이었으나 처지가 불안하고 처량하기만 해, 결혼 무렵 부모님이 앞으로 동궁의 비가 될 거라며 꿈을 품고 있었던 때와는 너무나도 거리가 먼 오늘날이 슬프게 느껴졌다. 그래도 유일한 아내로서 사랑받는 삶에 보람을 느끼며 서로 믿음을 쌓은 다정한 부부 사이였다.

세월이 흘렀는데도 자식을 갖지 못해 '외롭고 쓸쓸한 심정을 달래 줄 만한 예쁜 아기가 있었으면' 하치노미야는 때때로 생각했다. 그러던 중 뜻밖에도 예쁜 계집아이가 하나 태어났다. 이 아기를 무척 사랑하며 기르는 동안 부인은 또 임신을 했다. 하치노미야는 이번엔 '아들이었으면' 바랐지만 또 딸을 낳았다. 아이는 순조롭게 낳았으나 그 뒤 부인은 병에 걸려 세상을 떠났다. 이 슬픈 사실 앞에서 하치노미야는 탄식 속에 젖어들어야만 했다. 그는 생각했다.

'세상을 살면서 냉대를 받아 참을 수 없는 일들이 많았다. 그래도 옆에 언제나 상냥한 아내가 있어서 내 마음을 바로잡아 주어서 오늘날까지 출가를 하지 않았다. 홀로 살아남아 홀아비가 되었다는 게 참지 못할 일은 아니었으나,

---

*1 다리공주[橋姬]: 가오루가 20세부터 22세까지의 이야기. 이 권에서부터 우지[字治]에 사는 하치노미야의 딸들이 이야기의 중심이 되고, 무대도 우지가 중심이 되므로 이하 10권을 우지 십첩[字治十帖]이라고 한다. '교희(橋姬)'란 본디 다리에 붙어사는 여신으로 질투심이 강하다고 하나, 여기서는 우지에 있는 애인이란 뜻으로 쓰여졌다

어린 자식들을 사나이 홀로 키운다는 것은 친왕의 신분으로 쉬운 일이 아니며, 남 보기에도 체면이 서지 않을 것이다.'

마음을 정해 출가해야겠다는 생각도 들었지만, 보호자도 없는 어린 두 딸을 남겨둔다는 게 너무 슬프게 생각되어 망설이며 실행을 못하고 있었다. 그러는 동안 세월은 유유히 흘렀고 저마다 성장해 가는 두 딸들의 귀여운 모습을 그날그날의 위안으로 삼았다.

부인이 임종할 무렵, 둘째 아이를 돌보던 시녀들은 이렇게 투덜거렸다.

"이 딸 때문에 부인이 돌아가셨구나 생각하면 너무 원통해……."

그러고는 작은딸을 열심히 돌봐 주려고도 하지 않았다.

부인은 세상을 떠나는 순간, 의식조차 몽롱한 상태로 이 아기가 걱정되는 듯 유언을 남겼다.

"저는 더 이상 살지 못할 것이니, 이 딸아이만은 저 대신 사랑으로 잘 키워 주세요."

하치노미야는 부인의 목숨이 다할 즈음에 이 세상에 태어난 아기에 대하여 그 숙명이 원망스러웠으련만, 그럼에도 이렇게 생각했다.

'정해진 운명이겠지. 임종 때까지 이 딸을 걱정하고 부탁한 것을 보니.'

그러면서 아기를 더욱 사랑하였다. 게다가 이 딸은 뛰어나게 아름다운 용모를 지녔다. 언니도 조용해 보이고 귀족의 딸다운 데가 있어 용모나 몸가짐에도 품격이 있었다. 하치노미야가 딸들을 아끼고 사랑하는 마음 또한 각별하여 어느 쪽도 넘치거나 처짐이 없이 보살펴주려 했다. 그러나 하치노미야의 재정상태는 마음대로 되지 않는 일이 많아 해를 거듭할수록 궁박해지기만 했다. 시녀들도 불안을 느끼고는 참지 못해 하나하나 저택에서 나가 버렸다. 부인이 죽은 바로 뒤에는 둘째 아기의 젖어멈도 신원이 확실하고 적당한 사람을 선택할 여유가 없었던 탓에 인정 없는 사람이 들어왔고, 마침내 사려 깊지 못한 젖어멈은 어린 아기를 내버려둔 채 나가버리고 말았다. 그 뒤로는 하치노미야가 어린 딸의 뒤를 손수 보살폈다.

저택은 넓고 훌륭했으나 연못과 언덕 형태만 예전 모습을 지녔을 뿐, 갈수록 황폐해져 갔다. 그런 풍경을 하치노미야는 자주 멍하니 바라보았다. 하인들 가운데도 똑똑한 자 하나 없어 정원을 손질할 줄 몰라 잡초는 길길이 무성하고, 추녀에는 넉줄고사리가 멋대로 퍼런 잎을 내뻗고 있었다. 계절마다 달라지는 화초도 예전에는 같은 취미를 가졌던 부인과 함께 바라보면서 마음의 위안을 받았으나, 고독하기 그지없는 지금 하치노미야 눈에는 그러한 자연의 빛깔조차 쓸쓸하게 보였다. 그리하여 모시고 있는 불상을 장식하는 데만 신경쓰며 매일 부처님을 섬기는 생활을 하고 있었다. 자식이라는 굴레에 얽매여 출가할 수 없는 것조차 불행한 운명이라고 한탄하는 그였으니, 어찌 보통 사람들처럼 새삼스레 재혼할 수 있겠느냐 이런 생각에 달이 가고 해가 갈수록 세상에서 멀어져갔다. 하치노미야의 마음만은 승려나 진배 없었고, 부인이 죽은 뒤로 다른 여인을 바라는 그런 생각은 추호도 해 본 적이 없었다.

"그렇게 언제까지나 부인만을 생각할 필요는 없지 않은가. 아내가 죽은 뒤에 그 이상의 슬픔은 다시없으리 생각하는 일도 마땅하겠지만, 세월이 흐르면 어느 덧 심경의 변화가 있어야 하지 않겠는가. 세상사람 누구나 그러하듯이 후실을 골라서 재혼한다면 흉하게 된 저택도 자연히 정비될 게 아니요?"

이렇게 권하면서 그에게 어울릴 만한 부인을 소개하려는 사람들도 꽤나 많았지만, 그는 귀담아듣지 않았다.

하치노미야는 염불을 외는 틈틈이 딸들의 놀이 상대가 되어 주기도 했다. 이젠 꽤 어른스러워진 두 딸에게 거문고 연습을 시키시기도 하고 바둑을 두게도 하였으며, 시 속에 있는 한문 글자 맞추기 놀이를 시키기도 하면서 무료한 시간을 보냈다. 두 딸의 인품을 보면, 큰딸은 기품이 있으면서 사려 깊고 의젓한 용모를 갖추었고, 작은딸은 순진하고 가여워 보이면서도 속내는 부끄러움을 타는 듯한 자태가 실로 귀여웠으니, 저마다 개성이 뚜렷했다.

봄날의 화창한 햇볕 아래 연못에서 물새가 나란히 헤엄쳐 가면서 지저귀는 소리를 들으니, 평소에는 무관심하게 보아넘겼지만, 문득 떨어질 줄 모르고 짝지어 붙어다니는 물새의 모습이 부럽게 보였다. 히치노미야는 정원을 바라보면서, 아씨들에게 거문고를 가르치곤 했다. 작고 예쁘장한 모습으로 저마다 열심히 악기를 울리는 소리가 흥겹게 들려오니 그는 눈물을 글썽거렸다.

물새 한 마리
다 버리고 떠났는데
허무한 세상에 홀로 남았구나.

하치노미야는 흐르는 눈물을 닦았다. 그 모습마저도 아름다웠다. 오랜 세월 성실히 일해서 몸은 야위었으나 그래서 더욱 아리따운 자태로 보였다. 아씨들과 함께 있을 때도 예의범절에서 벗어나는 일이 없었으며, 낡은 평상복을 입은 모습마저 귀인다웠다.

큰아씨가 벼루를 자기 앞에 끌어당겨 연습삼아 벼룻돌 위에 글씨를 쓰고 있는 것을 본 하치노미야는 종이를 주면서 말했다.

"여기다 써라. 글씨는 벼루에다 쓰는 것이 아니다."

큰아씨는 수줍어하며 글씨를 썼다.

어찌하여 네 짝 두고 네 집을 떠났던가
물새의 슬픈 인연 이제야 알겠더라.

썩 잘 지은 노래는 아니었으나, 슬픔에 젖어 있던 때라 가슴이 찡했다. 앞날이 촉망되는 글씨였지만 아직 이음매가 매끄럽지 못했다.

"둘째도 써 보려무나."

작은아씨는 큰 아씨보다는 어수룩한 글씨로 천천히 썼다.

울며 울며 날갯짓 가르쳐 주시니
없었다면 둥지 어이 지키랴.

이젠 낡은 의복을 몸에 걸치고 시녀들조차 곁에 거느리지 못한 채, 애처로운 두 아씨만을 쓸쓸한 집 안에 데리고 있으니 가슴 아프지 않을 리가 없다. 경서를 한 손에 들고 보면서 하치노미야는 거문고 소리에 맞추어 노래를 불렀다.

큰 아씨에게는 비파를, 작은 아씨에게는 쟁을 가르쳤다. 두 딸은 언제나 합주를 하면서 배워왔기에 이제는 제법 들을 만했다.

기리쓰보 선황, 그리고 모후와도 일찍이 사별하게 되어 뚜렷한 후견인도 없었던 하치노미야는 학문을 깊이 연구하지 못했다. 더구나 처세술을 알 리도 없었다. 하치노미야는 귀인 중에서도 놀랄 만큼 화사하고 여자 같은 나약한 성격을 타고났기에 부황으로부터 물려받은 유산이라든가, 외조부인 대신의 유산이라든가, 영구히 줄어들지는 않으리라 생각되던 많은 물건들은 어디로 사라졌는지 알 수도 없고, 다만 실내의 화려한 세간들만 남아 있을 뿐이었다. 섬기고 받들어 주는 사람들도, 힘이 되어 주겠다는 사람들도 없다. 하치노미야는 궁중에서 따분함을 달래기 위해 음악을 관장하는 아악료(雅樂寮)의 악사들 중에서 우수한 사람을 불러들여 악기를 열심히 배우면서 성장한 탓에 음악에서만은 뛰어난 재주를 가졌다.

그는 겐지의 배다른 아우로 우지(宇治)의 하치노미야라 불렸는데, 냉천원 상황이 동궁으로 있던 때에 주작원 상황의 황태후가 냉천원 동궁을 폐하고, 이 하치노미야를 그 자리에 앉히려고 했기 때문에 겐지가 스마와 아카시로 유배 갔다 돌아와 권좌에 복귀한 뒤에는 겐지 일족에게 냉대를 받았다. 그 뒤로 이 겐지 일족이 번성하여 오늘날에 이르렀으므로 세상과 인연을 끊은 것같이 되고, 게다가 불행 때문에 출가한 사람과 비슷한 생활을 한 터라 속세에 대한 모든 바람을 체념한 상태였다.

그 뒤 하치노미야의 저택이 불에 탔다. 이 재난으로 인해 장안에서는 달리 거처할 만한 곳도 적당한 저택도 없었으나, 다행히 우지(宇治)에 좋은 산장이 있어 그곳에서 거처하게 되었다. 본디 세상에 집착하지는 않았으나 끝내는 정든 곳을 떠나버리고 만다는 것이 하치노미야에게는 큰 슬픔이었다.

산장은 우지 강가에 있어, 어살을 쳐놓은 곳이 가까워 물소리가 요란했다. 시가지가 아니고 산수 경치 좋은 곳이었으므로 그것들을 바라보니 더욱 쓸쓸한 심정을 느끼게 되는 하치노미야였다. 이렇게 세상과 인연을 끊고 야산에 칩거한 생활 속에서도, 먼저 간 부인이 살아 있었으면 하는 생각이 간절했다.

히치노미야는 이래가지고 무슨 살 맛이 있을까 생각될 만큼 고인을 그리워했다.

수도에 있었을 때조차 찾아오는 사람이 없었으므로 첩첩산중인 이곳까지 일부러 찾아오는 사람은 더구나 없었다. 하치노미야는 아침에 낀 안개가 종일토록 산허리를 맴돌고 있는 듯한 어두운 심정으로 하루하루를 보내고 있었다. 그런데 이 우지에는 고승(高僧)으로 존경받는 아사리(阿闍梨)*2가 한 분 살고 있었다. 그가 불도의 학문을 깊이 닦았다는 것을 세상 사람들이 다 인정하였

---

*2 아사리(阿闍梨) : 제자를 가르치고 제자의 행위를 바르게 지도하여 그 모범이 될 수 있는 승려

으나, 대궐에서 무슨 불도행사가 있다 해도 되도록 나가기를 피하고 우지에 숨어지내고 있었다. 그러나 하치노미야가 산장으로 이사 온 뒤 고독한 생활을 하면서 불도를 연구하고 경문을 읽고 공부한다는 소문을 듣자, 기특하게 생각하여 가끔 찾아왔다. 아사리는 하치노미야가 지금까지 독학으로 읽고 깨달은 것들의 깊은 뜻과 도리를 열심히 설명해 주고, 이 세상은 뜬구름처럼 덧없다고 깨우치게 해 주었다.

"이제 마음만은 '극락정토의 맑은 연못에 핀 연꽃에 올라앉은 듯한데' 나에겐 아직 어린 자식들이 있어서 속세와 인연을 끊지 못해 출가도 못하는군요."

하치노미야는 이렇게 마음속 생각을 거리낌 없이 아사리에게 말했다.

이 아사리는 냉천원에도 출입하며, 상황에게 경문을 가르치고 있었다. 어느 날 아사리는 수도에 나온 김에 냉천원을 찾아 갔고, 여느 때와 같이 경전을 놓고 상황과 이야기하는 도중에 이렇게 말했다.

"하치노미야는 매우 총명한 분으로, 불교 학문에도 조예가 깊고 깨달음도 높은 경지에 도달해 있습니다. 부처님께서 무슨 생각한 바가 있어 이 세상에 보낸 분이 아닐는지요. 깊이 깨닫고 수행하고 계시는 모습은 진실한 성자의 풍채로 여겨집니다."

냉천원 상황이 이렇게 말했다.

"아직 머리도 깎지 않고 속세 모습 그대로란 말인가. 속성(俗聖)*³이라고 이 곳 젊은이들이 부르고 있던데, 참으로 갸륵한 일이로군."

그때 가오루가 냉천원 앞에 왔다.

'나야말로 이 세상이 덧없다는 것을 잘 알면서도 부지런히 근행도 하지 않고 허송세월만 하고 있구나.'

가오루는 '속세에 있으면서 스님의 고매한 정신으로 살아가려면 어떤 마음가짐이 필요할까' 하고 하치노미야에 대한 얘기에 귀를 기울였다.

아사리가 말했다.

"출가하려는 뜻은 전부터 가지고 있었지만 처음에는 부인 때문에 주저하였고, 오늘날에 와서는 아직 어린 딸들이 마음에 걸려 결단을 못 내리노라고 한탄하고 있습니다."

---

*3 속성(俗聖) : 속세인이면서 세속을 버린 사람처럼 살아가는 사람

아사리의 신분은 스님이나 음악을 좋아하는지라 아씨들의 연주에 대해 한 마디 했다.

"이 아씨들이 합주를 하는 거문고와 비파 소리가 우지강의 물결소리와 어우러지니 참으로 듣기가 좋아 마치 극락에서 노는 느낌이 듭니다."

그렇게 예스러운 칭찬을 하자, 상황은 얼굴에 미소를 가득 띠면서 말했다.

"그런 고승의 슬하에서 성장한 딸이라면, 속세의 일은 아무것도 모르리라 생각했는데 악기를 잘 다룬다니 신기한 일이로군. 하치노미야가 아씨들이 마음에 걸려 출가를 못한다니, 내 목숨이 잠시라도 더 이 세상에 머문다면 아씨들을 내게 맡기는 것이 어떨지요."

이 냉천원 상황은 기리쓰보 선황의 열 번째 황자로, 여덟 번째 황자인 하치노미야의 동생이다. 주작원 상황이 늘그막에 셋째 황녀를 육조원 겐지에게 맡겼던 일을 생각하고, 하치노미야의 딸들을 맡으면 무료한 심정이 어쩌면 위로될 수도 있으리라 생각한 것이다. 젊은 가오루는 도리어 아씨들에 대한 얘기에는 관심이 없고 하치노미야가 도를 깨달은 고귀한 마음가짐이 부러워서 직접 만나 보고 싶은 마음이 간절해졌다.

아사리가 돌아갈 즈음 이런 부탁을 하였다.

"반드시 찾아뵙고 가르침을 받으려고 하니, 당신이 먼저 그분의 의향을 살펴 주시오."

상황도 형님인 하치노미야에게 전갈을 보냈다.

"쓸쓸히 생활하고 계시다는 얘기를 인편으로 들었습니다."

세상이 싫어
마음은 산에 가도
첩첩 구름 이 몸을 막나니.

그런 노래도 곁들여 보냈다.

아사리는 하치노미야를 기쁘게 해드릴 편지를 가진 사자를 앞세우고 산장으로 갔다. 일반 사람이 보내는 심부름꾼도 드물게 오는 이 산골에 상황의 기별을 가지고 사자와 함께 아사리가 왔으므로, 하치노미야는 매우 기쁘게 생각하여 산골에 어울리는 술과 안주를 준비해 두 사람을 접대하였다. 그리고 이런 답장을 썼다.

세속과 연을 끊으면 마음 편하랴.
우지에서 겨우 살고 있네.

불도 수행에 대해서는 겸손하여 말을 않고, 쓸쓸한 인간으로서의 근황을 전하였기 때문에 상황은 하치노미야가 아직도 이 세상에 미련이 남아 있는 것이라 생각되어 동정하였다.

아사리는 하치노미야에게 가오루의 신심이 매우 깊어 보였다는 것을 전하고 이렇게 말했다.

"가오루 중납언은 '불도의 학문에 깊이 파고들고자 하는 소망을 소년 시절부터 품고 있었지만, 속세에서 지내다 보니 여러 일로 분주하게 세월만 보내고 있습니다. 가끔 방에 들어앉아 경문을 읽으며 공부도 하였습니다. 이렇다 할 일 없는 몸이니 세상을 등지고 산다 해도 애석해 할 이도 없는데, 어쩐지 불도 수행에 정진하지 못하고 게을러져 속세에 매여 지내고 있는 때에, 뜻하지 않게 하치노미야의 흔치 않은 삶의 모습을 전해 듣고 보니 기어이 가르침을 받고 싶어서 견딜 수 없다' 그런 간곡한 말을 듣고 왔습니다."

하치노미야는 이렇게 말했다.

"덧없는 인생을 깨닫고 번거롭다는 생각이 생기려면 그 사람 자신에게 불행이 있었던 때라든가, 사회로부터 냉대를 받았거나 하기 때문이지만, 나이가 아직 젊고 바라는 일은 무엇이든 할 수 있는 신분이어서 이 세상에 불만스런 일은 없을 듯싶은 사람인데, 그처럼 내세의 일을 염두에 두고 연구하려고 한다는 것은 기특한 일이군요. 그저 이 세상을 싫어하며 떠나라고 부처님께서 권유하신 것과 다름없으니 자연히 조용하게 수행하려는 소망이 채워지게 되었습니다. 여생이 얼마 남지 않았는데도 불도의 심오한 도리를 깨우치기는 불가능한 일이라 단념을 하고 있는데 저분은 도리어 이쪽이 부끄러워할 정도로 불법의 훌륭한 벗으로 생각되는군요."

그로부터 서신의 왕래가 서로 있게 되어 가오루 중장이 직접 방문하게 되었다.

아사리에게서 얘기로 들어 상상한 것보다 산장은 훨씬 쓸쓸했다. 임시로 마련한 암자라고나 할 간단한 건물이었다. 같은 산골이라도 생활하기 편리하고 한가로운 곳이 있을 터인데, 여기는 거친 물소리, 물결치는 소음에 생각하고 있던 것도 무너져버리는 듯하고, 밤에는 바람이 거세 잠을 자기 힘드니 제대로 수련도 못할 것 같았다. 소박하다면 소박하고 처절하다면 처절한 산장이었다.

'승려처럼 깨달음을 얻으신 하치노미야께는 이런 집이 속세와 인연을 끊기 쉽겠지만, 아씨들은 어떤 기분으로 살고 있을까. 세간의 여인네들에게서 볼 수 있는 부드러운 감촉 따위는 벌써 잊어버렸으리라.'

가오루는 산장을 둘러보고 이렇게 짐작하였다.

아씨들은 부처님을 모신 방과 장지문 하나만으로 나누어진 방에서 기거하고 있었다. 이성에 흥미를 갖는 남자라면 한 번 교제를 해보고 어떤 성격을 가진 사람들일까 먼저 시험해 보고 싶은 생각을 품게 할 만한 분위기도 있었다. 그러나 불도에 깨달음을 얻고자 멀리 스승으로 모실 분을 찾아오면서, 예사 사내들같이 산장의 젊은 여성들을 유혹하려는 언행이 있어서 안 된다고 가오루는 반성했다.

하치노미야의 존경스럽고 감동적인 모습을 우러러보며 정성들여 문안인사를 드렸다. 자주 찾아뵈니 소망한 대로 친하게 되었다. 하치노미야는 속세에 있으면서 수행하는 깊은 의미와 경전에 관한 많은 가르침을 친절하게 가르쳐주었다.

학문적뿐만 아니라 부드럽게 비유를 쓰시면서 설명하는 하치노미야의 말씀은 가오루의 마음에 깊이 새겨졌다. 고승으로 일컬어지는 사람이나 학문에 재능이 있는 중은 세상에 많지만, 어쩐지 너무나도 속세의 인간과는 동떨어진 느낌이 든다. 제법 엄숙하고 유명한 승도나 승정 같은 사람은 한편으로 바쁘기 때문에 무뚝뚝한 태도를 보여서, 질문을 하고 싶어도 망설여지게 마련이다. 또 인격은 낮고 중이 되었다는 점만 존경스러운 사람이 말씨도 천박하고 전문가인양 의연하고도 익숙한 태도로 경문의 설명을 들려준다면 반감이 일어나기도 한다. 그런 상대라면, 낮에는 공무 때문에 틈이 없는 가오루 같은 사람을 조용한 초저녁 같은 때에 가까이에 불러서 말동무가 되게 할 생각도 들지 않는다.

그러나 풍채가 거룩하고 우아한 하치노미야의 말씀은 같은 불도의 가르침

을 나타내는 말이라도 평소 생활에 친밀감이 드는 감화를 곁들이기 때문에 마음에 와 닿았다. 가장 깊은 깨우침을 터득한 것은 아니지만, 귀인은 직감으로 사물을 보는 데 영민한 법이니, 학문 있는 중이 모르는 일도 알고 있었다. 차츰 친밀해짐에 따라 하치노미야를 사모하는 정은 더 깊어질 따름이어서 자주 만나고 싶기만 했고, 공무가 다망하여 오랫동안 산장을 찾아가지 못할 적에는 못내 하치노미야를 그리워했다.

가오루 중장이 이렇듯 하치노미야를 존경하게 되자, 냉천원 상황도 사자와 함께 생활용품을 보내기도 했다. 그리하여 오랫동안 찾는 일 없이 쓸쓸하기만 했던 산장에, 도읍 사람들의 모습을 볼 수 있게 되었다. 가오루 중장도 기회만 있으면 만사를 제쳐놓고 마음 쓰고 보살피니, 풍류면에서나 일상생활면에서나 성의를 다해 도와드린 기간이 3년이 넘었다.

늦가을, 계절마다 하치노미야는 염불 법회를 갖는데, 이 계절에는 강변이 가까운 산장은 어살에 부딪치는 파도 소리로 시끄럽고 소란스럽다 하여 아사리가 있는 절 불당으로 자리를 옮겨 7일간이나 근행하게 되었다.

아씨들은 평소보다도 쓸쓸하게 산장에서 지내야만 했다. 마침 그때 가오루 중장은 한동안 우지를 찾아가지 못했기에 새벽 달이 떠오를 즈음 도읍을 출발하였다. 은밀히 행하는 걸음이라 수행원도 몇 명만 거느리고 옷도 허름하게 입었다. 강 북쪽 언덕에 산장이 있었으므로 배 따위는 필요가 없으니 말을 타고 갔다.

우지에 가까워짐에 따라 안개가 짙어져 길을 막아 앞도 보이지 않았다. 이런 숲속을 헤치고 가니, 세찬 바람을 맞고 나뭇잎에서 우수수 흩어져 떨어지는 이슬이 제법 차가웠다. 몸이 흠뻑 젖은 가오루는 이런 산골 밤길을 걸어보지 못했기에 괴롭기도 했으나, 한편으로는 재미있게 여겨졌다.

산바람 불 적마다 우수수 지는 이슬
그보다 애처로이 이내 눈물지는가

가오루는 마을 사람들이 놀라지 않게 수행하는 사람들에게 물렀거라! 소리도 내지 못하게 했다. 잡목 울타리 쳐져 있는 오솔길을 지나 얕은 시내를 건너가면서 말발굽 소리도 조심하게 했다. 하지만 가오루의 몸에서 풍기는 향기는 바람 타고 흩날려 숨길 수 없었기에, 새벽 창문 안에서 이 향내를 맡고 놀라는 사람들도 있었다.

산장에 거의 닿았을 때, 무슨 악기인지 분간할 수 없지만 음악 소리가 고즈넉하게 들려왔다. 산장의 아씨들이 자주 악기 연주를 한다는 이야기는 들었지만, 기회가 없어서 하치노미야의 훌륭한 거문고 소리도 아직 들어 보지 못했다. 마침 잘 되었다 싶어 산장의 문을 들어서니 그것은 비파 소리였다. 장소가 산장이어서 더욱 신선한 느낌이 들었다. 술대로 내리치는 소리도 곱고 아름다웠다. 그리고 가슴을 저미는 듯한 쟁의 우아한 음색도 간간이 들렸다.

가오루는 합주를 더 듣고 싶었으나, 그의 몸에서 나는 향기를 맡고 산장을 지키는 무뚝뚝한 사내가 놀라서 불쑥 밖으로 나왔다.

"하치노미야께서는 지금 산사에서 근행하고 계십니다. 사자를 보내 알리겠습니다."

"그럴 필요는 없다. 모처럼 수행하고 계시는데 번거롭게 해드려서야 되겠는가. 이슬에 흠뻑 젖으면서까지 이곳에 왔는데 그냥 돌아가야 하니 이 괴로움을 아씨들께 말씀드려 주게. 동정하는 말 한 마디라도 들으면, 그것만으로도 나는 만족하겠네."

가오루가 그렇게 말하자, 무사는 못생긴 얼굴에 활짝 웃음을 띠며 말했다.

"그렇게 말씀 드리지요."

그러고는 저편으로 가려고 한다.

"잠깐만."

다시 한 번 가오루는 그를 가까이 불러 세우고 말했다.

"오래전부터 연주가 훌륭하다는 소문을 익히 들어온 터라 직접 듣고 싶었던 아씨들의 합주가 시작되었으니 이런 좋은 기회는 또 없을 것이네. 잠시 숨어서 듣고 싶은데 그럴 장소가 없을까. 뻔뻔스레 방 가까이로 간다면, 아씨들이 연주를 멈추고 말 테니."

이렇게 말하는 가오루의 아름다운 풍채는 이 사내마저 감동시켰다.

"아무도 듣는 이 없을 때엔 언제나 저렇게 두 분이서 합주하고 있지만, 하인이라도 도읍에서 온 사람이 있을 적에는 아무 소리도 내지 않습니다. 하치노미야께서는 아씨들이 와 있다는 것을 알리고 싶지 않아 그리 하시는 것 같습니다."

공손한 태도로 그렇게 말하자 가오루가 웃으며 말했다.

"공연한 헛수고를 하시는구나. 그렇게 숨겨도 알 만한 사람들은 모두 아는 것을. 아무튼 좋으니 안내해 주게. 나는 절대로 호색한은 아니니 안심하게. 그저 저렇게 두 분이서 음악을 즐기는 모습을 보고 싶어서 견딜 수 없을 뿐이네."

이렇게 친근한 말투로 부탁하자, 마지못해하면서 무사는 이렇게 말했다.

"그건 좀 어려운 일입니다. 나중에 제가 어떤 꾸지람을 들을지 모릅니다."

그러면서도 그 방과 이쪽 정원 중간에 간격이 넓은 울타리가 있음을 말하고, 그 울타리에 다가서서 엿보도록 가르쳐 주었다. 가오루를 따라온 사람들은 무사가 서쪽 방으로 모두 모셔서 대접하였다.

안개에 가려 있는 아름다운 달을 바라보기 위해 사람들은 발을 짧게 말아 올려놓고 있었다. 엷은 옷을 입고 있어서 추워 보이는 동녀 하나와 그녀와 똑같은 차림의 시녀들이 보였다. 방 안 깊은 곳에서 한 아씨가 기둥 뒤에 앉아 있는데, 비파를 앞에 놓고 손으로 술대를 만지작거리고 있었다.

그때 갑자기 구름 사이로 달이 나와 이 사람을 밝게 비추었다.

"부채 말고 술대로도 달님을 부를 수 있네요."

아씨는 이렇게 말하고 잠깐 달을 쳐다보았다. 얼굴이 귀엽고 반짝여 보였다. 그 옆에 물건에 기대어 앉아 있던 다른 아씨가 상체를 거문고 위에 기울이고, 방긋 웃으며 말했다.

"술대가 지는 해를 되돌린다는 얘기를 무악에서 들어 알고 있지만, 달을 그걸로 부르려고 하다니, 아무도 하지 못한 생각이군요."

이 사람은 좀더 차분하고 귀녀다운 아름다움이 더 많았다.

"술대를 보관하는 곳을 은월이라 하니, 이것도 달과 인연이 있다고 봐요."

그런 농담들을 서로 주고받는 두 아씨는 가오루가 상상했던 바와는 달리, 퍽 인상이 좋고 부드러운 느낌을 주는, 그런 미녀들이었다. 궁녀들이 애독하고 있는 옛날 소설에 언제나 이런 가인(佳人)이 등장하는 것을 보고 자연스럽지 못하고 조작된 것이라 반감을 가졌었지만, 이렇게나 곳에서 뜻하지 않은 뛰어난 여성이 존재하는 경우가 있다니 가오루는 아씨들에게 마음이 끌렸다.

안개가 짙어서 아씨들 얼굴을 자세히 볼 수 없으니 또 한 번 달이 나왔으면 좋겠구나 그렇게 생각하고 있을 때, 내실 쪽에서 손님이 왔다는 전갈이라

도 왔는지 갑자기 발을 내리더니 툇마루에 나와 있던 사람들도 안으로 들어
가 버렸다. 서두르는 기척은 느껴지지 않고 모두 조용히 안으로 물러간 뒤에는
들려오는 옷자락 스치는 소리도 새 비단의 풀기가 없기 때문인지 조용했지만,
우아한 분위기가 가오루의 마음에 깊은 인상을 남겼다.

가오루는 거기서 물러나와 돌아갈 수레를 끌고 오도록 도읍으로 사자를 보
냈다. 그리고 하치노미야의 저택에서 아까 나왔던 무사에게 말했다.

"공교롭게도 하치노미야께서 자리에 안 계실 때 찾아왔으나, 당신의 호의로
우리는 아쉬운 마음에 큰 위로가 되었소. 내가 왔다는 것을 안에 들어가서 전
해 주게. 산길에 밤이슬을 맞으며 찾아왔다는 투정이라도 부리고 싶으니."

무사는 곧 안으로 들어갔다. 아씨들은 가오루 중장이 엿보고 있었다는 것
은 알아채지도 못하고, 마음놓고 연주하고 있었는데 어쩌면 그가 들었을지도
모른다는 생각에 부끄러워했다.

"바람결에 좋은 향기가 섞여 스쳐갔지만, 전혀 생각지도 못했기에 가오루 중
장의 내방을 몰랐습니다. 이렇게 둔하다니."

두 아씨는 당황하여 어쩔 줄을 몰랐다.

가오루의 인사를 전하는 시녀 역시 이런 일에 익숙하지 않은 듯했다. 가오
루는 조심하는 것도 때와 장소에 따라 다르다 생각하고, 안개로 인해 자신의
모습이 잘 보이지 않으리라 생각하며 아까 본 발 앞 툇마루에 바싹 다가앉았
다. 시골티 나는 젊은 시녀들은 손님 접대할 말도 모르고 방석을 내놓는 것조
차 어색해 보였다.

"발을 사이에 놓고 대면하자니 답답하군요. 어지간한 성의를 가지고는 몇십
리나 되는 밤길을 찾아올 수 없을 것이라고 생각하오니 대우를 좀 달리해 주
셨으면 합니다. 가끔 이렇게 이 댁을 찾아뵙는 성의만은 알아주리라 생각하며
기대하고 있었는데."

가오루는 이렇게 말했다. 젊은 시녀들은 뭐라 대꾸도 못하고 모두 어쩔 줄
을 몰라 얼굴만 붉히고 있었으므로, 자기 처소로 돌아가 잠자고 있는 노녀*⁴
를 데려오라고 사람을 보냈으나 시간이 길어지자 거북한 분위기가 괴로워서
큰아씨가 꺼져 가는 목소리로 말했다.

---

*4 노녀(老女) : 변(辨)댁이라고 불리는 늙은 시녀. 소시종과는 종자매 관계

"아무것도 모르는 사람들만 있어 뭐라 말씀드려야 좋을지……."

그러자 가오루가 말했다.

"인생의 우수를 알면서 모르는 척하는 것도 세상에 자주 있는 일이나 하치노미야께서는 이미 저의 마음을 알고 계신데, 아씨들께서 저를 속세의 한 사람으로만 본다니 매우 안타까운 일입니다. 깨달음을 얻으신 분과 함께 살고 있는 아씨들의 심경은 맑고 깨끗하기만 할 테니, 저 같은 사람의 심정이 얼마나 깊은지 헤아려 주면 고맙겠습니다. 세상에 흔히 있는 일시적인 감정으로 교제를 원하는 사나이처럼 대하지 말았으면 합니다. 제가 어떤 유혹이든 극복해 온 사나이라는 것을 이미 들어 알고 있으리라 생각됩니다. 독신 생활을 계속하고 있는 제가 우정을 바라니 너그러이 봐 주세요. 저 또한 아씨들의 외로운 마음을 위로해 드릴 수 있는 친밀한 벗이 된다면 얼마나 기쁠까 생각합니다."

가오루가 온갖 얘기를 하는데도 큰아씨가 딱히 뭐라고 대답을 해야 할지 몰라 난처해할 때, 불렀던 노녀가 왔으므로 모든 응대를 그녀에게 맡겼다. 늙은 시녀는 지나치게 거리낌 없는 투로 말했다.

"아이고 이렇게 황송할 데가 있나. 실례되는 자리에다 모시다니 왜 발 안으로 자리를 마련하지 않았을까. 젊은이들이란 사리를 분간할 줄 몰라서 이렇단 말씀이에요."

거침없이 말하는 늙은 목소리에 아씨들은 쑥스러움마저 느꼈다. 노녀가 계속 말을 이었다.

"하치노미야께서는 세상에 살아 있는 사람 같지 않은 쓸쓸한 생활을 하고 계시니, 마땅히 찾아와야 할 분들조차 점점 멀어져 가기만 하는 상황입니다. 그런데 당신의 호의는 저같이 보잘것없는 사람에게도 몹시 고맙고도 놀라운 일이옵니다. 젊은 아씨들도 잘 알고 있으면서도 부끄러워서 그 뜻을 제대로 말씀드리지 못하는가 봅니다."

조금도 사양하지 않고 거리낌 없이 지껄이는 데 대해 반감은 느끼면서도 이 노녀의 시골티 없는, 상류의 궁녀생활을 한 듯한 품위 있는 몸짓에 가오루는 감탄하며 말했다.

"말도 제대로 붙일 수 없는 분위기였는데, 당신이 몸소 나와 중개해 주니 고맙군요. 저를 이해해 주는 분을 만나게 되어 마음 든든합니다."

이렇게 말하며 그쪽으로 다가앉는 가오루를 시녀들이 발 사이로 바라보았다. 새벽빛으로 제대로 분간할 수 없었으나, 평복 차림의 모습이 밤이슬에 젖어 있었다. 또 이 세상의 것이라 생각되지 않는 신비한 향기가 풍겨 사방에 가득하였다. 늙은 시녀는 어쩐 일인지 왈칵 울음을 터뜨렸다.

"너무 지나친 말씀을 올려 기분을 상하게나 하지 않을까 조심스러워서 자신을 억누르고 있었습니다만, 슬픈 옛이야기를 어떻게든 기회를 만들어서 말씀을 드리고 싶었습니다. 오랫동안 부처님께 염송하고 축원한 보람이 있어 이런 기회가 생긴 줄로 압니다. 하지만 눈물이 먼저 앞을 가려 말씀드릴 수가 없습니다."

몸을 떨면서 말하는 늙은 시녀의 모습은 진지했고, 또 노인이란 누구나 눈물이 많다 알고 있는 가오루였지만 이처럼 슬퍼하는 게 이상히 여겨져서 말했다.

"이 산장에 드나들게 된 뒤로 세월이 꽤 흘렀습니다만, 이 댁에 당신만한 분이 없어, 이슬 젖은 길을 혼자 젖은 채로 돌아갔습니다. 옛일을 안다는 당신을 만나게 되니 마음이 든든해진 느낌입니다. 이 기회에 무슨 얘기든지 말씀해 주십시오."

늙은 시녀가 말했다.

"정말 이렇게 좋은 기회는 좀처럼 없을 것입니다. 또 있다고 할지라도 저는 늙어 앞으로 어떻게 될지도 모르는 일이니, 그저 이런 노녀가 있다는 것을 기억해 주십사 하고 말씀드립니다. 셋째 황녀 온나산노미야를 모시고 있던 소시종(小侍從)*5이 죽었다는 것은 풍문에 들어 알고 있었습니다. 예전에 친하게 지내던 같은 연배의 사람들이 대개는 세상을 떠나고 만 뒤라 5, 6년 전부터 저는 이 하치노미야 저택에 몸을 의지하고 있습니다. 잘 모르겠지만, 지금 안찰사 등대납언이라고 여쭙는 분의 형님으로 위문독(衛門督)이란 분이 젊은 나이에 돌아가셨는데, 그분의 얘기를 들으셨는지요? 저희에게는 돌아가신 것이 엊그제 일로 생각되어 그때의 슬픔을 차마 잊을 수가 없습니다. 헤아려 보면 이렇게 당신께서 성장하신 만큼의 세월이 흘렀으니 꿈만 같습니다. 가시와기 위문독님의 젖어멈이었던 자가 소인 변의 어머니였습니다. 그런 터라 저 역시도 밤낮으로 시중을 들었지요. 저는 보잘것없는 몸입니다만, 그분은 남에게 알려

─────────────
*5 소시종(小侍從) : 가오루의 생모인 온나산노미야의 시녀로, 가시와기 우위문독과의 사이를 맺어 준 여자.

서는 안 될, 중요하면서도 마음속 깊이 생각하고 있는 일을 저에게 때때로 들려주었습니다. 병환이 중해져서 이젠 가망 없다고 생각했는지 저를 불러서 유언을 몇 마디 하신 일이 있습니다. 그것은 당신과 관계가 있는 얘기이니, 뒷얘기를 또 들어야겠다고 생각되면 다시 시간을 마련해 주십시오. 젊은 시녀들이 제가 나와서 너무 긴 얘기를 하고 있다고 반감을 가지고 쑥덕거릴까 걱정되니까요."

늙은 변댁은 조심성 있게 입을 다물고 더 이상 말하려 들지 않았다. 괴이한 꿈과 같은 이야기다. 무당 따위가 묻지도 않은 말을 지껄이는 것이나 다름없다고 가오루는 미덥지 않게 생각하면서도, 늘 마음 한구석에 도사리고 있던 궁금한 일이 있었으므로 더욱 이야기의 핵심을 듣고 싶었다. 그러나 이제 막 말했듯이, 시녀들이 보고 있는 곳에서 늙은 시녀와 마주 앉아 옛이야기로 밤을 지새우는 것도 보기 좋은 일이 못 된다는 점을 이내 깨닫고 말했다.

"저는 아무런 짐작도 안 갑니다만 옛이야기라고 하면 슬픈 생각부터 듭니다. 그러니 지금 하신 말씀을 꼭 다음에 들려주십시오. 이제 안개가 걷혀 해가 뜰 테고, 그래서 저의 볼썽사나운 모습을 아씨들에게 보인다는 것은 괴로운 일이니 이만 실례합니다."

말을 마치고 가오루가 일어섰을 때, 하치노미야가 수행하고 있는 절의 종소리가 은은히 들려왔다. 안개는 더욱 짙어져 절과 산장과의 거리가 멀게만 느껴졌다. 가오루는 아씨들의 심정을 생각하자 동정하는 마음이 갑자기 치밀었다. 두 아씨가 모두 침울하게 내향적인 것도 무리가 아니라는 생각을 했다.

새벽길 어두운데 애써 찾아왔건만
임의 집 산속에는 안개 자욱하네

"쓸쓸하기 짝이 없구나."

돌아가려다 차마 발길을 떼지 못하고 물안개를 바라보는 가오루의 우아한 자태는 도읍 사람들 사이에서도 아름답기로 정평이 나 있는데, 하물며 산골 산장 사람들의 눈에는 얼마나 눈부신 광경일지 모를 일이다.

시녀들이 주눅이 들어 답가도 제대로 전하지 못하는 분위기를 보고, 큰아씨가 조심스럽게 읊었다.

아득한 산등성이 구름도 오락가락
자욱한 안개 속에 막혀버린 길이여

그러고는 탄식하는 듯한 숨소리가 들리는 것도 몹시 애처로웠다. 젊은 사나이의 감정을 자극할 만한 아름다운 것이라곤 아무것도 없는 산장이었으나, 아씨들만 두고 훌쩍 떠나기가 망설여지는 가오루였다. 더욱이 날이 밝아져 얼굴이 드러나는 것도 부끄러운 일이었다.

"말씀을 듣고 보니 오히려 궁금해졌습니다만, 좀더 친해진 다음에 이야기를 나누도록 하죠. 그저 형식에만 치우친 대접을 받고, 저의 성의가 알려지지 못한 점이 아쉬울 뿐입니다."

이런 말을 남긴 채 자리를 떴다. 그러고는 산장에 머무는 무사가 준비해 놓은 서쪽 방으로 가서 쉬었다.

"어살 부근에 사람들이 많이 모여 있는 듯한데 빙어가 모여들지 않은 모양이지? 조황이 좋지 않은 듯하니 말이야."

가끔 이곳에 따라와 이 근방 사정을 잘 아는 가오루의 수행원이 뜰 앞에서 말하는 것이 들렸다. 허술한 배에 땔나무를 싣고 이리저리 오가는 자도 있다. 어느 누구 할 것 없이 세상을 살아가는 게 편치 않음이 강물 위에서조차 느껴져 애처로웠다. 가오루는 자기만 아무런 걱정 없이 궁궐에 영주할 수 있다는 사실이 과연 안심해도 좋은 일인가 생각했다. 가오루는 벼루를 빌려 이렇게 썼다.

강물을 지키시는 다리공주 우리 임
그 마음 헤아리며 적시는 이 소매여

"쓸쓸한 광경만 보고 계시겠지요."

가오루는 이 편지를 무사 편에 보냈다. 사나이는 추워서 소름이 돋는 핼쑥한 얼굴로 아씨의 거실에 편지를 가지고 갔다. 큰아씨는 답가 쓸 종이도 흔하디흔한 향지(香紙)라 부끄러웠지만, 이런 경우에는 빨리 보내는 편이 낫다고 생각했다.

삿대질하며 아침저녁 우지 강을 오가는
사공의 소맷자락이
삿대의 물방울에 썩어들어가듯
슬픈 이내 소맷자락은 눈물로 썩어들어가니.

"몸도 떠내려갈 만큼 흐르는 눈물이옵니다."

큰아씨는 예쁜 글씨로 이렇게 썼다. 이런 답서를 보내는 것도 예의바른 사람이기 때문이라 생각했기에 몹시 미련이 남았으나, 수레가 도착했다는 말을 듣고 무사를 불러 이렇게 말했다.

"하치노미야가 산사에서 돌아오실 즈음에 다시 꼭 오겠다고 전해 주시오."

그리고 젖은 옷은 모두 이 무사에게 주고, 가져온 평상복으로 갈아입었다.

가오루는 돌아온 뒤에도 우지의 늙은 시녀가 해준 이야기가 마음에 걸렸다. 또 상상보다도 아씨들이 훨씬 침착하고 부드러운 느낌을 주는 미인이어서 그 인상이 눈에 아른거려 인생을 쉽사리 저버릴 수 없으니 안타깝게 느껴졌다. 가오루는 우지의 아씨들에게 편지를 보내기로 했다. 하지만 사랑을 고백하는 편지는 아니었다. 희고 두꺼운 종이에 붓을 들어 멋지게 썼다.

'갑자기 찾아뵌 자가 너무 장황하게 말을 늘어놓는다고 생각하실까 두려워 말도 제대로 못하고 돌아오니 몹시 괴로웠습니다. 잠깐 말씀드린 바와 같이, 앞으로는 안심하고 거처하는 방의 발 앞에 제 자리를 마련해 주십시오. 하치노미야님의 산사(山寺) 공양이 언제 끝나는지 알고 싶습니다. 그즈음 다시 찾아가서 뵙지 못했던 아쉬운 마음을 달래 볼까 합니다.'

진지하게 쓴 편지를 좌근장감(左近將監)에게 주어, 그 늙은 시녀에게 전하도록 했다. 산장을 지키던 무사가 덜덜 떨면서 여기저기 심부름하던 모습이 불쌍하게 여겨져 큰 찬합에 음식을 푸짐히 마련해서 들려 보냈다.

또한 절에도 많은 음식을 보냈다. 산중에 있는 중들도 앞으로 추워지는 계절이어서 쓸쓸할 것이라 하치노미야께서 그 사람들에게 보시할 수 있도록 비단과 풀솜도 보냈다.

때마침 하치노미야가 산사에서 공양을 끝내고 하산하려던 날이었으므로,

함께 산사에서 일하던 스님들에게 솜·비단·가사(袈裟)·의복 따위를 하사하였다.

산장을 지키는 무사는 가오루 중장이 벗어 놓고 간 화려한 수렵복과 고급 백능직으로 만든 하늘하늘하고 좋은 향기가 풍기는 옷을 입었으나, 자기에게 어울리게 고쳐 입을 수도 없어서, 그대로 입었더니 격에 어울리지 않는 향기가 풍겨 여러 사람의 의심을 받아야 할 난처한 입장이 되었다. 그는 의복 때문에 몸가짐이 자유스럽지 못하고 사람들은 그 향기에 기분 나쁠 정도로 놀라기에 향기를 없애려 했지만 너무 짙게 배어 없어지지 않아 난감해했다.

가오루는 아씨의 아름답고 세련된 답장에 호감을 느꼈다.

우지에서는 절에서 돌아온 하치노미야에게 시녀들이 가오루로부터 편지가 왔음을 말씀드렸다. 그가 말했다.

"그 사람은 다른 구혼자를 대하듯 냉담하게 대하면 안된다. 그런 태도를 보인다면 오히려 이쪽의 수치가 된다. 예사 젊은이들과는 다른 훌륭한 인격자이니, 내가 이승을 하직한 뒤 딸들을 넌지시 부탁한 적도 있으니, 그 때문에 마음을 쓰고 있는 게야."

하치노미야는 가오루에게, 산사에 넘칠 만큼 많은 선물을 보내주어 감사하다는 편지를 전했다. 가오루는 우지를 다시 찾아가 볼까 하는 생각이 들었다.

언젠가 아카시 중궁의 셋째 황자인 니오노미야가 공상처럼 한 말이 떠올랐다.

'깊은 산골에 숨어 사는 여인이, 만나보니 뜻밖에도 훌륭한 여자였다면, 흥미롭겠지요?'

가오루는 우지 아씨들의 얘기를 약간 과장해서 말해 줌으로써 니오노미야를 부럽게 하리라 생각하고는, 어느 날 한가한 저녁에 그를 찾아갔다. 여느 때처럼 여러 얘기를 나눈 뒤 가오루는 우지의 하치노미야 얘기를 끄집어냈다. 안개 낀 새벽녘에 엿보던 그때 일을 자세하게 말했더니, 아니나 다를까 니오노미야가 관심을 보였다.

'내 생각이 맞았군.'

가오루는 그의 표정을 보고 이렇게 생각했다. 그리고 계속해서 마음이 설레도록 이상적인 아가씨였다며 아씨의 아름다움을 이야기했다. 그가 원망하는 말투로 물었다.

"그 아씨의 답서를 내게는 왜 보여 주지 않았죠? 친구라 생각했으면 보였을 터인데."

"글쎄요. 니오노미야도 편지를 많이 받으면서 그 일부도 보여 주지 않았잖습니까. 거기 계신 아씨들은 나 같은 보잘것없는 사내가 독차지할 분이 아니니, 꼭 만나게 해드리고 싶은 분들이라 생각합니다. 하지만 대체 어떻게 거기에 가려합니까? 낮은 신분인 사람은 연애하고 싶을 때 자유로이 해도 되니까, 저마다 연애를 재미있게 하는 모양입니다. 매력있는 여자가 침울한 심정으로 세상을 등지고 산골 구석에 숨어 사는 일은 흔히 있는 일입니다. 내가 얘기한 아씨들도 세속을 버리고 출가한 사람처럼 무뚝뚝한 사람들이겠지 하고, 3년 동안 업신여기고 조금도 관심이 없었습니다. 그런데 어렴풋한 달빛 아래 본 아씨들은 내 눈이 잘못되지 않았다면, 확실히 결점이 없는 미인들이었습니다. 용모라든지 태도라든지 그만한 사람은 세상 아름다움의 극치라고 해도 좋을 겁니다."

니오노미야도 마침내 진심으로 평범한 사람에게 마음을 주지 않았던 가오루가 이처럼 칭찬을 한다면 미모가 뛰어난 여인임이 틀림없으리라고 믿게 되어, 우지 아씨들에게 대단한 흥미를 갖게 되었다.

"앞으로 그 아씨들 이야기를 내게 알려 주구려."

그는 이렇게 말하고서, 자신이 자유스럽지 못한 존귀한 신분임을 혐오하는 듯한 태도마저 보여 주니, 가오루는 재미있어 이렇게 말했다.

"하지만 그런 위험한 짓은 안 하는 게 좋겠죠. 이 세상에 집착해서는 안 된다는 신념을 가진 내가 그런 환경에 뛰어들어 자기 마음을 억제할 수 없게 된다면 낭패일 테니까요."

"거창한 말씀이군요. 그런 성자 같은 소리를 하는 당신이 언제까지 참아 낼지 보고 싶군요."

니오노미야는 웃으면서 말했다.

가오루의 마음은 우지 하치노미야 저택에서 늙은 변댁이 하다 만 이야기가 궁금하고 답답하니 인생이 서글퍼져 견딜 수 없는 요즘이었다. 그래서인지 아름답고 뛰어난 여성이 있다는 소문을 들어도 흥미를 느끼지 않았다.

10월 5, 6일쯤에 가오루는 우지를 찾아갔다.

"빙어잡이철이니 어살로 물고기 잡는 것을 보는 일도 재미있을 것입니다."

그렇게 진언을 하는 수행원도 있었다.

"그런 구경해서 뭘 하나? 우리도 빙어는 아니나 하루살이와 다름없이 허망한 인간이 아닌가."

그런 말로 거절하고는, 많은 사람은 거느리지 않은 채 대나무로 지붕을 이은 소가 끄는 수레에 몸을 싣고 미리 마련한 평상복의 약식 예복을 일부러 입고 갔다. 하치노미야는 무척 반가워하며 그 지방 특유의 요리를 만들게 해서 환대하였다. 날이 저물자 등불을 가까이 놓고, 아사리도 절에서 오게 하여 가오루와 함께 그동안 연구했던 경문 해석 등에 대해 강의하도록 했다. 하치노미야는 가오루와 함께 밤새도록 자지 않고 불교에 대해 토론하였다. 모질게 부는 강바람과 나뭇잎 떨어지는 소리, 물 흐르는 소리 등이 몸에 스며들어 한결 두려움을 갖게 하는 쓸쓸한 산장이었다. 어느새 날이 샐 즈음에, 가오루는 지난날 안개 낀 새벽녘이 생각나서 이야기를 음악으로 돌렸다.

"지난번 안개가 자욱하던 새벽녘에 아름다운 음악소리를 조금 들었는데 그 나머지를 듣지 못했던 게 참으로 안타깝습니다."

"이 세상의 색에도 향기에도 미련을 모두 버린 뒤로는 잊어버렸다오."

하치노미야는 그렇게 말하며 시종에게 명령해 거문고를 가져오게 했다.

"악기도 이제는 어울리지 않게 되었군요. 같이 타 주신다면 거기에 끌려 잊었던 기억이 생각날지 모르겠군요."

가오루를 위해 비파도 꺼내게 했다. 그는 잠시 비파를 잡고 가락을 퉁겨보고 말했다.

"제가 지난번 어렴풋이 들은 그 음악 소리와 다릅니다. 특별한 악기여서 그런 줄 알았는데 역시 연주하는 솜씨가 다르기 때문이었습니다."

가오루가 선뜻 연주하려 하지 않으니 하치노미야가 이렇게 말했다.

"짓궂은 말이군요. 칭찬할 만한 솜씨를 지니신 분이 이런 외딴 산골에 어떻게 전해진단 말씀입니까. 그건 지나친 말씀이오."

그는 그렇게 말하며 거문고를 연주했는데, 그 소리는 몸에 스며들 듯 굉장한 느낌을 주었다. 뜰에서 부는 솔바람 소리가 반주할 것 같았다. 하치노미야는 잊어버렸다고 말하면서 풍치 있는 곡을 일절만 연주했다.

"우리집에서 가끔 울리는 쟁 소리는 좀 훌륭한 솜씨같이 생각될 때도 있습니다만, 내가 열심히 가르쳐 주지 않은 지도 퍽 오래 되었어요. 그래서 생각나는 대로 저마다 타는 것 같아요. 모두 강물 소리를 들으며 연습한 데 불과하니다. 물론 보통 박자와는 다를 겁니다."

그러고는 저쪽의 아씨들에게 이렇게 권했다.

"쟁을 타 보아라."

'아무것도 모르고 마음놓은 채 연주하고 있던 소리를 들으셨다는 얘기만으로도 부끄러운데, 서투른 솜씨를 어떻게 들려드립니까.'

아씨들은 이런 생각을 하며 연주를 하지 않는다. 하치노미야가 여러 번 권했으나 핑계를 대더니 아예 안쪽으로 들어가 버렸다. 가오루는 아주 유감스럽게 여겼다.

이런 일이 있을 때마다 하치노미야는 본의 아니게 이상할 정도로 세상을 등지고 사는 듯한 딸의 모습을 매우 부끄럽게 여겼다. 그가 말했다.

"계집아이들이 있다는 것을 되도록 남에게 알리고 싶지 않았어요. 그래서 아무에게도 부탁하지 않고 내 손으로만 교육을 시켜왔습니다. 이제는 언제 어떻게 될지 모를 목숨이니, 앞날이 아직 창창한 딸들이 어찌될 지, 영락하여 헤매는 신세가 되지나 않을지 몰라 걱정입니다. 그 근심이 제가 출가를 못하는 이유입니다."

가오루는 매우 애처롭게 생각하고 이렇게 말했다.

"사위처럼 공식적인 후견인은 되지 못하더라도 힘 닿는 한 뒤를 돌봐 드릴 터이니 믿어 주십시오. 조금이라도 당신보다 제가 오래 살아남을 것이니, 이렇게 약속하겠습니다."

하치노미야는 정중하게 대답했다.

"대단히 고마운 말씀이오."

하치노미야는 새벽녘 부처님 앞 기도를 올리는 동안, 가오루는 예의 노녀에게 면회를 청했다. 이 여인은 아씨들의 후견으로 시중들고 있는 변(辨)이라는 늙은 시녀였다. 나이는 육십이 좀 못 된 듯해 보였으나 고상하고 교양이 있어 보이는 사람이었다. 변댁은 품위 있게 옛이야기를 꺼냈다. 그녀는 우위문독이 밤낮으로 번민을 계속하던 나머지 마침내 병들어 죽고 말았다는 얘기를 하고는 몹시 울었다.

"남이라도 동정할 만한 옛이야기를, 하물며 오랜 세월을 두고 알고 싶었던 진실을 말해 주다니. 부처님을 뵐 때마다 내가 태어나게 된 진실을 알게 해 주십사 기도드린 보람이 있었나 봅니다. 이렇게 꿈에서까지 마음을 졸였던 육친

에 대한 얘기를 듣게 되었군요."

가오루의 뺨에는 눈물이 한없이 흘러내렸다. 그는 계속 말을 이었다.

"이렇게 옛날의 비밀을 알고 있는 분이 아직도 살아계셨군요. 놀랍고도 부끄러운 이야기를 저에게 들려주셨습니다. 당신 말고도 이 사실을 알고 퍼트릴 분이 있을까요. 오늘날까지 저는 그 비밀의 한 토막도 들어본 적이 없습니다."

늙은 변댁이 말했다.

"소시종과 저 말고는 아는 사람이 없습니다. 그리고 이 사실에 대해 한 마디도 내 입 밖에 낸 적이 없습니다. 이런 보잘것없는 여자입니다만, 밤낮으로 그분을 가까이 모시고 있었으므로 가시와기 나리의 태도가 좀 이상스러워진 걸보고 그 사실을 알게 됐습니다. 이후로 나리는 몹시 마음이 괴로우실 때는 저희를 통하여 가끔 온나산노미야와 편지를 교환하셨습니다. 황송한 일이기에자세한 말씀은 드리지 않겠습니다만, 나리께서 병환이 위독해진 뒤 제게 유언을 남기셨습니다. 저 주제에 그것을 가오루 나리께 전해 드릴 좋은 방법도생각나지 않아 부처님께 기도드릴 때도 그 기회를 달라고 했던 덕분에 당신께 이 말씀을 전하게 되었습니다. 부처님이 이 세상에 계시기는 하는가 봅니다. 또 보여 드릴 게 있습니다. 전해 드리지 못한다면 그만 태워 버릴까 생각했습니다. 언제 죽을지 모를 늙은이가 가지고 있어 봤자 죽은 뒤에 다른 사람이보게 될까 걱정했는데, 하치노미야 저택에 당신이 드나들게 되고 난 뒤로 좋은기회가 오려니 하고 염원했던 보람이 있었습니다. 이는 정말 전생의 인연입니다."

변댁은 울면서 가오루가 태어났을 때 일을 열심히 떠올리며 말해 주었다.

"가시와기 나리가 돌아가신 슬픔 때문에 나리의 젖어멈이었던 제 어머니도몸져누워 얼마 뒤에 세상을 떠났으므로, 상복을 둘이나 겹쳐 입어야 했습니다. 그러던 중 오랫동안 저를 사모했던 사람이, 저를 속여서 서해 끝까지 데리고갔던 터라 수도의 일에 대해선 아무것도 들을 수 없는 환경에 놓였었지요. 그런데 그 사람도 거기서 죽어버렸습니다.

그로부터 10여 년 뒤에 서울로 올라왔습니다. 하치노미야님과 저의 아버지쪽의 인연으로, 어린 시녀 시절에 잠시 모셨던 일도 있고 해서 나이 들어 화려한 곳으로 나가서 근무할 수도 없는 처지가 되어 버려, 냉천원의 홍휘전 여어에게로 가도 좋았겠지만, 그것조차 부끄러워서 못 가고 이렇게 산속의 썩은 나무가 되어 버렸습니다. 소시종은 언제 세상을 뜬 걸까요? 한창 젊다고 생각되던 사람들이 하나둘 고인이 되고 나니 세상에서 외로이 아직 저만 죽지 않고 살아 있습니다."

늙은 변댁이 얘기를 장황하게 하고 있는 동안 전처럼 밤이 지나고 어느덧 새벽이 되었다. 가오루가 말했다.

"이런 옛날이야기는 아무리 들어도 질리지 않습니다만 듣는 이가 없는 곳에서 다시 듣기로 하겠습니다. 어렴풋한 기억에 의하면 소시종은 내가 대여섯 살 때 갑자기 가슴이 아프다면서 죽었다 합니다. 당신을 만나지 못했더라면, 저는 아버지도 모르는 죄 많은 인간으로 일생을 보낼 뻔했습니다."

변댁은 돌돌 만 곰팡내 나는 낡은 편지를 주머니에 담아 가오루에게 전하면서 말했다.

"이것은 당신 손으로 처분하세요. '난 이제 더 이상 살 수가 없다'고 가시와기 나리가 말씀하시면서 이 편지를 모아 저에게 주셨어요. 그래서 저는 소시종을 만나면 건네주려 했는데, 그 뒤 소시종을 만나지 못하게 되어 사사로운 뒷정리도 못 했을 뿐 아니라 가시와기 나리의 마음을 전하지 못해 슬픕니다."

가오루는 편지를 받아 감추었다.

'이런 노인은 묻지 않아도 신기한 사건인양 남에게 이 일을 떠벌릴지 몰라.'

'그러나 되풀이해 가며 비밀을 지키겠노라고 하니까 믿을 수밖에.'

가오루는 이런저런 생각에 잠겼다.

산장 아침식사는 죽과 찐밥 등이 나왔다. 어제는 휴가를 얻어서 왔지만 오늘은 폐하의 근신하는 날도 끝나, 여느 때처럼 궁중 사무를 봐야만 하고 또 냉천원 상황의 첫째 황녀 병문안도 가야했기에, 꼭 서울로 돌아가야 했다. 가오루는 가까운 시일 단풍이 지기 전에 다시 방문하겠다고 하치노미야에게 말씀드렸다.

"이처럼 자주 찾아주시니 영광입니다. 덕분에 산 속의 집도 밝아진 느낌입니다."

하치노미야는 고맙다는 인사를 했다.

가오루는 자택으로 돌아오자마자 변댁에게 받은 주머니를 꺼내 보았다. 중국 비단으로 만든 주머니에는 '上'자가 적혀 있었다. 가느다란 노끈으로 묶은 봉지에 가시와기 이름 도장이 찍혀 있었다. 가오루는 편지를 펴보기 두려웠다.

여러 가지 종이에 씌어 있는, 셋째 황녀와 주고받았다는 편지가 5, 6통 들어 있었다. 그것 말고는 가시와기 위문독의 필체라 여겨지는 편지가 있었다.

'병이 점차 중해져 이것이 마지막 같습니다. 다시 편지 드리는 것도 어렵게 되었으니, 보고 싶은 마음이 간절할 뿐입니다. 이미 출가하였다 하니, 모든 일이 슬프기만 합니다.'

대여섯 장에 걸쳐 새발자국처럼 또박또박 적혀 있었다. 끝 부분에 이런 글귀도 있었다.

'귀하게 태어난 사내아이에 대해서 걱정은 없으나……. 살아 있기만 하다면, 멀리서나마 내 아들이라 볼 수 있겠지. 남몰래 바위틈에 남긴 소나무가 자라는 모습을 지켜보고 싶거늘.'

제대로 마무리짓지도 못한 듯한 글씨로 적힌 편지 곁에는 '시종인 그대에게'라고 씌어 있었다. 시간이 흘러 낡은 곰팡내가 나는 편지였지만 글씨는 뚜렷이 남아 금방 쓴 게 아닌가 생각될 만큼 확실했다. 이 편지를 다른 사람이 읽었다면 자기로서도 부끄러운 일이며 고인을 위해서도 딱한 일이었다.

'이처럼 괴로운 경험을 하는 사람이 나 말고 또 있을까.'

가오루의 마음은 한없이 우울해져서 대궐로 들어가려던 생각도 사라지고 말았다. 가오루가 어머니가 계신 거실 쪽으로 가보니까 어머니는 걱정하나 없는 풋풋한 모습으로 독경을 하다가 부끄러운 듯이 책을 감추었다.

'새삼스럽게 내가 그 비밀을 알았다고 알려드릴 필요가 있을까?'

가오루는 모든 것을 마음속 깊이 혼자 간직해 두기로 했다.

모밀잣밤나무 아래*1

2월 20일이 지나 니오노미야는 하쓰세[初瀬]의 하세테라[長谷寺]에 참배하였다. 오래 전부터 바라던 일이었으나 가는 길에 우지[宇治]에 묵어야 하기에 이번 일을 결심했다. 우지는 '근심(憂し)'이라는 단어와 비슷하여 그 이름마저 애잔하게 느끼는 옛사람도 있는데, 니오노미야가 이처럼 마음이 끌리게 된 것도 하치노미야의 아씨들이 있기 때문이다. 전상관은 말할 것도 없거니와, 고관들도 많이 따라왔다. 이번 여행에 빠진 사람은 거의 없었다.

겐지의 유산으로, 유기리 우대신이 갖게 된 별장 부지는 우지 강 건너편에 잇달아 있어 풍광이 매우 좋았다. 거기에 니오노미야를 모실 준비가 마련되었고, 대신도 돌아올 때에는 우지까지 가서 마중하기로 했다. 그러나 근신일이 갑자기 돌아온 데다, 음양가*2로부터 매우 조심해야 한다는 말을 들었기 때문에 자신이 직접 찾아뵙지 못한다는 사과의 말을 전하러 서울에서 대리인이 왔다. 친왕은 까다로운 우대신이 오지 않고 친밀하게 지내는 재상중장(宰相中將) 가오루가 도읍에서 온 걸 기뻐하고, 하치노미야를 만나는 일에 이 사람만 있으면 잘 되리라 싶어 만족스럽게 생각하였다. 니오노미야는 유기리 우대신에 대해서는 거북함을 느끼는 모양이다. 우대신의 아들인 우대변·시종재상·권중장·장인병위좌 등은 처음부터 뒤따르고 있었다. 니오노미야를 아버지 천황이나 어머니 아카시 중궁이 장차 동궁으로 생각하고 있어 세상 사람들의 존경도 그만큼 컸다. 더구나 육조원 계통 사람들은 신분을 막론하고 니오노미야를 자기들 상전같이 정성들여 섬겼다.

별장에는 산골다운 우아함이 깃들어 있고, 바둑판·쌍륙(雙六)·탄기판(彈碁

---

*1 모밀잣밤나무 아래(椎本): 가오루가 23세인 2월부터 24세 여름까지 이야기. '모밀잣밤나무 아래'는 사건의 진행에 따라 계속되는 이야기이다. 이 권에서는 가오루와 니오노미야가 우지(宇治)로 함께 찾아간다.
*2 음양가(陰陽家): 천문·역수·풍수지리 등을 연구하여 길흉화복을 예언하는 사람

盤)도 마련되어 따라온 사람들 모두 마음 내키는 놀이를 실컷 하면서 이날을 즐겼다. 니오노미야는 여행에 익숙지 못한 몸이었으므로 쉽게 피로를 느꼈다. 이 고장에서 얼마 동안 쉬고 싶은 생각도 있어 잠자코 누워 있다가, 저녁때에는 악기를 내오게 하여 음악놀이를 시작하였다. 이렇게 큰 강가에서는 물소리마저 화음을 이루어 더욱 아름답게 들렸다.

성인(聖人)이신 하치노미야의 산장은 삿대질을 하면 건너갈 수 있는 거리에 있었다. 하치노미야는 순풍을 타고 들려오는 악기 소리에 그 옛날 궁중에서 펼쳐졌던 관현 놀이가 떠올라 이렇게 중얼거렸다.

'피리를 정말 잘 부는구나. 과연 누구일까? 옛날에 겐지님의 피리 소리를 들은 적이 있지. 실로 심금을 울리는 아름다운 음색이었어. 지금 들려오는 소리는 맑게 울려 퍼지면서도 묵직한 데가 있는 게 예전 태정대신 일족의 피리 소리를 닮은 듯하군. 아하, 참으로 먼 옛일이 되고 말았구나. 관현 놀이 한 번 하지 않고, 살아 있으면서도 죽은 듯이 지내온 세월이 얼마인가, 허망한 일이다.'

그는 자기 딸들이 평범한 사람 같지 않게 훌륭하다는 생각을 하면서 보옥을 묻어두는 듯한 아쉬움을 느꼈다. 될 수 있으면 가오루를 사위로 삼고 싶었다. 하지만 가오루는 그럴 생각이 없는 모양이니 포기해야겠다 생각하면서도 그 사람 말고 다른 경박한 사내에게 딸들을 주고 싶지는 않다고 생각하였다.

하치노미야에게는 밤이 짧은 봄이건만 지루하게만 느껴졌는데 맞은편 강 언덕에서 유기리 우대신 별장 손님들이 여행지의 즐거운 밤이 주는 흥취에 날이 밝아옴을 아쉬워하고 있었다.

니오노미야는 그날 우지를 떠나 돌아가야 하는 게 아쉽게만 여겨졌다.

아득히 멀리 아지랑이가 가물거리는 하늘이 펼쳐져 있고 지는 벚꽃과 피기 시작한 벚꽃이 어우러져 있다. 저편 강가의 버드나무도 화사하게 강 위로 잎사귀를 늘어뜨리고 있었다. 도읍 사람들의 정원에서 볼 수 없는 이런 풍경을 놔두고 돌아가기 싫었다. 가오루는 이런 기회를 놓치지 않고 하치노미야 산장을 찾아가려 했으나, 많은 사람들이 보는 앞에서 자기만 배를 타고 그쪽으로 가는 것은 경솔해 보이지나 않을까 싶어 망설이고 있는데, 하치노미야로부터 심부름을 온 사람이 있었다. 편지는 가오루가 보낸 것이었다.

안개 속 산바람에 흘러오는 피리 소리

찬 물결 가로막은 저 언덕 아득해라

한자 초서체로 이렇게 정갈하게 씌어 있었다. 니오노미야는 관심 있던 곳에서 온 편지라 기쁘게 여기며 말했다.
"답장은 내가 써서 보내지."
그리고 다음의 노래를 읊었다.

저 기슭 이 기슭 흰 물결은 막아도
우지의 강바람아 올 길 갈 길 헤쳐라

가오루가 하치노미야의 산장으로 갔다. 음악을 좋아하는 몇몇 귀족 자제들에게 배 위에서 '감취락(酣醉樂)'을 연주하게 했다.
강을 바라보는 복도에서부터 걸쳐 놓은 다리 모양새는 매우 정취가 있었다. 우대신 별장도 시골답게 꾸며져 있기는 하지만, 하치노미야의 산장은 보다 더 소박한 그 고장 특색이 곁들여져 있었다. 대쪽으로 엮은 병풍도 둘러져 있어 단아한 멋이 감도는 방 안은 니오노미야가 하쓰세를 참배하고 돌아오는 길에 들르게 될지도 모른다 하여 깨끗이 청소되어 있었다. 하치노미야가 훌륭하기로 이름난 악기들을 자연스럽게 꺼내 놓자, 손님들은 저마다 악기를 들고 '벚꽃 보는 사람'이라는 민요를 연주했다. 다들 명수로 널리 알려진 그의 거문고 소리를 이 기회에 듣고 싶어했으나, 그는 간간이 다른 사람들의 음색에 맞추어 쟁을 타는 데 그쳤다.
평소에 듣지 못했던 탓인지 젊은이들은 은근히 좋은 소리라고 느꼈다. 산골다운 정취가 있고 사람들이 상상했던 것과는 달리, 왕족의 먼 갈래인 귀족 자제들 몇몇과 나이 지긋한 사위(四位) 손왕들이 항상 하치노미야를 가엾게 생각했는지, 조금이나마 인연 있는 사람들은 도와주려고 와 있었다. 술병을 들고 권하는 사람들도 모두 산뜻한 모습을 하고 있었다. 일종의 예스럽고 친왕 가문다운 기품이 있는 환영 자리라 느껴졌다. 배로 온 사람들 중에는 아씨들의 어여쁜 모습을 상상하고 그 호기심에 끌리는 사람도 있었다.
더구나 니오노미야는, 가오루로부터 아름답다고 들었던 아씨 자매에게 큰 흥미를 갖고, 평소 신분 때문에 자유로운 행동을 할 수 없음을 은근히 원망스러워했기에, 이번 기회를 맞아 아씨들에게 이런 마음을 전해 주고 싶었다. 아름다운 벚나무 가지를 꺾어오게 하여 따라온 귀여운 시동을 시켜서 편지를 전하였다.

산벚꽃 핀 들을 찾아
그 꽃을 장식으로 꺾어 드릴까…….

아씨들은 "답장을 드리기가 어렵다"며 서로 사양했다. 그러나 이럴 때에는 "그저 풍류스런 만남으로 가볍게 상대해 두어야 하며, 지나치게 정성을 들여 답장하면 오히려 좋지 않은 인상을 주게 된다"는 늙은 시녀들 말에, 하치노미야는 작은아씨에게 답장을 쓰게 하였다.

장식으로 꺾은 꽃을 따라 산이
우리 집 담 넘어 봄을 데려오네.

이런 시가 아름다운 필체로 쓰여 있었다. 강에서 부는 바람도 지금의 친왕과 옛 친왕인 하치노미야를 차별하지 않고 불어주었다. 남쪽 강 언덕에서 들려오는 음악소리는 하치노미야 집안 사람들 귀를 즐겁게 했다.

니오노미야는 임금의 칙사이기에 안찰사 대납언이 마중하러 나왔다. 행렬에 따라온 많은 사람들은 모두 우지를 떠났다. 젊은이들은 아쉬움이 남아 강물 쪽을 언제까지고 뒤돌아보면서 갔다. 니오노미야는 좋은 기회를 얻어 다시 찾아오기를 기약했다. 그들 일행은 산수풍경을 주제로 한 시와 노래를 많이 지었는데, 필자는 자세히 알지 못한다.

주변 사람들의 눈치를 살피다 보니 우지 아씨에게 다시 편지를 전하지 못했음을 니오노미야는 아쉽게 생각하고, 뒤로는 가오루를 거치지 않고 직접 하치노미야 산장에 편지를 보냈다.

아버지가 아씨들에게 이렇게 말했다.

"처음과 같이 답장을 보내는 게 좋다. 이쪽에서는 구혼자로 생각지 않기로 하자. 친구로서 무료함을 달래는 상대는 될 수 있을 게다. 풍류를 즐기는 분이시니 젊은 아씨가 있다고 가벼운 마음으로 장난하시는 거야."

하치노미야가 이렇게 권하자, 작은아씨가 답장을 썼다. 큰아씨는 연애를 장난으로 생각하기 꺼려져 편지를 자중하는 마음을 지닌 고결한 여성이었다.

마냥 쓸쓸한 산장생활 속에 기나긴 봄날의 무료함은 두 아씨에게서 떠나지를 않았다. 두 딸이 어른스러운 아름다움을 지닐수록 하치노미야의 마음은 오히려 슬퍼져만 갔다.

'차라리 얼굴이라도 못생겼다면 아까운 존재라 한탄하지 않았을걸.'

그는 번민했다.

큰아씨는 25세, 작은아씨는 23세가 되었다.

하치노미야는 올해 특히 몸조심을 해야 한다는 점괘가 나왔다. 그리하여 이래저래 외로운 심정이 더해져 부처님 공양이 훨씬 잦아졌다. 이 세상에 아무런 애착도 없었기에 저세상을 위해 모든 것을 내던지고 부처님 제자가 되고 싶은 심정이지만, 두 아씨를 버려둘 수 없어서 불심은 깊어도 이리 고민하시는 것이리라 시녀들은 추측했다.

이런 점에서 하치노미야는 체면도 서고, 어버이로서 이쯤이면 양보할 수 있다고 생각할 만한 사나이가 청혼을 해 오면 까다롭게 따지지 않고 결혼을 허락하리라. 하나만이라도 그렇게 보낸다면 모든 신경을 거기에 쓸 수도 있으련만 생각했으나, 그만한 성의를 보이고 청혼하는 사람이 없었다.

어쩌다 우연한 기회에 중매자가 나서서 그런 이야기를 꺼내기도 했으나, 아직 새파랗게 젊은 사람들이 한때 호기심으로 참배 가는 길에 들르거나 여행을 가는 길에 휴식처인 우지에서 흥에 못 이겨 연심을 표현하는 정도였으며, 한적하게 지내는 그로서는 왕녀에게 별다른 경의도 없이 무례하게 보내오는 그런 편지에는 답장조차도 보내지 못하게 하였다. 그러나 니오노미야는 어떻게 해서든지 이 사랑을 이루겠다는 열성이 있었다. 이 또한 전생의 인연인지도 모를 일이다.

가오루 중장은 그해 가을 중납언이 되었다. 드디어 화려한 고관이 되었지만, 마음속에는 늘 어두운 그림자가 떠나지 않았다. 자신의 출생에 의문을 품고 살다가 진상을 알았을 때 비로소 시작된 육친에 대한 애정과 동정, 그리고 육친이 저세상에서 전생의 죄 때문에 고통받아야 함을 안타깝게 여겨

그 죄를 가볍게 해드리기 위해서라도 자신은 부처님 공양을 올려야겠다고

결심하였다. 또한 그 얘기를 해 준 늙은 변댁에게 호의를 베풀고, 남의 눈을 피해 늘 물질적 지원을 꾸준히 해주었다.

어느 날 가오루 중납언은 한동안 우지의 하치노미야 댁을 방문하지 못했음을 떠올리고 급작스럽게 출발했다. 거리는 아직 가을이 찾아들지 않았으나 음우산(音羽山)이 가까워지면서 제법 바람도 차가워지고, 진미산은 나뭇잎에 조금 단풍이 들었다. 가오루는 산 깊이 들어갈수록 가을 경치가 아름다워짐을 느꼈다.

가오루를 맞이한 하치노미야는 여느 때보다도 훨씬 더 반가워하며 자신의 처량한 심정을 이야기하였다. 자신이 죽은 뒤 아씨들을 가끔 찾아와 달라느니, 친척으로 생각해 달라느니 그런 뜻을 직접 말하지 않았으나 살며시 비치니 가오루가 말했다.

"이런 말을 들은 이상, 결코 제가 할 일을 게을리하지 않겠습니다. 이생에 집착하지 않으려고 남보다 냉담한 태도를 취하고 있었으나 입신(立身)을 바라지 않사오니 제가 살아 있는 한 지금과 조금도 변함없이 가족들을 지켜드릴 생각입니다."

하치노미야는 기쁘게 여기고 만족하였다. 뒤늦게 솟아오른 달이 산을 조용히 비추어 드러낸 한밤에 그는 염송을 하고 추억담으로 말문을 열었다.

"요즘 세상은 어떻게 되어 가는지 조금도 모르겠구려. 궁중 같은 데서 이런 가을 달밤에 음악을 연주할 때면 나도 그런 자리에 참석해 봐서 느낀 일이지만, 명인들만 모여 저마다 솜씨를 발휘하는 어전의 합주보다는 솜씨가 좋다고 소문난 여어나 갱의가 있는 궁방에서, 속으로는 경쟁심을 품고 있으면서도 겉으로는 풍류스럽게 사귀는 사람들이 조용해진 한밤에, 말할 수 없는 고민을 가슴속에 지닌 채 은은히 연주하는 거문고 소리가 더 훌륭했지요. 여자란 누구든 사람에게 위로밖에 주지 못하는 존재이고 어딘지 의지할 곳이 없는 몸이어서, 마음을 괴롭히는 씨앗이 되기도 하지요. 그래서 여자는 죄가 많다고 하는가요? 어버이로서 자식을 걱정하게 되는 점에서도, 아들은 그렇게까지 어버이를 걱정시키지는 않지만, 여자는 어버이가 어떻게 생각하건 숙명을 따르게 할 수밖에 없겠으나, 그래도 가엾게 여겨지니 큰 애물단지가 되지요."

세상 이야기를 하는 듯 속마음을 털어놓는 말은 지극히 이치에 맞으며, 얼마나 아씨들을 걱정하고 있는지 가오루는 알 수 있었다.

"무엇이든 집착하지 말아야겠다고 다짐한 탓에 저로서는 그처럼 괴로운 어버이 심정 같은 것을 경험해 보지 못했지만, 다만 한 가지 저에겐 깊은 애착이 가는 음악이 있어서 그것 때문에 세상을 버리지 못하고 있습니다. 현명한 가섭(迦葉)*3 또한 그런 마음이 있어서 음악이 나오면 춤을 추곤 했던 것일까요."

그런 말을 하면서 언젠가 잠깐 들은 아씨들의 거문고와 비파소리를 한 번 더 듣고 싶다며 하치노미야에게 부탁했다.

딸과 가오루를 친하게 하려는 생각에서인지 하치노미야는 손수 아씨들 방으로 가서 악기를 연주하도록 권하였다. 이윽고 쟁 소리가 은은하게 들려오다가 그쳤다. 식구도 별로 없는 조용한 저택에서 초가을 밤 자연스럽게 들려오는 음악 소리는 마음속에 스며드는 것 같았다. 아씨들로서는 마음 편히 연주할 수 없었다.

"이렇게까지 가까이할 계기를 만들어 주었으니, 그 다음은 젊은이들에게 맡기기로 하지요."

하치노미야는 이렇게 말하고, 부처님을 모신 방으로 건너갔다.

주인 없이 집이 황폐해져도
이 하나만 들어주오

"이렇게 얘기할 수 있는 것도 어쩌면 이것이 마지막이 될 듯한 처량한 감정을 나는 억제하지도 못하고, 어버이로서 분별없는 말을 많이 했군요. 미안한 일입니다."

하치노미야는 이렇게 말하고 울었다. 가오루가 말했다.

어떤 세상이라도 긴 세월
살겠노라 맹세한 집이거늘

"씨름대회 등 궁중의 바쁜 시기가 끝나고 시간 나는 대로 또 찾아뵙겠습니다."

---

*3 가섭(迦葉) : 석가모니의 10대 제자의 한 사람. 욕심이 적고 엄격한 계율로 불도를 행하여 교단의 우두머리로 존경을 받았다. 흔히 대가섭·마하가섭으로 불린다

별실에서 가오루는 옛이야기를 들려준 늙은 시녀를 불러내어 슬프고도 그립게 생각되는 이야기를 마저 들었다. 서쪽 산으로 지려는 달은 온 방 안에 빛을 던져 그 빛에 비친 가오루의 모습이 발 저쪽에서 비쳐 아름답게 보였다.

아씨들이 옆방 안쪽으로 앉아 있었다. 가오루가 예사 구혼자들이 하는 노골적인 이야기 대신 우아한 화제를 골라 아씨들에게 얘기를 하니, 아씨들도 거기에 대한 답변을 하곤 했다.

'니오노미야가 매우 흥미를 가지고 있는 아씨들인데……'

가오루는 이런 생각을 했다.

'내가 이렇게 자주 찾아오면서도 더욱 깊이 다가서지 않는 이유는 보통 남자와는 다르게 보이기 위함이며 상대가 사랑을 자연스럽게 느껴주기를 기다리기 때문이다. 그러면서도 연애가 성립되기를 희망하지 않는 것은 아니다. 계절 풍경에 대해 글을 주고받으며 교제하기엔 좋은 여성들이므로 혹여 나와 인연이 없어 다른 사람과 결혼한다면 섭섭하리라.'

한편으로 가오루는 그녀들을 이미 자기 여인인 것처럼 생각했다. 아직 날이 밝기 전에 그는 궁으로 돌아갔다.

가오루는 처량한 심정으로 '수명이 얼마 남지 않았다' 스스로 생각하는 하치노미야가 마음에 걸려 바쁜 시기만 지나면 또다시 우지를 방문하리라 생각했다.

니오노미야도 가을 단풍놀이를 우지로 가려고 했다. 하치노미야댁 아씨들과 편지는 자주 주고받았다. 여자 쪽에서도 진정한 연애라고 인정하지 않았으므로 귀찮아하는 기색을 보이지 않은 채 그때그때 답장만은 보냈다.

가을이 한층 짙어감에 따라 하치노미야는 건강이 더욱 좋지 않아 산사로 가서 염불에만 전념해야겠다 생각하고는, 아씨들에게도 자신의 상태를 알리고 어찌 될지 모르는 내일에 대해 주의를 주었다.

"인간은 어차피 모두 죽게 마련이지만, 그런 때에도 남겨진 가족에 대해 안심할 수 있다면 충분히 위안으로 삼고 슬픔을 이겨낼 수도 있을 게다. 그러나 막상 보살펴 줄 사람도 없이 너희들을 남기고 가자니 슬프기 그지없다. 이런 일 때문에 순수한 신앙을 가질 수 없게 되면 모든 일이 여의치 않아 영원히 어둠 속을 헤매게 될 듯하다. 너희들을 눈앞에 두고서도 죽는 날에는 헤어지지 않으면 안 되니, 사후의 일까지 간섭하는 것은 아니지만, 나뿐 아니라 너희들 조부모님에게 불명예가 될 그런 경솔한 결혼 따위는 해서는 안 된다. 근본도 없는 믿음직스럽지 않은 사람의 유혹에 빠져서 이 산장을 떠나는 일이 없도록 해라. 자신은 보통사람과 다른 운명을 지니고 있는 사람이라 생각하고, 한평생 여기서 지낼 작정을 하고 있도록 해라. 그런 굳센 신념만 있으면 긴 인생도 어느새 끝나 버리는 게야. 특히 여자인 너희들은 보통 사람과 같은 행복을 바라지 말고, 참고 견디어 여러 가지로 남들에게 비난받는 일 없이 일생을 보내는 게 좋을 테다."

듣고 있는 아씨들은 자기들이 어떻게 될 것인가 하는 불안보다도 아버지가 죽으면 잠시도 인생을 살아갈 수 없으리라 생각하던 차에, 이처럼 유언같은 말씀을 듣게 되자 형언할 수 없는 슬픔에 잠겼다. 하치노미야는 마음속으로 딸들에게서 멀어지려고 노력했지만, 낮이고 밤이고 곁에 붙어 따스한 손길로 키웠으니 갑자기 이런 얘기를 꺼내는 것이 냉혹한 처사는 아닐지라도 아씨들이 원망스러워하는 게 마땅해 보였다.

내일이면 아시리의 산사로 들어가리라 생각하다 보니 하치노미야는 여느 때 같지 않게 집안 이곳저곳을 둘러보고 있었다. 잠시 빌려 머무는 집으로 생각했다가 이토록 오랜 세월을 보내게 되니, 이 간소한 건물에 대해서도, 자기가 없어진 뒤로 이곳에서 딸들이 더 참고 살아갈 수 있을까 싶어 눈물지으며 염송을 하는 하치노미야의 모습에는 청초한 아름다움이 있었다. 그는 나이 지긋한 시녀들을 불러 타일렀다.

"내가 어디 있더라도 안심할 수 있도록 아씨들을 보살펴 주게. 처음부터 사람들 이목을 끌지 않는 집안이었다면 그런 집의 자식들이 나중에 타락하더라도 문제 삼을 사람은 없다. 그러나 내 집안 같은 경우, 다른 사람은 대수롭지 않은 일에도, 여러 가지 곤란한 일이 많게 되고, 생각대로 되지 않은 생애를 보내는 일이 드물지 않다. 가난하고 수수한 생활밖에 못하는 귀족은 우리만은 아니니 그런 일은 상관할 바 없지. 귀족 딸은 귀족답게 품위를 떨어뜨리지 말고 남한테 모멸당하지 않을 몸가짐으로 살아야 하며 사회에 대해서나 자신에 대해서나 깨끗해야 되네. 예사 사람과 같은 행복을 얻으려 해도 되지 못하면 오히려 비참한 일이니, 경솔한 생각으로 아씨들에게 하찮은 자와 혼담을 중개해서는 안 되네."

마지막으로 아침 일찍이 산사로 떠나려 할 때 하치노미야는 아씨들의 거실로 건너와 당부했다.

"내가 없는 동안 불안해하지 말고 잘들 있어라. 기분을 밝게 하고 음악을 열심히 해라. 무엇이든 마음대로 되지 않는 것이 인생이니 비관만은 하지 말고 잘들 있어라."

이 말을 남기고 하치노미야는 자꾸만 뒤를 돌아보면서 집을 나왔다. 가뜩이나 쓸쓸한 아씨들은 외로움이 더해져 침울하고 안절부절못했다.

"우리 가운데 하나가 없다면 어떻게 살아갈까. 앞날이 어떻게 될지 모르는 상황에, 만약 둘이 헤어지게 되면 어찌 해야 할까."

아씨들은 서로 이야기하며 울기도 하고 웃기도 했다. 그래서 놀이도 공부도 함께하며 서로 위로하면서 지냈다.

하치노미야가 산사에서 행하고 있는 삼매(三昧)가 오늘 끝나는 터라 아씨들이 아버지를 기다리고 있는 저녁 때, 산사에서 아버지가 보낸 사람이 왔다.

'오늘 아침부터 몸이 불편해서 집으로 돌아가지 못하겠다. 감기인 듯하니 오늘은 몸조리를 해야겠다. 여느 때보다 너희들을 더 만나고 싶은데 안타깝구나.'

아씨들은 놀란 가슴이 막혀버리는 듯한 심정이 되어, 두툼하게 솜을 넣어 둔 옷을 급히 마련해 보내 드렸다. 그로부터 2, 3일 뒤에도 아버지는 산에서 내려오지 못했다.

병세를 알아보려고 산사로 사람을 보내 편지를 전하니 곧 답장이 왔다.

'중병에 걸린 것 같지는 않다. 그저 어딘지 모르게 괴로울 뿐이니 조금이라도 나으면 돌아갈까 한다. 지금은 몸과 마음을 애써 안정시키려 하고 있다.'

아사리는 곁에 붙어서 줄곧 병간호를 하고 있었다.

"깊은 병환으로 보이진 않지만, 어쩌면 이것으로 천명을 다하게 되는지도 모릅니다. 결코 아씨들에 대해 걱정하실 필요 없습니다. 사람에겐 저마다 다른 숙명이 있으니 하치노미야께서 생각하신다고 어떻게 되는 것도 아닙니다."

아사리는 이렇게 말하고, 이 세상에 대한 집념을 버리라 했다.

"여기서 나가지 않는 게 좋겠습니다."

그리고 이렇게 충고하였다. 8월 20일쯤 일이었다. 모든 것이 쓸쓸하게만 느껴지는 계절이기도 해서, 아씨들 마음에는 아침저녁 안개가 갤 사이도 없이 탄식만 했다. 새벽달이 화사한 빛을 던져 우지 강물이 선명하게 보일 무렵, 두 아씨는 강 쪽으로 난 격자창문을 올리게 하고서 바깥 경치를 바라보고 있는데 멀리서 종소리가 희미하게 들려왔다. 날이 밝았구나 생각했다. 그 때 절에서 온 사람이 울면서 말했다.

"어젯밤에 돌아가셨습니다."

병환이 어떤가 조바심만 내던 참에, 아씨들은 이런 소식을 듣고 망연자실했다. 너무나도 슬플 때는 눈물마저 자취를 감추는 모양이다. 자매는 아무 말도 못하고 그저 엎드려 울었다.

사별의 슬픔도 날마다 머리맡에서 간호를 해온 뒤에 겪은 일이라면 체념할 수도 있겠으나 병에 걸리셨을 때 만나뵙지도 못하고 그렇게 되었으니, 이처럼 한탄하고 슬퍼했다. 아버지가 돌아가시면 이 세상을 살아갈 수 없을 것이라 생각했던 두 사람이기에 아버지의 뒤를 따르겠다며 울었지만, 이미 정해진 운명이니 어쩔 도리가 없었다.

아사리가 하치노미야께서 돌아가시기 훨씬 전 미리 유언을 들었기 때문에 장례도 그에게 약속드린 대로 이들이 맡아서 치렀다.

"돌아가신 모습을 보고 싶습니다."

아씨들이 간절히 소망했지만, 아사리는 이렇게 대답했다.

"이제 그리하면 안 됩니다. 병환 중에도 저는 아씨들을 만나지 않는 게 좋다고 말씀드렸습니다. 이렇게 된 이상 서로 부질없는 집착만 하게 될 뿐 아씨들의 장래를 위해서 해로운 일입니다."

아사리는 용납하지 않았다. 임종하실 때의 모습을 물어도 대답하지 않는 아사리의 무심한 태도를 아씨들은 원망스럽고 밉게까지 생각했다.

예전부터 출가하려는 뜻이 깊었던 하치노미야였는데 딸들이 고아로 남는 게 걱정스러워 살아 있는 동안이나마 곁에서 떠나지 않고 언제나 지켜 주는 아버지가 되어 덧없는 인간세상의 쓸쓸함을 달랬던 것이다. 오래 곁에 있지 못하고 생사의 길로 갈라져 버리게 된 일은 아버지에게도 그를 그리워하는 아씨들에게도 슬픈 일이었다.

가오루가 이 소식을 들었다. 너무도 덧없는 인간의 목숨이 슬프고 그분의 고귀한 인격이 안타까웠으며, 천천히 이야기하고 싶던 일이 많이 남아 있어 인생의 비애가 뼈저리게 느껴진 가오루는 한바탕 눈물을 흘렸다. 이것이 마지막일지도 모른다 말했지만, 늘 인생의 덧없음과 연약함을 느끼며 지내는 분의 말씀이라 별다른 심정으로 하는 말이라고 생각하지 않았다. 그런데 이처럼 빨리 이별이 찾아올 줄은 몰랐기에 더욱더 슬프기만 했다. 가오루는 아사리에게도 산장의 아씨들에게도 정성들여 조문했다. 이런 문안도 가오루밖에 드릴 사람이 없는 신세가 더욱 슬펐다. 두 아씨는 예전부터 이런 호의 있는 배려를 끊임없이 해주는 가오루를 다시 보게 되었다.

가오루는 평범한 가정에서도 어버이가 돌아가신다면 그 이상 슬픔은 없을 터인데, 아버지 하나만을 믿고 오늘날까지 살아온 아씨들은 얼마나 심한 슬픔 속에서 외로워하고 있을까 싶어, 하치노미야 추모법회 등에 쓰일 비용을 아사리에게 넉넉히 보냈다. 하치노미야 저택에도 늙은 변댁 앞으로 금품을 보내고, 불공 비용으로 쓰도록 일렀다.

언제나 어두운 밤처럼 깊은 슬픔의 나날이 지나 어느새 9월로 들어섰다. 산과 들의 짙은 가을빛은 사람의 눈물을 자아내고 앞 다투어 떨어지는 나뭇잎 소리, 우지 강물 흐르는 소리, 폭포수같이 쏟아지는 눈물도 모두 하나가 되어 아씨들을 더욱 깊은 슬픔의 구렁텅이로 몰아넣었다.

"사람의 목숨이란 전생에서부터 정해진 것이라 하는데 이리도 슬퍼하시면 앞으로 어떻게 살아가시겠습니까."

시녀들은 아씨들을 생각하여 온갖 말로 위로하였지만, 아버지를 잃은 아씨들은 어찌할 줄 모르고 있었다.

이 산장에 염불하는 스님들이 와 있었다. 하치노미야가 쓰던 방에는 유품으로 남아 있는 불상이 있었는데, 거기에 때때로 참배했던 사람들이나 상주들 모두가 그 앞에서 근행하면서 나날을 보내고 있었다.

니오노미야가 보내 온 정중한 문안 편지가 있었다. 그러나 때가 때인 만큼 그런 성질의 편지에는 답장을 쓰고 싶지 않아 내버려 두었다.

'가오루 중납언에게는 그렇게 대하지 않을 것인데 내게만 냉정하게 대하는군.'

니오노미야는 상황을 모르고 이렇게 불만스러워했다. 그는 단풍철에 우지에서 시회(詩會)를 열려고 했지만, 그리운 사람의 집이 상갓집으로 되어 버린 지금은 그럴 수도 없다고 애써 그만두었으나, 매우 아쉽게 여겼다.

어느덧 49일 동안 상복 입는 날도 끝났다. 시간이 슬픔을 덜어줄 것이라고 니오노미야는 생각하고 긴 편지를 우지로 띄웠다. 이따금씩 가을비가 지나가

곤 하는 저녁때였다.

　수사슴이 짝을 부르며 우는 산골
　싸리나무 이슬처럼 눈물짓는 저녁 해

'날씨가 이러한데 그리워하는 사람은 얼마나 쓸쓸한 심정으로 있을까 헤아려 주지 않으심은 너무나 냉정합니다. 들판의 풀이 시들어 가는 경치도 담담하게 바라볼 수 없는 나입니다.'
그런 편지였다.
"존귀한 분께 너무 무시하는 태도를 취해 왔었구나. 네가 좀 답장을 드려야겠다."
큰아씨는 여느 때처럼 작은아씨에게 권하였다.
"아버지가 돌아가시고도 아직까지 살아남아서 벼루를 놓고 글을 쓰리라고는 생각지 못했던 일입니다. 시간이 허무하게 흘러가 버렸어요."
작은아씨는 이렇게 말하고 눈물이 울컥 솟아 아무것도 보이지 않기에 벼루를 옆으로 밀어냈다.
"아무래도 글 쓸 기분이 아니에요. 요즘 겨우 일어나 앉아 있게 되었지만, 슬픈 날이 언젠가 끝난다더니 그게 정말이구나 싶어, 그런 내 자신이 싫어지고 한심해요."
이렇게 가련한 모습으로 말하고 흐느끼는 모습이 언니 된 몸으로는 마음 아프게 느껴졌다. 저녁때가 되자 심부름 온 사람이 말했다.
"벌써 열 시가 훨씬 지났습니다. 오늘 밤 안에 돌아갈 수 있을까요?"
그 이야기를 듣고, 오늘 밤은 묵어가게 하라고 말했으나 고집을 부렸다.
"아니올시다. 기어이 오늘 밤 안에 답장을 전해 드려야 합니다."
딱하다 생각한 큰아씨는 편한 마음이 아니었지만 답장을 써주었다.

　눈물의 안개가 뿌옇게 낀 산골
　사슴이 와서 함께 우네

어둠 속에서 쓴 글씨는 잘 보이지도 않지만, 그런 편지를 더 살펴보지도 않고 되는 대로 봉투에 담아 시녀에게 건네주었다.

심부름을 온 사내는 목번산(木幡山)을 지나갔다. 비 올 듯 흐린 날씨라 유난히 어둡고 무서운 길이었으나, 겁이 없는 자가 뽑혀 왔는지 을씨년스런 대나무밭 길을 말도 멈추지 않고 마구 달려서 한 시간 만에 이조원에 다다랐다. 니오노미야 앞으로 나갔을 때 사내의 젖어 있는 옷을 보고 그는 상을 내렸다.

여태까지 편지를 쓴 사람의 필적이 아니고, 얼마간 연륜이 느껴지며 재주와 학식이 남다른 이가 쓴 글씨였다. 하치노미야는 어느 쪽 편지가 언니이고 동생인지 골똘히 생각하느라 침실에 들지 않은 채 앉아 있었다. 그 시간이 너무나 길어, 시녀들은 얼마나 감동을 주는 편지이기에 저러는가 하고 속삭이면서 은근히 반감도 가졌다. 졸렸기 때문이었다.

니오노미야는 아직 아침 해도 안개 속에 숨어 있는 때, 일찍 일어나 또 우지로 보낼 편지를 썼다.

아침 안개 속 짝 잃은 사슴의 울음소리
어찌 가엾게만 여기겠느냐

"같이 운다면 제 울음소리가 사슴보다 더 슬플 겁니다."
그런 내용이었다.
"풍류에 너무 빠지는 행동도 남 보기에 좋지 않다. 아버지가 든든히 뒤에 계실 때는 그런 희롱에 안심하고 답장도 썼지만, 부모 잃은 지금 뜻하지 않은 잘못을 저지른다면, 우리를 위해 그토록 걱정하던 아버지의 명성에까지 먹칠을 하게 될지 모른다."

무슨 일에나 조심스러워진 아씨들은 답장을 쓰지 못했다. 니오노미야를 아씨들은 천박한 구혼자들과 마찬가지라고 보지는 않았다. 초서체 필체도 아름답고 그윽한 아취가 보였다. 연애편지를 많이 보지는 못했으나, 그야말로 훌륭한 남성의 글이라고 생각했다. 그처럼 존귀하고 훌륭한 남자와 사귀는 일은 지금 자기들에게 어울리지 않는 일이다.

'감정을 해치게 되더라도 이 산골에서 조용히 살자.'
아씨들은 그렇게 생각했다. 그러나 가오루의 편지만은 진지하게 친절한 사연을 많이 써 보내곤 했으므로 아씨들도 냉담하게 굴지 않고 늘 답장을 보냈다.

상복 입는 날이 지난 뒤에야 가오루가 찾아왔다. 아씨들은 동쪽 마루와 잇닿은 방에 상복을 여전히 입은 채 있었다. 가오루는 먼저 시녀 변댁을 불러냈다. 슬픔에 잠기어 침울한 나날을 보내는 아씨들 가까이로 가오루가 눈부시게 찬연한 향기를 풍기며 들어오자, 아씨들은 거북스러워 묻는 말에도 대답을 하지 못했다.

"이처럼 서먹서먹하게 대접하지 마시고, 돌아가신 아버님께서 저를 대해 주셨듯이 허물없이 대해 주셔야 찾아뵌 보람도 있겠습니다. 평범한 젊은이처럼 경망스럽게 놀았던 경험이 없으니, 안 그래도 어색한데 사람을 사이에 두고 말을 전하려니 이야기가 제대로 나오겠습니까."

가오루의 이런 말을 늙은 변댁을 통해 들은 아씨가 인사말을 전했다.

"그동안 어떻게 살았을까 기억이 안 납니다. 저희들은 살아 있기는 하지만, 아직 슬픈 꿈속을 헤매고 있을 따름입니다. 햇빛을 보는 일조차 죄스러워 가까운 바깥도 못 나가는 처지입니다."

가오루가 말했다.

"그렇게 말씀하시니 효심이 깊으심을 깨달았습니다. 해나 달빛이 있는 곳으로 거리낌없이 나오신다면 죄스럽게 생각될 수 있겠으나, 저 또한 하치노미야님을 잃은 슬픔을 다른 누구에게도 말씀드릴 곳이 없고 아씨들에게 위로를 드리고 싶으니 제발 가까이 나오셨으면 합니다."

그 말을 전하는 늙은 시녀가 말을 보탰다.

"저분이 말씀하시다시피, 슬픔에 잠긴 두 분을 위로하신다는 호의를 받아들이셔야지요."

큰아씨의 마음속에도 점차 슬픔이 가라앉게 된 요즈음에 와서는 아버지의 장례식 때 가오루가 도와 준 여러 가지 호의와 친절뿐 아니라, 돌아가신 아버지에 대한 도리로 이런 산골까지 유족을 찾아준 뜻이 고맙게 느껴져 무릎으로 걸어 조금 다가앉았다. 가오루는 슬퍼하는 아씨들의 마음을 이해하고, 또 아씨들의 뒤를 보살피겠노라 하치노미야와 약속한 일을 다정다감한 얼굴로 자상하게 말했다. 거칠고 무뚝뚝한 사람이 아니었으므로 아씨들도 서먹서먹한 느낌은 들지 않았다. 그리 친하지 않는 남자에게 목소리를 들려주거나 의지하려 했던 이런저런 일을 생각하니 괴롭고 부끄러운 생각이 들었으나, 간신

모밀잣밤나무 아래 1197

히 한 마디쯤 답을 하기도 했다. 그런 아씨의 모습에 슬픔에 잠긴 기색이 뚜렷하여 가오루는 진심으로 불쌍히 여겼다. 발 저쪽의 검은 휘장 사이로 보이는 아씨의 모습은 쓸쓸하고 애처로워, 새벽녘 어둠속에서 보았던 그 모습을 떠올렸다.

　　가을도 깊어 마당에 키 작은 띠가 제 색을 잃고 메말라 가는데
　　상복 입은 그대 소맷자락도 눈물 젖어 있으리라 헤아려지네

가오루는 중얼거리듯 읊었다.

　　흐르는 눈물은 상복 소맷자락을 제 집으로 여기건만
　　이내 몸은 어디에도 머물 곳이 없네

"상복에서 풀린 실은"
아씨가 답가의 뒷부분을 읊조리다 말고 몹시 슬퍼하면서 안으로 들어가 버렸다.

그런 아씨를 다시 불러 이야기를 계속할 만한 사이가 아니었던 가오루는 걷잡을 수 없이 안타깝기만 했다.

늙은 변댁이 거만하게 대리역으로 나와, 오랜 옛이야기며 하치노미야에 대한 추억담을 섞어서 가오루에게 슬픈 이야기를 들려주었다. 자기 출생의 비밀에 관여한 여자이므로 주름이 자글자글한 늙은 여자라는 것도 느껴지지 않았다. 그래서 친근하게 이야기했다.

"나는 어려서 아버지 겐지와 이별한 몸이라, 인생은 슬프다고 늘 뼈저리게 느껴왔답니다. 그래서 그런지, 어른이 되어감에 따라 진급되는 관위며 세상사람들의 촉망에 대해서 별로 기쁜 일이라고 생각되지 않습니다. 내가 바라는 것은 이렇게 조용한 곳에서 한가롭게 지내는 일입니다. 하치노미야의 생활이 내게 이상적인 생활이라 가까이 지냈지요. 하지만 슬프게도 이리 일찍 인생을 마치셨기 때문에 다시금 애틋해집니다. 뒤에 남은 아씨들이 마음에 걸려 출가도 못하신 그분을 떠올리면 지금 어떤 노력을 해서라도 유언을 실천하고 싶습니다. 당신에게 생각지도 않은 옛이야기를 들은 뒤, 더욱 이 세상에 자취를 남기

려는 욕구가 없어졌습니다."

가오루가 울면서 하는 말을 듣고 있던 변댁도 덩달아 큰 소리로 울어대어 말도 제대로 못했다. 가오루의 모습이 가시와기의 분신으로 여겨져 옛 추억이 다시금 슬픔을 깨워 변댁은 눈물에 젖었다. 이 여자도 가시와기 대납언 유모 의 딸이었으며, 그의 아버지는 이곳 아씨들 외숙부인 좌중변으로, 세상을 떠 났다. 변댁은 오랫동안 시골에 가 있다가 하치노미야 부인이 죽은 뒤 서울로 올라왔음에도 예전의 태정대신 댁과 멀리 떨어진 채 지냈다. 그러던 차에 하 치노미야 댁에서 불러 함께 살게 된 것이다. 인품이 대단한 사람은 아니고 남 의 집살이를 하다보니 생긴 나쁜 버릇도 있으나, 사리분간 못 하는 사람은 아니 라 생각하여 하치노미야가 아씨들의 후견 역으로 생각하고 맞아들인 것이다.

가시와기와 주작원 셋째 황녀 온나산노미야에 대한 일은, 오랜 세월 친숙하 게 지내며 숨기는 일이 없는 아씨들에게 지금까지 비밀로 지켜왔다. 그러나 노 인은 묻지도 않은 이야기를 하기 마련이므로 평범한 이야기처럼 허풍을 섞어 서 말하지 않더라도, 그 귀녀다운 아씨는 알고 있을지 모른다고 상상하니 가 오루는 유감스럽기도 했고 또 자기를 가엾은 사람으로 생각하게 하는 일이 미 안스럽기도 했다. 이런 일 때문에 두 아씨 중 한 사람을 신부로 맞아야 한다 는 생각을 했는지 모른다.

가오루는 여자뿐인 집에서 묵고 가는 것은 사려 깊지 못한 일로 생각되어 돌아가기로 했다. 하치노미야가 '이것이 마지막이 될지도 모른다' 말할 때, '설 마하니 그런 일이야 있으려고' 생각했는데 그 뒤로 다시 만나뵙지 못하게 되었 다며, '어느 세상으로 가셨는지조차 모르게 자취를 감추시다니 참으로 허무하 기 짝이 없구나' 탄식했다.

다른 귀인 댁처럼 화려하게 치장한 것도 아니고 간소하게 지냈지만, 항상 정 결히 쓸고 닦고 한 산장에 뭇 중들이 많이 드나들게 되어 간단한 칸막이로 된 임시거처가 여기저기 세워졌다. 불경을 외는 방의 장치는 그대로 두겠으나 불 상은 저 산사로 옮긴다는 스님의 말을 들은 가오루는 승려들마저 가버린 뒤 남아 있을 아씨들 마음이 얼마나 쓸쓸할까 생각하니 가슴이 죄어들어 불쌍하 게만 여겨졌다.

"이젠 꽤 어두워졌습니다."

시종이 알리는 소리를 듣고 가오루가 생각을 떨치고 일어서려 할 때 기러기

우는 소리가 들려왔다.

니오노미야가 가오루를 만날 때에는 언제나 우지 아씨들이 이야기의 중심이 되었다. 반대할지 모를 하치노미야가 돌아가셨으니, 결혼은 아씨의 의지만으로 결정된다고 생각한 니오노미야는 계속해서 자신의 마음을 편지에 적어서 전하고 있었다. 그러나 아씨 쪽에서는 짧막한 답장조차 쓰기를 꺼려 하고 있었다.

'호색적인 풍류객이란 소문이 나돌고, 호기심에서 가볍게 생각하는 분에게 화려한 바깥 세계와 인연이 없이 외롭게 사는 사람이 보내는 답장이란 얼마나 시대에 뒤떨어져 보일까.'

이렇게 탄식하고 아씨는 우울해졌다.

"눈 깜짝할 새에 흘러가는 세월이 아닌가. 인생이 허무하고 덧없는 줄 알면서도 자기들에게 슬픈 날이 다가오는 지도 모르고, 아버지나 우리나 '때를 달리하여 죽지 않을 것'이라 생각하는 어리석음이 한심하구나. 비록 행복하지 않더라도 아버지가 계시면 그것만으로도 마음이 놓이고 남에게서 위협받는 일도 없으며 다른 사람을 두려워하지 않고 살 수 있던 게 아닌가. 오늘날에는 바람만 세차게 불어도 겁이 나고, 평소에 보지 못하던 사람이 찾아와 길을 묻는 소리만 들어도 가슴이 철렁 두렵고 겁이 나니, 끔찍하고 한심스런 일이 많아져 견딜 수 없구나."

자매가 이렇게 두런두런 이야기를 나누는 가운데 어느덧 한 해가 저물어 갔다.

눈발이 날리고 싸락눈이 푸슬푸슬 내리는 때는 바람소리가 심하게 들리건만, 우지 아씨는 이제야 적적한 산골 생활을 시작하는 신세가 된 느낌이 들었다.

"이제 해도 바뀌는군. 올해는 불안하고 슬픈 일이 많았다. 외롭고 쓸쓸한 생활이 바뀔 봄이 빨리 왔으면 좋겠다."

시녀들이 이렇게 이야기하는 소리가 들린다. 새해가 오면 희망이 이루어지리라 믿는 모양이지만, 그런 봄은 다시 절대로 오지 않으리라 아씨들은 생각했다. 아버지 하치노미야가 사계절 염불을 드릴 때는 사람들이 산장을 찾아왔다. 요즘에는 아사리가 심부름꾼을 보내기는 했어도 하치노미야 없는 산장에 자신이 찾아와 보았자 보람이 없으리라 생각해서인지 모습을 나타내지 않는다. 날이 갈수록 찾아오는 사람이 줄어드는 게 당연한 일이다. 전에는 대수롭지 않게 여겼던 마을 사람들도 어쩌다 찾아오면 이제는 반갑게 느껴진다. 날씨가 추워졌다며 땔나무 따위를 가져다주는 이들도 있었다.

아사리가 절에서 숯을 보내 왔다.

"해마다 생필품을 대왔는데 올해 갑자기 보내지 않으면 섭섭한 일이기에……."

겨울을 맞는 중들을 위해 하치노미야께서 해마다 두툼한 솜옷을 절에 헌납했던 일을 떠올리며, 아씨도 그런 물품들을 심부름 온 중에게 전했다. 법사와 사내아이가 건너편 산으로 올라가는 모습이 보이기도 하고, 사라지기도 하는 것이 보였다. 눈이 높이 쌓인 날이었다. 아씨들은 마루 끝에 서서 울며 그 모습을 바라보고 있었다.

"머리 깎고 출가한 모습이라도 살아 계시기만 하다면 산장을 찾는 사람이 많아 위로가 될 터인데, 아무리 쓸쓸한 나날을 보낸다 해도 언제든지 아버지를 뵐 수 있었을 텐데."

둘이서 이렇게 말을 주고받았다.

당신 없으니 험한 바윗길 끊겼네
소나무에 쌓인 눈이 보이시나요.

큰아씨가 이렇게 말하자 작은아씨가 받았다.

깊은 산 소나무에 쌓인 눈도
사라진 사람을 기억할까.

가오루는 새해가 되면 일이 많아져서 가고 싶어도 쉽게 찾아갈 수 없으리라 생각하고 산장의 아씨들을 찾아갔다. 눈이 소복이 쌓인 날, 더군다나 사람이라곤 찾아볼 수 없는 집에 아름다운 풍채의 젊은 고관이 아무 거리낌없이 와주니 그녀들은 감격했다. 그래선지 이전보다는 세심한 배려를 하여 큰아씨는 시녀들에게 손님 접대에 더욱 신경 쓸 것을 당부했다. 상중에 쓰던 화로도 다른 것으로 바꾸었으며, 시녀들은 돌아가신 아버님께서 이 손님을 얼마나 반갑게 맞이했는지 아씨들에게 말하기도 했다.

아씨들은 직접 나가서 이야기하기를 머뭇거렸으나, 가오루가 너무도 소홀하게 대접한다고 생각할까봐 어쩔 수 없이 발을 사이에 두고 이야기를 건네기로 했다. 완전히 터놓았다고 할 정도는 아니지만, 그전보다는 몇 마디 더 말이 많아져 정말 다정하고 그윽한 모습이었다. 그러나 가오루는 이런 방식의 교제로는 만족 못했다.

'정말 갑자기 바뀌는 염치없는 내 마음이로다. 친절한 마음이 이렇게 사랑으로 바뀌는 것도 아씨들과의 인연이었던가?'

가오루는 이렇게 생각했다.

"니오노미야는, 제가 하치노미야를 존경하는 마음이 사라졌다고 원망하고 있습니다. 돌아가신 아버님께서 아씨들에 대한 유언을 남긴 것을 무슨 얘기 끝에 제가 해서 그런지, 아니면 여성에 대한 흥미를 가진 까닭에 상상이 지나쳐서 추측한 것인지, 어떻게라도 자기 생각을 아씨에게 전해 달라고 졸라댑니다. 제가 중간에서 도와주어야 하는데도, 이쪽에서 냉담한 태도를 취하기 때문에, 니오노미야께서는 도리어 제가 방해하고 있는 게 아니냐고 의심합니다. 마음이 내키지 않지만, 이 저택으로 오신다는 그를 무조건 거절할 수 없는 처지가 되었습니다. 그렇게 냉담한 반응을 보일 필요까지 있습니까. 그 양반이 여색을 밝힌다는 세상의 평판이 있습니다만, 그렇다고 해서 아무에게나 사랑을 요구하는 분은 아닙니다. 여자를 잘 아는 분입니다. 장난삼아 보내는 편지를 쉽사리 받아들이는 상대는 경멸하고 접근하지 않는다는 소문도 있습니다. 무슨 일에든 고집이 없고 상황에 순응하는 자는 어떤 일이 있어도 '이것이 운명이겠지' 하고 견디며, 마음에 안 맞아도 끝까지 함께하는 예도 있습니다. 그러나 그것도 일단 남녀 사이가 무너지면 남자는 타락하고 여자는 소박을 맞는 비참한 지경에 이르게 됩니다. 그러나 니오노미야는 마음에 드는 여성을 만나면, 그 여성이 자신을 사랑하는 한 쉽게 처음 먹은 마음이 변할 분은 아니라고 봅니다. 저는 그분을 잘 알고 있습니다. 만일 좋은 신랑감이라고 생각하신다면 저는 아씨 편에서 되도록 신부를 위해 노력하겠습니다. 다만 길이 멀기 때문에 뛰어다니는 저의 다리가 아플 테지만요."

가오루의 진지한 말을 듣고도 그것이 자신의 문제인 줄 모르는 큰아씨는 언니로서, 손위로서 그리고 어머니를 대신해서 적당한 인사를 해야겠다고 생각하였으나 좋은 말이 생각나지 않아 이렇게 말했다.

"뭐라고 드릴 말씀이 없습니다. 이리 마음을 써 주시니, 어떻게 인사드리면 좋을지 모르겠습니다."

웃으며 말하는 침착한 모습이 가오루를 흐뭇하게 했다. 그가 물었다.

"아씨 문제로 받아들이지 않아도 좋습니다. 눈길을 헤치고 찾아온 성의만 알아주면 되겠습니다. 아까 말씀드린 손위 언니 되는 입장에서 생각해 주십시오. 니오노미야가 마음에 두신 분은 다른 분인 것 같습니다. 편지의 필적이 누구의 것인지 모르겠다 하시는 말씀을 들은 적이 있습니다만, 답장들은 어느 아씨가 쓴 것입니까."

'장난 삼아서라도 내가 답장을 보내지 않기를 잘했지. 썼더라도 이렇다 할 내용은 없었을 것이나 가오루가 이런 말을 들으면 얼마나 부끄러운 일인가.'

큰아씨는 이렇게 생각했다. 그러나 대답은 못하고 이렇게 써서 내밀었다.

눈 쌓인 산골짜기 높이 걸린 저 다리는
그 임이 아니시곤 뉘라서 건넜으리.

가오루가 말했다.

"변명을 들으니 저로서는 오히려 불안합니다."

뜻하지 않은 방향으로 이야기가 옮겨지자 큰아씨는 좀 불쾌했던지, 시원스레 대답도 하지 않는다. 가오루는 큰아씨가 속세를 초월한 성인처럼 보이지는 않지만, 요즘의 젊은 여자들처럼 잘난 체하지도 않는 침착하고 소탈한 사람이라고 보고 있었다. 젊은이는 모름지기 그래야만 한다고 생각하는 인물 같았다. 말이 나올 적마다 가오루는 자신의 사랑을 고백하려 했으나, 아씨가 못 알아들은 척 무시하는 태도만 취하자 부끄러운 생각이 들어, 그 뒤로는 하치노미야가 생존해 계실 때 이야기만을 하게 되었다.

해가 지면 하늘에서 폭설이 쏟아지리라 생각한 시종들은 주인의 주의를 환기시키기 위해 헛기침을 자주 했으므로 돌아갈 채비를 하던 가오루가 이런 말을 했다.

"참 쓸쓸한 저택입니다. 제가 산장처럼 조용한 집을 하나 가지고 있는데, 귀찮게 사람이 찾아오거나 하지 않습니다. 아씨들이 그곳으로 거처를 옮길 마음이 있다면 얼마나 좋겠습니까."

그 이야기를 엿듣고 '그럴싸한 말씀'이라며 웃음 짓는 시녀들을 보고, 작은 아씨는 '참 한심한 일이군, 그런 일이 어찌 가능할까' 생각했다.

아씨들은 과자나 과일 등을 손님에게 대접하고, 시종들에게는 조촐한 술상을 차리게 했다. 인센가 가오루에게서 받은 의복의 향기 때문에 구설수에 올랐던 오두막에 사는 무사도 탈바가지 수염이라고 놀림받는 볼품없는 풍모로 손님을 접대하러 나와 있었다. 이 사나이가 산장을 지킨다니 믿음직스럽지 않다 생각되어, 그를 앞으로 불러 물었다.

"어떤가, 하치노미야께서 돌아가신 뒤 불안한 일도 많을 테지?"

무사는 울상을 짓더니 급기야 울음을 터뜨렸다.

"의지할 데도 잘 데도 없는 몸이라 이 댁에서 30년 넘게 신세를 지고 있습니다. 젊었을 때도 그러했사온데 이제 산과 들을 찾아보아도 어느 분을 나무기둥으로 의지해야 할지 모르겠습니다."

이런 말을 하는 무사가 점점 더 측은하게만 보였다.

하치노미야가 지내셨던 방문을 열게 하니, 바닥에는 먼지가 자욱하게 쌓여 있었으나, 불상 앞은 예전처럼 꽃으로 꾸며져 있었다. 하치노미야가 근행했던 자리는 모두 치워버리고 없었다.

'바라는 대로 출가하는 날이 온다면, 가오루는 나를 따라와도 좋다.' 하시며 하치노미야께서 허락하신 일을 회상하였다.

　　이 몸이 기대려던 모밀잣밤나무 그늘
　　님 가신 자리만이 허허로이 비었네.

이렇게 읊조리면서 기둥에 기대선 가오루를 젊은 시녀들이 엿보고는 감탄해 마지않았다.

가오루의 시종이 근방에 있는 가오루의 장원을 맡아보는 몇몇 사람에게 여물을 얻어오도록 시켰더니, 주인 얼굴도 모르는 시골 사내들이 떼를 지어 산장에 있는 가오루에게 문안을 여쭈러 왔다. 이 때문에 난처해지자 가오루는 무사를 중간에 세워 이 저택 일을 돌봐 드리라 장원지기에게 이르도록 하고 산장을 떠났다.

정월이 되어 벌써 하늘도 화창한 봄빛을 보이고, 강변의 얼음이 날이 갈수록 녹아드니 산장의 아씨들은 '용케 지금까지 살아왔구나' 생각이 들어 한층 더 아버지가 그리워졌다. 아사리가 얼음이 녹은 물가에서 뜯었다며 돌미나리와 고사리 등을 가지고 왔다. 이것을 요리하여 부처님 앞에 바친 뒤 시녀들이 말했다.

"산골에는 나름대로 이런 나물로 계절의 변화를 알 수 있으니 재미있잖아요?"

시녀들이 재미있어 하는 말을 듣고 아씨는 무엇이 재미있는지 모를 일이라 생각했다.

당신이 산에서 보내준 고사리라면
봄이 왔다 기뻐할 텐데.

큰아씨가 읊자 작은아씨가 받았다.

눈 쌓인 물가에 미나리가 돋았지만 누굴 위해 즐겨하랴
어버이 없는 신세가 된 나.

가오루와 니오노미야가 계절을 잊지 않고 편지를 보내 왔다. 여느 때처럼 별다른 것은 씌어 있지 않았으므로 이야기를 전하는 사람도 그런 내용은 생략하고 베껴 쓰지 않았다.

꽃이 흐드러지게 피자, 니오노미야는 작년 봄 꽃놀이 때가 생각났다. 그때 귀인들과 함께 강을 건너서 방문했던 아담한 산장을, 하치노미야가 돌아가신 뒤에는 다시 못 보게 된 것을 한탄하면서, 그의 마음은 동요하지 않을 수 없었다.

지난봄 노을 속에 어렴풋이 바라보던 저 벚꽃
이 봄에 내가 꺾어 내 머리에 꽂으리.

적극적인 이런 노래를 니오노미야가 보내자 '생각지도 못할 말을 하는구나'

싶었지만, 마침 따분한 때이기도 했으므로 그 화려한 편지에 담긴 마음이나마 무시해서는 안 되겠다 생각하여 작은아씨가 답장을 썼다.

　검은 빛 짙은 노을에 어렴풋한 이 벚꽃
　어디라 찾아들어 꺾어본다 하는고.

　언제나 거리를 두는 태도를 바꾸지 않자 니오노미야는 못마땅하게 여겼다. 이런 심정을 걷잡을 수 없을 때에는 가오루를 나무라고 원망하기도 하였다. 가오루는 내심 재미있게 생각하면서도 아씨들의 의젓한 후견인다운 태도로 응수하였다.
　"경망한 행동이 제 눈에 보일 때도 있거든요. 그런 분이라면 앞으로가 불안해서 견딜 수 없게 되겠지요."
　그러면 니오노미야가 이렇게 변명했다.
　"그것은 진정 마음에 드는 사람을 만나면 사라질 것이네."
　유기리 우대신은 막내딸인 육의군(로쿠노키미)에게 아무 관심도 갖지 않는 니오노미야를 원망하고 있었다. 그러나 니오노미야는 가까운 친척들 사이의 혼인은 좋지 않다면서, 남 보기에도 떳떳치 못한 일이고 게다가 외삼촌으로부터 사위 취급을 받는 것도 견디기 힘들고 자신의 연애에 대해서도 이러니저러니 간섭하시니 번거로워 결혼을 승낙하고 싶지 않다고 은근히 말하고 있어 이 혼사는 전부터 말이 나왔지만 실현될 가능성이 적었다.
　그해 가오루의 본가 삼조궁이 화재로 타버리고, 온나산노미야도 거처를 육조원으로 옮기면서 이래저래 분주했기 때문에 우지에는 한동안 갈 수가 없었다. 충직한 마음을 가진 가오루는 니오노미야 같은 풍류객과 달라서 마음을 푹 놓고 어차피 언젠간 자신의 아내가 될 여성이라 여기며, 저쪽에 애정이 생길 때까지는 억지 결혼은 하고 싶지 않다 생각했다. 돌아가신 하치노미야와 한 약속을 생각하더라도 아씨 마음이 스스로 움직이기를 바랐다.
　그해 여름은 평년보다 무더워 모두 견디기 힘들어하자, 가오루는 우지 강 가까운 집이 시원하리라 생각하고 홀연히 산장에 갔다. 아침 시원할 때 떠나왔건만 도착하니 눈부신 햇살이 머리 위에서 내리 쬐고 있었다. 그래서 서쪽으로 향한 방에 자리를 잡고 갑자기 무사를 불러 이야기를 나누고 있었다.

그때 아씨들은 불상을 모신 옆방에 있었으나 손님과 가까이 있기를 피하기 위해 자기들 거실로 자리를 옮겼다. 소리를 안 내느라 애를 쓰는 듯했지만 가오루 귀에는 들려왔다. 그는 이대로 가만히 있지 말고 볼 수 있으면 좀 봐야겠다는 생각이 들어, 이전부터 봐두었던 미닫이 손잡이 옆에 뚫린 작은 구멍을 가리고 있는 병풍을 한쪽으로 치우고 들여다보았다. 그러나 마침 그 앞에 휘장이 드리워져 있어 단념하고 돌아앉으려고 할 때, 바람이 옆방과 그 앞방 사이의 발을 들쳐 올렸다. 그러자 시녀가 말했다.

"손님이 계신데 웬 바람일까. 그 휘장을 이쪽에 치고 아래쪽을 막으면 좋겠구나."

'어리석은 짓을 하는구나' 생각하면서도 기쁜 마음으로 또다시 들여다보니, 높고 낮은 휘장이 모두 그 발이 있는 쪽으로 당겨져 있었고, 아씨들은 열려 있는 동쪽 미닫이에서 내실 쪽으로 들어가려는 참이었다.

한 아씨가, 뜰 쪽의 휘장 사이로 가오루의 시종들이 서늘한 데를 찾아 뜰을 이리저리 왔다 갔다 하는 모습을 내다보았다. 짙은 쥐색의 홑옷에다 원추리색 치마가 웬일인지 화려하게만 느껴지니 이는 입은 사람 때문일 것이다. 허리띠는 대강 잡아매고 손에는 염주를 들었다. 날씬한 키에 머리칼은 옷자락 끝까지 치렁치렁 아름답게 늘어져 있었다. 정면에서 보는 것은 아니었지만 그 자태가 몹시 가련하고도 화려하며, 유연해 보이면서도 침착해 보여 유명한 아카시 중궁의 첫째 황녀 온나이치노미야의 미모도 이러했으리라고 얼핏 보았던 옛 기억이 떠올랐다. 무릎걸음으로 앞으로 나온 다른 아씨가 말했다.

"저쪽 미닫이가 좀 열려 있어 마음이 안 놓이는군."

이쪽을 쳐다보는 마음씀씀이가 내심 방심하지 않으려는 것 같아 소양 있는 분으로 여겨졌다. 머리 모양, 머리카락 끝 부분의 선은 앞에 본 사람보다 더욱 고상하고 아리따워 보였다.

"그쪽 방에는 병풍을 둘러놓았습니다. 뭐 누가 들여다보겠습니까?"

한 시녀가 안심하라는 듯이 말했다.

'하지만 어쩐지 불안하군그래. 나중에 난처하게 될지 모른다.'

근심이 되는지 동쪽 방에 무릎걸음으로 가는 사람은 얄미울 만큼 품위가 깃들어 보인다. 입고 있는 의복은 검은 빛의 겹옷이었다. 먼저 본 이와 같은 모습이었으나, 이 사람에게서는 남을 유혹하는 듯한 부드러운 매력, 아리따운 품위가 한층더 느껴진다. 게다가 나약한 기분마저 느껴졌다. 풍성한 머리를 쳐버렸는지 아랫부분은 숱이 적었다. 머리 빛깔은 비취색이 감도는 칠흑빛으로 마치 실을 꼬아서 늘인 듯 보였다. 보랏빛 종이에 쓴 불경 문구를 한 손에 들고 있었으나, 그 손은 먼저 사람보다도 더욱 가늘어서 섬세해 보였다. 아까 서 있던 아씨가 미닫이 쪽으로 가서 앉더니 이유는 모르지만 이쪽을 향해 생긋 웃는 모습이 무척이나 사랑스러웠다.

두 갈래머리*1

오랜 시간 들어서 귀에 익숙한 강바람 소리도 올 가을에는 너무나 무섭고 슬프게 들렸다. 우지의 아씨들은 아버지 1주기 준비를 하고 있었다. 어지간한 준비는 가오루 중납언과 산사의 아사리가 해주었고, 아씨들은 중들에게 줄 법의라든가 불경의 장정, 그 밖의 자질구레한 것들을 시녀에게 물어 가며 손수 챙기고 있었다. 그러나 그 모습이 어설프니 가오루 같은 후원자가 도움을 주어 겨우 순조롭게 일이 진행됐다.

가오루는 몸소 찾아와 탈상할 때 필요한 아씨들의 의복과 그 밖 것들을 두루 갖추어 선물을 했다. 그때 아사리도 절에서 왔다. 두 아씨는 이름난 향향 장식할 끈을 꼬고 있었다. 아씨가 말했다.

"실을 꼬듯 이렇게 또 세상을 지내는가."

얼레(줄 감는 기구)가 발 끝 휘장 사이로 보이자, 가오루는 옛 시를 인용해 말했다.

"'내 눈물을 구슬로 꿰어볼까'

이 노래를 한 이세(伊勢)의 여어도 당신들과 같은 심정이었겠지요."

자신들의 처지와 비슷해 깊은 감명을 받았지만 급히 답하면 잘난 척 하듯 느껴질까 못내 부끄러웠던 아씨들은 속으로만 가인(歌人) 쓰라유키(貫之)의 시를 떠올렸다.

꼬이지 않은 외올실

---

*1 두 갈래머리〔總角〕: 제47권. 권이름인 두 갈래머리〔總角〕에는 두 가지 뜻이 있다. 하나는 이 당시 머리 묶는 모양의 한 가지인 갈래머리이고, 또 하나는 끈 매는 법이다. 이 권은 가오루 가 24세 8월부터 그해 세밑까지의 이야기이다. 하치노미야의 1주기를 지내게 되는 동안에 니오노미야와 작은아씨가 맺어진다. 그러나 가오루 쪽은 아무리 해도 큰아씨와의 사이가 맺어지지 않다가 마침내 큰아씨는 아버지의 뒤를 따르듯 세상을 하직하고 만다

혼자 외롭구나.

'이렇듯 실에 비유하여 이별마저 외로워하지 않았던가' 그런 생각을 했다.
부처님께 올릴 글을 아씨들 대신 쓰기로 한 가오루는 노래를 한 수 지어 큰
아씨에게 보였다.

우리 약속 맺은 끈으로 두 갈래 머리 묶어
그곳에서 만나길 빌어 보네.

또 이런 시를 지으신다. 아씨는 귀찮게 여기면서도 이렇게 반가(返歌)를 지
어 보였다.

너무 연약해 꿸 수 없는 눈물 구슬
영원한 약속을 어찌 실에 꿸까.

'이 실과 저 실이 만나지 못하면 어찌 구슬을 꿰랴' 시를 읊으며 가오루는
한탄했지만, 정작 자신에 대한 이야기를 솔직히 꺼내지 못하고, 마음을 그저
한숨소리로 바꿀 뿐이었다. 이는 아씨들의 고귀한 기품에 기가 꺾였기 때문이
다. 그래서 니오노미야와 작은아씨 혼담을 열심히 늘어놓았다.
"깊이 생각하시지 않고 호기심으로 한 청혼임에도 오기로 고집을 부리며 포
기하지 않으니 참으로 안타깝습니다. 하지만 아씨에 대한 마음은 진심이시라
생각합니다. 왜 그렇게 외면하시는지 모르겠습니다. 사랑을 전혀 모르는 소녀
가 아니라면 총명하신 당신의 의견을 좀 들려주십시오. 언제까지 상대해 주지
않는 아씨를 위하는 저의 순수한 마음을 받아 주지 않는 것만 같아 섭섭하기
그지없습니다. 진심을 말해주지 않겠습니까."
가오루의 말은 진지했다. 큰아씨가 대답했다.
"당신의 친절이 세상에 다시없을 감사한 일임을 알기에 이리 친밀하게 대하
고 있습니다. 그것을 모르신다면 오히려 당신 쪽에 불순한 마음이 있으신 게
아닌가 의심이 되옵니다. 소녀가 아니라고 말씀하시지만 이렇게 의지할 곳이
없다 보니, 모든 일에 조심해야 하고 말씀하신 것처럼 아버지께서 살아 계실

때 이런 이야기가 있었다든지, 앞으로의 문제를 얘기하신 적이 있었다면 모르겠으나, 지금은 어찌해야 할지 모르겠습니다. 하지만 아버지께서 남들과 같은 결혼의 행복은 염두에 두지 않으셨으니 이는 지금처럼 혼인하지 않고 살기를 바라셨다고 생각합니다. 그래서 니오노미야에 대하여 뭐라 말씀드리기가 난처하옵니다. 하지만 동생은 젊기도 하니 이런 산상에서 썩게 두려니 마음 아픕니다. 그래서 저와 같은 길을 굳이 걸을 필요가 있을까 해서 여러 생각을 해봅니다만, 어떤 운명이 앞에 기다리고 있을지…….”

한숨을 쉬며 괴로워하는 큰아씨는 애처로워 보였다. 작은아씨의 혼담이라곤 하지만, 젊은 귀녀가 언니라고 찬성과 반대 의견을 단언할 수 없으리라 동정한 가오루는 늙은 시녀 변댁을 다른 곳으로 불러냈다.

“전에는 하치노미야 불도의 지도자로서 찾아뵈었는데, 쓸쓸한 심정이셔서 두 분의 장래를 저에게 맡기신다는 말씀을 하셨지요. 그런데 아씨들은 아버지께서 희망하신 대로 되지 않으려고 작정한 듯 저의 존경과 열정을 무시하니, 따로 생각하는 분이라도 있지 않은가 의심이 듭니다. 당신은 세상에 떠도는 소문도 다 듣고 계시죠. 저는 남처럼 결혼하자는 생각을 아주 버리고 있었습니다. 그러던 중 숙명이라고 할까, 이 댁 아씨에게 마음이 끌리게 되어 이제는 세상의 소문거리가 되었을 정도이니, 되도록이면 하치노미야님의 유지에 맞는 결과를 맺고자 합니다. 일방적인 이야기인지는 모르겠습니다만, 누구도 비난은 못하리라 생각합니다. 세상에 흔히 있는 일이기도 하구요.”

가오루는 이야기를 계속했다.

“니오노미야에 대한 것도 내가 권하는 이상 안심하고 승낙하셔도 좋습니다. 그런데도 거절하시니 두 아씨는 저마다 다른 희망이 있는 게 아니겠습니까. 당신의 말씀이라도 들어볼까 해서요. 다른 생각이 있는 거죠?”

그러면서 의미 있는 말로 넘겨짚었다. 이런 때 질이 나쁜 시녀라면 아씨를 비난하기도 하고 잘 보이려 맞장구를 쳐 주겠지만, 변댁은 그런 사람이 아니었다. 변댁은 속으로 두 아씨의 혼담이 모두 이루어진다면 얼마나 좋을까 생각했다.

“본디 좀 그런 성격이옵니다요. 어찌 다른 분을 마음에 두고 계시겠습니까. 시녀들은 하치노미야께서 살아 계실 때도 믿음직한 가문이 못 됐기 때문에 저마다 갈 곳을 찾아 떠나버렸지요. 예전부터 섬겨와서 인연을 끊을 수 없는 사

람조차 모두 떠나가는 것을 보면, 더 있고 싶은 생각들은 없었습니다. 그런 사람들은 아씨들에 대해서 '아버님께서 살아계실 때는 혼인 상대에 따라 혹시나 존귀한 가문에 흠이라도 날까 두려워하셨지만, 이제 외로운 처지가 되었으니 어떤 집안과 결혼한들 무슨 상관있습니까. 그걸 뭐라하는 사람이 있다면 그 사람을 경멸하십시오. 왜 이러고 계십니까. 솔잎을 먹고 수행을 하는 중조차 살기 위해서 방편을 찾아 종파를 만들고 있는걸요' 이런 괴상한 말을 합니다. 그들은 젊은 아가씨들의 마음을 괴롭혀 어떻게든 중매자가 되려고 합니다만, 아씨들은 그런 경박한 말에 움직이는 분들이 아닙니다. 큰아씨는 작은아씨가 남 못지않은 행복을 찾게 하려 하십니다. 가오루님께서 이렇게 길이 험한 먼 곳까지 찾아주시는 호의는 오랜 세월 잘 아시고 계시며 나리의 따뜻한 비호 밑에 계시니까요. 큰아씨는 나리가 작은아씨와 혼인하셨으면 바라는 것 같습니다. 니오노미야한테서는 편지가 자주 옵니다만 성의 있는 구혼자로 인정하지 않으십니다."

변댁은 아씨의 의사를 전하려고 했을 뿐이다. 가오루가 말했다.

"하치노미야의 유언을 명심하고 있는 저는 살아 있는 한, 이 댁의 뒷바라지를 해드릴 의무가 있는 터라 두 아씨 가운데 어느 분이든 결혼하면 될 일이겠지만, 버리고 싶은 이승이기는 해도 마음이 끌리는 분에 대해서는 죽어도 마음을 접을 수 없습니다. 새삼스럽게 마음을 고쳐 먹으려 해도 안 됩니다. 오늘처럼 발을 사이에 놓고라도 무엇이든 얘기할 수 있는 그런 사이가 되고 싶습니다. 저에게는 친하게 지낼 누이마저 없어 쓸쓸합니다. 인생의 심각한 고민이나 재미있는 일, 괴로운 일, 그런 것을 혼자서만 느끼니 적적하다는 말입니다. 중궁은 너무나 지체가 높으시어 내가 생각하는 바를 무엇이든 어려움 없이 말씀드릴 수 없고, 삼조(三條) 마마는 어머니답지 않게 마음이 젊은 분이기는 하지만, 자식 된 몸으로 모든 이야기를 말씀드릴 수 없지요. 그 밖의 여성들은 모두 거리가 멀게 느껴지니 나는 늘 고독하지요. 쓸쓸하고 불안합니다. 일시적인 장난이라 하더라도 사랑이라면 저에게 어울리지 않는 눈부신 일 같아, 남 보기엔 딱하고 완고한 사내같이 되어 버립니다. 더구나 몹시 그리워하는 분에게 그런 이야기를 하는 것도 어려운 일입니다. 부끄럽고 민망하게 생각해 선뜻 나서지 못하는 제 자신이 한심합니다. 니오노미야에 대한 일도 내가 장담하는 이상, 아무 걱정 마시고 맡겨 주셔요."

늙은 변댁도 외로운 처지가 된 아씨들에게 다시없는 두 혼담이 성립되기를 원하는 바이지만, 두 구혼자들이 천성적으로 기품이 높아 자신이 생각하는 전부를 말하지 못했다.

가오루는 오늘 밤 이곳에 머물면서 큰아씨와 한가하게 이야기하고 싶었다. 그래서 저녁까지 하는 일 없이 산천을 바라보며 해를 산 너머로 보냈다. 가오루의 태도가 어딘가 석연치 않고 무슨 일에든 원망하듯이 말하자 난감하게 느껴진 큰아씨는 대화하기 괴로웠으나, 그 밖의 점에서는 세상에서 다시없는 성의를 보이는 가오루였기에 냉정하게 대하지 못하고, 그 밤도 이야기 상대가 되었다.

불상을 모신 방과 객실 문을 열어젖히고 불을 밝게 한 뒤, 옆방과의 칸막이로 발에 병풍을 곁들이게 하고 큰아씨가 나왔다. 손님 자리에도 등불이 운반되었으나, 가오루는 이렇게 말했다.

"좀 피곤해서 매무새가 흐트러져 있는데, 이 불은 너무 밝습니다."

그러고는 등불을 치우게 하고 가오루는 몸을 뉘었다. 가오루 앞에 과자가 담긴 상이 차려졌다. 시중들에게는 식사가 제공됐는데, 마루 옆방에 식사 자리를 마련하여 떨어져 있으니 조용해서, 가오루는 큰아씨와 도란도란 얘기를 나눌 수 있었다. 허물없이 대하지 않지만 정답게 애교가 풍기는 모습으로 말하는 큰아씨가 무척이나 사랑스러워 가오루는 초조해짐을 스스로 느꼈다. 발이나 병풍처럼 아무것도 아닌 것을 넘기 어려운 장애물처럼 생각하고 연인에게 접근하지 못하는 자신의 약한 마음을 참으로 어리석다 생각했다. 그러나 태연한 척하고서 세상에 흔히 있는 이야기와 심각한 이야기, 재미있는 이야기를 늘어놓았다. 큰아씨는 시녀들에게 가까이 있으라 명령해 두었지만 시녀들은 오늘 저녁 손님과 친해지라며 큰아씨를 지키지 않고 멀리 물러가 있어 불상 앞의 등불을 켜러 오는 사람도 없었다. 큰아씨는 불현듯 무서운 생각이 들어 가만히 시녀를 불러보았으나 아무도 나오려는 기색이 없었다.

"왠지 기분이 좋지 않아 좀 쉴까 하오니, 새벽녘에 다시 말씀을 듣겠습니다."

아씨는 이렇게 말하고 안으로 들어가려했다.

"멀리 산길을 넘어온 이 사람은 큰아씨 이상으로 몸이 괴롭습니다. 그런데도 얘기를 들어 주고 또 들려주는 기쁨에 위로되어 이렇게 참고 있는데, 저만 남겨두고 안으로 들어가시면 얼마나 허전하겠습니까."

가오루는 이렇게 말하고는 병풍을 젖혀놓고 그쪽 방으로 들어왔다. 아씨는 무서워서 건너편 방으로 반쯤 나갔는데 가오루에게 만류당한 것이 몹시도 원망스러웠던지 이렇게 나무랐다.

"격의 없이 지낸다는 게 이를 두고 하신 말씀입니까. 기괴한 행동이 아니십니까."

그러나 나무라는 모습마저 아름다웠다.

"격의 없이 지내려는 기색을 조금도 보이지 않는 당신께서 좀 헤아려 달라는 뜻입니다. 기괴하다니 제가 무례한 짓이라도 하리라 생각하십니까. 저는 부처님 앞에서 어떤 맹세라도 하겠습니다. 결코 당신의 기분을 상하게 할 행동은 하지 않겠다고 처음부터 생각한 터이니 무서워하지 마십시오. 제가 이렇게 정직하고 얌전하게 옆에 있으리라고 아무도 상상하지 못하겠죠. 저는 이것으로 만족하고 밤을 지내겠습니다."

이렇게 말하고서 가오루는 은은한 불빛 아래서 큰아씨의 흐트러진 검은 머리를 손으로 넘겨주며 아씨 얼굴을 바라보았다. 상상했던 그대로 매우 아리따웠다.

지켜 줄 사람도 없는 이 산장에 자신을 억누를 의지가 없는 사나이가 침입한다면, 아씨를 가만 두지 못하고 쉽사리 아내로 만들 수 있으리라. 어째서 지금까지 불안스럽게 여기지 않았을까 스스로를 책망했으나, 가오루는 울고 있는 큰아씨가 가여워 보여 섣불리 그 이상의 행동을 할 수가 없었다.

이런 방법이 아니라 자연히 허락되는 날도 있으려니 생각하고는 힘으로 사랑을 얻으려던 처음 생각을 접고 상대를 상냥하게 달랬다. 큰아씨가 말했다.

"이런 생각을 가진 분인 줄도 모르고 평소 이상으로 가까이 있었습니다. 상복을 입은 모습을 뻔히 보고 계시면서 동정심 없는 행동을 하시니, 제 자신이 얼마나 하찮은가 생각되어 슬프기 짝이 없습니다."

이렇게 원망하면서 자신의 초췌한 상복 차림이 등불에 비쳐 드러나자 쑥스럽고 고통스러워 울고만 있었다. 가오루가 말했다.

"이렇게까지 나를 싫어하는 까닭을 모르겠군요. 부끄럽기 짝이 없기에 딱히 뭐라고 위로해 드려야 할지 모르겠습니다. 상복을 입으신 입장에서 저를 꾸짖는 것은 너무나도 당연하십니다. 그러나 제가 당신을 사모한 세월이 얼마나 오래되었던가를 생각해 주신다면, 그렇게 서먹서먹하게 대하지 말아주세요. 제

가 다가가는 걸 거부하는 이유로서 말씀하신 것은, 도리어 제가 오랫동안 품어 왔던 열정을 떠올리게 하는 결과가 됩니다."

가오루는 이 말에 이어, 비파와 거문고가 합주되던 새벽 달밤에 엿보던 일이며, 그 뒤 여러 번 그리운 심정을 억누를 수 없었다는 등 많은 이야기를 했다. 아씨는 그 애기를 들으며 그런 일이 있었던가 하고, 지나간 가을 달밤 일이 몹시 부끄럽게 생각되어 그런 심정을 감추고 이토록 오랜 세월 겉으로 계속 냉정한 태도를 취했었던가 깊이 감동했다. 가오루는 그 옆에 있는 짤막한 칸막이로 불상 앞을 가리고 누워 있었다.

불단의 향과 붓순나무의 향이 방 안 가득히 차 있어서 누구보다 불심이 깊은 가오루는 불순한 생각은 드러낼 수 없고, 또 상복을 입은 연인에게 억지로 힘을 쓰면 훗날 분별없는 사나이로 불리게 되리라 자기가 이 세상에서 최고로 여기는 사랑이 유린된다 생각하고, '상이 끝날 때까지 기다리자, 그리고 이 사람의 마음도 조금은 자기에게 끌리게 될 때를 기다리자' 마음을 누그러뜨리기 위해 힘썼다.

가을밤 산장이라면 처량한 기분을 주기 마련인데, 하물며 산봉우리의 거센 바람 소리나 뜰에서 우는 벌레 소리도 그치지 않아, 한결 쓸쓸한 분위기를 만들고 있었다. 덧없는 인생을 이야깃거리로 삼는 가오루의 말에 가끔 대답하는 큰아씨의 모습은 모두 아름답게만 느껴졌다.

초저녁부터 일찍 잠들었던 시녀들은 이런 이야기 소리에서 두 분이 인연을 맺었다고 여기고는 뿔뿔이 자기 방으로 들어가 버렸다. 하인들은 큰아씨가 아버지께서 하시던 말씀을 회상하며 목숨을 부지하고 있으나 이렇듯 어버이의 보호가 없어지니 오늘 밤처럼 봉변을 당하는구나 슬퍼하며, 우지의 강물 소리에 섞여 많은 눈물을 흘렸다.

그러다 어느새 날이 밝았다. 가오루의 시종은 벌써 일어나 주인에게 돌아가자 재촉하는 듯 거듭 헛기침 소리를 내고, 말들도 소리 높여 울어대어 가오루는 이야기로만 듣던 여행지 아침이라 흥겨웠다.

가오루는 새벽 햇살이 들어오는 창문을 열고, 몸에 스며드는 가을 하늘을 둘이서 바라보려 했다. 큰아씨도 좀 앞으로 나와 앉았는데, 낮은 처마 아래 넉줄고사리에 내린 아침이슬이 햇살에 반짝거렸다. 점점 해가 높이 뜨자 환해져 갔다. 두 사람은 하나같이 아리따웠다.

"깊은 우정을 나누면서 언제까지라도 이렇게 달과 꽃의 위로를 받으며 인생을 보내고 싶군요."

이렇게 속삭이는 가오루의 말을 듣고 큰아씨는 겨우 두려움에서 벗어난 기분이 들었다. 큰아씨가 말했다.

"거북하고 어색한 상황이 아니라, 휘장을 사이에 두고 이야기한다면 진정 친근하게 여길 텐데요."

밖은 완전히 밝아져 물새들이 잠에서 깨어 파닥이는 날갯짓 소리가 가까이서 들린다. 그리고 산사의 종소리가 은은히 울려온다. 큰아씨가 말했다.

"더 늦으면 곤란하니 어서 떠나세요. 날이 밝으면 보기 흉할 겁니다."

큰아씨는 다른 사람들이 이상하게 여길까 곤혹스러워했다.

"간밤에 일이 있던 것처럼 아침 일찍 갈 수는 없지 않습니까. 그러면 오히려 남들이 쓸데없는 상상을 하리라 생각됩니다. 지금처럼 대해 주십시오. 겉으로는 보통 부부처럼 부드럽게, 안으로는 세상과 다른 깨끗한 사이로 대해 주십시오. 당신에게 결례되는 짓은 결코 하지 않는 사나이라 믿어 주시오. 이렇게까지 양보하면서 이 사랑을 지키려는 나를 동정하지 않는 당신이 원망스러워집니다."

이런 소리를 하면서 가오루는 기어이 나가려고 하지 않았다. 그것은 몹시 보기 흉한 행동이라고 큰아씨는 생각했다.

"앞으론 당신의 말씀대로 하겠습니다. 그러나 오늘 아침만은 제 말씀을 따라 주십시오."

큰아씨는 몹시도 괴로운 심정이었다. 어찌해야 할지를 몰랐다. 가오루가 입을 열었다.

"아, 매정하군요. 이런 이별을 아직 경험하지 못한 나는 옛노래처럼 정말 길을 잃을 것 같습니다."

가오루가 이렇게 탄식하고 있을 때, 닭 우는 소리가 들려왔다. 문득 서울 일이 생각났다.

산골 정취 묻어나는 소리들
여러 소리 몰려오듯 고민 떠오르는 새벽

가오루가 노래하자 큰아씨가 답했다.

새소리마저 들리지 않는 산골인줄 알았거늘
세상 슬픔은 여기까지 쫓아오는구나.

안쪽 방에서 큰아씨와 헤어진 가오루는 엊저녁 들어왔던 가운뎃방 문으로
나와 객실로 가서 누웠으나 잠이 올 리가 없다. 헤어진 연인에 대한 그리움이
이렇게도 안타깝다면 지금까지처럼 참고 견딜 수 없으리라 한탄이 되어, 서울
로 돌아갈 일이 암담해졌다.

큰아씨는 남들이 어떻게 상상하고 있을까 생각하니 부끄러워서 결국 잠자
리에 들지는 못했다.

'누구 하나 믿을 만한 사람 없이 이 세상을 살아가야 하는 신세가 한심하다.
어버이 없는 처녀의 약한 마음을 얕잡아본 시녀가 주선한 중매에서 만난 청
년들이 강제로 매정한 일을 권하려 하면 나는 어떻게 될까, 사랑도 없이 남의
아내가 되어버리는 건 아닐까. 그런 일을 생각하면, 가오루는 남편으로서 부족
한 데가 없고, 아버지도 구혼해 온다면 승낙해도 좋지 않느냐고 간혹 말씀하
셨다. 그렇지만 나는 역시 독신으로 지내리라. 나보다 젊고 한창 피어나는 미
모를 가져 이런 처지에 어울리지 않는 동생에게 가오루를 양보해서 남들같이
행복한 결혼을 시킬 수 있다면 기쁜 일이리라. 그러면 부모님을 대신해 결혼하
는 동생을 정성껏 보살펴 줄 수 있으리라. 내가 결혼한다면 누가 보살펴 주겠
는가, 부모도 없고 언니도 없다. 가오루가 좀더 평범한 남성이었다면 오랫동안
베풀어 준 그 호의에 보답하기 위해 아내가 되려 생각했을지도 몰라. 그렇지
만 그 사람은 그렇지 않다. 너무나 뛰어난 남성이면서, 기품까지 높아 가까이
하기 어려워 내게 어울리지 않는다. 나는 지금처럼 쓸쓸한 운명 속에서 혼자
지내리라.'

이렇게 생각하면서 아침을 눈물로 지새웠더니 몹시 몸이 불편하여 동생이
자고 있는 방 안으로 들어가 옆에 누웠다.

어젯밤은 평소와 달리 늦게까지 이야기 소리가 들려와서 이상하게 생각하
며 잠이 들었던 터라, 언니가 돌아오니 기뻐서 잠옷을 걸쳐주려 할 때, 코를 찌
르는 강렬한 향기를 느꼈다. 무사가 의복을 받아들고 당황했던 때의 향기와

같다 느끼고, '남자의 정열과 힘에 언니가 그만 지고 말았구나' 애처로운 생각이 들어 잠이 든 척 아무 말도 하지 않았다.

가오루는 아침이 되어 늙은 변댁을 만나고 싶다고 불러내어, 어제 털어놓은 자신의 심정을 자상하게 다시 이야기하고는, 큰아씨에게 의례적인 인사말을 전해 주고 돌아갔다.

큰아씨는 어젯밤 두 갈래머리 노래를 농담삼아 주고받았는데, 그 노래의 한 구절인 '한 발이나 떨어져서 잤지만 끝내 만났노라'처럼 그런 잘못을 저질렀으리라 동생이 생각할까봐 부끄러워서, 몸이 불편하다는 핑계를 대고 큰아씨는 줄곧 누워만 있었다.

"하치노미야 1주기 법회가 얼마 남지 않았는데, 그분 말고는 자잘한 일들을 척척 해 줄 사람이 없는데 공교롭게 큰아씨가 병이 나다니요."

시녀들은 이런 말을 하고 있었다. 끈을 다 꼬고 나서 작은아씨가 다가와서 말했다.

"장식하는 꽃을 어떻게 하면 좋을지 모르겠네요."

이런 말을 듣고, 큰아씨가 일어나 함께 장식 술을 만들었다.

가오루에게서 편지가 왔다.

"오늘 아침부터 몸이 불편해서요."

큰아씨는 그렇게 말하고, 답장을 보내지 않았다. 그러자 너무나 매정한 태도라며 쑥덕거리는 시녀들도 있었다.

상복 입는 기간도 끝나서 아씨들은 상복을 벗었다. 부친이 안 계시면 한시도 못살 것이라 생각했는데, 벌써 이렇게 세월이 흘렀는가 이조차 한심하게 생각하며 두 아씨가 우는 모습은 애처로워 보였다. 일 년 동안 상복을 입던 여인들이 엷은 회색 옷으로 갈아입은 모습이 아름다웠다.

작은아씨는 한창 예쁠 때라 상을 치르는 중에 한층 더 성숙해진 듯했다. 큰아씨는 머리를 감고 빗질을 하는 작은아씨를 바라보며 인생의 모든 슬픔을 다 잊어버릴 만큼 예뻐보인다 생각했다. 큰아씨는 이 정도 미모라면 결혼하고서도 가오루에게 환멸을 느끼게 하지는 않으리라 생각하고, 자기 말고는 보호자가 없는 여동생에게 어버이를 대신해서 잘해 주고 있었다.

가오루는 마음 둔 여인이 이제는 상복도 벗었으리라 생각하고, 사람들이 결혼하면 불길하다 꺼려하는 9월이었음에도, 초조한 나머지 다시 우지를 찾았다. 지난밤처럼 이야기를 나누자는 가오루 뜻을 시녀가 전해주었다.

"몸이 불편해서 만나기 힘듭니다."

큰아씨는 그런 대답만 전하게 하고 만나려 하지 않았다.

'당신은 참 몰인정한 분입니다. 이미 하룻밤을 지냈다 알고 있는 시녀들이 저를 어떻게 보겠습니까.'

가오루가 이렇게 글을 써서 전하자 큰아씨가 답장을 보내왔다.

'부친의 상복은 벗었으나 아직 슬픔이 계속되어, 오히려 전보다 더욱 깊은 어둠 속에 잠겨 있으니 도저히 이야기를 나눌 상태가 아닙니다.'

할 수 없이 가오루는 그 전처럼 변댁을 불러내어 이런저런 한탄을 했다. 외로운 산장에서 가오루 중납언을 유일한 후원자로 믿고 의지하는 시녀들은 변댁이 하는 소리를 듣고, 이 결혼을 성립시키는 것보다 더 좋은 일이 없다 의견을 모아, 어떻게 해서든지 큰아씨의 침실로 가오루 중납언을 들여보내자고 계획을 짰다.

큰아씨는 시녀들이 어떤 생각을 하는지 자세히 모르지만 짐작은 갔다. 변댁과 특별한 관계를 가지고 있는 가오루인지라 안심할 수 없다 생각하고 어쩌면 변댁의 이기심에서 이런다는 생각이 들어 집안 분위기가 평소와 달리 느껴졌다.

'가오루가 무리하게 접근해 온다면 동생을 권하리라. 마음에 들지 않는다 할지라도 그렇게 인연이 맺어진 이상 경솔하게 내버릴 그런 성격의 사람이 아니다.

동생 정도 미모라면 일단 부부의 연을 맺으면 만족할 것이다. 그러나 이쪽에서 미리 말하면 기꺼이 받아들이지 않고 내가 원하는 사람이 아니라며 시큰둥해 하겠지만, 이는 갑자기 동생에게 마음이 옮겨가면 다른 사람들 눈에 경솔하게 비칠까 두려워 사양하는 것일 게다.'

큰아씨는 그렇게 생각했으나, 동생에게 한마디 말도 않고 그런 계획을 세우니 부처님에게 죄를 짓는 것 같고, 전날 침입자 때문에 자신이 겪은 괴로움을 생각하면 동생이 불쌍해지기도 한다. 그래서 마침내 다른 이야기를 하다가 동생에게 말했다.

"돌아가신 아버지께선 아무리 외로운 생활을 하더라도 참고 견디어야지 감정이 움직이는 대로 경솔한 연애를 하다 세상의 웃음거리가 되어서는 안된다

는 말씀을 하셨잖니. 일생 동안 아버지가 출가도 못 하시게 짐이 되었는데, 마지막 유지마저 저버릴 수 없어 나는 독신으로 있으려해. 그것이 절대로 외롭다고는 생각지 않는다. 그런데 시녀들조차 고집 센 여자로 보니 참 곤란하구나. 나는 그렇게 괴팍한 인간으로 보여도 괜찮지만, 너마저 독신으로 살면 청춘을 헛되게 하는 것이 아닌가 싶어, 그것이 늘 안타깝게 생각되는구나. 불쌍하고 가엾어서 말이다. 그러니 너만은 보통 여자처럼 결혼해서 행복하게 사는 걸 보고 싶어. 그럼 나 또한 위안이 되겠구나."

작은아씨는 무슨 생각으로 언니가 이런 말을 할까 어이없어하며 말했다.

"언니에게만 남기신 유언인가요? 언니만큼 총명하지 못한 내가 마음에 걸려서 아버지가 하신 말씀이 아닌가 생각돼요. 언니의 외로운 심정은 이렇게 함께 옆에 있으며 위로해야지요?"

좀 원망스러운 투로 말하는 동생이 마땅하게 생각되어 불쌍했다.

"아니야, 시녀들이 우리를 너무 고집 센 여자라 생각하니까, 여러 생각이 들어서 그러는 거란다."

이렇게밖에 말할 도리가 없었다. 큰아씨는 어떻게 해야 할지 몰라 근심스러웠다.

해는 저물어 가는데, 가오루는 돌아가지 않았다. 변댁이 들어와서 가오루의 말을 전하며 그분이 원망하신다는 이야기를 늘어놓았지만 큰아씨는 대답 없이 한숨만 내쉬었다.

'대체 어찌하면 좋은가. 아버지만 살아계시다면 누구의 아내가 되든 상관없고, 결혼생활이 불행할지라도 어버이가 정해 주신 남편이라면 수치스럽게 여기지 않아도 되리라. 주위에 있는 시녀들은 모두 나이를 먹어 친절한 척하면서 부탁받은 남자와 혼담이 최고인 것처럼 권해 오지만, 그녀들이 보는 세계는 좁아서 그 판단을 믿을 수 없다.'

무슨 말들을 하든, 이러한 결혼이니 연애니 하는 데 대하여 작은아씨는 큰아씨만큼 관심이 없고, 요즈음 결혼하라 강요해도 별로 괴로워하지 않아 큰아씨는 혼자서만 탄식했다. 방 안쪽에서 저쪽을 향해 앉은 큰아씨의 뒤에서 시녀들이 회색이 아닌 화사한 옷으로 바꿔 입어야 한다 말하며, 마치 오늘 밤에 결혼이 성립되는 양 수군대는 것을 보고 큰아씨는 한심스러워했다. 시녀들 모두가 마음을 합친다면 좁은 산장 안에서는 숨을 곳도 없었다.

가오루는 이처럼 여러 사람이 떠들어 대는 것을 원치 않았다. 그런 사람들 없이 부부가 되기를 바라고 있었으나, 늙은 변댁이 자신의 힘만으로는 부족하다고 다른 시녀들에게 도움을 청했기 때문에 모두 수군거리게 된 것이다. 조금 세련된 데가 있기는 하지만 본디 천박한 여자였던 변댁은 늙으면서 머리까지 둔해진 듯했다. 불쾌한 큰아씨는 변댁에게 이렇게 말했다.

"돌아가신 아버님께서도 가오루님을 유달리 동정해 주시는 분이라며 언제나 기뻐하셨고, 지금 와서는 그분에게 의지할 수밖에 없어 전례 없이 친하게 모시는 터이지만, 뜻밖의 말씀을 하시어 그분은 우리를 원망하고, 나는 실망을 느끼고 있어요. 인간으로서 화려한 행복을 원한다면 그분의 호의를 결코 저버릴 수 없을 것입니다. 그러나 나는 이전부터 이 세상에 집착하지 않는 여자이니 그분의 말씀은 나에게 괴로움을 줄 뿐입니다. 그래서 생각한 게 동생입니다. 공연히 그 청춘을 허송케 하려니 마음이 아프군요. 이 산장 생활도 그분의 호의로 지속되는 처지이니 '돌아가신 아버님을 추모하는 뜻이 있다면 동생을 저 대신 사랑해 주십시오. 몸은 달라도 마음은 동생을 위해서 살아갈 것이니까요' 이렇게 좀더 설명해서 잘 말씀드려줘요."

변댁도 동정을 금치 못했다.

"아씨께서 하는 말씀은 저도 잘 알고 있습니다. 그렇게 되도록 애써 말씀을 드립니다만, 그분의 마음을 돌릴 수 없고 작은아씨와 자기가 결혼한다면 니오노미야가 원한을 품을 것이니, 그쪽과 혼사를 성사시켜 뒤에서 작은아씨를 충분히 보살펴주겠다 하십니다. 그것도 좋은 말씀이오니, 두 분께서 그런 좋은 혼처를 택해 그분들의 사랑을 받으면 오죽 좋겠습니까. 죄송스러운 말씀이오나 이렇게 자유롭지 못한 생활을 하는 가운데 장차 어떻게 될까 저희들은 내내 불안하고 슬퍼서 견딜 수가 없습니다. 또 한 분에 대해선 자세히는 모르지만 어쨌든 신분이 높으신 분입니다. 선친께서 하신 유언대로 지켜가는 게 도리이기는 합니다만, 그것은 마땅찮은 구혼자가 나타나지나 않을까 근심하셔서 한 말씀이 아니옵니까. 흔히 아무리 귀하신 분이라도 부모님이 돌아가시면 생각조차도 못할 경솔한 사람과 부부가 되는 예는 얼마든지 있사오니, 어쩔 수 없다며 아무도 소문거리로 삼지 않습니다. 그렇지만 이런 혼사는 이상적이라 할까요, 일부러 만들려고 해도 안 되는 훌륭한 혼처이고, 또 애정도 깊고 성심 껏 결혼을 원하는데 왜 그렇게 냉정하게 대하십니까. 전부터 말씀하신 대로 출가해 수행생활을 하신다 해도 신선처럼 구름을 타고 안개만 잡숫고 살아갈 수 없는 노릇 아니옵니까.”

이렇게 말을 늘어놓는 늙은 시녀가 밉기도 하고 자신의 처지가 슬프기도 해서 큰아씨는 엎드려 울었다. 작은아씨도, 무슨 일인지 확실히 모르지만 인니의 모습이 슬퍼 보여 딱하게 여겨졌다. 그래서 여느 때처럼 함께 침실로 갔다.

큰아씨는 가오루가 손님이 되어 묵고 있다 생각하니 마음에 걸려서 어떻게 대처할까 생각했지만, 사방 문들을 꽁꽁 닫아버리고 들어앉아 있을 만한 데도 없는 산장이니 작은아씨에게 부드럽고 고운 이불을 덮어주었다. 아직 더위가 남아있는 계절이라 자기는 좀 떨어져서 자리에 들었다.

변댁은 큰아씨가 한 말을 가오루에게 전했다.

‘대체 무슨 사연으로 그리도 출가를 원한단 말인가, 선승처럼 사셨던 아버지의 감화가 그렇게 만든 것일까.’

인생의 덧없음을 깊이 깨닫고 있는 큰아씨의 모습이 자신의 마음과 비슷하여 가오루는 불쾌하게 느껴지지 않았다.

“그럼 칸막이 너머로 이야기를 주고받는 것도 이제부턴 당치 않다는 말이군요. 마지막 부탁인데, 오늘 밤만이라도 침실 가까이 몰래 나를 데려다 주시오.”

가오루가 이렇게 말하니, 변댁은 부탁을 들어 주려고 다른 시녀들을 일찍 재우고, 계획을 알고 있는 믿을 만한 사람과 함께 때가 오기를 기다렸다. 거센 바람이 불어 허술한 문 따위가 삐걱거리며 부러질 듯한 소리를 내는 틈을 타서 얼른 들어간다면, 큰아씨는 눈치채지 못하리라 시녀들은 이런 생각을 하며 가오루를 조용히 이끌고 갔다. 두 아씨가 같은 방에 자고 있는 점이 불안스러웠으나 평소에 늘 해오던 습관이어서 오늘 밤만 침실을 따로따로 하라고 말을 못했던 것이다. 두 사람 가운데 어느 쪽이 큰아씨라는 걸 가오루가 잘 알고 있으리라 변댁은 생각했다.

생각에 잠겨 잠을 못 이루던 큰아씨는 기척을 느끼고 가만히 일어나서 침실을 나왔다. 재빠른 행동이었다. 아무것도 모르고 잠든 동생을 생각하며, ‘이 무슨 참혹한 짓을 내가 하려고 하는가. 깨워서 함께 숨을까 하고 일단은 주저했으나, 생각뿐이었다. 어쩔 줄 몰라 하며 벌벌 떨면서 침실을 보니까, 희미한 등불 빛을 받으며 가오루가 실내복 차림으로 제법 익숙하게 휘장을 젖히고 들어왔다. 동생이 몹시 불쌍하여 잠에서 깨면 어떻게 될까 슬퍼하면서 벽 쪽에 둘러친 병풍 뒤로 숨었다.

'동생은 가오루와의 혼담을 슬쩍 비치기만 해도 싫어하였는데, 이런 잔꾀를 부린 나를 얼마나 원망할 것인가, 자못 밉살스럽겠지.'

큰아씨는 동생이 가여운 마음을 어쩌지 못했는데, 아무도 편들어 줄 식구가 없는 불행이 이렇게까지 나를 슬프게 하나 생각되고, 아버지와 작별한 것이 엊그제같이 여겨져 참을 수 없이 슬퍼졌다.

가오루는 침상에 누워 있는 사람이 하나뿐이자, 큰아씨가 마음을 굳히고 자리를 마련하였나 생각하여 너무도 기뻐서 가슴이 뛰었다. 그러나 잠시 후에 큰아씨가 아닌 것을 알았다. 비슷하게 닮기는 했으나 아름답고 가여워 보이는 기품은 오히려 더욱 훌륭한 것 같기도 했다. 동생이 깜짝 놀라는 얼굴을 보고 이 사람은 아무것도 모르고 있었구나 생각되어 불쌍하기도 하고, 한편으로는 숨어 버린 연인이 얄밉기도 했다. 가오루는 자매를 함께 돌봐주어야 한다 생각한 적이 있었으므로 이 여자 또한 딴 사람에게 주기는 아까운 생각이 들면서도, 역시 첫사랑을 이루려는데 방해가 되는 짓은 하지 말아야겠다고 생각했다.

'이토록 쉽사리 마음을 바꾸는 사람이라고 큰아씨가 오해하는 건 싫다. 작은아씨와 맺어질 수밖에 없는 운명이라면 그때 가서 생각하면 된다. 큰아씨를 대신해 작은아씨를 택하는 게 아니라 참으로 작은아씨를 사랑해서 맺어지고 싶다.'

이렇게 마음을 가라앉힌 가오루는 분별력이 있는 평소처럼 아름답고 기품 있는 태도로 이야기를 다정히 나누면서 밤을 지새웠다.

늙은 시녀는 계획대로 일이 성사되었다고 생각했다. 한 사람이 슬쩍 빠져 나가는 소리도 들었으므로 작은아씨는 어딜 갔을까 궁금해 했다.

"무슨 이유가 있었겠지요."

그런 말도 했다.

"얼굴만 봐도 주름살이 펴지고 젊어질 듯 아름다우신 가오루 중납언님을 어째서 쌀쌀맞게 대할까요. 내가 생각하기엔 사람들이 흔히 말하는 귀신이 큰아씨에게 달라붙었나봐요."

이가 빠져서 우물거리며 무뚝뚝한 표정으로 불길한 말을 꺼냈다.

"귀신이라고요? 별소릴 다 하는구려. 어떤 귀신이 달라붙는단 말이오? 아씨는 그저 너무 세상과 동떨어진 환경에 놓여 있으니, 부부생활에 대해서도 자세히 설명해 드릴 사람 없고 남자분이 다가오면 그저 무서워지는 거예요. 그러다가 가오루 중납언님과 정이 깊어지시면 사랑도 하겠지요."

이런 말을 하는 여자도 있어 마침내 모두 신명이 난 듯, 제발 일이 잘 되었으면 좋겠다고 말하다가 모두 잠들어 버렸다. 코를 고는 얌전치 못한 여자도 있었다. '연인과 지새는 가을밤은 너무도 짧다'라는 옛노래 같은 처지는 아니었으나 밤은 점점 밝아오고, 가오루는 큰아씨와 비교해 보아도 손색없는 아리따운 아씨와 평범한 이야기만 나누다가 헤어지는 게 몹시 아쉬운 마음에 다음에 또 만나자고 약속했다.

"제가 당신을 생각하듯 당신도 나를 사랑해 줘요. 냉정한 언니를 닮으시면 안됩니다."

그러면서 또다시 만날 기회가 있을 거라고 암시를 주었다. 가오루는 자기 자신이 이상한 꿈을 꾼 듯했다. 그래도 쌀쌀맞은 큰아씨의 진심을 다시 한 번 확인하자고 마음을 다독이며 아침이 되자, 아씨 방을 나와 객실에서 잠을 청했다.

가오루가 나간 뒤 변댁이 침실로 들어와서 이렇게 말했다.

"작은아씨는 어디로 가셨기에 이토록 안 보입니까?"

작은아씨는 변댁이 하는 말을 듣고 일이 잘못 됐다는 걸 깨달았다. 어젯밤 몇 시간 동안을 혈육이 아닌 사나이와 함께 있었다는 수치심에 잠자코 있었으나, 도대체 무슨 사정이 그 같은 사태를 빚었는가 생각해 보았다. 어제 언니가 가오루에 대해 넌지시 한 말이 떠오르니 참으로 원망스러웠다.

큰아씨는 마치 벽속의 귀뚜라미처럼 아침 햇살 속으로 기어나왔다. 동생이 어떻게 생각할지 궁금했지만 서로 아무 말도 못했다.

'지독한 장난이다. 이제부터 어떤 일이 벌어질지 모를 일이다, 언니조차 믿을 수 없는 세상이구나.'

작은아씨는 심각하게 고민에 빠졌다.

변댁은 객실로 들어가 가오루로부터 큰아씨의 냉혹한 태도에 대한 이야기를 듣자, 누구에게도 동정을 받지 못할 행동을 큰아씨가 저질렀구나 놀라움을 금치 못하는 한편, 가오루가 안되었다는 심정으로 멍하니 앉아 있을 뿐이었다.

"지금까지는 큰아씨의 냉정한 태도에도 희망을 잃지 않고 기대해 왔는데, 오늘은 너무나 창피해서 강물에 빠져 죽고만 싶은 심정입니다.

그러나 돌아가신 하치노미야께서 아씨들을 세상에 남기고 떠나면서 떨쳐버리지 못한 그 고통을 생각하면, 나는 지금 죽어서 안 됩니다. 아내가 되어 달라고 어느 아씨에게도 바라지 않기로 했습니다. 작은아씨를 강제로 아내를 삼는다면 일생 동안 원한이 남겠지요. 훌륭한 니오노미야의 청혼을 받고 계신 분이니, 아씨의 마음은 모르겠지만 저는 그분에게 접근할 마음이 들지 않고, 이처럼 창피한 입장에 놓인 내가 큰아씨를 찾아뵙는다는 것 또한 어리석은 짓입니다. 그저 마지막 부탁은 시녀들만이라도 이 어리석은 일을 모르도록 비밀을 지켜달라는 것입니다."

이런 원망을 늘어놓고 가오루는 평소보다 일찍이 돌아가 버렸다.

'일이 이렇게 되었으니 아씨들을 위해서나 중납언을 위해서나 불행한 결과가 되고 말았다.'

변댁은 어젯밤에 같이 계획을 세운 사람들과 수군거렸다.

큰아씨는 일이 대체 어찌 돌아가는지 가오루가 동생에게 사랑을 느끼지 못한 것이 아닐까 그리고 그가 일찍 돌아간 점에 대해 불안해하며 모두 시녀들이 잘못했기 때문이라고 분하게 생각했다. 여러 가지로 큰아씨가 번민하고 있을 때 가오루 중납언으로부터 편지가 왔다. 여느 때보다도 이번에 심부름을 온 사람이 반갑게 느껴지니 이상한 일이었다.

가을을 모르는 듯 한쪽 잎은 푸르고 반대쪽 잎은 짙게 물든 단풍 나뭇가지를 곁들인 편지였다.

한 나무 같은 가지 옅고 짙은 그 빛깔
어느 쪽 더 짙은가 산신(山神) 보고 물을까.

그토록 원망하더니 정작 그런 심정은 말하지 않고 간단한 노래만 써 보낸 편지였다. 확실히 애정이 느껴지지도 않고 그저 이 정도로 생각하고 없어져 버릴 마음일까 생각에 큰아씨는 고통을 느끼고 있었다. 그런데도 모두가 답장을 빨리 쓰라 재촉하는 바람에, 동생에게 쓰라 하려니 오늘은 부끄럽게 여겨지고 자기가 쓰자니 마음이 어지러워 괴롭기만 했다.

산신이 두 가지 빛으로 물들이는 그 까닭 몰라도
단풍에 물든 붉은 빛이 더 짙은가 하노라.

가오루는 넌지시 쓰여 있는 큰아씨의 아름다운 글씨를 보고, 역시 자기는
이 사람을 잊지 못하겠구나 싶었다. 자신의 분신처럼 귀한 동생이라며 작은아
씨를 권하는 기색을 자주 보였지만 자기가 그 말을 따르지 않았기 때문에 큰
아씨의 고충이 헛수고로 돌아간 지금에 이르러, 그저 원망스럽다 해서 매정한
척한다면 처음부터 품은 사랑이 더욱더 이루어지기 어렵게 되리라. 지금까지
중간에서 노력한 늙은 시녀마저 자기 사랑의 깊이를 알지 못하여 들뜬 사랑이
었다 보일 것이 유감스럽다.

애당초 큰아씨에게 마음을 둔 것이 잘못이었어. 그저 덧없는 세상을 버리고
출가하고 싶다 바라는 정신과 모순되는 몸이 되고 말았구나. 스스로도 부끄러
운 일이니, 하물며 세상에 많고 많은 경솔한 사내들처럼 사랑하는 사람의 동
생을 또 사랑하게 되는 그런 일은 할 수 없다는 생각에 잠겨 밤을 새웠다.

다음날 새벽 일찍 가오루는 니오노미야의 저택을 방문했다. 삼조궁이 화재
로 불탄 뒤, 가오루는 모후 온나산노미야와 함께 임시로 육조원에 와서 살고
있었다. 같은 궁 안이라 니오노미야의 거처로 자주 드나들었다. 니오노미야도
아침저녁으로 오갈 수 있어 만족스럽게 생각했다. 깨끗이 정돈된 저택에는 앞
뜰의 초목이 나부끼는 모습이나, 피어 있는 꽃도 다른 데와는 달라 흐르는 물
에 그림자를 비치는 달도 마치 한 폭의 그림처럼 보였다. 가오루 생각대로 니
오노미야는 벌써 일어나 있었다. 바람에 물씬 풍겨오는 향기에 이 뛰어난 사람
이 온 줄 알아채고 깜짝 놀란 니오노미야는 곧 평상복을 입고 단정한 모습을
하고서 마루로 나왔다. 그는 올라오라는 말도 않고 난간에 기대어 이야기를
나누었다. 우지에 대한 이야기를 하며 가오루가 중매자로서 성의를 다하지 못
했다고 원망했다.

'참으로 난감하구나. 나 자신은 사랑조차 이루지 못했는데.'

가오루는 이렇게 생각하면서, 한편으로 니오노미야가 작은아씨와 맺어지
면 자기에게 큰아씨가 돌아오지 않을까 계산했다. 우지로 가서 연인을 만나보
고 싶다는 뜻을 니오노미야가 비치자, 가오루는 평소보다 더욱 자상하게 산장
의 사정, 작은아씨의 이야기 등을 했다. 날이 완전히 밝기 전이라, 안개가 끼고

하늘빛이 차갑게 보였으며, 안개에 달이 가리어져 나무 밑은 어둡고 침침했다. 그래서 가오루는 또다시 우지가 그리워졌다. 니오노미야가 말했다.

"이번에 혼자 가지 말고 꼭 같이 가도록 하시오."

니오노미야가 이렇게 부탁하는데, 가오루는 불편한 생각이 들었다.

마타리꽃이 만발한 들판을 가로막고
속 좁게 혼자서 차지하려는 그대여

그가 이렇게 읊으니 가오루가 답했다.

안개가 자욱하게 깔린 아침 들판에 남몰래 피어 있는 마타리꽃
깊은 정이 있는 사람만 볼 수 있구나.

"그리 쉽게 만나게 할 수는 없지."

가오루가 약을 올리자 니오노미야가 화를 냈다.

"쓸데없는 소리를 하는군."

지금까지 니오노미야가 작은아씨와 결혼하고 싶다는 말은 가끔 들어왔지만 작은아씨를 잘 알지도 못하고 교제도 안 했던 터라, 용모는 상상한 대로였다 치더라도 성품이 부족할까 두려워서 들어주지 않았다. 그런데 그날 밤 본 모습은 니오노미야가 실망하지 않을 만큼 아름다운 데다 인품도 나무랄 데 없어 그런 불안은 사라졌다.

'니오노미야와 작은아씨를 맺어 놓으면 큰아씨가 생각하고 계신 뜻에 어긋난 꼴이 될 터이니 괴로우나, 그렇다고 내 마음을 작은아씨에게 돌릴 수 없으니 먼저 작은아씨를 니오노미야에게 양보하자. 그리하면 아씨의 원망도 니오노미야의 원망도 받지 않으리라.'

이렇게 마음먹은 줄도 모르고 내가 둘 사이를 방해한다 말하니 우스웠다.

"습관처럼 심한 바람기로 저쪽 마음만 상하게 할까 두렵군요."

여자 쪽의 후견자인 가오루는 이렇게 말한다.

"두고 보시오. 내가 이렇게까지 마음이 끌리는 적이 없었으니까."

니오노미야는 진지하게 이렇게 말했다.

"아씨가 쉽게 마음을 주려하지 않으니 내 역할은 힘이 든단 말씀이에요."

그러고는 산장으로 가서 지켜야 할 일을 차근차근 일러주었다.

8월 26일 추분이 끝나는 날은 길일이라 가오루는 여러 모로 생각한 끝에, 누구의 눈에도 띄지 않게 혼자서 꾸미고는 니오노미야를 우지로 안내하였다. 만일 이 일이 어머니 아카시 중궁에 알려지면 은밀한 외출이 금지되어 있는 터에 성가신 일이 생길 수 있으나, 니오노미야가 간절히 부탁하는 일이라 모든 일을 극비에 부치는 것도 괴로웠다.

니오노미야가 별장에서 배를 타고 건너가려니 번거로운 일이라, 산장 가까운 가오루의 장원 관리인 집에 니오노미야를 먼저 내려놓고, 가오루는 혼자서 아씨들의 산장으로 갔다. 그가 가더라도 이상하게 여길 사람도 없고, 오두막에 사는 무사만이 때때로 밖을 돌아보았다. 하지만 그에게도 들키지 않게 하려는 속셈이었다.

산장의 시녀들은 가오루 중납언이 왔다고 모두 긴장하고 있었다.

아씨들은 곤란해 했지만, 큰아씨는 이제 자기는 뒤로 물러서고 작은아씨를 추천하리라 생각했다.

한편 작은아씨는 가오루가 만나려는 사람이 자기가 아닌 것이 분명하니까 저번처럼 놀라지 않아도 된다고 생각하면서도, 어이없던 그날 밤 뒤로 언니가 미덥지 않아 특별히 조심할 각오를 했다. 중간에 시녀를 두고 대화를 계속하셨으므로 오늘 밤은 또 어떻게 될지 궁금하여 시녀들은 마음을 졸였다.

가오루는 어둠을 틈타 니오노미야를 말에 태워 데려온 뒤 변댁을 불렀다.

"큰아씨에게 이야기할 게 남아 있습니다만, 그분이 내 사랑에 관심이 없다는 걸 잘 알고 있습니다. 좀 어려운 일이겠지만 조금 있다가 밤이 깊거든 작은아씨에게 나를 안내해 주지 않으렵니까."

가오루가 진심으로 말하자 어느 쪽이든 결국은 마찬가지 아니냐고 변댁은 마음먹었다. 그 말을 고하니까 큰아씨가 기뻐하였다.

"역시 내 뜻대로 그 사람은 동생에게 마음을 옮겼구나."

큰아씨는 안심하고 작은아씨 방 입구가 아닌 툇마루 가까운 방 사이에 있는 문을 자물쇠로 잠그고 그 건너 쪽에서 가오루와 대면하였다.

"단 한 마디만 여쭙고자 하는데, 남이 들을 정도로 큰소리를 내는 것도 민망하니 좀 열어 주시오. 이래서야 어디 대화를 나눌 수 있습니까."

"이래도 잘 들을 수 있습니다."

큰아씨는 고집을 부렸다.

'앞으로 동생에게 마음을 줄 분이니 미안한 생각에 변명하려는 것인가. 그렇다면 처음 만나는 것도 아닌데 매정하게 굴지 말고, 밤이 깊기 전에 동생 방에 들도록 해야겠다.'

큰아씨는 마음속으로 이렇게 생각하며 장지문 앞까지 가서 앉았다. 가오루는 틈새로 큰아씨의 소맷자락을 잡아당겨 부여안고는 원망을 늘어놓았다. 아씨는 '큰일 났구나, 왜 허락했던가' 후회되어 덜컥 무서워지기도 했으나, 어떻게든 이곳을 떠나게 해야겠다는 생각에서 동생을 자기처럼 사랑해 달라고 넌지시 부탁하니 그 마음 씀씀이가 애달프고 가련하였다.

니오노미야는 가오루가 일러준 대로 문턱에서 부채 소리를 내자 변댁이 나와서 인도했다. 그는 '이 사람이 다른 아씨와 가오루를 맺어 주려하는 여자구나' 재미있어 하면서 그 뒤를 따랐다. 그것도 모르고 큰아씨는 어떻게든지 동생에게 가오루를 보내려고 했다. 우습기도 하고 딱하기도 해서 사실을 알리지 않고 있다가 언제까지나 원망을 사게 되면 괴로운 일이라 가오루는 사실을 고백했다.

"니오노미야님이 부탁하셔서 감히 거절할 수 없기에 함께 모시고 왔는데, 인사도 하지 않고 은밀히 작은아씨 방으로 숨어들었습니다. 물론 교활한 변댁이 도왔겠지요. 이러지도 저러지도 못한 나는 불쌍하고 못난 인간이 되고 말았군요."

이 말을 들은 큰아씨는 생각지도 않았던 일이라 눈앞이 캄캄하고 뭐가 뭔지 모를 정도로 분한 생각이 들고 이 사람이 혐오스러워졌다. 큰아씨가 흥분하여 말했다.

"이렇듯 나쁜 계략을 꾸미고 있는 줄도 모르고 나는 어리석게도 당신을 믿었군요. 당신께서는 어리석은 나를 경멸하시는군요."

가오루 역시 흥분하여 말했다.

"이젠 어떻게 할 수 없게 되었습니다. 이 죄는 두고두고 빌겠지만 그래도 부족하다면 나를 때리셔도 좋습니다. 그대는 나보다도 고귀한 분에게 마음을 둔 듯하나 숙명이란 인간의 힘으로는 좌우할 수 없지요. 니오노미야가 마음을 둔 사람이 작은아씨였다는 것이 안쓰럽습니다. 그보다 자신의 사랑을 이루지 못하는 나는 몸 둘 곳도 없어 그저 암담할 뿐입니다. 기왕 이렇게 되었으니 돌이킬 수 없는 일이라 여기고 내게 마음을 열어 주십시오. 아무리 문을 꼭꼭 닫으셔도 당신과 나의 사이를 마음만 나누었다고 아무도 믿어주지 않을 것입니다. 안내해 드린 분도 내가 이렇듯 괴로워하는 줄은 꿈에도 모를 것입니다."

가오루가 당장 문을 부수고 들어갈 듯 흥분하자, 큰아씨는 불쾌하면서도 어떻게든지 그를 달래려고 마음을 가라앉혔다. 큰아씨가 호소하듯 말했다.

"당신께서 말하는 숙명은 눈에 보이지 않는 것이니 저희들은 그저 눈물만이 가슴을 덮습니다. 어째서 이런 행동을 하시는가 한심스럽기만 합니다. 이런 일이 이야기로 남는다면 황당하고 과장이 많은 헛소리로 생각될 겁니다. 어떻게 그런 일을 생각해 내셨을까 어찌 저희들 자매에 대한 호의로 여길 수 있겠습니까. 이렇게 저를 괴롭히지 말아 주세요. 아깝지 않은 목숨이지만 혹시 더 오래 산다면 저도 언젠가는 마음을 가라앉히고 이야기할 기회가 있을 줄 압니다. 방금 하신 말씀을 들으니 갑자기 눈앞이 캄캄해지고 몸도 괴로워 견딜 수 없습니다. 저는 그만 자려고 하니 그 손을 놓아 주세요."

절망적이고 기운 없는 목소리이기는 하지만 이치를 따져서 애원하는 말이어서 가오루는 부끄러웠다. 큰아씨가 가련하기도 하여 한숨지으며 말했다.

"아씨, 내가 사랑하는 아씨. 어떻게라도 당신 뜻을 따르고 싶습니다. 그러다 보니 이렇게까지 고집스런 태도를 보여 드렸습니다. 말할 수 없이 밉살스럽고 귀찮은 인간으로 나를 보고 계시니 말도 통 못하겠군요. 나는 인생을 살아갈 이유를 잃었습니다. 이 손을 놓을 터이니 장지문 너머에서나마 이야기를 나누도록 합시다."

이렇게 말하면서 가오루는 소맷자락에서 손을 뗐다. 큰아씨는 도망치듯 뒤로 물러섰으나 저쪽으로 가버리지도 못하니 그저 가엾게만 생각했다.

"이렇게 옆에 있는 것만으로 위로를 삼고 오늘 밤을 지새우겠습니다. 결코 다른 뜻은 없습니다."

가오루는 이렇게 말하고 장지문을 사이에 두고 이쪽 방에서 자려고 했으나 여기는 강물 소리가 요란한 산장이라 눈을 감아도 금방 깨게 된다.

밤바람 소리도 거세다. 산등성이를 사이에 둔 산새 부부 같아 괴롭기만 하다. 평소와 같이 날이 밝아지자 산사의 종소리가 들려왔다. 니오노미야가 마음에 걸려 가오루는 헛기침을 했다. 실로 이상한 역할을 하게 됐다. 가오루가 말했다.

"길안내를 한 내가 오히려 아쉬운 마음을 품고 어두운 새벽길을 돌아가야 합니까. 이런 일이 세상에 또 있을까요."

큰아씨가 답했다.

"당신께선 멋대로 헤매는 사랑의 길이지만 온통 걱정에 시달리는 저의 처지도 생각해 주십시오."

아련히 대답하는 큰아씨의 목소리가 잘 들리지 않자 가오루는 안타깝고 답답한 나머지 푸념을 했다.

"멀어서 알아들을 수 없군요. 당신은 너무나도 무정합니다."

이렇게 한심스러운 말을 할 때 훤하게 날이 밝아오자 니오노미야는 엊저녁에 들어갔던 문을 통해서 밖으로 나왔다. 부드러운 동작에 따라 퍼지는 향기는 정성들여 옷 속에 피워넣은 니오노미야의 훈향이었다.

늙은 시녀들은 일이 어떻게 돌아가는 것인지 의아해하고 있었다. 하지만 가오루 중납언이 하는 일이라 안심해도 좋으리라 생각이 들었다.

서울 사람들은 날이 밝기 전에 돌아가야 한다며 길을 서둘렀다. 돌아가는 길은 몹시 멀게만 느껴졌다.

니오노미야는 우지가 자주 오갈 수 없이 거리가 먼 것이 괴로워 '하룻저녁이라도 만나지 않고는 못 배기겠다' 이런 심정으로 작은아씨를 생각하며 고민하였다.

사람들이 많이 드나드는 시간이 되기 전에 육조원에 이르자 복도에서 내려 여자가 탄 수레인 것처럼 가장하고 살금살금 들어가서 얼굴을 마주 보고는 서로 웃었다. 니오노미야가 말했다.

"그대의 충심을 감사하게 생각하네."

그는 이렇게 농담을 했다. 가오루는 자신의 어리석음과 어수룩함을 스스로 비웃었지만 어젯밤 이야기는 하나도 하지 않았다. 니오노미야는 곧바로 작은아씨에게 첫날밤을 보내고 난 뒤의 문안편지를 써서 우지로 보냈다.

산장의 아씨들은 꿈이라도 꾸고 난 듯한 생각에 마음만 어수선했다. 작은아씨는 이런저런 수를 쓰면서 내색도 하지 않았다고 언니를 원망하여 얼굴을 마주 보려 하지 않았다. 자신은 전혀 모르는 일이라고 둘러댈 수도 없는 큰아씨는 동생의 태도가 마땅하다 여기며 애처로워했다.

"어젯밤 작은아씨께 무슨 일이 있었나요?"

시녀들도 큰아씨에게서 사실을 알아보려 했으나, 그녀는 멍하니 넋을 놓고 아무 말도 없으니 '이상한 일도 다 있구나' 생각할 뿐이었다.

큰아씨는 니오노미야의 편지를 뜯어 동생에게 보였으나 그녀는 일어나려고도 하지 않는다. 심부름꾼이 시간이 없다고 재촉을 한다.

세상에 흔히 있는 일이라 생각하는가.
짙은 안개 속 조릿대 숲을 헤치고 찾아왔는데.

익숙하고 유려한 필체였으나 감상에 빠져 있을 수 없는 처지여서 한심스럽게도 번민을 느끼는 큰아씨는 보호자답게 답장을 대신 쓰려니 쑥스러워 동생에게 억지로 쓰게 했다. 심부름꾼에게 엷은 보랏빛 평상복 한 벌에 세 겹 바지를 선물로 내줬으나 굳이 사양하고 받지 않기에 보따리에 싸서 동행자에게 전했다. 심부름꾼은 특별히 격식을 차린 사자가 아니고 이제까지 우지로 편지를 전달하던 아이였다. 일부러 아무한테도 알리지 않으려는 니오노미야의 생각이었으나, 이렇게 사람 눈에 띄게 선물을 싸서 보낸 걸 본 니오노미야는 엊저녁 약은 척하던 늙은 시녀가 한 짓이구나 언짢아했다.

이날 밤도 니오노미야는 가오루를 앞세워 우지를 찾으려 했으나 가오루는 냉천원에 꼭 가야 할 용건이 있다고 따르지 않았다.

'큰아씨에 대한 사랑 따위는 무관심한 듯이 냉정한 태도를 보이는군.'

그는 가오루를 얄밉게 생각했다.

우지의 큰아씨를 가오루가 정부(情婦)로 삼고 있다고 믿기 때문이었다.

'이제는 어쩔 도리가 없구나, 내가 바라던 결과는 아니지만 소홀히 다룰 수 없는 사람이다.'

마음이 약해진 큰아씨는 결혼식 올릴 준비가 충분히 갖춰지지 못했지만 정취가 느껴지는 장식을 하고 니오노미야를 기다렸다.

니오노미야가 먼 길을 급히 달려왔을 때는 큰아씨는 마음이 기쁘기도 하고 이상한 느낌도 들었다. 이렇게 기쁜 감정이 솟구치리라고는 예기치 못했다. 신부인 작은아씨는 넋이 나간 채 멍하니 있었고 사람들이 서둘러 몸단장을 도와 주었다. 화려한 빛깔의 소매 위로 눈물이 한없이 흘러내리는 것을 보고 큰아씨도 끝내 울음을 터뜨리며 이렇게 말했다.

"난 이 세상에 오래 살지 못하리라 여겨지니 동생 일이 걱정되어 견딜 수가 없구나. 내 소원은 네가 행복해지는 것뿐이란다. 시녀들도 좋은 혼처라 한단다. 뭐니 뭐니 해도 우리와 달리 나이를 먹고 경험을 쌓은 사람들은 이런 문제에 대한 판단을 잘하는 게 아니겠니. 나 혼자만 의견을 내세워 언제까지나 둘다 홀로 사는 여자가 되어서는 안 되겠다고 생각해. 하지만 이런 일로 너의 마음을 어지럽게 하려고 생각지 않았단다. 남들이 말하는 어쩔 수 없는 숙명이 아니겠니. 나의 마음도 괴롭단다. 네 기분이 좀 가라앉았을 때 내가 이런 일을 계획하지 않았다는 사실을 자세히 밝힐 터이니 들어다오. 아무것도 몰랐던 나를 원망한다면 오히려 네가 죄를 짓는 일이 될지도 모른단다."

동생의 머리를 매만지면서 비통하게 말하는 언니에게 작은아씨는 여러 생각이 들어 괴로운 마음에 아무런 대답도 하지 않았다.

'이토록 자기를 사랑하는 언니가 위험한 길로 나를 보내기야 하겠는가. 하지만 깊은 애정을 못 느끼는 사람의 아내가 되어 웃음거리가 된 나 때문에 언니에게 또 새로운 근심을 주게 되면 얼마나 괴로울까?'

그러면서 작은아씨는 앞으로 닥쳐올 날을 생각하며 탄식했다.

니오노미야는 자신이 몰래 방으로 들어가자 놀란 표정을 짓던 어젯밤 여인의 얼굴도 아름다웠으나, 오늘 밤은 세상의 여인처럼 부드러운 모습으로 자기를 맞이하니 더욱 애틋한 사랑을 느꼈다. 그러나 쉽사리 드나들 수 없는 먼 거리에 있음을 가슴 아프게 여기고 성의 있는 태도에 애정을 담아 상냥하게 장래를 맹세했다. 그렇지만 작은아씨는 아직 자신의 사랑을 느끼지 못하는 듯했다. 아직 기쁨인지 슬픔인지 니오노미야의 애정을 이해하지 못했다.

귀하고 소중하게 자라난 고귀한 아가씨라고 할지라도 세상을 좀더 많이 겪어보고 또 부모나 형제를 찾아오는 이성이 있었다면 부끄러움도 무서움도 적당히 익혔을 것이다. 하인들 존경을 받는 생활은 못했지만 산골이라 사회와 멀어 인간에 익숙하지 못한 작은아씨는 갑자기 나타난 남편이 부끄럽기만 할 뿐이고, 자신의 말투에 시골티가 나지 않을까 생각하여 대답도 제대로 못했다. 그러나 두 아씨를 비교해서 말한다면 귀녀다운 재치와 아름다운 예지는 작은아씨가 언니보다 나았다.

"사흘째 되는 밤에는 신랑 신부에게 떡을 먹여야 합니다."

시녀들이 이렇게 일러주어 큰아씨는 그런 축하도 있는가 생각하면서 자기 방에서 그것을 만들게 하고 있었으나 모르는 게 한두 가지가 아니었다. 자기가 부모인 양 이런 일을 하는 모습이 남들에게 어떻게 느껴질까 부끄러워 붉어지는 얼굴이 무척 아름다웠다. 언니 된 마음이라고 할까 침착하고 기품 있는 성격의 큰아씨는 동생을 위해서 여러 모로 세심한 뒷바라지를 했다.

가오루 중납언으로부터 편지가 왔다.

'오늘 밤은 찾아가 뵙고 심부름이라도 해드리고 싶으나, 엊저녁에 재워주신 장소가 불편하여 아직 몸이 안 좋아 암만해도 못 가겠습니다.'

편지와 함께 사흘 밤에 쓰일 술과 안주, 그리고 바느질하지 않은 여러 가지 옷감을 상자에 넣어 변댁 앞으로 보냈다. 이것은 시녀들의 축하용 의복으로 쓰는 천이었다. 모두 어머니 온나산노미야가 가지고 있던 것인데 충분히 갖출 시간이 없었던 모양이다. 견직물과 비단도 밑에 깔려 있고 아씨들에게 보내는 두 벌의 아름다운 예복이 들어 있었다.

그 중의 홑옷 소매에는 노래도 한 수 씌어 있었다.

입은 잠옷 익숙한 사이는 아니더라도
변명 정도는 할 수 있겠죠.

모습을 보여서 부끄러웠지만 답장을 써야 하기에 난처해하는 사이, 심부름 꾼은 사례품을 사양하는 의미에서 거의 달아나듯 가버렸다. 어쩔 수 없이 아랫사람인 무사 하나를 불러 답장을 주었다.

마음만은 허물없다 하여도
친한 사이란 말은 어울리지 않네.

마음이 어수선한 때여서 노래에 풍치가 느껴지지 않는다. 하지만 가오루에게는 그저 귀여웠다.

니오노미야는 그날 밤 궁으로 들어갔으나 신부가 있는 우지로 가기 매우 어려울 듯해 초조해하고 있었는데, 이때 어머니 중궁이 말했다.

"무슨 소리를 하든 언제까지나 독신으로 지내던 그대거늘, 요즘엔 내 귀에 그대의 소문이 조금씩 들려오는군요. 그건 좋지 않은 일이에요. 풍류를 좋아한다느니 바람기 많은 사람이니 안좋은 평판을 듣지 않도록 조심하는 게 좋아요. 아버님께서도 걱정하고 계십니다."

니오노미야는 아카시 중궁께서 궁중 출입을 피하고 이조원에 지내려 하는 자신을 질책하자 어쩔 줄 몰라 했다.

그는 때가 때였으니만큼 괴롭게 생각하고 숙직소로 물러가 편지를 써서 우지로 보냈다. 그런 뒤에도 마음이 가라앉지 않아 한숨만 쉬고 있을 때 가오루 중납언이 왔다. 니오노미야는 자신의 편이라 생각하니 반가워서 걱정을 늘어놓는다.

"어떻게 하면 좋을까. 이렇게 어두워졌는데 쉽게 나가지 못해 번민하는 중이네."

이렇게 말하고 한스러운 기색을 보였으나 신부에 대한 니오노미야의 마음이 얼마나 깊은가 좀더 알아보고 싶었던 가오루는 이렇게 말했다.

"며칠 만에 궁에 오셨는데 오늘 밤 당직을 안 하고 곧장 나가버린다면 중궁께서 좋지 않게 생각하실 것입니다. 조금 전에 제가 하녀 대반소(臺盤所)*²에서 잠시 엿들었는데, 은밀하게 우지로 안내했다가 모두들 꾸지람을 듣지 않을까 싶어 안색마저 하얗게 질렸답니다."

니오노미야가 말했다.

"듣기 거북할 정도로 심하게 꾸지람 들었네. 누군가 고해바친 모양이야.

세상사람들로부터 비난받을 일은 한 적이 없는데 말씀이야. 아무튼 얽매인 신분이란 좋지 않군. 이런 신분이 아니었으면 좋겠다는 생각이 들어."

참으로 그렇게 여기는 듯한 말을 듣고 측은한 생각이 든 가오루가 말했다.

"어차피 같은 일이니, 오늘 밤의 죄는 제가 뒤집어쓰기로 하지요. 어떤 희생이라도 감수하겠습니다. 목번산은 말을 타고 넘는 게 좋을 것 같습니다. 수레로 가면 소문날 수도 있으니까요."

밤은 더욱 어두워졌기에 참다못한 니오노미야는 말을 타고 떠났다.

"섣부르게 따르지 않는 게 좋겠습니다. 저는 당직을 서면서 뒷말이 없도록 처리하겠습니다."

이렇게 말하고 가오루는 궁중에 남았다.

가오루가 중궁전에 갔더니 중궁이 말했다.

"니오노미야는 떠나신 모양이로군. 딱하구려. 천황께서 들으시면 내가 충고를 하지 않았기 때문이라고 꾸짖을 터이니 무척 난처한 일이오."

많은 진왕늘이 모두 어른이 되었는데도 어마마마이신 중궁은 여전히 젊고 아름답게 보였다.

'첫째 황녀 온나이치노미야도 이렇게 아름다울 터이지. 언제 그녀를 볼 수 있을까. 목소리만이라도 들을 수 없을까.'

어려서부터 품은 소망이 다시 가오루의 마음을 슬프게 했다.

'좋아하는 사람이, 생각해선 안 될 사람을 떠올리는 일도 이런 사이에서 벌어진다. 어느 정도까지는 다가가는 일이 용납되어 있으면서도 엄격한 장애물이 그 사이에 세워져 있으니 괴로워하고 번민하는 것이리라. 나만큼 이성에 대한 관심이 없는 사람도 없지만, 그런데도 일단 애정을 품은 여인은 모르는 척할 수가 없구나.'

시녀들은 용모도 성품도 빼어났고 흠이 있는 사람은 드물었다. 또 그 중에는 특히 눈에 띌 만한 사람도 있지만, 가오루는 사랑의 잘못은 저지르지 않으리라고 다짐한 터여서 궁에 와서도 점잖은 태도를 지키고 있었다. 이 때문에 일부러 이 사람의 눈에 띄려 행동하는 여자도 있었다. 기품있고 신분에 어울리도록 조심스럽게 살아가는 시녀들이지만, 개성은 저마다 다르다. 아름다운 가오루에 대한 호기심을 참았다. 가오루는 만나는 여인에게 동정도 하고 마음이 끌릴 뻔한 때가 있어도, 모든 것이 덧없는 인생이라 여기며 냉정하게 생각하며 못 본 체하고만 있었다.

우지에서는, 가오루로부터 굉장한 선물까지 보내왔는데도 밤이 깊도록 니오노미야는 오지 않고 편지만 보내왔으므로, 이래서 믿을 만한 분이 못 된다고 큰아씨는 번민하고 있는데, 거의 밤중이 되어서야 세찬 바람이 부는 가운데 니오노미야가 아리따운 향기를 물씬 풍기며 그 화려한 모습을 보이니 기쁨을 감출 수 없었다. 신부가 된 작은아씨는 전과 달리 호의를 느꼈던 모양이다. 신부는 본디 매우 화려한 용모인 데다, 오늘 밤은 주위 사람들이 한결 예쁘게 꾸몄기 때문에 다시 없을 미인으로 보였다. 많은 미녀들을 알고 있는 니오노미야의 눈으로도 결점을 찾아볼 수 없었으며, 자태나 마음씨나 더할 나위 없이 아름다운 연인으로 생각되었다. 산장의 늙은 시녀들도 만족스럽게 여겨 자신의 표정이 얼마나 추한지도 모르고 일그러진 얼굴로 애써 웃음 지으며 말했다.

"이처럼 훌륭한 아씨가 평범한 남자의 아내가 되었다면 얼마나 유감스러웠을까."

한편으로는 큰아씨가 가오루의 열성적인 구혼을 받아들이지 않아서 은근히 비난했다.

한창때를 지난 늙은 시녀들은 가오루가 보낸 꽃무늬 천으로 옷을 만들어 입었지만, 아름답게 보이는 여인은 한명도 없었다. 큰아씨는 이런 모습을 보고 생각했다.

'나도 한창때가 지난 여자라 요즘 거울을 들여다보면 얼굴이 자꾸 수척해지기만 하는데, 이 사람들은 자기 자신이 상당히 예쁘다고 생각하며 추함을 인정하는 자가 없구나. 뒤통수가 어떻게 돼 있는지 모르고 얼굴만 신경 쓰고 두드러지게 분칠을 한 게 부끄러운 줄도 모르는 모양이다. 나는 아직 그렇게까지 되지 않았으며 눈도 코도 옳게 박혔다고 생각하는 것은 나도 모르는 착각이 아닐까.'

이렇게 부끄러운 심정으로 멍하니 밖을 내다보고 누워 있었다.

'모든 게 훌륭하게 갖춰진 가오루 중납언의 아내가 된다는 것을 도저히 당치도 않은 일로 여겨진다. 앞으로 한두 해만 있으면 몸은 더욱 쇠약해지리라, 본디 체질이 빈약한 내가 아닌가. 정말 의지할 곳 없는 내 신세여.'

큰아씨는 바싹 여위어 보이는 팔목을 소매 밖으로 내놓으면서 인생의 허무함을 깊이 느끼고 있었다.

니오노미야는 오늘 밤에 외출하기가 퍽 힘이 들었던 것을 생각하고, 앞으로 일이 불안스러워 벌써부터 가슴이 답답해졌다. 중궁이 하신 말씀을 이야기하면서 말했다.

"변함없는 사랑을 가지고 있으니 못 오는 날이 있더라도 의심은 말아요. 만약 그대를 소홀히 생각하고 있었다면 이런 고생을 하면서 오늘 밤에 오지는 못했을 거요. 그렇지만 나의 사랑을 믿을 수 없어 번민하실까봐 목숨 걸고 왔어요. 늘 이런 상태가 계속되리라고는 생각지 않지만, 정식 아내로 삼아 내 거처 가까이 당신이 있을 만한 적당한 곳을 마련할 생각입니다."

니오노미야의 진심이 담긴 말을 듣고 작은아씨는 벌써부터 올 수 없을 때의 일을 말하니 소문난 바람기 많은 행실에 대해 원망하지 못하게 하려고 예방책을 쓰는 게 아닌가 생각되어 의지할 곳 없는 자신의 처지가 그저 서러울 뿐이었다.

니오노미야는 뿌옇게 밝아오는 창문을 활짝 열어젖히고서 새벽녘의 하늘을 작은아씨와 함께 바라보았다. 안개가 자욱이 긴 우지의 쓸쓸한 경치 속에서, 여느 때와 다름없이 나뭇단을 잔뜩 실은 배가 서서히 지나간 뒤에는 흰 물결이 강 위에 줄을 긋고 떠돌았다. 멋진 풍경을 곁들인 특색 있는 집이구나 그는 흥겨움에 들떠 재미있어했다. 동녘에서 어렴풋이 비쳐드는 새벽빛 아래에서 보는 작은아씨의 용모는 더욱 아름다웠다.

'가장 높은 자리로 출가한 온나이치노미야도 이보다 더 아름답지는 않다. 내 누이동생이라 예쁘게 보일 뿐이겠지. 작은아씨는 보면 볼수록 곱고 예쁘니 좀더 여유롭게 즐기고 싶구나.'

니오노미야는 애틋한 마음이 더해갔다. 안개가 걷히면서 강물 소리가 요란하고 우지 강의 고풍스런 다리 모습이 시야에서 떠나지 않아, 황량한 언덕 언저리가 더욱 구슬프게 보였다.

"어떻게 이런 데서 오랫동안 살아왔습니까."

눈물을 글썽이며 말하는 그를 보자 작은아씨는 부끄러운 생각이 들었다. 지금 자세히 보니 니오노미야의 모습은 몹시도 아름답고 화려했다.

작은아씨는 이 세상은 물론 저세상에 가서도 사랑이 변치 않으리라는 그의 속삭임을 들으면서, 뜻밖에 맺어진 사람이라고는 하지만 오히려 냉정하게 보이는 중납언을 남편으로 삼은 것보다는 이쪽이 한결 더 마음이 놓인다고 생각되었다.

'그 사람이 열렬히 사랑하는 사람은 자기가 아니고 너무도 고지식하여 친해지기 어려운 데가 있었지. 그런데 그때 난 니오노미야님을 어떻게 생각하고 있었던가. 멀고 먼 사람으로만 여기지 않았던가. 짧은 편지에 답장을 쓰는 일조차 부끄러웠던 사람이었는데, 지금의 마음은 전혀 그렇지가 않구나. 오래도록 오지 않았다면 외로워졌을 나 자신을 생각하니 괴이하고도 부끄러운 변화구나.'

작은아씨는 이렇게 변한 자신의 마음을 한심하다고 생각했다. 수행원들이 거듭 재촉하자 니오노미야는 날이 밝을 때 도읍으로 돌아가면 남의 이목을 끄는 일이 된다며, 자주 오지 못하는 건 자신의 뜻과 다르고 마음이 변한 것이 아님을 알아달라고 작은아씨에게 당부했다.

임과 나 끊기랴만 다리공주 그처럼
밤중에 소매 눈물에 적시는가 하노라.

돌아가려다가 잠시 망설이던 니오노미야가 그런 노래를 속삭였다. 작은아씨가 받았다.

끊기랴 믿는 마음 우지 다리 그처럼
길고 긴 앞날을 이 몸은 언제까지 기다릴까.

비록 말수는 적지만 작은아씨의 태도에 이별에 대한 슬픔이 깃들어 있음을 깨닫자, 니오노미야는 비길 데 없이 깊은 애정을 느끼게 되었다.

여인의 마음에 감동을 주는 니오노미야의 모습을 바라보면서, 어느 틈엔가 작은아씨는 그가 간 뒤에 남은 향기를 사무치게 그리워하는 사람이 되어 있었다. 날이 밝아져 사물을 구별할 정도가 되자 비로소 시녀들은 돌아가는 그를 엿볼 수 있었다.

"가오루 중납언 나리는 정다운 기품이 있지요. 그에 비하면 니오노미야님은 한층 지체가 높아서 그런지, 화사하고 아름다운 용모는 뭐라 말씀드릴 수 없을 만큼 참으로 훌륭하군요."

그렇게들 칭찬했다.

니오노미야는 서울로 가는 도중, 사랑스러운 작은아씨 모습이 떠올라 다시 산장으로 되돌아갈까 생각하였으나 그대로 참고 돌아갔다. 그 뒤 좀처럼 갈수가 없게 되어 편지만 날마다 보냈다. 상황이 그러하니 작은아씨를 아끼는 니오노미야의 마음은 이해하겠으나, 우지에서는 걱정하는 나날이 계속되자 큰아씨는 자신의 일보다 더 괴로워하며 한탄했다. 하지만 걱정하는 모습을 보고 동생이 더욱 자신을 비난하지 않을까 두려워서 아무렇지도 않은 척하면서 자기만이라도 결혼한 뒤 괴로움을 겪지 않으려는 심사에서 더욱더 가오루의 마음과 멀어져 갔다.

가오루도 우지로 가지 못하는 사정을 훤히 알고 있어, 산장의 아씨들이 지루하게 기다리니 자기의 책임으로 생각되어 넌지시 운을 떼며 그의 동정을 살폈다. 그러나 니오노미야가 우지에게 애정을 쏟고 있는 것만은 확실하여 작은 아씨를 버리는 일은 없겠다 마음을 놓았다.

9월 10일 누구나 산야의 가을빛을 상상하는 시기이다. 하지만 시커먼 하늘이 소나기를 퍼붓고 무서울 만큼 먹구름이 잔뜩 내려앉은 저녁때였다. 니오노미야는 여느 때보다 우지에 있는 사람이 떠올라 무슨 일이 있든지 가보고 싶은데 어찌할지 선뜻 결단을 내리지 못하고 있었다. 그 심정을 충분히 헤아린 듯 가오루가 찾아왔다.

"비 오는 산골에서는 어떻게 지내고 있을까요?"

가오루가 슬그머니 속내를 떠 보았다. 니오노미야는 너무나 기뻐서 즉시 말을 받았다.

"그럼 지금 함께 갑시다."

가오루 중납언은 니오노미야의 수레에 함께 타고 서울을 떠났다. 산장에서 시름에 잠겨 있을 여인을 안타깝게 생각하였다. 그는 가오루에게 몹시 애가 탄다는 이야기만 했다.

해질 무렵이라 더욱 깊어 가는 가을 황혼의 쓸쓸한 여행길에 차가운 비가 추적추적 내리고 있었다. 옷이 흠뻑 젖어서 고매한 향기가 하나로 합쳐져 물씬 풍겨나니 더욱 황홀하여, 촌사람들은 호화로운 꿈을 꾼 듯 생각하였다.

시녀들은 늘 푸념하던 것도 모두 잊어버리고 기뻐서 어쩔 줄을 모르며 잠자리를 마련하였다. 도읍의 이곳저곳에 시녀로 보냈던 딸이나 질녀 등을 급히 불러들여 작은아씨의 시중을 들게 했다. 지금까지 하치노미야 가문을 경멸하고 있었던 경박한 사람들에게, 존귀한 신랑의 출현은 실로 놀랄 만한 일이었다.

큰아씨는 적적한 밤에 찾아주신 니오노미야가 매우 반가웠으나 가오루가 함께 있어서 부끄러웠다. 이번에도 사랑을 호소하는 성가신 일이 생기지 않을까 걱정을 했다. 그러나 가오루의 성격이 대범하고 사려 깊어 니오노미야보다 낫다고 생각했다. 산장에서는 동생의 남편에게 최고의 대접을 하였다. 가오루는 자신이 주인인 양 마음 편히 거동하였다. 그러나 아씨가 가오루를 멀리 떨어진 객실에 있게 해 원망스럽게 생각했다. 결국은 너무 안쓰러워 큰아씨는 칸

막이 너머로 이야기를 나누었다. 가오루가 불만을 토론했다.

"장난삼아 대하기도 어렵습니다. 그대가 그리워 견딜 수가 없소. 대체 언제까지 이래야만 합니까?"

큰아씨도 남녀 사이의 관계를 이해하게 되었지만 동생과 니오노미야 사이를 걱정하다보니 자신의 결혼은 체념하고 있었다.

'지금은 깨끗한 사랑을 느낄 수 있는 상대지만 결혼하면 이 사람을 원망하게 되리라. 그러니까 나는 저분과 이대로 깨끗하게 일생을 마치고 싶다.'

큰아씨는 이렇게 속으로 다짐했다.

가오루가 니오노미야에 관하여 묻자 자주 찾아오지 않아 마음고생이 심하다고 암시하는지라, 안쓰러운 심정으로 요즘 니오노미야가 얼마나 작은아씨를 극진히 사랑하는지 보고 들은 것을 이야기해 주었다.

큰아씨는 평소보다는 쾌활한 기분으로 이렇게 말했다.

"지금 마음에 근심이 많으니 이 심정이 가라앉을 무렵에 다시 말씀을 듣기로 하겠습니다."

반감을 살 만한 냉담한 태도도 없고 더욱이 중간의 미닫이문은 굳게 닫혀 있었다. 억지로 열려 든다면 몹시도 품위 없는 행동이라 아씨가 생각할 터라 가오루는 이 사람에게도 생각이 있겠지, 쉽사리 남의 아내가 되어 버리지는 않겠지 믿으며 언제나 마음에 여유를 가지고 사랑에 마음을 애태우면서도 억누를 수가 있었다. 가오루가 간청했다.

"당신의 뜻은 어디까지나 존중합니다만, 이렇게 칸막이를 두고 이야기하는 괴로움만은 덜게 해 주십시오. 지난날처럼 가까이에서 이야기하고 싶소."

그러자 큰아씨가 말했다.

"요즈음 거울을 보아도 부끄러울 만큼 야위어 추하다고 할까요? 그래서 두렵습니다. 그런 기분이 드니 이 무슨 심정일까요?"

큰아씨의 미소짓는 모습이 상상되어 가오루는 이상하리 만치 매력을 느꼈다.

"당신 비위에 맞춰 이리저리 끌려다니다 나중에는 어떻게 될까요."

이렇게 한숨을 쉬고는 따로 자는 산새 부부처럼 밤을 지새웠다.

니오노미야는 가오루가 오늘도 혼자서 잠이 들어야 하지는 상상도 못하고 이렇게 말했다.

"중납언이 주인 행세를 하고 침실에 느긋하게 있으니 부럽군."

작은아씨는 이 말을 이상하게 들었다.

무리를 해서 찾아와도 금방 돌아가야만 하는 괴로움에 니오노미야도 깊은 시름에 잠기지 않을 수 없었다. 이런 심정을 모르는 작은아씨는 '어떻게 될 일인가, 세상의 웃음거리가 되지 않을까' 한탄하며, 연애는 하면 괴로울 뿐이다고 생각했다.

아무리 서울이라 해도 작은아씨를 옮겨 놓을 만한 처소를 마련하기도 그리 쉬운 일은 아니었다.

육조원 한쪽에 유기리 대신이 둘째 황녀 온나니노미야와 함께 살고 있어, 니오노미야에게 시집을 보내려는 여섯째딸에게 아무런 흥미도 갖지 않는 그를 원망스러워하는 모양이었다. 호색적인 생활을 하고 있는 니오노미야를 서슴지 않고 비난하며, 천황이나 중궁에게까지 불만을 털어놓았다. 이런 상황에서 의지할 곳 없는 작은아씨를 맞아들여 정실로 앉힌다는 것은 매우 걱정스런 일이었다. 잠깐 만나는 애인이라면 궁중에 데려와서 시중들게 하면 그만이지만 하치노미야의 딸이라 그리할 수도 없는 일. 만약에 세상이 바뀌어 천황과 중궁의 바람이 실현된다면 누구보다도 이 사람을 높은 신분으로 만들어줄 것이다. 그러나 지금은 극진히 아끼는 마음이 있어도 어찌해야 할지 곤혹스럽기만 했다.

가오루 중납언은 화재 뒤 재건축 중에 있는 삼조궁이 준공되는 대로 적합한 절차를 거쳐 큰아씨를 맞으리라 생각하고 있었다. 그리고 보면 역시 신하의 서열에 있는 사람은 마음이 편했다. 니오노미야는 신분이 그러하기에 그토록 그리워하면서도 몰래 만나느라 고뇌하고 있으니 애처롭게 생각되었다.

'차라리 내가, 니오노미야가 몰래 우지를 드나들고 있다는 사실을 어머니 중궁에게 말씀드리는 것이 어떨까.'

처음에는 소동이 일어나고 그가 곤란한 입장에 놓일지도 모르지만, 작은아씨를 생각한다면 금방 지나갈 일이고 고통을 직접 받을 일도 아니리라. 이처럼 날이 밝기 전에 되돌아와야 하는 니오노미야는 얼마나 괴로울까. 결혼이 공식적으로 인정된다면 작은아씨에게 충분한 물질적 원조를 해서 그의 부인으로서 부끄럽지 않도록 해주리라.'

이렇게 생각하게 된 가오루는 억지로 비밀에 부치려고 하지 않았다.

요즈음 겨울 의복으로 바꿔 입을 계절이 되어 내가 아니면 누가 그런 준비를 해 줄 것이냐 생각하여, 거실 휘장과 벽걸이 따위의 천으로 삼조궁이 신축되면 이전하려고 만들어 두었던 것을 은밀히 우지로 보냈다. 또 시녀들이 입을 갖가지 옷도 유모에게 만들게 했다.

　10월 초, 어살이 시작되어 우지에서 볼거리가 많아 흥미로운 일이라고 중납언이 니오노미야에게 권하자, 그는 단풍놀이를 위해 우지로 가자 했다. 니오노미야를 친히 모시고 있는 측근의 관속들 말고도 궁중 관속 중 가까운 사람들만 뒤에 따르게 해 미행 떠났지만 워낙 위세가 대단하여 절로 일이 커졌다. 예정했던 인원 이외에 유기리 대신의 아들 재상중장이 시종으로 따라나섰다. 고관으로서는 중납언 가오루만 따랐다.

　아씨들의 산장에도 방문할 예정이었던 가오루에게서 이런 전갈을 받았다.

　"니오노미야는 그곳에서 휴식할 것이니 그리 알고 계십시오. 작년 봄놀이 때 나와 함께 찾아갔던 사람들도, 가을비 핑계를 대고 아씨들의 모습을 엿볼지 모르니 조심하십시오."

　저택 이곳저곳을 깨끗이 청소하고, 뜰의 돌 그늘에 쌓인 단풍진 낙엽도 보기 싫지 않게 치웠으며, 도랑의 이끼도 건져내게 하는 등 아씨들은 모든 준비를 갖추었다. 가오루가 좋은 과자도 보내왔고 또 일할 젊은이들을 보내기도 했다. 이처럼 끔찍하게 위해주는 가오루의 호의를 태연하게 받아들이자니 아씨는 괴롭게 여겨졌으나, 의지할 데가 없는 처지라서 이것도 인연인가보다 단념하며 니오노미야 일행을 맞이할 채비를 갖추었다.

　놀이하는 일행이 배로 강을 오르내리며 음악을 연주하는 소리도 산장에 잘 들려왔다. 그 모습 또한 희미한 안개 속에 보이니, 젊은 시녀들은 강 쪽으로 향한 방에서 바라보고 있었다. 니오노미야의 모습은 알아볼 수 없었으나 아름다운 단풍나무 가지로 두껍게 지붕을 이은 배가 있어 듣기 좋은 취주악이 거기서부터 물 위로 흐르고 있었다. 강바람이 시원하게 불어온다.

　은밀한 뱃놀이 행사인데도 니오노미야 곁에서 시중드는 모습은 각별히 호화스런 모습이었다. 시녀들은 일 년에 한 번뿐이라는 견우와 직녀의 만남처럼 이러한 견우성 니오노미야의 빛을 맞이하고 싶다 생각을 해본다.

　니오노미야는 시를 지을 생각으로 문장박사들도 함께 왔다. 저녁나절에 배는 모두 기슭에 세워 두고 주악은 계속되었다. 그리고 배 안에서는 시회(詩會)

가 열렸다. 음악을 하는 사람들은 짙은 빛, 엷은 빛 단풍 가지를 머리에 꽂고 '해선락(海仙樂)'을 합주하기 시작했다. 모두 즐기는 가운데 니오노미야는 '강 건너 작은아씨가 얼마나 나를 원망하고 있을까' 걱정하니, 먼 곳에 있는 임의 심정은 어떠할까 하는 생각에 마음은 그곳에 가 있었다. 계절에 어울리는 시제가 나오자 시 짓는 사람들은 창작을 하느라 흥분해 있었다.

가오루는 배 안 사람들 움직임이 어느 정도 조용해진 뒤 산장으로 가리라 생각하고, 그 말을 니오노미야 귀에 속삭이고 있는데 궁중에서 아카시 중궁 명령으로 재상의 형인 유기리 장남 위문독이 화려한 차림새로 당당하게 수행원들을 거느리고 다다랐다.

뒷날 이야기가 남을 텐데, 친왕이 이렇다 할 수행원도 거느리지 않고 서둘러 떠났다는 소식을 들은 중궁이 놀라서 위문독을 수행원들과 함께 보낸 것이다. 일이 이렇게 되니 니오노미야도 가오루도 강 건너가기가 쉽지 않아져 곤혹스러워지고 모두 귀찮기만 했다.

이런 그의 심정은 아랑곳없이 모두가 술에 취해 음악놀이에 정신이 팔린 채 밤을 새웠다. 그래도 '다음 날이 되면' 기대를 걸어보았으나, 아침이 되자 이번에는 중궁대부(中宮大夫)와 여러 전상관들이 마중하러 들이닥쳤다.

니오노미야는 안타까운 심정에 돌아가고 싶은 생각마저 없어졌다.

작은아씨에게 편지를 보냈다. 가지 못한다는 말만을 간단히 적어 보냈으나, 작은아씨는 사람들의 눈도 많고 출발 직전이라 하니 폐가 될 것이라 여겨 답장을 쓰지 않았다. 작은아씨는 몰락한 귀족 집안 취급도 받지 못하는 자신이 고귀한 분과 교제하는 게 보람이 없는 일임을 새삼 깨달았다. 멀리 떨어져 만나지 못함은 별도리가 없으며, 이런 상태에 놓여 있으면서도 잊지는 않고 있다는 점만이 그저 위안이었다. 가까운 곳에 와서 화려한 놀이만 하고 들르지 못한다는 니오노미야가 원망스럽게만 생각되어 점점 괴로웠다.

니오노미야는 더욱 우울한 기분이 되어, 연인을 만나지 못하는 울적함에 어쩔 수가 없었다. 어살에 은어도 제법 많이 잡혀 그것을 단풍 가지로 장식하며 여러 개의 바구니에 꾸리는 무사들은 흥겨워했다. 윗사람도 아랫사람도 모두 놀이에 취해 있을 때, 니오노미야만 가슴이 슬픔에 차올라 하늘을 망연히 쳐다보고 있었다. 그러느라 눈에 아씨들의 산장에 있는 나무들만 보였다. 커다란 상록수에 재미있는 모양으로 얽힌 담쟁이덩굴이며 단풍의 빛깔마저 고상한 정

취를 풍겼다.

가오루 중납언도 먼 데서 보면 장엄하기까지 한 그 산장을 배 안에서 바라보고, 니오노미야가 방문할 예정이라 알렸기 때문에 오히려 낙담이 컸으리라 짐작되어 한탄스러웠다.

작년 봄 니오노미야를 따라 하치노미야 산장을 찾았던 사람들도 그때 강변 벚꽃을 추억하며, 아버지를 여읜 아씨들이 아직도 그곳에 있다니 얼마나 외로울까 동정했다. 그중 한 분을 니오노미야가 애인으로 삼았다는 풍문을 들은 사람도 있겠지만, 사정을 듣지 못해 이런 관계를 모르는 사람도 있었다. 다만 고아가 된 아씨들에 대해서는, 이런 산속에 숨어 있어도 이런저런 이야기가 자연히 세상에 알려진 터이다.

"꽤나 미인이라는 소문입니다. 쟁 연주의 명수라지 않습니까. 고인이 되신 하치노미야가 그분들을 잘 가르쳤기 때문이죠."

그러면서 칭찬들을 하고 있었다.

재상중장이 노래를 지어 불렀다.

언뜻 본 꽃 활짝 핀 아름다운 산장도
꽃 지고 잎 지는 이 가을은 쓸쓸해라

가오루가 하치노 산장과 연고가 깊은 사람인 줄을 알고 이렇게 지어 불렀다. 가오루가 답했다.

세상 덧없음을 벚꽃 보고 알지니
꽃 피자 꽃은 지고 단풍 들자 잎 지고

위문독이 노래했다.

어드메 어느 길로 가을은 떠났는고
산촌의 단풍 그늘은 떠나기 어려워라

중궁대부가 뒤를 이었다.

바위야 너를 보던 그 임은 없다마는
마음도 태평스레 칡덩굴은 자라네

일행 가운데 가장 나이가 지긋한 그는 울고 있었다. 하치노미야의 젊었던 시절을 떠올려서 그런 것이다. 니오노미야가 노래했다.

가을도 간다 하니 더구나 쓸쓸한데
바람아 불지 마라 나뭇가지 울겠네

이렇게 노래하고 몹시 슬프게 눈물짓는 모습을 보고, 비밀을 알고 있는 사람들은 '소문대로 니오노미야가 그 산장 아씨를 깊이 사랑하시는 모양이군. 오늘 같은 날조차 그곳에 가실 수 없다니 참으로 안되었다' 측은해하였다. 그러나 이렇듯 많은 수행원을 거느리고 산장에 들어갈 수도 없는 노릇이었다.

사람들이 저마다 시의 재미있는 한 구절씩 읊조리기도 했는데, 평소와는 다른 여행이라 상당히 많은 노래가 지어졌다. 그러나 술 취한 머리에서 나온 것들이므로 일부를 소개해 보았자 가작(佳作)은 없고 모두 변변치 못하니 줄이기로 한다.

우지 산장에서는 니오노미야 일행이 산장을 들르지 않고 그냥 떠나는 모습을 희미하게 들려오는 물렀거라! 소리로 짐작하고 쓸쓸한 기분이었다. 맞이할 준비를 하고 있던 사람들은 몹시 실망했다. 큰아씨는 누구보다 낙담이 컸다.

'역시 소문대로 달개비처럼 색깔이 달라지는 분이었구나. 남자는 여자에게 교묘하게 거짓말을 한다던데, 좋아하지도 않는 여자를 좋아하는 것처럼 달콤한 말을 건넨다고 집에 있는 시녀들이 신세타령하는 소리를 들었을 때, 신분이 낮은 사람들 속에는 그런 건전치 못한 사나이가 있을지 모르나, 고귀한 신분으로 태어난 그분은 세상의 눈도 있고 하니 행동을 삼가겠지 막연하게만 생각해 왔던 나의 인식부족이었다.'

'돌아가신 아버지도 저 친왕이 바람기 많다는 소문을 듣고 이 집안 사위로 생각지 않았다. 니오노미야가 이상하리만치 열심히 정성이 담긴 편지를 보내와 결국 동생과 맺어지게 했고, 그로써 한층 더 내 마음을 괴롭히고 불행을 가중케 했으니 한심한 일이다. 이 집에는 특별히 조심해야 할 입이 가벼운 시

녀가 있지는 않지만 속으로는 어떻게 생각할지, 남의 웃음거리가 될 운명이 됐구나.'

이러면서 번민하는 큰아씨는 건강이 점점 나빠져 갔다.

그러나 당사자인 작은아씨는 어쩌다가 한 번씩 만나는 남편이긴 하지만 정열적인 사랑의 속삭임을 들어왔던 만큼, '지금 눈앞에 어떤 일이 벌어지든 간에 마음이 변할 리는 없다. 늘 올 수 없는 것도 부득이한 사정이 있기 때문일 거야' 이렇게 마음속으로 달래기도 했다. 그렇다고는 하나 요즘 니오노미야의 발길이 너무 오래도록 끊겨 속을 끓이고 있었다. 근처까지 왔다가 그냥 돌아가 버린 데 대하여 원망스럽고 분하여 견딜 수가 없었다.

큰아씨는 이런 동생이 참을 수 없이 불쌍하게만 여겨졌다.

'귀녀답게 정상적으로 궁궐에 돌아갔다면, 또 저택이 이처럼 초라하지 않았다면, 친왕이 이렇듯 소홀하게 대하지는 않았으리라.'

'나도 앞으로 살아가다보면 이런 꼴을 당하겠지. 중납언이 여러 가지 말로 순결한 사랑을 요구하는 것도 자기를 시험해 보려는 마음뿐이리라. 나 혼자 우정 이상의 관계가 되려 하지 않는다 해도 그 사람 본심이 그렇지 않다면 결국 어찌될지 뻔한 노릇이기도 하고, 내가 거부하는 것도 한계가 있다. 집에 있는 여인들은 중매 노릇이 실패했음에도 여전히 어떻게든 중납언을 내 남편으로 맺어주려고 안달이니, 내 기분은 존중되지 않고 결국 그 사람 아내가 되버리는 게 아닌가, 아버지께서 자기 몸을 스스로 지켜가라 말씀하신 것은 이런 일을 경계하라는 뜻이다. 불행한 우리 자매는 어머니를 일찍 여의고 아버지와도 이별하고 말았으니, 박복한 사람이야 아무렇게 다룬들 무슨 일이 있겠느냐 우리를 가볍게 보고 이렇게도 흉하게 소박을 맞으니, 돌아가신 아버지 마음까지 괴롭게 하는 듯싶어 이 얼마나 슬픈 일인가. 나 혼자만이라도 그런 수심에 잠기지 않도록 순결을 지키다가 죽고 싶다.'

이런 생각만 밤낮으로 이어가는 마음 약한 큰아씨는 자신이 죽은 뒤 일까지 생각하니, 그저 동생을 보면 불쌍하기만 했다.

'나마저 죽게 되면 더욱 의지할 사람이 없겠구나. 동생의 아름다운 모습을 보는 게 나의 유일한 위안이며 어떻게든지 행복한 여자로 만들겠다 생각했는데. 아무리 고귀한 분을 남편으로 가졌다 해도 이처럼 모욕을 받으면서 웃음거리가 되고 말았으니, 앞으로 세상에 나가 평범하게 살기는 어렵겠구나. 본인

은 얼마나 부끄럽고 슬프겠는가.'

큰아씨는 이런 생각을 거듭하였다. 자기들 자매는 이 세상에서 조그만 위안도 얻지 못한 채 끝나버리는 운명을 가졌나 보다며 쓸쓸해하였다.

니오노미야는 서울에 돌아가자마자 다시 미행을 하여 우지를 방문하려 했으나, 유기리 좌대신의 아들인 위문독이 몰래 중궁께 말씀드렸다.

"니오노미야는 우지 하치노미야의 아씨와 은밀한 관계를 맺고 있어 갑자기 산골나들이에 열중합니다. 경솔하신 일이라며 세간에서도 나쁜 소문이 나돌고 있습니다."

그 때문에 중궁은 한숨만 몰아쉬고 있었다. 천황은 중궁을 나무랐다.

"당신이 사가에서 지내게 해서 그런 거요."

중궁은 꾸지람을 듣고 니오노미야를 궁중에서 한 발자국도 못나가도록 조치를 취했다. 그리고 유기리 좌대신의 여섯째딸과 억지로 혼인시키기로 작정했다. 중납언은 그 소식을 듣고 몹시 우울해졌다.

'무슨 운명이 이렇게 잔인한가. 하치노미야께서 아씨들을 몹시 걱정하던 모습이 잊히지 않는 데다, 아씨들이 인품 뛰어난 여성이란 것을 발견하고부터는 세상사람들에게 무시당하는 게 너무도 불합리하고 애석하게 생각되어 행복한 부인이 되게 해주려는 마음이 늘 떠나지 않았다. 마침 니오노미야도 간절히 소망하였고 내가 마음에 둔 아씨가 아니었기 때문에 작은아씨를 니오노미야와 맺어지게 하였는데. 이제 생각하니 참으로 분한 일이었어. 두 사람 모두 내 아내로 삼아도 비난할 사람은 없었을 텐데! 이젠 돌이킬 수 없는 일이 아닌가. 어리석은 짓을 했구나.'

가오루는 이렇게 마음속으로 후회하고 번민하였다.

니오노미야는 시간이 갈수록 더욱 우지의 작은아씨가 마음에서 떠나지 않으니 그리워서 견딜 수 없었으며, 이러는 사이에 불길한 일이 일어날지도 모른다는 불안에 휩싸였다.

"마음에 드는 사람이 있다면, 내 시녀로 삼아 이리로 데려다가 남의 눈에 뜨이지 않도록 사랑하면 될 것을, 천황께서 너를 특별히 생각하고 계시는데 경솔한 연애 문제로 남의 지탄을 받아서야 되겠느냐."

중궁은 아침저녁 이렇게 충고하였다.

가을비가 추적추적 내려 대궐을 찾아드는 사람도 별로 없는 날, 니오노미야는 누나 첫째 황녀 온나이치노미야 처소를 방문하였다.

거실에서 시중드는 시녀들도 얼마 없고, 그녀는 조용히 그림을 보고 있었다. 휘장을 칸막이로 두고 두 사람은 도란도란 이야기를 나누었다. 기품이 높은 귀녀다움과 함께 하늘하늘한 부드러움을 갖춘 온나이치노미야. 예전부터 이 세상에 그녀보다 고상한 아름다움을 가진 여성은 없으리라 니오노미야는 생각했다. 이에 필적할 분이라면 냉천원의 첫째 황녀로 아버지 냉천원의 총애가 대단하다는 것과, 생활하는 모습이 그윽하다는 평판이 자자하였고, 감히 사랑할 수 없는 분이라 생각했다. 한편 저 우지 사람이 갖춘 가련하고 높은 기품은 이런 최고의 귀녀에 비교해보아도 못지않아 그리워 견딜 수 없었다. 니오노미야는 이런 마음을 달래려고 거기에 놓여 있는 많은 그림들을 보았다. 아름다운 채색화 속에 사랑하는 남성의 집을 그렸고, 여러 가지 모습의 산골 풍경도 곁들여 있었다. 우지 산장의 경치 비슷한 그림에 눈길이 멎자, 그 그림을 작은아씨에게 보내고 싶은 생각이 들었다. 소설 '이세(伊勢) 이야기'를 그린 그림도 있는데, 누이에게 거문고를 가르치는 장면에서 업평(業平)의 '푸른 풀 정다워라 함께 베고 누웠으면'이란 노래를 어찌 생각하는지 궁금하여 휘장 앞으로 가까이 다가가 이렇게 말했다.

"옛날부터 다른 남매는 격의 없이 지냈는데 누님은 언제나 남남처럼 나를 대하십니까."

이에 누님이 어느 그림인가 궁금해하는 눈치여서 니오노미야는 그 그림을 말아서는 휘장 밑으로 밀어넣었다. 고개 숙여 그 그림을 보는 그녀의 풍성한 머리카락이 흘러내리고, 그 사이에 옆얼굴이 살짝 보였다. 얼굴마저 아름다운 이 사람이 '나와 남매간이 아니었다면' 하는 생각이 들어 걷잡을 수 없는 마음에 시로 읊었다.

푸른 풀 함께 베고 누우려곤 아니하나
얽힌 듯 서린 듯 어지러운 이 마음이여.

대기하던 시녀들은 이런 니오노미야 앞에 나오기를 더욱 부끄럽게 여겨 모두 구석구석에 숨어 있었다. 온나이치노미야는 하필 그런 이상한 소리를 한다고 대꾸조차 않았다.

육조원 무라사키 부인이 이 남매를 사이좋게 키워, 많은 형제자매 가운데 유독 허물없이 지내고 있었다. 아카시 중궁도 첫째 황녀를 귀하게 여기니, 시중드는 시녀도 조금이라도 결점이 있으면 그 자리에 붙어 있지 못하게 했다. 대부분 시녀는 귀족들의 딸이었다. 변덕스러운 니오노미야는 그런 시녀들 속에서 새로운 여인을 애인으로 삼아 사랑을 나누었다. 우지의 작은아씨를 한시도 잊지 않았지만 찾아가지 못한 채 나날을 보내고 있었다.

기다리는 우지 쪽에서는 세월이 길게만 느껴져 역시 이렇게 잊히는구나 처량하기만 했다. 그럴 즈음에 마침 가오루 중납언이 찾아왔다. 큰아씨가 병을 앓고 있다는 말을 듣고 문병차 온 것이다. 일어나지 못할 정도로 심한 병세는 아니었으나, 큰아씨는 병을 핑계로 대답을 거부했다.

"병환 소식을 듣고 깜짝 놀라 먼 길을 찾아온 왔습니다. 꼭 병상 가까이로 안내해 주시오."

가오루는 불안해서 이대로는 돌아갈 수 없었다. 아씨의 병실 옆에 자리가 마련되자 그쪽으로 갔다. '난처한 일이구나' 큰아씨는 괴로워했으나 그렇게 냉정한 태도를 보이지는 않았다. 몸을 반쯤 일으켜 대답을 하기도 했다. 가오루는 니오노미야가 본의 아닌 사정 때문에 들르지 못했던 단풍놀이날 이야기를 꺼냈다.

"마음 푹 놓고 계십시오. 조급하게 생각하여 원망하면 안 돼요."

가오루가 타이르듯 말했다.

"정작 동생은 별말 하지 않습니다. 돌아가신 아버지께서 남기신 유언이 이런 일을 걱정하신 거라 생각되어 동생이 불쌍하기만 합니다."

그러고는 큰아씨의 탄식하는 한숨 소리가 들리는 듯했다. 마음이 괴로운 가오루는 자신조차 부끄러운 생각이 들었다.

"인생이란 모든 일이 마음대로 되지 않으니까요. 그런 일에 아무런 경험도 없는 당신으로서는 원망스럽게만 생각될 때도 있겠지만, 어쨌든 좀 마음을 안정시키고 때를 기다려 줘요. 이대로 서먹서먹해질 인연은 아니라고 나는 믿고 있으니까요."

가오루는 자신의 일이 아닌, 남의 사랑을 위해서 이런 변명을 하고 있구나 생각하니 기묘한 기분이 들었다.

큰아씨는 밤이 되면 한층 병이 괴로워졌기 때문에, 남이 병실 가까이에 와 있으면 작은아씨가 곤란해할 것이라 생각되어, 역시 여느 때처럼 객실에다 자리를 마련하고 그쪽으로 안내하였다. 그러나 가오루가 이를 거절하였다.

"큰아씨 병세가 마음에 걸려 서둘러 찾아왔는데, 나를 병실에서 멀리 떼어놓다니 참으로 무정한 일입니다. 내가 아니고 누가 시중을 들 수 있겠소."

가오루는 노녀 변댁과 의논해서 쾌유를 비는 불공에 대해 지시를 내렸다. 큰아씨는 그렇지 않아도 고통스러워 차라리 죽고 싶은 심정인데, 그 이야기를 듣자 가오루의 배려가 오히려 성가신 간섭으로 생각되어 싫었다. 그러나 호의를 베푸는 사람에게 매정한 여자라는 인상을 심어주면 가슴 아픈 일이고, 한편으로는 살고픈 마음도 들었다.

다음 날 아침 이렇게 말했다.

"좀 기분이 좋아지셨나요. 어제처럼이라도 좋으니 옆에서 이야기했으면 좋겠는데."

큰아씨가 답했다.

"자꾸 병세가 나빠져 가네요. 오늘은 더욱 괴롭습니다. 그러면 이쪽으로……."

가오루 중납언은 이 말을 듣고 얼마나 힘들어하는지 걱정이 되고, 이전보다 더 친밀하게 느껴져 사랑이 이루어질 전조가 아닐까 싶어 가슴이 방망이질을 하였다. 가까이 다가가 여러 가지 이야기를 했다.

"지금 저는 괴로워서 대답할 수가 없어요. 좀 좋아지거든 그때……."

이렇게 가냘픈 목소리로 말하는 큰아씨가 가여워서 가오루는 한숨을 쉬었다. 그러나 이렇게 종일 기다리고 있을 수 없는 처지라 마음에 걸리지만 겨우 참고 돌아가려고 일어섰다.

"여기서는 병이 났을 때 불편해서 안 되겠군요. 요양을 위해 적당한 곳으로 옮겨드려야겠소."

가오루는 이런 말을 남기고 절의 아사리에게 열심히 기도 드려달라는 전갈을 보내고는 산장을 떠났다.

여러 번 우지를 방문하는 동안 가오루의 시종이 산장 젊은 시녀와 정을 통하고 있었다. 이 두 남녀는 은밀히 이런 이야기를 나누었다.

"니오노미야에게는 엄한 감시가 붙고 외출이 금지되어 있다네. 좌대신의 여섯째 따님과 결혼시키기로 되어 있는데, 대신 쪽에서는 바라고 있던 혼담이라 두말없이 승낙했어. 올해 안에 결혼식을 올릴 거 같아. 니오노미야께서는 그 혼담이 마음에 내키지 않아 대궐 안에서 방종한 생활을 즐기고 있어, 임금이나 중궁마마의 꾸중도 소용없게 된 셈이지만 말이야. 그렇지만 우리 나리는 결코 그럴 분은 아냐. 너무 고지식하셔서 오히려 주위 사람들이 곤란할 정도지. 여기만 이렇게 가끔 드나드시는 것은 그 마음이 한 분에게만 쏠리신 때문이라고 모두 감탄하고 있다네."

시녀가 그런 이야기를 들었다며 다른 시녀들에게 떠들어댔다. 큰아씨는 그 이야기를 듣고는 숨막힐 듯하던 가슴이 더욱 침울해졌다.

'이젠 다 끝났구나. 고귀한 분과 혼담이 정해질 때까지 장난삼아 동생에게 다가온 거야. 역시 가오루 중납언 체면이 있어서 편지만 지금도 변함없이 보내왔던 것이구나.'

큰아씨는 남들이 원망스럽게 생각하는 것보다 자신의 몸 둘 곳을 몰라 잔뜩 풀이 죽어 누워 있었다.

병든 큰아씨는 약해진 마음에 그런 소리까지 들었으니 더욱더 이 세상을 살기 싫어졌다. 시녀들과는 그리 어려워하는 사이는 아니나, 얼마나 이 일을 비웃을지 마음만 더욱 괴로워져서 못 들은 체하고 누워 있었다.

작은아씨는 깊은 생각에 잠긴 모습으로 팔베개를 한 채 풋잠을 자고 있었는데, 그 모습이 가련하고 엉킨 머리카락이 어깨 옆에 아름답게 흘러내려 너무나 아름다우니 큰아씨는 아버지가 선잠을 자지 말라고 하신 가르침이 다시금 머리에 되살아나서 슬펐다.

'아버지는 저승에서 죄 많은 사람들이 간다는 지옥에 떨어지지는 않았겠지. 죽은 자들이 맴도는 육도(六道)라도 좋으니, 아무쪼록 어디든 아버지 계시는 곳에 나를 데려다 주었으면 좋으련만, 이런 슬픈 생각만을 하는 자매들을 버려두고 아버님은 꿈에서조차 나타나시지 않으니 너무합니다.'

해질녘 하늘이 어두워져서 가을비가 내리고, 나무 밑에서 불어오는 바람소리를 쓸쓸하게 들으며, 지난날의 일들과 앞으로 일들을 두루 생각하면서 병상에 누워 있는 모습마저 더없이 고상한 기품이 갖추어져 있었다. 흰옷을 입었는데 빗지 않아도 헝클어짐 없이 부드럽게 흘러내려 옆으로 비스듬히 던져진 머리카락에 도는 희미한 푸른빛도 요염하게 보였다. 눈매며 이마의 아름다움은 빼어난 여자의 아름다움을 제대로 볼 줄 아는 사람에게 보이고 싶을 정도였다.

선잠에서 깬 작은아씨는 거센 바람소리에 놀라 벌떡 일어났다. 황매색과 보랏빛이 아롱진 화려한 옷을 입은 채 막 일어난 작은아씨의 얼굴은 더욱 아름답게 보여 조금도 침울한 기색이 없는 듯했다.

"꿈에 아버지를 봤어요. 근심스러운 표정으로 바로 여기쯤에 서 계셨어요."

동생의 꿈이야기를 듣고 병든 큰아씨는 더욱 슬퍼졌다.

"돌아가신 뒤로 어떻게든 꿈에라도 한 번 뵙고 싶다고 생각했었는데, 어찌 내게는 한 번도 나타나시지 않는구나."

두 아씨는 복받쳐 오르는 울음을 참지 못하고 흐느껴 울었다.

'요즈음 밤낮으로 아버지 생각이 나서 그리워하니 잠시 모습을 보여 준 게야. 아무래도 아버님 곁으로 가야겠다. 누구의 아내도 되지 않고, 아이도 갖지 않은 깨끗한 몸으로 저세상에 가야겠다.

큰아씨는 이렇게 생각하고 있었다. 옛날 중국에 있었다는 죽은 사람을 불러오는 반혼향(反魂香)을 가졌으면 싶었다.

어두워졌을 무렵 니오노미야로부터 심부름꾼이 편지를 가지고 왔다. 슬픔에 잠겨 있는 때인지라, 침울한 심정이 조금은 가라앉았다.

그러나 작은아씨는 읽으려고 하지 않았다.

"침착하고 얌전한 태도로 답장을 써라. 내가 이대로 죽는다면 지금보다 더 너는 외로운 처지가 되고, 시녀들은 중매를 들려고 서두를 거야. 난 그게 마음에 걸려서 못 견디겠구나. 하지만 그분이 가끔이라도 편지를 보내주시니 이렇게 관심을 가지고 있는 동안은, 시녀들이 함부로 하지 않을 거야. 원망스럽지만 그분에게 의지할 수밖에 없지 않겠니."

큰아씨가 이렇게 타이르자 작은아씨가 말했다.

"먼저 죽다니, 언니 그게 무슨 말씀이세요? 너무 슬퍼지는군요!"

작은아씨는 이렇게 말하고는 얼굴을 옷깃에 더욱 깊이 묻었다.

"내 목숨도 내 마음대로 되지 않아. 나는 아버지 뒤를 따라가고 싶었지만, 아직도 살아 있는 건 정해진 수명이 다하지 않았기 때문이야. 내일은 나와 관계가 없는 인생이 될는지도 모르는데, 죽음이 슬픈 이유는 너 한 사람 때문이야."

큰아씨는 등불을 가까이 가져오게 하고 니오노미야의 편지를 읽었다. 여느 때처럼 섬세한 마음씨가 고스란히 씌어 있었다.

저 하늘 언제 보나 다름없는 하늘인데
어수선한 마음에 가을비는 뿌리네.

소매를 눈물로 적시는 일이 그분에게 있을까. 남자라면 누구나 하는 일이 아닐까 생각하니 원망은 더욱 깊어질 따름이었다. 세상에 뛰어난 용모를 가지고 역량이 있는 분이, 여자의 사랑을 더 많이 받으려고 아름답게 꾸민 그 모습에 다른 젊은이들이 끌리지 않을 리가 없다. 만나지 못하는 날이 길수록 니오노미야를 그리워하는 사람은 작은아씨여서, 그런 맹세까지 했으니 어떤 일이 있더라도 아주 남남이 되어 버리는 일은 없으리라 생각하여 마음을 바꾸지 않고 있었다. 답장을 오늘 밤 안으로 전해 드려야 한다며 심부름 온 사람이 재촉하는 바람에, 또 시녀가 권하는 말에도 못이겨 작은아씨는 시 한 수만 썼다.

싸락눈 오는 깊은 산골에는
아침저녁 슬픈 생각으로 바라보는 하늘까지
내 마음처럼 개이지 않습니다.

10월 30일이었다. 못 만난 지 벌써 한 달이 넘지 않았는가 니오노미야는 스스로를 자책하면서 오늘 밤엔 반드시 가리라 별렀지만, 이런저런 일들이 잇달아 생기게 되어 떠나지 못하고 있었다. 올해 오절(五節) 행사가 11월 초에 있어 축제 분위기로 화려하기만 한데, 그 분위기에 끌리는 것도 아니고 일부러 우지로 가지 않으려 하는 것도 아니다. 그러는 사이 날은 자꾸만 흘러갔다. 충동적으로 마음을 달래긴 했으나 위안이 되는 것은 아니어서, 니오노미야가 그리워하는 사람은 오직 단 하나 작은아씨뿐이었다. 유기리 좌대신 댁 아씨와의 혼담에 대해서도 중궁은 이제 양보를 하고서 이렇게 권했다.

"먼저 후원자가 될 정식 본처를 들인 다음, 사랑하는 다른 사람이 있다면 그 사람을 맞이해서 품위 있게 부인의 한 사람으로 거느리면 되지 않겠는가."

"잠시만 기다려 주십시오. 저에게 정리할 시간이 필요합니다."

니오노미야는 일단 거절하였다. 세도 있는 정식 아내를 맞이하여 그 사람을 곤경에 빠뜨리고 싶지 않았다. 그러나 이런 그의 본심을 우지에서는 알 도리가 없었으니, 날이 가고 달이 바뀔수록 시름은 점점 깊어가기만 했다.

가오루 또한 니오노미야를 자기가 예상했던 것보다 경박한 분이라고 생각했다. 세상사람들이 떠들어대는 그런 분은 아니라 믿고 우지의 작은아씨에게 소개했는데 부끄럽게 느껴져, 아씨 쪽을 불쌍하게 여기고는 그를 별로 찾지 않게 되었다. 그리고 큰아씨의 병세가 염려되어 산장에 수시로 심부름꾼을 보내 안부를 묻는 일도 게을리하지 않았다.

11월이 되어 큰아씨 병세에 차도가 있다는 소식을 듣고 가오루는 일이 너무 많이 쌓여 며칠 동안 문병할 사람도 보내지 못했음을 문득 깨닫고는, 여러 가지 볼 일을 내버려두고 몸소 찾아가기로 했다. 회복할 때까지 계속 기도하라고 명령했었는데 병이 쾌차했다며 아사리도 절로 돌아가 버리고 없었다. 그래서 산장 안은 더욱 적막하기만 했다. 늙은 변댁이 나와서 아씨의 병세에 대한 보고를 한다.

"어디 아프신 데도 별로 없으시니 큰 병은 아닌 듯한데 식사를 통 들지 않는군요. 본디 체질이 약하신 데다 니오노미야의 일로 몹시 침울해진 뒤로는 간단한 과일조차 먹으려 하지 않습니다. 너무도 쇠약해지셔서 미덥지가 않습니다. 오래 살다가 끔찍한 꼴을 보느니 차라리 제가 먼저 죽었으면 합⋯⋯."

그러고는 말도 마치지 못하고 울음을 터뜨렸다.

"한심하군. 병세가 이렇듯 중하다고 내게 왜 전해 주질 않았소? 냉천원에도 대궐에도 바쁜 일이 많아서 내가 사람을 보내지 못하는 동안 몹시 근심했다오."

가오루는 요전에 찾았던 병실 바로 옆방으로 들어갔다. 머리맡 가까운 곳에 앉아 말을 걸었으나 목소리 내기도 힘겨운지 큰아씨의 대답은 들을 수 없었다.

"이렇게 중해지실 때까지 누구 한 사람 알려 주지 않다니 참으로 원망스럽군요. 아무리 내가 걱정을 해도 보람이 없지 않습니까."

가오루는 우선 절의 아사리와 기도에서 효험이 있다는 중들을 모두 산장으로 불렀다. 다음 날부터 기도와 독경을 시키고 사가에서 시중 들 사람과 무사를 여러 명 불러들였기 때문에 전날까지 쓸쓸했던 산장은 다시 어수선해졌다.

날이 저물자 객실로 자리를 옮겨 저녁을 먹으라고 권하였다. 가오루는 가까이에서 간호하고 싶다 말하고서 동쪽 큰아씨 방 가까운 방에 병풍을 세우게 하고 들어갔다. 남쪽 방에 있는 작은아씨는 곤란하다고 생각했으나, 시녀들은 가오루와 큰아씨의 관계를 우정 이상으로 믿고 있기에 남남으로 취급하지 않았다. 초저녁부터 시작한 법화경 독경은 계속되었다. 훌륭한 목소리를 가진 12명의 중들이 그렇게 불공을 드리는 모습은 보기 좋았다.

등불은 남쪽 방에 켜 놓아서 방 안이 어두웠다. 가오루는 휘장을 올리고 미끄러지듯 들어가서 앓아누운 연인을 보았다. 늙은 시녀 두셋이 딸려 있었다. 작은아씨는 슬그머니 어디로 숨어버리고 혼자 자리에 누워 있는 큰아씨 가까이로 다가간 가오루가 아씨의 손을 잡고 말했다.

"당신은 왜 목소리조차도 들려주질 못 하시오."

"당신이 오신 줄 알고 있으면서 말하기가 괴로워 실례를 했습니다. 한참 동안 오시지 않아 뵙지도 못하고 죽는가 걱정했습니다."

큰아씨는 숨소리보다 더 가냘픈 목소리로 말했다.

"그토록 애타게 기다리고 계신데 내가 찾아오지 않았다니?"

가오루는 흐느끼며 눈물을 쏟는다. 손에 닿은 머리카락이 열 때문에 뜨거운 것 같았다.

"무슨 죄를 지었기에 이렇듯 심하게 앓고 있는가요? 사람을 한탄하게 만든 벌인가 봅니다."

귀에다 입을 대고 마음속에 쌓인 말을 하자, 큰아씨는 귀찮기도 하고 부끄럽기도 해서 얼른 소매로 얼굴을 가리고 말았다. 뺨에 닿는 병자의 머리카락이 열 때문인지 뜨거웠다. 평소보다 더욱 힘없이 하늘거리는 몸매를 보고 이대로 죽으면 얼마나 슬플까 가슴이 미어지는 듯했다.

"날마다 간호하느라 얼마나 힘들었습니까. 오늘 밤은 좀 편히 쉬시오. 내가 돌보아 드릴 테니까."

가오루가 보이지 않게 숨어 있는 작은아씨에게 말하자, 안심이 되지는 않지만 둘이서만 할 이야기가 있는가 생각하고 좀 안쪽으로 들어갔다.

정면으로 얼굴을 갖다대지는 않았으나 무릎걸음으로 가까이 다가오는 가오루를 큰아씨는 부끄럽게 생각했으며 이 정도로 전생의 인연이 깊구나 생각되었다. 위험한 선은 넘지 않으려던 가오루의 깊은 인품은, 다른 한 분과 비교할 때 그 성실함이 무척 감동적이라 큰아씨는 은연 중에 사랑을 느꼈다. 죽은 뒤에라도 매정한 여자라는 소리를 들어서는 안 되겠다 싶어 굳이 냉담하게 물리치려고는 하지 않았다.

밤새도록 옆에 있으면서 더운 물을 권하기도 했으나 큰아씨는 한사코 마시지를 않는다. 슬픈 일이다. 가오루는 이 목숨을 어떻게 하면 살릴 수 있을까 번민했다. 새벽녘에 교대한 스님이 쉬지 않고 독경을 계속하는데 그 목소리가 한결 엄숙하게 들렸다. 초저녁에 산에서 내려왔던 아사리의 쉬어 갈라진 목소리가 영험 있는 듯 듬직하게 들렸다.

"오늘 밤 병세는 좀 어떻습니까?"

아사리가 가오루에게 물었다.

"돌아가신 하치노미야께서 어디 계시든 반드시 극락세계에 계시리라 저는 생각합니다. 얼마 전 꿈에 나타나셨더군요. 그런데 아직 속세의 모습을 하고 계시지 않겠습니까.

'나는 세상을 싫어하여 떠났기에 속세의 미련은 없으나 조금 마음에 걸리는 일이 있어 다시 태어날 수 없었소. 아직도 극락정토에 가지 못하여 가슴이 아프니 부디 왕생할 수 있도록 공양해 주오.'

이렇게 확실히 말했습니다. 하지만 어떻게 해야 할지 선뜻 생각이 나지 않아, 지금 할 수 있는 일이라도 해야겠다고 수행하는 제자 5, 6명에게 염불을 계속시키고 있습니다. 그리고 《법화경》의 상불경보살*³ 수행을 위해 제자들을 순례시키고 있습니다."

이 말을 듣고 가오루는 펑펑 울었다.

큰아씨는 아버지가 성불하는 데 자신이 방해 된다 여기고 숨이 끊어질 듯이 슬퍼하며 꼭 아버지가 명부의 길에서 방황하지 않도록 자기가 빨리 가서 좋은 곳으로 모시고 가야겠다고 생각하였다. 아사리는 말을 길게 하지 않고 그 자리를 떴다.

이 상불경보살 수행은 근처의 마을들을 비롯해 도읍 거리까지 돌아다니면서 집 대문마다 이마를 부딪쳤는데, 추운 새벽 바람을 피하기 위해 스승인 아사리가 와 있는 산장에 들어와서 중문에 앉으니 죽은 사람 명복을 빈다는 회향의 말을 외고 있었다. 그 말 끝 대목이 고인의 유족에게 뼈저리게 들렸다. 손님인 가오루 중납언도 부처님께 귀의할 사람이었으므로 울먹이면서 잠자코 듣고 있었다.

---

*³ 상불경보살(常不輕菩薩) : 《법화경》의 '상불경보살품'에 나오는 보살로, '무시하거나 천시하지 않은 이'라는 뜻이다. 여기서는 부처를 칭송하는 게송을 외우면서 돌아다니는 일을 이른다

가오루는 작은아씨가 언니 걱정으로 병상에 가까이 다가와 안쪽 휘장 뒤에 앉는 기척을 느끼고 자세를 바로잡으며 말했다.

"저 상불경보살 게송소리를 어떻게 들으셨습니까. 엄숙한 종파에서는 안 하는 일이지만 존엄한 느낌이 드는군요."

　그리고 이런 노래를 읊었다.

　새벽빛 물기슭엔 찬서리 내렸는데
　떼지어 우는 물새 그 소리 구슬퍼라.

　원망스런 니오노미야와 어딘가 닮은 데가 있는 사람이라고 생각했지만,
　직접 대답하기 거북하여 변댁을 시켜 전하게 했다.

　새벽녘 찬서리에 슬피 우는 저 물새
　시름에 겨운 이내 마음속을 아는가.

　작은아씨와 너무나 느낌이 다른 대역이었으나 서투르지 않은 목소리로 변 댁은 그 일을 해냈다. 이런 말을 주고받는 가운데 조심스럽기는 하면서도 정다운 재치를 느끼는 이 아씨하고도 죽음이 언니를 앗아가면 서먹서먹해지지 않을까, 모든 것을 잃게 되면 얼마나 쓸쓸해질까 가오루는 마음이 무거웠다.

　아사리의 꿈에 하치노미야가 나타난 것을 생각해 봐도, 애처로운 두 아씨를 저세상에서도 걱정하고 있다 가오루는 생각하며 산사(山寺)로, 다른 절로, 독경을 하도록 사람을 보내곤 했다. 대궐에도, 자기 사저에도 휴가를 청하고 신불 제사, 예방까지 빈틈없이 시키고는 큰아씨의 쾌유만을 기다리는 가오루였다. 하지만 악령 때문에 생겨난 병이 아니라 효험이 없었다.

　큰아씨 자신이 살게 해달라고 신불에게 기원하지 않았다. 병든 것을 기회로 죽으려고만 생각하는 까닭에 기도 드린 효험은 전혀 없었다.

　'차라리 죽는 편이 낫다. 중납언이 이렇게 옆을 떠나지 않고 간호를 한다면 병이 나은 다음에는 그의 아내가 될 수밖에 도리가 없다. 그렇다고 지금과 같은 열렬한 사랑이 식으면 나는 또 그것을 원통하게 생각해야 하니 살아난다 하더라도 병을 핑계 삼아 출가하리라, 그 길만이 서로의 사랑이 영원히 변치

않을 길이다.'

이렇게만 생각하는 큰아씨는 죽든 살든 출가할 일만 염두에 두었다. 약한 소리만 한다 생각할까 두려워 가오루에게는 말도 못하고 작은아씨에게만 이렇게 일렀다.

"내 병은 나을 듯하지 않구나. 수계하여 출가하면 그 공덕으로 목숨이 연장된다고 하니, 네가 아사리에게 출가하고 싶다 부탁해 주려무나."

큰아씨의 이 말에 모두 눈물을 흘리며 법석을 떨었다.

"원 당치도 않은 말씀입니다. 저렇게 걱정하고 계신 중납언님께서 얼마나 낙심하시겠어요?"

작은아씨는 옳지 않은 일이라 생각하여, 언니가 부탁한 일을 아사리에게 말하지 않았다. 큰아씨는 안타까웠다.

아씨의 병 때문에 가오루가 우지에 머물고 있다는 사실이 점차 소문이 나면서, 일부러 문병 오는 사람도 있었다. 가오루가 큰아씨를 무척 사랑하고 있는 사실을 아는 부하와 집안일을 돌보는 사람들은 기도를 드리려 이곳저곳 뛰어다니기도 했다.

'오늘이 궁에서 풍명절회(豊明節會)*4가 있는 날이구나.'

가오루는 서울을 떠올렸다. 우지 산골은 바람이 세차고 눈도 끊임없이 쏟아지기 시작한다. 서울 날씨는 이렇지는 않으리라 적적한 감회에 젖은 가오루는 스스로 택한 일이지만 불안한 마음에 휩싸였다. 이 사람과 부부가 되지는 못하는구나 슬픈 생각에 전세의 인연이 한심스러웠다. 그렇다고 누굴 원망할 수도 없는 일이었다. 가오루는 다만 잠시라도 전처럼 이야기를 주고받을 수 있는 처지만 돼도 좋으리라 싶어 침울한 심정이었다. 날은 그렇게 저물고 말았다.

눈구름 햇살가려 그림자도 안 보이는 산 속
마음도 슬픔에 가려 깜깜하네.

산장 사람들은 가오루가 있어 주기를 바라고 있었다.

언제나처럼 아씨의 병상을 지키고 있는데, 세차게 부는 바람으로 휘장이 들

---

*4 풍명절회(豊明節會) : 궁중 의식.

추어져 안이 다 들여다보이자, 작은아씨는 놀라서 건너 방으로 갔다. 늙은 시녀들도 거북해서 얼른 자리를 피했다. 그 사이에 병상으로 가까이 다가앉은 가오루가 울먹이며 말했다.

"좀 기분이 어떠하오? 내가 온 정성을 다해서 쾌차하라고 기도를 드리건만, 보람도 없이 이젠 목소리조차 들을 수 없으니 이런 슬픈 일이 어디 있겠소. 나를 두고 가버린다면 난 어떻게 하라는 겁니까."

이제는 의식도 몽롱해진 큰아씨가 조금은 말을 알아들었는지 소매로 얼굴을 가리면서 이렇게 말했다.

"조금이라도 차도가 있다면 당신에게 드리고 싶은 말씀이 있는데, 이렇게 당장이라도 꺼져갈 듯 위태로우니 안타깝군요."

가오루는 큰아씨가 자신을 몹시 딱하게 여기는 듯 느껴져 그만 참아왔던 울음을 터뜨리고 말았다. 주위 사람들이 희망이 없나보다 생각할까봐 염려스러워서 삼가려고 해도 울음소리가 커지니 어쩔 도리가 없었다.

'대체 어떤 전생의 인연이기에, 온 정성을 다 기울여 사랑했건만 이렇게 헤어져야 한단 말인가.'

큰아씨를 가만히 내려다보니 팔은 가늘게 여위어 그림자처럼 쇠약해 보이면서도, 변치 않는 하얀 빛깔의 피부가 아름답게만 보이니 너무나 이별하기 안타까웠다. 머리숱은 적으나 베개 너머로 젖혀진 긴 머리는 검고 윤기가 흐르는데 이렇게 아름다운 사람이 죽다니, 눈앞에 보이는 미인의 영혼과 함께 자기로부터 영혼이 멀어져 나가는 느낌이 들었다.

"끝내 나를 버리고 간다면 나 역시 이 세상을 살아갈 수 없을 것이오. 그러나 사람 목숨이란 마음대로 되지 않는 것이니, 꼭 살아 있어야 한다면 깊은 산으로 들어가버릴까 합니다. 하지만 그때는 홀로 남아 있게 될 작은아씨를 외롭게 만들 것이 몹시 고통스럽군요."

가오루는 조금이라도 말을 시켜 보려고 병자가 가장 관심을 가지고 있는 사람의 이름을 꺼냈다. 큰아씨는 얼굴을 가리고 있던 소매를 조금 내리며 꺼져가는 소리로 말했다.

"이렇듯 짧은 제 목숨은 허망합니다. 저를 애정도 모르는 여자라 여겨도 어쩔 수 없는 일, 다만 남아 있는 동생을 저 대신 사랑해 주십사 부탁드리고 싶어요. 제 뜻대로만 해주신다면 얼마나 안심이 되겠어요. 그 일이 마음에 걸립니다."

가오루가 말을 했다.

"이처럼 슬픈 처지가 나의 운명이었던 것 같소. 나는 당신 이외에는 그 누구와도 부부가 될 생각을 하지 않았습니다. 그러기에 당신의 뜻을 줄곧 따르지 않았소? 지금은 그것이 후회되고 괴롭습니다. 그러나 작은아씨 걱정은 하지 않아도 됩니다."

이렇게 달래면서 가오루는 수도승들을 부르고, 영험하다는 사람에게 기도를 드리게 했다. 그리고 자기 자신도 신불에게 기도했다. 인생을 괴롭게만 생각하지 않는 가오루이기에 부처님이 이처럼 큰 슬픔을 안겨다 주시는 것은 세상의 괴로움을 알라는 뜻이 아닐까. 식물이 말라 죽어가듯 큰아씨가 숨을 거두는 모습을 지켜보는 일은 정말로 못 할 짓이어서 가오루는 발버둥이라도 치고 싶었다. 끝내 아씨가 숨을 거두자 동생이 함께 가겠노라고 서럽게 우는 것도 당연한 도리이다. 한바탕 눈물을 쏟고 한탄하는 작은아씨에게, 시녀들은 이런 경우에 울어서는 안 된다며 충고하고는 다른 방으로 데리고 갔다.

가오루 중납언은 죽은 사람을 보고도 마치 꿈을 꾸는 듯했다. 등불을 높이 올리고는 연인 앞으로 가까이 다가가서 그 모습을 들여다보았다. 소매로 얼굴을 반쯤 가리고 있는 얼굴은 고이 잠이 든 듯싶었다. 변한 것이라곤 없고 조용히 잠든 듯, 말린 비단벌레처럼 이대로 영원히 자기 옆에 간직할 수 없을까 생각했다. 장례 절차를 따라야 해서 유해를 바로 뉘기 위해 머리를 매만질 때 향기가 물씬 풍겼다. 살아 있었을 때의 그 향기였다.

'어떤 점이 이 사람의 결점인가 찾아내어 마음이 멀어지게 하려 해도, 너무도 완벽한 여성이었기에 그럴 수가 없습니다. 차라리 슬픔을 잊을 만한 추한 꼴을 보여 주십시오.'

부처님에게 이렇게도 염원해 보았으나 슬픔만 더욱 깊어질 뿐이었다. 차라리 당장이라도 연기로 만들어 버리겠다고 생각하나, 이런저런 장례 절차를 밟아야 하니 마음은 괴롭기만 했다. 허공을 걸어가는 듯한 허전한 심정으로 가오루는 장례 장소로 갔다. 화장하는 연기조차 희미할 정도로 아씨가 그토록 가녀린 몸이었나 싶어, 너무도 어이없고 덧없는 생각으로 들판에서 큰아씨를 떠나보내고 돌아왔다.

산장에는 그나마 상중이라 많은 사람이 모여 있어 적적한 심정이 조금은 위로가 되었다. 작은아씨는 집안 식구가 모두 자기만 남기고 세상을 떠나 충격을 받은 데다 니오노미야의 일로 부끄럽기도 하고 침울하기도 해 살아 있는 것 같지 않았다. 니오노미야가 많은 위문품을 보냈으나 작은아씨는 언니가 그를 탓하면서 죽어갔다고 생각하며, 이런 인연이 원망스럽기만 하였다.

인생의 슬픔을 절실히 느낀 가오루는 이번 일을 계기로 출가하고 싶은 심정이었으나, 이미 출가한 어머니 온나산노미야가 어찌 생각할까 걱정되었다. 또한 작은아씨의 안쓰러운 처지 역시 가슴 아파 이렇게 생각했다.

'큰아씨가 말했듯이 죽어가는 사람 대신에 작은아씨를 아내로 맞이해도 좋았을 것을, 자기 분신으로 생각하라고 했지만 사랑의 상대를 바꿀 마음이 그때는 생기지 않았다. 그러나 이 사람을 이렇게 고독하게 만들 바에는 고인을 추모하는 뜻에서 둘이 이야기라도 나눌 수 있는 처지가 됐더라면 좋았을 것을……'

가오루가 전혀 돌아갈 생각은 하지 않고 침울한 심정으로 산장에 머물러 있다는 소문을 들은 세상사람들은 그가 고인을 그토록 깊이 사랑했다며 안타까워 궁중을 비롯해서 여러 곳에서 수많은 위문객들이 산장을 방문했다.

큰아씨가 세상을 뜨고도 세월은 여전히 흘렀다. 가오루는 7일 뒤, 또 7일 뒤, 3·7일 뒤에 하는 법사에도 고인을 위해 정성을 다했지만, 큰아씨의 남편이 아니었기에 상복은 입지 못했다. 그는 큰아씨를 섬기던 시녀들이 입은 검은 상복을 보고 이렇게 중얼거렸다.

검붉은 피눈물 옷에 흘려도
내 옷은 검어지지 않는구나.

연분홍빛 홑옷 소매를 눈물로 적시며 깊은 생각에 잠겨 있는 가오루는 청초하고 아리따웠다. 시녀들이 문 틈으로 엿보면서 말했다.

"큰아씨가 돌아가신 슬픔은 어쩔 수 없지만 나리께서 여기에 계속 계시니 저희들은 마음이 든든합니다. 그렇지만 상이 끝나고 작별할 생각을 하니 서럽습니다. 이 무슨 운명입니까. 이처럼 착하고 인정 많으신 분을 두 분이 다 냉담하게 대하셨다니."

그러고는 함께 울었다.

"남아 계신 작은아씨를 돌아가신 분의 분신으로 생각하고 앞으로는 옛이야기를 말씀도 드리고 또 듣기도 할까 합니다. 그러니 남처럼 대하지 말아 주십시오."

가오루는 이 말을 작은아씨에게 전하도록 했다. 그러나 작은아씨는 모든 점에서 자기는 운이 없는 여자라 생각하여 수치심만 느끼고 이에 응하려 들지 않았다.

작은아씨는 화사한 미인이고 처녀다운 매력과 높은 기품을 다분히 가졌으나, 유연하면서도 씩씩한 아름다움은 언니만 못하다고 가오루는 평소에 생각했다.

눈이 소복하게 내려 어두워진 저녁 종일 침울한 심정이었던 가오루는 세상 사람들이 싫어하는 12월 맑게 갠 하늘의 달을, 발을 걷어올리고 바라보았다. 그때 들려오는 절의 종소리가 오늘도 날이 저물었음을 은은히 알려주는 듯했다.

바람이 너무나 세차서 들창을 모조리 내리려 하다 내다 본 연못은 산 그림자가 물가 얼음에 비춰서 달빛 아래 너무나 아름다웠다. 가오루는 도읍의 어느 정원도 이런 정취는 없으리라고 생각했다.

'병을 앓는 몸일지라도 그 사람이 살아 있기만 하다면 이런 경치도 함께 바라보면서 이야기 나눌 수 있을 텐데.'

이렇게 생각하니 가슴에서 슬픔이 복받쳐 올라 왔다.

설산동자(雪山童子)가 죽음과 바꾸어 귀신에게서 알았다는 게송을 얻어, 그것을 외우면서 강물에 빠져 죽으리라, 그렇게 가오루가 생각한 것은 너무나 미련을 가진 탓이라 하겠다.

가오루 중납언은 시녀들을 모두 불러 앉혀 서로 이야기를 시키고 가만히 듣고 있었다. 풍채가 늠름하고 친절한 성품인지라, 시녀들은 이 젊은 사나이를 친근하게 대했다. 늙은 시녀들은 가오루를 볼수록 큰아씨가 떠올라 눈물을 글썽거렸다.

"병이 중해지신 것도 니오노미야 나리께서 실망을 주셨기 때문이죠. 세상을 대하기 부끄러워, 아무것도 먹지 않고 혼자 비관만 하시니 몸이 쇠약해졌지요. 겉으로는 아무렇지도 않은 듯이 보였지만 가슴속에서는 걱정이 이만저만 아니었어요. 게다가 작은아씨를 결혼시킨 일은 돌아가신 아버지의 뜻을 어기는 것이라고 늘 죄스럽게 여기셨거든요."

시녀들은 큰아씨가 언제 무슨 말씀을 어떻게 했다고 이야기를 하며, 모두들 눈시울을 붉혔다. 가오루는 자기가 잘못 주선한 일 때문에 고인의 마음을 괴롭게 했다고 여기고 과거를 도로 물릴 수 있다면 그렇게라도 하고 싶다 생각했다.

새벽녘 한기가 제법 느껴질 때였다. 왁자지껄한 사람들 말소리 사이로 갑자기 말발굽 소리가 들려왔다. 이런 새벽에 눈길을 헤치고 산장으로 찾아드는 사람은 누구일까. 상중에 근행하는 스님들도 모두 놀랐다.

그때 사냥복 차림으로 니오노미야가 들어섰다. 의복이 흠뻑 젖은 채로 들어왔다. 두드리는 소리로 니오노미야가 온 줄을 짐작한 가오루는 옆방으로 가서 조용히 맞이했다.

이같이 험한 날씨에 일부러 찾아왔으니 원망스러움이 사그라져야 할만도 한데 작은아씨는 그와 얘기를 나눌 기분이 나지 않았다. 니오노미야의 성의 없는 태도 때문에 언니를 번민 속에 몰아넣었던 일, 그 기분을 풀어주지도 못했던 일, 이제 와서 성의를 베푼다 해도 이미 때는 늦었고 소용이 없는 일이라고 작은아씨는 생각했다. 그런데 시녀들이 모두 와서 그래서는 안 된다며 거듭 설득하는 바람에 겨우 장지문을 사이에 두고서 마주했다.

니오노미야는 지금까지 거만했던 자신의 태도에 대해 변명을 하였으나 아씨는 아무 말도 하지 않고 잠자코 듣고만 있었다. 사람이 있는지 없는지 도무지 인기척이 없어서, 니오노미야는 이 사람도 언니 뒤를 쫓아가지 않을까 걱정이 되었다.

오늘은 무슨 일이 있어도 돌아가지 않겠다 마음먹고 머물렀다.

니오노미야는 작은아씨에게 직접 만나자고 여러 번 호소했다. 그러나 아씨는 이렇게 대답했다.

"좀 더 마음이 가라앉을 때까지 제가 살아 있다면 그럴 기회도 있겠죠."

가오루는 이 말을 듣고는 작은아씨에게 제대로 말을 전해 줄 만한 시녀를 불러 말했다.

"작은아씨의 마음에 상처를 주고 이쪽 입장을 너무나 생각하지 않은 니오노미야를 불쾌하게 생각하는 것은 극히 당연하지만, 좀 더 상황을 이해하시어 그가 반감을 갖지 않을 정도로 대하는 것이 좋겠습니다. 니오노미야는 지금까지 그러한 경험이 없어 무척 괴로울 것입니다."

그 말을 들은 작은아씨는 가오루가 그렇게 생각하는 것조차 야속하게 여겨져 더욱 그와 직접 마주할 기분이 나지 않았다. 니오노미야가 말했다.

"참으로 무정하군요. 전에 그토록 나의 심정과 내 주위의 사정을 말하지 않았습니까. 그것을 모두 잊으셨습니까?"

니오노미야는 하루 종일 탄식하면서 지냈다. 으슥한 밤이 되자 날씨는 더욱 험해져 점점 세차게 부는 바람 소리를 들으면서, 적적한 침실에서 외로이 한탄하는 그를 딱하게 여겨 작은아씨는 마침내 창을 사이에 두고 이야기를 나누기로 했는데 니오노미야가 신불의 이름을 연거푸 말하면서 앞으로 변함이 없을 거라고 맹세하자 어쩌면 여자에게 말하는 솜씨가 이리도 익숙한가 싶어 기분이 좋지는 않았으나, 멀리 떨어져 있어도 유달리 늠름했던 모습의 니오노미야가 자기 때문에 슬퍼하는 것을 보고는 마음이 흔들리지 않을 수 없었다. 그래서 계속 듣기만 하다가 '지금까지도 무정하게 하셨거늘 앞으로 어찌 믿을 수 있으리요' 이런 뜻의 노래를 중얼거렸다. 아직도 니오노미야에 대한 원망이 가시지 않은 것이다. 그는 '앞길이 짧다고 생각되거든 그나마 눈앞에 있는 지금만이라도 나를 따라 주시오' 대답을 하고는 '덧없는 인생이니 남을 미워하는 죄는 짓지 않는 게 좋다'고 말했다.

"저는 기분이 좋지 못해서요."

아씨는 이렇게 말하고는 안으로 들어가 버렸다. 남의 얼굴을 보기가 부끄러워 그대로 탄식만 계속하다 니오노미야는 뜬눈으로 밤을 새웠다. 너무도 무정한 대접이라고 원망스러운 눈물이 뚝뚝 떨어졌다. 내가 이러니 하물며 그녀는 얼마나 번민을 하고 눈물을 흘렸을까 그는 지난날을 돌이켜보았다.

가오루 중납언이 주인방에 거처하면서 모든 시녀들을 스스럼없이 부리고 직접 지휘하면서 니오노미야에게 아침 식사를 드리는 것을 보고, 니오노미야는 연인을 잃은 그를 딱하게 여겼다. 안색도 몹시 창백해지고 수척해져서 멍하니 있는 그의 모습을 보고 진심으로 가오루를 위로했다. 니오노미야에게 아씨의 생전 모습을 이야기해 주고 싶었으나, 이런 말을 하면 자기의 마음이 약하다 드러내는 결과가 되고, 한 가지 일만을 노심초사하는 완고한 사나이로 생각될까 두려워서 말을 하지 않았다. 날마다 울면서 세월을 보낸 사람이라 얼굴은 보기 흉할 정도로 수척했으나, 그래도 수려하고도 아리따운 그 얼굴을 보고는 설사 작은아씨라 할지라도 반드시 가오루에게 마음을 빼앗길 것이라고 니오노미야는 자신의 다정다감한 생활을 떠올리며 그런 상상을 했다. 그러자 니오노미야는 어쩐지 그 점이 마음에 걸려 먼 길을 다닌다는 비난도 피하고, 작은아씨의 원한도 풀어주고자 어떻게든 작은아씨를 서울로 옮겨야겠다고 생각하였다.

연인의 마음은 좀체 풀어지지 않고, 또 하루를 여기서 지내자니 대궐에서 어찌 생각할지 모르는 일이어서, 일단 니오노미야는 돌아가기로 했다.

그는 진심으로 연인의 마음을 돌이켜보려 노력하였으나, 작은아씨는 상대의 냉담한 태도가 얼마나 견디기 괴로운지 알려주려고 이날 아침에도 아무런 말도 전하지 않고 그를 돌려 보냈다.

연말이 되면 이런 산골짜기가 아니라 하더라도 맑은 날이 별로 없었다. 하지만 유독 우지에는 바람이 매섭게 불고 눈만 잔뜩 쌓여 있으니 침울한 나날을 보내는 가오루는 언제까지나 계속 꿈을 꾸는 듯했다. 도읍에 있는 니오노미야는 독경을 하는 스님에게 많은 공물을 보냈다.

이대로 신년을 맞이할 수는 없었다. 어머니 온나산노미야를 비롯해서 자기를 오래도록 기다리는 데가 한두 군데가 아니라 생각하고 떠나려는 가오루는 또 다시 슬픔을 느꼈다.

줄곧 가오루가 있어주었기 때문에 자연 출입하는 사람도 많아졌던 이 산장이 또 다시 쓸쓸해질 터이니 이를 괴로워하는 사람들은, 큰아씨가 죽었을 때보다 더욱 슬퍼했다. 이전에 드문드문 찾아오던 아씨가 살아계셨던 시절보다도 오랫동안 상을 지내며 함께 있어서 깊은 정이 든 가오루와 정신적인 면에서 물질적인 면까지 미치는 다정한 인품을 가진 이 사람을 오늘을 마지막으로 보내야 한다니 시녀들은 탄식했다.

니오노미야으로부터 이런 편지가 왔다.

'말씀드린 바와 같이 그쪽으로 나가기가 어려워서 마음이 퍽 고통스러웠지만, 이제 당신을 가까운 시일 내에 도읍으로 맞이할 방법이 섰습니다.'

중궁이 니오노미야와 작은아씨의 관계를 알고, 또 그녀의 언니를 잃은 가오루 중납언이 그토록 슬퍼한다는 이야기를 듣고, 평범한 애인으로서는 아무도 생각할 수 없을 만큼 뛰어난 여성으로 판단해, 니오노미야을 동정하여 이조원 서쪽 궁궐에 거처를 마련하고 때때로 드나들도록 하라는 분부를 내렸다.

니오노미야는 첫째 황녀 온나이치노미야의 고귀한 시녀로 들이는 형식으로 일을 계획한 것은 아닌가 의심하면서도, 그 사람을 가까이 두어 늘 만날 수 있게 된 것은 기쁜 일이라고 생각하며, 이 이야기를 가오루에게 했다.

불에 타 소실된 삼조궁을 준공시켜 큰아씨를 데려오려 했었기에, 큰아씨 보듯이 작은아씨를 돌보아 드려야겠다고 생각했던 가오루는, 이 일로 또 마음이 허전해졌다. 그러나 가오루는 니오노미야의 의심을 살 만한 감정은 버리고 작은아씨의 보호자는 자기 말고는 없다 여기며 오라버니와 같은 의무감을 느꼈다.

풋고사리[*1]

'햇빛은 산과 들 가리지 않고 비치니, 옛 동산 이 마을에 꽃은 다시 피어라'
그런 노래에도 있는 봄이기에, 산장 기슭에 온통 향기롭게 피어나는 봄빛을
보니, 우지(宇治)의 작은아씨는 어떻게 자기가 여태껏 살아남았을까 그저 꿈처
럼 여겨졌다. 돌고 도는 계절 속에서 꽃빛도 새소리도 아침저녁으로 함께 보
고 함께 들으면서, 거기에 의지해 서로 노래를 지어 보며 인생의 쓸쓸함과 괴
로움을 함께 나누었기에 위로받을 수 있었다.

아름답다고 느껴지는 일이나 가슴에 사무치는 일이나 모조리 이야기하면
자신의 감정을 곧 이해해 주던 언니를, 바로 자기 신변에서 빼앗겨 버린 몸이
니, 어두운 심정을 어찌할 바 없었다. 아버지가 세상을 떠나셨을 때의 설움보
다도 더한 슬픔과 그리움에 날이 가는 줄도 모를 만큼 비탄에 젖어 있었다. 그
러나 수명이란 정해진 것이라서, 죽고 싶어도 죽지 못하는 게 한스러울 뿐이
었다.

산사의 아사리로부터 편지가 왔다.

'해가 바뀐 뒤로 어떻게 지내고 계신지요. 부처님께 항상 기원 드리고 있습
니다. 지금은 오직 아가씨 한 분을 위해 행복하시라고 축복할 뿐입니다.'

편지에 곁들여서 고사리며 뱀밥을 운치 있는 바구니에 담아 이런 글도 함
께 적어 보내왔다.

'이것은 아이들이 산에서 따다 부처님께 바친 만물입니다.'

그리고 다음 노래를 악필이나마 멋을 부려 줄을 바꾸어서 썼다.

[*1] 풋고사리〔早蕨〕 : 제48권. 가오루 25세 봄의 이야기. 작은아씨는 산속 절의 아사리가 보내온
풋고사리를 보아도, 지금은 세상을 떠나고 없는 언니 생각에 몸부림을 친다. 얼마 후 작은
아씨는 니오노미야가 사는 이조원으로 들어갔는데, 가오루는 이 사람을 큰아씨 대신 자기
저택으로 맞아들이게 된다면 오죽이나 좋을까 하고 생각한다. 꽃이 한창인 시절에 가오루
는 이조원을 방문하고, 작은아씨와 함께 지난날을 그리며 정담을 나눈다.

돌아가신 궁께 바치려고 세세연년*2세세 봄마다
아니 잊고 뜯어 온 풋고사리를
돌아가신 분의 추억과 함께 보냅니다.

"이 노래를 작은아씨에게 읽어 드리기 바랍니다."

시녀 앞으로 쓴 글이었다. 머리를 짜서 생각해낸 노래인 듯, 서투른 대로 그 속에 담긴 정성에 작은아씨는 감명을 받았다. 붓 가는 대로 그다지 깊은 생각을 담은 편지도 아니건만 수다스러운 미사여구로 꾸며서 보내오는 그 누구의 글보다도, 이 사람에게 마음이 끌리는 심정이었다. 작은아씨는 시녀에게 답장을 쓰게 했다.

모두들 떠나간
올해의 쓸쓸한 봄
돌아가신 아버님 유품이라
뜯어보낸 이 햇고사리
누구에게 보내면 좋으리.

그러고는 심부름꾼에게 선물을 내렸다.

25세, 한창때 아름다움을 갖춘 사람이 여러 근심 걱정 때문에 조금 수척해 보이는 것도 오히려 귀녀다운 아리따운 풍취가 곁들인 듯하여 세상을 떠난 언니 모습을 닮았다. 함께 있을 때는 그 어느 쪽이나 개성이 뚜렷해서, 서로 닮은 줄 몰랐는데, 이제는 얼핏 보면 큰아씨가 아닌가 하는 착각을 불러일으켰다.

"가오루 중납언 나리는 아씨의 사신만이라도 오래 남겨두고 바라보았으면 이렇게 아침저녁으로 그리워하였지요. 이왕이면 작은아씨와 부부의 연을 맺었으면 좋았을 것을, 운명이 그것을 용납하지 않았음이 애석한 일이지요."

시녀들은 다들 유감스럽게 여겼다.

가오루 중납언의 부하가 우지 산장 시녀를 만나려 드나드는 터라 서로 소

---

*2 세세연년(歲歲年年) : 여러 해를 거듭하여 계속 이어짐.

식은 잘 알고 있었다. 가오루 중납언은 여전히 비탄에 젖어 망연해 있고, 해가 바뀌었음에도 눈에서 눈물이 마를 날이 없다고 했다. 작은아씨는 이제야 가오루 중납언의 깊은 마음을 알게 되었다.

"언니에 대한 중납언님의 마음은 일시적인 게 아니었구나."

니오노미야는 우지를 드나들기 쉽지 않은 신분이었기에 작은아씨를 도움으로 맞이하기로 결심했다.

궁중 연회를 비롯해 떠들썩한 한때를 보내고 나서, 가오루는 마음 한구석에 간직하기 어려운 수심을 누구에게 이야기를 할 수 있을까 하고 니오노미야를 찾아갔다.

해질 무렵, 니오노미야가 툇마루 끝에 나와 앉아 쟁을 퉁기며 좋아하는 홍매향을 음미하고 있었다.

가오루가 홍매의 아랫가지를 꺾어 쥐고 다가서니, 그 향이 더없이 그윽하여 니오노미야는 노래를 읊었다.

이 홍매꽃은
꺾은 그대를 닮았는가
겉으로는 색향을 풍기지 않고
안으로 향을 감싸고 있구나.

그저 꽃을 바라보는 내게
공연한 시비를 걸다니.
그리 소중한 꽃이라면
조심하여 꺾을 것을

"괜한 억측일세."

이런 농을 주고받을 수 있음도 막역한 친구 사이이기 때문이다. 마음을 털어놓고 친근한 대화를 나눈 뒤 니오노미야가 우지 산골의 근황을 물었다.

"그쪽은 요새 어떤가?"

가오루는 큰아씨를 아직 잊지 못하고 있었기에, 슬펐던 일, 즐거웠던 일, 만났을 때부터 지금까지 하루도 큰아씨를 잊지 않았던 추억을 '울고 웃으며' 이야기하였다. 니오노미야는 바람기 많은 남자들이 그렇듯이, 가오루만큼이나 눈물이 많아, '남의 이야기를 들으면서 소매를 적시도록' 눈물을 흘렸고, 부모라도 된 것 마냥 맞장구를 쳤다.

하늘 또한 애수에 젖은 사람을 동정하듯 안개가 몽롱하게 끼고, 밤이 되면서부터는 바람도 세차게 불기 시작해 겨울다운 추위가 닥쳐와 불도 이내 꺼졌다. '봄날 어두운 밤은 아무 소용없다'고 하는 그런 허전함이기는 했으나, 이야기하는 사람이나 듣는 사람은 그렇다고 해서 그칠 이야기가 아니었다. 아무리 얘기해도 가오루 중납언은 마음이 후련해짐을 느끼지 못한 채 한밤이 되었다.

세상에 비길 바 없는, 정신적인 사랑에 머물렀다고 하는 가오루의 이야기를, 반드시 그렇지는 않았을 것이라고 니오노미야가 생각하는 것도 자신의 입장에서만 생각하기 때문이리라.

"결백하다고 해도, 설마 그렇게 깨끗한 사이로 끝나지는 않았겠지."

니오노미야가 이렇게 추궁하는 것은 자기 성향대로 상상하기 때문이리라. 허나 니오노미야는 모든 일을 잘 이해하는 분인지라, 슬픔에 잠긴 가오루의 마음이 시원해지도록 위로도 하고 슬픔을 덜어낼 수 있도록 격려도 해주며 친근하게 대화를 나누었다.

니오노미야의 다정다감한 말솜씨에 마음속 쌓인 우울함을 털어놓다보니 가오루는 어두웠던 마음이 개는 듯싶었다.

친왕도 며칠 안에 작은아씨 거처를 옮기는 준비에 대해 의논하였다.

"매우 잘 된 일입니다. 저대로 버려 둔다면 내 잘못으로 작은아씨가 불행해지는 것이 아닐까 하여 후회스러웠습니다. 고인이 남기고 간 사람은 저 분밖에 없어 내가 돌봐드리지 않으면 안 됩니다. 다만 그대가 그런 나를 이상히 여기지 않을까 걱정입니다."

가오루가 이렇게 말하고, 덧붙여 고인이 동생을 남처럼 생각하지 말라고 말했으며, 작은아씨와 자신의 결혼을 희망하더라는 점도 약간 언급했다. 그러나 '이와세 숲의 두견새'가 울 듯한 산장에서 저 작은아씨와 남매 같은 마음으로 이야기를 나누었던 하룻밤에 대해서는 언급하지 않았다. 마음속으로는 어쩐지 분한 생각이 점점 더하였다.

'이렇게도 슬퍼해야 하는 날에 위안이 되도록, 큰아씨가 말한 대로 작은아씨를 아내로 삼을 것을. 그랬다면 니오노미야가 하려는 것처럼 도움으로 그 사

람을 맞아들일 수도 있었을 텐데.'

생각하면 할수록 애석한 심정이 간절해졌다.

'이제는 생각해도 아무 소용없는 일을, 더구나 줄곧 그 생각을 하고 있으니, 이러다간 해서는 안 될 일을 하고 싶은 마음까지도 생기리라.'

그것은 니오노미야를 위해서도, 작은아씨와 자신을 위해서도 부끄러운 일임에 틀림없다고 단념했다. 그러면서도 작은아씨가 거처를 도읍으로 옮기면 자기 말고 누가 진심으로 보살필까 싶어 이사 준비 등 분주히 손을 써서 도왔다.

우지에서도 아름다운 젊은 시녀며 어린 시녀 등을 찾아 고용하니 시녀들은 행복감에 젖어 있지만, 막상 아버지가 사랑하던 산장을 떠나게 되는가 생각하니 작은아씨는 서글퍼서 한탄만 하고 있다. 그렇다고 해서 고집스럽게 이곳에 머문다 해서 좋을 리도 없었다. 그랬다가는 인연이 깊지 않은 니오노미야와의 모처럼 사이도 끊길 것이다.

작은아씨는 원망하는 말을 보내오는 것도 조금은 그럴 법한 일이라고 생각되어, 어떻게 하면 좋을까 하고 번민하였다.

이사 날짜가 2월 초로 정해졌다. 그날이 다가옴에 따라, 꽃망울이 크게 부풀어 오르는 것을 보고서 올봄에 피는 모든 꽃을 못 보고 가는 게 아쉽게 여겨졌다. 돌아가는 기러기처럼 안개 핀 산을 버리고 가는 곳이 자기 집도 아닌 객지여서, 혹시나 체면 상하는 웃음거리는 되지 않을까 불안했으며, 또한 니오노미야의 사랑이 영구히 변하지 않는다고는 할 수 없는 마음에서 쓸쓸한 미래가 떠올라 고민하고 있었다.

언니의 복상 기한이 정해져 있는지라, 작은아씨는 드디어 상복을 벗게 되었다. 강가 들판에서 탈상의 예를 치르니 죽은 이에 대한 정이 얕은 것처럼 느껴졌다. 어머니는 얼굴도 기억에 없으니 그리워할 여지도 없다. 어머니 대신 돌봐주었던 언니를 위한 이 상복은 아버지가 돌아가셨을 때처럼 짙은 색으로 하고 싶었으나 이에는 정해진 예법이 있어서 마음대로 할 수 없으니 그 또한 견딜 수 없는 슬픔이었다.

탈상하는 날, 가오루가 수레와 앞을 물리는 사람들, 그리고 음양박사들을 보내왔다.

흐르는 세월의 허망함이여.

상복을 입은 것이
바로 엊그제 같은데
화려한 옷으로 갈아입는 날이
일찍도 왔구나.

곁들인 이 노래처럼 봄꽃을 담은 여러 옷가지도 보냈다. 도읍으로 옮겨가는 날에 대비하여 수행원들의 축의품도 신분에 걸맞게 꼼꼼히 신경 써서 과하지는 않아도 충분하게 준비하였다. 무슨 일이 있을 때면 이처럼 따뜻한 마음을 보여 주는 가오루를 칭찬하며 시녀들은 저마다 작은아씨에게 말했다.

"친남매간이라도 이렇게까지는 못하실 거예요."

이렇게 늙은 여자들 마음에는 물질적인 보조만큼 고마운 일은 없다고 여겨지기에 자연히 이것을 작은아씨에게 알리려고 애쓰는 것이었다. 젊은 시녀들은 가끔 오는 가오루에게 친근감이 있어, 이제 작은아씨가 다른 데로 옮겨가는 것이 허전하게 생각되었다.

"앞으로 작은아씨께서도 가오루님을 무척 그리워하시겠지요."

다들 이렇게 동정하고 있었다.

이사를 하루 앞 둔 이른 아침, 가오루가 우지로 찾아왔다. 여느 때처럼 그 객실에 들어가 앉았다.

'큰아씨가 살아 있었다면 지금쯤 서로 친숙해져서 내가 니오노미야보다 먼저 큰아씨를 도읍으로 맞아들일 생각이었건만.'

가오루는 큰아씨의 살아생전 모습이며 그와 서로 이야기 나누던 심정 등을 회상했다.

'절대로 나를 피하려 하지 않았고 나를 나무라는 일도 없었는데, 내 심약함으로 지나치게 조심한 나머지 맺어지지 못하고 끝내 불행을 맞은 거야.'

이렇게 생각하자 가슴이 아프도록 분한 마음이 들었다. 그 아버지 하치노미야 상중에 여기서 엿보던 북쪽 장지문 구멍도 그립기만 하여 다가가서 보았으나, 가운뎃방은 장지가 죄다 잠기고 어두워서 아무것도 보이지 않았다.

시녀도 가오루가 온 것을 알고 옛날 생각에 울었다. 게다가 작은아씨는 끊임없이 흐르는 눈물 때문에 얼빠진 사람같이 누워 있었다.

"몇 달 동안 끊임없는 수심 속에 지냈으니, 그간 쌓인 생각을 한끝이라도 말씀드리고 괴로운 마음을 달래고 싶습니다. 지난날처럼 쌀쌀맞게 대해 불편하게 만들지 말아 주십시오. 또 그런 일을 당하면 멀리 타국에 온 듯한 기분이 들 터이니."

가오루가 말하자 작은아씨는 이렇게 말을 전하라 이르며 난감해 했다.

"서운하게 대하고 싶진 않지만 지금 기분도 좋지 않고 괴로워, 공연히 이상한 말씀을 드려 결례를 저지르지 않을까 걱정됩니다."

작은아씨는 마음 내키지 않는 모양이었다. 그러나 호의에 대해서 그러면 안 된다는 시녀들 충고로 가운데 장지께에서 칸막이 너머로 대화하기로 했다.

가오루의 품위 있는 모습이 오늘은 성숙한 느낌이 더해 한결 훌륭하게 보였다. 그는 시녀들의 눈을 놀라게 할 만큼 아름다운 외모에 행동거지 하나하나에 예사롭지 않은 깊이가 있어, 이보다 뛰어난 남성이 세상에 또 있을까 싶을 정도였다. 작은아씨는 가오루에게서 그리운 언니의 모습이 떠올라 정겨운 느낌으로 바라보고 있었다.

"돌이킬 수 없는 분에 대한 이야기는 삼가야겠지요. 오늘은 앞날을 축원해야 하니까요."

중납언은 잠시 뒤에 말을 이었다.

"이번에 가게 되는 저택 근처로 나 역시 이사하기로 되었으니, 언제라도 무슨 일이든 의논해 주십시오. '친근한 친구끼리는 밤과 낮 새벽 없다'고 하지 않습니까. 내가 살아 있는 동안엔 무슨 일이든 살펴드리고자 생각합니다만, 작은아씨 의향은 어떠한지요?"

작은아씨가 말했다.

"저는 이 산골 집을 떠나고 싶지 않은 마음 간절한데, 근처로 이사 오신다니 옛 생각에 마음만 산란해질 뿐 무어라 답해야 할지 모르겠습니다."

작은아씨는 띄엄띄엄 말을 이어 나갔다. 구슬픈 얼굴을 한 모습조차 큰아씨를 닮은 것 같았다. 자신이 심약한 탓에 이 사람을 다른 사람의 여자가 되게 했는가 하고 가오루는 분하게 여겼지만, 이제 와서는 별수 없는 일이다. 그래서 저번 어느 날 밤 작은아씨 방에 들어갔던 일은 화제에도 올리지 않고, 그런 일은 아주 잊어버린 듯이 평온한 태도로 행동했다.

가까운 뜰에 서 있는 빛깔도 향기도 뛰어난 홍매화나무는 종달새까지도 눈여겨보며 지저귀고 지나는데, '봄은 봄이되 옛 봄은 아니니' 나리히라의 옛 노

래처럼 죽은 사람을 그리워하는 두 사람을 이야기하는 것 같았다. 발을 건드리며 불어드는 바람에, 홍매화 향기와 귀인의 향기가 함께 섞여 풍기니 '옛 사람의 소맷자락 향기가 난다'는 감귤꽃은 아니지만 옛 일을 떠올리게 했다.

"따분함을 달랠 때나 인생의 슬픔을 달랠 때나 언니는 늘 홍매화를 아끼고 즐겼습니다."

작은아씨는 이렇게 생각하면서 띄엄띄엄 읊조렸다.

비바람에 꽃이 휘날리는 이 산골
내가 떠나고 나면 돌아간 사람
떠올리게 하는 꽃 향기만 떠도니

그 옛날, 내가 소맷자락 잡아
사랑했던 이 추억의 홍매는
예나 지금이나 같은 향기를 풍기는데
뿌리째 옮겨 심을 곳은
이미 내가 사는 곳과는 다른 곳

가오루는 끊임없이 흐르는 눈물을 감추고 더는 말하지 않았다.

"앞으로도 이렇게 뵙고 무슨 일이든 얘기 나누고 싶습니다."

이렇게 말하고 가오루는 일어섰다.

가오루는 작은아씨가 서울로 옮겨감에 따라 명심해야 할 일들을 시녀들에게 알려주고, 그 수염 기른 무사 등이 산장을 지키기 위해 남아 있을 것임을 생각해, 가까운 자신의 장원 사람을 불러 앞으로도 그 사람들 생활에 부족하지 않도록 물건을 보내 줄 것을 명령했다.

변댁은 이렇게 말하며 출가하여 여승이 되었다.

"제가 함께 가다니요. 뜻하지 않게 이리 오래 살아 있는 것조차 한심할 지경입니다. 이런 늙은이는 다들 불길하다 여길 터이니, 지금은 제가 살아 있음을 사람들이 알게 하고 싶지 않습니다."

가오루는 구석진 방 안에 틀어박혀 있던 변댁을 억지로 불러내어 가여운 처지가 된 그녀를 만났다. 가오루는 여느 때처럼 큰아씨 이야기를 말하게 하

고는 울어버렸다.

"앞으로도 나는 여기 간혹 올 작정이오. 그때 아는 사람이 아무도 없으면 서운할 터인데 당신이 남아 있어 준다니 얼마나 고맙게 느낄지 모르겠소."

"세상이 싫어지면 오래 사는 목숨도 원망스러워집니다. 저를 무심하게 버리고 돌아가신 큰아씨도 원망스럽고 인생에 대해 슬픈 생각을 갖게 되니 죄업이 얼마나 클지 모르겠습니다."

변댁이 여승이 되기까지의 심정을 하소연하는 게 늙은 여자답게 고집스럽게 들렸으나, 가오루는 좋은 말로 타이르며 위로하였다. 나이는 어지간히 많으나 그 옛날 젊은 시절의 머리를 잘라버리고, 뒤로 빗어 넘겨 여승의 이마가 됐기 때문에 오히려 좀 젊고 나름대로 품위 있어 보였다.

가오루는 이런저런 생각을 하며 여승이 된 변댁의 모습마저 부러워했다.

'지난번 한창 견디기 어려운 마음일 때 왜 그 사람 소원대로 여승이 되게 하지 않았던가. 그때 출가하였다면, 목숨을 연명하였을지도 모르고 둘이서 부처님을 섬기며 더욱 따뜻하게 정을 주고받을 수 있었을 터인데.'

가오루는 변댁이 몸을 감추고 있는 휘장을 제치고 친밀하게 여러 이야기를 나누었다. 변댁은 얼핏 보면 정신이 흐릿해진 듯싶지만 어투 등에는 세련된 흔적이 보이고 아름다운 젊은 날을 보냈음을 상상할 수 있었다.

변 여승은 슬픈 표정으로 말했다.

늙은 몸은
눈물이 앞서는데
눈물의 강에 이내 몸을 던졌다면
그때 큰아씨 뒤를 따라
죽었을 목숨인데

변댁은 눈물진 얼굴로 노래를 읊었다.

"그것은 오히려 죄를 짓는 일입니다. 그런 짓을 했다가는 절대 극락정토에 이르지 못하고 나락에 떨어져 왕생도 하지 못할 터이니 난감하지 않겠습니까. 세상 모든 일이 덧없음을 깨달으세요. 그게 바로 세상을 살아가는 이치입니다."

그대가 몸을 던지겠다던
깊은 눈물의 강바닥으로
나 역시 몸을 던진다 해도
늘 그리워 견딜 수 없는 그 사람을
잊을 수는 없으리니.

"대체 언제쯤이면 이 슬픔이 가실는지."
가오루는 이런 말을 하였으나 끝도 없는 애수를 품은 심정이었다.
돌아가고 싶지도 않아 이런저런 생각을 하는 중에 날도 저물었으나 그대로
묵어가면 니오노미야의 의심을 받을 듯해 도읍으로 돌아갔다.
가오루 중납언이 슬퍼하던 모습을 작은아씨에게 말하면서도 변 여승은 괴
로운 마음을 달랠 길 없어 울고만 있었다. 다른 시녀들은 모두 즐거운 모습으
로 내일 준비로 옷을 깁는 데 열중하기도 하고, 늙어서 미워진 얼굴에 화장을
하고 방 안을 걸어다니기도 한다. 그러나 변댁은 여승다운 검소한 모습으로 노
래를 지어 읊었다.

모두들 상경준비에
바늘을 놀리느라 여념이 없는데
나만 홀로 초라한 여승의 모습으로
눈물에 잠겨 있으니

눈물에 젖은 승복을 입은
그대와 내가
다를 것이 무에인가
파도에 떠다니는 듯한 불안에
나 역시 눈물로 소맷자락 적시고 있으니.

작은아씨가 말했다.
"내가 당신과 다른 게 뭐겠어요. 서울에서 사는 일도 힘들리라 생각해요. 세
상에 나가 남들처럼 행복한 생활을 계속할 수 있으리라고는 생각되지 않고, 어

쩌면 다시 돌아올지도 모르니 이 산장을 황폐하게 버려두고 싶지 않아요. 그렇게 되면 당신을 또 만날 수도 있겠지만, 잠시나마 헤어져서 쓸쓸한 당신을 남겨두고 갈 일을 생각하면 내 마음은 더욱 무거워집니다. 여승이 된 사람들도 절대로 남과 사귀지 않는 것은 아닌 듯하니 그 같은 심정으로 가끔은 찾아와 주세요."

이렇게 작은아씨는 못내 그리운 듯 말했다. 그리고 언니가 쓰던 물건 가운데 아직 쓸 만한 것들은 모두 이 사람을 주기로 마음먹었다.

"이리도 깊이 슬퍼해 주는 당신을 보면, 그대와 언니는 전생에서부터 깊은 인연이 있지 않았을까 싶어 당신이 특별하게 보이는군요."

이런 말을 듣고 변 여승은 어린애가 어머니를 그리워하듯 더욱더 애달프게 운다. 이제는 자기 마음을 가눌 힘도 없는 듯 보였다.

산장 안이 깨끗이 정리되고 짐도 꾸려져서 작은아씨가 탈 수레며 그 밖의 수레들이 복도 옆에 줄지어 섰다. 앞잡이를 맡은 사람들 중에는 친왕의 사람들이 많았다. 니오노미야도 몸소 마중하러 오고 싶은 마음이 간절했으나, 너무 요란하면 오히려 나쁠 것 같아 마중 형식으로 신부를 맞아들이기로 하고는 기다리고 있었다. 가오루 중납언 쪽에서도 수행을 맡게 될 사람들을 많이 보내왔다. 모든 일은 니오노미야도 빈틈없이 마련해 주었지만 자질구레한 일용품이며 비용 등은 모두 가오루가 보낸 것이다.

빨리 떠나지 않으면 날이 저물겠다고 시녀들도 말하고 마중 온 사람들도 재촉을 했다. 작은아씨는 지금부터 가는 곳이 어떤 곳일까 싶어 불안하고 슬픈 심정으로 당황스레 수레에 올랐다. 대보(大輔)댁이라는 시녀가 노래를 한 수 지어 읊더니 싱글거리며 좋아하는데, 변댁과는 어쩜 이렇게 다를까 싶어 작은아씨는 한심하게 생각했다.

오래 살다 보니
이렇듯 기쁜 시절도
만날 수 있었는데
행여 세상이 허망하다 하여
우지 강에 몸을 던졌다면

돌아가신 큰아씨를
그리워하는 마음은 변함없지만
도읍으로 올라가는 작은아씨에게는
경하스러운 이날
기쁜 마음이 앞서니.

다른 한 시녀도 이렇게 노래했다. 두 사람 모두 옛날부터 산장에서 시중을
들던 시녀로, 작은아씨보다는 큰아씨를 더 많이 따랐지만, 지금은 이렇듯 작
은아씨에게 더 마음이 가는지 오늘은 특히 불길한 말을 피하고자 큰아씨에
대한 말은 입에 담지 않았다.
그 모습이 참으로 세상이란 인정머리 없는 것 같아, 작은아씨는 한 마디도
하고 싶지 않았다. 갈 길이 멀고 험한 산길임을 처음으로 알고 니오노미야가
우지에 가끔씩 밖에 올 수 없었던 이유를 조금은 알 것 같은 생각이 들었다.
하얗게 나온 초이레 달이 희미해진 것을 보고 먼 여행길에 익숙지 못한 작은
아씨는 괴로움에 탄식하면서 읊었다.

내 몸의 앞날을 생각하고
하늘을 올려다보면
산기슭에서 떠올라 하늘을 질러가는 달도
이 괴롭고 시름에 겨운 세상에 살다 지쳐
다시금 산으로 기우는 것이라 싶구나.

'다른 환경으로 이렇게 옮겨가면 그 후엔 어떻게 될까, 두렵기만 한 마음에
비하면 지금까지 고생은 하잘것없었다는 생각이 드는구나. 그럴 수만 있다면
옛날로 돌아가고 싶구나.'
열 시가 조금 지나 이조원에 닿았다. 눈부시고 낯선 궁전의 여러 채로 갈라
진 중문 안에 수레가 들어섰다.
니오노미야는 이제나저제나 작은아씨를 기다리고 있던 터라, 몸소 수레 옆
으로 다가와 작은아씨를 안아 내렸다.
부인이 거처할 방의 눈부심은 말할 것도 없거니와, 시녀들 방까지 소홀히

하지 않은 흔적이 보이는 매우 이상적인 거처였다.

니오노미야가 어느 정도로 사랑하고 있는지 몰라 소실로서나 정부로서의 대우를 받는 게 아닐까 하고 불안해하던 사람들은 아씨가 니오노미야의 부인 대접을 받자, 어떤 분일까 궁금하여 눈을 크게 뜨고 놀란 모습이었다.

"니오노미야님께서 아주 아끼는 분인가 보군. 이리도 귀히 여기시는 걸 보니 아주 훌륭한 분인가 보오."

가오루 중납언은 이달 20일경에 삼조궁으로 옮기고 싶은 생각에서, 요즘에는 날마다 거기에 와서 여러 가지 지시를 하고 있었다. 이조원 가까운 곳이었으므로 작은아씨가 도착하는 것을 보고 싶어서, 그날은 밤이 깊도록 아직 사람이 들지 않은 갓 지은 집에 머물렀다. 우지로 내려 보낸 수행원들도 모두 돌아와 여러 보고를 했다. 니오노미야가 만족한 기색으로 작은아씨를 소중히 아껴주더라는 말을 들은 가오루는 기쁜 가운데서도, 한편으로는 자기 스스로 한 일이기는 했지만, 그리운 사람을 다른 데로 가버리도록 한 데 대한 뉘우침이 가슴에 사무쳤다.

"어떻게 돌이킬 수는 없을까."

신음소리와 같은 혼잣말이 절로 나왔다.

비와 호수를 노 저어 가는 배의
활짝 펼쳐진 돛처럼
우리 두 사람의 인연
깊이 맺어진 것은 아니나
하룻밤을 함께한 사이이거늘

유기리 우대신은 이번 2월에 여섯째딸을 니오노미야에게 보내려고 생각하고 있었다. 그런데 니오노미야는 뜻밖의 사람을 버젓이 부인으로 맞아들이고 이쪽을 피하고 있었다. 우대신이 불쾌하게 여긴다는 사실을 들은 니오노미야는 안되었다고 생각하며 때때로 여섯째 딸에게 편지를 보냈다. 딸의 성인식을 소문이 자자한 정도로 성대하게 준비하였는데, 날짜를 미루는 것은 웃음거리가 될 듯해 20일경에 그 의식을 치러 버렸다.

유기리 우대신은 가오루 중납언을 염두에 두고 적당한 사람을 중개인으로 내세워 가오루의 마음을 넌지시 떠보았다.

'한 집안끼리 인연 맺는 것이 드문 일은 아니지만, 가오루를 양보하자니 참으로 아깝구나. 차라리 가오루를 여섯째 사위로 삼을까. 소문으로 들으니, 오랫동안 남몰래 사모했던 사람을 잃고 크게 상심했다 하던데.'

"사랑하는 이를 먼저 보내며 인생 덧없음을 내 눈으로 보고, 비탄에 잠겨 있는 데다 내 몸마저 불길하게 여겨지니 어떤 혼담도 내키지 않습니다."

가오루는 단호하게 거절했다.

"어찌하여 중납언까지, 간절하게 청했건만 왜 그도 나를 이리 소홀히 대하는 걸까."

우대신은 그를 원망하면서도 형제로서도 존경하지 않을 수 없는 가오루에게 억지로 육의군과 혼인시키는 일은 단념했다.

한창 꽃피는 봄철이 되자, 가오루는 가까운 이조원 벚나무를 바라보고는 우지 산장을 떠올리며 옛 노래를 읊조리면서 니오노미야를 찾아갔다.

'주인 없는 집 벚꽃은 스스럼없이 바람에 날려 지는구나.'

니오노미야는 이 저택에서만 지내게 되었고, 작은아씨와 금슬이 좋아 보였다. 다행이라 여기면서도 은근히 괘씸한 생각이 드는 것은 어쩔 수 없었다. 그러나 본심은 진심으로 기뻐하고 이제는 안도하는 기분이었다.

이런저런 이야기를 하다가 저녁때가 되자 니오노미야의 입궁 채비로 수레가 준비되었다. 수행원들이 몰려오자 가오루는 사랑채를 떠나 서쪽 별채에 있는 작은아씨 처소를 찾아갔다.

우지 산장과는 달리 발 사이로 보이는 방 안은 그윽함이 느껴지는, 착 가라앉고 우아한 부인의 거실로 꾸며져 있었다.

귀여운 어린 시녀 그림자를 보고는 말을 건네 작은아씨에게 인사를 전하게 하니, 방석이 나오고 우지 시절 가오루를 알던 시녀가 나와 그의 말을 전했다.

"늘 가까이에 살고 있으면서 특별한 용건도 없이 찾아뵙는다는 게 폐가 될 듯싶어 삼가고 있는 중에, 세상도 많이 달라진 것 같습니다. 정원의 나무까지도 안개 너머로 보고 있으려니 우지가 그립고 떠오르는 일이 한두 가지가 아닙니다."

근심에 찬 가오루의 모습이 안 되어 보인 작은아씨는 큰아씨를 떠올리며 말했다.

"정말 언니가 살아 있어서 가오루 중납언님과 혼인하였다면 지금쯤 서로 스스럼 없이 오고가면서 꽃 색깔이며 새소리를 계절과 함께 즐기면서 조금은 즐거운 마음으로 살아갈 수 있었을 텐데."

작은아씨는 이렇게 생각했다. 외부와 단절되고 오직 집 안에만 틀어박혀 지냈던 우지 산골 생활 쓸쓸함보다, 지금 생활이 오히려 뭔가 부속하다고 여겨져 슬프고 후회하는 마음이 더해졌다.

시녀들이 작은아씨에게 말했다.

"가오루님을 남 대하듯이 하시면 안 됩니다. 가오루님의 깊은 호의를 이제야 알게 되었다는 감사의 뜻을 보여드려야 할 것입니다."

그러나 시녀의 중재도 없이 직접 나서서 얘기하기는 부끄러워 망설이고 있을 때, 입궁하려는 니오노미야가 부인에게 말을 건네기 위해 왔다. 산뜻한 옷차림에 화장까지 하니 더욱 기품이 있는 친왕이었다. 가오루가 여기 온 것을 보고 작은아씨에게 말했다.

"어째서 중납언을 남 대하듯 발 밖에 앉아 있게 합니까. 지나치리만큼 친절을 베풀어주신 분입니다. 나로서는 좋지 않은 소문이라도 나지 않을까 걱정이 되지 않는 것은 아니나 그렇게 냉대하시면 벌을 받지요. 좀더 가까이 발 안으로 불러서 옛이야기라도 하시구려 허나 너무 스스럼없이 이야기하는 건 삼가야 할 거요. 의심스런 눈치가 속에 보이니까."

이렇듯 말이 계속 바뀌니 작은아씨는 어떻게 하면 좋을지 어리둥절할 뿐이었다. 작은아씨 자신도 가오루의 호의를 마음속 깊이 고마워하고 있으니, 지금 같은 신세가 되었다고 쌀쌀하게 대할 수는 없었다.

'가오루님이 늘 말씀하시듯이 언니 대신으로 여기고, 감사하고 있는 마음을 전해드릴 수 있는 기회가 있었으면.'

작은아씨는 이렇게 바라고 있지만 역시 니오노미야가 질투하는 것은 괴로운 일이었다.

겨우살이*1

그 무렵, 돌아가신 좌대신의 따님, 후지쓰보 여어는 지금의 천황이 동궁이었을 때, 동궁 비로 다른 이들보다 먼저 입궁하였기에 폐하께서도 각별히 어여 뻐하시며 총애하셨던 분이었다. 그렇기에 부부금실은 매우 좋았지만, 이렇다할 결실을 맺지 못한 채 세월만 흘렀다. 세월이 흐르며 아카시 중궁은 여러 황자를 낳아 훌륭하게 키웠음에도 불구하고, 이 후지쓰보 여어는 둘째 황녀가되는 황녀 한 분만 낳았을 뿐이었다. 여어는 자기가 후궁 경쟁에서 실패한 슬픈 운명에 처하게 된 대신 이 황녀를 앞으로 유일한 위안으로 여기어, 행복한장래를 만들어주려고 애지중지 키웠다. 용모도 예뻤기에 천황도 매우 귀엽게여겼다. 천황은 아카시 중궁이 낳은 첫째 황녀 온나이치노미야를 소중하게 여겼기에 사람들은 둘째 황녀에 대한 애정이 이에 못 미친다 생각했지만 두 황녀는 거의 똑같이 귀여움을 받았다. 또한 죽은 아버지 좌대신의 위세가 아직남아 있어서 후지쓰보 여어는 별 불편 없이 살고 있었다. 또한 둘째 황녀 시녀들의 의복을 비롯하여, 내전에는 계절에 따라 바뀌는 장식도 화려하여 귀인다운 품위를 잃지 않도록 소중하게 뒷바라지해 왔다.

이 둘째 황녀가 열네 살 되던 해, 어머니 여어는 성인식을 올려 줄 예정이었다. 그해 봄부터 다른 일은 모두 제쳐두고 하나부터 열까지 남부럽지 않게 준비하였다. 친정의 조상 때부터 전해 내려오는 보물도 화려한 의식에 쓰려고 찾아내어 열심히 손질을 하고 있던 여어가, 여름부터 악령에 시달려 앓다가 어이

---

*1 겨우살이〔宿木〕: 제49권. 가오루의 24세 여름으로 거슬러 올라간다. 연대적으로는 '잣밤나무'에 계속되지만, 이야기는 비약하여 '풋고사리' 끝머리에 이어진다. 니오노미야는 이미 작은아씨와 가까운 사이에 있으며, 한편 유기리 우대신은 육의군을 가오루에게 출가시키고자 기대했으나, 결국은 친왕을 맞아들이게 된다. 친왕은 가오루와 작은아씨와의 사이에 의혹을 품는다. 가오루는 마음이 내키지 않는 중에 천황의 뜻을 거역할 수 없어 그 딸인 둘째 황녀와 결혼했지만, 우지에서 작은아씨의 이복동생인 우키후네〔浮舟〕 아씨를 엿본 후로는 그리운 정을 이기지 못해 번민한다.

없이 죽고 말았다. 너무 원통하여 천황께서도 탄식을 하였다. 둘째 황녀는 상
냥한 성품이어서 궁중의 관속들도 모두 애석하게 여겼다.

"앞으로 궁이 쓸쓸해지겠습니다."

직접으로는 관계가 없는 궁녀들도 후지쓰보 여어의 죽음을 서러워했다.

어린 나이에 어머니를 여원 둘째 황녀는 불안과 쓸쓸함에서 헤어나오지를
못했다. 이를 불쌍히 여긴 천황은 49일이 지나자, 외가에 가 있던 둘째 황녀 온
나니노미야를 어전으로 몰래 불러들였다. 검은 상복을 입은 황녀는 한층 사랑
스럽고 품위 있어 보였다. 총명하고, 어머니 여어보다 더 차분하고 깊이가 있
어 대견하게 여겼으나, 실질적으로 어머니 쪽에 확실한 후원자가 되어 줄 만한
사람이 없었다. 다만 여어와는 배다른 형제로 대장경(大藏卿)·수리대부(修理大
夫) 따위가 있을 뿐이었고, 그들 역시 각별히 신분이나 신망이 높은 인물은 아
니었다.

'신분이 높지 않은 사람을 의지한다는 것은 여자의 몸으로서는 불리한 때가
많으리라.'

천황은 몸소 어버이 노릇을 하고 뒤를 보살펴야겠다고 걱정하였다.

앞뜰에 핀 국화가 서리를 맞아 색이 변하고 한창 아름답게 피었을 무렵이었
다. 가을비라도 내리려는 듯 날씨가 우중충할 때 폐하께서는 둘째 황녀 처소
를 방문해 돌아가신 여어에 대해 이런 저런 이야기를 하셨다.

황녀는 얌전하면서도 명랑하고 영리하게 답했고 폐하께서는 그 모습을 귀엽
게 바라보셨다.

'이런 황녀의 가치를 인정하고 사랑해 주며 소중하게 지켜줄 사람이 없을
까?'

주작원 상황께서 셋째 황녀 온나산노미야를 겐지에게 보내셨을 무렵, 말들
이 많았던 일이 떠올랐다.

"신하에게 시집을 보내다니, 있을 수 없는 일입니다. 황녀님은 결혼하지 않는
편이 나을 듯합니다."

이렇게 비판하는 목소리도 많았다.

'그러나 가오루 중납언과 같은 훌륭한 아들을 낳아, 지금 온나산노미야는 옛
날과 다름없이 존경을 받고 있지 않은가. 그렇지 않았다면 온나산노미야도 심
상치 못한 운명에 농락당해 남에게 업신여김을 당하고 말았을지도 모른다.'

이러한 생각을 하면서 어쨌든 자신의 재위 중 신랑을 정해 둬야겠다고 마음 먹고, 적당한 배우자가 될 만한 인물이 어디 없을까 고민했다. 그러자 온나산노미야와 겐지처럼 가오루 중납언만큼 적당한 인물은 없다는 생각이 들었다.

'가오루라면, 황녀의 남편으로 무엇 하나 빠지는 점이 없다. 애인이 따로 있다 해도 아내가 된 황녀를 욕되게 할 위인은 아니다. 그러나 그도 결국 정실을 맞지 않을 수 없는 것이니 서둘러 황녀의 혼담을 넌지시 암시해 보자.'

천황은 때로 이런 생각을 하였다.

어느 날 천황은 황녀와 바둑을 두고 있었다. 저녁때가 되어 가을비가 부슬부슬 내리자, 천황은 잠시 반짝 국화꽃에 비치는 저녁햇살을 바라보면서 관속을 불러 물었다.

"지금 전상에 누구누구 있느냐?"

"중무경친왕, 상야친왕, 가오루 중납언이 계십니다."

"중납언을 이리 불러라."

가오루가 참상하였다. 폐하께서 이렇게 친히 불러들일 만큼, 가오루는 멀리서부터 풍기는 향기를 비롯해 보통 사람과 다른 뛰어난 풍채를 갖추고 있었다.

"오늘 비는 평소보다도 밝고 기분이 상쾌하게 느껴지는데, 음악을 듣고 싶은 생각은 없고, 하찮은 일이기는 하지만 무료한 심정을 달래는 데는 우선 이것이 좋을 것 같아."

천황은 바둑판을 끌어당기어 가오루에게 같이 둘 것을 분부했다. 가오루는 언제나 이런 식으로 친히 곁에 불러들이는지라 별일 아니라고 여겼다.

"오늘은 상품을 걸고 내기를 해도 좋을 것 같은데, 졌다고 해서 그 상품을 쉽게 넘겨 줄 수는 없지. 무엇이겠는가, 그것이?"

천황은 가오루에게 어떻게 보일까 마음 쓰며 바둑을 두었다. 세 판을 두고 폐하께서는 두 번을 패하셨다.

"분하군. 오늘은 이 뜰의 국화 한 송이를 허락하지."

물론 이 말에는 온나니노미야를 허락한다는 뜻이었다. 가오루는 대답하지 않은 채 뜰로 내려가 국화 한 송이를 꺾어 가지고 왔다.

세상 보통 집 울타리에
향기를 내뿜는 국화라면

마음대로 꺾어
소중하게 간직하련만

가오루가 읊으며 천황에게 올리니 고상한 심성이 돋보였다. 폐하께서 화답하였다.

서리 견디지 못하고
시들어버린
가여운 뜰의 국화이나
남은 국화는 빛도 바래지 않고
아름답게 피어 향을 풍기고 있으니

이렇게 때때로 온나니노미야와의 혼인을 넌지시 암시하는데, 가오루는 그 뜻을 짐작하면서도 여느 사내들과는 달리 워낙 느긋한 성품이라 바로 답하려 하지 않았다.

'둘째 황녀님과의 혼인은 처음부터 내가 바라던 바가 아니다. 지금까지도 거절하기 어려운 여러 혼담을 흘려들으며 지내왔는데, 새삼스레 이 혼담을 받아들이면 속세를 버렸던 중이 환속을 한 듯한 기분 아니겠는가. 아, 이리 생각하는 것도 이상하구나. 황녀님을 향한 사랑 때문에 애를 태우고 몸이 닳아있는 남자들도 얼마든지 있을 터인데.'

가오루는 한편으로는 이것이 아카시 중궁이 낳은 황녀님과의 혼담이라면 이야기가 다를 텐데, 이렇게 생각하며 분수도 모르는 허망한 소망을 품었다.

우대신의 귀에도 이 혼담이 들어왔다.

'어떻게든 여섯째를 가오루와 맺어주자, 내켜하지 않더라도 이쪽이 열의를 보이고 부탁하면 끝까지 거절하지는 못하겠지.'

이렇게 생각하던 때에 예기치 못한 방향으로 일이 흘러가자 니오노미야는 질투가 나기도 했다. 그러다보니 큰 애착은 없지만 니오노미야도 여섯째에게 흥취있는 편지를 자주 보내게 되었고 이런 결심을 하기에 이르렀다.

'모르겠구나. 일시적이고 가벼운 충동이라 하더라도 인연이 있어 결혼을 하면 애정이 생기지 말라는 법도 없으니. 금실 좋은 부부가 되기를 바라며 결혼

을 시킨다지만, 그렇다고 평범한 신분의 남자로 격을 낮추면, 체면도 안 서고 만족스럽지도 않겠지.'

"딸에게 좋은 신랑감을 얻어주기 곤란한 세상이 되어 천황조차도 황녀 때문에 사위 고르는 노고를 치른 세상입니다. 그러니 신하의 딸이 혼기를 놓치면 더욱 난감하겠지요."

유기리 대신은 이렇게 천황을 비난하는 말을 비치고, 중궁에게도 니오노미야 건으로 불평을 늘어놓아 중궁은 어찌할 바를 몰랐다.

중궁이 친왕에게 말했다.

"정말 안타깝습니다. 우대신이 그대를 사위로 맞겠다고 한 지가 몇 년인데 구실을 만들어서 언제까지나 응하지 않는 것도 무정한 일이에요. 황자라는 위치는 후원자 여하로 빛이 나기도 하고, 빛이 덜 나기도 하는 거예요. 폐하께서도 치세가 얼마 남지 않았다고 하시며 양위를 생각하시는 듯합니다. 보통사람이라면 정부인을 맞고도 또 혼인하기는 어렵겠지요. 대신은 착실한 사람이면서도 두 부인을 거느리고 누구에게도 원망을 사지 않는 원만한 생활을 하고 있어요. 하물며 그대는 예전부터 이야기했던 것처럼 동궁이 되는 날에는 여인을 몇 명이든 거느릴 수 있지 않겠어요."

중궁이 평소보다 자상하게 훈계를 늘어놓자, 니오노미야도 결코 무관심하지는 않았던 여성이니 굳이 거부할 이유도 없다고 생각했다. 다만 권력가의 사위로서 거추장스런 취급을 받는다는 것은 자유를 잃는 일이라고 그 점이 꺼림칙하게 생각되기는 했으나, 모후께서 말씀하신 대로 유기리 대신의 반감을 사는 것도 상책이 아니라고 이제는 저항심도 약해진 처지였다. 하지만 원체 바람기가 많은 성품이다 보니 저 안찰사 대납언댁의 궁의군(미야노키미) 아씨를 아직 단념하지는 못하고, 꽃놀이다 단풍놀이다 하는 핑계로 그쪽에도 소식은 끊지 않고 있는 처지였다.

그렇게 별 다른 일 없이 해가 저물고 새해가 되었다.

온나니노미야가 상복도 벗었기 때문에, 천황은 이제 꺼릴 게 없어졌다.

"소망하기만 한다면 당장에라도 윤허를 내리실 의향으로 듣자옵고 있습니다."

이렇게 가오루에게 전해 오는 사람들도 있어서 너무 모른 체하고 있을 수도 없게 되어, 억지로 용기를 내어 둘째 황녀를 모시는 측근들을 통해 구혼자로서의 편지를 때때로 보내게 되었다. 그런 가오루에게 폐하께서 내키지 않는다는 대답을 할 리는 없었다. 천황께서는 어느 달쯤인가 결혼할 달을 내정하고 계시단 소문도 들려왔다. 가오루도 천황의 의향이 짐작되기도 했으나, 마음속에서는 지금도 안타깝게 죽은 큰아씨가 그립게만 생각되고, 그 슬픔이 잊히는 날이 올 것 같지도 않았다.

'이 얼마나 비통한 일인가. 그토록 마음이 끌리는 사람과 끝내 부부가 되지 못한 채 그분은 세상을 떠나버리다니……'

가오루의 생각은 복잡했다.

'신분이 아무리 낮더라도 큰아씨를 조금이라도 닮은 사람이라면 아내로서 사랑하리라, 반혼향(返魂香)을 피워 그 연기 속에서나마 다시 한 번 뵙고 싶구나.'

이런 생각만이 가오루의 가슴에는 가득 차서 둘째 황녀와의 결혼 성립을 서두르지 않았다.

유기리 대신은 마음이 급하여 니오노미야에게 8월 무렵에 식을 올리자고 했다. 이것을 이조원의 작은아씨도 들었다.

'역시 그렇구나. 나처럼 아무런 배경도 없는 여자에게는 반드시 행복의 파탄이 있을 것이라고 생각하면서도 오늘날까지 함께 지내왔다. 바람기가 많은 성품이란 말은 진작부터 들어왔기에 믿을 수 없는 분이라 생각하면서도, 함께 살면서 특별히 괴로운 일도 없었고 언제나 자상하고 부부의 깊은 정을 보여주셨다. 그러나 이렇게 별안간 권세 있는 집 딸 남편이 되어 버린다면 어떻게 태연히 지낼 수 있을까. 보통 남자처럼 아주 떠나 버리지는 않겠지만 얼마나 마음 상하는 일이 많아질까. 나는 어차피 불행한 운명이니 끝내는 또 우지의 산골로 되돌아가게 되겠지.'

이렇게 생각하니 나와버린 채로 있는 것보다 다시 돌아간다면 우지 사람들에게도 창피스러운 일이 아닐 수 없다. 작은아씨는 아버지의 유언을 저버리고 결혼을 해 산장을 나온 자신의 잘못이 부끄럽고 자기를 그렇게 만든 운명이 저주스러웠다.

'언니는 겉으로는 침착하고 연약한 듯이 보였지만 사실 심지는 매우 굳은 분이었지. 가오루 중납언님은 지금도 잊을 수가 없다고 언니의 죽음을 슬퍼하고 있지만, 만약 살아 있었다면 지금의 나와 같은 고민을 하고 있었을지도 몰

라. 언니는 그것을 미리 알아차리고 그 사람의 아내가 되려고 하지 않았다. 어떻게든 가오루님을 피해 오다가 마침내는 중이 되려고 하지 않았던가. 살아 있다면 지금쯤 부처의 제자가 되었겠지. 생각해보면 퍽 현명한 언니였어. 아버지도 언니도 지하에서 나를 더할 나위 없이 경솔한 여자라고 보고 계시겠지.'

작은아씨는 부끄럽고 슬픈 생각이 들었다.

'아무 말도 안 하리라. 해봤자 소용없는 말을 해서 질투심이나 있는 것같이 보일 필요는 없다.'

이렇게 생각하고 니오노미야의 새로운 혼담에 대해서도 귀를 막고 못 들은 체하며 지냈다.

니오노미야는 이 혼담이 결정되자 작은아씨에게 평소보다도 더 많은 애정을 보이고 밤낮으로 다정한 이야기를 나누며 영원한 사랑을 약속했다. 작은아씨는 이해 5월 무렵부터 몸이 무거워지는 것을 느꼈다. 몹시 괴로워하지는 않았으나 식욕이 떨어지고 날마다 드러눕기만 했다. 임부를 측근에서 겪어보지 못한 니오노미야는 다만 날씨가 무덥기 때문이겠지 생각했으나 아무래도 이상스럽게 생각되어,

"어쩌면 당신에게 아기가 생긴 게 아닙니까. 임신한 부인이 그렇게 괴로워한다고 들었소."

작은아씨는 부끄러워서 입덧이 아닌 양 시치미를 떼는데다 누가 말해 주는 사람도 없어서 니오노미야도 확실한 것은 모르고 있었다.

8월로 들어서자 우대신 댁 여섯째와 니오노미야의 혼사 날이 다가왔다는 소문이 들려 왔다. 니오노미야는 숨길 마음은 없었지만 작은아씨가 가엾어서 차마 말을 못하고 있는데, 작은아씨는 그것까지도 원망스러웠다. 숨기거나 할 일도 아니며, 세상이 모두 알고 있는 사실을 날짜조차 말해주지 않으니 원망하는 것도 마땅했다. 작은아씨가 이조원으로 오고서 니오노미야는 특별한 일이 없는 한 대궐로 들어가서도 다른 곳으로 돌아다니거나 외박하고 돌아오지 않거나 하는 일은 없었다. 우대신의 여섯째 딸과 결혼하면 홀로 자야 하는 것이 가엾고 안쓰러워, 그때가 되어 괴로워할 작은아씨의 마음을 조금이나마 누그러뜨릴 생각에 요즘은 궁에서 숙직을 한다며 일부러 묵고오기도 했다. 작은아씨에게 홀로 지내는 외로움에 미리 조금씩 익숙해지도록 하는 것이었다.

그러나 작은아씨는 니오노미야의 처사가 박정하고 원망스럽게만 느껴졌다.

중납언도 이 문제에 있어서 작은아씨를 불쌍히 여겼다.

'니오노미야는 바람둥이니까 작은아씨를 사랑한다 해도 화려한 새 부인에게 마음이 끌릴 것이다. 또 처가가 세력 있는 집안이니 잔소리를 하며 니오노미야를 붙잡아두게 되겠지. 작은아씨는 홀로 기다리는 밤이 계속될 터이고 그렇게 되면 여태 그런 경험이 없는 작은아씨가 너무 불쌍하기 않은가.'

가오루는 마음이 쓰였다.

'이 무슨 불행인가. 어찌하여 이 사람을 니오노미야에게 양보하였단 말인가. 죽은 큰아씨에게 사랑을 느끼고서부터는 종교적으로 깨끗했던 마음도 불투명해지고 맹목적이 되어 온갖 정열을 그 사람에게 쏟으면서도 동의를 얻지 못하고, 억지로 손을 대는 것은 옳지 않다고 생각되어 마음이 기울어지기만을 기다리며 즐거운 미래를 상상 했었는데, 큰아씨는 그런 마음은 전혀 없는 듯 냉담하게만 대하였다. 그래도 야박하게 뿌리치지 못하고 자신과 같이 생각하라며 동생과 혼인하도록 권하였는데, 나는 다만 그 사람의 태도가 원망스러워서 그 뜻을 받아들이지 않고 니오노미야와 작은아씨의 결혼을 서두르지 않았던가.'

남자답지 못하게 이성을 잃고 혼란스러워하며 니오노미야를 우지까지 데리고 가 작은아씨와 만나게 한 무렵을 떠올렸다.

'내가 한 일이기는 하지만 정말 한심한 짓이었구나.'

가오루는 그 무렵의 일을 두고두고 후회했다.

'니오노미야도 그 때 일을 조금이라도 생각한다면 내 귀에 들릴 만한 경솔한 행동은 삼가는 게 좋았을 텐데. 지금은 기억도 못하는 듯하다. 역시 바람기 있는 변덕스러운 사람은 상대 여자에게 폐가 될 뿐만 아니라 아무에게도 신뢰를 얻지 못하는구나. 경박하게 행동하니 당연한 일인가.'

가오루는 니오노미야가 얄밉다는 생각이 들었다. 자신이 한 가지 일에 집착하는 성격이다 보니, 그렇지 못한 사람이 하는 일은 부자연스럽게 느껴지는 지도 모른다.

'큰아씨가 죽은 뒤 내 마음은 따님을 주시겠다 결정하신 폐하의 후의도 기쁘지가 않았다. 오히려 작은아씨를 아내로 삼을 수 있다면 하는 마음이 날이 가고 달이 갈수록 더 간절해지는 것도, 그 사람과 피를 나눈 동생이란 점 때문이었다. 자매간이지만 그 두 여성이 나누고 있던 사랑은 무한한 것이어서,

임종이 가까워지면서도 남기고 가는 '동생을 자기처럼 생각해 달라, 다른 여한은 없으나 자기가 이렇게 하라고 소망했던 혼담을 들어주지 않았다는 것, 딴 사람에게 양보했다는 점이 안심이 안되어서 그 결과를 보기 위해서만 살고 싶을 뿐'이라고 했으니, 저세상에서 친왕이 또 결혼한다는 소식을 안다면 얼마나 원망할 것인가.'

가오루는 그런 생각으로 혼자 잠을 이루지 못하고 엎치락뒤치락하면서 바람 소리에도 눈을 뜨니 이 세상이 시큰둥하게만 생각되었다.

일시적인 정으로 애인을 삼거나, 가까이 두고 친근하게 부리는 시녀들 가운데에 자연스럽게 끌리는 사람도 있을 법한데 가오루는 그렇지 않았다. 가오루는 우지의 아씨들에 못지않은 신분이면서 세상의 변천으로 몰락하여 볼품없이 살고 있는 이가 있으면 모두 데리고 와 옆에 두었는데, 그 수가 적지 않았다. '속세를 버리고 출가하려 할 때 여자에게 집착이 남는 일은 만들지 않겠다고 조심하였는데, 큰아씨에 이어 작은아씨에게 마음이 끌려 이렇게 고통을 받다니 내가 생각해도 내 마음이 곧지 못한 듯하구나.'

잠들지도 못하고 밤을 지새운 새벽, 자욱한 안개를 사이에 두고 여러 가지 아름다운 꽃들이 피어 있는 속에서 무심한 나팔꽃이 섞여 있는 것을 보았다. 인생의 덧없음을 비유하는 꽃이라서 그런지 가오루에게는 웬일인지 처량하게만 보였다. 초저녁에 덧문도 닫지 않고 마루 가까이에 드러누웠다가 꽃이 피는 모습을 홀로 바라보았다. 그는 부하를 불러 일렀다.

"이조원으로 가려 하니 눈에 띄지 않는 수레를 준비하라."

"니오노미야님께서는 어제부터 궁중에 계시답니다. 어젯밤 수행원이 수레만 끌고 돌아왔습니다."

"상관없다. 별채 아씨가 몸이 불편하다 하니 문안드려야겠다. 오늘 입궁해야 하니 날 밝기 전에."

가오루는 이렇게 말하고는 옷매무시를 고쳤다. 출발하려고 뜰에 내려가 가을 화초밭에 선 가오루는 화사한 옷차림을 한 것도 아닌데, 얼핏만 보아도 늠름하고 고귀한 품위가 갖춰져 비할 나위 없이 아름다워 보였다. 색을 밝히고 잘난 척하는 남자들과는 비교조차 할 수 없는, 타고난 품위가 있었다.

나팔꽃을 살며시 잡아당기니 이슬이 후두둑 떨어졌다.

오늘 아침 잠시 핀
아름다운 꽃향기에
이 마음 빼앗기고 마는구나
내린 이슬이 마르기 전까지
꽃의 목숨 짧은 것을 알면서도

"참 허망하구나."
홀로 읊조리며 나팔꽃을 꺾어 몸에 지녔다. 곁에 피어있는 요염한 마타리는
쳐다도 보지 않고 집을 나섰다.

날이 밝으며 아침 안개가 자욱한 하늘에 그윽한 정취가 느껴졌다.
'니오노미야가 집에 없으니 여자들은 마음 편히 늦잠을 자고 있겠지. 격자
문이나 옆문을 두드리거나 헛기침을 해서 방문을 알리는 것도 좀 꺼려지고. 너
무 이른 시간에 오고 말았구나.'
가오루는 수행원을 불러 열려 있는 중문으로 안을 들여다보게 했다.
"격자문이 모두 열려 있는 것 같사옵니다. 그리고 시녀들이 무슨 일을 하고
있는 듯합니다."
수행원이 이렇게 보고하자 가오루는 수레에서 내려 안개 속을 아름다운 풍
채로 걸어들어왔고, 그를 본 시녀들은 친왕이 외박을 하고 몰래 돌아오는가
생각했으나 이슬에 젖어 풍기는 향은 틀림없이 가오루의 것이었다.
"가오루님은 역시 눈이 번쩍 뜨일 만큼 훌륭한 분이시군요. 너무 점잖으시니
얄미울 정도예요."
젊은 시녀들은 이렇게 중얼거렸다.
그래도 갑작스럽게 찾아온 방문객에 허둥대지 않고 비단옷 끄는 소리를 내
며 바삐 움직여 방석을 내놓는 태도가 조금도 소홀함이 없었다.
"여기 기다리라고 허락해 주시는 점은 친근하게 대해 주시는 것이라 생각했
는데, 또 이렇게 발 밖에서 대면해야 하는 게 서운하여 자주 찾아뵐 수가 없
겠습니다."
가오루가 이렇게 말하자 시녀가 받았다.
"그러면 어떻게 해야 좋을는지요."

"북쪽에 눈이 띄지 않는 방이 있습니다. 저와 같은 옛친구를 만나기에는 적당한 장소지요. 그러나 그것도 그쪽 의사로 결정되는 일이니 불평할 수는 없지요."

가오루가 문턱에 기대 앉으니 시녀들이 작은아씨에게 권했다.

"역시 저쪽으로 가서 인사하시지요."

가오루는 본디부터 온순하고 남자로서의 거친 행동 따위가 없는 데다 요즘 들어 더욱 침착하고 조용한 태도를 취하였기에, 작은아씨는 이 사람을 대하는 게 거북했던 마음이 줄어들어 익숙해지고 있었다.

"몸이 불편하시다고 들었는데 어떠하신지요."

가오루가 이렇게 물었으나 시원스러운 대답은 듣지 못했다. 평소보다 더 침울해 보이는 데에는 무슨 이유가 있으리라 생각한 가오루는, 부부간의 마음씀씀이 등을 세밀하게 친남매처럼 타이르기도 하고 위로해 주기도 했다.

목소리도 그때는 언니와 닮았다고 생각하지 않았으나 지금은 이상할 정도로 똑같이 들렸다. 시녀들을 신경쓰지 않아도 된다면 발을 걸어 올리게 하고 마주 앉아 얘기하고 싶고 몸이 좋지 않다는 점도 확인하고 싶었다. 그런 생각이 간절해지면서 인간은 살아 있는 동안 끊임없이 수심에 차야 하며 마음을 번거롭게 해야 되는가 하고 가오루는 절실히 깨달았다.

"지금까지 남들처럼 출세해서 화려한 삶을 살아가지는 못해도 수심에 싸여서 탄식하고 괴로워하는 일은 없이 살아갈 수 있으리라 생각했었습니다. 그러나 이렇게 스스로 슬픈 꼴을 당하고 마음속에 어리석은 후회도 느끼게 되는 것은 원통한 일입니다. 남들은 관직 승진이 마음대로 안 된다 한탄합니다만 그에 비하면 나의 고뇌가 더욱 죄가 많은 듯 생각됩니다."

가오루는 이렇게 말하면서 가지고 온 나팔꽃을 부채 위에 올려놓고 바라보는데, 꽃잎이 점점 붉은빛을 띠면서 더욱 아름다운 빛깔로 변하자 발 안으로 그것을 조용히 들이밀며 노래를 읊었다.

하얀 이슬 같은 큰아씨가
나처럼 여기라며
나팔꽃 같은 그대와의 결혼을
약속해주었는데

나는 그대를 보살필 수도 없으니

"일부러 그렇게 하신 것은 아닌 듯하지만, 꽃에 맺힌 이슬을 떨어뜨리지 않고 가져다주셨군요."
작은아씨는 감동하여 꽃을 바라보았는데, 꽃은 이슬을 머금은 채 시들어 갔다.

이슬이 마르기도 전에
시들어버린 나팔꽃처럼
죽어버린 언니의 허망함
그보다 더욱 허망한 것은
뒤의 남은 이슬 같은 이 몸의 처지

"이슬의 목숨은 무엇에 의지해야 할까요."
그렇게 나직이 말하고는 더 말을 잊지 않고 조심스럽게 입을 다물고 마는 작은아씨의 이런 태도마저도 큰아씨를 닮았구나 싶어 가오루는 슬픔이 북받치는 듯했다.
"가을 하늘은 저를 한층 더 울적하게 합니다. 마음을 달래보려고 요전에 우지를 다녀왔습니다. 뜰도 울타리도 다 허물어져 참을 수 없는 슬픔을 느꼈습니다. 아버님 님 겐지께서 돌아가신 뒤에 그분이 만년에 출가하여 계시던 차아원(嵯峨院)이나 육조원에 들렀던 사람은 흐르는 눈물을 참지 못했습니다. 나무나 풀의 빛깔을 보고도, 물 흐르는 것을 보고도 모두들 슬픔을 느끼고는 눈물 젖어 돌아가고는 했습니다. 아버님 측근에 계셨던 분들은 정이 많고 훌륭한 분들이었습니다만, 모두 뿔뿔이 헤어져서 속세를 버리고 살아가는 것 같았습니다. 또 대단치 않은 신분인 시녀들은 몹시 서러워서 될 대로 되라고 산으로 들어가기도 하고, 보잘것없는 시골 사람이 되어 버리기도 했습니다. 그 후 황폐해져 옛모습이 없어진 고인의 저택에 유기리 우대신이 와서 살게 되었지요. 지금은 그 옛날 육조원 모습을 되찾은 듯합니다. 그토록 큰 슬픔을 겪고도 세월이 지나간 후에는 모두 잊어버린 것이겠죠. 슬픔도 세월이 흐르노라면 다 사라진다고 저는 생각했습니다. 하지만 옛날의 슬픔은 소년 시절이었기에 비통한 일이라고는 해도 그다지 뼈저리게는 느끼지 못했던 듯합니다. 그러나 어떤 슬픔에도 한계가 있음을 이제는 알게 되었습니다. 양쪽이 다 사별에 의한 슬픔임에는 다를 바가 없습니다만 죄스럽게도 어버이의 슬픔보다 큰아씨의 죽음에 대한 고통이 더 심한 것 같습니다. 두 분 다 무상한 이 세상에서의 사별이라고는 하나, 아버님의 죽음보다 큰아씨와의 사별이 죄업이 더 크지 않을까 싶어 그조차 한심하고 괴롭습니다."

이렇게 말하며 우는 가오루의 품위는 더욱 깊이가 있어 보였다. 큰아씨를 모르고 그리워하지 않는 사람이라도 이렇듯 가오루가 슬퍼하는 모습을 본다면 눈물을 흘리지 않을 사람이 없을 것 같은데, 하물며 요즘 괴로움에 시달려 가뜩이나 언니를 그리워하는 작은아씨야 오죽하랴. 가오루의 슬픔을 보고 더욱 언니가 그리워져 말도 못할 만큼 목메어 하는 모습을 보고 가오루도 역시 참기 힘들어 서로 가엾게 생각하였다.

작은아씨가 말했다.

"산골이 쓸쓸하다 할지라도 '이 풍진 세상'에 사는 것보다는 살기 좋다는 옛사람 말이 틀리지 않더군요. 저는 비교할 여유도 없이 서울에 머무르고 있습니다만, 요즈음은 산골로 들어가 조용한 생활하고 싶은 생각이 간절합니다. 하지만 그럴 수도 없으니 그저 변 여승이 부러울 뿐입니다. 이달 20일이 지나면 아버지 기일도 있고 하니, 산장 근처 신사에서 법회를 열어 그리운 종소리를 듣고 싶습니다. 저를 은밀히 산장으로 데려가 주실 수는 없는지요. 부탁드립니다."

가오루가 말했다.

"우지 산장을 황폐하게 놔둘 수는 없다고 생각하지만 그건 불가능합니다. 여자가 그 험한 길을 간단히 갈 수 있나요. 남자도 왕래하기가 어려운 산길입니다. 저도 생각은 간절하면서도 계속 미루게 되었지요. 아버지 하치노미야님의 기일은 그곳 아사리 스님에게 모든 것을 부탁해 놨습니다. 산장은 부처님에게 헌납하여 절로 사용하는 편이 좋겠습니다. 가끔 가면 침통한 심정만 느끼게 되는 곳이니 달리 방법이 없지 않습니까. 차라리 죄업을 조금이나마 덜기 위해서는 절로 만드는 게 좋을 듯한데 어떻게 생각하십니까. 당신 의견대로 결정하고 싶습니다. 기탄없이 말씀해 주십시오. 무엇이든 당신 생각을 그대로 말씀해 주시면 나는 그것으로 족합니다."

가오루는 진지하게 말했다. 자신도 거기에 보태어 경권이나 불상을 공양할 생각이었다. 그런데 작은아씨는 아버지 기일날 법회를 핑계삼아 우지에 아예 주저앉으려는 눈치여서 이렇게 타일렀다.

"그런 생각을 해서는 안 됩니다. 무슨 일이든지 여유를 갖고 느긋하게 생각하십시오."

해가 높이 오르자 시녀들이 모여드는 기색이어서 너무 오래 있으면 무슨 비밀이라도 있는 것처럼 오해받을까 하여 돌아가려고 일어섰다.

"어디를 가든지 발 밖에서 대면하는 대접을 받지는 않았는데 거북합니다. 일간 다시 오겠습니다."

가오루는 인사를 하고 나섰으나 니오노미야는 의심을 품을 분이라고 생각하고 대기소 책임자인 우경대부를 불러 이렇게 말했다.

"친왕께서 어제 퇴궁을 하셨다는 말을 듣고 왔더니 아직 돌아오시지 않아 실망했습니다. 궁중에 가서 뵈어야겠습니다."

"오늘은 돌아오실 것입니다."

"그럼 저녁에 다시 오지요."

가오루는 그렇게 말하고 이조원을 나왔다.

가오루는 발 안으로나마 작은아씨의 존재를 느낄 때마다 어찌하여 큰아씨의 소망을 저버리고 그 마음을 돌아보지 않았을까 하고 또다시 후회를 하면서 '왜 나는 이렇게도 고뇌를 자초하는가' 반성했다.

'어찌되었건 내 마음에서 우러나 한 일이 아닌가?'

이렇게 다시 마음을 고쳐먹었다.

가오루는 큰아씨가 죽은 뒤 불도 근행(勤行)에 더욱 정진하고 있었다. 어머니 온나산노미야는 아직 젊지만 다부지거나 미덥지 못한 성품인데도 가오루의 속내를 알아차리고 걱정하였다.

"내 남은 삶이 그리 길지 않을 텐데 내가 살아 있는 동안이라도 이 세상에서 꿋꿋이 살아가는 모습을 보여 주세요. 나도 이미 출가한 몸이니 그대가 세상을 버리고 출가하려 한다면 막을 도리는 없지만, 그리 된다면 나는 살아 있는 보람이 없어지니 슬픔과 괴로움으로 더 큰 죄를 짓는 결과가 될 것입니다."

그 말씀이 가오루에게는 황송하기도 하고 딱하게도 생각되어, 어머니 앞에서는 무슨 생각에 잠긴 듯한 태도는 취하지 않았다.

유기리 우대신 댁에서는 동쪽 저택을 호화롭게 꾸며놓고 신랑을 맞이할 만반의 준비를 갖춘 다음 니오노미야를 기다리고 있었다. 그러나 열엿샛날의 늦달이 높이 솟을 때까지 모습이 보이지 않자, 처음부터 니오노미야가 이 혼사를 달가워하지 않았던데다 일이 어찌된 것인지 애가 타, 부하를 보내 사정을 알아보게 하였다.

"니오노미야님은 저녁에 퇴궁하시고 이조원에 가 계시는 듯합니다."

부하는 이렇게 보고하였다.

니오노미야는 이미 사랑하는 여인이 있으니 우대신은 마땅치 않아 했지만, 오늘 밤 사위가 찾아오지 않은 채 날이 밝으면, 세상의 웃음거리가 되리라는 생각에 아들 두중장에게 편지를 전하게 했다.

드넓은 하늘 질러가던 달도
이 집 위에 멈추어
밝게 비추고 있는데
기다리는 이 밤이 지나도록
모습을 보이지 않는 매정한 그대여

'오늘 밤이 첫날밤인 것을 작은아씨에게 어찌 설명할까. 가여워서……'

니오노미야는 이렇게 생각하고, 궁에서 바로 육조원으로 가기 위해 작은아씨에게 편지를 보냈다. 그 답장에 무어라 씌어 있었는지, 가엾은 마음을 금할 길이 없던 니오노미야는 은밀하게 이조원으로 돌아간 것이었다.

사랑스런 작은아씨를 외면하고 다른 곳에 가기가 내키지 않았던 니오노미야는 함께 달을 바라보며 이런저런 말로 사랑을 약속하고 위로하였다.

작은아씨는 지금까지 마음고생이 많았지만, 어떻게든 내색을 하지 않기 위해 번번이 참고 견디며 마음을 다스려왔었다. 그랬기에 육조원에서 사자가 와도 크게 신경 쓰지 않고 유연하게 대처하는데, 도리어 그 모습이 더욱 가여웠다.

두중장이 찾아왔다는 말을 들은 니오노미야는 나갈 채비를 하였다.

"곧 돌아오겠소. 혼자서 달을 보고 있으면 안돼요. 당신을 두고 가자니 내 마음도 괴롭습니다."

니오노미야는 이렇게 말하고는 거북한 심정으로 복도를 걸어나갔다. 뒷모습을 바라보면서 작은아씨는 눈물이 강물을 이루어 베개마저 떠오를 듯한 심정이었다. 사람 마음이란 참으로 한심한 것이라고 뼈저리게 느꼈다.

'우리 자매는 어렸을 적부터 어머니 없는 딸로 불안하고 서럽게 살았지. 이 세상을 등지고 사는 아버지만을 믿고서 저 쓸쓸한 산장에서 오래도록 살았지만 그 생활에도 익숙해져서 외로움을 느끼면서도 지금처럼 세상이 괴로운 것인 줄은 미처 몰랐다. 아버지와 언니가 잇달아 저 세상으로 간 뒤에는 더는 살아갈 수 없을 듯 고인을 그리워하고 슬퍼했으나 목숨이 길어 살아 있다 보니 생각보다 그럴듯한 생활을 꾸리게 되었다. 이런 행복한 나날이 계속되리라고는 생각지 않았으나, 니오노미야가 나를 대하는 태도가 성실하고 정실처럼 대해 주어서 차츰 수심이 가라앉는가 했는데, 이번 일로 과거에도 몰랐던 새로운 괴로움에 애태우게 된 것이다. 이제 니오노미야와의 인연은 이것으로 끝났구나. 아버지와 언니와는 달리 니오노미야는 때때로 만날 수야 있겠지만, 오늘 밤에 이렇게 나를 두고 가는 것을 본 그 순간부터 과거도 미래도 캄캄한 것 같은 생각이 든다. 내 마음을 나도 추스를 수 없으니, 그래도 살아 있다면 언젠가는……'

외롭고 쓸쓸한 것은 너무도 마음이 좁기 때문이라고 스스로를 위로하려 애썼으나, 옛노래에서 '마음의 시름을 달랠 길 없다고 표현되는 오바스테 산의 달'이 싸늘한 빛을 내며 떠오르니, 밤이 깊어가며 괴로움만 더할 뿐이었다.

불어오는 솔바람 소리도 우지의 거친 산바람 소리에 비하면 한층 여유롭고 부드러워 살기 편한 거처이기는 하지만, 오늘 밤은 그런 생각이 들지 않으니 산장 주변에서 들리는 모밀잣밤나무 소리만은 못한 것 같았다.

쓸쓸한 우지 산골
소나무에 가린 거처에도
이토록 마음을 저미는
외로운 솔바람은 불지 않았거늘.

작은아씨는 그 옛날 외롭게 살았던 산골 생활을 잊은 듯했다.
늙은 시녀들이 말했다.

"이젠 안으로 들어가십시오. 달을 오래도록 바라보는 일은 불길하다더군요. 게다가 요즈음은 과일조차도 안 드시니 그래서야 되겠습니까. 몸에 해롭습니다. 불길한 생각이 자꾸 떠오르니 걱정스럽습니다. 자, 어서 들어가셔요."

"이번 혼례는 너무하네요. 하지만 아씨를 멀리 하지는 않으실 것입니다. 아무리 새 부인을 맞이하셔도 깊이 사귄 첫 정이 제일이라지 않습니까."

시녀들이 떠드는 소리도 듣기 싫었다.

'이젠 무슨 일이 있든지 아무 말도 듣고 싶지 않구나. 그저 가만히 니오노미야를 지켜보는 수밖에. 다른 사람들이 이런저런 말을 하게 하고 싶지도 않다. 이 원망은 홀로 가슴에 묻어 두자.'

작은아씨는 모두에게 입단속을 하게 했다. 늙은 시녀가 말했다.

"그래도 중납언 나리는 다정해 보이신데 어째서 여태 결혼을 하지 않으셨을 까요."

"사람의 운명이란 불가사의하고 알 수 없는 법이지요."

시녀들은 이런 말들도 속삭이고 있었다.

니오노미야는 작은아씨를 애처롭게 여기면서도 역시 화려한 것에 흥미를 갖는 성품이었다. 우대신 댁에 훌륭한 사위로 대우받고 싶은 마음에 향긋한 명향을 옷에 배게 하니 그 풍채가 조금도 나무랄 데가 없었다.

또한 니오노미야만을 기다리고 있는 육조원의 동쪽 저택도 화려했다.

육의군은 자그마한 아씨가 아니라 성숙한 모습이었다.

'어떤 사람일까? 교만하고, 부드러운 맛이 없고, 자존심이 강한 여자가 아닐 까? 그런 아내라면 아주 곤란한데.'

그런 상상을 했으나 만나보니 그렇지는 않았기에 이내 사랑을 느낄 수 있었다. 긴긴 가을밤이긴 했으나 늦게 간 탓인지 곧 날이 새고 말았다.

니오노미야는 이조원으로 돌아와서도 곧장 서쪽 작은아씨 처소에 가지 않고, 잠시 잠을 청하고 새 부인에게 편지를 썼다.

"저 눈치로 보아서는 마음에 드신 게로군."

시녀들은 입을 쫑긋거렸다.

"작은아씨가 불쌍하군요. 아무리 공평하게 대한다 해도 작은아씨가 밀리는 일도 있지 않겠어요."

모두 작은아씨를 따르며 시중을 드는 시녀들이라, 심란하여 가만히 있지를 못하고 무어라 불평을 늘어놓는 자도 있고 시샘하는 자도 있었다.

새 부인의 답장을 보고서 가리라 생각했던 니오노미야는, 헤어지고 나서 뜬
눈으로 밤을 지새웠을 작은아씨가 마음에 걸려 그대로 서쪽 처소에 들렀다.
아직 밤 화장 그대로였던 부인의 얼굴이 무척 아름다워 친왕의 마음을 끌었
다. 친왕이 들어왔다는 것을 알고도 누운 채로 있으면 토라져 보이리라 생각
하여 조금 일어난 채 앉아 있는데, 눈물의 흔적인지 발그레하게 물든 얼굴이
오늘 아침에는 한결 요염해 보였다.

니오노미야는 자신도 모르게 눈물을 글썽거리면서 한참 동안이나 바라보
기에, 작은아씨는 부끄러운 생각에 엎드리고 말았다. 그런 부인의 머리와 목덜
미에서 친왕은 다시없는 아름다움을 느꼈다. 너무도 쑥스러워진 친왕은 예의
사랑의 말 따위는 쉽사리 입에서 나오지 않았다.

"왜 그렇게 괴로워하는 기색뿐입니까? 더위 때문이라고 당신이 말하기에 이
젠 선선해졌으니까 괜찮겠지 생각했는데, 이렇게 침울해서야 되겠소. 여러 모
로 기도를 올리게 했는데도 통 효험이 없는 것 같군요. 하지만 기도는 좀더 계
속하라 해야겠소. 영험한 스님이 있어야겠습니다. 그 무슨 스님이라던 자를 불
러 밤새워 당신을 위해 기도를 드리게 해야겠소."

니오노미야가 진지하게 하는 이야기도 듣기 좋게만 말하는 듯 들렸지만, 아
무 말도 하지 않는 것도 부자연스러운 일이라 이렇게 대답했다.

"저는 옛날부터 다른 사람과 달리, 이렇게 앓는 적이 많았습니다. 그러나 그
냥 내버려 두면 자연히 나았으니까요."

"가만 있어도 낫더란 말이요?"

니오노미야는 웃으면서 이런 생각을 했다.

'역시 온순하고 사랑스런 점에선 이보다 더한 사람은 없을 게야.'

그러나 새 부인을 만나고 싶어 초조해지는 것을 보면, 새로운 사랑에도 애
착이 남다른 것 같았다. 그러나 이 사람과 함께 있으면서도 예전과 다르지 않
게 정답게 대해주며, 내세에도 변함없는 사랑이 지속될 것을 몇 번이고 맹세
했다. 작은아씨는 이렇게 생각했다.

'부처님께서 말씀하신 것처럼 인생이란 짧은 것. 그 짧은 동안에도 당신의
원망스러운 처사를 보고 있습니다만, 여기에 내세에 대한 약속까지 하시니 과
연 지켜 주실까? 자포자기하며 믿고 의지해야 하나?'

아씨는 애써 견디어 보았으나 더는 참을 수 없어 울음을 터뜨렸다. 오늘까지도 이렇게 생각하고 있다는 눈치는 보이지 않으려고 자기 스스로 무한히 참고 견디어온 감정이지만, 여러 가지로 가슴속에 겹쳤던 슬픔이 숨길 수 없게 되어 쏟아지는 눈물은 한없이 흘러서 부끄럽고 괴로운 심정에 얼굴을 외면하고 있는데, 친왕은 억지로 이쪽으로 얼굴을 돌리게 하고 말했다.

"그대는 내 말을 있는 그대로 믿어주는 순순한 사람인 줄로만 알았는데, 당신은 나를 남을 대하듯 경계했던 것이구려. 그렇지 않다면 어젯밤 사이에 마음이 변했단 말이요?"

니오노미야는 소매로 부인의 눈물을 닦아 주었다.

"밤 사이에 마음이 변했다니. 누가 그렇다는 건지 모르겠습니다."

작은아씨는 이렇게 말하고 미소를 지었다.

"그 무슨 어린애 같은 말입니까? 나는 결코 수상한 짓을 하지 않았습니다. 아무리 변명한다 해도, 정말 마음이 변했다면 들통 나게 되어 있으니까요. 그대는 세상 도리를 전혀 알지 못하니 귀엽기도 하나 난감하기도 합니다. 뭐 좋습니다. 그대가 나라고 한 번 생각해보세요. '나는 마음대로 처신할 수 있는 처지가 아닙니다.' 내가 뭐 하나 마음대로 할 수 있다면, 누구보다 그대를 사랑한다는 증거로 분명하게 보여주고 싶은 게 하나 있습니다. 그러나 그건 가볍게 입에 담을 수 있는 일이 아니니, 지금은 말해드릴 수가 없군요. 목숨을 소중히 여겨 오래 사세요. 그리고 지켜봐주시오.'"

이렇게 이야기를 나누는 동안, 육조원에 보낸 사자가 접대받은 술에 취하여 돌아왔다. 사자는 작은아씨에 대한 배려는 까맣게 잊고 당당하게 서쪽별채 남쪽 뜰에 나타났다.

선물로 받은 진귀하고 아름다운 옷을 여러 벌 걸쳐 입고 나타나니, 시녀들은 한눈에 첫날밤을 치르고 난 뒤 편지를 들고 온 사자임을 알 수 있었다. 어느새 편지를 써 보냈던가 이런 상상을 하는 것도 유쾌한 일은 아니었다. 니오노미야도 굳이 감추려고는 하지 않았으나 눈물을 글썽이고 있는 사람의 괴로운 심정을 사자가 조금이라도 짐작하고 배려해 주었다면 좋았을 텐데 생각했다. 하지만 이미 다 드러난 상황이라 단념하고는 시녀에게 답장을 가져오라 명령했다.

일이 이리 된 이상 좋은 얼굴로 또 한 사람의 아내가 있다는 사실을 인정케

하려고 편지를 뜯어보니, 그것은 육의군 양어머니 온나니노미야의 필적 같아 조금 안심하고는 그대로 앞에 놓았다. 다른 사람이 쓴 것이라고는 해도 니오노미야로서는 꺼림칙하지 않을 수가 없었다.

"대신 쓰려니 부끄럽고 뻔뻔한 것 같아 본인에게 직접 쓰라 권하였으나, 몸이 많이 불편하다기에."

아침 이슬이 어떤 처사를 하였기에
오늘 아침 마타리는 시들어 고개 숙이고 있는가.
아씨도 오늘 아침에는 시름에 젖어 있으니
어젯밤 그대가 아씨를
과연 어떻게 다루었기에

기품 있고 정취도 넘치는 필체였다.

"원망스러운 소리를 듣는 것도 귀찮군. 사실 나는 당분간 이대로 마음 편하게 당신과 둘이서만 살고 싶었는데."

말은 이렇게 해도 아내 말고 여자를 거느리지 않는 것을 당연하게 여기는 부부라면, 이런 일이 생겼을 때 원망하는 아내의 마음을 동정하는 게 보통이겠지만, 니오노미야에게 아내가 하나뿐이라는 것은 있을 수 없는 일이었다. 결국 언젠가는 이렇게 될 신분인 사람이었다. 오히려 이렇게 부인으로서 대우를 받으며 깊은 사랑을 받고 있는 작은아씨를 행복하다고조차 말하고 있다.

그러나 작은아씨는 너무도 단란한 부부생활에 젖어 있다가 별안간 가볍게 취급되는 게 한스러운 일이라고 생각했다. 옛 이야기책을 읽으면서도 남녀 사이에 다른 누군가가 나타났을 때, 어째서 여자는 그토록 고민을 할까 이상했는데, 이제 자신이 당하고 보니까 몹시도 마음 아프고 괴로운 일임을 새삼스레 깨닫게 되었다.

니오노미야는 전보다 더욱 애틋하고 남편다운 태도로 달랬다.

"아무것도 안 먹으면 몸에 해로워요."

좋은 과자를 가져오게 하고, 또 특별히 조리사에게 부탁한 반찬을 부인에게 권했으나 작은아씨는 음식에 손을 대려고도 하지 않는다.

"이거 참 큰일 났군. 보고 있기 안타깝습니다."

니오노미야는 탄식을 했다. 저녁때가 되자 친왕은 출타를 하기 위해 침전으로 돌아갔다. 시원한 바람이 불고 하늘도 깨끗하고 맑은 저녁이다. 니오노미야는 언제나 화려한 것을 좋아하는 성품이라 여느 때보다 한층 밝고 들떠 보였다. 작은아씨는 슬픈 마음에 더욱 수심 가득한 것은 말할 나위도 없다. 쓰르라미 우는 소리를 들으니 우지 산장이 더욱 그리워졌다.

그대로 우지에 살았다면
쓰르라미 우는 소리도 마음에 담지 않고
흘려들을 수 있었을 터인데
서울 생활에서는
그 소리마저 원망스럽게 들리니
가을날 해 질녘이여.

니오노미야는 밤이 깊기 전에 출타했다.

길잡이 외치는 소리가 멀어지면서 작은아씨는 눈물이 어부가 낚싯줄을 드리운 듯 흐르는 것을 스스로도 한심스럽게 생각하며 누워 있었다. 작은아씨는 결혼 초부터 끊임없이 괴로운 생각을 갖게 한 니오노미야가 미워지기까지 했다.

'몸이 고달픈 원인이 되고 있는 임신도, 무사히 해산을 하게 될지 안 될지도 걱정스럽다. 단명한 집안이니 나도 이제 덧없이 죽을지도 모른다. 목숨은 아깝지 않으나 슬프기 짝이 없다. 아기를 가진 몸으로 죽는 것도 죄스러운 일이다.'

작은아씨는 잠을 이루지 못한 채 뜬눈으로 밤을 지새웠다.

다음 날 아카시 중궁이 병환이 났다 해서 모두 문안차 입궁했으나, 감기일 뿐 근심할 것은 없다는 진단이 내렸다. 걱정할 일은 없을 듯하여 유기리 우대신은 점심때쯤 물러나와 가오루 중납언에게 권하여 함께 수레를 타고 나왔다.

혼인 3일째 되는 피로연이 있는 날이었다. 어떻게든지 화려하게 거행하려고 생각했을 터이지만 유기리 대신은 신하이기 때문에 한계가 있었다. 가오루를 초대하려니 한때 사위 삼고 싶었던 적이 있어 거북했다. 그럼에도 그를 부른 것은 신랑과 친밀한 교의를 맺고 있는 사람은 자기 아들 중에 없었고, 또 남에게 보이는 데에도 자랑으로 삼을 수 있는 가오루였기 때문이었다. 가오루가 전에 없이 일찍 입궁하여 여섯째 딸을 니오노미야에게 준 것을 유감스러워 하는 기색도 없이, 우대신과 함께 이런저런 일을 거드니, 대신은 내심 얄미운 생각조차 들었다.

초저녁 좀 지났을 무렵에 니오노미야가 들어섰다. 침전 남쪽 사이 동편으로 신랑 자리가 마련돼 있었다. 높은 교자상이 여덟 개, 그 위에 놓인 접시는 모두 예쁘고 깨끗했다. 그 밖에 또 두 개의 작은 상에는 굽은 접시에 담긴 온갖 요리가 보기에도 화려하게 차려지고, 의식용 떡과 과자들도 갖추어졌다. 이런 흔해 빠진 사실을 적는 일이 오히려 쑥스러울 정도였다.

"벌써 밤이 깊어졌으니."

대신은 시녀에게 일러 '니오노미야가 빨리 식장으로 나오도록' 재촉했으나, 니오노미야는 부인 곁을 떠나기 싫어 금방은 나오지 않았다. 대신의 정실인 구모이노카리 부인 형제인 좌위문독과 등재상 등이 내빈으로 자리했다.

얼마 뒤 마지못해 나온 니오노미야의 모습은 늠름하고 아름다웠다. 주인측인 두중장이 잔을 들어 축하주를 올렸다. 니오노미야는 술잔을 두세 번 연거푸 마셨다. 가오루가 어전 심부름으로 술잔을 올렸을 때, 니오노미야는 희미하게 미소를 흘렸다.

가오루는 이전에 혼담 얘기를 하면서 니오노미야가 '딱딱한 의식만을 존중하는 집안의 사위가 된다는 것은 자기 성미에 맞지 않아 싫다'고 푸념하던 일을 떠올렸다. 그러나 가오루는 모르는 척 어디까지나 정중한 태도였다. 그리고 그는 동쪽과는 반대편 방에 설치된 수행 관속들의 술자리에까지 나가서 손님 접대를 했다.

세도 있고 화려한 궁중 관속들도 많았다. 4품 벼슬아치 6명에게는 여자 의상에다 부인 옷을, 5품인 10명에게는 세 겹으로 된 당나라 옷을 선사했다. 6품인 4명에게는 비단으로 만든 하카마(袴)를 주었다. 이런 경우에는 선물도 법령으로 정해져 있어, 그 한계를 넘을 수 없기 때문에 품질이나 가공에 모두 정성을 다한 것들이었다. 하급 수행원들과 하인들에게도 과분한 선물들이 나누어졌다. 이처럼 굉장한 의식은 눈부실 만큼 호화로운 것이어서 소설 등에서도 먼저 그 내용이 씌어지지만, 이런 것을 일일이 셀 수는 없을 정도였다고 한다.

가오루 중납언 시종 가운데 잘 보이지 않는 곳에 있어 이렇다 할 대접을 받지 못한 자가 있었는데, 그는 댁으로 돌아와 한숨을 쉬며 푸념했다.

"우리 나리는 왜 순순히 이 댁 사위가 되지 않으셨는지! 지금도 이렇게 궁상맞은 독신생활을 하고 계시면서……"

가오루 중납언은 웃으면서 듣기만 했다. 저들은 밤이 늦도록 기다리기만 하여 졸릴 텐데, '신랑 시종들은 술을 얻어먹고 어느 방에서 누워 있으리라' 생각하고는 부러워했던 것이다.

가오루는 집으로 돌아와 잠자리에 들었다.

'사위가 되는 일도 참 거북하고 쑥스러운 일이다. 거창한 차림새로 식장에 나타나 평소부터 잘 아는 사이인 친인척들이 촛불을 휘황하게 켜놓고 잔을 권하면 니오노미야는 보란 듯이 점잖고 멋있게 받아 마셨지.'

'나 역시 아리따운 딸이 있다면, 니오노미야 같은 사람 아닌 어떤 남자에게 주고 싶겠는가, 천황이라 해도 그러했을 것이다. 세상사람들은 '친왕보다 가오루 중납원에 주는 게 낫지'라고 하는 것 같은데 그러고 보면 내 평판도 괜찮은 것 같군. 나 같이 보수적이고 소극적인 인간이 뭐가 좋을까.

둘째 황녀를 내게 주겠다는 천황의 뜻이 진실이라면 이처럼 마음이 내키지 않는다는 어떻게 하면 좋을까. 명예로운 일이긴 하지만 둘째 황녀님은 과연 어떤 분일까. 죽은 큰아씨를 닮았다면 좋겠지만.'

완전히 부정해 버리지도 않는 것을 보면 천황의 제안을 딱 잘라 거절할 뜻이 없는 중납언이었다.

이처럼 잠이 오지 않는 쓸쓸한 심정을 달래기 위해 가오루는 안찰사 댁이라는 시녀의 방을 찾아가 그곳에서 밤을 보냈다. 아침이 되었다 해서 누가 의아하게 생각할 일도 아니건만 마음에 걸리는 듯 급히 일어난 가오루를 여인은 원망스럽게 바라보면서 말했다.

세상이 도저히 허락지 않는
신분이 다른 우리의 밀회인데
이렇듯 매정하게 구시니
그대가 나를 사랑한다는
소문이 나는 것조차 괴롭습니다.

이렇게 푸념하니 가오루는 가여운 마음이 들어 달래 주었다.

세키 강이 겉으로는 얕은 듯해도
실은 깊은 것처럼
내가 그대를 어여삐 여기는 것도
매정하게 구는 겉보기와는 달리
그 속은 쉼 없이 타오르니.

한없이 사랑한다 해도 믿을 수 없는데, 매정하기 굴기까지 하니 시녀는 더욱 애가 탔다.

가오루는 옆문을 밀어 열고 애매하게 돌려 말하며 방을 나가 버렸다.

"이 새벽 하늘이 너무나도 상쾌해서 일찍 나가 보고 싶었던 걸세. 이처럼 우아한 흥취를 맛보려 하지 않는 사람의 심사를 알 수 없군. 풍류를 즐기는 사나이는 아니지만 밤새도록 긴긴 밤을 고통으로 넘긴 뒤 맞는 싸늘한 가을 새벽은, 이 세상에서 저 세상까지 꿰뚫어보이는 것 같아 몸에 스미는 듯하단 말일세."

여자를 기쁘게 해줄 만한 세련된 말을 늘어놓은 것도 아닌데, 우아하고 기품 있는 풍채를 갖춘 사람이기에 냉정하다고는 어느 누구도 생각지 않았다. 가벼운 농을 건네는 모습이라도 보고 싶은지, 출가한 어머니 온나산노미야 댁에 억지로 연줄을 대어서 몰려든 여자들이 대기 시중을 들고 있었다. 그 중에는 자기 신분에 따라 애틋한 마음을 가진 가엾은 여자들도 많았다.

니오노미야는 식이 끝난 뒤 환한 낮에 우대신의 딸을 보니 더욱 깊은 애정을 품게 되었다. 적당한 키에다 전체적으로 뿜어져 나오는 인상은 청아했다. 뺨에 나부끼는 머리털, 그 위에 동그마니 앉은 머리가 유난히 아름다웠다. 피부는 너무나도 희고 맑으며, 기품이 있어 보이는 고상한 눈매는 아주 귀부인다워서 아무런 결점도 찾을 수 없는 미인이었다. 스물하나인가 둘이 넘은 나이였다. 이제는 어린 소녀가 아니었으니 미숙한 점도 없이 한창 피어나는 꽃처럼 화사했다. 아버지 유기리 대신이 소중히 키운 흔적이 역력하게 보였다. 어버이의 사랑으로 이 모습을 본다면 황홀함에 젖어 있을 것이다. 다만 부드럽고 애교가 넘쳐 보이는 가련한 인상은 작은아씨 쪽이 더 나은 듯 생각되었다. 이야기를 시켰을 때 대답이 수줍은 듯이 보였으나 그렇다고 미적지근한 느낌이 드는 것도 아니어서, 확실히 모든 가치가 정비된 재녀다운 신부였다. 젊고 예쁜 시녀가 30명쯤이고, 어린 시녀 6명이 신부에게 딸려 있었다. 여인들 복장도 화려하고 반짝이는 것은 싫증이 나도록 보아온 니오노미야를 생각해, 눈에 거슬리지 않도록 수수하면서도 깔끔하게 입혔다. 삼조의 부인 구모이노카리가 낳은 맏딸을 동궁에게 보냈을 때보다도 이번 결혼을 더욱 화려하게 준비했다는 사실도, 니오노미야의 덕망이 높았기 때문이었다.

그 뒤부터 니오노미야는 이조원에 쉽사리 드나들 수 없는 처지가 되었다. 가볍지 않은 신분이라서, 낮에 그곳으로 가서 시간을 보내기도 어렵고 하여, 육조원 남쪽 저택에서 옛날 무라사키 부인의 손에서 자랐을 때처럼 지내다가, 해가 지면 이조원을 그냥 지나쳐 육의군을 찾아왔다. 니오노미야는 며칠씩이나 이조원은 들르지 않게 되었다. 작은아씨는 너무 오래 기다리게 한다는 생각이 들었다.

'이렇게 손바닥 뒤집듯이 나 몰라라 해도 되는 걸까. 사려 깊은 여자였다면 자기 처지도 모르고 세상에 나와 사람들과 어울리지 않았을 텐데. 무슨 수를 써서라도 우지로 돌아가야겠다. 니오노미야와 완전히 연을 끊겠다는 것은 아니지만, 잠시 몸과 마음을 편안히 하며 쉬고 싶구나. 이 뻔뻔하고 얄미운 태도가 니오노미야에게는 미안한 일이지만.'

작은아씨는 이런 생각이 들어 부끄럽기는 했지만 가오루 중납언에게 편지를 보냈다.

"지난번 아버지 기일에 있었던 불공에 대한 건은 아사리 스님으로부터 자세한 이야기를 들어 알고 있사옵니다. 옛 친분을 변함없이 유지하고 있는 그대의 후의가 없었다면 돌아가신 아버님께서 얼마나 비참하셨을지, 강과 바다 같은 친절이 너무도 기쁘게만 생각됩니다. 직접 뵙고 인사 말씀을 드리고 싶습니다.'

두루마리에 괜한 멋을 부리지 않고 진실하고 반듯하게 쓰인 글씨체가 오히려 아름답게 생각되었다. 가오루가 하치노미야님 기일에 중들을 모아 우지에서 법사를 거행해 준 데 대한 감사의 편지로서, 거창하게 감사의 말을 늘어놓지 않았으나 그의 호의는 충분히 인정하고 있는 듯했다.

가오루는 작은아씨의 마음을 곧 알 수 있었다. 평소에는 이쪽에서 보내는 편지의 답장조차도 마음에 없는 듯 간단하게 적어 보내던 사람이, 자기가 진정 사의를 표명하겠다는 말을 적고 있으니 기쁨에 가슴이 뛰었다. 니오노미야가 요즘 새로운 분과의 화려한 생활에 마음이 쏠려, 이조원으로 자주 드나들지 않는다는 것도 알고 있었다. 가오루는 작은아씨를 진심으로 가엾게 여기며 특별한 풍정이 있는 것도 아닌 편지를 쉽사리 내려놓지 못하고 몇 번씩 되풀이해서 읽었다. 답장은 희고 두꺼운 종이에 적어 보냈다.

"편지 잘 받았습니다. 지난날 법회에는 그대에게도 알리지 않고 수도승 모습으로 은밀히 다녀왔습니다. 말을 전하면 그대가 동행하려 했을 것이기 때문입니다. 그런데 편지에 '옛 친분'이라고 쓰셨는데, 제가 고인인 하치노미야님을 대하던 감정을 그렇게밖에 안 보시는가 생각되어 좀 섭섭합니다. 조만간 찾아뵙고 말씀드리겠습니다.'

가오루는 다음날 저녁때 이조원으로 건너가 작은아씨를 방문했다. 남몰래 작은아씨를 흠모하는 사람이라 의복에도 신경이 쓰여 부드러운 옷에다 더욱 고귀한 향을 피우는 등 세심하게 신경을 썼다. 그 때문에 강렬한 향기가 사방에 퍼졌고, 늘 사용하는 정향나무 향기로 물들인 부채에서 풍기는 은은한 향이 더해져 우아함을 더욱 드높였다.

작은아씨도 생각지도 않았던 우지에서의 하룻밤을 완전히 잊은 게 아니었고 가오루가 다른 사람과는 달리 성실하고 자상한 성품임을 알았기에 이 사람과 결혼했다면, 하는 정도의 생각은 하고 있었다. 이미 젊은 나이도 아니니, 자신의 처지가 한심하여 원망하는 니오노미야의 처사와 비교하면 가오루가 모든 면에서 낫다는 것을 알고 있기 때문이었다.

'늘 매정하게 발 너머로 뵙는 것도 안된 일이고, 도리를 모르는 여자라 여겨질 수도 있으니'

이렇게 생각하며 오늘은 발 너머 차양의 방으로 안내해, 안채 안쪽에 휘장을 친 뒤 자신은 조금 안쪽에 앉아 그를 맞이했다.

"일부러 불러주신 것은 아니지만 와도 좋다는 허락을 해주신 답례로 금방 달려오고 싶었으나, 어제는 니오노미야님이 오신다고 들었기에 마주치지나 않을까 해서 오늘에서야 왔습니다. 오랫동안 품어온 저의 소원이 이루어져, 다소 격의 없이 발 안으로 들여 주시니 참으로 신기한 일입니다."

부끄러운 생각에 말이 안 나올 것 같았던 작은아씨는 조심스레 말을 꺼냈다.

"지난날 아버지의 법회를 주관해 주신 이야기를 듣고 감사하게 생각했습니다. 베풀어주신 호의에 기쁘고 감사한 마음을 말 한 마디 하지 않고 가슴에만

지니고 있으면 제가 얼마나 고마워하는지 모르실 듯해 안타깝게 생각했었습니다."

작은아씨가 조심스레 말을 꺼냈다. 저 멀리 안쪽에서 작은 목소리가 띄엄띄엄 희미하게 들리자 가오루는 답답했는지 이렇게 말했다.

"잘 들리지 않습니다. 자상한 말씀도 드리고, 또 듣고 싶은 이야기도 많은데요."

작은아씨는 과연 그렇기도 하리라고 생각되어 약간 앞으로 다가앉았다. 가오루는 태연하게 더욱 냉정한 태도를 취하면서 니오노미야의 성의가 부족했다고 나무라기도 하고, 또 작은아씨를 위로하는 말도 조용히 꺼냈다.

작은아씨는 니오노미야를 원망스럽게 생각하는 심사를 겉으로 나타내는 것은 좋지 않다고 생각하여, 다만 인생이 슬프고 한스럽기만 할 뿐이라며 우울한 심정을 말하다가 우지 산장으로 임시 자리를 옮기도록 주선해 줄 것을 부탁하는 뜻을 비쳤다.

"그 문제만은 섣불리 저 혼자서 결정할 수 없습니다. 니오노미야에게 솔직하게 부탁하셔서 그분 의견을 따르는 게 타당하다고 생각됩니다. 그러지 않고 감정을 해친다든지 하면 경솔하다고 화를 내실 것인즉 장래를 위해 좋지 않습니다. 만약 순순히 승낙하신다면 그리로 모시는 일은 제가 얼마든지 편의를 봐드릴 수가 있습니다. 남과 달리 안심하고 일을 맡길 수 있는 제 성품을 니오노미야가 잘 알고 있으니까요."

이러한 이야기를 하는 동안 지나간 일이 분하게 생각났다. 다시 한 번 돌이킬 도리는 없을까 하는 뜻을 넌지시 비쳤다. 어느덧 날은 차츰 어두워지려고 하는데 가오루는 돌아가려 하지 않으므로 작은아씨는 매우 곤혹스러웠다.

"오늘은 제가 몸이 불편해서요. 괜찮을 때에 다시 말씀을 듣기로 하겠습니다."

작은아씨가 안으로 들어가려고 일어서는 기색이 보이자 가오루는 몹시 아쉬워했다. 가오루는 비위를 맞추려고 생각지도 않은 말을 하였다.

"언제쯤 우지로 가시렵니까. 길길이 자란 뜰의 풀도 좀 깨끗이 깎아 놓아야겠으니까요."

작은아씨는 잠시 몸을 돌이키고 말했다.

"벌써 이 달도 며칠 남지 않았으니 내달 초가 좋을 듯합니다. 다만 사람들 눈에 띄지 않게 은밀히 가고 싶으니, 니오노미야에게 허락받을 것까지야······."

가오루는 그 목소리가 몹시 가련해서 평소보다도 더욱 간절하게 그리워져 뭐라고 대꾸해야 할지 모르는 채 기대고 있던 기둥의 발 아래로 조용히 손을 내밀어 작은아씨의 소매를 잡았다.

'이럴 수가, 실망스럽구나!'

작은아씨는 이런 일이 벌어질 듯한 예감이 아까부터 있었기 때문에 일어섰던 것이었는데, 입이 떨어지지 않아 그냥 안으로 들어가 버리려고 했다. 순간 가오루는 붙잡은 소매에 매달려 연인이 하듯이 발 안으로 몸 절반을 들이밀고는 작은아씨 곁에 슬쩍 누웠다.

"오해하지 마세요. 은밀히 하면 된다는 말씀을 잘못 들은 것인지 다시 한 번 묻고 싶었을 뿐입니다. 남남으로 취급하지 않으셔도 좋을 것 같은데, 너무 무정하게 그러십니다."

이렇게 가오루가 말하는데도 작은아씨는 탓할 생각이 나지 않아 야속한 심정을 애써 억누르면서 말했다.

"저는 전혀 생각지도 않은 마음을 보여 주시는군요. 상상도 못할 일입니다. 시녀들이 보면 어떻게 생각하겠어요?"

작은아씨가 울듯이 비참한 표정을 짓자, 조금은 마땅한 말이라고 생각한 가오루가 이렇게 말했다.

"이 정도는 비난할 일이 아닙니다. 옛일을 떠올려 보세요. 돌아가신 큰아씨도 허락해 주셨는데, 이 정도로 당치도 않은 일을 저지를 듯 말씀하시면 오히려 제가 섭섭하지요. 나는 호색한처럼 무례한 마음을 가진 사람은 아니니 안심하십시오."

부드럽게 행동하기는 하지만, 가오루는 벌써 몇 달째 후회하는 나날을 보내면서 사랑의 번민으로 괴로워한다는 이야기를 털어놓으며 끈질기게 설득했다. 작은아씨는 가오루가 놓아줄 기미를 보이지 않자 어쩔 줄 몰라 당혹스러워하며 말로는 표현할 수 없을 만큼 슬퍼했다. 작은아씨는 모르는 남도 아닌 사이라 더욱 부끄럽고 창피해서 결국 울음을 터뜨렸다.

"어쩐 일입니까? 어린애처럼."

몹시 가련해 보이는 이 사람에게는 자기 자신을 지키는 빈틈이 없는 점과 넉넉한 성품을 가진 귀녀다운 데가 있어, 지난날 밤에 보던 때보다도 더욱 완숙한 아름다움을 느꼈다.

가까이에는 시녀 두 명이 있었는데 낯선 사람이 난입했다면 이 무슨 무례한 짓이냐고 작은아씨를 구하려 했겠지만, 가오루 중납언처럼 더할 나위 없이 친한 사람이 하는 행동이라 무슨 까닭이 있어서 그러겠지 하고는 가까이 있기 거북해서 모르는 체하고는 물러났다. 그것이 작은아씨를 위해서는 참으로 딱한 일이 아닐 수 없다.

가오루는 옛날의 후회와 욕정이 되살아나 참을 수 없는 심정이었으나, 예전에도 여느 남성이 하듯이 강제적인 결합은 옳지 않다고 생각했던 사람이라 이번에도 실제로 어떤 행동은 하지 않았다. 이런 내용을 상술하는 일도 어려웠던지 필자에게 이야기를 전한 사람은 그 이상 말해 주지 않았다.

가오루는 이대로 돌아가고 싶지 않았지만 남들이 괴이하게 여기리라고 염려하여 그 자리를 떠났다.

아직 초저녁 같았으나 어느 틈에 새벽이 가까웠다. 이런 시간이라면 의심받을지도 모른다고 걱정한 것은 작은아씨에게 폐를 끼치고 싶지 않았기 때문이었다.

'임신 때문에 몸이 무겁다는 소문도 사실이었구나. 부끄러웠는지 눈에 띄지 않게 허리에 복대를 맨 모습이 애처로워 마음을 돌릴 수밖에 없었으니.

평소 같으면 나를 한심하게 생각했겠지만 상대를 무시하고 강압적으로 하는 것은 역시 원치 않는 일이다. 일시적인 충동으로 넘어서는 안 될 선을 넘는다면, 이후에도 마음 편히 만날 수 없고 남의 눈을 피하면서 만나려면 마음고생도 많고 또 그리되면 작은아씨와 친왕 사이에도 얼마나 번민이 많겠는가.'

그러나 그렇게 현명한 반성으로 억누를 수 있는 그런 사랑의 불길이 아니었다. 헤어지고 나온 직후부터 만나고 싶고 그리워지는 심정은 어찌할 도리가 없었다.

어떻게든 이 사랑을 이루고 싶었다. 기품 있고 사랑스러운 작은아씨가 지금도 자기 몸에 기대어 있는 것만 같아, 다른 일은 조금도 생각할 수 없었다.

'어떻게든 우지에 가고 싶어하는 것 같은데 니오노미야가 허락할 리 없지. 그렇다고 몰래 갔다가는 세상의 비난을 받을 게 뻔하니 그 사람을 위해서도 나를 위해서도 안 될 일이다. 어떻게 해야 사람들에게 체면도 서고 그녀가 원하는 대로 일을 추진할 수 있을까.'

가오루는 수심에 잠겨 집에 누워 있었다.

아직 날이 밝기도 전인데 가오루의 편지가 작은아씨에게 전해졌다. 여느 때처럼 겉보기에는 진지하고 반듯하게 격식을 갖춘 편지였다.

아무 보람없던 만남 뒤
허망하게 돌아오는 길
잡풀에 맺힌 이슬에 젖으며
그리운 저 우지에서의 하룻밤을 생각하니
가을 하늘이여.

"매정하신 대접을 받고 까닭 모를 괴로움이 더해갈 뿐입니다."

답장을 쓰지 않으면 시녀들이 수상쩍어할 것 같고 그것이 거북한 작은아씨는 이렇게 썼다.

"주신 편지 보았습니다. 몸이 몹시 불편하기에 아무 말씀드릴 수가 없습니다."

너무나 짧은 답장에 아쉬워하면서도 가오루는 작은아씨의 아름다운 모습이 그리워졌다.

작은아씨는 어젯밤 무례했던 가오루의 처신에 당황하고 난감해하면서도 무턱대고 성가시다는 식으로 뿌리치지는 않았다. 오히려 가오루가 더 부끄러워질 만큼 총명하고 기품이 있게, 부드럽고 능숙하게 위기를 모면했다. 아무 일도 없었던 것처럼 배웅했던 작은아씨의 모습을 생각하면 가오루는 더욱 분하고 슬펐으며, 모든 일들이 마음에 걸리고 안타까울 뿐이었다. 작은아씨가 옛날보다 한결 성숙해졌다는 느낌이 들었다.

'왜 그렇게 조심하는 걸까. 니오노미야가 더는 돌아봐주지 않는다면 어차피 나밖에 의지할 사람이 없을 텐데. 그리 되어도 마음놓고 만날 수는 없겠지만 사람들 눈을 피해 만난다 해도 이렇게 애정을 느낄 수 있는 여자는 없을 것이다. 내 사랑의 마지막 여인으로 삼아야겠다.'

이조원의 작은아씨만을 생각하는 것은 불순한 마음이라고 반성하며 평소에 사려 깊고 현명한 듯 행동을 하는 가오루가 이렇게 처신하다니, 남자란 정말 한심하고 천박한 존재인지도 모른다. 큰아씨 죽음은 돌이킬 수 없는 일이니, 이제 그리 괴로워하지는 않았지만 가오루는 여러 궁리를 하며 번뇌하고 있었다.

이 날은 이조원으로 니오노미야가 왔다는 이야기를 듣고 작은아씨의 보호자로 자처하려던 마음은 어디론가 사라지고 가오루의 가슴은 질투심에 불타 니오노미아를 시기하였다.

니오노미야는 여러 날을 육조원에만 있었음이 스스로도 한심하게 여겨져 서둘러 돌아온 것이었다.

'이젠 이 운명에 순순히 복종할 도리밖에는 없다. 니오노미야에게 원망하는 태도를 보이지 않으리. 우지로 가고 싶어도 유일하게 신뢰하던 사람이 꺼림칙하게 행동하고 있으니, 이젠 어느 누구도 믿을 사람이 없는 처지가 되었구나.'

작은아씨는 이렇게 깨우치고 나자 이 세상에 자신이 있을 곳은 없는 듯한 초라한 심정이 되었다.

'아무래도 나는 운이 따르지 않는 불행한 운명을 타고 났나 보구나. 살아 있는 동안은 주어진 환경을 받아드리고 온건하게 지내면서 평지풍파를 일으키지 않도록 해야겠다.'

이렇게 결심하고 질투도 모르는 듯 가련하고 솔직한 태도를 취하고 있었다. 니오노미야는 더 깊은 애정을 느끼고, 배려하는 마음을 기쁘게 생각하며 자기가 없었던 동안은 잊어버리고 있었느냐는 등 온갖 말로 부인을 위로하려 애썼다.

배가 좀 불러져서 부끄러워했던 복띠가 매어져 있는 모습에도 매력이 느껴졌다. 아직 임신한 사람을 직접 보지는 못한 터라 더욱 신기해 보였다.

모든 것이 깨끗하게 정돈된 육조원의 새 살림 속에서만 있다가 이리로 와서 보니 어쩐지 편안하고 그립게만 느껴졌다. 니오노미야가 변함없이 장래에 대한 이야기를 하는 것을 듣고 있자 작은아씨는 갑자기 어젯밤 발 안으로 밀치고 들어 온 가오루가 생각났다.

'남자란 모두 말주변이 좋아서 믿기 힘들다. 오랫동안 친절하고 자상한 분이라 여겨왔는데 그런 불순한 연심이 있었다니. 그렇다고 니오노미야가 내세에도 변치 않겠노라 맹세했던 사랑의 말을 그대로 받아들일 수 있을는지.'

속으로는 그리 생각하면서도 믿고 싶은 마음이 생겼다.

'그건 그렇고 어젯밤 가오루가 나를 안심시켜 놓고 발 안으로 밀쳐 들었을 때의 그 놀라움은 어떠했던가. 언니와는 끝까지 정신적인 관계였다 들었기에 순수한 마음을 드문 일이라 여겼는데, 어젯밤 일을 생각하면 마음을 놓아서는 안 될 것이다.'

작은아씨는 남자의 위험성을 잊지 말아야 한다고 느끼면서 니오노미야가 오랫동안 오지 않으면 무섭다고 차마 말로는 하지 못하고, 이전보다 훨씬 애교와 응석을 부리는 것이 니오노미야에게는 더욱 가련하고 예쁘게 보였다.

그런데 작은아씨의 몸에 깊이 밴 중납언의 독특한 향기는, 니오노미야는 향료에 조예가 깊었기에 수상하다 생각하여 무슨 일이 있었느냐고 묻고 나무랐다.

아씨는 니오노미야가 의심하는 것이 전혀 근거 없는 일이 아니어서 뭐라고 답변하기가 어려워 괴로운 듯이 당황했다.

'역시 그랬군. 설마 가오루가 작은아씨의 매력에 빠지지 않을 리가 없다고 오래 전부터 생각을 했지만.'

니오노미야는 가슴이 뛰었다. 가오루의 그 독특한 향기는 작은아씨가 속옷을 바꿔 입었음에도 불구하고 몸에 배어 있었다.

"이렇게 몸에 향이 배어 있는 것을 보니 모든 것을 허락한 모양이군요."

너무도 몰인정한 말로 추궁하기에 작은아씨는 너무나 어이가 없어 몸 둘 곳을 모를 지경이었다. 추궁이 계속되었다.

"내 사랑이 얼마나 깊은 줄도 모르고 내가 두 아내를 거느리게 됐다고 해서 당신도 똑같이 자유롭게 다른 사람을 사랑하려는 것은 신분이 천한 사람이나 하는 짓이란 말이오. 내가 그렇게 앙심을 품을 만큼 오래 그대와 떨어져 있었던가요? 내가 믿었던 것보다 애정이 부족한 당신이었군요."

니오노미야는 다 옮겨 적지 못할 정도로 심하게 책망했다. 작은아씨가 가여울 정도였지만 작은아씨가 아무 말도 하지 않자 니오노미야는 더욱 질투를 느꼈다.

다른 남자 품에 안겼던
증거인 그대 소맷자락의 향기를
내 몸에도 배이게 하니
두고두고 원망할 것이오.

니오노미야가 이런 노래까지 읊으며 몰인정한 소리를 해대니, 변명의 여지가 없다고 생각은 하나 입을 꾹 다물고 있으면 안 될 듯했다.

지금까지 정분을 나눈
부부 시이리 믿고
의지해왔건만
이런 일 정도로
헤어져야 하는 것인지요.

너무나도 가련하게 울고 있는 모습을 보고 니오노미야는 이런 매력이 가오루 중납언을 유혹했으리라고 생각하니 더욱 질투심이 불타올랐다. 그러면서도 자신도 똑같이 눈물을 뚝뚝 흘리니 참으로 난감한 심사라 아니할 수 없었다. 어떤 과실이 설혹 있다손 치더라도 멀리할 수는 없을 애처로운 작은아씨의 모습에 분하다는 말만 하고 있을 수도 없어서 원망하다 말고 어느덧 달래고 있었다.

니오노미야는 이튿날 아침 늦게까지 자고 세수도 조반도 이곳에서 해결했다. 실내장치도 육조원 신부의 거실은 휘황찬란하게 고려나 당나라 비단으로 꾸민 것에 비하면 이곳은 보통 가정의 화평스런 분위기를 느낄 수 있고, 시녀들의 옷차림도 풀기 없이 일상 입는 그대로여서 더욱 안정되고 조용한 분위기를 이루었다. 작은아씨는 보드라운 엷은 보랏빛 위에 분홍빛을 곁들인 옷을 걸치고 있었다. 무엇 하나 가지런하게 꾸미지 않은 곳이 없는, 성장을 한 저쪽 신부와 비교해 보더라도 조금도 못지않아 보였다. 이것이 다 니오노미야의 애정이 깊어서이리라. 오동통하던 작은아씨는 조금 날씬해지고, 살빛은 점점 희고 고상해 보였다. 괴이한 의심을 갖게 하는 향기가 몸에서 나지 않던 이전에도 애교가 넘치는 가련한 점은 누구보다도 뛰어난 사람이라고 생각했다.

'이 사람이 남매도 아닌 남성이 친하게 교제를 하고, 자연히 목소리도 듣고 모습을 엿보게 되면 나는 태연할 수만은 없을 것이다. 반드시 유혹하고 싶은 기분이 들 것임에 틀림없다.'

니오노미야는 호색적인 상상을 하며 이제까지 사랑을 속삭이던 증거가 될 편지는 와 있지 않을까 하고 작은아씨의 거실에 있는 선반이니 상자니 세간이니를 은근히 살펴보았다. 그러나 그런 것은 없었다. 다만 용건만 간단하게 적고 문학적인 것도 아닌 편지만이 감춰놓지도 않은 채 다른 것들 속에 섞여 있을 뿐이다.

'아무래도 이상하다. 이렇게 용건만 쓴 편지밖에 없을 리가 없다.'

니오노미야의 마음이 의심으로 가라앉지 않는 것도 당연한 이치였다.

'정취를 아는 여자라면 가오루의 풍채에 마음이 끌리지 않을 리가 없다. 이 사람이라고 친근하게 다가오는 사람을 어찌 무턱대고 뿌리칠 수 있을까. 잘 어울리는 한 쌍이니 서로 사모하는 사이가 틀림없다.'

이렇게 상상하니 니오노미야는 외롭고 쓸쓸해져서 울컥 화가 치밀고 질투심이 났다. 불안한 마음이 가라앉지 않아 그날도 이조원에 머물기로 하고 육조원에는 편지를 두세 번 보냈다.

"얼마 안 되는 사이에 그토록 일러 보낼 말이 잔뜩 쌓였던가."

늙은 시녀들은 입을 비쭉거렸다.

가오루 중납언은 이렇게 니오노미야가 이조원에 머물고 있다는 말을 듣고 속이 편치 않고 애가 탔다.

'이것은 내가 어리석은 생각을 품었기 때문이다. 애당초 안심하라고 이르며 보살펴 온 작은아씨에게 엉뚱한 생각을 품어서는 안 된다.'

가오루는 굳이 마음을 돌리려 했다.

이렇게 마음을 다잡는 한편 니오노미야는 역시 작은아씨를 버리지 못하는구나 싶어 다행스럽게 생각했다. 이조원 시녀들의 의복이 애처로울 정도로 낡았던 게 문득 떠오른 가오루는 어머니 온나산노미야 거처로 찾아갔다.

"계절에 맞는 여자 옷이 없을까요. 좀 쓸 데가 있는데요."

"해마다 치르는 법사는 새 달에 있으니 그날을 위해 준비한 흰 옷감이 있을 겁니다. 물들인 것은 준비된 것이 없으니 급히 만들도록 하지요."

"그러실 것까지는 없습니다. 대단한 곳에 쓰는 것은 아니니까. 있는 것으로 주시면 됩니다."

가오루는 급히 침모를 찾아가서 몇 벌의 평상복을 만들기로 하고 작은아씨가 입을 속옷으로 몇 개의 하얀 견직과 능직도 곁들여 선물하였다. 작은아씨 옷감으로는 가오루가 입으려고 마련했던 다듬이 방망이 자국이 선명한 붉은 천에 하얀 능직물을 곁들였다. 여자 바지류는 없었는데 어쩐 일인지 바지 허리

끈이 섞여 있어, 그 끈에 편지를 묶어 보냈다.

다른 남자와 이미
인연 맺은 그대인데
내 어찌 지금 와서
원망할 수 있겠는지요.

이렇게 써서 전부터 가까이 지내온 대보라는 나이 많은 시녀 앞으로 보냈다.

"일단 보내드립니다. 보기 흉한 곳은 적당히 고쳐 입으시기 바랍니다."

작은아씨의 의복은 겉으로 나타나지 않게 상자에 따로 넣어서 보따리가 되었다. 대보댁은 니오노미야가 와 있는 때인지라 작은아씨에게 이 보고를 하지는 않았으나, 이제까지 이 같은 선물을 가오루에게 가끔 받기도 했으니 못 받겠다고 돌려보낼 필요도 없어, 어떻게 할까 망설이지도 않고 시녀들에게 나누어 주었더니 그들은 저마다 바느질을 시작했다. 젊은 시녀로 작은아씨 곁에서 시중드는 시녀에게는 특히 좋은 것으로 나누어 준 모양이다. 허드렛일을 하는 시녀에게 낡은 의복을 흰 겹옷으로 갈아입게 하니 오히려 수수하고 깨끗해서 좋았다.

가오루 말고는 그 누가 작은아씨를 위해서 이러한 물질을 보태어 주겠는가. 니오노미야는 그 부인을 사랑하고 있으니 불편이 없도록 마음을 쓰고 있었지만 세세하게 시녀의 의복까지 헤아리지는 못했다. 뿐만 아니라 귀하게만 자라신 분이라서 그런 것까지는 생각도 못하고, 가난하다는 게 얼마나 괴로운 일인가를 모르는 것은 당연한 일이다. 이렇듯 세상이 어떻게 되어가는지도 모르는 니오노미야는 달리, 사랑하는 사람을 위해서는 무슨 일에든 물질적인 원조를 아끼지 않는 가오루의 뜻을 흔히 볼 수 없는 후의로 받아들여 고맙게 생각하는 사람들인지라, 니오노미야의 무심함과 가오루의 세심함을 비교해서 나무라듯이 말하는 유모도 있었다. 시녀들 중에는 보기 흉할 정도로 의복이 낡은 어린 시녀가 가끔 눈에 띄어, 작은아씨는 그것을 창피스럽게 여기고 오히려 이 저택이 고통을 주는 곳이라고 속상해하던 때가 없지 않아 있었다.

그리고 요즈음에는 세상에 소문이 자자한 화려한 육의군의 위세를 떠올리며 한층 근심이 더해져 한탄하고 있었다.

가오루는 그런 작은아씨의 마음을 헤아리고 있었다.

'평소 가깝게 지내던 사이가 아니라면 있는 물건을 잡다하게 모아 선물하는 마음이 흉물스럽게만 보이겠지만, 상대를 허투루 여기는 마음에서 그러는 것은 아니니까. 하지만 그렇다고 거창하게 마련하는 것도 오히려 사람들의 의심을 살 수 있지 않을까.'

이번에도 전처럼 시녀들을 위해 여러 의상을 만들게 하고, 작은아씨를 위해서는 소례복 옷감을 짜게 하고, 능직천까지 곁들여 선물했다. 가오루도 니오노미야 못지않게 귀하게 자라난 분이라 자존심도 세고 일반인과는 다른 귀족적인 인격을 가지고 있지만, 우지 산장을 드나들게 되면서부터는 넉넉하지 못한 집안 살림이 얼마나 쓸쓸한가를 깨닫고 동정할 줄도 알게 되었으며, 물질적으로 혜택을 받지 못하는 사람들을 널리 구제할 줄도 알게 된 것이다. 사람들은 그 안타까운 하치노미야님에게 감화를 받은 거라며 말들이 많았다.

가오루는 어떻게든 작은아씨를 위해 사악한 연심을 버리고 분별력 있는 보호자로만 머물려고 했으나, 자신의 마음이 뜻대로 되지 않아 늘 그리워하고 괴로워한 까닭에 보내는 편지는 더욱 자상해졌다. 그러면서도 한편으로는 사랑하는 마음이 조심성 없이 드러나기도 하는 사연이 가끔 전해져 작은아씨는 몹쓸 운명이 닥쳐온다고 탄식하고 있었다.

'이 얼마나 몰상식한 사람인가 전혀 모르는 사람이었다면, 내치기도 쉬울 터이나 예전부터 특별히 듬직한 사람이라 믿어왔기에 새삼스레 의절을 한다면 남의 이목만 끌게 될 것이고, 가오루의 사랑을 동정하지만 유혹에 이끌려 상대해 주고 있다고 보이는 것도 곤란한 일이다. 어찌하면 좋단 말인가.'

작은아씨는 이런저런 생각으로 괴로워했다.

시녀들도 부인의 말상대가 되는 젊은 사람들은 모두 아씨가 서울로 옮길 즈음에 온 새내기였기 때문에 그리 친분이 두텁지 못했다. 그나마 속마음을 알아주는 사람이라면 이전부터 우지에 있던 늙은 시녀들이었다. 괴로운 심정을 호소할 사람도 없어 언니를 생각하지 않는 때가 없었다.

'언니만 살아 있었다면 가오루 중납언이 나를 사랑하는 일은 물론 없었을 것이다.'

작은아씨는 더욱 언니의 죽음이 슬퍼지고 니오노미야가 두 마음을 갖게 되어 원망스러운 일이 생기는 것보다, 이 중납언의 사랑을 더욱 고통스러워했다.

가오루는 견딜 수 없는 그리움에서 여느 때처럼 조용한 저녁때에 이조원으로 작은아씨를 찾아왔다. 곧 툇마루로 방석이 나왔다.

"몸이 불편해서 말씀을 직접 듣지 못하니 너무나 죄송스럽습니다."

작은아씨가 보낸 전갈을 듣고 가오루는 원망스러운 심정에서 눈물이 흐를 것만 같았으나 남의 눈에 뜨이지 않도록 얼버무리고 말했다.

"병석에서는 생면부지의 기도승이라도 가까이 들이는 것이니, 나도 의사라 여기고 발 안으로 불러들이면 어떻습니까. 이렇게 사람을 통하여 인사를 하자니 찾아뵌 보람이 없는 듯합니다."

가오루가 어처구니없다는 듯이 말하자 전후 사정을 알고 있는 시녀들이 말했다.

"말씀하시는 바와 같이 자리가 너무 초라하옵니다."

시녀들이 안채의 발을 내리고 야간 기도 때 스님 자리로 가오루를 안내하는 것을 보고, 작은아씨는 정말로 몸이 괴롭기는 했지만 노골적으로 거절하는 것은 오히려 남의 의혹을 사게 될지도 모르니 귀찮게 생각되어 조금 앞으로 다가앉아 이야기를 나누기로 했다.

몹시 가냘픈 목소리로 어쩌다가 한 마디씩 하는 모습에서 죽은 큰아씨가 병석에 누웠을 때가 떠오르니, 좋은 징조가 아니라고 생각한 가오루는 앞이 캄캄하고 설움이 복받쳐서 금방은 말을 못 꺼내다가 주저주저하면서 이야기를 계속했다. 작은아씨가 너무 안쪽 깊숙이 앉아 있는 것을 원망하여 발 아래로 몸을 좀 내밀 듯이 여느 때처럼 익숙한 태도를 취하자, 작은아씨는 괴롭고 곤란하게 느껴져서 소장댁이라는 시녀를 불러들였다.

"가슴이 아파 견딜 수 없으니 좀 눌러줘요."

가오루는 그 말을 듣고 대답했다.

"가슴을 누르면 더욱 힘들 텐데요."

그러면서 탄식을 하고 자세를 반듯하게 고쳐서 앉았으나 속마음은 편치 않았다.

"어찌하여 그렇게 늘 몸이 불편한 것인지요? 다른 사람의 말을 듣자니 입덧할 때 속이 좋지 않다가도 곧 회복된다고 그러던데 지나치게 걱정하는 게 아닌가요?"

가오루가 이렇게 말하자 작은아씨는 부끄러워졌다.

"저는 언제부터인가 가슴이 아픕니다. 언니도 그랬고요. 명이 짧은 사람은 곧잘 이런 병을 앓는다고들 합니다."

'어느 누구도 천년만년 살 수는 없는 것이니 그런 위험이 닥쳐왔는지도 모르겠다'고 생각하자 더욱더 가슴이 미어질 듯하였다. 작은아씨가 가까이 불러 앉힌 시녀가 있는 것도 개의치 않고 들어서는 안 될 말을 삼가면서 극히 오래 전부터 매우 깊이 사모하고 있었다는 것을 작은아씨만 알아듣고 다른 사람들은 의심하지 않을 표현을 사용했다.

'정말 세상 둘도 없이 마음 씀씀이가 훌륭한 분이다.'

소장댁은 그렇게 생각하고 있었다.

가오루는 죽은 큰아씨를 끊임없이 생각하고 있었다.

"어렸을 때부터 속세는 돌아보지 않고 출가만 염두에 두고 있었습니다. 그 인연 때문일까요. 깊이 연모하였으나 큰아씨는 마음을 열어주지 않았고, 그 연심 때문에 염원하던 출가를 하지 못했지요. 큰아씨가 세상을 뜬 뒤로 아픈 마음을 달래기 위해 여러 사람과 관계를 하였고, 그런 교제를 하다보면 슬픔을 잊을 수 있지 않을까 기대하였지만 아무리 애를 써도 다른 여인에게 마음이 끌리지는 않았습니다. 그렇게 번민만 계속되고 마음이 끌리는 여성도 없었는데 공연히 호색적인 사람으로 보일까 두렵습니다. 허락되지 않는 연심이 조금이라도 있다면 놀랍고 어처구니없는 일이겠지만, 이렇게 가끔 만나 서로의 생각을 이야기하고 친근하게 지내는 것을 누가 뭐라 하겠습니까. 세상에 다른 남자들과 성품이 다른 나를 비난할 자는 없으니, 모쪼록 안심하십시오."

가오루는 울음을 섞어가면서 설득했다. 작은아씨가 말했다.

"제게 믿음이 없다면 이렇게 남의 오해를 살지도 모를 만큼 당신과 가깝게 앉아서 이야기하지는 않았을 것입니다. 오랫동안 제 아버지를 위해, 언니를 위해 호의를 베풀어 주신 일을 잘 알고 있으니까 보통으로는 설명할 수 없는 관계의 보호자로서 믿고 있으니 이렇게 의논하는 것 아니겠습니까."

"그런 일이 있었는지 어땠는지 저는 기억에 없습니다. 마치 늘 그래왔던 것처럼 말씀하시니 말입니다. 이번에 우지로 가고 싶다는 생각으로 내 존재를 겨우 인정해 준 게 아닙니까. 나를 믿기에 그런 어려운 말을 꺼냈으리라 기쁘게 생각합니다."

그러면서도 불만스러운 심정을 토로하였으나 듣고 있는 사람이 옆에 있었기 때문에 속마음을 다 털어놓을 수는 없었다.

공허한 눈빛으로 바깥을 내다보자 차츰 가을 하늘에는 어둠이 깔리고 벌레 소리만이 제 세상을 만난 듯 높아지고 정원의 동산 언저리는 벌써 어둑어둑했다. 이런 시각이 되어도 가오루는 상념에 잠긴 표정으로 기둥에 기대앉아 떠나려고 하지 않았다. 작은아씨는 마음이 더욱 초조해졌다. 가오루가 말했다.

그리움에 한도가 있어
언젠가는 사라질
이 세상이라면

상념이 끊이지 않는 가오루는 자신의 한탄을 옛 노래에 담아 조용히 읊조렸다.

"아무리 생각해도 끝이 없으니 큰일입니다. 소리 내어 울어도 울음소리가 들리지 않는다는 '소리 없는 산골'이라도 찾아가고 싶군요. 우지 산골에 굳이 절을 짓지 않더라도, 옛사람의 모습을 새긴 인형을 만들거나 그림을 그려 내세를 추모하고 싶은 생각이 듭니다."

"감사하고 감동적인 말씀이지만. 인형이라면 '죄를 씻기 위해 신사 냇물에 띄워 보내는 인형'이 연상되니 좋지 않습니다. 언니에게 죄스러운 일이기 때문입니다. 그림 역시 황금 뇌물을 주면 좋게도 나쁘게도 그리는 그런 화가가 나설까 걱정됩니다."

"그렇죠. 그 조각가나 화가라는 사람도 결코 내 마음에 드는 것을 만들거나 그려주지는 못할 겁니다. 좀 옛날이지만 그림 속에서 진정 꽃이 피었다는 전설의 화가도 있었죠. 그런 사람이 있으면 좋겠지만요."

무슨 이야기를 하든지 죽은 사람을 애석해하는 마음이 흘러넘치는 가오루는, 작은아씨가 애처롭게 여겨지기도 해서 자신에게는 번민거리로 생각되기도 했으나 조금 발 앞으로 다가앉으면서 말했다.

"인형이라고 말씀하시니 저는 문득 이런 이야기가 생각납니다."

그 모습에서 평소에 없던 친밀감이 보이자 가오루는 기뻐하였다.

"무슨 짓을 하시는 건가요?"

이렇게 말하고는 발 밑으로 작은아씨의 손을 잡았다. 작은아씨는 괴로운 심정이었으나 어떻게 해서든지 이 사람의 사랑을 단념케 하고 편안한 교제를 하고 싶은 마음에서, 시녀도 눈치채지 못하도록 애써 아무렇지도 않은 듯 말했다.

"지금까지 그런 사람이 있다는 것을 저도 모르고 있었는데요. 올 여름에 지방에서 올라와 제게 편지를 전해 왔더군요. 남처럼 대할 마음은 없었으나 처음 듣는 이야기를 경솔하게 그대로 믿고 받아들이는 건 어려운 노릇이라 생각했었죠. 그런데 그 사람이 얼마 전에 저를 만나러 왔는데 죽은 언니를 너무도 닮아 마치 언니처럼 애정을 느꼈습니다. 저를 언니의 유품으로 여긴다고 말씀하셨지만, 시녀들은 제가 오히려 언니를 닮은 데가 없다고 말합니다. 얼굴이나 모습이 어쩌면 그렇게 닮았을까요?"

가오루는 있을 수 없는 꿈 같은 이야기가 아닌가 하고 가만히 듣고만 있었다.

"그럴 만한 이유가 있어서 그대를 의지하고자 찾아온 거겠지요. 그런데 왜 이제까지 그 이야기를 들려주시지 않았습니까."

"저는 아무 것도 들은 바가 없었습니다. 그런데 아버지는 우리들이 의지할 데 없이 떠돌아다닐지도 모른다고 걱정하셨지요. 저는 홀로 남아 모든 것을 감당하고 있는데, 지금 또 예기치 못한 일이 생겨 사람들 입에 오르내리니 돌아가신 아버지께 해가 되지 않을까 그게 마음에 걸립니다."

가오루는 작은아씨의 말을 듣고 돌아가신 하치노미야님이 정을 주었던 사람이 몰래 낳은 딸이 아닐까 짐작이 들었다. 큰아씨와 꼭 닮았다는 말에 귀가 솔깃했다.

"이렇게 말이 나온 김에 좀더 자세히 들려주십시오."

더 듣고 싶은 듯 가오루가 청했으나 이를 수치스럽게 여긴 작은아씨는 더는 자세한 이야기는 하지 않았다.

"그 사람을 찾아가고 싶다면 사는 곳은 알려드릴 수 있습니다만 저도 자세히는 모릅니다. 더 이야기 들으시면 실망하실 수도 있습니다."

"죽은 큰아씨의 혼을 찾아가는 일이라면 바다 끝까지 가겠으나 그 사람에게 마음을 둘 것까지는 없겠지요. 그러나 큰아씨의 인형을 만들겠다는 발원까지 했을 지경이니 인형 대신 그 사람을 산사 본존에 소중히 모시고 싶은 심정입니다. 좀더 확실한 이야기를 차근차근 들려주십시오."

가오루는 그 사람에 대해 별안간 관심을 가지고 작은아씨를 조르는 것이었다.

"그렇지만 아버지께서 자식이라고 인정하신 사람도 아닌데 이런 말씀을 드린다는 것은 경솔한 일입니다만, 기적의 조각까지 찾아내려 하는 당신이 너무나도 가상하여 이렇게 말을 하게 되었습니다."

작은아씨는 다시 말을 이었다.

"오랫동안 먼 시골에서 자라났기 때문에 그 사람의 어머니가 불쌍하게 여겨억지로 서울로 데리고 왔다 합니다. 연줄을 통해 제게 그 소식이 들어왔는데, 무어라 답변도 하지 못하던 중에 그 어머니가 딸을 데리고 왔지요. 얼핏 보았을 뿐이지만 생각보다 용모도 괜찮았습니다. 어머니는 딸의 거취를 걱정하여속을 끓이는 듯한데 그대가 본존처럼 소중히 여겨주신다면 더없이 고마운 일일 겁니다. 허나 그리 대우하는 게 현명한 일인지는 모르겠습니다."

작은아씨의 설명을 들은 가오루는 그 속셈을 짐작하며 원망스러워했다.

'내 마음이 성가시니 이런 일을 빌미로 나를 구슬려 마음을 돌려놓으려는 거야.'

하지만 그 사람에게 마음이 끌리는 것은 어쩔 수 없었다. 작은아씨가 가오루의 연심은 있을 수 없다고 여기면서도 노골적으로 모독하지 않는 것은 작은아씨가 자신의 진심을 알기 때문이라고 생각하였다. 가오루가 흥분하여 이야기를 이어 가는 동안 밤이 깊었다. 작은아씨는 시녀들이 어떻게 생각할까 두려운 마음에, 상대가 방심한 틈을 타서 재빠르게 안으로 들어가 버렸다. 마땅하다고 생각은 하면서도 가오루는 원통하고 분한 기분을 가라앉히지 못해 눈물까지 흐르니 더욱 부끄러워 복잡한 심정으로 고민하였다. 감정이 시키는 대로 난폭한 행위를 한다면 연인을 위해서나 자신을 위해서도 좋지 않은 일이라억지로 참으며 평소보다 더욱 깊이 탄식하면서 물러나왔다.

'이렇게 작은아씨만을 생각하며 괴로워하고 있는데 앞으로 어떻게 하면 좋을까? 어떻게 하면 세상의 비난을 받지 않고 사랑을 이룰 수 있을까?'

사랑에 빠진 경험이 없는 탓인지 가오루는 자신을 위해서나 작은아씨를 위해서나 도저히 평온할 수 없을 것같이 안타까워하면서 그 밤을 지새웠다.

'닮았다는 그 사람을 무슨 수로 확신한단 말인가? 그 정도 신분이라면 말을

건네기는 어렵지 않겠지만, 만일 내가 바라는 대로의 사람이 아니라면 실망만 커질 것이니…….'

가오루는 처음 이야기를 들을 때에는 잠시 흥분을 느꼈지만 냉정하게 생각해 보니 그다지 마음이 내키지도 않았다.

우지 산장을 오래도록 가보지 못하니 그리운 사람과 더욱 멀어지는 듯해 가오루는 9월 20일이 지나 산장을 찾았다. 주인 없는 집에는 강바람이 더욱 세차게 밀려들고 요란스러운 물소리만 들려올 뿐 사람 그림자는 눈에 띄지 않고 을씨년스럽기만 했다. 저택을 보니 더 침울하고 마음이 어두워지면서 슬픔만 밀려왔다. 여승이 된 변댁을 불러내니 푸른빛이 도는 먹색 휘장을 밀어내고 장지문을 열고 나왔다.

"황송한 일이나 나이 먹고 볼품없는 옷차림이라 모습을 보이기가 두렵습니다."

변댁은 직접 얼굴을 내놓지 않았다.

"얼마나 외롭고 쓸쓸하게 지낼까 생각하니, 당신만이 내 슬픔을 말해 주는 유일한 상대라 생각이 되어 이렇게 몸소 찾아왔습니다. 덧없이 세월만 자꾸 흘러가는군요."

가오루가 눈물을 글썽거리며 말하자 변댁도 그만 울음을 터뜨렸다.

"돌아가신 큰아씨가 자신을 위하기보다는 동생 때문에 깊은 시름에 잠기던 때가 이런 가을날이었습니다. 언제나 외로운 처지이긴 합니다만 특히 가을바람이 애통하게만 느껴집니다. 지금 큰아씨가 염려했던 일이 도읍에서 일어나고 있다는 소문이 들려 슬프기만 합니다."

"무슨 일이 있어도 살아만 있다면 모든 일이 잘 풀릴 수도 있을 텐데, 큰아씨가 니오노미야의 일을 걱정하고 한탄하는 마음을 풀지 못하고 세상을 뜬 뒤로는, 모든 게 제 잘못인 듯하여 슬픔을 가눌 길이 없습니다. 그러나 작은아씨는 그리 염려할 만한 상태는 아닙니다. 그런 일은 흔히 있으니까요. 다만 연기가 되어 사라진 큰아씨를 도저히 단념할 수가 없군요. 운명이란 누구도 피할 수 없는 것이나, 사별의 아픔만은 몇 번을 겪는다 해도 소용이 없지요."

이렇게 말하면서 가오루도 울었다.

가오루는 아사리 스님을 불러 죽은 큰아씨 1주기 법회에 공양할 불경 책과 불상에 대해 의논했다.

"가끔 이곳을 찾을 때마다 고인의 죽음을 슬퍼할 뿐 영혼의 위로가 되지도 못하는 무익한 탄식만 하지 않기 위해, 이 안채를 허물고 산사 한쪽에 불당을 짓고자 합니다. 이왕이면 빠를수록 좋겠습니다."

가오루는 불당을 몇 동 짓고 복도나 승방을 어떻게 낸다는 것 등을 도면에 그리며 설명하였다.

"참으로 기특한 생각입니다."

아사리는 가오루의 공덕에 대하여 찬양했다.

"옛날 하치노미야님께서 유서 있는 거처로 지으신 산장을 허물어뜨린다면 분별 없는 처사 같습니다만, 하치노미야님이 살아계실 때의 뜻 역시 공덕을 쌓기 위해 절로 만들려 하지 않으셨을까 싶습니다. 뒤에 남은 아씨들을 염려하여 그렇게 하지 못하셨던 것이겠죠. 지금은 니오노미야의 부인이 된 작은아씨 소유이니, 니오노미야의 소유라고도 할 수 있습니다. 그러니 제 뜻만 가지고 이곳을 절로 만들 수는 없겠죠. 강과 가까워 사람들 눈도 많으니 역시 산장을 철거하여 다른 곳으로 옮겨 짓는 것이 어떨까 싶습니다."

아사리가 말을 받았다.

"하나부터 열까지 기특하고 숭고한 마음입니다. 옛날 가장 사랑하는 아들을 잃고서 그 유골을 오래도록 주머니에 넣어 목에 걸고 있던 사람이, 부처님 뜻을 좇아 그 주머니를 버리고 불도가 되었다 합니다. 이 산장을 볼 때마다 마음이 슬퍼진다는 것은 역시 바람직하지 못한 일입니다. 불당을 새로 짓는다는 것은 많은 사람을 새로운 길로 인도하는 방법이기도 하고 영혼을 위로하는 길이기도 합니다. 바로 공사에 들어가도록 하지요. 길한 날을 택해 경험 많은 건축가를 두서너 명 보내 주신다면, 세세한 점은 또 불가의 형식이 있으니까 거기에 따라 짓도록 하겠습니다."

아사리는 이렇게 말하고 승낙을 했다. 가오루가 여러 가지를 지시하고는 장원 마름꾼들을 불러 불당을 짓는 데 대해 모든 것을 아사리의 명령대로 움직이라고 타이르는 동안, 짧은 가을 해는 이미 저물어 그날 밤은 산장에서 머물기로 했다.

이 산장을 보는 것도 이제 마지막이구나 싶어 가오루는 이 방 저 방을 둘러보았다. 불상 등도 모두 절로 옮겨 버렸기 때문에, 변 여승이 공양을 하는 데 필요한 몇 가지 불당기구만이 남아 있는 것을 보고, 이런 곳에서 그녀는 어떤 심정으로 하루하루를 살아 왔을까 하고는 불쌍하게 여겼다.

"사정이 있어 산장을 다시 짓기로 하였습니다. 완성될 때까지는 건너편 집에서 거처하십시오. 이조원 작은아씨에게 보낼 물건은 장원 마름꾼을 불러서 부탁하십시오."

이렇게 가오루는 세밀한 주의까지 일러주었다. 다른 때라면 이런 늙은이에게는 관심도 없었겠지만, 깊은 동정을 느낀 가오루는 밤에도 변 여승 가까이 자리를 펴게 하고 옛이야기를 나누었다. 그녀도 듣는 사람이 없어 안심하고 가오루의 생부인 고인이 된 가시와기 권대납언에 대한 이야기도 자세히 들려주었다.

"임종이 다가올 무렵, 갓 태어난 그대의 모습을 한 번이라도 보고 싶어하셨습니다. 세월이 흘러 뜻하지 않게 이 늙은이가 그대를 뵙게 되었으니, 가시와기님이 살아 계실 때 극진하게 시중을 들었던 공덕이 이제야 나타나는 것인가 싶어 기쁘기도 하고 슬프기도 합니다.

이렇게 한심하리만치 오래 산 탓에 많은 일을 보고 겪어왔지만, 사무치도록 깨달은 것은 부끄럽고 한심한 일들뿐입니다. 작은아씨도 가끔은 서울로 올라와 모습을 보이라고, 소식조차 주지 않고 틀어박혀 있는 것은 나를 다 잊어버린 것이냐고 하시지만, 불길하기 짝이 없는 출가한 몸으로 아미타불 말고는 누구를 만나고 싶겠습니까."

변 여승은 큰아씨에 대한 이야기도 많이 했다. 생전의 모습을 떠올리며 이럴 때는 어떠하였고 꽃이나 단풍을 보고서 어떤 노래를 흥얼거렸다는 등 그때 분위기를 살려 떨리는 목소리로 말했다.

'그러고 보니 말수가 적었지만 우아하고 운치 있는 인품이었다.'

가오루는 큰아씨에 대한 이야기를 한층 더 반가운 마음으로 들었다.

'작은아씨는 현대적이고 화려한데 마음을 놓을 수 없는 상대에게는 냉정한 태도로 대하시지, 나를 상냥하고 애정이 있는 듯 대해주시면서도 이대로 깨끗한 관계를 유지하고 싶어하는구나.'

가오루는 말이 나온 김에 하치노미야님의 피붙이라는 사람에 대해 물어보았다. 변 여승이 말했다.

"그분이 서울에 갔다니 저는 모르는 일입니다. 저는 남에게서 듣고 알 뿐입니다. 하치노미야님께서 아직 이 산장으로 오시기 전입니다. 부인께서 돌아가신 지 얼마 안 되어 중장댁이란 분이 있었답니다. 성품도 아주 착한 분이였기에 하치노미야님께서는 그 사람을 은밀히 애인으로 정하고 계셨다는군요. 그런데 그 사람이 딸을 낳자, 자신의 아이일지도 모른다는 근심에 그 뒤로는 태도가 싹 바뀌어 절대로 가까이하지 않으셨답니다. 그 일이 동기가 되어 풋사랑에 아주 진저리를 내셨답니다. 그래서 중이나 다를 바 없는 생활을 하다가 더 이상 머물러 있기가 곤란해지자 그만 집을 떠나셨지요. 그 뒤 중장댁은 육오국 태수의 마나님이 되었는데, 얼마 뒤 도읍으로 올라왔을 때 따님이 잘 자라고 있다는 것을 넌지시 알려 왔답니다. 하치노미야님께서 이런 소식을 전해 올 필요는 없다고 딱 잘라 말씀하시자 중장댁은 고이 키운 보람도 없다며 탄식을 했다고 하더군요. 그러다가 남편이 상륙태수가 되어 임지로 갔다는데, 그 뒤로는 통 소식이 없었으나 지난봄에 중장댁이 작은아씨를 방문했다는 소문은 얼결에 들었습니다. 그 아씨는 나이가 아마 스무 살쯤 되었을 겁니다. 아주 아름답게 성장하여 사랑스럽다고, 한때는 편지를 보내오기도 했지요."

모든 것을 들은 가오루는 '그렇다면 진실이구나. 그 사람을 한 번 보았으면' 하는 생각이 들었다.

"죽은 큰아씨를 조금이라도 닮은 사람이 있다면 먼 곳이라도 찾아가고 싶은 것이 나의 심정이오. 그러니 하치노미야님께서는 자기 자식이라 인정하지 않으셨다 하더라도 혈육임에는 틀림없을 것이니, 혹 편지가 오거든 내가 그리 말하였다고 전해 주십시오."

이렇게 가오루는 부탁했다.

"그 어머니는 돌아가신 하치노미야님 부인의 조카딸이 되는 분입니다. 저하고도 혈연관계가 있습니다만, 예전에는 서로 멀리 떨어져 있었기 때문에 자주 만나지는 못했습니다. 요전에 작은아씨 시녀 대보가 편지를 보내왔는데, 그분이 어떻게든 하치노미야님 산소에라도 가 뵙고 싶다고 하니 그렇게 알고 있으라 하였는데, 아직 아무런 소식도 없습니다. 앞으로 무슨 연락이 있으면 가오루님께 전해 드리겠습니다."

날이 밝았다. 가오루는 도읍으로 돌아가려고 어젯밤 늦게 도읍에서 보내온 비단과 솜을 아사리에게 보내주었다. 변여승에게도 선물을 했다. 절의 하급 승려들에게도 옷감을 준비해서 골고루 나누어 주었다. 외로운 생활이지만, 이렇게 가오루 중납언이 언제나 보조해 주기 때문에 변 여승은 자기 신분보다 깔끔하고 아담한 삶을 꾸리며 근행에 임하고 있었다.

거세게 불어대는 찬바람에 가지의 잎이 남김 없이 뚝뚝 떨어져 쌓이고, 단풍잎이 밟히지도 않은 채 소복하게 쌓인 뜰을 바라보니 차마 발걸음이 옮겨지지 않았다. 아담한 상록수를 휘감고 있는 담쟁이덩굴의 단풍진 잎만이 아직 발그레한 빛을 간직하고 있다. 가오루는 담쟁이덩굴을 조금 꺾어 작은아씨에게 보낼 선물로 간직했다.

그 옛날 이곳에 묵은
추억이 없었더라면
깊은 산 넝쿨 아래서 잠드는
나그네의 하룻밤이
얼마나 쓸쓸하였을 것인지

이렇게 혼자 중얼거리자 변 여승이 화답했다.

썩어 문드러진 나무처럼
볼품없는 이 늙은이의
외로운 누옥에 묵은
그 추억을 지금도 잊지 않으시니
슬프기만 합니다.

한없이 고풍스러운 노래이나, 어딘가 모르게 옛날을 떠올리게 하는 풍정이 묻어나니, 조금은 마음의 위로가 되었다.

가오루가 이조원으로 담쟁이덩굴 단풍잎을 보냈을 때는 마침 니오노미야가 와 있을 때였다.

"삼조궁에서 보내셨습니다."

시녀가 별생각 없이 가져온 것을, 부인은 여느 때처럼 곤란한 내용이 적혀 있는 편지가 곁들여지지 않았나 하고 걱정했으나 감출 수도 없는 일이었다.

"덩굴 잎이 곱게 물들었군."

니오노미야는 이렇게 의미심장한 말을 하고 편지를 받아보았다.

'요즈음은 어떻게 지내십니까? 우지 산장에 다녀왔습니다. 산봉우리에 깊은 안개가 끼어 수심이 걷히지 않았습니다. 그 얘기는 만나 뵙고 여쭙기로 하지요. 산장 안채를 불당으로 개축하는 일은 아사리에게 일러놓고 왔습니다. 허락을 받고 이전 공사에 착수하려 합니다. 변 여승 앞으로 가부를 알려 주십시오.'

니오노미야는 편지를 훑어보더니 말했다.

"내가 여기 있는 줄 알고 있었던 게로군. 별 내용이 없는 걸 보니."

그런 생각이 조금은 있었을지도 모른다. 부인은 용건만 간단히 적혀 있는 것에 안도했지만, 니오노미야가 의심하듯 꼬투리를 잡으려 하자 이에 원망스러운 표정을 짓고 있으니 그 모습이 몹시도 아름다워, 이 사람이 저지른 과오라면 용서해 주고 싶은 마음이 들었다.

"답장을 쓰시오. 나는 보지 않을 테니."

니오노미야는 일부러 바깥을 내다보았다. 그렇게 말했다 해서 쓰지 않는다면 오히려 이상하게 생각할 것 같아 부인은 답장을 썼다.

'산장에 다녀오셨다니 부럽기만 합니다. 안채는 말씀하신 대로 다시 짓는 것이 좋지 않을까 생각했습니다. 앞으로 출가에 앞서 산 속 바위틈을 찾는 것보다는, 산장을 방치하지 않고 불당으로 개축하는 게 나을 것 같습니다. 적당히 처리해 주신다면 더없이 감사하겠습니다.'

니오노미야는 이렇게 아무 일 없는 평범한 사이일 것이라 생각하면서도 자신의 바람기 많은 성품에 비추어 보면, 역시 보통 사이가 아닌 듯해 불안하고 애가 탔다.

시들고 마른 뜰의 풀 사이에서는 억새가 이삭을 달고 높이 손을 들고 부르듯 하는 모양이 아름다웠으며, 또 이삭을 갖지 않은 것들이 구슬을 걸친 듯 조롱조롱 이슬을 달고 하늘거리는 모습도 평범하지만, 저녁 바람이 불면서 더욱 쓸쓸하기 그지없었다.

얼굴에는 나타나지 않으나
참억새의 가슴에 품은 연심
사뭇 애틋하게 이슬에 젖은
옷자락으로 손짓하는 억새처럼

유혹하는 편지 부지런하니

　니오노미야는 부드럽게 몸에 감기는 익숙한 옷에 평복만을 걸치고 비파를
타고 있었다. 아악의 황종조(黃鐘調) 가락을 연주하며 아름다운 소리를 내자,
음악을 좋아하는 작은아씨는 원망스러운 태도만 고집할 수 없어서 조그마한
휘장 옆에서 사방침에 기대어 조금쯤 일어나 앉았는데 그 모습은 아무리 보아
도 몹시 가련해 보였다.

　가을도 지난 들판 모습은
　희미한 바람에 흔들리는
　억새 움직임으로 알 수 있듯이
　내가 싫증난 당신 마음
　몸짓으로 알 수 있지요

　"내 몸이 괴로우면 세상을 원망한다는 말이 있지요."
　작은아씨는 그만 눈물이 그렁그렁해지는 자신이 부끄러워서 부채로 얼굴을
가렸다. 니오노미야는 그 마음을 사랑스럽다고 여기면서도 한편으로는 의심하
고 원망스러운 심정이었다.
　'이런 매력 때문에 저 사람도 이분을 단념하지 못하는 것이려니.'
　흰 국화가 아직도 보랏빛으로 변하지 않고 늦도록 피어 있는데, 웬일인지
그 중 한 송이만은 예쁘게 보라색을 지니고 있어 니오노미야는 그것을 꺾어오
라 하고 한시를 읊었다.

　꽃 가운데 오로지 국화만 사랑하는 것은 아니니

　"옛날 어느 황자가 이 국화의 아름다움을 찬미하던 저녁때였지. 하늘에서
날개를 펄럭이며 천인이 내려와 비파를 가르쳤다고 합니다. 모든 것이 천박해
진 지금 음악의 그윽함마저 사라진 것은 참 안타까운 일이요."
　친왕이 이렇게 말하고 비파를 내려놓자 작은아씨는 아쉽게 생각하며 말
했다.

"인간의 마음이 천박해지기는 했겠지만 예부터 내려오는 기량까지 녹슬었을 리가 있나요."

작은아씨는 니오노미야의 서툰 곡을 듣고 싶어하는 눈치였다.

"혼자 연주하는 것은 쓸쓸한 일이니 합주를 하는 게 어떻습니까."

친왕은 시녀에게 쟁을 내오게 하여 작은아씨에게 뜯게 하였다.

"옛날에 아버지의 가르침을 받았습니다만 합주를 할 만큼 제대로 배우지는 못했습니다."

작은아씨는 부끄러운 듯이 이렇게 말하고 악기에 손도 대려 하지 않는다.

"이런 일에까지도 아직 당신은 남 대하듯 하니 참 한심하군요. 요즘 내가 만나고 있는 육의군은 아직 마음을 터놓은 사이가 아닌데도 미숙한 솜씨도 사양 않고 들려줍니다. 여자는 모름지기 부드럽고 솔직한 것이 좋다고 가오루 중납언도 말했습니다. 그 사람에게는 이렇게 사양만 하지는 않겠죠. 둘은 매우 친한 사이니까."

니오노미야가 이렇게 가오루까지 끄집어내면서 원망하기 때문에, 작은아씨는 탄식을 하면서 잠시 현을 퉁겨 보았다. 요즘 쓰지 않아 줄이 헐거워져서 반섭조(盤涉調)로 조율하였다. 가락을 맞추는 솜씨가 아름다웠다. 사이바라(催馬樂)의 '이세(伊勢) 바다'를 노래하는 니오노미야의 맑고 깨끗한 목소리를 들으려고, 가만히 발 뒤로 몰려와서 잠자코 듣고 있던 시녀들은 만족스러운 웃음을 짓고 있었다.

"두 아씨를 거느리는 일은 원망스럽지만 신분을 보아 당연하지요. 역시 우리 아씨는 행복한 분이라고 할 수밖에 없지 않겠어요. 이렇게 훌륭한 분의 부인으로 살리라고는 생각지도 못했던 그 산골 생활로 다시 돌아가고 싶다 하시니 정말 안타까운 일입니다."

군소리를 늘어놓는 늙은 시녀는 오히려 젊은 시녀들로부터 핀잔을 받았다.

"좀 조용히 하세요."

니오노미야는 근신하는 날이라는 구실로 이조원에 사나흘을 머물면서 작은아씨에게 쟁을 가르치고 있었다. 육조원 우대신은 이를 원망스럽게 생각하며 퇴궁하는 길에 이조원에 들렀다.

"저렇게 근엄한 차림새로 뭣 하러 나타나셨느냐고 묻고 싶군."

니오노미야는 불쾌한 기색을 하면서도 객실 쪽으로 가서 대면했다.

"이쪽으로 올 일이 없어 발길이 뜸하였는데 오랜만에 와보니 감개무량하군."

육조원 얘기를 잠시 하고 난 뒤에 우대신은 니오노미야를 이끌고 함께 돌아갔다. 아들들을 비롯해서 여러 고급 관원들, 궁중 관속들도 많이 인솔하고 온 유기리 우대신의 세력을 보고 작은아씨는 비관했다.

"정말 훌륭하신 대신이셔. 그렇게 한창 아름답고 젊은 아드님들 가운데에서도 비할 자가 없네요. 정말 뛰어난 분이세요."

시녀들은 이렇게 말하는 사람도 있다. 또 이렇게 탄식하는 사람도 있었다.

"저렇게까지 야단스럽게 일부러 데리러 오시다니 참 얄미운 일 아닌가요? 두 분 사이를 안심할 수 없겠어요."

작은아씨도 지금까지 일을 생각하면 저토록 화려한 사람들 세계에서 자신이 한구석을 차지한다는 것이 점점 처량하게만 느껴져, 역시 자기는 우지 산장에 가서 사는 게 무난하다 싶었다. 세월은 빨라 그래도 금세 저물었다.

정월 말 작은아씨는 출산을 앞두고 예사롭지 않은 고통을 느끼기 시작했다. 니오노미야도 아직 해산하는 여자의 괴로움을 본 경험이 없어 어떻게 되는 것인가 하고 근심하여, 지금까지 불전 기도를 여러 군데서 드리도록 시킨데다가 또 다른 데서도 기도드리도록 분부했다.

몹시 용태가 위험해 보였기 때문에 아카시 중궁도 위문 사절을 보내왔다. 이조원으로 온 지 햇수로 3년이 되지만, 남편인 니오노미야의 애정이 소홀하지 않았던 터라 아직 니오노미야의 부인으로서 마땅히 받을 수 있는 존경은 없었으나 이때만은 모두 깜짝 놀라 문병하는 사자를 보내기도 하고, 또 자신이 이조원으로 찾아들기도 했다.

가오루 중납언은 니오노미야 못지않게 불안하고 걱정되었지만, 형식적으로 위문을 가는 것 말고는 자주 드나들 수도 없어 남몰래 기도를 올리게 했다.

이때 가오루의 약혼자인 둘째 황녀 온나니노미야의 성인식이 눈앞에 다가와 사람들은 그 준비로 떠들썩했다. 모든 것을 아버지 천황께서 도맡고 계시니 어설픈 후견인이 없어 오히려 다행이었다.

돌아가신 어머니 후지쓰보 여어가 살아계셨을 때, 딸을 위해 준비했던 여러 세간과 의복, 대궐 목공소라든가 지방장관에게 명령을 내려 만들게 한 물품들이 수없이 많았다.

성인식이 끝난 뒤, 가오루를 사위로 맞는 혼례식이 있을 예정이었기에 가오

루도 여러 준비로 긴장할 때인데도, 혼례에는 관심을 보이지 않고 작은아씨만을 생각하며 안절부절 못하고 있었다.

2월 초하루 임시 인사회를 통해 가오루는 중납언에서 권대납언으로 승진하여 우대장을 겸하게 되었다. 지금까지 좌대장을 겸하고 있던 유기리 우대신이 사임하여 우가 좌로 옮겨졌으며 우대장이 새로 임명된 셈이다. 가오루는 여기저기 돌아다니며 인사를 한 뒤, 이조원으로 갔다. 부인이 고통스러워해 니오노미야가 이곳에 있어서 가오루가 이쪽으로 온 것이다.

"스님들이 기도드리고 있어 어수선하니."

니오노미야는 깜짝 놀라 새로 지은 평상복에 속겹옷을 받쳐 입고 위엄을 갖춘 뒤에 남쪽 계단으로 내려가 앞 정원에서 가오루의 배례를 받고 답배의 춤을 추었다. 두 분의 모습은 더할 나위 없이 훌륭하였다.

"오늘 저녁 취임인사차 우근위부 사람들에게 피로연을 베풀 것이니 아무쪼록 참석해 주시오."

그러나 니오노미야는 작은아씨의 몸이 걱정되어 참석을 주저하였다.

연회는 유기리 우대신이 자신의 저택에서 열기를 주장해 육조원에서 하게 되었다. 친왕들도 손님으로 연회에 참석하였고, 초청에 응한 상달부들도 많이 와 있어 신임 대신의 대연회 못지않은 성황을 이루어 좀 지나칠 정도로 소란을 떨었다.

니오노미야도 일단 참석은 했지만 연회가 끝나기 전에 부인이 걱정되어 육의군에게도 들르지 않고 급히 이조원으로 돌아갔다. 우대신은 이렇게 투덜거렸다.

"너무 심한 태도 아닌가. 정말 탐탁지 않구나."

작은아씨도 친왕의 딸이니 이 댁의 여섯째 딸에게 못 미치는 신분은 아니지만, 지금 권력을 잡고 있는 우대신 집안의 힘을 내세워 일부러 거들먹거리는 것이었다.

이조원 작은아씨는 드디어 새벽에 아들을 낳았다. 니오노미야도 무척 기뻐했다. 가오루도 승진의 기쁨과 함께 이 소식을 듣고 반가워했다. 어제 저녁 연회에 참석해 준 답례도 하고 출산 축하도 할 겸 집으로 돌아갔던 가오루는 곧 이조원을 찾았다. 출산 뒤의 부정을 피하기 위해 정원에 선 채 형식적인 인사를 나누었다.

니오노미야가 줄곧 이조원에 있었기에 축하차 찾아오지 않은 사람이 없었다.

산후 3일째 축하는 황가 사람들끼리 치르고 5일째에는 가오루 대장으로부터 축하품이 전달되었다. 관례에 따라 주먹밥 50개, 바둑과 쌍륙의 판돈, 공기에 담은 밥 등을 준비하고 산모에게는 찬합 30개, 갓난아기에게 입힐 오겹옷, 배내옷, 기저귀 등을 남모르게 신경을 써서 준비해 주었다.

니오노미야 앞에는 향나무로 만든 쟁반과 굽 높은 그릇에 과자를 담아 선물하였다. 시녀들에게도 소반은 물론 노송나무 상자 30개에 갖가지 요리를 담아 보냈지만 거창하게 눈에 띄는 것은 보내지 않았다.

7일째 밤에는 축하에 참석하는 사람들이 많았다. 중궁대부를 비롯해서 대궐의 관속이며 고급관리들이 헤아릴 수 없을 만큼 많이 왔다.

천황도 이 소식을 듣고 호신용 칼을 하사하였다.

"니오노미야가 처음 아비가 되었는데 어찌 축하하지 않을 수 있으랴."

9일째에는 유기리 우대신이 축하하였다. 사랑하는 딸 육의군의 경쟁자인 부인이 못마땅했으나, 니오노미야의 기분을 상하게 할 수는 없기에 그날 밤은 아들을 몇씩 보내어 손님 접대를 거들게 했다.

작은아씨도 지난 몇 달 동안 침울한 기분만이 계속되는 등 몸도 괴로워서 외롭고 쓸쓸하게만 생각하고 있었으나, 이같이 경사스럽고 기쁜 일이 이어지니 조금은 마음의 위로가 되었을지 모른다.

우대장 가오루는 작은아씨가 아이까지 낳았으니 이전보다 더욱 냉담해질 것이고, 니오노미야에 대한 사랑이 더욱 깊어지리라 생각하자 안타까운 마음을 금할 수 없었다. 그러나 처음부터 원하고 있던 작은아씨의 행복이 이것으로 확실해졌다는 의미에서는 참 잘된 일이라 생각하였다.

그 달 20일이 지나 천황과 후지쓰보 여어 사이에서 난 둘째 황녀의 성인식이 있었다. 다음날 저녁에는 가오루 우대장이 사위 신분으로 댁을 찾아갔다. 의식은 눈에 띄지 않게 은밀히 치러졌다.

"평판이 자자하도록 소중하게 자라 아씨이거늘 고작 신하를 남편으로 맞다니 황녀님이 가엾습니다."

"천황이 허락했다 하더라도 혼사를 서두르실 것은 없지 않은가."

이렇게 비난 비슷한 말을 여쭙는 자도 있었으나 생각하는 즉시 실행에 옮기

는 천황의 성미인지라, 과거에도 전례가 없을 만큼의 부마로서 가오루를 우대할 생각인 것 같았다. 부마가 된 사람은 옛날에나 지금에나 많이 있었겠지만 재위에 머무르면서 보통 평민처럼 부마를 고르는 데 열중한 일은 아직 없었을 것이다. 유기리 우대신도 부인에게 옛날이야기를 하는데, 부인은 정말 그랬나 싶어 주눅이 들어 제대로 대답조차 하지 못했다.

"폐하의 신임이 정말 두텁군요. 가오루는 정말 운이 좋은 사람입니다. 빛나는 님이라 불렸던 돌아가신 아버님조차 주작 선황의 만년, 이제 막 출가를 하려던 때에 가오루의 어머니를 얻었습니다. 내 경우엔 더 심했죠. 아무도 허락하지 않는 그대를 주워온 것이나 다름없으니."

3일째 되던 밤 의식은 대장경을 비롯해서 둘째 황녀인 온나니노미야 후견인으로 천황이 정해 놓은 분들과, 황녀를 모시는 관원들에게 분부를 내려 가오루 우대장의 호위군사들과 수행원, 차부들에게까지 선물을 나눠 주었다. 모두 신하의 혼례에 준하는 것이었다. 그 후로부터 가오루는 미행으로 은근히 온나니노미야에게 드나들게 되었다. 마음속은 옛날에 인연을 가진 큰아씨 생각만이 간절해서, 낮에는 종일 침울한 기분으로 삼조궁에서 날을 보내고 밤이 되면 마음에 내키지 않는 온나니노미야를 방문한다는 것도, 그런 습관을 들이지 않았던 사람이라 귀찮고 괴롭게만 여겨졌기에, 가오루는 자기 처소로 황녀를 맞아들이기로 했다. 이 말을 듣고 모후 온나산노미야는 기뻐하면서, 자신이 거처로 쓰고 있는 침전을 모두 신부에게 물려주겠다고 말했다. 그러나 가오루는 그건 너무 황송한 일이라고 자신의 염송당 중간에 복도를 만들게 했다.

서쪽 방으로 황녀를 맞이하려는 것이었다. 동쪽 건물도 화재가 난 뒤 다시 재건돼 더욱 설비를 아름답게 했다. 가오루가 그런 준비를 하고 있다는 소문이 천황의 귀에 들어가자, 아직 혼례를 치른 지 며칠 되지도 않았는데 너무 이르지 않은가 하고 불안해하였다. 천황도 자식 사랑하는 마음은 마찬가지다.

천황이 온나산노미야에게 보내는 칙사의 편지에도 다만 둘째 황녀에 대한 얘기만이 씌어 있었다.

돌아가신 주작원 상황이 출가하면서 온나산노미야의 앞날을 특별히 염려하셨기에 출가한 뒤로도 이품 내친왕의 대우는 변경시키지 않았으며, 그 여승이 원하는 일이면 무엇이든지 들어주는 호의를 천황도 베풀고 있었던 것이다. 이렇게 최고의 신분을 가진 시어머니로서, 모후로서, 귀중한 취급을 받는 명예도 왜 그런지 가오루는 별로 기쁘지 않은 듯, 침울한 표정으로 우지의 개축 공사만을 서둘렀다.

니오노미야는 도련님의 50일째 되는 날을 세고 있다가 그날 쓰일 떡 준비를 열심히 하고, 축의에 쓰일 대광주리며 노송바구니도 손수 점검했다. 침목·자단·은·황금 등을 다루는 데 뛰어난 장인들을 불러 광주리를 만들게 하니 모두가 남에게 뒤처질세라 제작에 전력을 기울였다.

가오루는 또 니오노미야가 없는 틈을 타서 이조원 부인을 방문했다. 작은아씨는 어딘지 의젓하고 고귀한 기품이 더해진 것같이 느껴졌다.

작은아씨는 이제는 가오루도 결혼한 것이니 자신에 대한 골치 아픈 연심은 없어졌겠지 하고 안심하고 편하게 대하였다. 그런데 가오루는 여느 때처럼 쓸쓸한 표정을 짓고 눈물마저 글썽거리며 말하는 것이었다.

"마음에도 없는 결혼을 한 고통이란, 견딜 수 없는 것임을 알았습니다. 전보다 더 살기가 싫어졌습니다."

그렇게 신부인 황녀에 대해 동정심 없는 소리만 늘어놓으면서 작은아씨에게 하소연했다.

"무슨 말씀을 그리하십니까. 남이 들을까 두렵습니다. 하지만 이리 부족함 없는 결혼을 하시고도 언니를 잊지 못하시다니. 정말 애정이 깊으신 분이군요."

작은아씨는 이 사람의 순수한 마음을 기쁘게 생각하면서도 '언니가 살아 있었더라면' 하는 마음에 아쉬워했다.

'그렇다 해도 결국 지금 나와 마찬가지로 자매가 서로 부러워하는 일 없이 자신의 불운을 한탄했을 뿐이겠지. 사람대접도 받지 못하는 영락한 처지로는 남과 같은 행복을 꿈꿀 수는 없을 테니.'

결코 가오루의 품에 안기려 하지 않았던 큰아씨의 굳은 결심이야말로 신중하고 사려 깊은 태도였다고 진심으로 생각했다.

작은아씨는 아기를 꼭 보게 해달라는 가오루의 말을 듣고 난처해져 어쩔 줄 몰랐다.

'이제 이 사람을 너무 남처럼 대해서는 안 되겠다. 이분의 마음은 받아들일 수 없으니 원망한다 해도 별수 없으나 다른 일로 이 사람의 감정을 해쳐서는 안 되겠다.'

작은아씨 자신은 아무런 대답도 하지 않고 유모에게 아기를 발 밖으로 내밀게 하여 보여 주도록 했다.

아름다운 두 분 사이에 태어난 아들이니 귀엽지 않을 리 없다. 놀랄 만큼 살결이 희고 아름다웠으며, 큰 소리로 웃는 아기를 보고 가오루가 이 아기가 내 아이라면 하고 부러워하는 것은 이 사람의 심정도 인간생활과 떨어질 수 없게 된 까닭일까.

'덧없이 죽은 연인이 자기 아내가 되어서 이런 아기를 남겨 주었더라면.' 이렇게만 생각하고 얼마 전 화려하게 맞아들인 둘째 황녀에게서 빨리 아이가 태어났으면 좋겠다는 생각은 하지 못하니, 가오루의 마음은 너무도 어처구니가 없었다. 이처럼 가오루가 다시 되살아날 수 없는 사람에게만 미련을 가지고, 새 아내인 둘째 황녀에게는 애정 같은 것을 가지지 않았다는 얘기만 계속 전하는 것도 곤란하다. 이처럼 부정적 성격의 소유자를 천황이 사랑하고 부마로 삼았을 리는 없다. 그렇다면 그건 이 사람이 정치적인 면에서는 상당한 수완가였으리라 짐작할 수 있다.

이렇게 주저하지 않고 어린 아기를 보여 주는 부인의 호의에 감동해 평소보다 많은 이야기를 주고받다 보니 어느새 해가 저물고 말았다. 가오루는 마음 편히 밤늦도록 지낼 수 없는 처지인 것을 괴롭게 생각하고 탄식하면서 돌아갔다.

"참, 향기도 그윽해라. '매화 가지 꺾어 드니 옷소매에 매화 향기 배었네' 하였듯이, 꾀꼬리도 향내를 맡고 찾아들겠군요."

이렇게 수선을 떠는 시녀도 있었다.

여름이 되자 대궐에서 삼조궁 쪽은 손이 있다고 하여 4월 초하루, 아직 봄과 여름이 바뀌기 전에 가오루는 둘째 황녀를 자기 저택으로 맞아들이기로 했다.

그 전날 천황은 후지쓰보로 거동하여 등꽃잔치를 열어주었다. 남쪽 별실 발을 올리고 옥좌가 마련됐다. 이는 천황의 주최로서, 후지쓰보 주인인 황녀가 주최하는 것이 아니다. 고급 관리와 4품 이상의 향연은 대궐에서 마련해 왔다. 유기리 우대신·죽은 가시와기의 아우 안찰사 대납언·검은 턱수염과 그 전처 소생인 장남 등 중납언, 그 아우 좌병위독 등이 참석하고, 황자로는 니오노미야, 상륙 친왕 등이 참석했다. 남쪽 뜰의 등꽃 밑에는 4품 이상의 전상인 자리가 마련됐다.

후량전(後涼殿) 동쪽에서는 악장(樂匠)들이 해가 질 무렵부터 젓대를 불어대고, 단상에서 연주할 거문고와 피리는 황녀가 내놓았는데, 이것을 대신을 비롯한 여러 사람들이 천황께 전달하였다. 육조원이 자필로 써서 삼조의 모후에게 준 거문고 악보 두 권을 유기리 대신이 받들고 나와 그에 대한 유래를 피력했다. 차례차례 쟁·비파·화금 따위의 이름난 악기가 선을 보인다. 이 악기들은 주작원으로부터 전해진 유품으로 가오루가 소유하고 있었다. 젓대는 죽은 가시와기가 유기리의 꿈에 나타나 자신의 자손에게 전달해 달라고 했던 유물이다. 더없이 영롱한 음색을 가진 이 젓대는, 뒤에 겐지를 통하여 가오루에게 전해진 것이다.

천황은 유기리 대신에게 육현금을, 니오노미야에게는 비파를 하사하셨다.

젓대를 부는 가오루는 세상 어느 것과도 비할 데 없이 아름다운 소리를 냈다. 대궐 관속들 중에서도 제법 노래에 소질이 있는 사람은 모조리 불러서 흥미진진한 합주의 밤이 되었다. 둘째 황녀가 어전에 다식을 바쳤다. 침향나무 쟁반이 넷, 자단의 굽 높은 접시, 보랏빛 나무도시락에는 등꽃 가지가 수놓아져 있었다. 은그릇들과 유리술잔과 술병은 짙은 남빛이었다.

병위독이 어전의 심부름을 했다. 잔을 올릴 때, 대신은 자주 나가는 것은 볼품이 없고 이 역할을 할 친왕이 없다며 가오루에게 부탁했지만 가오루는 사양했다. 그런데도 잔을 받으라는 폐하의 명이 있었다. 결국 잔을 받고 '오시'라 불리는 목소리와 태도, 예법에 따른 것이라고는 해도 유달리 훌륭하게 보이는 것은, 천황의 사위라는 점이 더해졌기 때문인지도 모른다. 천배를 받아 술을 토기에 옮겨 마시고 정원으로 내려가 배례의 춤을 추는 모습이 더할 나위 없이 훌륭했다.

상석에 있는 천왕, 대신 등은 천배를 받는 것조차 영광인데, 가오루는 사위로서 폐하의 극진한 대우를 받고 있으니 그 신임이 유례없이 두터워보였다. 하지만 앉는 순서에는 신분에 따른 규정이 있어 말석으로 돌아가 앉는 모습이 안쓰러웠다.

안찰사 대납언은 자기야말로 이 영광을 입어야 할 자가 아닌가 하고, 한없이 부럽기만 하다고 속으로 생각했다. 일찍이 지금의 황녀 모후(후지쓰보 여어)를 사모하고 있다가 궁에 후궁으로 들어간 뒤에도 항상 잊지 않고 소식을 전했으며, 나중에는 탄생한 따님을 아내로 맞을 생각에 후견인이 되고 싶다는 뜻을 넌지시 비쳤으나, 천황의 귀에까지 들어가지도 않았던 것이다. 그래서 그는 이번 일을 못마땅해 하며 험담을 늘어놓았다.

"우대장이 각별한 인물이기는 하지만, 천황께서 어찌하여 이런 사위를 그리 요란스럽게 맞아들이는지 모르겠군. 이런 부마를 맞아 대궐 안 어전 가까운 곳에서 한낱 신하에 불과한 인물이 신혼의 단꿈을 꾸고, 심지어는 화려한 연회까지 베푸는 것은 부당한 처사이다."

이렇게 불평을 늘어놓았으나 그래도 이 등꽃놀이에 마음이 끌려 참석해서는 내심 화를 내고 있었다.

지촉을 밝히고 손님들은 저마다 노래를 천황께 바쳤다. 정원에 놓여 있는 소반에 다가가 노래를 적은 종이를 놓는 모습은 모두 자신 있어 보였지만, 이런 때 지은 노래는 늘 완성도가 떨어지는 고리타분한 노래라 짐작되니 굳이 적어 남기고 싶은 마음은 없다.

상류계급에 지위가 높다하여 노래솜씨가 좋다고 할 수는 없으니, 그저 징표 삼아 한두 노래를 들어보았다. 이는 가오루가 정원에 내려가 등꽃송이를 따서 폐하께 바치며 지은 노래이다.

폐하의 머리에 꽃을
장식으로 바치려
손이 닿지 않는
높은 봉우리의 아름다운 등꽃가지로
소맷자락을 들어올렸다.

우쭐해져 있는 저 모습이 얄밉지 않은가

만세 영원토록
향기를 풍기며 피는 등꽃인지라
오늘도 이렇듯
질리지 않는 아름다운 색으로
활짝 피어 있구나

폐하께서 지은 노래이다.

폐하의 머리 꽃 장식으로
꺾은 이 등꽃
보랏빛 향기 풍기는 그 아름다움은
극락의 자운에도
뒤지지 않을 경사로운 일이니

누군가의 노래이다.

높은 구름 속의 궁중 깊은 곳에
옮겨 심어진
행운의 등꽃은
과연 여느 꽃과는 달라
색향이 아름답구나

이는 화를 내었던 저 안찰사 대납언의 노래인 듯하다.

어느 노래나 조금씩은 잘못 듣고 옮겨 적었는지도 모른다. 노래는 이렇게 재미없는 것들이 대부분이었다.

밤이 깊어지자 음악놀이는 더욱 흥이 올랐다. 가오루가 부르는 사이바라의 '존귀하도다'는 더없이 아름다웠다. 안찰사 대납언도 옛날에는 목소리를 자랑하던 축이라 함께 합창을 했다. 유기리 우대신의 일곱째 아들이 부는 생황 소리는 신기하고 재미있어서 천황은 그에게 옷을 하사하였다. 우대신은 정원으로 내려가 답례로 배례 춤을 추었다.

날이 밝을 무렵 천황은 청량전으로 돌아갔다. 고급관리와 친왕들에게, 그리고 둘째 황녀는 대궐 관속들과 악장들에게 품계에 따라 답례품을 내렸다.

그날 저녁 황녀가 출궁하는 의식이 거행되었다. 그야말로 화려한 의식이다. 사방에 차양이 달린 어차에 황녀가 타고, 차양이 없는 우차 셋, 황금으로 칠한 빈랑(檳榔)잎 수레 여섯, 보통 수레 스물, 삿대로 둘레를 친 우차가 각각 수행했다. 시녀가 30명, 어린 시녀와 하녀가 여덟 명씩 뒤따랐다. 우대장측에서는 의장차 열둘에 자기 저택 시녀들을 태우고 마중 나갔다. 전송하는 고급관리, 대궐 관속, 6위 벼슬아치들이 모두 화려한 복색으로 뒤따랐다.

이렇게 아내로 맞아들인 둘째 황녀를 편안하고 차분한 마음으로 바라보니 황녀는 퍽 아름다웠다. 아담한 키에 고상하고 침착하여 이렇다 할 결점이 없었다.

'전세의 인연이 결코 나쁘지만은 않았다.'

가오루는 이렇게 생각하니 기쁘기는 했으나, 그래도 과거 슬픈 사랑의 상처가 조금도 아문 것은 아니었다. 지금도 어느 때든 사라지지 않는 옛날을 그리워하였다.

'내가 살아 있는 동안 어찌 이 슬픔을 잊을 수 있을까. 다만 성불한 후에 저분과의 인연에 관하여 인과관계가 어떤 업보로 그리 되었는가 알게 되면, 그때나 되어서야 단념할 수 있겠지.'

이렇게 생각하고는 절의 건축에만 정신을 쏟는 것이었다.

하무(賀茂) 등축제도 끝나고 떠들썩하던 분위기가 차츰 가라앉은 4월 20일경, 가오루는 우지에 찾아왔다. 고쳐짓는 불당을 살피고 앞으로 해야 할 일들을 일러주고서, 옛 산장을 찾지 않고 그대로 돌아가는 일도 못내 섭섭해서 그쪽으로 수레를 몰고 있을 때에, 그다지 화려하지 않은 여자가 탄 수레 하나가 보였다. 우악스럽게 생긴 동쪽 지방 무사들이 허리에 무기를 차고 우르르 뒤따랐으며, 시종들도 여러 명으로 만만치 않은 나그네 일행이 다리를 건너오고 있다. '시골 사람들이구나' 하고 우대장은 산장 안으로 들어갔다. 길앞잡이들이 떠드는 소리에 이 수레도 산장을 향해 오고 있음을 알았다. 수행원들이 떠들어 대는 그들을 제어하고 어떤 사람인가 물어보게 하니 괴상한 사투리로 이렇게 말했다.

"이전의 상륙태수(常陸太守) 나리의 따님께서 초뢰사(初瀨寺)에 참배하시고 돌아가는 길입니다. 오는 길에도 여기서 묵었습니다."

"그렇구나. 얘기로만 듣던 그 사람이구나."

가오루는 시종들을 보이지 않는 곳에 숨어들게 하고 말을 전하게 했다.

"어서 수레를 들이십시오. 다른 손님이 묵고 있습니다만, 그분은 북쪽의 한적한 방을 쓰니까요."

가오루와 수행한 시종들은 모두 평상복을 입고 눈에 띄지 않도록 수수하게 꾸미기는 했으나, 역시 고귀한 분을 모신 일행이라는 것쯤은 충분히 알 수 있어, 상대는 일이 성가시게 되었다고 생각한 듯 한쪽으로 물러나 대기하고 있었다.

수레를 복도 서쪽에 대었다. 고쳐지은 침전은 이제 겨우 완성됐으나 발은 아직 치지 못했기에 안이 훤히 들여다보인다. 가오루는 격자창이 모두 닫힌 가운데 두 방 사이에 있는 장지문 구멍으로 들여다보고 있었다. 상대방은 수레에서 금방 내려오지 않고 변 여승에게 사람을 보내 물었다.

"신분 높은 분이 오신 듯한데 누구시온지?"

가오루는 그 사람의 수레라는 것을 알자마자, 내가 왔다는 것을 절대로 말하지 말라고 입막음해놨기 때문에 모두 알아차리고 말했다.

"빨리 내리십시오. 손님은 계시나 저쪽 다른 방에 계십니다."

함께 타고 온 시녀 하나가 수레에서 내려 수레의 발을 걷어올렸다. 경호하는 장엄한 무사들에 비해 시녀의 태도가 익숙한 것으로 보아 도읍에서 태어난 것 같았다. 나이 든 시녀가 또 하나 내려와서 말했다.

"어서 내리십시오."

"어째 다 보이는 듯하군."

나직한 목소리가 고상하게 들렸다.

"또 그런 말씀을. 요전에도 격자가 모두 닫혀 있지 않았습니까, 어디가 다 보인다는 것인지."

나이 든 시녀는 아무 문제가 없다는 듯이 말했다.

부끄러운 듯이 수레에서 내리는 사람을 보니 머리 모양과 날씬한 몸매가 옛사람을 상기시켰다. 활짝 편 부채로 가려 얼굴은 보이지 않았으나 가오루는 가슴이 뛰었다. 수레는 높고 내리는 데는 낮았는데, 두 시녀는 손쉽게 나왔지만 이 여인은 힘들게 내려다보다 한참 만에야 간신히 내려와 방으로 들어갔다. 짙은 빨간색 소례복에 보랏빛 겹옷인 듯한 평상복, 그리고 파란색 옷을 겹쳐 입고 있었다.

가오루가 엿보는 저쪽 방은 장지문 너머에 4척짜리 병풍이 쳐져 있지만, 높은 곳에 구멍이 있기 때문에 이쪽에서는 다 들여다볼 수 있었다. 그런 옆방인데도 아가씨는 역시 이쪽이 안심할 수 없는지 저쪽을 보고 물건에 의지하여 옆으로 누워 있었다.

"많이 피곤하신 듯하네요. 천하(泉河)를 건너는 배가 오늘은 정말 무서웠죠. 2월에는 물이 적었던 때문인지 괜찮았는데."

"뭐, 동부 지방 길을 생각하면 무서울 것도 없지요."

두 시녀는 피곤한 기색 없이 이런 말을 주고받는데 주인은 아무 말도 하지 않고 엎드려 있었다. 소맷자락 밖으로 보이는 그녀의 팔은 상륙태수의 딸로 보이지 않을 만큼 복스럽고 귀인다웠다.

가오루는 허리가 아파올 때까지 엉거주춤하고 있었으나 사람이 있다는 기색을 보이지 않으려고 그대로 움직이지 않고 마냥 서 있었다. 젊은 시녀가 말했다.

"참 좋은 향기가 풍겨옵니다. 여승님이 피우시는 걸까요."

나이 든 시녀가 말했다.

"정말 향기롭군. 서울 사람들은 아무래도 고상한 풍류를 알거든요. 우리 마님은 자신이 조합한 향이 제일인 줄 알고 있지만, 동국(東國)에서는 이런 고급스러운 향료를 만들 수가 없지요. 여기 계신 여승도 조촐한 생활을 하시지만 늘 세련되고 깔끔한 먹빛 옷을 입고 계시지요."

나이 든 시녀가 이렇게 칭찬하는 것이었다. 건너편 툇마루에서 어린 시녀가 소반에 물과 과일을 담아 왔다.

"아씨께서 더운물이라도 드셨으면 해서요."

시녀는 과일이 놓인 소반을 당겨와 아씨를 깨웠다.

"아씨, 이것 좀 드세요."

우키후네 아씨가 대답을 하지 않자 시녀 둘이서 밤 따위를 아작아작 깨물며 먹는데, 가오루는 일찍이 보지 못했던 일이라 눈살이 찌푸려졌다. 그래도 좀 더 엿볼 마음으로 장지문으로 다가가서 엿보았다. 이들보다 계급이 높은 젊은 여인을, 중궁마마를 비롯해서 얼굴이 아름다운 사람, 기품이 고상한 사람들을 많이 알고 있는 가오루는 특별히 뛰어난 사람이 아니면 눈에 차지 않았다.

사람들에게 고리타분하다는 비난까지 받는 터였다. 그러나 오늘 눈앞에 있는 사람들은 아무리 찾아봐도 뛰어난 점이 없는데도 억누를 수 없는 호기심이 용솟음치는 것이 참으로 이상했다.

변 여승은 가오루에게 인사를 전해 왔으나 시종이 '기분이 좋지 않아서 잠

시 쉬고 있다'고 그럴듯한 말로 대신 전했다.

'아씨를 보고 싶다고 말했으니까 이런 기회에 무슨 말이라도 하시고 싶어 밤이 되기를 기다리시는 거겠지.'

여승은 이렇게 생각할 뿐 설마 가오루가 아씨를 엿보고 있는 줄은 몰랐다.

여느 때처럼 가오루의 장원 관리인이 바구니에 담아 바칠 음식들을 여승에게 나누어 주자, 여승은 동국 사람들도 나누어 먹도록 지시를 한 뒤, 옷매무새를 단정히 하고 손님방으로 찾아갔다.

"어제 도착하실 줄 알고 기다렸사온데 어떻게 해서 오늘도 이렇게 늦으셨습니까."

변 여승이 이렇게 말하자 나이 든 시녀가 말했다.

"아씨께서 괴로워하시는 것 같아 어제는 기즈 강 근처에서 묵으시고, 오늘 아침에도 좀 힘들어하셔서 천천히 떠났기 때문입니다."

시녀가 이렇게 말하고 아씨를 깨우니 겨우 일어나 앉았는데 변 여승을 똑바로 쳐다보지 못하고 몸을 쭈그리고 앉아 있는 옆모습이 가오루에게는 더 잘 보였다. 큰아씨의 얼굴도 자세히는 보지 못했으나, 고상한 눈매와 이마를 본 느낌이 한눈에 큰아씨를 판에 박은 듯 닮아 있었다. 가오루는 그리움에 눈물이 흘렀다. 변 여승에게 무어라 대답하는 목소리와 가냘픈 기척은 작은아씨를 닮은 듯했다.

'아, 정말 사랑스러운 사람이구나. 이토록 언니를 닮은 사람의 존재를 지금까지 자기가 모르고 지내왔다니. 이보다 신분이 낮은 사람일지라도 그리운 사람의 모습을 이처럼 닮은 사람이라면, 소홀히 하지는 않았을 텐데. 하물며 이제까지 정식으로 인정되지 않았을 뿐이지 하치노미야님의 따님임은 틀림없지 않은가.'

그렇게 생각하니 한없이 기쁘고 사랑스러워 지금 당장에라도 뛰어들어 위로해주고 싶은 생각이 간절했다.

"살아 있어 정말 다행입니다."

'당 현종은 도사를 봉래산까지 보냈으나, 양귀비의 유품인 비녀만 얻어 왔으니 얼마나 애가 타고 슬펐을까. 하지만 이 사람은 다른 사람이나 내 마음을 달래줄 수 있는 모습이 틀림없어. 이것도 전생의 인연일까.'

변 여승은 잠시 얘기를 하다가 그 방에서 물러나왔다. 시녀들이 이상하게 여기던 그 향기를 여승도 맡고 가오루가 엿보고 있는 것을 깨달았기에 다른 말은 하지 않은 것 같다.

어느덧 해도 저물었기에 가오루는 조용히 자기 자리로 되돌아와서 웃옷을 다시 걸쳐 입고 평소에 변 여승과 대화를 나누던 장지문 앞에서 변 여승을 불러 아씨에 대해 물었다.

"운 좋게 여기서 마주치게 되었습니다만 어떻게 되었습니까. 전에 내가 부탁한 일은."

변 여승이 대답했다.

"말씀을 듣고 좋은 기회가 오기만을 내내 기다렸습니다만, 작년에는 아무런 소식 없이 지나갔고 올 2월 초뢰(初瀨)로 참배하실 때 처음으로 만나게 되었습니다.

그 어머니 중장의 군에게 대납언님의 뜻을 넌지시 비쳐 보니까, 큰아씨와는 너무도 현격한 차이가 있어 그저 황송하다고 말씀하셨습니다. 마침 그때는 당신이 막 결혼하여 바쁘게 지낸다는 말을 들었기 때문에, 또 이런 문제는 때가 좋지 않았다고 생각하여 굳이 보고를 드리지 않았습니다. 그런데 또 이 달에도 참배하게 되어 오늘 돌아가시는 길에 들르신 겁니다. 돌아가신 하치노미야 님을 그리워하신 때문이겠죠. 저 어머니는 이번에는 좀 사정이 있어서 아씨 혼자 오셨으니, 오늘 가오루님이 이곳에 와 있다는 것을 알릴 필요는 없다고 생각했습니다."

가오루가 말했다.

"시골 사람들에게 이렇게 변장한 모습을 드러내고 싶지 않아 입막음해 뒀는데, 어떻게 될지 모르겠습니다. 수행한 사람들은 입이 가벼우니까요. 혼자 왔다니 차라리 부담이 없군요. 전생에 굳은 약속이 있었기 때문이겠죠. 그렇게 전해 주십시오."

"언제 그런 약속이 있었다는 것인지요. 그럼 그렇게 전해드리죠."

변 여승은 이렇게 말하고 웃으며 안으로 들어갔다.

아리따운 꾀꼬리 울음소리가
그 옛날 들은 적 있는
죽은 사람 목소리와 비슷한가 하여

무성한 수풀 헤치고
오늘 이렇게 찾아왔으니

변댁이 아씨 방으로 건너가자 가오루가
이렇게 읊조렸다고도 전했다.

정자*1

가오루 우대장은 전 상륙태수(常陸太守)의 의붓딸에게 흥미를 느끼면서도,
그런 뒷동산 잡초 같은 신분의 여자에게 함부로 관심을 보이면 세상도 자신을
경솔히 여길 터이고, 신분에도 어울리지 않은 일이란 생각이 들어 편지조차
보내지 않았다.

다만 변(辨) 여승이 우키후네 아씨의 어머니에게 편지로 가오루가 아씨에게
관심을 보이고 있다고 넌지시 암시하기는 했지만 설마 진심으로 그런 마음을
갖고 있으리라고는 생각지 않았다. 단지 우키후네에 관해 이렇게 상세히 알고
있다는 사실이 신기할 뿐이었다. 또한 가오루가 고귀한 신분이며 뛰어난 인물
이라는 사실도 알고 있었기 때문에, 이 혼담을 받아들일 만한 신분이 못 된다
는 것에 비관할 뿐이었다.

상륙태수에게는 죽은 아내가 낳은 자식들도 많은 데다, 부인이 애지중지 키
우는 딸 아래로 줄줄이 태어난 어린 아이들이 대여섯 명이나 있었다. 큰딸들
은 그 아버지가 적당한 신랑감을 골라서 출가시켰지만, 부인이 데리고 들어온
딸아이는 등한시하여 아무런 애정도 주지 않고 결혼에 대해서도 신경 쓰지
않고 있었다. 부인은 그것이 몹시 원통해서 어떻게든지 훌륭한 남편을 맞아들
여 딸이 행복하게 살기를 바라며 밤낮으로 근심했다. 용모가 별다르지 못하며
평범한 전실 소생의 딸들과 같다면 이토록 속상하지는 않았으리라. 하지만 전
실 소생 딸들과 비교가 되지 않을 정도로 눈에 띄게 아름답고 기품있게 자란
딸이었기에 부인은 더욱 애가 탔다.

딸이 여럿이라는 소문이 나돌아, 어쨌든 점잖은 집안에서 혼담이 많이 들어
오기는 했다. 부인은 전실 소생의 딸들을 모두 다 훌륭한 혼처를 찾아서 출가

---

*1 정자(東屋) : 제50권. 가오루가 26세 때 가을 이야기. 이야기는 우키후네(浮舟)를 중심으로 전
  개되며, 가오루는 우키후네와 관계를 맺는다. 한편 친왕은 우키후네가 누구인 줄도 모르면
  서도 연정을 품는다.

시킨 지금에 와서는, 어엿하게 결혼시키고 싶어 밤낮으로 신경을 쓰고 더없이 귀여워하고 있었다.

　남편 상륙태수도 비천한 출신은 아니었다. 고관을 지낸 집안 자손으로 친척들도 어엿한 위치에 있었고, 재산도 굉장히 많아 자존심도 강하고 화려한 생활을 하고 있었다. 하지만 풍류를 아는 척하는 것에 비하면 거칠고 촌스러운 면이 있었다. 젊었을 때부터 동국(東國) 지방과 같은 서울에서 멀리 떨어진 곳에 가 있어서 목소리도 지방 사람들처럼 탁하고 말투도 사투리가 섞여 있었다. 권세 있는 집안에 대해서는 몹시 공손하고 어려워하는 태도는, 처세에 빈틈 없는 인간 같기도 했다. 또 금이나 피리 같은 악기에는 재주가 없어도 활쏘기에는 능란했다. 이렇다 할 것 없는 평범한 가문임에도 재력을 동원하여 젊고 예쁜 시녀들을 끌어 모아 화려하게 치장하게 하여, 서투른 솜씨로 노래 모임을 갖고 이야기 모임을 열어 경신일 밤의 놀이에 흥을 올리는 등 흉할 정도로 풍류를 즐기려 했다. 딸에게 구혼하려던 남자들은 모두 그의 딸은 분명 뛰어난 재기와 용모를 갖췄을 것이라고 생각했다. 그 중 좌근위소장이라는 구혼자가 있었다. 나이는 스물두셋, 성격은 침착하고 학문에 능통한 사람이었다. 그러나 이 화려하게 처신할 수 없는 경제적인 사정이라도 있는지, 지금까지 사귀던 여자와는 인연이 끊기고, 우키후네 아씨에게 열심히 청혼을 해 왔다.

　부인은 많은 구혼자 가운데 이 사람을 점찍었다.

　'성격도 좋은 듯하고, 다부진데다 남녀 정애도 알고 있는 것 같구나. 이보다 신분이 높은 사람이면 우리 가문에 청혼할 리가 없지.'

　이렇게 생각하고 딸에게 그 편지를 전해 주고 또 답장도 쓰게 했다.

　'설령 그 사람이 대수롭잖게 여기더라도 나는 목숨을 걸고 소중하게 키울 것이다. 누구든 내 딸의 아름다움을 본다면 사랑하지 않고는 못 견디리라.'

　이렇게 생각한 부인은 결혼 날짜를 8월 정도로 중매쟁이와 약속하고는 세간을 장만하고 장난감도 만들었다. 좋은 수공예품들을 딸의 몫으로 따로 감추어 놓고, 나쁜 것은 전실 딸의 몫으로 정하고서 남편에게 보였다. 그렇지만 식별할 줄 모르는 남편은 그대로 넘어갔다.

　태수는 장식품이라면 좋은지 나쁜지도 모른 채 죄다 사들여 소중한 전실 딸의 방은 귀한 물건으로 가득 찼고, 발 디딜 틈이 없이 꾸며 놓으니 겨우 틈새로 바깥을 내다볼 수 있는 꼴이었다. 또한 거문고며 비파를 연습시키기 위해 궁중의 내교방(內敎坊)에서 악사를 맞아 스승으로 삼게 하였다. 딸이 한 곡을 탈 줄 알게 되면, 스승 일에 엎드려 인사를 하고는 그가 움직이지도 못할 만큼 태수는 선물을 주며 법석을 떨었다. 화려하게 들리는 곡을 가르쳐서 스승이 제자와 합주를 하고 있을 때면 눈물까지 흘리며 감격해했다. 거친 마음에도 역시 음악은 좋은 것임을 알고 있는 모양이다.

그러나 부인 쪽은 그 방면에 소양이 있는지라 이것을 못마땅하게 여기며 상대도 하지 않았다.

"내 딸을 깔보는군." 태수는 이렇게 말하며 아내를 원망하기도 했다.

8월에 혼례식을 올리자는 연락을 중매쟁이를 통해서 들은 좌근위소장은 그달이 다가오자 같은 값이면 월초에 거행하자고 답을 보내왔다. 이 소식을 들은 부인은 자기 혼자 생각으로 일을 진행하며 결혼을 서두르는 것이 어째 불안하고 상대를 어디까지 신뢰할 수 있을지 알 수 없어, 중매쟁이가 찾아온 김에 가까이 불러 의논하였다.

"이번에 선택해 주신 딸아이에 대해서는 여러 가지로 생각할 것이 있어서 이편에서 진행시킬 마음은 없었지만, 전부터 계속 구혼을 해온 데다 상대편이 보통 분도 아니기 때문에 더욱 송구스러워 겨우 결정은 했지요. 하지만 지금은 친아버지가 안 계신 딸이라 저 혼자 보살피고 있으니, 여러 가지로 부족한 점이 많지 않을까 걱정이 됩니다. 딸은 여럿이 있지만 뒤를 보살펴주는 아버지가 있는 딸들은 그냥 두어도 좋은 인연을 만날 것이니 모두 남편에게 맡기고 있습니다. 하지만 이 아이만은 세상이 무상하니 몹시 마음에 걸리는군요. 소장님은 동정심이 있는 분이라 들었기에 사양 않고 그대의 권유를 받아들였지만, 혹시라도 상대가 마음이 변하기라도 한다면 세상에 얼마나 큰 웃음거리가 될지, 그런 생각을 하면 슬프지 않을 수가 없습니다."

중매쟁이는 소장에게로 가서 부인의 말을 전했다. 그러자 소장은 이내 불쾌한 기색을 보였다.

"처음부터 태수의 친딸이 아니란 이야기는 전혀 듣지 못했소. 누구의 딸이든 마찬가지이니 의붓딸이라면 남 보기에도 부끄럽고 사위로 드나들기도 불편할 것이요. 이렇게 잘 알지도 못하고 아무렇게나 중매를 섰구려."

소장이 이렇게 말하기에 중매자는 안됐다 싶어 답했다.

"저도 물론 자세한 것은 알지 못했지요. 그 집안 친척되는 사람이 있기에 말을 꺼냈던 것입니다. 여러 자식들 중에서 가장 아끼는 딸이라는 말만 들었기에 태수의 딸이라고 믿었지요. 부인이 데리고 온 자식이 있는 줄은 전혀 몰랐습니다. 용모도 성품도 빼어났고 부인이 무척 사랑하고 있어, 자랑스러운 결혼을 시키려고 애지중지하고 있다는 이야기를 들었기 때문에, 당신이 상류댁에 청혼하려는데 좋은 연줄이 없을까 하는 말을 듣고, 제가 나선 것입니다. 그러니 공연한 말을 했다고 꾸지람을 들을 이유는 없지요."

화도 잘내고 말도 많은 중매쟁이는 이렇게 떠들어댔다.

"지방관 계급의 가문과 혼사를 하는 것은 사람들이 좋게 말하지는 않을 것입니다. 그러나 상대가 사위를 존경하고 후원을 잘해 주면 체면 깎이는 것도 덮어지겠지요. 어차피 마찬가지라고 하더라도, 세상사람들 눈에는 일부러 의붓딸의 신랑이 되어 그 집 덕을 보려는 것처럼 보이는 게요. 친딸의 사위가 된 겐 소납언이나 찬기 태수는 자랑스러운 얼굴로 드나들겠지만, 의붓딸 사위로 드나드는 나는 별로 호감을 받지 못하는 처지가 되니 비참한 일이 아니겠소."

소장은 품위 없는 태도로 이렇게 말했다.

중매쟁이는 아첨을 잘하는 사람이고 이기심이 강한 성격이어서 소장을 위해서나 자신을 위해서도 이야기를 유리하게 바꾸려고 생각했다.

"태수의 친딸을 원하신다니 그쪽으로 말을 넣어볼까요? 태수가 여러 딸 중에 부인이 낳은 우키후네 바로 아래 딸을 아주 귀여워한다 들었습니다만."

"글쎄, 애당초 구혼한 사람을 제치고 다른 따님과 결혼하겠다는 건 좀 거북한 얘기가 아닌가요. 사실 나는 태수가 인품도 중후하고 당당한 인물이기에, 나를 잘 돌봐 주리라 믿고 혼담을 진행한 것이요. 미인을 아내로 삼으려는 욕심 따위는 처음부터 없었소. 품위가 높고 우아한 여자를 아내로 맞으려 한다면 거 뭐 어려울 것이 없지. 하지만 가난한 주제에 호화로운 생활을 탐내다가 끝내는 타락하고 마는 일도 있어 남의 손가락질 받는 모습을 볼 때, 다소 비난을 받더라도 물질적으로 좀 여유 있는 생활을 하고 싶은 게요. 태수에게 내가 이렇게 말하더라 전하고 그래도 좋다면 뭐, 무슨 상관이 있겠소. 상대를 바꾸지요."

소장은 이렇게 말했다.

중매쟁이는 자신의 누이동생이 우키후네의 시녀로 있기에, 소장의 편지를 전했던 것이나 태수를 직접 대한 적은 없었다.

중매쟁이는 체면도 아랑곳없이 태수의 저택으로 찾아가 중매를 의뢰했다.

"아뢰올 말씀이 있어서 찾아왔습니다."

상륙태수는 자기 집에 때때로 출입한다는 말은 듣고 있었으나, 직접 대면한 적도 없는 사나이가 무슨 얘기가 있는가 하고 좀 불쾌해하였다.

"좌근위소장의 말씀을 전해 드리려고 왔습니다."

그런데 이런 전갈이었기에 그를 만났다. 중매쟁이는 곤란한 표정으로 가까이 다가갔다.

"지난 몇 달, 좌근위소장이 따님 일로 부인께 몇 번이나 편지를 올렸습니다. 최근에 허락이 있어 이달에 혼례를 올리기로 하였는데, '그 아씨가 부인의 따님이긴 하지만 태수의 딸은 아니다. 신분이 높은 사람이 사위가 되면 사람들은 재산을 노린 결혼이라며 말들이 많을 것이다. 수령의 사위가 되는 젊은이는 상대가 마치 주군처럼 떠받들고 보물처럼 신경을 써주며 뒤를 보아주니, 그런 목적으로 연을 맺는 이도 많다고 들었다. 하비만 상대가 태수의 친딸이 아니면 그런 것도 소용이 없지. 장인도 푸대접 할 것이고 다른 사위들보다 못한 대우를 받게 될 테니 손해 아닌가.' 이런 험담을 하는 자들이 많아 소장은 지금 고민하고 있습니다. 소장은 이렇게 말했습니다. '처음부터 태수의 위세가 당당하고 화려하여 후견을 청하기에 든직하다는 평판을 믿고 편지를 올린 것이다. 친딸이 아니라는 사실은 전혀 몰랐다. 그밖에도 딸들이 많다 들었으니, 그 가운데 한 명과 결혼을 허락해준다면 아주 기쁠 것이라 전해달라.'"

중매쟁이는 이렇게 말했다. 태수가 말을 이었다.

"그런 얘기가 진행됐다는 것을 난 자세히 몰랐소. 나로서야 친자식이나 다름 없이 해야겠지만, 하찮은 여식들이 많이 있어서 그 아이들 뒷바라지에 몰리게 되니, 아내는 자기 자식은 차별하고 돌보지 않는다고 비방하여서, 그 딸자식에 대해서는 일체 간섭을 못 하게 했던 거라오. 소장의 편지가 오고간다는 이야기는 들어서 알고 있었지만 나를 믿고 이렇게 청혼해 온 줄은 통 몰랐던 게요. 소장의 뜻이 그렇다면 실로 고마운 일이지요. 내가 제일 귀여워하는 딸이 있소. 물론 청혼하는 사람은 많지만 요즈음 젊은이들은 변덕스런 경향이 있으니 믿을 수가 있어야지. 그래서 아직 결정을 못 하고 있는 처지라오. 그런데 소장에 대해서는 내가 젊었을 때, 돌아가신 부친을 가까이 모신 적이 있지요. 그 뒤로도 계속 모시고 싶었지만 지방으로 관직이 바뀌어서 뜻을 이루지 못했던 터였는데, 이렇게 그 쪽에서 청혼을 해오다니 얼마나 반가운 일이요. 하지만 말씀하시는 대로 내 딸을 드리는 일은 아주 쉽지만 여태까지 계획했던 일이 무시된다면, 내가 아내에게서 원망을 듣게 될 것이 좀 난처하구려."

태수가 이렇게 터놓고 자세한 얘기를 했다. 중매쟁이는 '이야기가 잘 진전되는구나' 싶어 속으로 기쁜 마음을 꾹 참고서 말했다.

"그 점은 염려하지 않으셔도 됩니다. 소장은 태수의 허락을 받고자 하는 것뿐입니다. '아씨가 어리다 해도 친부모가 소중히 키운 분과 혼인하는 것이 소원이다. 태수가 모르는 주위 사람들의 혼담에 응할 수는 없다' 소장은 이렇게 말했습니다. 인품도 훌륭하고 인망도 두터운 분이죠. 젊기는 하지만 호색적이거나 화려하지도 않고, 세상 물정에도 밝은 사람입니다. 지금 큰 재산은 없지만, 영지도 많이 갖고 있는데다 세력이 있으니까요. 웬만한 사람이 졸부가 되어 거들먹거리는 것보다 나을 겁니다. 내년에는 4위에 오를 것입니다. 폐하께서 그가 장인두가 될 것이라 하셨고요. '무엇 하나 부족함이 없는 그대가 아직 아내가 없다고 들었다. 어서 괜찮은 사람을 물색하여 결혼을 하고 후견인을 두는 게 좋겠다. 내가 있으니, 당장 오늘내일이라도 3위 이상 공경으로 승진시켜 주겠다.' 폐하께서 이렇게 말씀하셨지요. 소장은 폐하의 곁에서 여러 잡다한 일을 도맡아 하고 있다고 합니다. 총명하고 묵직한 남자입니다. 놓치기 아까운 사람이니 이야기가 나왔을 때, 마음을 정하시는 게 좋을 듯합니다. 여기 저기서 사위로 맞으려 드니, 이쪽에서 망설이는 눈치를 보이면 소장도 다른 곳에 마음을 줄 것입니다. 저는 태수님을 위해 이런 말씀을 드리는 겁니다."

중매쟁이가 넉살 좋게 늘어놓는 이야기를, 한심하도록 세상 물정에 어두운 촌사람 태수는 기쁜 듯이 웃으며 듣고 있었다.

"현재 수입이 적다는 것은 말할 필요가 없어요. 내가 살아 있는 이상, 소장을 머리에 이고서라도 모셔 드리겠습니다. 불만스러운 일은 절대 없을 것입니다. 영원히 살지 못하고 내가 일찍 죽어 뒤를 돌보지 못하게 된다 해도 유산과 영지는 그 딸 외엔 누구에게도 주지 않을 것이니 안심해도 좋습니다. 아이들은 많지만 나는 그 애에게 각별한 애정을 갖고 있습니다. 진심으로 사랑해 주시기만 한다면 대신의 자리를 원하고 그에 엄청난 비용이 들어간다 해도 얼마든지 준비해 드리겠습니다. 현재 천황께서 그토록 총애하는 분이라는 사실만으로

도 충분하니, 후견이 미덥지 못해서는 안 될 것입니다. 이 혼담은 저분에게도 내게도 행복을 불러올 테니 아무 걱정할 것이 없소."

태수가 이렇게 만족스럽게 승낙했기 때문에 중매쟁이는 우쭐해서 이 사실을 누이동생에게도 말하지 않고 부인에게도 들르지 않은 채 돌아가, 이 얼마나 행복한 결혼인가를 소장에게 보고했다.

소장은 '역시 촌사람다운 소리를 하는구나' 생각했지만, 기쁘지 않은 것도 아니라는 표정을 짓고 얘기를 들었다.

대신이 될 비용까지 내겠다는 말에는 너무도 허풍 같아 우습기도 했다.

"그런데 부인께 일이 이렇게 되었다고 전하고 왔겠지요? 부인이 원했던 사람과는 다른 사람과 결혼을 하는 것이니 나의 이기주의를 탓하며 비방할 사람도 있을 것이니 그 점은 어찌하면 좋을까."

이렇게 조금 주저하는 눈치를 보이니 중매쟁이는 말이 다 끝나기도 전에 장담했다.

"그런 걱정은 마십시오. 부인께서도 이 둘째 아씨는 퍽 귀여워하시니까요. 저번 아씨는 제일 나이가 많은 따님이라 먼저 출가시키려고 하셨던 것뿐이지요."

이제까지는 먼저 아씨를 특별히 사랑하고 아끼는 따님이라고 하던 중매쟁이건만, 별안간 딴소리를 하니 믿어도 좋을지 의심이 갔다. 하지만 소장은 매정한 남자라 비난을 받는다 해도 앞으로의 탄탄한 삶을 보장받는 일이 중요하다고 생각했다. 빈틈없고 합리적인 소장은 바로 결심을 굳혔다. 혼례 날짜도 바꾸지 않은 채, 그날 밤부터 사위로 어린 아씨의 처소에 드나들기 시작했다.

그런 줄도 모르는 부인은 남편에게도 의논하지 않고 혼자서 딸의 결혼 준비를 하며, 시녀들에게 의복도 새로 만들게 하고 실내 장식도 새로이 하였다. 또 딸 우키후네의 머리도 감기고 몸단장도 시켜 놓으니 소장 같은 사나이의 아내로 주기에는 너무 아깝다는 생각까지 들었다.

'친아버지 하치노미야님께 자식으로 인정받고 성장했다면 그분이 돌아가셨더라도 당당히 가오루 대장의 청혼을 받을 수도 있었을 텐데. 설사 신분이 맞지 않아도 청혼을 받아들일 수 있었겠지. 그러나 나 혼자 그리 생각한다 해도 세상사람들은 아비 없는 사생아라고 경멸할 것이니 몹시 슬프구나. 어떻게 하면 좋을까. 혼기를 놓치는 것도 행복하지 못하다. 가문이 좋고 무난한 남자가 이렇게 간절하게 청혼해 왔으니.'

그렇게 어머니 혼자 결정한 것이다. 그쪽으로 마음이 기울어진 것도, 중매쟁이가 태수에게 한 달콤한 이야기에 부인 역시 쉽게 속아 넘어갔기 때문인지도 모른다.

혼례식이 내일모레로 닥쳐오자 안절부절못한 부인은 가만히 앉아 있을 수가 없었다. 그때 밖에서 들어온 태수가 한바탕 호통을 쳤다.

"나를 제쳐놓고서, 내가 아끼는 딸의 구혼자를 자기 자식 쪽으로 빼앗으려고 하였다니 그런 법이 어디 있소. 그런 유치한 짓을 왜 하는 거요. 당신 딸을 데려갈 사람은 없을 거요. 오히려 비천한 나 같은 놈의 딸을 원하겠지. 그대는 자기 딸을 시집보내려 치밀하게 계획을 짠 모양이지만, 소장이 처음의 자기 의사와는 다르다면서 다른 곳으로 혼처를 바꾸겠다고 하는 것을, 이왕이면 이쪽 아이하고 결혼하라고 내가 정해 놨으니 그리 알도록 하오."

배려심 따위 없는 태수는 그저 되는 대로 천박하게 말을 내뱉었다. 부인은 어이가 없어서 말도 나오지 않았다. 세상에 그런 법도 있단 말인가 하고 생각하니 인생의 무정함이 일시에 복받쳐 눈물이 흐를 것만 같아, 조용히 일어섰다. 딸의 방에 찾아가니 아씨는 가련한 모습으로 앉아 있었다. 부인은 그래도 마음이 좀 놓였다. 어떤 운명이 닥쳐오든 간에 이 딸이 남보다 불우하게 되리라고는 생각되지 않았다. 부인은 유모를 불러 슬퍼하면서 말했다.

"사람 마음이란 참 믿을 수가 없구나. 난 똑같이 둘을 사랑하지만 우리 아이와 인연을 맺는 소장에겐 내 목숨을 버려도 좋다고 생각했는데, 아비가 없다고 업신여기며 아직 나이도 덜 찬 아이를 데려가겠다니 말이야. 그런 사람을 사위로는 삼을 수가 없네. 그런데도 태수는 집안의 명예로 알고 받아들이려고 소란을 피우고 있으니 참 똑같은 사람들이구나. 난 이제 더 이상 간섭하지 않고 당분간 이 집을 떠나 있고 싶다."

탄식하는 부인을 보고 유모는 화가 났다. 아씨가 멸시당했다고 생각했기 때문이다.

"괜찮습니다, 마님. 이것도 결국 아씨가 운이 좋았기 때문에 인연이 안 된 것이라고 생각해야죠. 그런 사람이 우리 아씨의 가치를 어찌 알겠습니까. 귀하디귀한 우리 아씨인데, 이해력이 있고 동정심이 있는 분에게 보내야죠. 가오루 대장님은 얼핏 봤을 뿐입니다만 풍채도 정말 훌륭한 분입니다. 대장님은 아씨를 끔찍하게 생각해주고 있다 하니 모든 것을 운명에 맡기고 그분을 사위로 맞아들이세요."

"정말 겁이 나네. 사람들 이야기를 들으니, 오랫동안 예사 여자와는 결혼하지 않는다 하여 유기리 대신·안찰사 대납언·식부경친왕 등의 사위가 되어 달라는 청도 무시하고 천황께서 아끼시던 황녀를 부인으로 삼은 그런 분이 어떤 여자를 진심으로 상대하겠어. 혹시 그 어머니이신 여승의 시녀로 삼아 가끔은 사랑해 주리라 생각하는 것은 아닐지. 가오루는 나무랄 데 없는 분이지만 혼인이 성사되면 안절부절못하는 처지가 될 거야. 훌륭한 혼처이긴 하지만 마음고생을 자초하는 일이 아닐까 싶구나.

이조원 부인을 행복한 분이라고 사람들은 말하고 있지만, 시름이 그칠 새 없는 듯한 것을 보면 어떤 사람이라도 좋으니 유일한 아내로 사랑해 주는 남편 말고는 믿음직한 사람이 없다는 것은 나도 경험해 보아 잘 알고 있네. 돌아가신 하치노미야님은 정이 두터운 미남이셨지만, 나를 소홀하게 여기신 게 얼마나 매정하고 원망스러웠는지 몰라. 태수는 인정 없고 무뚝뚝한 사람이지만 나 하나만을 아내로 생각하고, 그 밖엔 아무도 사랑하지 않기 때문에 오늘까지 나는 안심할 수 있었던 것이네. 이번처럼 무례하고 터무니없는 짓을 하는 것은 어쩔 수 없지만, 여자 문제로 시름에 잠기거나 질투를 하게 되는 일도 없이, 자주 말다툼은 해도 끝내 할 수 없다고 생각되는 일은 또 잘 체념해 버리는 게 우리 부부였지. 고급 관리나 친왕처럼 우아하고 고상한 분들 사이에 있어도 인간 취급을 받지 못하고 주눅 들어 살아야 한다면 무슨 낙이 있겠어. 모든 일이 내 부족함 때문인 듯해 열심히 보살펴 왔는데, 어떻게 해서든 남에게 웃음을 사지 않을 행복한 결혼을 시키고 싶어."

이래서 두 사람은 아씨의 장래에 대해 여러 가지 의논을 했다.

그러는 동안에도 상륙태수는 사위를 맞아들일 준비에 정신이 없었다.

"이쪽에 예쁜 시녀들이 많은 것 같으니 좀 빌려주시오. 침상도 다 꾸며 놓은 듯하니 그것도 좀 사용합시다. 갑자기 서두르게 되어 준비가 덜 돼서 그러오."

부인이 우키후네를 위해 아담하게 꾸며 놓은 그 방에 티를 낼 작정인지 필요없는 병풍을 몇 개나 들고 와 숨이 막히게 세워놓고, 세간도 불필요한 것까지 잔뜩 들여놓았다. 이 모든 것이 보기 흉해 눈에 거슬렸지만 부인은 입을 꼭 다물고 일체 참견하지 않았다. 우키후네는 어머니 방에 같이 있었다.

"당신 마음을 이제 다 알았소. 사랑에 차이가 있다고는 하더라도 같은 배로 낳은 자식인데 이럴 줄은 몰랐소. 좋소. 세상에 어미 없는 자식이 없는 것도 아니니."

태수는 이렇게 말하고서 유모와 둘이서 둘째 딸을 잘 꾸며놓고 보니, 그다지 눈에 거슬리게 미운 모습은 아닌 것 같았다. 올해 15, 6세, 키는 작고 통통하며 머리는 숱이 많고 탐스러워 보였다. 태수는 딸의 이런 모습이 무척 아름답다 여기고 세심하게 몸단장을 시켰다.

"부인이 자기 딸 사위로 삼으려 했던 사람을 내 친자식 사위로 할 것까지는 없다고 생각했으나, 너무나 인물이 똑똑해서 너도나도 사위를 삼으려는 사람들이 많다는 얘기를 듣고 남에게 빼앗기는 게 아까워서 사위로 삼은 거지."

중매쟁이의 농간에 넘어간 줄도 모르고 이렇게 말하는 태수는 너무 어리석은 것 같았다.

좌근소장도 만족을 느꼈으며, 부인이 할 수 없이 동의한 것으로 알고 처음 언니와 혼인하려던 밤에 둘째 딸이 있는 방으로 들어갔다.

어머니와 아씨는 못볼꼴을 본 듯 기가 막혀 했다. 태수가 심사가 뒤틀려 이쪽을 불쾌하게 여기는 것 같고, 이런저런 시중을 들기도 싫어, 어머니는 작은아씨에게 편지를 보냈다.

'용건 없이 편지를 드리는 것도 결례가 아닐까 싶어, 어떻게 지내시는지 궁금히 여기면서도 소식을 전하지 못했습니다. 그간 안녕하셨습니까. 실은 딸아이에게 불미스러운 일이 생겨 잠시 거처를 옮길까 생각하옵는데, 곁에 좀 몰래 데리고 계실 수는 없는지요? 남의 눈에 띄지 않는 은밀한 방이 있다면 참으로 감사하겠습니다. 변변치 못한 이 어미로서는 충분히 보호를 하지 못할 지경입니다. 그 아이에게 괴로운 일이 생겨서 세상이 슬프기만 합니다. 시름에 겨운 세상에서 믿고 의지할 분은 오직 아씨뿐인가 생각되어 부탁드리는 바입니다.'

울면서 쓴 편지였기에 작은아씨는 측은하게 생각을 했다.

'돌아가신 아버지가 내 자식이라고 인정하지 않으신 사람을, 나 혼자 살아남아 자매간이라고 해서 가까이한다는 게 마음에 꺼리긴 하지만, 그렇다고 그 사람들이 영락하는 모습을 상관없다는 듯 무시하는 것도 마음 아픈 일이다. 좋은 세상을 보지 못하고 뿔뿔이 흩어지는 일도 아버님 명예를 위해 좋지 않은 일이겠지.'

부인은 대보 댁에게도 우키후네에 대한 부탁을 해왔기에 대보는 이렇게 말했다.

"무슨 사정이 있는 거겠죠. 냉담하게 거절해서는 안 됩니다. 그런 신분이 낮은 사람에게서 태어나는 자매란 얼마든지 세상에 있는 일입니다. 저쪽에서 무정하다고 생각할 그런 처사는 하지 마셔야 합니다."

작은아씨는 대보 댁을 통하여 태수의 부인에게 이렇게 전했다.

'안채에서 서쪽으로 남의 눈에 띄지 않는 은신처를 마련하겠사오니, 좋은 장소는 못 됩니다만 그런 곳이라도 괜찮다면 잠시 맡기로 하겠습니다.'

부인은 매우 기뻐하며 남몰래 출발하였다. 우키후네도 언니와 친하게 지내고 싶은 생각이 간절했기에 오히려 소장의 문제가 전화위복이 되었다며 기뻐했다.

상륙태수는 사위가 되는 소장의 3일 밤 예식을 어떻게 해야 호화롭게 치를 수 있을까 하고 깊이 고심했으나, 고상한 취미라고는 아무것도 모르는 사람이라 그저 올이 거친 동국 지방의 비단을 잔뜩 사들이고, 음식도 상다리가 휠 만큼 많이 차리기만 했다. 시종들은 이것이 큰 혜택인 줄 알고 기뻐했으며, 소장도 만족하게 여겨 훌륭한 장인으로 생각했다.

부인은 이 예식이 있는 동안에 외출하면 남의 비난거리가 될 것을 생각해 참고 남편이 하는 대로 보고만 있었다.

사위가 낮에 거처할 방, 무사들이 들어앉을 방 등을 준비하였는데, 집이 넓기는 했지만 동쪽의 별채는 큰 사위인 겐 소납언이 쓰고 있었고 태수의 아들도 많아 빈 방은 하나도 없었다. 지금까지 우키후네가 쓰던 방을 사위가 사용하게 되자 우키후네는 부득이 마루방을 쓰게 되었는데, 이를 가엾게 여긴 부인이 생각다 못해 작은아씨에게 보내기로 한 것이다.

아무도 아씨를 하치노미야님의 혈육으로 보지 않았기에 딸을 사생아라고 경멸하리라 싶어 지금껏 드나들지 않았지만, 부인은 용기를 내어 한번 찾아가 보기로 했다.

부인 중장의군은 큰마음 먹고 작은아씨에게 찾아왔다. 유모와 젊은 시녀 두셋이 따라왔다. 서쪽 방 북쪽 부분이 거실로 정해졌다. 오랫동안 멀리 떨어져 있던 사이이기는 하지만 혈연관계가 있으니 작은아씨도 직접 대면하였다.

기품있게 아기를 보살피는 모습을 보자, 부럽기 짝이 없어 부인은 가슴이

메는 듯했다.

'나 역시 돌아가신 하치노미야님의 정실 조카였으니 그리 먼 사람도 아니건
만, 시녀였다는 이유로 사람대접을 받지 못하여 이렇듯 한심한 처지가 되고 사
람들의 멸시를 받는 게야.'

이런 생각을 하자 이렇게 뻔뻔스레 찾아와 부탁을 하는 것도 씁쓸한 기분이
었다.

이 댁에는 부정을 피하기 위해 찾아왔다 말해 두었기에 아무도 접근하지
않았다. 부인도 2, 3일 아씨를 따라 거기에 있었다. 그 전에 찾아왔을 때와는
달라 이제 부인은 천천히 이조원 생활에 안심할 수 있었다.

어느 날 니오노미야가 이조원에 왔다. 호기심에서 부인은 문틈으로 내다보
았다. 니오노미야는 우아하고 아름다워 마치 갓 꺾은 벚꽃가지 같은 모습이었
다. 자신이 의지하고 있고, 때로 분하고 원망스러워도 남편이기에 거스르지 않
으려 했던 상륙태수보다 모습도 신분도 훨씬 뛰어난 듯했다. 4품이나 5품쯤 되
어 보이는 측근들이 다가와 모두 그 앞에 허리를 굽히고 무슨 말을 여쭙기도
하고 명령을 듣기도 했다. 또 5품쯤 되는 젊은이들로서 이 부인에게는 누구인
지도 분간이 가지 않는 수행원들이 많이 있었다. 부인에게는 의붓자식으로 식
부승 장인을 겸하고 있는 사나이가 궁중 사자로 왔다. 그러한 벼슬이면서도
감히 곁에는 가지도 못한다. 너무도 훌륭한 니오노미야의 모습에 놀란 부인은
이렇게 생각했다.

'이분은 대체 어떤 분일까. 이런 분을 모시고 있는 작은아씨는 얼마나 행복
할까. 말로만 듣고서는 아무리 훌륭한 분이라도 아내에게 근심을 준다면 한스
러운 일이라고 불길한 생각만 했었는데, 이처럼 아름다운 풍채를 본다면 7월
칠석의 직녀처럼 일 년에 한 번밖에 오지 않는 남편이라도 여자는 행복하게
여겨야 할 것이다.'

니오노미야는 아기를 안고 어르고 있었다. 작은아씨는 짧은 휘장을 사이에
두고 앉아 있었으나 그 휘장을 옆으로 밀어 치우고 친왕은 무언가 얘기하는
모습이 너무도 아름답고 잘 어울렸다. 하치노미야님이 쓸쓸하게 살아갔던 생
활을 생각하면, 같은 친왕이지만 격이 다를 듯했다.

니오노미야가 휘장 안으로 들어간 뒤에는 유모들이 아기를 보살피고 있었
다. 문안을 드리려는 사람들이 있다고 가끔 말씀을 드려도, 피곤하고 몸이 불

편하다면서 작은아씨 방에서 나오지 않았다. 식사는 작은아씨 처소에서 먹게 되었다. 모든 것이 우아하고 고상했다. 중장의군은 여태 딸의 생활에 최고의 사치를 다 곁들였다고 믿고 있었던 일과 비교해 보니, 그것은 지방관 계급의 취미에 지나지 않았다고 생각하게 되었다.

'내 딸도 작은아씨처럼 친왕과 나란히 있어도 잘 어울릴 텐데, 재력만 믿고 후궁이라도 되게 하려고 아버지가 천황에게 바치는 딸들은, 같은 내 자식이라도 그 인품이 이 딸과 비교도 되지 않을 만큼 천박하게 여겨지니, 역시 이상을 높게 가지지 않으면 안 되겠다.'

중장의군은 밤새도록 여러 가지 공상을 했다.

니오노미야는 아침 늦게 일어나 예복을 갖추어 입으며 말했다.

"어머니 중궁께서 병세가 안 좋다니 문안드려야겠소."

마음이 끌린 중장의군이 다시 엿보니 정장을 한 모습이 또한 말할 수 없이 고상하고 아름다웠다. 니오노미야는 아기와 헤어지기가 아쉬워 아직 놀아주고 있었다.

친왕은 찐 밥을 먹은 뒤 서쪽 별채에서 수레에 올랐다. 아침 일찍부터 찾아들어 대기소에 모여 있던 사람들은, 그때가 되어서야 마루 끝으로 다가가서 인사를 올렸다. 그 가운데 깔끔하지만 특별히 눈에 띄지 않는 남자가 평상복을 입고 칼을 찬 채, 매력이라곤 없는 표정을 짓고 있는 게 보였다. 그는 니오노미야 눈에는 들지 못하는 남자였다.

"저 남자가 태수 사위로 들어간 소장입니다. 처음에는 그 언니와 혼인 약조를 했었는데, 태수 친딸을 맞아들이면 더 극진한 대접을 받을 것이라며 아직 다 자라지도 않은 어린 아이를 맞이했다고 합니다."

"세상에, 그런 소문은 처음 듣는데."

"나는 그 댁에 연줄이 있어서 가끔 소식을 듣거든요."

부인이 듣고 있는 줄도 모르고 시녀들은 이렇게 수군거렸다. 부인은 가슴이 찢어지는 듯했다. 지금까지 이런 소문을 몰고 다니는 소장을 좋은 상대라 여겼던 자신의 어리석음이 분하게 생각되어, 소장을 더욱 경멸하게 되었다.

'이렇게 보니 정말 좋은 구석이라고는 한 군데도 없는 남자로구나.'

그때 아기가 기어 나와 바깥을 내다보자 그 모습을 본 니오노미야는 집을 나서려다 다시 되돌아왔다.

"중궁의 병세가 웬만하면 빨리 돌아오겠지만, 여전히 괴로워하시면 오늘 밤엔 궁에 머물러야겠소. 하룻밤이라도 만나지 않으면 걱정스러워 견딜 수가 없거든."

이렇게 말하며 잠시 아기를 달래주고 나가는 니오노미야의 모습은 볼수록 아름다웠으나 가버린 뒤에 아쉬움과 쓸쓸함에 부인은 그대로 멍하니 앉아 있었다.

중장의군이 작은아씨 앞으로 나와 니오노미야 모습을 극구 찬양하는 이야기를 듣고 작은아씨는 그런 부인이 촌스럽다 싶어 웃고 있었다.

"마님이 돌아가셨을 때 아씨는 갓 낳았을 때라 어떻게 되실까 저희들도 불안해서 견딜 수 없었고, 궁께서도 무척 걱정을 하셨지만 당신은 행운을 타고 나셨기 때문에 우지와 같은 산골에서도 훌륭하게 성장한 것입니다. 큰아씨가 돌아가신 일은 무엇보다 애석한 일입니다."

중장의군은 울면서 말했다. 작은아씨도 함께 울먹이면서 말했다.

"인생이 서글프게만 생각되지만 또 살아가노라면 무슨 위안을 느낄 때도 있지요. 옛날 아버님이 돌아가셨을 때는 순리라 생각하고 체념하였고, 얼굴도 모르는 어머니는 별 감회가 없었지만, 언니의 죽음은 아직도 그 슬픔이 남아 괴로워 견딜 수가 없습니다. 가오루 대장께서 지금도 도저히 잊혀지지 않는다는 말을 하고 슬퍼하실 만큼 깊이 사랑하는 모습을 봐도 돌아가신 것이 서럽기만 합니다."

"대장 나리는 폐하의 부마로 그토록 극진한 대우를 받고 계시니 복에 겨워서 그러는 것입니다. 큰아씨가 살아 계셨다 해도, 그 때문에 황녀와의 결혼을 거절하실 수는 없었겠지요."

"과연 어떠했을까요, 그러나 황녀와의 결혼으로 두 분 사이가 어그러져 자매가 나란히 같은 운명으로 세상의 웃음거리가 되니, 차라리 먼저 돌아가신 것이 잘된 일인지도 모릅니다. 그래서 가오루님이 더욱 언니를 잊지 못하고 그리워하는 것이겠지요 가오루님은 이상할 정도로 옛 사랑을 못 잊고 계셔요. 아버지의 뒷일까지도 모든 것을 보살펴 주시고 불사도 손수 돌봐 주십니다."

작은아씨는 가오루에 대하여 감사한다는 뜻을 그리 과장도 하지 않고 부인에게 들려 주었다.

"가오루님께서 돌아가신 큰아씨 대신 만나보고 싶다고 하잘것없는 제 딸을

두고 우지에 있는 변 여승에게 그리 말하셨다고 합니다. 그렇다고 지금 어떻게 할 수 있는 일은 아니지만, 제 딸이 큰아씨와 인연이 있기 때문이 아닌가 싶습니다. 황공하지만, 정말 감사하고 친절한 말씀입니다."

중장의군은 이야기 끝에 장차 딸을 어떻게 했으면 좋을지 몰라 번민하고 있다고 작은아씨에게 울면서 하소연하였다.

자세히 말하지는 않았으나 이조원의 시녀들 사이에서도 소문거리가 돼 있다는 것을 생각하고는 좌근위소장이 우키후네를 업신여기고 혼약을 파기한 사연까지 털어 놓았다.

"내 목숨이 붙어 있는 동안 말상대라도 해주면 어떻게든 살아가겠지요 그러나 내가 죽은 뒤에 불행한 여자가 되어 세상에서 고생을 할까 두려워 차라리 중이라도 되게 해서 깊은 산중으로 보내면, 인생에 대한 욕망도 잊고 살 수 있으리라는 생각을 해보기도 합니다."

"참 불쌍한 일이지만, 사람들에게 업신여김을 받는 것은 부모를 일찍 여읜 우리 같은 사람들의 공통된 운명입니다. 게다가 세상은 여자를 독신으로 놔두지 않아 일생 동안 혼자 있도록 아버지께서 정하신 저 같은 사람도 자기 뜻을 굽히고 남의 아내가 되었는걸요. 하물며 동생을 출가하게 할 수는 없지요. 머리를 자르기엔 너무 아까울 정도로 용모가 빼어난데."

작은아씨가 언니답게 이렇게 말하자 중장의군은 기뻐했다. 부인은 나이는 먹었어도 품위있고 아름다운 여인이었다. 살이 좀 많이 찌긴 했지만 역시 상류 부인이라는 느낌이 드는 모습이었다.

"돌아가신 하치노미야님께서 자식으로 인정해 주지도 않았기 때문에 불쌍한 처지가 더욱 가련하게 되어 사람들로부터 모욕을 당한다고 슬퍼했습니다만, 이렇게 아씨께서 가까이 돌봐주고 장래 문제까지 친절하게 근심해 주니 하치노미야님에 대한 한도 풀리는 듯하군요."

그런 뒤에 부인은 남편의 임지를 따라다녔던 이야기를 하고, 육오국에서 보낸 세월의 애달픈 얘기까지 했다.

"'내 몸 하나 괴롭다 해서 세상만사를 원망했구나' 이런 노래도 있는데, 슬픔을 이야기할 상대조차 없는 히타치 시절 일까지 자세히 말씀드리고 나니 오래 머물며 시중을 들어드리고 싶은 심정입니다. 허나 집에서는 철부지들이 쓸쓸해하면서 저를 찾을 것이니 역시 마음이 놓이지 않는군요. 지방 수령의 아내로 살아온 지난 세월이 저 자신도 한심하게 생각되는 일이 많습니다. 우키후네만이라도 아씨에게 맡기니 어떻게든 그 아이 거취를 결정해 주세요."

부인에게 이런 부탁을 듣고 작은아씨도 동생을 지방 관속 나부랭이에게 주고 싶지는 않았다. 우키후네는 용모며 성격이며 미운 데가 조금도 없었다. 지나치게 부끄러워하지도 않고 소녀다운 얌전함도 보이지만 무척 영리하게 보였다. 또한 부인의 거실에 있는 시녀들에게도 보이지 않도록 몸을 숨기고 앉아 있는 품이 가련해 보이기도 했다.

'말하는 태도는 이상할 만큼 죽은 언니를 닮은 데가 있구나. 언니를 대신할 사람이 필요하다고 하던 가오루님께 보여드리고 싶다.'

문득 이런 생각이 떠올랐을 때 마침 가오루 대장이 온다는 전갈이 왔다. 방에 있던 시녀들은 여느 때처럼 휘장을 드리우고 준비를 했다. 중장의군이 말했다.

"그럼 나도 좀 엿봐야겠군요. 전에 얼핏 본 사람이 몹시 칭찬을 하고 있었지만 니오노미야님과 견줄 수는 없겠죠."

이 말을 듣고 시녀들이 말했다.

"글쎄요. 어느 분이 더 훌륭한지 저희들은 짐작을 못 하겠습니다."

작은아씨가 말했다.

"두 분이 마주 앉은 것을 보았을 때는 니오노미야가 부드러운 맛이 없는 분 같아 보였어요. 따로따로 보면 우열이 없는 분들 같지만, 아름다운 사람이란 또 한편으로는 다른 사람의 아름다움을 해치게 되니 탈이군요."

이렇게 말하자 모두 웃으며 말했다.

"하지만 니오노미야님이 뒤처지지는 않으실걸요. 어떤 분이든 니오노미야님보다 더 잘 생긴 분은 없을 터이니까요."

"가오루 대장님이 수레에서 내리는 듯합니다."

벽제 소리도 요란스러웠지만 가오루의 모습이 금세 나타나지는 않았다.

기다리는 것이 지루하게 느껴질 때쯤, 복도를 걸어 들어오는 대장은 화려한 미모라기보다는 멋지고 고상해서 누구나 부끄러움을 느끼지 않는 자가 없고 저절로 머리가 수그러질 정도였다. 귀인다운 우아한 풍채였다. 궁중에서 퇴출하는 모양이었다.

가오루 대장이 말했다.

"어젯밤에 아카시 중궁께서 편치 않다는 말을 듣고 궁정으로 들어가보니, 곁을 지키는 분이 없었기에 딱한 생각이 들어 니오노미야 대신 지금까지 대궐에 있었습니다. 오늘 아침에도 입궁이 늦어 이것은 필시 작은아씨의 탓이라고 나는 해석했습니다."

작은아씨가 답했다.

"정말 마음 씀씀이가 깊으시군요."

니오노미야가 대궐에 머물러 있는 것을 보고 이곳으로 온 가오루는 다른 꿍꿍이가 있는 게 분명했다.

가오루는 여느 때처럼 친밀하게 이런저런 이야기를 하고 있었으나, 큰아씨를 잊을 수가 없어 현재의 결혼생활에는 흥미를 느낄 수 없다는 뜻을 곁들여 작은아씨에게 호소하려는 것이었다.

'아무리 그래도 어찌 이렇게 오랫동안 언니를 잊지 못하는 걸까. 이것은 열렬히 사랑했던 것처럼 아직도 잊지 않고 있다는 표시를 하기 위함이 아닐까.'

작은아씨는 이렇게 생각하면서도 가오루를 오래도록 보아 왔고, 자신도 목석이 아니기에 가오루가 언니를 생각하는 그 사모의 정이 진실임을 잘 알 수 있었다. 이처럼 가오루의 마음속을 들여다보게 된 작은아씨는 언니에 대한 가오루의 연심을 사그라지게 할 방책이라도 쓰고 싶었는지 언니를 대신할 동생에 대하여 슬쩍 내비쳤다.

"실은 그 사람이 지금 여기 몰래 와 있습니다."

가오루는 가슴이 두근거리고 만나고 싶은 마음은 간절하나, 당장 마음이 옮겨지지 않아 이렇게 말했다.

"그 보존이 내 소망을 모두 들어준다면 존경하겠지만, 도리어 그대에 대한 집착을 끊지 못하고 괴로워한다면 오히려 도심이 탁해지겠지요."

"참으로 어이없는 도심이네요?"

작은아씨가 살짝 웃으며 말했다.

"큰아씨가 당신을 내게 양보한 것과 같이, 당신이 동생 우키후네를 물려준다고 생각하면 옛일이 회상되어 무서워집니다."

이렇게 말하고 가오루는 눈물을 머금고 중얼거렸다.

그 사람이 죽은 그분을

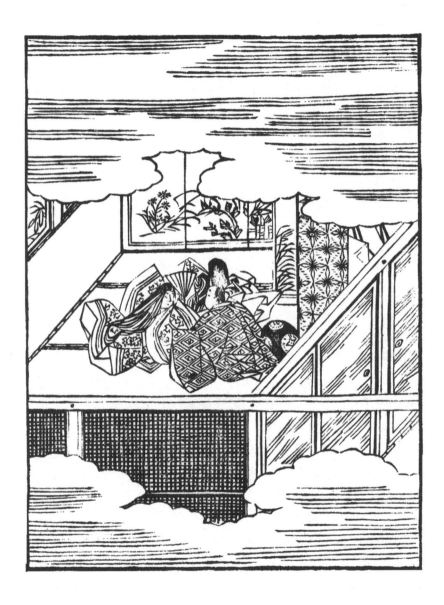

정자 1391

대신할 수 있다면
한시도 곁을 떠나지 않고
그분을 그리워하는 내 마음의 슬픔을
씻어낼 인형으로 삼고 싶으니.

가오루는 늘 하던 농담처럼 이렇게 얼버무렸다.

목욕재계하는 강물 여기저기에
흘려보내는 인형이라면
누가 그대를 믿고
평생을 곁에 있겠는지요.

"'손짓하는 곳이 많아'라는 노래 같군요. 그분이 가엾어집니다."
"손짓하는 곳이 많아도 결국 이 몸이 정착할 곳은 어디인지 말할 필요도 없
겠지요. 늘 그대에게 혹독한 대접을 받는 나는 하찮은 물거품에나 비유해야
할 몸 아니겠습니까. 강물에 버려질 인형이란 바로 저입니다. 어떻게 하면 저의
이 괴로움을 달랠 수 있을까요."
이렇게 얘기를 나누는 동안에 날이 어두워져 작은아씨는 마음이 조급해졌
다. 더구나 우키후네 모녀가 이상하게 생각할까 염려되었다. 그런데도 가오루
가 자리를 뜨려고 하지 않아 작은아씨는 돌아가기를 재촉했다.
"오늘 밤은 일찍 돌아가십시오."
"그럼 그 손님에게 오랫 동안 제가 가슴에 품어온 것이 충동적이고 천박한
바람기가 아님을 전해주십시오. 연애 경험이 적은 내게는 여성에게 호의를 요
구한다는 것이 이젠 부끄러워서 할 수가 없습니다."
가오루는 이렇게 부탁하고 돌아갔다.
'훌륭하고 나무랄 데 없는 귀인이로구나. 유모가 좌근위소장에 대한 복수를
떠올리고 혼인을 권하였지만 있을 수 없는 일이라고 생각했다. 하지만 그만한
풍채를 가진 대장이라면 견우와 직녀처럼 1년에 한 번씩만 만난다 하더라도
참을 수 있으리라. 내 딸은 평범한 사람의 아내로 삼게 하기에는 너무 아까운
인물인데, 시골 사람들만 보아온 탓에 그 소장을 풍정 있는 우아한 사람으로

여겼다니 한심하구나.'

가오루가 기대고 있던 노송나무 기둥에도, 방석에도 그의 향기가 남아 있었다. 그것은 그야말로 비길 데 없는 향기였다. 시녀들도 칭찬을 아끼지 않았다.

"불경을 읽다 보면 뛰어난 공덕에 대한 내용이 많지요. 그 중 몸에서 그윽한 향내를 풍기는 것이 대단히 존귀한 일이라고 부처도 설법하였으니 지당한 일입니다. 《법화경》 약왕보살품에 '우두선단'이란 향이 있지요. 향 이름은 무섭지만, 가오루 대장이 움직이면 좋은 향내가 나니 부처님은 참말을 하셨음을 알수 있습니다. 이 또한 어렸을 때부터 불도 수행에 정진했기 때문이지요."

"하지만 이승에서만 신앙의 결과라고는 생각되지 않아요. 전생에 어떤 선량한 공덕을 쌓았는지 그것이 알고 싶어지는군요."

이렇게 저마다 하는 칭찬을 중장의군은 저도 모르게 미소를 지으며 듣고 있었다. 작은아씨는 슬며시 가오루에게 부탁받은 이야기를 부인에게 했다.

"한 번 마음먹은 일은 한사코 잊지 않는 보기 드물게 믿음직스러운 성품이지요. 이미 둘째 황녀와 결혼한 저분의 입장을 생각하면 난감할 것이나 출가시킬 각오까지 하고 있다면 가오루와 인연을 맺어 봄이 어떨는지요."

부인이 말했다.

"괴롭게 하거나 남에게 경멸을 당하게 하지 말자는 마음에서 새소리도 들리지 않는 깊은 산속에서 살게 할 생각까지 했었습니다. 그런데 대장님을 뵈니 그런 분이라면 시녀로 있다 해도 사는 보람이 있을 듯하다는 생각이 듭니다. 나이 먹은 내가 이렇게 생각하는데, 하물며 젊은이야 그분에게 어찌 호감을 느끼지 않겠어요. 신분이 높건 낮건 여자란 애정 문제로 이 세상에서는 물론 저 세상에서도 고통을 겪어야 할 운명입니다. 이런 생각을 하면 제 딸이 너무 가여우나 앞으로 모든 것을 아씨에게 맡기겠습니다. 아무쪼록 버리지 말고 돌봐 주세요."

부인의 말을 듣고 작은아씨는 머리가 아프고 귀찮아 한숨을 쉬며 말을 아꼈다.

"그분이 지금까지 친절하게 해주신 것만을 알 뿐이지 앞으로의 일까지는 알수가 없으니……."

날이 밝자 중장의군을 데리러 온 수레가 도착하였다. 몹시 화가 나 있다는 태수의 편지도 있었다.

"황공한 일이지만 당신에게 모든 것을 의지하기로 하고 딸을 여기에 두고 갑니다. 출가를 시킬지 어떻게 할지 고민하는 동안만 잠시라도 숨겨 주십시오. 불쌍한 아이라 여기시고 배우지 못한 것을 가르쳐 주십시오."

부인은 작은아씨에게 울면서 부탁하고 돌아갔다. 우키후네는 어머니와 떨어져 있어 본 적이 없어 불안하게 생각하였다. 그러나 화려한 이조원에서 잠시나마 작은아씨와 함께 지내게 된 일은 역시 기뻤다.

부인의 수레가 나갈 때에는 날이 약간 밝아져 있었다. 마침 이때 니오노미야는 궁중에서 돌아오는 길이었다. 아기가 보고 싶어 서둘러 온 터라 여느 때와 달리 소박한 수레를 타고 오던 니오노미야는 부인이 탄 수레와 마주쳤다. 부인의 수레가 멈추자 니오노미야는 수레를 복도 끝에 대고 내렸다.

"누구의 수레일까, 아직 어두운데 길을 서두는 것은."

친왕은 수상쩍다는 듯 말했다. 남의 눈을 피해 은밀히 다니는 사내는 이렇게 돌아가는 법이라고 자신의 경험에 비추어 의심을 품으니 노파심도 이만저만이 아니었다.

"상륙 나리가 돌아가시는 것입니다."

나가는 수레를 따라가던 사람은 말했다.

"나리라, 거참 대단하군."

이 소리를 듣고 벽제를 맡은 젊은 사람들이 웃자, 부인은 이토록 격차가 있는 신분이었던가 싶어 슬퍼했다. 오직 딸을 위해 자기도 남과 같이 존경받는 신분이 되었으면 싶었다. 하물며 딸을 자기와 같은 천한 신분에 두는 것이 너무 안타깝고 슬펐다.

친왕은 부인의 거실에 들어가서 한 마디 했다.

"상륙 나리라는 사람이 당신 처소에 드나드는 모양이군요. 아름답고 풍류스러운 이 새벽에 급히 빠져 나가는 수레가 있었는데 수레에 탄 자가 사람의 눈을 피하는 것같이 보였습니다."

역시 가오루 대장이 아닌가 의심하며 말하는 듯하였다. 작은아씨는 듣기에도 민망하고 한심하여 이렇게 말했다.

"대보*2의 젊은 시절 친구였던 사람입니다. 별로 화려한 모습도 하고 있지

---

*2 대보 : 늙은 시녀.

않은데 당신은 일부러 무슨 곡절이 있는 것처럼 말하는군요. 남들이 들으면 오해할 말씀을 하시니 싫습니다. '괜한 누명을 씌우지 말고'라는 노래가 있지요. 결백한 사람에게 죄를 덮어씌우지 마세요."

실망한 듯 얼굴을 돌려 버리는 작은아씨의 모습이 가련하고 아름다웠다. 친왕은 그대로 침실에 들어 늦게까지 자고 있는데, 문안을 하는 사람들이 많이 모였기 때문에 정전 쪽으로 갔다.

중궁의 병환은 대단치 않아 이내 회복되었으니 모두 안심 하고 유기리 대신의 아들들이 바둑을 두고 운 맞추는 놀이 등을 하며 흥겨워하였다.

저녁때 니오노미야가 작은아씨의 처소에 들었을 때 작은아씨는 머리를 감고 있었다. 시녀들도 저마다 방에 들어가 쉬고 있어, 작은아씨의 거실에는 별로 이렇다 할 만한 사람도 없었다. 니오노미야는 어린 시녀를 보내 말을 전하게 했다.

"왜 하필이면 이런 때 머리를 감는가요. 따분하고 민망합니다. 나 홀로 이렇게 심심하게 놔둘 겁니까."

머리 감기를 거들던 대보 댁이 나와 이렇게 말했다.

"정말 여느 때엔 니오노미야님이 안 계실 때 머리를 감는데 요즘엔 귀찮아 하십니다. 오늘이 지나면 이 달엔 세말 길일이 없고 또 구시월에는 머리 감기에 좋지 않은 달이라 오늘 감고 있는 것입니다."

대보 댁은 니오노미야를 동정하면서 아기도 자고 있어 쓸쓸하리라 생각하고 시녀 몇몇을 거실로 보냈다.

니오노미야는 복도를 이리저리 거닐다가 서쪽 별채에 평소 보지 못하던 어린 시녀가 있는 것을 발견하고, 누가 있는가 싶어 그쪽 방을 몰래 엿보았다.

서쪽 별채 안방과 차양의 방 사이에 있는 장지문이 살짝 열려 있어 안을 들여다볼 수 있었다. 장지문에서 1척 정도 떨어진 곳에 병풍이 있었는데, 그 끝에는 발을 따라 휘장이 쳐져 있었다. 휘장끈을 걸어놓은 틈 사이로 개미취색의 화려한 소례복에 마타리색 겉옷을 겹쳐 입는 소맷자락이 보였다. 병풍 한쪽이 접혀 있어 뜻하지 않게 보인 것이다.

'신참 시녀인 것 같군. 상당한 미인이구나.'

니오노미야는 이렇게 생각하며 본채에서 북쪽 차향의 방으로 가는 복도의 장지문을 살짝 열고 발소리를 죽여 다가가는데, 여자는 전혀 눈치채지 못했다.

건너편 북쪽 뜰에는 여러 꽃들이 피어 있고 맑디맑은 시냇물이 바위를 돌아 담장 쪽으로 흐르는 아름다운 광경을 여자는 바라보고 있었다. 인기척이 나자 항상 드나드는 시녀가 온 것이겠지 하고 일어났을 때, 그녀의 눈에는 니오노미야의 화려한 모습이 보였다. 니오노미야는 이 기회를 놓칠세라 한 손으로 장지문을 닫고 병풍 사이에 앉았다. 괴이쩍게 생각하고 부채로 얼굴을 가리는 여자의 모습은 퍽도 예뻤다. 니오노미야는 그 손을 덥석 잡고서 다짜고짜 물었다.

"누구신지 이름을 알고 싶소?"

여자는 무섭기만 했다. 니오노미야가 얼굴이 보이지 않도록 고개를 돌리고 있어 누구인지 알 수 없는 여자는 그 몸에서 풍기는 좋은 향내에 부끄러워 어쩔 줄을 몰랐다.

'요즈음 소문에서 들리는 가오루 대장일까?'

마침 우키후네의 유모가 인기척이 나는 게 수상쩍어 병풍을 밀쳐 열고 이 방으로 들어왔다.

"아니, 이런 일도 있나, 왜 이런 당치도 않은 일을 하십니까."

이렇게 책망했으나, 시녀 따위가 감히 주인을 희롱하지 못한다는 것을 니오노미야는 너무나 잘 알고 있다. 처음 보는 사람이지만 여자를 주무르는 데 능수능란한 니오노미야는 온갖 말을 걸면서 해가 저물도록 옆에서 떠나지를 않았다.

"누구라고 말하기 전에는 놓아 주지 않겠소."

이렇게 말하고 옆에 드러눕자 아씨는 니오노미야임을 알 수 있었다. 상대방이 니오노미야라 유모도 어쩔 도리가 없었다.

이때 시녀들이 처마에 걸린 등롱에 불을 밝히면서 말하는 소리가 들렸다.

"작은아씨께서 오고 계십니다."

그리고 거실 앞 격자문이 내려졌다. 평소 이 방은 별로 사용하지 않는 곳이었으므로 높직한 선반 달린 문갑이 하나 놓여 있고, 자루에 넣은 병풍도 여기저기 세워져 있어 잘 치우지 않는 방으로 보였다. 이런 곳에 손님이 와 있기 때문에 거실 쪽에서는 통로에 한 군데만 장지문이 열려 있었다. 거기서 시녀인 우근이라는 대보의 딸이 와서 한 방 한 방 격자문을 내리며 이쪽으로 다가오고 있었다.

"어머나, 어두워라. 아직 불도 켜 드리지 않았군요. 애써 문을 다 내렸었는데, 어두워서 보이지가 않네요."

이렇게 말하며 격자문을 다시 올리는 소리를 니오노미야는 난처하게 듣고 있었다. 유모 역시 사람의 체면을 생각하고 있었으나 적절하게 얼버무리지도 못하고, 더구나 억세고 고지식한 여자였기에 소리쳤다.

"말씀드릴 게 있습니다. 큰일이 벌어졌어요. 나는 망을 보느라 꼼짝도 할 수가 없어요."

시녀 우근이 무슨 일인가 싶어 손으로 더듬어 들어가니, 예복 차림의 남자가 좋은 향기를 풍기며 아가씨 옆에 누워 있었다. 우근은 곧 니오노미야의 나쁜 버릇이 또 시작된 것임을 깨달았다.

'아씨가 동의한 일은 아닌 듯하구나.'

이렇게 짐작한 우근은 이렇게 말하고 물러갔다.

"정말 흉측한 일이군요. 무어라 말씀드려야 할지 모르겠습니다. 아무튼 작은 아씨께는 알려드려야겠습니다."

시녀들은 이런 일이 알려지는 것은 말도 안 되는 수치라 생각했지만, 정작 니오노미야는 전혀 개의치 않았다.

'정말 기품 있고 아름다운 여자로구나. 그런데 대체 누구일까. 우근의 말투로 봐서는 신참 시녀는 아닌 것 같고.'

알 수 없는 표정으로 니오노미야는 이런저런 일을 캐물으며 설득하고 있었다.

아씨는 노골적으로 불쾌하다는 티는 내지 않았지만, 어쩔 줄을 모르며 몹시 괴로워했다. 그 모습이 가련해보여 니오노미야는 상냥하게 달래주었다.

우근은 북쪽 방에서의 일을 부인에게 알리고 이렇게 말했다.

"가여운 일입니다. 아씨가 얼마나 괴로워하고 있을까요."

"언제나 그랬지만 정말 한심한 짓이로구나. 저 사람 어머니가 이 일을 들으면 경박한 짓을 한다고 여길 테지. 이제는 안심이라고 말했는데."

작은아씨는 이렇게 말하고 우키후네를 측은하게 여겼다.

'어떻게 말릴 수도 없다. 시녀들도 좀 젊고 아름다운 여자라면 모두 정부로 삼아 버리는 나쁜 버릇이 있는 분이거늘. 그런데 어떻게 그 사람이 있는 것을 알게 되었을까?'

작은아씨는 니오노미야의 한심함에 기가 막혀 그 어떤 말도 할 수 없었다.

"오늘은 고관들이 많이 참상하는 날이라 침전에서 그분들과 여흥을 즐겼는데, 그런 때는 늘 이쪽으로 늦게 돌아오시는지라 모두 방심하고 있었지요. 그렇지만 어떻게 하면 좋을까요. 그 유모가 완강하더군요. 여차하면 나리를 억지로라도 떼어 놓을 기세입니다."

이렇게 우근이 소장 시녀에게 난처한 상황을 말하고 있을 때, 중궁에서 사자가 와서 말을 전했다.

"중궁께서 오늘 저녁때부터 가슴이 몹시 답답하다 하셨는데, 갑자기 용태가 나빠지셨는지 몹시 괴로워하십니다."

우근이 말했다.

"공교롭게도 이런 때, 니오노미야님께서 마땅치 않아 하시겠군요. 어쨌든 말씀드려야지요."

일어서려는 우근에게 소장이 말했다.

"이제는 일을 저질렀을 테니 공연히 소란을 피워 니오노미야님을 위협하진 마세요."

"아직 거기까지 가지는 않았을 거예요."

시녀들의 수군거림을 들으니 작은아씨는 심경이 복잡했다.

'어쩌면 이렇게 사람들 입에 오르내릴 일을 서슴지 않게 해댈 수가 있을까. 도리를 아는 사람들은 나까지 뭐라 하겠구나.'

우근이 서북쪽 방에 가서 사자가 전한 것보다 더 과장하여 중궁의 병환을 황급히 친왕에게 전했으나, 니오노미야는 별 대수롭지도 않다는 기색으로 말했다.

"누가 사자로 왔느냐."

우근이 대답했다.

"중궁 무사인 타이라노 시케쓰네라 합니다."

니오노미야는 그 자리를 떠나기가 아쉬워 남들이 어떻게 생각하건 알 바 아니라는 심정이었으나, 우근이 나가서 서쪽 정원에 심부름 온 사람을 불러 자세히 이야기를 들으려고 했을 때, 맨 처음에 전하러 온 사람도 거기에 와서 이렇게 전했다.

"중무 친왕께서도 입궁하셨습니다. 중궁 대부도 벌써 도착했을 것입니다. 오는 길에 수레를 꺼내는 것을 보았습니다."

'갑작스레 편찮으신 일도 있긴 하니.'

거짓말은 아닌 듯하다고 생각하게 된 니오노미야는 늦게 가면 어떻게 여겨질까 걱정하기 시작했다. 몸을 허락하지 않는 아가씨를 몹시 원망한 니오노미야는 다음을 기약하면서 떠났다.

우키후네는 무서운 꿈에서 깨어난 것 같은 기분으로 흠뻑 땀에 젖어 있었다. 우키후네의 유모가 옆에 와서 부채질을 해 주면서 눈물을 흘리며 말했다.

"이런 저택에는 잠시도 마음을 놓을 수가 없어요. 니오노미야님이 한 번 접근하신 이상 앞으로 좋을 리는 없습니다. 정말 무서워요. 아무리 신분이 높다 한들 부도덕한 짓을 하면 반드시 괴로운 일이 생깁니다. 이 댁과 무관한 다른 분이라면 구혼을 받아도 괜찮겠지만, 상대가 니오노미야님이라면 누가 봐도 민망한 일이라 생각해서 부동명왕처럼 무서운 얼굴로 노려보고 있으려니까, 기분 나쁜 천한 계집이라 생각하고 손을 몹시 꼬집으셨는데, 아랫것들이나 하는 짓 같아 우스꽝스럽게 여겨지더군요. 상륙 주인에서는 오늘도 부부 싸움을 몹시 하셨다는군요. '딸 하나를 위해서 남은 자식들을 버려두고 갔다, 소중한 사위가 오는 날에 외박을 하다니 말도 안 된다'며, 상륙태수가 부인을 꾸짖었다고 합니다. 그래서 아래 무사까지도 부인을 가엾다고 말하고 있더군요. 이런 일들이 생기는 것도 모두 그 좌근소장 탓이지요. 그 불쾌한 혼담만 없었던들, 간혹 옥신각신하는 일은 있더라도 아가씨는 평화롭게 지낼 수 있었을 텐데요."

유모는 이렇게 탄식하였다.

우키후네는 어머니 일은 생각할 여지가 없었다. 지금까지 경험하지 못했던 꼴을 당하고, 게다가 작은아씨가 어떻게 생각할 것인가 싶어 서글프고 괴로워 엎드려서 울고 있었다. 이를 보고 있는 유모는 어찌할 바를 모르다가 이렇게 말했다.

"그렇게 슬퍼하실 것은 없습니다. 아버지가 있어도 어머니가 없는 사람은 불안하고 슬픈 것입니다. 남이 보기에는 아버지가 없는 사람이 가엾게도 생각되지만, 심술궂은 의붓어미한테 미움받고 있기보다는 이쪽이 훨씬 마음이 편한 거예요. 어머니가 어떻게든 잘 해결해 줄 테니 그리 서글퍼하지 마세요. 항상 초뢰(初瀬)의 관음보살이 아가씨를 지켜주니 자비를 베풀어 주실 것입니다. 여행에 익숙하지 않은 아씨를 여러 번 그 산에 모시고 간 것도, 아가씨를 경멸하려는 사람들에게 아씨가 이렇게 좋은 행운을 타고났음을 알게 하려고 빌기 위한 것이었어요. 아씨는 바보처럼 당하고만 있을 분이 아니랍니다."

유모는 아무 것도 불안해할 필요 없다는 듯 아씨를 위로했다.

니오노미야는 서둘러 입궁하였다. 이쪽이 궁중에 가깝기 때문인지 서문을 지나가면서 뭐라 말하는 소리가 들렸다. 점잖고 아름다운 목소리로 연애를 다룬 옛 노래를 읊조리며 지나가니 아씨는 번거로움을 느꼈다.

니오노미야는 갈아 탈 말까지 내오게 하며, 궁에 머물 수행원 10명 정도를 거느리고 입궁했다.

작은아씨는 우키후네가 얼마나 역겹게 여기고 있을까 싶어 이 사건은 모르는 체하고 우키후네에게 말을 전하게 했다.

"니오노미야는 중궁마마의 병환이 중하시다는 연락이 와서 대궐로 들어가셨으니 오늘 밤은 돌아오시지 않을 거요. 나는 머리를 감고 났더니 몸이 시원치 않아 움직이지를 못해요. 심심할 터이니 이쪽으로 오시지요."

"지금은 몸이 괴로워서 그러니, 좀 괜찮아진 뒤에 찾아뵙겠습니다."

우키후네는 유모를 통해서 이렇게 대답했다. 몸이 어떻게 괴로우냐고 작은아씨는 다시 사람을 보냈다.

"특별히 병은 아닙니다. 그저 괴로울 뿐입니다."

우키후네가 이런 대답을 보내니 시녀 소장이 눈짓을 하며 말했다.

"몹시 기분이 언짢을 것이지요."

작은아씨는 동생이 너무나 가여웠다.

'참으로 일이 미안하게만 되는구나. 가오루 대장이 상당히 열을 올리고 있는 여동생인데, 이런 사실이 알려지기라도 한다면 경멸할 것이다. 니오노미야처럼 다감하고 여자에게 약한 사람은 없는 일도 의심하여 이런저런 트집을 잡기는 하지만, 수상한 일이 있어도 자신의 칠칠치 못한 행동거지 때문에 그냥 넘어가 버리는데. 하지만 가오루는 속으로 불쾌하더라도 말하지 않는 사려 깊은 성격이라 이쪽이 부끄러울 정도이니. 오랫동안 만나지도 못했고 있는 줄도 몰랐던 동생이지만, 만나고 보니 용모도 성품도 그냥 둘 수 없을 만큼 귀여우니 마음에 걸리는구나. 정말 남녀사이란 참 어렵고 성가시다. 나 역시 현재의 운명을 만족스럽게 여기는 건 아니지만, 동생과 같은 치욕을 당할 듯한 환경에 있었으나 그렇게 되지는 않고 부족함이 많지만 이렇게라도 될 수 있었다는 것은 참으로 행복한 일이다. 이제는 그저 내게 연심을 품은 가오루가 동생에게 마음을 돌릴 수만 있다면 아무런 근심 없이 지낼 수 있을 텐데.'

작은아씨는 머리숱이 많아 좀처럼 마르지 않는 머리칼 때문에 잠자리에 들지도 못하고 괴로워하였다.

우키후네는 정말로 몸이 괴로웠다. 유모가 보다못해 말했다.

"그렇게 아프다고 안 간다면, 정말로 무슨 일이 있어서 제 발이 저려 못 오는 줄로 생각할지도 모릅니다. 아무런 일도 없었던 듯이 태연해야 합니다. 우근에게는 사실을 있는 그대로 이야기하지요."

유모는 억지로 우키후네와 함께 가서 작은아씨 방 장지문 쪽에서 우근을 불러냈다.

"해괴한 장난으로 마음이 상해 아씨에게 미열이 있습니다. 정말로 무슨 일이라도 당한 사람처럼 괴로워하는 모습은 딱해서 볼 수가 없군요. 마님께서 좀 위로해 주십사고 말씀을 드립니다. 무슨 큰 잘못을 저지른 것도 아닌데 부끄러워하며 마음 아파하고 있습니다. 조금이나마 남녀 사이를 아시는 분이라면 그까짓 거 대수롭지 않게 여기겠지만, 전혀 경험이 없는지라 괴로워하는 것도 무리가 아니지요. 보고 있기가 안타깝습니다."

이렇게 말해 두고 아씨를 일으켜서 작은아씨에게로 데리고 갔다.

우키후네는 망연자실한 상태였다. 시녀들이 어떻게 상상을 하고 있을까 생각하자 수치스러워 견딜 수 없지만, 성품이 유순한 사람이었기에 유모에게 끌려 작은아씨의 거실로 들어갔다.

눈물에 젖은 모습을 숨기고 싶어 등불 반대쪽으로 얼굴을 돌린 아씨는, 작은아씨만을 다시 없는 미인이라 생각하고 있는 시녀들이 보아도 결코 뒤지는 것 없이 귀녀답고 아름다워 보였다.

'니오노미야님이 이분을 사랑하게 된다면 당치도 않은 큰일을 보게 되리라.'

'이 정도가 아니라도 니오노미야님은 새 여자를 그냥 두지 않는데.'

작은아씨를 시중들고 있는 우근과 소장은 미처 숨기지 못한 우키후네의 얼굴을 바라보며 생각했다.

작은아씨는 다정하게 말했다.

"여기를 남의 집이라 생각하지 말아요. 언니가 죽은 뒤로 나는 언니를 조금도 잊지 못하고 있었지요. 그래서 내 운명만큼 슬픈 것은 없다고 생각하며 살아왔지만, 언니를 빼닮은 당신을 볼 수 있게 되어 슬픔도 사라지고 정겹게만 느껴져요. 부모가 없는 내가 옛날 언니와 그랬던 것처럼 당신과 다정하게 지낼 수 있다면 얼마나 좋겠어요."

작은아씨는 이렇게 말해주었지만 마음의 촌티를 아직 벗지 못한 아씨는 그저 부끄럽기만 하며 아씨는 언니 앞에선 아무 말도 하지 못했다.

"오랫동안 언니 곁에는 못 올 줄 알았는데, 이렇게 친절하게 대해 주시네요. 어떤 일이든지 모두 위로가 되고도 남습니다."

우키후네는 이렇게 힘겨운 목소리로 말했다. 작은아씨는 그림책을 가져오게 하여 그 설명을 읽어주기도 하고, 함께 보기도 했다. 수줍은 태도를 버리고 열심히 보고 있는 우키후네의 모습이 등불에 비쳐 순수한 아름다움이 엿보였다. 아름다운 이마와 눈가는 여유롭고 기품이 있어 큰아씨와 너무도 닮아 죽은 사람이 절로 떠올랐다. 작은아씨는 그림은 거의 보지 않고 동생만 바라보았다.

'참 정겨운 모습이로구나. 어쩌면 이렇게 닮았을까. 돌아가신 아버님도 많이 닮은 듯하다. 시녀들 하는 말이 언니는 아버님을, 나는 어머님을 닮았다고 했는데. 이렇게나 언니를 닮다니 정말 그립고 정겹구나.'

마음속에 큰아씨와 함께 그려보니 어느덧 눈에 눈물이 고였다.

'언니는 한없이 고귀하면서도 상냥하고 다감했지. 너무 연약하고 섬세해서 부러질 것 같았지만, 이 동생은 언니와는 달리 싱그럽고 매사에 익숙하지 않은 것 같구나. 부끄러워하는 탓인가 언니의 우아함은 따라가지 못하는 것 같다. 조금만 더 깊이를 더한다면 가오루가 연심을 갖는다 해도 어울리지 않는 일은 없겠구나.'

작은아씨는 언니 된 마음으로 동생을 염려했다.

두 사람은 대화를 나누다 새벽녘이 되어서야 잠자리에 들었지만, 작은아씨는 동생을 옆에다 뉘고 돌아가신 아버지에 대한 이야기를 들려 주었다. 들으면 들을수록 그리워지는 아버지를 끝내 만나지 못한 것이 우키후네는 너무 슬펐다.

엊저녁 일을 알고 있는 시녀가 말했다.

"어젯밤에는 어찌 되었을까요. 저렇게 아리따운 분을 니오노미야님이 포기하실 리가 없지요. 마님께서 저렇게 귀여워해 주시지만 이미 진흙에 떨어진 꽃이 아니겠어요. 참 안됐군요."

그러자 우근이 말했다.

"그런 일은 없었을 거예요. 그 유모가 나를 붙들고 놓칠세라 늘어놓는 말을 들으니 거기까진 가지 않은 듯해요. 니오노미야님께서도 '만났으나 만나지 못한 듯'이라고, 서로 마음을 여는 선까지 가지 못한 뜻의 시를 읊었으니까요."

"하지만 그건 일부러 그렇게 보이려는 건 아닐까요?"

"등불에 비친 아씨 표정이 담담하셨던 걸 보면 니오노미야님과 무슨 일이 있었던 것 같지는 않아요."

조금은 해명하는 것 같기도 하고 그렇지 않은 것 같기도 한 말을 두 시녀는 서로 나누면서 우키후네를 동정했다.

유모는 수레를 보내달라고 하여 상륙태수의 집으로 돌아갔다. 상륙 부인은 어제 저녁에 일어난 이야기를 모두 듣고 깜짝 놀랐다.

"시녀들은 그런 괴이한 일이 어디 있느냐고 말할 것이고, 또 그렇게 생각하겠지. 작은아씨는 또 어떻게 생각할 것인가. 질투에서 비롯된 증오는 고귀한 분이나 미천한 사람이나 다를 게 없을 텐데."

그렇게 생각하니 도저히 참을 수가 없어 상륙 부인은 그날 저녁으로 이조원을 찾아갔다. 친왕이 부재 중이어서 상륙 부인은 마음놓고 말했다.

"아직 어리고 철없는 것을 맡겨 놓고선, 어련하실까 하고 안심은 하면서도 마음이 놓이지 않아 이렇게 찾아왔어요. 집에서도 원망을 받고 있으니 그저 한심할 뿐이지요."

그러자 작은아씨가 말했다.

"그렇게 말씀하실 정도로 어리지도 않은데 걱정이 된다고 하시니, 제가 꾸중을 듣고 있는 것 같아 오히려 걱정이 됩니다."

이렇게 말하고 웃는 작은아씨의 고상한 기품에, 상륙 부인은 자기들 모녀가 염치없는 사람인 듯 생각되었다. 어젯밤 일을 어찌 생각하고 있을까 싶었지만 그 문제에 대해 더는 말할 수가 없었다.

"이렇게 곁에서 신세를 지는 것은 오랜 숙원이 이루어진 듯해, 세상사람들 앞에서도 영광스러운 일이지만 가만히 생각해 보니 피해야 할 일이었던 것 같습니다. 출가시켜 깊은 산에 보내는 게 차라리 현명한 일이었나 봅니다."

중장의군이 이렇게 말하며 흐느껴 울자 작은아씨가 말했다.

"이 집에 있는 것을 어찌 불안하게 여기는지요. 무슨 일이 있더라도 결코 내버려두지는 않을 것입니다. 나쁜 버릇이 있는 분이인데. 이리로 오십니다만, 시녀들도 다 알고 있어서 경계를 하고, 나 역시 조심하여 곤란한 지경에 이르지 않게 신경을 쓰고 있습니다. 부인께선 제 마음을 믿어주시지 않는 것인지요."

상륙 부인이 말했다.

"작은아씨의 친절을 의심한다는 것은 결코 아닙니다. 예전의 하치노미야님께서 저 아이를 자식으로 생각지 않았다 해도, 작은아씨를 원망한다는 것은 도리가 아니지요. 그 일에 대해서 말하려는 것이 아닙니다. 그 일과는 별개로 자매간이라는 인연이 있으니 그것을 의지하고 매달린 것입니다."

이렇게 속마음을 털어놓은 다음 말을 이었다.

"내일과 모레는 장소를 가려야 하니, 그 동안은 다른 곳에 있다가 다시 이곳에 신세를 지도록 하겠습니다."

상륙 부인은 우키후네를 재촉했다. 작은아씨는 이건 본의가 아닌 일이라 생각했으나 말릴 수는 없었다.

우키후네는 뜻하지 않았던 어젯밤의 불상사에 놀란 탓에 인사도 제대로 못하고 허둥지둥 저택을 나왔다.

중장의군은 혹시 필요할 때가 있을까 해서 우키후네를 위해 작은 집 한 채를 준비해 두었다. 삼조 근방의 멋진 집이지만 아직 손질하는 중이라 제대로 갖추어지지는 못했다.

"가엾게도 너 하나 맡길 곳 없어 고생이 끊이지를 않는구나. 팔자가 사나운 나는 장래를 생각할 것도 없이 진작 죽어 버렸더라면 좋았을 텐데. 나 혼자라면 과감하게 성씨를 버리고 미천한 사람들 속에 섞여 인간 대접을 못 받고 살아도 상관이 없겠지만. 처음부터 내게 박정하였던 그 집안에는 원망만 쌓여 있다. 그런데 너를 위해 의지하여 찾아갔건만 이런 말도 안 되는 일이 생겼으니, 웃음거리가 되겠구나. 아, 정말 싫다. 누추한 집이지만 아무에게도 알리지 말고 숨어 지내라. 내 어떻게든 해볼 테니."

부인은 이렇게 말한 뒤 돌아갔다.

"나는 살아 있어도 운신하기 어려운 몸이로구나."

아씨는 울음을 터뜨렸다. 풀이 죽은 모습이 몹시 가여웠다. 이런 딸이 안쓰러워 견딜 수 없던 부인은 어떻게든 자신이 생각하는 결혼을 시키고 싶었다.

그런데 이런 수치스러운 일이 생겨 사람들에게 경박하다 손가락질 당하게 생겼으니 참을 수 없었다. 부인은 사려 깊고 분별 있는 사람이었지만, 조금 화를 잘 내고 제멋대로인 구석이 있었다. 아씨를 태수의 집에 숨길 수도 있었지만, 그렇게 숨게 하는 게 불쌍해 이렇게 한 것이었다. 오랫동안 밤낮으로 함께 지내온 모녀는 일이 이렇게 되자 불안하여 어쩔 줄을 몰랐다.

"여기는 아직 완성된 곳이 아니어서 위험하니 조심해야 한다. 시녀들을 불러 부려라. 밤에 지킬 무사들에게 내가 지시해 뒀지만, 마음놓고 있어서는 안 된다. 걱정스러워 더 묵고 싶지만 집에서 화내고 원망하고 있으니 나는 이제 가야겠다."

부인은 울면서 그곳을 떠났다.

사위인 좌근소장을 대접하는 것이 무엇보다 중요하다고 생각하는 상륙 태수는, 아내가 함께 집에 있지 않음을 화내고 있었다.

'그 남자 때문에 이런 불상사가 일어났다.'

부인은 소중한 딸이 혹독한 처지에 놓인 것이 분해 소장을 살펴 줄 마음이 애당초 없었다.

이조원의 니오노미야 앞에서 초라한 모습을 본 뒤로는 경멸하는 심정만 품게 된 부인인지라, 사위로서 소중하게 여겨야겠다는 생각은 벌써 사라진 지 오래다.

'이 집에서는 그가 어떻게 보일까, 아직 편히 지내는 모습을 보지 못했는데.'

어떤 꼬락서니를 하고 있나 싶어서, 낮에 신랑의 거실 쪽으로 가서 슬그머니 엿보았다. 부드러운 흰 비단 의복 위에 홍매색 평상복을 입고 마루 가까이 다가앉아 뜰의 나무들을 바라보고 있는 모습은 그렇게 뒤떨어지지 않고 제법 아름다운 용모였다. 딸은 아직 어린 몸이지만 귀여운 모습으로 좌근소장에게 기대어 누워 있었다.

그러나 니오노미야와 작은아씨와 나란히 있던 화려한 모습이 떠올라, 부인의 눈에는 두 사람이 초라하게 보였다. 옆에 있는 시녀에게 농담을 하는 여유로운 품을 보니, 친근한 모습이 크게 흉하게 보이는 것도 아니어서 이조원에서 본 사나이는 다른 사람이었던가 하는 생각도 들었다. 그때 마침 소장이 시녀에게 말했다.

"니오노미야 저택의 싸리나무는 참 아름답더군. 어디서 그런 씨를 구하셨는지 모르겠다. 며칠 전 그 댁에 갔을 때는 마침 외출하려던 때라 꺾어오지 못했지만, 그때에 니오노미야님께서 '색이 바래는 것조차 아까운'이라고 읊조렸던 것을 시녀들에게 보여 주었으면."

좌근소장은 이렇게 말하면서 자신도 노래를 불렀다.

"몹쓸 짓을 한 근본을 생각하면 도저히 인간 같지도 않은데, 니오노미야 앞에서는 잔뜩 움츠러들어 말도 제대로 못한 주제에 뭐 잘났다고 떠들어대는 건지."

부인은 이렇게 투덜거렸으나 전혀 교양이 없는 것 같지는 않아, 뭐라 응대하나 시험하여 본다.

과거 금줄을 묶어
둘러놓았던 싸리의 겉잎은
바람에 흔들리지 않는데
어떤 이슬이 내려
속잎은 색이 변하고 말았는지

부인이 이렇게 노래하자 소장은 안됐다는 심정으로 화답하였다.

미야기 들판의 싸리라는 것을
알았더라면
이슬이 어찌
다른 싸리 위에 내렸겠는지요.

"어떻게든 직접 만나 사과하고 싶었습니다."

부인은 미야기 들판의 싸리를 황가의 씨를 비유한 것이라 생각했다.

'그렇다면 돌아가신 하치노미야님의 딸이라는 말을 들은 모양이로구나.'

이렇게 생각한 부인은, 우키후네를 어떻게 해서라도 언니처럼 훌륭한 댁에 시집가도록 돌보아야겠다고 다짐했다. 부인은 문득 가오루 대장의 모습이 떠올랐다. 친왕도 똑같은 미모지만 그쪽은 당초 염두에 두지 않았다. 더구나 내 딸을 무시하고 함부로 그 거처에 침입한 사내라고 생각하니 분하기만 했다.

'그때 우연히 본 가오루님 모습이 왜 이렇게 떠오르는 걸까. 니오노미야님이나 가오루님이나 다 훌륭한 분이라 생각했는데. 니오노미야님은 우리와는 인연이 없는 분이라 여겨 관심도 갖지 않았거늘, 방까지 들어와 내 딸을 바보 취급하고 못할 짓을 했다니 정말 분하기 짝이 없구나. 가오루님은 내 딸에게 호의를 품고 만나고 싶어하시면서도 다가오지 않고 의젓하게 대처하고 계시는데. 나도 한 번 뵙고부터는 무슨 일이 있을 때마다 계속 머릿속에 떠오르는데, 아가씨들이야 오죽할까. 그런데 그 얄미운 소장 같은 남자를 사위로 삼으려 했다니 정말 천박한 실수였다.'

중장의군은 우키후네의 일이 마음에 걸려 수심에 잠겨 있었다. 이리하면 좋을까, 저리하면 좋을까. 무슨 일이든 딸에게 좋은 쪽으로 생각하려니 실현되기 어려운 일뿐이다.

'그 고귀함과 풍채를 갖춘 가오루 대장은 더욱 고귀한 신분을 갖춘 둘째 황녀를 사랑할 것이며, 그가 돌아다볼 가치가 우키후네에게 있을지 걱정이구나. 세상사람들을 보면, 용모와 성정(性情)은 신분의 높고 낮음에 따라 저절로 갖춰지는 것 같다. 나와 태수 사이에 난 자식들 가운데 우키후네보다 나은 아이는 아무도 없지 않은가. 이 집안에서는 좌근소장을 더 없이 훌륭하다고 생각했지만, 니오노미야와 비교해보니 한없이 하찮음을 알게 되었다. 금상의 총애를 받은 둘째 황녀를 얻은 가오루님의 눈으로 내 딸을 본다고 생각하면 기가 죽고 부끄러워 견딜 수가 없구나.'

이렇게 생각하니 중장의군은 이유 없이 정신이 혼미해졌다.

아직 완성되지 않은 삼조의 거처에 사는 우키후네는 너무도 쓸쓸했다. 뜰의 풀도 눈에 거슬려 보이고, 시골 사투리를 쓰는 무사들이 드나드는 거친 풍경에 그 흔한 꽃 한송이도 없어, 불안한 마음에 침울해지기만 하는 젊은 아가씨는 언니가 그리워지기만 했다. 침입했던 친왕의 모습도 떠올라, 내용은 무슨 말인지 자세히 기억나지는 않았으나 심금을 울리는 듯한 자상한 목소리, 돌아간 뒤에 남은 은은한 몸의 향기가 아직도 몸에 스며 있는 것 같아 무서웠던 생각과 함께 한편으로는 추억이 된다.

어머니에게서 애정이 넘치는 간곡한 편지가 왔다.

'이처럼 사랑해 주시는 어머니에게 근심만 끼치는구나.'

우키후네는 왈칵 눈물이 솟구쳤다.

'익숙하지 않은 낯선 집에서 몹시 적적하겠구나. 당분간 참고 지내다오.'

우키후네는 곧 답장을 썼다.

"적적한 것쯤은 아무것도 아닙니다. 오히려 지금 처지가 마음이 편한 듯합니다."

만약 이곳이
시름 많은 세상이 아니라
다른 세상이라면
모든 것을 잊고
더욱 기쁠 수 있을텐데.

어린 마음에 이렇게 노래한 것을 본 어머니는 또 눈물을 흘리며 딸을 이렇게 방랑하게 만들고 어려운 상황에 처하도록 한 일을 슬퍼했다.

힘겨운 이 세상이 아니더라도
그대가 편히 쉴 수 있는 곳을 찾아
그대가 빛날 날을
이 두 눈으로 보고 싶으니.

아무 정취 없는 이런 노래를 주고받으면서 서로 마음의 위안으로 삼았다.

해마다 가을이 깊어지면 습관처럼 죽은 큰아씨가 생각나는 가오루는 불당이 준공됐다는 소식을 듣고 우지 산장으로 찾아들었다. 한참 동안 와보지 못해 산의 단풍도 신비롭게 보였다. 허물고 새로 지은 침전은 더욱 화려한 모습으로 단장되었다. 가오루는 돌아가신 하치노미야님이 그립고 새로 불당 등을 지어 옛 모습을 잃어버린 게 아쉬워 평소보다도 한결 감개무량한 기분으로 사방을 둘러보았다.

산장의 구조는 반은 절간과 같은 분위기를 풍기고 있었으나, 반은 섬세하고 상냥한 왕녀의 주거지답게 꾸며졌다. 그러나 병풍과 그 밖의 세간은 산사의 승방에서나 사용하라고 보시하였다. 또 풍아한 산장에 걸맞도록 새로운 가구를

마련하여 귀인의 집답게 장식해 놓았다.

가오루는 냇물 기슭이 있는 바위에 앉아 한참을 일어나지 않았다.

사위의 건물은
모두 변하였는데
지금도 마르지 않고 샘솟는 맑은 물이여.
어찌 죽은 사람의 모습은
간직하고 있지 않은가.

이런 노래를 부르고는 눈물을 닦으면서 변 여승의 처소로 온 가오루를, 여승은 슬픈 마음으로 바라보았다. 가오루는 손님방 문턱에 엉거주춤 걸터앉아서 발을 걷어올리고 여승과 이야기를 나누었다.

"요전의 그 사람 말이요. 앞서 이조원으로 왔다는 말을 들었는데, 새삼스레 찾아다닐 수도 없어서 만나보지 못했습니다. 내 뜻을 그대가 말해 주는 게 좋겠소."

이렇게 아가씨에 대한 이야기를 꺼냈다.

"요전에 그 어머니에게서 편지가 왔습니다. 머물 곳을 찾아 이리저리 옮겨다니고 있다더군요. 허술한 집에 거처하고 있는 것이 안쓰럽고, 좀더 가까웠더라면 우지가 가장 안심되는 곳이지만, 험한 산길이 있어 쉽게 갈 수 없다는 말을 적어 왔습니다."

"모든 사람들이 두려워하는 이 산길을 나만은 변함없이 잊지 못하고 찾아드니, 대체 큰아씨와 나는 무슨 인연일까요? 슬퍼서 견딜 수가 없습니다."

여느 때처럼 가오루는 눈물을 머금으면서 말을 이었다.

"그럼 그 허술하다는 집으로 내 편지를 보내주시오. 그대가 직접 찾아가면 좋겠군요."

"말씀을 전하는 것은 어렵지 않습니다만 새삼 서울에 가는 것은 내키지 않습니다. 니오노미야님 댁에도 좀처럼 가지 않고 있는 걸요."

"도읍에 가기를 왜 싫어하는가요? 그대가 서울에 왔다고 떠들면 소문이 나겠지만 조용히 가면 알 수 없을 거요. 심산에 틀어박힌 고승들도 중생을 구제하기 위해서는 도읍으로 나가는 판인데, 이것도 좋은 공덕이 되는 일이 아닌가요."

"하지만 중생을 제도할 일도 없는데 여승이 서울에 얼굴을 내밀면 듣기 싫은 소문이 나겠지요."

여승은 가지 않으려 주저하자 가오루가 그답지 않게 강경하게 말했다.

"절호의 기회입니다! 모레쯤 수레를 보내지요. 그때까지 임시 거처를 알아내세요. 무례한 짓은 하지 않을 터이니 안심하시고."

변 여승은 난처한 일이 생겼구나 하고 곤란하게 생각했지만, 가오루는 경솔한 행동을 하지 않는 성격이니, 자신을 위해서도 신중히 하리라는 생각이 들었다.

'대체 그 아씨를 어찌 생각하기에 이러는 것일까?'

여승은 의아해하면서 이렇게 말했다.

"그리 말씀하시니 알겠습니다. 삼조궁에서도 가까우니 일단 아씨에게 편지를 보내도록 하십시오. 평소에 가지도 않던 곳에 찾아가 제가 그런 이야기를 하면 중매쟁이 정도로 여길 것이니 그래서야 되겠습니까."

"편지를 쓰는 것쯤은 아무것도 아닙니다만, 남들의 입방아에 오르내리는 것은 싫소. '우대장이 상륙태수의 딸에게 연애편지를 보냈다'고 소문이 나면 어떻게 됩니까. 그 상륙태수라는 자는 촌스럽고 거만하다는데요."

여승은 웃었으나 속으로는 마음 쓰는 것을 안타깝게 여겼다.

날이 차츰 어두워지기 시작해서 가오루는 그만 돌아갔다. 숲속 풀밭의 아름다운 꽃과 단풍을 꺾어오게 하여 부인인 둘째 황녀에게 선물하였다. 황녀는 이렇듯 소중한 대접을 받고 있으나, 가오루는 공경하는 식이지 부부다운 정은 보이지 않았다. 천황은 평범한 아버지가 딸 걱정하듯 시어머니 '온나산노미야'에게도 딸을 부탁하니, 둘째 황녀는 더없이 고귀한 정실로 극진히 대우받고 있었다.

이쪽에서도 저쪽에서도 귀히 여기는 둘째 황녀 말고도, 내밀히 사랑하는 사람이 생겼으니 가오루에게는 괴로운 일이었다.

가오루는 변 여승과 약속한 날, 이른 아침에 심복 하급무사에게 얼굴이 알려지지 않은 소몰이꾼 하나를 데리고 산장으로 마중하러 가게 했다. 장원(莊園) 쪽에 있는 사내들 가운데 촌티 나는 사람을 골라서 보내도록 일렀던 것이다.

반드시 직접 다녀오라는 가오루의 당부에, 변 여승은 부끄럽고 내키지도 않았으나 하는 수 없이 화장을 하고 수레에 올랐다. 가는 길에 들과 산의 경치를 바라보니 가오루 나리가 우지에 오기 시작했을 무렵 일들이 떠올랐다. 큰아씨의 죽음을 슬퍼하고 이런저런 생각을 하며 해질 무렵 집에 닿았다. 소박한 주택이어서 수레를 문 안에 손쉽게 들여놓고 따라온 무사에게 자신이 온 사실을 전하게 하니, 아씨가 하세에 갔을 때 따라갔던 젊은 시녀가 나와 여승이 수레에서 내리는 것을 거들어 주었다.

쓸쓸한 뜰만을 바라보고 있던 우키후네는 말벗이 되어 줄 사람이 와서 무척 기뻐하며 방으로 들어오게 했다. 그리워하는 아버지를 옆에서 모셨던 분이어서 그런지 한층 더 반갑게 느껴졌다. 여승이 말했다.

"언젠가 처음 뵐 때부터 돌아간 큰아씨를 매우 닮으셨기에 아가씨 생각이 늘 떠나지 않았지만, 출가한 몸이라 작은아씨도 자주 찾아뵙지 못했습니다. 그러나 이번에는 가오루 나리께서 꼭 좀 뵙고 말을 전해 달라는 간곡한 부탁을 하시기에 이렇게 찾아왔습니다."

우키후네도 유모도 가오루 대장이 훌륭한 분이라고 생각했으며, 아직도 잊지 않고 그 이야기를 하려는가 생각되어 기쁘기는 했으나, 이렇게 갑작스레 마음을 써 주는 게 당황스러웠다.

저녁 무렵, 조용히 문 두드리는 소리가 났다. 이어 우지에서 사람이 왔다는 전갈이 왔다. 변 여승은 가오루의 사자이리라 생각하고 대문을 열게 했더니, 사람이 탄 채로 수레는 거침없이 안으로 들이닥쳤다. 사람들이 모두 이상하게 생각하고 있었는데, 우지 장원지기라는 사람이 나서더니 이렇게 말했다.

"여승을 만나고 싶습니다."

우지 장원지기라 했으므로 여승은 작은 문께로 나섰다. 부슬부슬 가랑비가 내리고 있어 차가운 바람이 방 안으로 불어들어오자 향기로운 냄새가 풍겨왔다. 모두들 그제야 손님이 누군지를 알았다. 누구든 가슴이 두근거렸으나, 아무 예정도 없는 방문이라 '여승과 무슨 약속을 했을까' 수군거렸다.

"조용한 곳에서, 오랜 세월 가슴에 쌓인 이야기를 하고자 찾아왔습니다."

가오루가 여승을 통하여 그 말을 전하게 했다.

"어떻게 대답해야 될지요?"

당황해하는 아씨에게 유모는 이렇게 말했다.

"몸소 찾아오신 분을 안으로 들이지 않고 돌아가시게 할 수는 없습니다. 어머님이 가까이 계시니 이런 사정을 자세히 알리세요."

그러자 변 여승이 말했다.

"그렇게 소란스레 할 일이 아닙니다. 젊은 분들이 이야기를 나눈다고 해서 갑자기 깊은 사이가 되는 것도 아니지 않습니까. 가오루님은 느긋하시고 사려 깊은 분이니 아씨의 동의 없이 함부로 행동하지 않을 겁니다."

빗발이 조금 거세어지고 하늘은 어두워져만 갔다.

당직 무사들이 바깥을 돌아다니며 동부지방 사투리로 말했다.

"건물 동남쪽 무너져 있는 데가 위험합니다."

"손님 수레를 안에 넣어도 된다면 들여놓고 문을 닫아걸면 좋겠군. 이 사람을 따라온 수행원들은 대체 뭘하는 거야."

투덜대는 소리가 들려오자, 가오루는 처음 겪는 일이라 불쾌하고 어색했다.

'사노[佐野] 나루엔 집도 없는데 분별 없이 내리는 이 비여' 읊조리며, 시골집 같은 툇마루 끝에 앉았다.

넝쿨풀이 무성하게
문을 뒤덮기라도 했다는 말인가.
정자 처마에서 떨어지는 물에
젖은 몸을 이렇듯
오래 기다리게 함은

빗방울을 털어내려고 흔든 소맷바람의 향기로움에 동부지방 사나운 무사들도 분명 놀랐으리라.

이것저것 둘러댈 말도 없어, 남쪽 복도에 잇단 구석진 방으로 어쨌든 안내하게 했다.

아씨가 좀처럼 이야기 하려 들지 않자 시녀들이 객실 옆방으로 밀어 넣었다. 중간 미닫이문은 조금 열어 놓았다.

"히다의 목수가 원망스러울 정도로 격의를 갖춘 분이로군요. 이렇게 미닫이문 밖에서 사람을 대면하는 일은 없습니다."

그렇게 투덜대던 가오루는 이윽고 우키후네가 있는 방으로 들어서고 말았다.

큰아씨를 대신하는 본존이란 소망은 아직 얘기하지 않고 이렇게만 말했다.

"우지에서 뜻하지 않게 틈새로 그대를 본 뒤로 전생의 인연이었던지 이상하리만큼 그리워했습니다."

가련하고 차분한 아씨를 바라보고 가오루는 기대에 어긋나지 않는 사랑스러운 모습이리고 생각했다.

가을밤이 밝아오는 것 같았지만 아직 첫닭도 울지 않았다. 그러나 길에 가까운 집이어서 행상인들이 무슨 물건 이름을 외치며 지나가는 소리가 들려왔다. 이런 새벽 거리에서 행상인이 머리에 물건을 이고 가는 모습이 꼭 귀신 같다며, 가오루는 이렇게 쑥대가 자란 허름한 집에서 하룻밤 보내는 일을 흥미로워했다.

이윽고 숙직을 한 무사가 대문을 열고 나가는 소리가 들렸다. 모두가 잠자리에 드는 소리를 듣고 나서, 가오루는 사람을 불러 수레를 옆문 가까이 바짝 대게 했다. 그러곤 우키후네를 껴안아 그 수레에 태웠다. 사람들은 뜻밖의 사태에 놀라 법석을 떨었다.

"지금은 9월인데 걱정스럽네요. 어찌된 일일까요?"

그런 소리를 하는 것은 9월은 결혼을 꺼리는 달이기 때문이다. 변 여승도 아씨를 가엾게 여기고 이렇게 말했다.

"벌써 데려가신다는 건 뜻밖의 일 같지만, 가오루 나리께선 무슨 생각이 있으시겠지요. 걱정할 건 없습니다. 9월이지만 내일은 절분이라 지장이 없는 날이에요."

이 날은 입동 전전날인 13일이었다. 여승이 가오루에게 말했다.

"저는 함께 가지 않겠습니다. 이조원 작은아씨 귀에 들어가면, 찾아뵙지도 않았다고 섭섭해 할 것이니."

여승은 이렇게 말했지만 가오루는 작은아씨에게 이 일이 알려지는 것을 아직 꺼려했다.

"그건 나중에 뵙고 사과하면 되지 않습니까. 지금 가는 곳에 아는 사람이 하나도 없으면 불안합니다."

가오루는 이어서 말했다.

"누구 한 사람 아씨를 따르도록 하시오."

여승은 할 수 없이 아씨 곁에 늘 있던 시종과 함께 따라나섰다. 우키후네의 유모와 어린 시녀들은 뒤에 남았지만 무언가 묘한 기분이었다.

어느 가까운 곳으로 가는가 했더니 수레는 우지로 향하고 있었다.

도중에서 바꾸어 탈 수레도 마련되어 있었다. 강가를 지나 호쇼〔法性寺〕 근방에 이르렀을 무렵 날이 밝았다. 젊은 시종은 우지에서 가오루의 모습을 힐 끗 봤을 때부터 동경하고 있었기에, 누가 뭐라고 해도 따를 각오가 되어 있었다. 우키후네는 심한 충격을 받은 뒤라 엎드려서 정신을 잃다시피 했다. 돌이 많아 수레가 심하게 덜컹거리자 가오루는 우키후네를 꼭 껴안았다.

"돌이 많은 곳에서 그렇게 있으면 몸이 더 괴롭답니다."

수레 가득 퍼져 있는 가오루의 평상복 자락이 아침 햇살에 화사하게 빛나자 여승은 자신의 모습이 부끄러워 어쩔 줄을 몰랐다.

'돌아간 큰아씨를 수행하여 가오루님을 뵙고 싶었거늘, 오래 살아남으니 이런 뜻하지 않은 일을 겪는구나.'

여승은 슬픔을 억누르지 못하고 눈물을 주르르 흘렸다.

'경사스런 인연을 맺는 날 출가한 몸으로 수레에 함께 오른 것도 못마땅한데 눈물마저 보이다니.'

시종은 여승이 추하고 어리석게 여겨졌다.

사정을 잘 모르는 시종은 늙은이는 눈물이 많아 어쩔 수 없다는 둥 멋대로 생각했다.

가오루는 옛날과 다름없는 경치를 바라보며, 눈앞에 있는 아씨가 귀엽기는 하나 큰아씨에 대한 그리움이 사무치게 느껴졌다. 깊은 산속으로 들어가며 눈물이 앞을 가리자 마치 온통 안개에 휩싸인 기분이었다.

아씨를 안은 채 있자니 겹쳐진 소맷자락이 수레 밖으로 늘어져 우지 강의 안개에 젖으니, 붉은색에 남빛 평상복이 변한 것 같았다. 가오루는 오르막길을 오를 때 이를 발견하고 소맷자락을 안으로 끌어당겼다.

이 사람을 죽은 큰아씨 대신
사랑하려 하니
눈물이 넘쳐흘러
아침 이슬이 땅을 적시듯

소맷자락 젖으니.

무심코 가오루가 중얼거리는 노래를 듣고 있던 여승은 또 다시 울먹이며 소매를 흥건히 눈물로 적시고 있었다. 젊은 시종은 점점 더 이유를 알 수 없어 꼴불견이라 생각했다. 가오루도 훌쩍이는 여승을 보고 자신도 살며시 코를 풀었다. 이런 모습을 아씨가 보고 어찌 생각할지 애처로웠다.

"오랫동안 오간 길이구나 생각하니 어쩐지 감개무량하군요. 좀 일어나서 이 산 경치라도 구경하십시오. 기운이 없어 보입니다."

이렇게 달래듯 말하고 억지로 몸을 안아 일으키니, 부채로 얼굴을 가리면서 부끄러워하는 듯한 얼굴로 수레 밖을 내다보았다. 눈매는 큰아씨와 닮았으나, 이 아씨 쪽은 너무 다소곳하여 믿음직하지 못한 느낌이 들었다.

'죽은 큰아씨는 어린 듯 보이면서도 마음 씀씀이는 빈틈이 없었다.'

옛날을 그리는 가오루의 슬픔은 넓은 하늘마저 가득 메울 것 같았다.

'아, 죽은 큰아씨의 혼이 머물면서 나를 보고 있겠지. 나는 누구를 위해 이렇게 정처없이 떠도는 걸까. 잊지 못하는 큰아씨와의 추억 때문일까.'

아씨는 어머니가 어떻게 생각하실까 한탄스러웠지만, 우아한 풍채를 지닌 대장이 속삭이는 달콤한 사랑에 도취되어 수레에서 내렸다. 여승은 내리지 않고 복도에 수레를 대었다.

'별로 조심할 것도 없는데 지나치게 마음을 쓰는군.'

가오루는 이렇게 생각했다.

장원으로부터는 많은 사람들이 모여들었다. 가오루가 아침식사가 거기서 운반되고, 아씨의 식사는 여승이 준비했다. 산중의 길은 음산했지만 산장의 전망은 화려했다. 자연의 강물과 산의 경치가 돋보이도록 지은 구조를 보고 우키후네는 어제까지의 임시 주거와는 비할 수도 없을 만큼 훌륭하다고 생각했으나 역시 불안했다.

'나를 어찌할 생각이실까.'

가오루는 어머니 온나산노미야와 부인 둘째 황녀에게 편지를 보냈다.

'미완성이던 우지의 불당 시설을 지시할 일이 생각나 이곳으로 내려왔습니다. 오늘은 그것들을 설비할 길일이라서 왔습니다. 여기까지 오곤 했는지 몸이 좋지 않아 오늘내일 여기서 근신하며 지내겠습니다.'

실내복으로 갈아입은 가오루의 아름다운 모습을 보자 우키후네는 부끄러웠으나, 몸을 숨길 수도 없어서 그대로 앉아 있었다.

　어머니가 지어준 아름다운 옷을 여러 벌이나 포개어 입어 약간 시골티가 나는 것 같았지만, 그런 모습에서도 가오루는 옛 연인이 낡은 옷을 입어도 귀여다운 아리따움이 많았던 것을 상기했다. 아씨의 머리카락 아랫단은 유난히 아름다웠는데, 가오루는 둘째 황녀의 머릿결에 못지않다고 생각했다.

　'이 사람을 어떻게 대우해야 할까. 당장 이 사람을 삼조궁에 부인으로 맞아들인다면 세상의 비난을 받을 것이다. 그렇다고 다른 시녀들과 같이 대우하는 것은 내 뜻에 어긋나고. 당분간은 이 산장에 은신하게 해야겠다.'

　그러나 자주 만나지 못한다면 허전할 것 같아, 이런저런 생각을 하다보니 사랑스러움이 더하여 종일 다정하게 이야기를 나누었다. 하치노미야의 옛 이야기를 자상하게 들려주고 농담을 하기도 했는데, 아씨는 부끄러워하기만 하고 아무 말도 하지 않아 좀 불만스럽기는 했지만, 이렇게 생각을 바꾸었다.

　'다소 부족하더라도 그것이 낫지. 가르쳐 가면서 지켜보자. 시골티를 벗지 못하는 채 품위 없이 행동하고 차분하지 못하다면 내가 바라는 큰아씨를 대신할 수 없을 테니……'

　산장에 보관해 두었던 거문고를 꺼내오게 하였으나, 이런 악기에 대한 소양이 없으리라 싶어 아쉬운 가오루는 혼자 거문고를 뜯었다. 하치노미야님이 돌아가신 뒤로는 이 집에서 악기에 손을 대는 사람이 오랫동안 없었음을 떠올리며 감상에 젖었다. 마침 휘영청 달이 떠올랐다.

　"하치노미야님과 언니가 살아계실 때 여기서 성장했더라면 당신의 가치는 훨씬 훌륭해졌을 거요. 자식이 아닌 나조차도 하치노미야님이 그리워서 못 견딜 정도인데, 어째서 당신은 그런 먼 곳에서 지냈던 거요?"

　가오루가 이렇게 말하는 것이 부끄러워 우키후네는 흰 부채만 만지작거렸다. 우키후네의 얼굴은 몹시 하얗고 이마의 머리털은 큰아씨의 솜털과 똑같아, 가오루는 가슴이 짜릿하도록 그녀가 귀엽게 느껴졌다.

　'이만한 용모를 지닌 아씨에게 어울리는 음악만은 손수 가르치리라.'

　가오루는 그렇게 생각하고 말했다.

　"이것을 손대 본 적이 있소? '가여운 아내'라는 곡쯤은 연주했겠지요?"

　"노래조차 어울리지 않는 시골에서 자랐는데, 거문고라니요."

아씨가 슬기롭게 대답했다. 우지 산장에 두고 가면 마음대로 오가기 쉽지
않을 터이기에 그것이 가오루에게 큰 고통으로 여겨지니 이미 그녀를 깊이 사
랑하고 있기 때문이리라.

'눈 내리는 소리는 초왕이 난대 위에서 뜯는 밤의 금소리와 같네.'

가오루가 악기를 저쪽으로 밀어놓고 노래를 불렀다. 무예를 으뜸으로 치는
동국 지방에서 자란 시종은 가오루의 목소리에 감동하였다.

"참으로 훌륭한 목소리야."

이 노래의 고사를 알지 못하고 열심히 칭찬하니 실로 교양 없는 행동이었다.

하얀 눈은 반녀의 침소 안에 버려진
가을 부채의 하얀색이요

앞 구절의 노래는 한나라 성제의 궁녀였던 반녀가 황제의 총애를 잃었을 때,
여름에는 소중히 쓰였던 부채가 가을이 되면 버려지는 것에 비유하여 자신의
신세를 한탄한 옛 이야기를 담고 있었다.

가오루는 하필 이런 때, 어울리지 않는 노래를 불렀다고 후회하고 있었다.

여승이 과자를 내왔다. 상자 뚜껑에 단풍과 담쟁이덩굴 잎을 깔고 운치 있
게 과자를 담았다. 바닥에 깐 종이에 노인답게 굵직하고 서툰 글씨체로 쓰여
있는 노래가 밝은 달빛에 보였다. 가오루가 그 글자를 읽으려고 얼굴을 갖다대
는 모양이 갑자기 식탐(食貪)이 난 사람 같아 보였다.

겨우살이는 단풍 들어
색이 변하는 가을인데
달빛은 옛날 그대로
맑게 비치니.

이렇게 노인다운 고풍스러운 노래가 씌어 있으니 가오루는 거북해 하면서도
절절하도록 그리운 느낌이 들었다. 변 여승의 체면을 보아 이렇게 중얼거렸다.

우지란 지명이나

나의 괴로운 마음은
옛날과 변함없는데
방에 비치는 달빛 속에
보이는 사람의 얼굴은
옛사람이 아니니.

답장이랄 것도 없이 이렇게 읊조렸는데, 시종이 이것을 변 여승에게 전했다
고 한다.

우키후네[1]

　니오노미야는 아름다운 사람을 어렴풋이 본 그 가을 저녁을 끝내 잊을 수 없었다. 귀한 신분은 아닌 듯했으나 아리따운 미모를 지닌 여인이었으리라 생각했다. 니오노미야는 호색적인 성품이었기에 그녀가 홀연히 자취를 감췄음을 안타깝게 여기고, 작은아씨에게 이렇게 불평했다.

　"아무것도 아닌 사랑의 장난인데 당신은 그토록 질투를 하다니! 그런 사람이 아닌 줄 알았는데."

　이렇게 원망할 때마다 작은아씨는 몹시 괴로워서 '사실을 다 이야기해 버릴까' 생각하기도 했으나 이내 마음을 고쳐먹었다.

　'비록 아내로 맞이하지는 않았지만, 가오루 대장이 그토록 아끼시어 숨기신 분의 일을 함부로 떠벌일 수는 없어. 사실을 털어놓는다 해도 친왕님이 순순히 포기하시겠어? 마음에 드는 사람이라면 그녀가 신분이 아무리 천한 시녀라도 끈질기게 쫓아다니시는 분이잖아. 세상사람들 눈은 신경도 쓰지 않으시며 한번 정한 여자는 친정까지 찾아가시지. 게다가 이번에는 시간이 꽤나 흘렀음에도 마음이 식을 줄 모르는 것을 보아 큰 문제를 일으키실 게 틀림없어. 다른 사람에게 들어 아시는 것까지 막을 수는 없지만, 대장님이나 그녀가 불행해질 것을 알고도 자제하지 않는 분이니 더욱 조심해야지. 만일 그런 일이 벌어진다면 언니인 나도 남들 보기 부끄러울 거야. 어쨌든 내 손으로 동생을 불행에 빠트리지 않도록 정신을 잘 차려야겠어.'

　작은아씨는 친왕에게 가오루와 동생 사이에 대한 이야기를 하지 않았다. 하지만 그럴듯한 거짓말을 하거나 꾸며대는 성품이 아니었으므로 겉으로는 남

---

[1] 우키후네(浮舟) : 제51권. 가오루 27세 봄의 이야기. 한 여성과 두 남성 사이에서 이야기가 전개된다. 니오노미야는 우키후네가 우지(宇治)에 와 있음을 알고, 가오루인 체하고 그녀를 만난다. 가오루는 그런 줄도 모르고 우키후네를 4월 10일에 도읍으로 옮길 계획을 세운다. 진퇴양난에 처한 우키후네는 자살을 결심한다.

편을 원망하여 깊은 질투심을 품고 있는 여느 부인들처럼 행세할 수밖에 없었다.

가오루 대장은 연인을 믿고 느긋하게 생각하고 있었다.

'내가 찾아주기를 애타게 기다리겠지.'

이렇게 안타깝게 생각했으나, 권대납언 겸 우대장이라는 높은 신분 때문에 급한 용무가 아니면 그리 쉽게 도읍을 떠날 수 없어서 괴로워했다.

'머지않아 행복하게 지낼 수 있도록 해야겠구나. 본디 내가 우지 산골을 홀로 찾자니 쓸쓸해서 말벗 삼아 데려간 사람이 아니던가. 곧 얼마큼 시간을 내어 우지에 머물만한 핑계를 만들어야지. 그래야 느긋하게 함께 보낼 수 있지 않겠어. 앞으로 얼마 동안은 숨겨둔 애인인 척하여 사람들 관심이 멀어지기를 기다리고, 뒷날 나도 그녀도 손가락질 받지 않도록 몰래 서울로 데려 오는 게 좋겠군. 별안간 누구 딸이냐, 언제부터 만났느냐며 쑥덕거리는 소리를 듣자니 귀찮기도 하려니와 처음 마음먹은 결심과도 어긋나게 된다. 또 이조원 작은아씨가 나를 우지의 추억은 모두 버리고 여자와 도읍으로 온 매정한 사람으로 여기게 하고 싶지는 않아.'

이렇듯 그리운 마음을 애써 억누름도, 이 사람의 느긋하고 우유부단한 성격 탓이리라. 그러나 서울로 맞이할 집은 삼조궁 가까이에 남몰래 준비하고 있었다.

가오루 대장은 둘째 황녀를 아내로 맞이하였고, 또 우지의 우키후네 아씨도 돌봐야 하니 마음의 여유는 예전보다 덜했지만, 그런 중에도 작은아씨에 대한 애정 표현도 게을리하지 않았다. 그의 성실함은 시녀들도 수상쩍어 할 정도인데, 남녀 애정에 대해 차츰 알게 된 작은아씨는 이러한 가오루의 성의에 감동하고 있었다.

'이분이야말로 진실로 언니에 대한 사랑을 죽은 뒤까지 잊지 않는 사람이고, 내게도 변치 않은 애정을 보이는 훌륭한 분이다.'

친왕이 진지하지 못한 태도를 보일 때면 '언니가 정해 준 그와의 인연을 거부하고 왜 하필이면 언제나 마음고생만 시키는 이런 방탕한 친왕과 인연을 맺게 되었을까?' 탄식하기도 했다.

세월은 흘러 우지 시절은 이미 옛일이 되었으며 이제는 가오루와 만나는 일조차 힘들어졌다.

'신분이 낮은 사람들끼리는 신세를 졌다 은혜를 베풀었다 하는 일로도 줄곧 친하게 지낼 수 있겠지만, 이렇게 신분이 고귀한 분들이 어찌하여 도리에 어긋난 교제를 하는 것일까.'

사정을 모르는 시녀들이 오해하여 이렇게 수군대는 것도 부끄러웠으며, 아무리 시간이 흘러도 자신과 가오루의 관계를 의심하는 친왕의 태도도 가슴 아팠다. 이 때문에 가오루에게는 일부러 쌀쌀맞게 대했지만 그의 마음과 태도는 변함없었다.

친왕의 바람기가 부인을 괴롭힐 때도 가끔 있었으나, 귀엽게 자라는 아기를 바라보니 다른 여인에게서는 이런 자식을 얻지 못할지도 모른다는 생각이 들어 더더욱 작은아씨를 소중히 여겼다. 게다가 정부인보다 마음 편히 대해 주어 작은아씨는 차츰 마음이 안정되어 갔다.

정월 초하루가 지난 뒤 친왕은 이조원으로 와서 한 살 더 먹은 아기를 어르며 귀여워하고 있었다. 점심때쯤이었다. 어린 시녀가 푸른빛 봉투와 소나무가지에 매단 대바구니, 또 다른 편지를 들고 거침없이 달려와 부인 앞에 그것을 놓았다. 친왕이 물었다.

"어디서 온 편지냐?"

시녀가 당황하는 표정으로 대답했다.

"우지에 다녀온 심부름꾼이 대보댁에게 드리는 편지라면서 가져왔습니다. 대보댁이 안 계셔서 여느 때처럼 마님께서도 읽으실 줄 알고 제가 얼른 받아가지고 왔습니다. 이 바구니는 금박을 입혔네요."

어린 시녀가 웃는 얼굴로 말하는 모습을 보고 친왕도 웃으면서 편지를 달라고 했다.

"그럼 얼마나 잘 만들었는지 나도 좀 볼까."

작은아씨는 큰일 났다 싶어서 시녀에게 재빨리 말했다.

"편지는 대보댁한테 가지고 가거라."

그렇게 말하는 부인 얼굴이 붉어지는 것을 보자, 친왕은 더욱 의심하면서 편지를 낚아챘다.

'대장이 별일 아니라는 듯이 시치미를 떼고 보낸 편지가 아닐까. 우지라 한 것도 그 사람이 생각함직한 일이군.'

그러나 막상 편지를 읽으려니 쑥스럽고 주저되어 이렇게 둘러댔다.

"어디 내가 뜯어보지. 공연한 원망을 사는 건 아닌지."

"보기 흉하게 시녀들끼리 주고받는 편지를 어찌 본다 하십니까?"

부인은 조용히 핀잔을 놓았으나 꺾일 기세가 아니었다.

"그럼 봅시다. 여자들끼리 주고받는 편지엔 무슨 소리가 씌어 있는지."

친왕이 편지를 뜯어보았다.

'그 뒤로 만나뵙지도 못한 채 해가 바뀌었습니다. 고즈넉한 산골은 쓸쓸하기만 합니다. 봉우리에서 안개가 떠나지도 않고……'

젊은 필체로 이렇게 씌어 있고 그 끝에 추신이 덧붙여 있었다.

'이것을 아기에게 드립니다. 하찮은 물건입니다만.'

특별히 귀녀다운 기품은 보이지 않는 편지였으나, 누가 보냈는지 도통 짐작이 가지 않아 수상히 여긴 친왕은 눈을 번득이며 다른 한 통마저 뜯었다.

'여러분들 안녕하십니까. 주인어른과 여러분 모두 새해 복 많이 받으셨을 줄 믿습니다. 이곳은 훌륭하고 풍류로운 저택입니다만, 아씨께 어울리는 곳은 아니라고 생각합니다. 무료한 나날을 보내기보다는 때때로 작은아씨를 찾아가서 바람을 쐬시면 좋겠지만, 시끄럽던 그날 일로 해서 무섭고 진저리가 났는지 여전히 침울하게 지내십니다. 아기 도련님에게 장난감을 보내드립니다. 변변찮은 물건이니 친왕께서 안 보실 때에 드리십시오.'

설부터 이렇게 구구절절 푸념을 늘어놓은 편지를 친왕은 몇 번이나 읽고는 이상하게 생각하여 부인에게 물었다.

"이제 얘기해도 되지 않겠소. 누가 보낸 편지요?"

"전에 산장에 살던 사람의 딸이, 사연이 있어서 요즘 산장으로 돌아왔다는 말을 들었습니다. 그 사람이겠죠."

그러나 친왕은 어딘지 마음에 걸렸다. 아무리 읽어도 한낱 시녀가 보낼만한 편지 내용은 아닌 듯싶었기 때문이었다. 게다가 '시끄럽던 그날 일'에 대해서도 짐작이 갔다. 보내 온 아기 장난감을 보니 모양도 재미있고 정성스러운 솜씨라 매우 한가한 사람이리라 생각했다. 두 갈래로 갈라진 소나무 가지에는 새빨간 자금우 열매가 달려 있었다.

오래된 귀한 소나무 가지는 아니지만
아씨의 행복을 비는 마음을 담았답니다.

나뭇가지에 매어 둔 노랫말도 특별할 것이 없었지만, 왠지 그리워 못 잊는 그 사람의 솜씨일지도 모른다는 생각이 불현듯 들었다.

"답장을 써 주구려. 무정하지 않소. 감출 필요도 없는 편지를 내가 본다고 기분이 상했소? 그럼 난 저리 가리다."

친왕은 이런 말을 남기고 밖으로 나갔다. 부인은 시녀인 소장에게 작은 목소리로 말했다.

"한심한 실수를 저질렀구나. 어린 시녀가 이 편지를 받았는데 자네들이 어찌 몰랐다는 말이냐."

"저희들이 알았다면 그 아이가 가져가게 했겠습니까. 정말 그 아이는 경망스럽기 짝이 없습니다. 될성부른 나무는 떡잎부터 알아본다는데, 얌전한 사람이 되기는 다 틀린 계집애지요."

이렇게 험담을 하자 작은아씨가 나무랐다.

"조용히 해라. 아이에게 화내서 무엇 하나."

그 어린 시녀는 작년 겨울에 어떤 사람의 부탁으로 받아들였는데, 얼굴이 귀엽게 생겼다며 친왕도 사랑을 주고 있었다.

거실로 돌아온 친왕은 한동안 생각에 잠겼다.

'참 이상하구나. 그 뒤로도 가오루 대장은 우지로 자주 드나들고 있다고 들었다. 몰래 자고 오는 밤도 있다고 하나 아무리 죽은 사람이 그립다 해도 그렇지, 그런 곳에서 어찌 혼자 묵는다는 건가. 아마 새 여자를 숨겨 놓은 것이리라.'

이렇게 짚이는 데가 있어 학문관계의 일로 저택에서 일하는 대내기가 가오루 측근 가신과 인척관계라는 사실을 떠올리고, 그를 거실로 불러들였다. 별일 아닌 듯이 시집 따위를 선반에 정리하게 하고 넌지시 말을 건넸다.

"우대장은 지금도 여전히 우지를 다니시는가. 절을 훌륭하게 지었다는데 나도 한번 가보고 싶군."

"예, 아주 굉장하답니다. 평소에 염불하던 삼매당(三昧堂)도 훌륭한 설계로 지었다고 합니다. 작년 가을부터 자주 우지에 드나드신다고 들었습니다. 그곳 하인이 몰래 한 이야기에 따르면 '몰래 여자를 숨겨 놓고 있는데 여간 사랑하는 사람이 아닌 듯하다. 가오루 나리 소유의 장원 사람들이, 그녀를 돌보는데 무사들이 숙직 근무도 하고 있다. 서울에 있는 가오루 나리 댁에서 내밀히 보살펴드리고 있다. 행운을 잡은 여자이긴 해도 예전처럼 외로이 살고 있다'라는 말을 지난 12월에 들었다고 저에게 말한 사람이 있습니다."

친왕은 모든 게 확실해졌다고 기뻐했다.

"어떤 사람이라고는 말하지 않던가? 예전부터 산장에 살던 변 여승을 대장이 늘 봐주고 있다는데, 그 사람을 두고 하는 말은 아닌가?"

"그 여승은 복도 옆방에 살고 있답니다. 그러나 이분은 이번에 새로 지은 저택에 머물며 예쁜 시녀들도 많이 거느리고 고상한 생활을 하고 있는 모양입니다."

"재미있는 얘기로군. 대장은 무슨 생각으로 여자를 그렇게 숨겨 놓았을까. 역시 그 사람이 하는 일은 어딘가 특별해. 유기리 우대신도 그 사람이 불도에 너무 빠져들어 툭하면 산사에서 밤을 지새우는 일은 신분에 맞지 않는 경솔한 행동이라고 꾸짖더라는 말을 들었는데, 불도 수행이라면 몰래 숨어 할 필요도 없지. 옛 연인이 그리워 우지로 갔다고 내게 말한 사람도 있지만, 그건 잘못된 해석이었군. 애인을 감춰 놓았다니 참으로 놀라운데. 자네는 어떻게 생각하나? 겉으로는 누구보다도 착실한 척하면서 뒤로는 엉큼하게 애인을 숨겨 놓고 즐기다니 말이야."

친왕은 재미있다는 듯이 비꼬아 말했다.

대내기는 가오루 대장 측근 가신의 사위라서 그런 비밀을 자연스럽게 들을 수 있었던 모양이었다.

친왕은 오직 그 일만 생각하고 있었다.

'어떤 방법을 쓰면 가오루의 애인이 그날 밤 그 여자인지 아닌지를 알 수 있을까? 그 대장이 그처럼 아끼고 사랑한다면 보통 여자는 아닐 것이다. 그리고 어떤 관계로 작은부인과 친하단 말인가? 또한 가오루와 마음이 맞아 끝까지 이를 숨기려는 작은부인이 실로 괘씸하구나.'

그 뒤로 니오노미야는 가오루의 우지의 여인에 대해서 생각했다. 궁중 활쏘기와 잔치도 끝나고, 남들은 1월의 관리 임명 등으로 마음 졸이고 있었지만, 그는 남몰래 우지에 가 볼 생각만 하고 있었다. 한편 대내기는 이번 임명식을 기회로 벼슬자리를 노리고 있었기 때문에 어떻게든지 친왕의 환심을 사려고 밤낮으로 애쓰는 기색을 보였다. 그것을 알아차린 친왕은 평소보다 잘 돌보아 주면서 그에게 잔심부름을 시키고는 하다 어느 날 넌지시 이렇게 말했다.

"어떤 곤란한 일이든 내가 부탁하면 들어줄 수 있겠지."

대내기는 머리를 조아리고 있었다.

"요전에 말한 우지 사는 대장 애인 말일세. 그 사람은 이전에 내가 사랑하던 여자야. 사정이 있어 행방불명이 되었는데, 대장이 찾아내어 돌보는 것 같았어. 사람들에게 그런 소문을 들으니 짐작이 가는데, 확실히 그 사람인지 아닌지 분간할 도리가 없으니 그리로 가서 몰래 엿보고 싶은데, 그걸 아무도 눈치채지 못하게 할 방법은 없을까."

대내기는 좀체 실행할 수 없는 어려운 일인 줄 짐작하면서도 이렇게 대답했다.

"우지로 가자면 험한 산길로 가야만 하는데 거리는 그다지 멀지 않습니다. 저녁때 출발하면 밤 10시쯤에는 도착할 겁니다. 그리고 새벽에 돌아오시면 되니까요. 본디 비밀이 새는 일은 동행한 자들에 의한 경우가 대부분입니다. 수행 무사들의 성격은 알 수가 없으니 사람 뽑기가 어려울 듯합니다."

"그렇지. 우지에는 전에도 한두 번 가 본적이 있지. 경솔한 행동이라는 평을 들을까봐 염려스럽단 말이야."

친왕 자신도 몇 번이나 올바른 행동이 아니라고 자책을 느끼면서도 이런 말까지 해 놨으니 이젠 별수 없다 생각하고 사람을 고르기로 하고, 대내기를 시켜 가오루의 사정을 알아보게 했다.

"가오루 나리는 오늘내일 우지에 가지 않을 것입니다."

친왕은 우지 산장의 구조를 잘 아는 사람 두세 명과 대내기, 그리고 유모의 아들로 육위 장인을 지내다가 오위(五位) 전상관이 된 젊은 사나이와, 특히 친한 자들만을 골라 떠났다.

가오루가 우지로 가지 않을 것을 알고 남몰래 길을 나선 니오노미야이었지만, 가본 적이 있는 길을 갈 때에는 옛날 작은아씨를 만나기 위해 오갔던 일이 그리워지기도 하고, 이상하리만치 무엇이든지 털어놓는 우정을 나누며 자기를 연인의 집으로 데려다 준 가오루의 호의도 저버린 듯하여 친왕은 미안한 생각이 들기도 했다.

서울에서도 난봉꾼으로 알려진 분이었음에도 신분상 극단적인 미행은 경험이 없었지만, 이번에는 간단한 복장으로 말을 타고 갔다. 무서운 기분이 들기도 했지만 호기심이 남다른 분이어서 산길에 깊이 들어섰을 때는 마음이 초조하고 가슴이 설렜다.

'이렇게 가서 그 사람을 볼 수 있다면 얼마나 좋을까? 엿보기만 하고 내가 온 사실을 알릴 수 없다면 아쉽고 섭섭할 텐데.'

홋쇼 절까지는 수레를 이용하고 그곳부터는 말로 갈아탔다.

매우 서둘러왔기 때문에 9시쯤 우지에 이르렀다. 대내기는 산장 내부를 잘 아는 우대장 집의 시종에게 물어봤기 때문에, 숙직 무사가 있는 곳으로는 가지 않고 갈대 울타리로 막은 서쪽 뜰로 돌아 울타리를 조금 부수고 안으로 성큼 들어갔다.

대내기도 들어서 알고는 있었으나 아직 한 번도 와본 적 없는 집이라 서먹서먹하기는 했지만, 뜰을 돌아 침전 남쪽에 있는 방의 불이 켜지고 거기서 비단 자락이 사각거리는 소리가 나는 것을 듣고 친왕에게 말했다.

"아직 사람들이 안 자는 모양입니다. 이리로 들어오십시오."

대내기는 친왕을 안내했다. 살금살금 툇마루로 올라가 격자창의 틈새가 보이는 곳으로 다가갔다. 새로 깨끗하게 지은 건물이기는 했으나 산장으로 지어진 집이라 짜임이 거칠고 엉성하였고, 틈새가 있는 문을 누가 와서 들여다보겠나 싶어 막지도 않은 채였다. 휘장도 위로 걷어올려져 한쪽으로 몰려 있었다.

그곳에는 불을 환하게 켜고 바느질을 하는 여인이 서너 명 있었다. 예쁜 시동은 실을 꼬고 있었는데 그 얼굴이 친왕에겐 낯익었다. 지난날 저녁때 불빛으로 어렴풋이 봤던 그 어린 여시종 얼굴이었다. 언뜻 본 얼굴이라 잘못봤나 하고 의심을 품어보기도 했으나, 우근이라 불리던 젊은 시녀도 있었다.

팔베개를 하고 등불을 바라보는 눈매, 머리가 약간 흐트러진 이마가 귀녀답고 요염하여 작은아씨를 닮은 데가 있었다. 친왕이 발견한 우근은 옷감에 솔기를 세우기 위해 몸을 굽히며 이렇게 말했다.

"본댁에 돌아가시면 좀처럼 다시 오기가 곤란하겠지만, 관리 임명이 끝난 다음 달 초순에는 꼭 오실 거라고 어제 왔던 심부름꾼이 말하더군요. 편지에는 뭐라고 쓰여 있었습니까."

아씨는 대답도 하지 않았다. 가오루가 오랫동안 오지 않아 몹시 우울한 모양이다.

"가오루 대장이 오실 때를 맞춰 몸을 숨긴 듯 보이는 것은 좋지 않습니다."

우근이 이어서 말하자 그 앞에 있던 여인이 말했다.

"그러게 미리 말씀을 드려놓아야지요. 참배하신다고요. 경솔하게 아무 말 없이 외출하는 일도 좋지 않으니 참배가 끝나면 곧 돌아오셔야 합니다. 여기는 쓸쓸한 곳이긴 하지만 익숙해져서 편안하게 마음을 푹 놓고 계실 수 있으니, 서울이 오히려 남의 집 같은 기분이어서 괴로우실 겁니다."

또 다른 시녀가 말했다.

"어쨌든 앞으로 얼마간 움직이지 마시고 나리 생각대로 여기서 참고 계시는 게 보기에도 좋습니다. 서울에 집을 장만하고 마중이 끝나면 그때 어머니를 만나도록 하시지요. 유모는 성격이 급하셔요. 갑작스레 참배를 시키고 댁에도 들르게 하는 것은 좋지 않다고 생각합니다. 예나 지금이나 꾹 참고 견디는 사람이 행복을 맞이하는 법이라고 저는 생각합니다."

우근이 다시 말했다.

"왜 유모를 여기까지 보내셨을까요. 늙은이란 쓸데없는 일까지 생각하거든요."

우근이 못마땅한 듯이 이렇게 말하는 것은 그때 그 유모를 두고 하는 말이었다. 그때 정말 그 얄미운 유모가 아씨 옆을 지키고 있었던 일을 떠올리니 친왕은 꿈을 꾸는 듯싶었다. 여자들은 듣는 사람이 부끄러워할 소리까지 주고받았다.

"작은아씨야말로 정말 행복한 분이셔. 유기리 대신은 권력을 믿고 소란을 떠시지만, 친왕께서 아기 도련님이 탄생하고부터는 정부인보다는 작은아씨에 대한 사랑이 각별해졌거든요. 유모처럼 귀찮게 구는 사람도 옆에 없으니 작은아씨도 느긋하고 고상한 귀부인답게 순조롭게 사는 거예요."

"가오루 나리만 아씨를 깊이 사랑하신다면 이쪽이라고 뒤떨어질 건 뭐 있겠어요."

그러자 아씨는 몸을 조금 일으키며 이렇게 꾸짖었다.

"그런 추잡한 소린 말아요. 남보다 뒤떨어지지 않느니 뭐니 작은아씨와 나를 비교하진 말아요. 만일 아씨께서 이런 말을 들으면 내가 난감해지니까."

'작은부인과 이 아씨는 대체 어떤 무슨 관계가 될까? 퍽 닮기는 했는데.'

친왕은 둘을 견주어 보았다. 기품은 작은부인이 훨씬 뛰어났다.

반면에 가련한 이 사람은 구석구석 모두 아름답게만 보인다. 만일 결점이 있다고 해도 이토록 흥미를 갖고 찾아내려 애썼던 사람이라, 그 사람을 찾아낸

이상 뒤로 물러설 수도 없고 또 남김없이 이모저모 살펴보니 보기 드문 미모의 소유자였다.

'어떻게든지 내 것으로 만들 방법은 없을까.'

친왕은 노심초사하였다. 오늘은 참배하려는 전날인 모양이고, 부모의 집도 따로 있는 모양이다. 지금 여기서 이 사람을 내 것으로 만들지 않는다면 언제 또 기회를 기다리랴. 실행할 날은 오늘 저녁뿐이다.

어떻게 하면 좋을까 하고 친왕은 생각하면서 줄곧 들여다보고 있으려니까 우근이 말했다.

"졸려요. 어젯밤을 꼬박 샜으니까요. 내일 아침 일찍 일어나도 이쯤은 꿰맬 수 있을 겁니다. 아씨 어머니가 아무리 빨리 오신다 해도 수레가 여덟 시나 돼야 도착할 테니까요."

다른 사람도 꿰매던 것을 뭉뚱그려 놓고 그대로 쓰러져 누워 버린다. 아씨는 방 안쪽으로 조금 들어가 누웠다. 우근은 북쪽 방으로 들어가더니만 조금 뒤에 다시 나와 아씨의 침상 발치에 눕는다. 몹시 졸리던 사람들이라 모두들 금방 잠이 든 것을 보고, 친왕은 그 밖의 방법이 없었기 때문에 지금까지 서서 엿보던 방 앞 격자창을 두드렸다. 우근이 그 소리를 듣고 일어나 물었다.

"누구세요."

친왕이 목소리를 꾸미며 헛기침을 하자, 우근은 가오루가 온 줄만 알고 일어나 나온다.

"어쨌든 이 문을 열어다오."

"생각지도 않은 시간에 오셨습니다. 이미 밤이 깊었는데요."

"아씨가 참배 길에 오른다고 들었기에 깜짝 놀라서 바삐 찾아왔는데, 산길이 어두워 고생했다. 어쨌든 어서 문을 열어라."

친왕은 목소리를 가오루와 비슷하게 꾸며서 내고는 낮은 소리로 말했기 때문에, 딴 사람인 줄은 꿈에도 생각 못하고 문을 열었다.

"길에서 심한 재난을 만나 옷꼴이 형편없으니 어서 불을 끄게."

우근은 황급히 불을 멀리 가져갔다.

"내 꼴을 남에게 보이지 않도록 해주게나. 내가 왔다고 자는 사람을 깨우지도 말고."

이런 일에 능란한 사람이라, 본디 조금은 닮은 목소리인 데다가 더욱 가오루

목소리를 흉내내며 침실로 들어갔다.

심한 재난을 만나다니 무슨 일로 어떤 꼴이 되었기에 그러나 하고 우근은 동정하면서 자기 자신도 몸을 숨기고 살그머니 엿보기로 했다. 섬세하고 나긋나긋한 몸매였으며 몸에서 풍기는 향기도 익숙한 향이었다. 이 가짜 대장은 아씨 앞에 다가가더니 옷을 벗고 익숙한 솜씨로 눕는 것을 본 우근이 말했다.

"평소 쓰시던 침소에."

그러나 아무런 대답도 없었다. 우근은 이불을 덮어드리고, 자고 있던 사람들을 깨워 좀 떨어진 곳으로 물러가 누웠다.

가오루의 시종들은 언제나 곧 마름꾼의 집으로 가버렸기 때문에 시녀들은 이상한 점을 눈치채지 못했다.

"무슨 깊은 뜻이 있어서 남몰래 오셨나봐. 심한 재난을 당하시다니 참 딱하기도 하셔라. 아씨는 그런 고마움도 모르실 텐데."

이렇게 주제넘는 소리를 하는 여자도 있었다.

"조용히들 해요. 밤에는 작은 소리일수록 잘 들리니까."

이렇게 동료들에게 주의를 주고 그대로 쓰러져 버렸다.

우키후네는 이 사람이 가오루가 아님을 깨달았을 때 너무도 어이가 없어 놀랐으나 상대방은 목소리를 못 내게 입을 막았다.

처음부터 무례한 침입자인 줄 알았더라면 저항할 수도 있었을 터이나 전혀 몰랐으며 이젠 꿈만 같아 어찌할 도리가 없었다. 그 가을 저녁의 원망스러웠던 일, 그 뒤로 오늘까지 사무치도록 그리워했다는 말을 하자, 그때서야 그가 친왕인 줄을 알았다.

그가 친왕인 줄 알게 된 우키후네는 한없는 수치심에 몸 둘 바를 몰랐다. 언니가 알면 어떻게 생각할까 하여 끝없이 눈물만 흘렸다. 친왕도 뜻을 이루긴 하였으나 앞으로는 만날 수 없으리라는 생각에 눈물을 흘렸다.

어느 틈에 새벽이 밝아왔다. 수행한 사람들이 귀경을 재촉하려고 헛기침만 해대자 우근이 이를 전하였다. 그러나 친왕은 우키후네가 사랑스러워 못 견디겠다는 듯 떠나려고도 하지 않았다. 또다시 우지를 찾기가 쉽지 않으리라 생각했다.

'서울에서 나를 찾느라 소동을 일으키든 말든 오늘은 이대로 있고 싶다. 기쁜 일이건 슬픈 일이건 모든 것은 내가 살아 있는 동안의 일이다. 지금 떠나면

보고 싶어 견딜 수 없을 것이다.'

친왕은 우근을 불러 이렇게 말했다.

"분별없는 사람이라 할지 모르나 오늘은 가고 싶지 않네. 시종들은 여기서 가까운 곳 어디든지 가서 남의 눈에 띄지 않도록 시간을 보내라고 하게. 그리고 도키카타(時方)는 서울로 가서 내가 산사에 머물며 근행하고 있다고 그럴 듯하게 꾸며대라 하게."

우근은 남자가 가오루가 아니라 친왕이라는 사실에 너무나도 놀라 어이가 없었다. 아무런 생각 없이 가오루 대장인 줄로만 알고 문을 열어 준 엊저녁의 실수를 생각하면 정신이 아찔했으나 곧 냉정을 되찾으려고 애를 썼다.

'지금 와서 아무리 떠들고 아우성을 쳐도 소용이 없는 일이고 더욱이 친왕에게 이만저만한 실례가 아니다. 그날 이조원에서 뜻하지 않은 일이 생겼을 때 이미 친왕이 아씨에게 마음을 빼앗겨 이리된 것, 필연코 이렇게 되어야 할 두 사람의 숙명이었는지도 모른다. 인간의 힘으로는 어찌할 수 없는 일이다.'

우근은 이렇게 스스로를 위로하면서 말했다.

"오늘 아씨 어머니께서 수레로 마중 나오게 되어 있습니다. 아씨를 어찌하실 생각인지요. 이렇게 돼버린 운명을 저희들이 뭐라고 말씀을 드리겠습니까. 다만 오늘은 처지가 곤란할 뿐입니다. 그러니 이만 돌아가시고, 뜻이 있으시면 그때 다시 천천히 오십시오."

세상 물정에 익숙한 태도였다. 친왕이 말했다.

"난 오랫동안 이 사람을 그리워하여 마음을 빼앗겼으니, 남이 뭐라고 해도 상관이 없다. 지금은 이 사람밖엔 눈에 보이지 않는다. 조금이라도 자존심이 남아 있다면 나 같은 신분을 지닌 사람이 몰래 숨어다닐 생각이나 했겠는가. 내가 있다는 사실이 알려지지 않도록 하려면 어찌해야 할 잘 생각해 보라. 그밖의 일은 나로선 어쩔 도리가 없다."

이렇게 말하고 우키후네가 너무도 귀엽고 사랑스러운 나머지, 세상의 어떤 비난도 상관없다는 투였다.

우근이 방에서 나와 귀경을 재촉하는 대내기에게 말했다.

"친왕께서 여기 남겠다고 하시는데, '그런 일은 옳지 못한 일입니다' 하고 당신들이 좀 말씀해 주세요. 이런 무리한 말씀을 처음 꺼내셨을 때부터 당신들이 간언했어야 합니다. 어째서 여기에 모셔 왔는지요. 시골 사람들이 이 일을 무례하게 소문내면 어쩔 작정입니까?"

도키카타는 '성가신 일이 벌어졌구나' 생각하면서 서 있었다.

"도키카타란 분은 어느 분입니까? 서울로 가 이렇게 전하라는데요."

"저올시다."

도키카타는 웃으면서 말했다.

"몹시 호통을 치시니까 무서워서 '저는 아닙니다' 하고 도망치려 했습니다. 그건 농담이고요. 솔직히 너무도 그립고 안타까워하는 친왕님을 보고 모두 목숨 걸고 수행한 것입니다. 분부 말씀은 잘 알겠습니다. 자던 사람들도 모두 다 일어난 듯하니."

도키카타는 이렇게 말하고 서둘러 산장을 떠났다.

우근은 친왕이 머무르고 있음을 어떻게 숨겨야 되나 걱정하며 괴로워했다. 그래서 일어나서 나온 시녀들에게 말했다.

"가오루 나리는 이유가 있어서 오늘은 결코 아무에게도 모습을 보이지 않겠다고 하셨어요. 오는 도중에 큰일을 당하신 모양이에요. 오늘 밤에 몰래 갈아입으실 옷을 가져오라는 전갈을 시종에게 전하고 오는 길입니다."

그러자 시녀들이 말했다.

"아이고 무서워라. 고하타 산(木幡山)은 무서운 산이라던데."

"여느 때처럼 앞장세운 사람도 없이, 큰일 날 뻔했지 뭡니까. 참 딱도 하셔라."

시녀들이 이렇게 말하자, 우근이 나섰다.

"쉿 조용히 해요. 이곳 하급 무사들이 들으면 또 무슨 일이 생길지 몰라요."

이렇게 말은 했지만 우근의 마음은 거짓말을 한다는 생각 때문에 두려웠다. 이런 때에 대장의 심부름꾼이라도 공교롭게 나타난다면, 그 집안사람들에게 또 뭐라고 말을 해야 할까?

"하쓰세 관세음보살님, 오늘 하루 무사히 지나가게 해 주십시오."

오늘은 우키후네가 이시야마데라(石山寺)에 참배가는 날이라, 어머니가 마중 나오기로 되어 있었다. 이 때문에 우근을 비롯하여 수행할 사람들은 전날부터 목욕재계를 하였다.

"그럼 오늘은 못 가게 되는군요. 잔뜩 별렀는데."

여덟 시쯤 되자 격자창을 열고 우근이 혼자서 아씨의 방 심부름을 했다. 그 방의 발을 모두 내리고서 '근신 중'이라는 글자를 종이에 써서 붙였다.

그리고 만일 어머니가 직접 오면 '어젯밤 악몽을 꾸었기에 근신 중'이라고 둘러댈 생각이었다.

침실로 두 사람이 쓸 세숫물을 들여보낸 것은 예삿일이지만, 친왕은 그런 것에도 질투를 느꼈다. 가오루가 왔을 때도 이 대야에다 세수를 했는가 생각하니 별안간 불쾌한 생각이 들었다.

"당신이 씻은 뒤에 그 물로 세수를 하겠소."

지금까지 감정을 억누르고 담담한 태도를 취하는 가오루에게 익숙해진 우키후네는, 잠시라도 함께 있지 않으면 죽을 것 같다며 걱정을 숨기지 않고 드러내는 친왕을 보니, '열애한다는 것은 이를 두고 하는 말이구나' 생각했다. 하지만 기괴한 운명을 짊어진 이 허물이 밖으로 새어나간다면 사람들이 나를 어떻게 생각할까 걱정스러웠고, 누구보다 언니인 친왕의 부인이 불쾌하게 생각할 일을 슬퍼했다.

친왕은 연인이 누구의 딸인지도 모르기에 캐물었다.

"당신이 누구 자손인지를 내가 모른다는 것은 너무도 유감스러운 일이요. 자, 사실대로 말해 봐요. 천한 집안이라 하더라도 내 사랑이 흔들리는 일은 없을 테니까. 오히려 더욱 사랑하게 될 거요."

하지만 억지로 알아내려고 할수록 아씨는 입을 꾹 다물고 있을 뿐이었다. 그러나 그 밖에는 친근하게 대답도 하면서 사랑을 받아들이니, 친왕은 아씨가 귀여울 따름이었다.

아홉 시쯤 어머니가 보낸 사자가 산장에 이르렀다. 두 대의 수레에, 거칠어 보이는 무사 7, 8명과 많은 시종들이 따라왔다. 사자들이 시끌벅적 떠들어대며 문으로 들어오자 시녀들은 당황하며 그들을 보이지 않게 안으로 숨겼다. 우근은 어찌할 바를 몰랐다.

'가오루 나리가 와 있다고 한다면, 고귀한 분이니 서울에 있는지 없는지 저절로 알려져 들통 날 터인데 이를 어찌한담.'

그렇다고 다른 시녀와 의논할 수도 없어, 우근은 상류 부인에게 편지를 썼다.

'어젯밤부터 아씨의 월경이 시작되어 참배를 할 수 없게 되었습니다. 그렇게 아쉬워 한숨짓던 차에 어젯밤에는 꿈자리까지 뒤숭숭하니 적어도 오늘은 행동을 삼가고 근신하려 합니다. 꼭 무언가가 방해라도 하는 것만 같습니다.'

우근은 이렇게 편지를 써 주고, 마중 나온 사람들을 배불리 먹여 돌려보냈다. 변여승에게도 오늘 근신할 일이 생겨서 참배를 가지 못한다는 말을 전하게 했다.

평소에는 심심하고 적적해서 아지랑이가 낀 산봉우리에 하늘만 물끄러미 바라보며 지루한 시간을 보내던 우키후네였으나, 오늘은 안달복달하는 친왕에 이끌려, 언제 해가 저물었는지도 몰랐다.

단둘이만 봄날 하루를 보내는 동안, 보고 또 봐도 싫증나지 않는 연인 얼굴을 물끄러미 바라보자니 친왕은 시간 가는 줄도 몰랐다. 우키후네는 결점이라고 찾아볼 수 없을 만큼 애교가 흘러넘치는 아름다운 여성이었다. 하지만 이 조원 작은부인에게는 비할 바가 못 되었다. 또한 정부인인 유기리 대신의 육의군은 한참 젊고 아름답기에 그녀와도 비교가 안 된다. 그러나 친왕은 누구보다도 우키후네를 사랑하니, 지난날에도 오늘에도 보지 못한 미인이라고 여겼다.

우키후네는 청초하고 늠름한 풍채를 가진 가오루 대장을 이 세상에 둘도 없이 아름다운 분으로 느꼈는데, 친왕은 대장보다 피부가 곱고 품위 있는 아리따운 분이라고 생각하였다.

친왕은 벼루를 앞으로 당겨 글자를 쓰더니 그럴듯하게 그림까지 그려보였다. 22세의 어린 우키후네 마음은 그쪽으로 더욱 기우는 것 같았다.

"본의 아니게도 내가 못 오는 동안은 이 그림이라도 보고 있어요."

친왕은 예쁜 남녀가 함께 누워 있는 그림을 그리고는 눈물을 흘렸다.

"언제까지라도 이렇게 함께 있을 수만 있다면!"

영원히 변치 않을 사랑이라 약속하여도
다만 내일을 알 수 없는 목숨이라 서럽구나.

"자꾸 이런 불길한 기분만 든다오. 마음대로 행동도 못 하고, 어떻게 하면 올 수 있을까 괴로워하는 동안에 정말 죽어버릴 것만 같더군요. 그처럼 냉담했던 당신을 잊지 못하고, 어쩌자고 다시 그대를 찾아냈는지 오히려 마음만 괴로워지니."

우키후네는 친왕이 적셔 놓은 붓을 들어 한 수 적었다.

세상에서 덧없는 것이 목숨이라면
변하기 쉬운 남자 마음을 한탄할 것도 없지요.

이것을 본 친왕은 자기 마음이 변하면 얼마나 원망할까 호소하는 것 같아
더욱 애처로웠다.

"누가 그렇게 변심했기에 그런 소릴 하는가요?"

친왕은 웃으면서 가오루가 어떻게 아씨를 우지로 데리고 왔느냐고 몇 번이
나 물었다.

"제가 말씀드릴 수 없는 것을 왜 그리 짓궂게 물으시는지요."

이렇게 답하는 태도 또한 매우 귀엽게 보였다. 친왕은 '나중에 알게 되겠지'
그러면서도, 아씨에게서 직접 듣고 싶은 심정이었다.

밤이 되자, 먼저 서울로 보낸 도키카타 대부가 돌아와서 우근을 만났다.

"아카시 중궁께서 사람을 보내셨더군요. '유기리 대신이 몹시 언짢아하시더
구나, 행선지를 알리지 않은 미행은 경솔하기도 할뿐더러, 또 본의 아니게 잘
못을 저지를 수도 있다. 그런 일이 천황 귀에라도 들어가면 내 감독이 소홀하
였다 책망하실 텐데, 어찌 몸가짐을 조심하지 않느냐'고 엄하게 말씀하셨습니
다. 그래서 제가 '동산에 훌륭한 고승이 있다는 말씀을 듣고 그분을 만나러
가셨다' 둘러댔습니다. 여자란 정말 죄 많은 존재입니다. 하잘것없는 저까지도
거짓말을 하고 허둥대게 하다니."

"아씨를 고승으로 꾸며낸 건 그럴듯하군요. 당신이 한 거짓말도 그 죄가 무
마되겠지요. 그건 그렇고 친왕께서는 어째서 이렇게 무모한 일을 벌였을까요?
미리 오시겠다는 말씀이라도 슬쩍 전해 주셨더라면 어떻게 좋은 궁리도 할
수 있었을 텐데. 이번에는 정말 잘못한 행동이셨어요."

우근은 호의로서 이런 말을 했다. 그리고 안으로 들어가서 들은 대로 친왕
에게 전했다.

'서울에서는 지금쯤 큰 소동이 벌어졌겠구나!'

친왕은 비로소 도읍 생각이 났다.

"난 어딘가에 매여 있는 이 신분이 너무 슬프오. 그저 하찮은 궁궐 관리였
으면 얼마나 좋을까. 이제 앞으로는 어떻게 하면 좋을지 고민이구려. 언제까
지나 사람들 눈을 속일 수도 없을 테니 가오루 대장도 곧 이 일을 알게 될 것 아

니오. 비록 숙부와 조카라고는 해도 어릴 때부터 친하게 지내왔는데, 나의 배신을 알게 될까 부끄럽기 짝이 없소. 그리고 또 남자란 자기 본위이기 때문에 자신의 정성이 부족했던 것은 잊고 여자의 변심만을 책망하니까. 자기 사랑이 부족했음은 뉘우치지 않고 그대만을 원망하지 않을까 생각되니, 이 일을 다른 사람이 모르도록 당신을 다른 곳으로 데려가야겠소."

오늘도 이대로 머물러 있을 수는 없어 돌아가기는 하지만, 옛 노래에도 있듯이 자신의 혼을 연인의 소매 속에 두고 가는 듯싶었다.

날이 밝기 전에 길을 떠나려고 수행원들은 연이어 헛기침을 하고 있었다.

덧문 있는 곳까지 아씨와 함께 나온 친왕은 아씨를 껴안은 채 차마 떠날 마음이 생기지 않았다.

세상길 덧없어라 정 두고 떠나려니
눈물이 길을 막아 앞이 캄캄하여라.

아씨도 한없이 이별을 서러워했다.

흐르는 이 눈물을 소매로도 못 막으니
떠나는 우리 임을 무엇으로 막으랴.

바람소리도 거칠어진 서리 내린 새벽녘이라 옷깃조차 싸늘하게 식은 듯했다. 친왕은 수레를 타기는 했으나 몇 번이고 내리려는 것을 시종들이 일부러 힘껏 채찍질하여 달렸기 때문에, 마음에 내키지 않는 길을 떠나는 것이었다. 도키카타와 대내기가 둘이서 말고삐를 잡고 있었다. 험한 곳을 지난 다음에는 그들도 저마다 말을 탔다. 우지 강가 얼음 밟는 말굽소리조차 친왕의 마음을 슬프게 했다. 옛날에도 작은아씨와의 사랑 때문에 이 산길을 넘나들었으니, 이 산골과는 참으로 불가사의한 인연이라 친왕은 생각했다.

이조원으로 돌아온 니오노미야는 여인에 대해 끝까지 침묵을 지킨 작은아씨를 원망스럽게 생각하며 자신의 처소로 들어가 쉬기로 했으나, 잠도 오지 않고 쓸쓸하기만 하여 끝내 작은아씨 곁으로 찾아들었다.

아무것도 모르는 작은아씨 얼굴은 예쁘기만 했다. 보기 드문 미인이었던 우

지의 여인보다도 한층 아름다운 부인 얼굴을 보고 있자니 그 얼굴과 몹시 닮은 연인이 생각나 가슴이 미어졌다. 깊은 수심에 잠겨 침상에 들어 잠을 이루려고 하였다. 친왕은 부인에게 이렇게 말했다.

"내가 몸이 몹시 좋지 않아, 이대로 죽는 게 아닌가 그런 생각이 들어 불안하군요. 내가 아무리 당신을 사랑한대도 죽은 뒤에는 당신 마음도 이내 변해 그 사람에게 가겠지. 사람의 집념은 어느 때고 반드시 성취되는 것이니까 그 사람도 그럴 거요. 반드시 소망이 이루어지는 날이 있을 거요."

작은아씨는 이런 기괴한 말을 아무렇지도 않게 말하는 친왕을 보고 어이가 없었다.

"어쩜 그런 남세스런 말을 하시나요. 그러다가 가오루 대장 귀에 들어가면 저를 어떻게 생각하겠어요? 제가 무슨 흉계라도 꾸미고 있다 여기실 테니 괴롭습니다. 저는 의지할 사람도 없어서 사소한 농담이라도 고통스럽답니다."

작은아씨는 이렇게 말하고 등을 돌렸다. 친왕은 진지한 얼굴로 말했다.

"괴롭히려는 게 아니요, 내가 진심으로 당신을 원망한다 생각해 본 적은 없소? 나는 당신에게 결코 무정한 남편은 아니었을 거요. 세상사람들은 그 정성이 놀랍다 말들 하는데, 당신은 그 사람만큼 나를 사랑하지 않는단 말이오. 다 전생의 인연이겠지, 체념하고 있지만 당신은 내게 솔직한 말을 해주지 않으니 아쉽다는 거요."

마음속으로는 전생의 인연이 보통이 아니었기에 그리워하던 사람을 다시 찾아냈다는 생각에서 친왕은 눈물을 흘렸다. 여느 때처럼 반은 농으로 하는 말이 아니고, 어디까지나 진지한 태도로 말하는 모습이 부인은 의아하게 여겨져 답답하기만 했다.

'무슨 뚱딴지같은 말을 듣고 오셨기에 이러시는 걸까. 처음에는 한때 인연으로 가볍게 생각하며 만나셨기 때문인지 아직도 나를 그저 상스러운 여자로 여기시는구나. 본디 나와는 큰 인연도 없었던 가오루 대장님께 너무 의지해 왔던 거야. 변치 않는 호의를 보여주심이 고마워 친하게 지내왔던 일은 내 실수였어. 나는 이제 사랑을 잃은 아내가 되어 버린 거야.'

이렇게 생각하니 슬프기만 하여 침울해하는 작은아씨가 더욱 가련하게만 보였다.

친왕은 그 연인을 발견했다는 사실을 얼마간 알리지 않으려 했기 때문에 작은아씨의 관심을 돌리려고 일부러 원망하는 척했다. 작은아씨는 그저 가오루를 원망하는 말이겠거니 생각하여, 누가 꾸민 이야기를 친왕에게 고하였으리라 여겼다. 그 사람이 누구인지 밝히기 전에는 아내로서 함께 있기조차 수치스러운 일이라고 생각했다.

궁중에서 중궁의 편지를 가지고 시종이 왔다는 소리에 깜짝 놀란 친왕은, 아직도 풀어지지 않은 마음으로 자기 거실로 가버렸다.

편지 내용은 이러했다.

'어제는 오지 않아 얼마나 걱정하였는지. 몸이 좀 나아졌으면 참내하시오. 오랫동안 못 보았으니'

걱정을 끼쳐 죄스러웠지만, 실제로 몸도 불편하여 그날은 입궐하지 않았다. 고관들이 몇 사람 찾아왔으나 모두 발 밖까지만 들게 하고 직접 얼굴을 마주하지는 않았다.

저녁에 가오루 대장이 찾아왔다. 이때만은 이쪽으로 모시라고 하여 편한 차림으로 맞아들였다.

"어디 불편하시다고요. 중궁께서 몹시 걱정하십니다. 어디가 어떻게 불편하기에?"

가오루가 이렇게 물었다. 얼굴을 마주 대하자 가슴이 뜨끔해진 친왕은 별로 말을 하지 않고 상대하면서 이렇게 생각했다.

'성인군자인 척하더니 실은 파계승이었군. 저처럼 가엾은 아씨를 우지에 숨겨 두고 자신은 유유자적 지내며, 우키후네 아씨는 그처럼 쓸쓸한 나날을 보내게 하다니.'

친왕은 가오루의 성실함을 늘 못마땅하게 여기고 꼬투리를 잡곤 했으니, 이번 우지의 비밀로도 평소 같으면 놀림감이었겠지만 이제는 그런 농담조차 못하게 되었기에 괴로운 심정이 표정으로 나타났다. 가오루는 진심으로 문안드리고 물러났다.

"큰일이군요. 별로 나쁜 데도 없이 그런 상태가 지속되는 것은 좋지 않아요. 감기를 조심해야겠군요."

'점잖고 고상한 사나이군, 내가 부끄러울 지경이야. 우지의 우키후네 아씨가 저 사람과 나를 어떻게 비교하고 있을까.'

친왕은 이렇게 우지의 우키후네 아씨를 한시도 잊지 않았다.

우지 산장 사람들은 산사 참배를 중지하게 되어 심심하기 짝이 없었다. 친왕으로부터의 편지는 온갖 열정이 모두 담긴 길고 긴 것이었다. 그것을 보내는 데도 여간 힘이 들지 않았다. 도키카타 대부에게 사람을 고르게 하여 이런 사정에 대해 아무것도 모르는 무사를 보냈다.

"옛날부터 알고 지내던 사람이 대장을 수행하고 왔을 때 나를 알아보고 가끔 편지를 보내는 것입니다."

우근은 다른 시녀들에게 이렇게 둘러대곤 했다. 이처럼 모든 일은 우근의 거짓말로 수습되고 있었다.

2월이 되었다. 우키후네 아씨가 만나고 싶어 가슴을 죄는 친왕이었지만, 우지로 가는 것은 쉬운 일이 아니었다.

'이렇게 속병만 앓다간 제 명을 다하지 못하겠구나.'

한편 가오루는 조금 한가해졌기에, 여느 때처럼 미행으로 우지를 찾아갔다.

절을 찾아 부처님께 참배하고 스님들에게는 독경을 부탁한 뒤, 물건을 선사하고는 저녁때가 되어 몰래 산장으로 찾아들었다.

미행이라고는 하지만 구태여 남의 눈을 피할 필요는 없었기에 시종들도 상당히 거느리고, 사냥하는 복장이 아니라 평상복에 건을 쓴 간략한 예복 차림으로 찾아드니, 그의 세련된 기품은 위풍당당해 보였다.

'어떻게 얼굴을 마주할 수 있을까?'

우키후네는 죄 지은 몸으로 가오루를 맞이한다는 게 몹시나 괴롭고 하늘이 부끄러워 무섭기조차 했다. 그러나 어긋난 사랑으로 다가온 친왕을 잊을 수 없는 마음도 있고, 그러면서 정숙한 여인인 체하고 이 가오루 대장을 만난다는 게 처량하기도 했다.

'친왕은 그때 나를 알고 나서는 지금까지 사랑해 왔던 모든 여자들이 싫어졌다고 했다. 그의 말대로 몸이 불편하다는 핑계로 어느 누구에게도 가는 일이 없으니 쾌유를 비는 사람들만 북적인다는 소문이다. 내가 대장과 부부처럼 정답게 지내더라는 사실을 알게 된다면 얼마나 미워하실까.'

이렇게 생각하니 너무 괴로웠다.

그러나 가오루는 그와는 또 다른 존재여서, 우아하고 점잖으며 한동안 오지 못했다는 변명을 하는 데도 여러 말로 오래 끌지는 않는다. 그립다, 슬프다 간곡하게 말하지는 않았지만 언제나 함께할 수 없는 사람을 향한 애타는 사랑

을 고상하게 표현했다. 이는 과장보다 믿음직한 매력이 있어서, 여자 마음속에 자연히 사랑이 일게 하는 품격을 갖추고 있었다. 연인에게 여러 감정을 느끼게 하지 않는 대신, 오래도록 믿을 수 있는 인품이란 점에서 한결 돋보였다.

'내가 뜻하지 않게 친왕에게 끌리고 말았으니, 이 사실을 안다면 그리 간단히 수습되지 않을 터이고 끔찍한 일이 벌어질 수도 있을 것이다. 제정신이 아닐 정도로 내게 푹 빠져 있는 친왕님의 사랑은 고마운 일이지만 그리워하는 것은 결코 있어서는 안 될 경솔한 일이었다. 가오루에게 혐오스런 여자로 낙인 찍혀 버림받는다면 나는 얼마나 불쌍한 꼴이 될 것인가.'

우키후네는 이러한 생각을 하면 할수록 어찌할 바를 몰랐다.

이렇게 고민하는 모습을 본 가오루는 생각했다.

'한동안 만나지 않은 사이에 그리움을 알았는지 몹시 어른스러워졌구나. 쓸쓸한 산장 생활을 하노라면 온갖 생각을 다 하게 되기 때문이겠지.'

이렇게 미안한 마음으로 우키후네가 측은하게 여겨져, 평소보다 더욱 열심히 위로의 말을 건넸다.

"그대를 맞기 위해 새로 짓는 집이 그럭저럭 형태를 갖추게 되었답니다. 요전에 보러 갔더니, 여기보다는 물 있는 곳이 가깝고, 꽃구경도 할 수 있어요. 내 집인 삼조궁과도 가까운 곳입니다. 그곳으로 가면 홀로 떨어져서 허전하게 지내는 일은 없을 것입니다. 매일이라도 만날 수 있을 테니, 이번 봄에 사정이 허락한다면 당신을 그리로 옮기려고 합니다."

우키후네는 어제 친왕에게서 숨어서 한가롭게 살 집을 준비하고 있다는 편지를 받았는데, 친왕은 이런 내용도 모르고 그런 배려를 하는 것이니 가슴이 아팠다. 만일 그렇게 되더라도 이 사람 곁을 떠나 친왕에게 가서는 안 되겠다고 생각은 하나, 오히려 정열적인 친왕의 모습이 눈앞에 아른거렸다.

'내가 생각해도 옳지 못한 일이다.'

우키후네는 이런 마음을 갖게 한 친왕이 원망스러워 이런저런 생각에 잠겨 눈물을 흘렸다. 그러자 가오루가 이렇게 위로했다.

"그대가 의젓하게 행동했기에 내가 편한 마음으로 안심할 수 있었는데, 누군가 내 흉을 보던가요? 내가 조금이라도 당신을 소홀히 여긴다면 어찌 내가 이렇게 찾아오겠습니까. 그런 신분도 아니고 여기까지 오는 길이 그리 쉬운 것도 아닌데 말이요."

초승달이 비치는 초저녁에 두 사람은 툇마루 가까이 나와 함께 누워서 밖을 내다보았다.

가오루는 옛사람을 생각하고, 우키후네는 새로운 연정에 마음을 괴롭히면서 저마다 다른 생각을 하고 있었다.

산은 자욱한 안개로 뒤덮여 희미하게만 보이고, 차가운 여울가에 해오라기가 날아오르는 모습은 주위 풍경과 조화를 이루었다. 멀리 긴 우지 다리가 걸쳐 있고 나뭇짐을 실은 배가 강 위를 엇갈려 가는 모습도 다른 데서는 못 볼 풍치여서 바라보는 사람들 마음마다 옛일이 지금인 듯 느껴졌다. 만일, 우키후네가 큰아씨를 대신하는 여자가 아니라 하더라도 함께 있으면 밀회의 애틋함이 몸을 저밀 듯한 경관이었다. 하물며 우키후네는 큰아씨가 환생한 것과 다름없으며, 남녀의 사랑도 조금씩 알게 되고 도읍에도 익숙해져 가는 모습이 귀여워 볼 때마다 한층 좋아 보인다고 생각했다. 우키후네는 온갖 고민들로 자칫하면 눈물이 쏟아질 것 같은데, 대장은 어떻게 위로할 방법이 없어 이렇게 노래했다.

우지 다리 긴 인연이 무궁할 것을 의심하는
그런 덧없는 생각은 아예 하지 마오.

"내 사랑을 머지않아 이해하게 될 것입니다."
우키후네가 이어 노래했다.

끊어질 듯 끊어질 듯 위태롭기만 한
우지 다리를 그래도 믿으라 하시나이까.

가오루는 전보다도 한층 더 우키후네를 버려둘 수 없는 심정이 되어 조금이라도 그 곁에 남고 싶었다. 그러나 세상사람들은 남 말하기를 좋아하고, 또 이제까지 무사하게 감춰둘 수 있었던 애인과의 사건이 이제 와서 알려지면 곤란하니, 하루 빨리 서울로 데려가 마음놓고 만나면 되리라 생각하고는 새벽녘에서야 돌아갔다.

서울에 돌아간 뒤에도 '감정이 풍부해진 여자가 되었구나' 하고 생각하면서 사랑스럽게 여기는 심정은 전보다 훨씬 더했다.

2월 10일에는 궁중에서 시회가 있어서 니오노미야와 우대장도 참석했다. 이 계절에 어울리는 음악은 고상한 멋이 있었고 친왕의 고운 목소리는 참석자들에게 깊은 감명을 주었다. 곡목은 사이바라 '매화 가지'였는데, 무슨 일에나 천재적인 재능을 지닌 분이었으나 부질없는 연애에 마음을 기울이는 것만은 죄 많은 일이라 하겠다.

별안간 함박눈이 펑펑 쏟아지고 바람마저 세차게 불어 음악놀이는 예정보다 일찍 끝났다. 참석자들은 친왕의 근무처에서 저녁 식사를 나누게 되었다. 가오루는 누군가에게 명령할 일이 있어 마루 끝에 나와 있었는데, 꽤 많이 쌓인 눈이 별빛을 받아 반짝거렸다. 문득 시정(詩情)에 잠겼던지, '옷자락 깔고 눕는 오늘 밤도, 외로이 나를 기다리실 우지의 사랑스런 그대'하고 읊는 풍월은 사람들 마음을 고요한 세계로 이끄는 힘이 있었다.

'우지의 아씨를 이르는 것이 아닌가.'

조는 척 듣고 있던 친왕은 가슴이 두근거렸다.

'가오루 또한 아씨를 깊이 사랑하고 있음이 틀림없구나, 독수공방하는 우지 아씨를 안쓰럽게 여기는 사람은 나뿐인가 했더니, 우대장도 같은 생각을 하고 있었어. 참으로 쓸쓸하게 되었군. 저만한 남자를 두고 내게 애정을 줄 리가 없지.'

친왕은 질투심이 났다.

눈이 소복하게 쌓인 이튿날 아침, 어제 창작한 시를 임금에게 바치는 친왕의 모습은 참으로 아리따웠다. 가오루도 비슷한 또래로 친왕보다 한두 살 아래인데, 친왕보다 오히려 어른스런 모습에 또한 완성된 미가 있어 보여, 젊은 귀공자가 일부러 만들어 낸 본보기가 아닌가 할 정도로 능숙했으며, 임금의 부마된 분으로 이보다 더 훌륭한 사람이 세상에 또 있을까 묻고 싶을 지경이었다. 학문도 있고 정치가로서의 소양도 흠잡을 데가 없는 인품이었다.

여러 사람의 시 강평이 끝나자 참석자들은 다들 흩어져 돌아갔다. 니오노미야의 시가 가장 뛰어난 작품이었다고 칭찬들을 했다. 그러나 친왕은 기쁘지 않았다.

'대체 나는 무슨 생각으로 시를 짓는 것일까.'

이렇게 친왕의 생각은 온통 딴 데에 가 있었다. 친왕은 우지의 우키후네 아

씨가 그리워 터무니없는 궁리를 하며 억지로 우지를 향해 떠나기로 했다.

서울에서는 녹아서 얼마 남지 않은 눈도, 산길로 접어드니 더욱 많이 쌓여 있었다. 여느 때보다도 더욱 분간할 수 없는 산길을 찾아들었기 때문에 수행원들은 울고 싶을 만큼 괴롭고 무서웠다. 그들은 산적이라도 나오지 않을까 잔뜩 겁을 먹었다. 길을 인도하는 대내기는 식부소보를 겸임하고 있었는데 이 둘 모두 막중한 관직이지만 눈 쌓인 산길 동행도 마다하지 못하고 종자처럼 바짓자락을 걷어올린 모습은 그야말로 가관이었다.

산장에서는 친왕이 온다는 전갈을 이미 받았으나, 이렇게 많이 쌓인 눈을 헤치고 올 리는 없다고 방심하고 있었는데, 밤이 이슥해진 뒤 우근을 불러내어 친왕이 왔다는 말을 시종이 전했다. 반가운 소식이라 우키후네는 감격했다. 우근은 이런 일이 이어지면 앞으로 어찌될까 하고 아씨가 걱정되었지만, '이런 밤중에도 와 주었구나' 하는 마음은 이 사람에게도 있었다. 더군다나 거절할 수도 없는 일이어서, 자기처럼 아씨가 믿고 친히 대해 주는 젊은 시녀로서 좀 똑똑한 사람을 상대로 상의했다.

"참으로 난감한 일이니, 그 비밀을 나와 함께 아씨를 위해 숨기도록 애써 줘야겠어."

그러고는 둘이서 친왕을 아씨의 방으로 안내했다. 오는 길에 눈을 맞아 흠뻑 젖은 친왕의 의복에서 향기가 풍기니, 우근과 시녀는 마치 가오루인 것처럼 꾸며 다른 시녀들을 속일 생각이었다.

한밤에 다시 돌아가려면 차라리 만나지 않는 편이 낫겠다고 생각한 친왕은, 이 집에 몰래 있는 일도 마음에 걸려, 대내기를 시켜 강 건너편 어떤 집으로 연인을 데려갈 준비를 하도록 분부하였다. 심부름 간 대내기는 밤이 깊어서야 돌아와 보고했다.

"모든 준비가 다 됐습니다."

'별안간 무슨 일을 꾸미는가?'

우근은 가슴이 설레 잠이 싹 달아나고, 몸은 사시나무처럼 바들바들 떨렸다. 마치 어린애가 눈 장난을 할 때처럼 떨고 있었다.

왜 그러느냐고 물어볼 사이도 없이 친왕은 아씨를 덥석 안고 밖으로 나왔다. 우근은 뒷수습을 하기 위해 남고, 시종을 딸려 보냈다.

위태롭기 짝이 없는 물건이라고 날마다 산장 사람들이 그저 바라보았던 나룻배에, 친왕은 아씨를 태우고 저쪽 기슭으로 건너갔다. 우키후네는 아득한 먼 나라로 끌려가는 것 같아 불안하여 친왕에게 바싹 붙어 안겨 있었다. 친왕은 그런 아씨가 사랑스러웠다.

새벽달은 허공에 걸려 있고 물은 맑기만 했다.

"이것이 타치바나 섬입니다."

사공이 이렇게 말하고 삿대를 세웠다. 배가 잠시 멈춘 곳을 보니, 큰 바위로 보이는 섬의 무성한 상록수가 물속에 그림자를 일렁이고 있다.

"저 나무를 봐요. 강 가운데 있어서 처량하게는 보이지만, 천 년이 지나도 살 수 있을 만큼 초록이 무성하군요."

해와 달 뜨고 져도 변함없는 이 섬에
그대와 맺은 정은 변할 줄 있으랴.

친왕이 노래를 읊으니, 우키후네도 좀처럼 올 수 없는 길인 듯하여 이렇게 답가를 했다.

이 섬의 짙은 빛은 영원히 변치 않아도
덧없는 이 작은 배 가는 곳을 몰라라.

달밤에 아리따운 연인의 모습이 어울려 '우지 강이 이토록 즐거운 곳이었던가' 친왕은 황홀한 기분에 취하고 말았다.

건너편 기슭에 닿아 배에서 내릴 때, 아씨를 남에게 안겨 내리게 하는 것이 못내 아쉬워 자신이 몸소 안고서 수행원의 부축을 받으며 걸었다.

'보기 흉한 꼴이다. 저 여자가 누구기에 이처럼 큰 소동을 부리나?'

사람들은 그렇게 생각하며 바라보고 있었다. 이 집은 대내기의 숙부이며 이나바 태수(因幡守)가 자기 장원에 지은 별장이었다. 아직 집 안에 시설도 제대로 갖추지 않았으며, 대로 엮은 병풍이 둘러쳐 있었으나 친왕은 여태 보지도 못한 허술한 것으로 제대로 바람을 막아줄 것 같지도 않았다. 울타리에는 드문드문 눈이 뭉쳐 남아 있었다. 아직도 날이 개지 않은데다가 눈조차 조금씩 내리고 있었다.

해가 구름을 헤치고 나오자, 추녀 끝 고드름이 아침 햇살에 반짝거리고, 친왕의 용모도 한결 아름다워 보였다. 친왕은 남의 눈에 띄지 않도록 사냥복을 입고 있었다. 아씨는 입고 있던 웃옷을 벗었기 때문에 섬세한 몸매가 드러나 더욱 사랑스러웠다.

우키후네는 몸단장도 하지 않은 모습으로 화려한 사람과 마주보고 있구나 생각하니 부끄러웠으나 몸을 숨길 도리가 없었다.

아씨는 몸에 익은 조금 낡은 흰 속옷을 다섯 겹으로 입고 있었을 뿐이어서, 소맷부리로 보이는 살결이 퍽 우아해 보였다. 친왕은 늘 만나는 작은부인이나 정부인에게서는 이런 수수하고 편안한 모습을 본 적이 없어서 오히려 아름답게만 여겨졌다. 시종도 무난한 여자였다. 우근뿐만 아니라 이 시종에게까지 자기의 비밀을 보이게 된 것이 우키후네는 몹시 부끄러웠다. 친왕은 시종에게 주의를 주었다.

"그대가 누구이든 내 이야기는 절대로 발설하지 마라."

시종은 이렇게까지 입막음하는 친왕을 너무나 훌륭한 분이라 여겼다. 관리인은 대내기를 주인으로 여기고 심부름을 잘하고 있었다. 대내기는 친왕이 있는 옆방에서 주인 행세를 하고 있었다. 관리인이 기어들어가는 목소리로 말을 건네는데, 대내기는 친왕 때문에 제대로 대답을 못 하고 있어 그 모습이 재미있기도 했다.

"아주 무서운 점괘가 나와 도읍을 떠나 여기서 근신하고 계신 것이니, 아무도 접근시키지 마라."

대내기는 관리인에게 명령했다.

친왕은 아무도 오지 않는 곳에서 거리낌 없이 마음 편히 우키후네 아씨와 시간을 보냈다.

이 여자는 대장이 왔을 때도 이렇게 정열적으로 사랑을 나누었으려니 생각하면서 친왕은 원망스러운 말을 늘어놓았다. 뿐만 아니라 우대장이 부인인 둘째 황녀를 얼마나 아끼고 있는지 모른다는 말도 했다. 그러나 우지의 아씨를 그리워하는 노래를 읊었다는 이야기는 하지 않았으니 이 얼마나 이기적인가. 대내기가 손 씻을 물과 과자를 들여놓자 친왕이 말했다.

"관리인이 정중하게 모시고 있는 손님인데, 그런 모습을 그에게 보여서야 되겠나."

시종은 남녀간 연애에 관심이 많은 젊은 여인으로서 친왕의 일을 재미있어 하며 대내기와 종일 소곤거렸다. 우키후네가 눈이 가득 쌓인 자기의 거처인 산장 쪽을 바라보니, 안개 틈 사이로 수목의 윗부분만이 보였다. 산은 거울을 매달아 놓은 듯 저녁 햇살에 반짝였다. 친왕은 어제저녁 길이 험해 고생했다는 것을 약간 과장해서 읊었다.

재 너머 눈길 헤쳐 얼음길 헤쳐
더듬는 이 마음은 오직 임을 보고저.

'고하타(木幡) 마을에 타고 갈 말은 있어도 임 생각 못 잊어 나는 걸어오네' 라는 글씨를, 별장에 있는 허름한 벼루를 끌어당겨 심심풀이삼아 쓰고 있었다. 우키후네는 이렇게 썼다.

저 눈은 내려내려 물가에나 쌓여도
이 몸은 하늘 위에 흩날려서 꺼지리.

'하늘 위'로 가버리겠다니 다른 곳에도 끌리는 데가 있음을 뜻하는 것이 아니냐고 친왕이 원망어린 말을 하자, 우키후네는 '오해받을 만한 어휘를 썼구나' 싶어 부끄러워하면서 찢어 버렸다.

그렇지 않아도 아름답고 매력있는 분이 여자의 마음을 더 많이 차지하려고, 여러 가지로 갖다 붙이는 말이나 모습은 젊은 아씨 마음을 움직이기에 충분했다.

서울에는 2일간 근신하겠다고 둘러댔기 때문에 마음 편하게 두 사람만의 시간을 즐기니 서로의 정은 깊어만 갔다. 우근은 여느 때처럼 임시변통으로 말막음을 하고는 옷가지를 보내기도 했다. 다음 날 우키후네는 흩어진 머리를 다시 가지런히 빗고, 짙은 분홍빛 의복에다 다홍빛 두꺼운 천으로 된 웃옷을 입고 있었다. 평소의 옷차림으로 온 시종도 보내온 의복으로 갈아입은 뒤 벗어 놓은 치마를 우키후네에게 걸쳐 주고 손 씻는 것을 도왔다.

'육조원 무라사키 부인에게서 함께 자란 누님, 첫째 황녀에게 이 사람을 시녀로 보내드린다면 얼마나 기뻐하고 소중히 여길까. 내로라하는 귀족의 딸도

많이 와 있으나, 이만큼 뛰어난 용모를 가진 사람은 없으리라.'

친왕은 문득 이렇게 생각했다.

그날은 차마 눈뜨고 볼 수 없을 정도로 진한 사랑의 장난을 하면서 지냈다. 친왕은 우키후네를 몰래 도읍으로 데려 가겠다는 말을 몇 번이고 되풀이했다.

"그동안 대장이 오더라도 결코 만나지마시오."

친왕이 이렇게 다그쳤지만, 우키후네는 지킬 수 없는 약속이라 대답을 못하고 눈물만 흘렸다.

'내가 보는 앞에서조차 가오루 대장을 잊지 못하는가.'

친왕은 안타까움에 마음 아파했다. 울면서 원망도 하고, 자신의 마음을 눈물로 호소하기도 했다.

3일째 되는 날 새벽, 그들은 산장으로 되돌아가려고 강을 건넜다. 이번에도 친왕이 우키후네를 끌어안고 배에서 내렸다.

"당신이 깊이 사랑하는 그 사람도 이토록 자상하지는 않았을 거요. 내 깊은 사랑을 알겠소?"

우키후네가 그렇다는 듯이 고개를 끄덕이니 그 모습이 몹시 귀여워 보였다. 우근은 덧문을 열고 우키후네를 안으로 맞아들였다. 친왕은 이대로 헤어져 돌아가기 아쉬워 몹시 괴로웠다.

이처럼 마음 답답할 때는 으레 이조원으로 가곤 했다. 그 뒤로 친왕은 건강이 나빠져 음식을 들지 못했다. 날이 갈수록 안색이 창백해지고 몸은 여위어가니 임금은 물론, 모든 사람들이 걱정하여 문병 오는 이들이 많아졌다. 집안이 소란스러워지자, 남의 눈이 두려워 우지로 보낼 편지조차도 자상하게 쓸 수가 없었다.

산장에서도 아이를 낳은 딸을 보기 위해 자리를 비웠던 잔소리꾼 유모가 돌아와 있어서 친왕이 보낸 편지를 마음놓고 읽을 수도 없었다.

어머니인 상륙(히타치) 부인은 딸의 쓸쓸한 생활을 안쓰러워하면서도 머지않아 대장이 딸을 서울로 불러 행복하게 해주리라는 꿈을 가지고 마음을 달래고 있었다. 그러던 차에 공공연하게는 아니더라도 머지않아 가오루가 우키후네를 서울로 데려오려는 걸 알게 되자 체면도 세우게 되었다며 기쁘게 생각하고 있었다. 그리하여 새 시녀와 예쁜 시동을 우지로 보내려고 수소문하여 찾기도 했다.

우키후네 자신도 언젠가 찾아올 기쁜 그날이 오기를 얼마나 기다렸던가 그러나 한쪽으로는 억지로 정열을 기울이고 있는 친왕과, 가오루의 사랑이 부족하다고 원망했던 일 등 이런저런 환상이 머릿속에서 떠나지 않아 잠깐만 눈을 붙여도 친왕이 꿈에 보이니, 참으로 난처한 일이구나 싶었다.

늦은 봄 3월, 비가 며칠씩 계속될 때, 친왕은 우지로 가기가 더욱 힘들어지니 그리움에 견딜 수가 없었다.

친왕은 그리워하는 심정을 장황하게 편지에 썼다.

그리운 저 산 너머 구름조차 안 보일 듯
저무는 하늘빛이 슬프기만 하여라.

붓 가는 대로 흘려 쓴 노래임에도 훌륭하고 풍치가 있어 보였다. 높은 견식을 갖추지 못한 젊은 우키후네는 이 말에도 매우 감동되어 기쁠 따름이니 더욱 친왕에게 마음이 기운다. 그러나 처음 몸을 허락한 가오루 또한 사려 깊고 인품이 훌륭한 듯하니, 그것은 남녀 정을 처음 알게 해준 때문이리라.

'추한 풍문이 대장 귀에 들어가 그분의 미움을 받으면 어찌 살아갈까? 내가 행복하게 되기를 바라는 어머니도 행실이 고약한 딸이라고 환멸을 느끼고 세상을 부끄러워하리라. 내게 반해 몸 달아 하는 친왕 또한 본디 바람기 많은 분이니 지금은 열렬히 사랑을 해 주나, 그 사랑이 식으면 나를 잊고 말겠지. 만일 친왕이 서울에다 나를 데려다 놓고 정분을 나눈다 하더라도 언니가 알게 되면 뭐라 할 것인가. 모든 것은 결국 밝혀지고 말 것인데. 지난날 이조원에서 잠깐 스쳐지나갔을 뿐인데 이렇게 인연이 이어져 내가 숨어 있는 곳까지 찾아내지 않았던가. 내가 앞으로 도읍에서 어떻게 살아가든 친왕이 모를 리 없을 것이다.'

이렇게 생각을 더듬어 가자니 '친왕에게 자신의 장래를 맡긴다는 것은 좋은 일이 아니다. 그러니 대장의 사랑을 못 받게 되는 편이 더 큰 고통일지 모른다'는 생각이 들었다. 그때 마침 가오루로부터 편지가 왔다.

번갈아 두 사나이의 편지를 읽는 게 부끄러워 우키후네는 아까 온 친왕의 장문의 편지만을 누워서 보고 있으려니까, 그 모습을 본 시종과 우근은 얼굴을 마주 보며 눈짓을 하고는 둘이서 수군거렸다.

"정말이지 가오루 나리의 용모는 세상의 어느 누구와도 견줄 수 없을 만큼 훌륭하지만 친왕님 모습 또한 각별하지요. 편안히 계실 때 그 늠름하신 모습은 얼마나 훌륭하십니까. 나 같으면 그런 애정을 받으면서 그냥 보고 있을 수는 없어요. 중궁 시녀가 되어서라도 늘 뵐 수 있으면 좋겠어요."

그러자 우근이 말을 받았다.

"무슨 위험한 소리를 그리합니까. 가오루 나리보다 더 훌륭한 분이 또 어디 있단 말이요. 용모는 둘째치더라도 마음씀씀이 하며 태도가 얼마나 훌륭하십니까. 그런데 친왕과 아씨가 이렇게 된 것은 어쨌든 민망한 일이에요. 대체 아씨는 어쩌시려는지."

이제까지는 우근 혼자 애를 썼지만 시종도 비밀을 알게 되니 거짓말을 꾸미기가 한결 편했다. 나중에 온 가오루의 편지에는 이렇게 쓰여 있었다.

'생각만 할 뿐, 가지 못하고 날을 보내고 있소. 때로는 당신이 편지로 나를 책망해 주는 것도 기쁘겠소. 내 사랑 변함이 없으니.'

그 끝에 노래도 씌어 있었다.

먼 땅 우지에 사는 그대는 어떻게 지내시나요.
나는 그치지 않는 비와 고민에 잠겨 보낸답니다.

"여느 때보다 당신이 그리워지는군요."

가오루 대장의 편지는 고운 색지가 아닌 뻣뻣한 백지에 쓰여 있었고, 공문서처럼 봉투에 싸서 위아래로 접어 보낸 것이 언뜻 보아 연애편지답지 않았다. 그러나 글씨는 섬세하고 아름다워 대장의 고상한 성품이 엿보였다.

반대로 니오노미야는 긴 내용의 편지를 돌돌 말아서 매듭으로 묶으니 작고 예뻤다. 두 편지 모두 저마다의 멋이 느껴졌다.

시종이 아씨에게 말했다.

"누가 보기 전에 친왕께 드릴 편지 먼저 쓰세요."

"오늘은 쓰고 싶은 말이 생각이 나지 않아요."

우키후네는 부끄러운 듯 이렇게 말하고, 마음 가는 대로 한 수 적었다.

이름도 슬픈 마을에 온몸으로 겪고 사니

이곳에서 지내기란 더 괴로워

　우키후네는 친왕이 그려놓은 남녀 그림을 꺼내 보고는 울었다. 이 사랑은
오래가지 못한다며 어떻게든 마음을 돌리려 애를 썼지만, 이대로 가오루 대장
을 따라가면 다시는 친왕을 보지 못할 것만 같아 슬프기 그지없었다.

　중천에 떠 흐르듯 정처없는 마음은
　산 위에 오락가락하는 비구름만 같구나.

"구름이 섞이면 더는 뵐 수 없겠지요."
우키후네가 써 보낸 글을 읽고 니오노미야는 소리내어 울었다.

'그리 말해도 나를 그리워하는 것이다.'
이렇게 상상하니 아씨가 수심에 잠긴 아씨 얼굴이 눈앞에 선해서 더욱 슬
펐다.
　가오루는 넉넉한 마음으로 우키후네의 답장을 읽었다.

　저 비는 내려내려 우지 강물 넘치듯
　눈물은 흘러흘러 옷소매만 적시네.

　그런 노래를 오랫동안 손에서 놓지 않았다. 그리고 우키후네가 가여운 마음
에 '어떻게 지내고 있을까' 그렇게 생각했다.
　가오루는 온나니노미야와 대화를 나누던 중 이렇게 속내를 털어놓았다.
　"무례하다고 생각하실지 걱정스럽지만, 훨씬 이전부터 보살펴 주던 여인이
하나 있어요. 도읍도 아닌 먼 곳에 살기 때문에 늘 쓸쓸하게만 지내는 모습이
딱하니 이곳으로 불러들일까 해요. 소년 시절부터 나는 남다른 생각을 가지고
있어 어느 땐가 출가하려고 생각했습니다. 그러나 당신과 결혼한 뒤로는 쉬이
세상을 등질 수 없게 되었습니다. 그리고 보니 지금까지 숨겨왔던 사람이 불
쌍해서 죄 짓는 것만 같은 심정이 되어 걱정입니다."
　부인이 물었다.

"내가 어떻게 마음을 써야 할지 모르겠습니다."

가오루가 말했다.

"누군가 임금 앞에서 제 험담을 하지는 않을까 근심이 돼요. 세상사람이란 남의 말하기를 좋아하지요. 하지만 그 사람은 화제에 오를 만큼 변변한 사람도 아닙니다."

전부터 지어 둔 저택에 우키후네를 맞아들이려는 것이었으나, 애인 때문에 집까지 새로 지었다는 소문이 돌까 두려워 남모르게 일을 시키고 있었다. 그런데 맹장지 바르는 따위의 일을 하필이면 대내기 아내의 아버지, 즉 장인되는 대장대부에게 맡겼던 것이다. 친근하고 편하다는 이유로 부탁했던 것이었으나 가오루의 말은 속속들이 대내기를 거쳐 니오노미야의 귀에 들어가고 있었다.

"가신들 가운데 믿을 만한 사람들을 골라 정성 들여 그림을 그리게 하고 있습니다."

이 말을 들은 친왕은 나도 가만히 있을 수 없다며 자신의 유모가 먼 지방 수령의 아내가 되어 남편 부임지로 떠나버리면 비게 되는 집이 도읍 아랫동네에 있다는 사실을 떠올렸다.

"세상이 알지 못하도록 감춰 놓고 싶은 여자를 위해 잠시 그 집을 빌리고 싶군."

친왕이 은근히 이렇게 의논하자 유모는 어떤 여자인가 하고 생각했으나, 친왕이 간절히 바라는 터라 황송해서 거절 못 하고 승낙했다. 이렇게 은신처를 마련한 친왕은 얼마간 마음이 놓였다. 3월 말일에 유모가 집을 비우고 떠나면 그날 우지의 연인을 옮기려는 계획을 세웠다.

"이러기로 하였으니 결코 남들이 눈치채지 못하게 하라."

친왕은 우지에 이렇게 전갈을 보냈지만 몸소 그곳에 가기는 어려웠다.

산장도에서도, 유모가 몹시 눈치 빠른 여자이니 친왕을 맞아들이기 퍽 어려울 것이라고 우근이 편지를 보내왔다.

가오루는 우키후네를 서울로 데려오는 날로 4월 10일을 생각하고 있었다. 우키후네는 어느 쪽에도 몸을 의탁할 수 없게 되었으니 어찌해야 좋을지 몰라 자신의 기이한 운명을 한탄했다.

'친정어머니 곁에 가서 얼마간 쉬면서 생각하는 것이 좋겠다.'

그러나 그곳 또한 좌근소장의 아내가 된 동생의 해산 일이 가까워져 기도니 독경이니 집안이 떠들썩해, 지난번 벼르고 있던 산사 참배도 못한 어머니가 우지 산장으로 찾아들었다. 유모가 재빨리 나와서 맞았다.

"가오루 나리께서 시녀들 옷까지도 꼼꼼하게 신경써 주시어 많은 옷감들을 보내 주셨으니 그럴듯하게 꾸며 보려고 생각합니다만, 제 머리로는 제대로 해 낼 것 같지 않습니다."

유모가 들뜬 목소리로 말하자 어머니도 기뻐했다.

'만일 당치도 않은 일이 생겨 웃음거리가 되면 이 사람들이 얼마나 슬퍼할까. 또 억지스러운 친왕은 편지로 "흰 구름 겹겹이 끼어 있는 깊은 산골짝으로 들어간다 하더라도 반드시 찾아낼 것입니다. 그리되면 나와 그대는 세상에서 살 수 없게 되겠지요. 그러니 처음부터 내게로 몸을 숨기세요."라 하시니 어찌 하면 좋단 말인가?'

우키후네는 기분이 언짢아 누워 있었다.

"왜 그렇게 지난번과 다르게 안색이 나쁘고 몸이 여위었을까?"

어머니는 우키후네를 보고 놀랐다. 유모가 말했다.

"요즘 줄곧 저러면서 음식도 안 들고 괴로워하기만 합니다."

"참 이상하네. 귀신에 씌었나? 어쩌면 무슨 근심거리라도 있어서 그러는지 모르겠군. 이시야마데라 참배 때 달거리를 했다니 임신은 아닐 테고."

우키후네는 양심의 가책이 느껴져 눈을 내리깔고 아무 말도 못했다.

밤이 되자 달이 환하게 비쳤다. 우키후네는 강물 위에 새벽달이 걸렸던 그 날 밤이 떠오르니, 친왕을 그리워하며 눈물 흘리는 자신의 마음이 어이없을 뿐이었다.

어머니는 옛이야기를 하다가 변 여승을 불러들였다. 여승은 죽은 큰아씨에 대한 얘기를 꺼내며 탄식했다.

"침착하고 사려 깊은 분이어서, 동생들을 걱정하느라 병환이 위중해져 돌아 가셨죠."

"살아 계셨더라면 큰아씨도 작은아씨처럼 서로 오가며 편지도 주고받고 외 롭고 고생스러웠던 것을 잊고 행복하게 사셨을 텐데요."

상륙 부인은 여승의 이 말을 달갑게 여기지 않았다.

'내 딸도 큰아씨나 작은아씨와 남이 아니고 다 같은 하치노미야의 자식이

야, 내가 바람대로 행복한 길을 걷는다면 두 아씨만 못할 것이 없다.'

어머니는 이렇게 생각하고 말했다.

"늘 우리 딸 일로 걱정만 끼쳤네요. 이제 대장님께서 돌보아 주시게 되면 내가 우지로 올 일도 별로 없을 테니, 가끔 이렇게 뵈었을 때 옛이야기나 천천히 나누는 게 좋겠군요."

"출가한 몸이 세상사람과 너무 가깝게 지내는 게 불길하다 생각해 사양해 왔습니다만, 도읍으로 가버린다면 더욱 쓸쓸해질 것입니다. 하지만 산골에 살자면 걱정스러운 일이 많으니 아씨 앞날을 생각하면 도읍으로 가는 것은 기쁜 일이지요. 이젠 저도 마음이 놓입니다. 가오루 대장님이야말로 세상에서도 보기 드물 만큼 신중한 분이 아니십니까. 결코 가벼운 마음으로 아씨를 찾아오시지는 않았으리라 제가 말씀 드렸는데, 참으로 그 말이 맞아떨어졌지 뭡니까. 그러니 앞날에 대한 걱정은 조금도 할 필요가 없습니다."

"앞으로 어찌 될지 모르겠습니다만, 오늘날 가오루 대장이 깊은 애정으로 아껴주는 것은 모두 여승께서 애써 주신 덕분이라고 생각됩니다. 친왕 부인인 작은아씨도 황송할 정도로 이 아이를 사랑해 주셨는데, 친왕 문제 때문에 불편한 일이 생겨서 그곳에 머물지 못하게 되니 오갈 데 없는 아이의 신세를 늘 걱정했답니다."

변 여승은 웃으면서 말했다.

"그 친왕은 소란스러울 정도로 여색을 밝히는 분이셔서, 좀 똑똑하고 젊은 시녀들은 시중들기 어렵습니다. 다른 점은 모두 훌륭하지만 남녀 정사에 관해서는 사정이 다르니, 그런 일로 작은아씨의 마음을 상하게 하는 일이 있어서는 곤란하다고 대보의 딸이 말하더군요."

'시녀들조차 그러한데 하물며 부인의 동생인 나는 어찌하랴.'

우키후네는 이렇게 생각하면서 누워 듣고 있었다. 어머니가 말했다.

"어머, 참 소름 끼치는 얘기군요. 대장님은 둘째 황녀를 부인으로 두고 계시지만 그분과 우리 딸은 애당초 혈연관계가 아니니 황송스럽지만 나쁘게 생각하든 좋게 생각하든 상관없지요. 하지만 이 애가 친왕 문제로 작은아씨를 괴롭히는 일이 생긴다면, 나는 아무리 이 애가 불쌍하더라도 두 번 다시는 보지 않으렵니다. 아무렴, 남이 되고말고요."

어머니가 여승에게 하는 이 말에 우키후네는 가슴이 미어지는 것 같았다.

'아, 죽고 싶구나. 이대로 살아 있다가는 부끄러운 소문이 금세 퍼져나갈 것이다.'

우키후네가 이런 생각을 하고 있으려니 산장 밖을 흐르는 우지 강 물결 소리가 더욱 무섭고 요란스럽게 들려왔다.

상륙 부인은 그 소리를 듣고 이렇게 말했다.

"이런 거친 강이 아니라 조용히 흐르는 강도 있답니다. 이런 데다 아씨를 오래 두었으니 대장님이 가엾게 여기고 도읍으로 데려가는 게 마땅하지요."

어머니는 이렇게 말하며 흐뭇해하였다. 시녀들도 우지 강물이 거세다는 이야기를 주고받았다.

"요전에도 사공의 손자가 삿대를 잘못 짚어서 강에 빠져 죽었지요. 많은 사람의 목숨을 빼앗은 강이랍니다."

이 말을 듣고 우키후네는 생각했다.

'이 강에 몸을 던져 죽어 버린다면 어머니도 가오루도 친왕도 얼마 동안은 낙담하고 슬퍼하겠지만, 살아 있어서 온 세상 웃음거리가 된다면 그 슬픔은 끝나지 않고 영원히 남으리라.'

우키후네는 아무래도 죽는 편이 낫겠다고 생각하니 속이 후련할 듯한데, 한편 죽는다는 게 슬프기 짝이 없었다. 이처럼 어머니의 애정에서 우러나온 말을 우키후네는 자는 체하면서 듣고 있었더니 마음이 어지러워졌다.

우키후네는 정말 병이라도 난 듯 하루하루가 다르게 야위어 가니 어머니는 유모에게 이렇게 말했다.

"기도를 좀 올리게 하고, 액막음을 제대로 해 주세요."

우키후네는 차라리 미타라시강(御手洗川)에서 모든 남자와의 관계를 끊는 불제를 드리고 싶은데 어머니는 그런 속내를 모르고 수선을 피우는 것이었다.

"서울로 가려면 시녀들이 더 있어야 할 것 같군요. 꼭 믿을 수 있는 사람을 구하세요. 알지 못하는 여자는 얼마동안 쓰지 않는 편이 좋겠어요. 훌륭한 분의 부인들은 서로 관대한 태도를 취하긴 하지만 질투는 누구나 하는 것이니까요. 시종들의 잘못으로 어떤 불미스러운 일이 발생할지도 모르니, 아예 불길한 꼬투리가 생기지 않도록 미리 조심하세요. 저는 저쪽에 출산을 앞둔 딸이 있어 이만 가봐야 돼요."

어머니는 더 할 말이 없을 만큼 단단히 주의를 시키고 돌아가려는데, 수심이 가득 찬 우키후네는 '이제 마지막으로 어머니를 뵙는구나' 하는 생각에 슬픔이 솟구쳤다.

"몸이 불편한 동안은 어머니가 안 계시면 마음이 쓸쓸하니 저도 어머니 집으로 가 있을까 합니다."

이별하기 서러운 듯 우키후네가 따라나서며 이렇게 말했지만 어머니는 안타까움에 울며 말했다.

"나도 그렇게 했으면 좋겠다만 동생 출산을 앞두고 저쪽 사정도 복잡하단다. 이곳 시녀들이 바느질한 곳도 없을 만큼 좁단다. 네가 만일 머나 먼 다케후로 옮겨간다 해도 나는 남몰래 만나러 갈 것이다. 어미의 신분이 미천하니 너무 가까이 지내는 일도 너에게는 좋지 않을 게다."

가오루에게서 또 편지가 왔다. 몸이 불편하다더니 오늘은 좀 어떠냐는 내용이었다.

'내가 직접 가고 싶으나 여러 가지 용무가 많아서 실행을 못 합니다. 머지않아 당신을 맞아들인다 생각하니, 오히려 시간이 더디게 가는 듯 여겨집니다.'

니오노미야는 어제 보낸 편지에 대한 답장이 없자 안타까워하며 긴 편지를 또 보냈다.

'아직도 마음을 못 잡고 있습니까. 그대가 뜻지 않는 곳으로 사라지지는 않을까 걱정되어 넋이 나간 듯 우두커니 앉아 고민만 하게 됩니다.'

언젠가 비 오는 날, 대장과 친왕의 사자가 산장에서 서로 마주친 일이 있었는데, 오늘도 같은 사자들이 찾아왔기에 다시 만나게 되었다. 가오루 대장의 사자는 상대가 식부소보인 대내기 댁에서 가끔 마주치는 사람이라는 점을 수상하게 생각해 말을 걸었다.

"당신은 무슨 용건으로 여길 온 거요?"

"내 아는 사람에게 볼 일이 있어서요."

"아는 사람을 만나러 왔다는 사람이 제 손에 연애편지를 들고 왔단 말인가. 무슨 까닭이 있을 것 같군. 뭘 숨기고 있소?"

"실은 좌위문 대부 도키카타님의 편지를 시녀에게 전하러 온 거요."

가오루의 사자는 그가 먼저 한 말을 바꾼 게 수상쩍었으나, 이 이상 캐묻는 것도 이상하니 더 말하지 않고 산장을 나섰다. 대장의 사자는 눈치 빠른 사람이었기 때문에 데리고 왔던 동자에게 말했다.

"모른 체하고 저 사나이의 뒤를 따라가 보라. 좌위문대부 댁으로 들어가는지 잘 보고 오란 말이야."

이윽고 동자가 돌아와 보고했다.

"니오노미야의 저택으로 들어가서 대내기에게 편지 답장을 전하였습니다."

친왕의 사자는 본디 신중함이 부족한 하급 관리였기 때문에 누가 숨어서 쫓아오리라고는 생각하지 못했다. 게다가 무슨 사정인지도 정확히 몰랐으니 행선지를 들키고 만 것은 그의 잘못만은 아닌 안타까운 일이었다.

가오루 대장의 사자는 마침 외출하려던 가오루에게 답장을 전했다.

오늘은 중궁께서 육조원으로 돌아오신 듯하여 평상복 차림으로 문안하려던 참이었다. 그래서 길을 인도할 수행원들도 많지 않았다. 사자가 시녀에게 편지를 전하면서 이렇게 말했다.

"좀 수상한 일이 있어서 그것을 확인해 보느라 늦었습니다."

수레를 타려던 가오루는 이 말을 얼핏 듣고 물었다.

"무슨 일이 있었느냐?"

사자는 시녀가 듣고 있음을 꺼려서 말을 삼가고 있었다. 가오루는 '무슨 사단이 난 게로구나' 생각하고는 그대로 육조원으로 향했다.

그날은 중궁의 병환이 매우 무겁다 해서 중궁 소생 친왕들이 모두 문안하였다. 고관들도 많이 모여 떠들썩했으나 중궁의 용태는 그리 심각하지 않은 듯했다. 대내기는 태정관(太政官)의 관속이어서 용무가 많아 늦게야 물러나왔다. 친왕은 태반소에 있어 문 앞으로 대내기를 불러 편지를 받았다. 가오루가 때마침 중궁을 뵙고 물러나온 때라 그 광경을 곁눈질로 보고서, '친왕이 아끼시는 분의 편지를 받은 게로구나' 생각하고 멈춰 섰다. 친왕은 그런 줄도 모르고 편지를 열어 보았다. 붉은색 엷은 종이에 구구절절 씌어 있는 사연을 읽느라 정신이 없었다. 그때 유기리 대신이 중궁을 뵙고 나오니, 가오루는 이를 알리려 일부러 헛기침을 했다. 친왕이 황급히 편지를 감추는데 유기리 대신이 나타났다. 친왕은 옷깃을 여미고 예의를 갖췄다.

유기리 대신이 말했다.

"나는 이제 물러갈까 합니다. 중궁께서 한동안 차도가 있었는데 걱정스럽습니다. 히에산(北叡山)의 고승을 곧 부르도록 하겠습니다."

유기리 대신은 서둘러 자리를 떴다.

밤이 깊어서야 모두 육조원에서 물러나왔다. 유기리 대신은 친왕을 앞서가게 하고는 여러 자제들과 궁중 고관들을 거느리고 자신의 거처인 동쪽 저택으로 돌아갔다.

가오루는 그보다 조금 늦게 자기 저택으로 돌아갔다. 심부름 갔던 사자가 무슨 할 말이 있는 것 같았기에 수행원들이 모두 말에서 내려 불을 밝히는 동안 그자를 가까이 불렀다.

"아까 하려던 말이 무엇이냐?"

"오늘 아침 우지에서 이즈모 태수 도키카타의 부하를 보았습니다. 그는 보랏빛 엷은 종이에 쓴 편지를 벚나무 가지에 매달아 서쪽 쌍바라지로 나온 시녀에게 전하더군요. 그래서 뭐냐고 캐물었더니, 꾸며대는 것 같아 믿을 수 없기에 동자를 보내 뒤따르게 했습니다. 그랬더니 니오노미야 댁으로 들어가서 식부소보인 미치사다 대내기에게 그 편지를 전하더랍니다."

가오루는 이상하게 여기고 물었다.

"그 답장은 어디서 받던가?"

"그것은 보지 못했습니다. 다른 문에서 받았나 봅니다. 하인에게 들으니까 붉은색으로 된 예쁜 편지였다고 합니다."

이 말을 들은 가오루는 아까 태반소에서 친왕이 보고 있던 편지가 틀림없다고 생각했다.

우키후네의 편지가 대내기를 거쳐 친왕에게 들어간 것이다. 사자가 거기까지 확인한 것은 눈치 빠른 행동이었다고 생각하면서 사람들이 모여들었기에 그 이상 자세히 묻지는 못하였다.

가오루는 수레를 타고 오면서 생각에 잠겼다.

'정말 집요한 사람이다. 우지에 숨겨둔 그녀를 어떻게 찾았을까. 또 어떻게 유혹하였을까. 우지 같은 산골이라면 이런 문제는 일어나지 않으리라 생각했건만, 내가 어리석었어. 하지만 모르는 사람이라면 모를까, 어째서 꼭 그녀여만 했는가. 어려서부터 친하게 지내왔으며, 때로는 중매쟁이나 길잡이 노릇도 마다하지 않았던 나에게 어떻게 이럴 수 있는가.'

이런 생각을 하니 가오루는 분통이 터졌다.

'작은아씨를 연모하면서도 몇 해를 실수 없이 지내온 것은 나의 신중함 때문이다. 작은아씨에 대한 사랑은 도리에 어긋난 사랑도 아니고 큰아씨와의 인연으로 시작된 애틋한 것인데, 다만 떳떳치 못해 피차 삼가고 있었던 것을. 지내고 보니 그것 또한 어리석은 일이었어. 친왕은 병환 중이어서 언제나 문병 오는 손님이 그칠 사이가 없는데, 언제 우지로 편지 쓸 겨를이 있었던가. 아니면 이미 우지를 알고 드나들었단 말인가. 멀고 험한 길이 아닌가. 그러고 보니 한때 친왕의 행방이 묘연해져 어디로 갔는지 찾고 있다는 소문을 들었는데, 죄스러운 정사에 빠져 그 걱정 때문에 병이 난 것이구나. 지난 일을 떠올리더라도, 그가 그 산장으로 찾아갈 수 없었던 동안은 옆에서 보기에도 딱할 만큼 한탄하고 있었다.'

이런 생각을 정리해서 곰곰 생각해 보니, 가오루가 찾아갔을 때 여자가 몹시 수심에 잠겨 있었던 이유를 알 것 같아 참을 수 없이 비참했다. 하나가 명백해지자 모든 수수께끼가 잇달아 풀려 괜스레 여자가 밉게만 생각되었다.

'알지 못할 게 사람 마음이구나. 그리도 얌전하고 사랑스러웠는데 바람기가 있다니, 마찬가지로 바람기 많은 친왕과 잘 어울리는 한 쌍이구나.'

차라리 친왕에게 양보하고 손을 뗄까 했으나, 또 이런 생각도 했다.

'처음부터 정실로 들일 생각이었다면 모를까, 아무래도 저대로 두고 정부로 삼는 편이 낫겠다. 친왕과의 정사가 들통 났으니 인연이 없던 것으로 치고 헤어지면 그리워 못 견딜 일이다.'

'내가 정나미 떨어져 우키후네를 버리면 반드시 친왕이 불러들여 어디에든 감춰둘 것이다. 그는 여자가 명예스럽지 못하더라도 아랑곳하지 않는다. 그렇게 애정을 주다가 싫증나면 자기 누님인 첫째 황녀의 시녀로 두서너 명이나 천거하지 않았던가. 우지의 여자가 황녀의 시녀로 전락하는 것은 나로서는 가여운 일이다.'

가오루 대장은 우키후네를 버리고 싶지 않았고 어찌된 일인지 알기 위해 편지를 썼다.

사람이 없을 때 예의 사자를 몰래 불러들였다.

"대내기는 요즘도 장인인 나카노부 대장대부 집을 드나드느냐?"

"그렇습니다."

"우지로는 언제나 그 사자만 보내나보군. 여인이 그곳에서 홀로 조용히 살기에 대내기도 신경이 쓰였던 게지."

가오루는 한숨지으며 주의를 준다.

"남의 눈에 띄지 않도록 조심히 다녀오게. 남이 알면 부끄러운 일이니."

사자는 대내기가 언제나 대장에 대한 것을 여러 가지로 알려 하고 산장에 대해서도 물었던 이유를 납득하게 되었지만, 우쭐대며 그런 말은 하지 않았다. 가오루도 신분이 낮은 사람들에게 자세한 내용을 알리고 싶지는 않았다.

우키후네는 대장 댁에서 여느 때보다 심부름꾼이 자주 오는 것을 괴로워하였다. 가오루의 편지에는 이렇게 씌어 있었다.

그대 마음이 변한 줄도 모르고
오직 나만을 기다리고 있는 줄 알았소.

"나를 웃음거리로 만들지 말아요."

이상한 낌새를 눈치챈 우키후네는 가슴이 미어졌다.

'잘못 보낸 편지가 아닌가 생각합니다. 몸이 불편해서 오늘은 아무것도 쓸 수가 없습니다.'

가오루는 답신을 보고 '잘도 둘러대는군, 그 사람에게 이런 재치가 있는 줄은 미처 몰랐구나' 쏩쓸히 웃음을 띠었는데 어디까지나 밉기만 한 것은 아닌 듯하다.

대놓고 꾸짖지는 않았지만, 가오루가 넌지시 던진 말 때문에 우키후네의 고민은 더욱 깊어졌다.

'마침내 파렴치한 여자가 되어 신세를 망치게 되었나보다.'

이렇게 슬퍼하고 있는데, 우근이 와서 말했다.

"어찌 가오루 나리의 편지를 돌려보내셨습니까. 편지를 돌려보내는 행동은 불길한 일이라 꺼리는데."

"도무지 알 수 없는 말이 씌어 있어 잘못 보내셨나 싶어 돌려보냈어요."

편지를 그대로 돌려보내는 것을 수상하게 여긴 우근은 심부름꾼에게 전하기 전에 몰래 읽었다. 고약한 우근이 아닌가. 우근은 편지를 봤다는 이야기는 우키후네에게 하지 않고 능청스레 말했다.

"안타까운 일이지만, 모두가 고통 받게 되어버렸네요. 끝내 가오루 나리께서는 모든 일을 알아차리셨나 봅니다."

우키후네는 얼굴이 빨개져서 말도 제대로 하지 못했다. 편지를 훔쳐보았다고는 조금도 의심하지 않았기에 가오루의 모습을 직접 지켜본 사자에게서 들은 모양이라고 짐작했으나, 그렇다고 누가 그런 말을 했는지 물을 수도 없었다.

시녀들이 어떻게 생각하고 있을까. 우키후네는 부끄럽기 짝이 없었다.

'내 뜻으로 그렇게 된 일이 아니라 하더라도 끝내 이런 결과를 불러왔으니, 이 무슨 얄궂은 운명인가.'

누워서 이렇게 자책하는 우키후네 곁에서 우근은 시종과 둘이 이야기를 나누었다.

"신분이 천하고 귀하고를 떠나 이런 문제는 흔히 일어난답니다. 제 언니도 상륙(히타치)에 살 때 애인 둘을 한 번에 사귄 일이 있었지요. 두 사람 모두 매우 사랑하고 있었기에 어찌해야 좋을지 고민을 많이 했지만, 이윽고 나중에 만난 남자에게 마음이 더 끌리게 되었습니다. 그런데 그것을 질투한 처음 만난 남자가 끝내 나중 만난 남자를 죽여 버리고 말았습니다. 그리고 자기 자신도 언니를 버렸습니다. 아까운 무사 하나를 잃은 셈이지요. 처음 남자는 태수의 심복이었지만, 죄를 지은 사람을 그대로 둘 수는 없다며 상륙(히타치)에서 쫓겨났습니다. 또한 이런 사건이 벌어진 것은 여자의 행실이 나빴기 때문이라며, 언니도 태수의 저택에서 쫓겨나 동국 지방 촌사람이 되고 말았습니다. 아직도 어머니는 언니가 그리워 우시고는 하니 이 죄가 얼마나 깊은지 모릅니다. 이런 불길한 이야기를 들리는 게 죄송하기는 하나, 귀족이든 천민이든 사랑에 빠져 분별을 잃음은 결코 피해야만 합니다. 귀한 신분의 사람들이니 목숨이 오락가락 하지는 않겠지만, 또 그에 걸맞은 불행이 찾아오게 되지요. 차라리 죽는 게 나을 만큼 수치스런 삶을 살게 될 수도 있습니다. 친왕께서도 대장님 못지않은 성의와 진심으로 아씨를 사랑해 주시고 있습니다. 그러니 누구든 한 사람을 택하고 다른 분과의 관계는 정리하세요. 고민만 거듭하여 몸이 여위고 병이라도 나면 어쩌시려고요. 어머님 걱정만 끼쳐드리는 꼴이 됩니다, 또 유모 할머니도 아씨가 가오루 나리에게 갈 것이라며 열심히 준비하는데 이를 다 마다하고 다른 곳으로 가신다고 말하기는 어렵겠지요."

우근이 이렇게 말하자, 친왕의 아름다움을 흠모하는 시종이 말했다.

"뭐 그렇게 어렵게 생각합니까. 이렇게 된 것도 다 숙명이지요. 그저 조금이라도 마음이 더 기울이는 쪽으로 가세요. 그러나 친왕처럼 훌륭한 분이 황공하게도 아씨를 사랑하고 있는 그 모습을 보면, 가오루 나리를 따라 도읍으로 이사를 서두르는 게 마땅치 않습니다. 얼마동안 숨더라도 마음이 끌리는 쪽에 인생을 의지하는 편이 좋으리라 생각됩니다."

다시 우근이 말했다.

"저는 꼭 대장님에게 가시라는 말씀은 아닙니다. 어느 쪽이든 상관없는 일이니까 이 문제가 무사히 해결되기만을 부처님에게 빌고 있습니다. 대장님의 장원을 맡아보는 사람은 모두 거칠고 우악스러운 사람들이고, 우지에는 그 동료들이 무수히 많으니까요. 이 야마시로(山城)나 야마토(大和)에 있는 대장의 영지 사람들은 모두 이 내사인(內舍人)*²이라고 하는 자와 인연이 있다 합니다. 대장께서는 내사인의 사위인 우근대부(右近大夫)를 우두머리로 삼아 우지의 영지를 관리케 하셨습니다. 귀족끼리는 상대방에게 막된 행동을 안 하지만 인정머리 없는 이곳의 시골 무사가 교대로 이곳을 경비하러 오니, 자신이 근무할 때는 실수를 하지 않으려고 친왕의 미행길에 무슨 예의없는 짓을 할지 알 수 없습니다. 요전에 친왕께서 강을 건넜을 때도 겁이 나서 혼이 났습니다. 친왕께서는 남의 눈을 피하느라고 되도록 수행원을 많이 거느리지 않고 오니까, 그 사람들이 보기라도 했다면 무슨 일이 나도 크게 났을 겁니다."

시녀들이 하는 말을 듣고 우키후네는 눈물을 흘리며 생각했다.

'이 사람들은 내가 친왕을 더 사랑한다고 여겨 이런 말을 하는 것이겠지. 너무 창피스럽다. 나는 어느 쪽으로 결정한 것도 없고, 또 이리 된 것도 꿈만 같아 어이없는 일이다. 친왕이 저렇게 적극적으로 나오는 이유도 아직 잘 모르겠고, 그렇다고 오랫동안 의지했던 가오루 대장과 이것을 끝으로 헤어지고 싶은 생각은 조금도 없다. 그러니 이토록 고민하는 것이다. 우근이 말한 것처럼 앞으로 무슨 안 좋은 일이라도 벌어지면 어떻게 해야 하나 참으로 난감한 일이다.'

"나는 아무래도 죽어야겠다. 이런 한심스런 꼴이 되고 말았다. 신분이 낮은 사람 사이에서도 이런 일은 흔하지 않을 거야."

우키후네는 이렇게 말하고 엎드려 울었다.

"그렇게 근심하실 까닭이 없습니다. 조금이라도 마음 편히 가지라고 여쭌 말씀인데요. 전에는 걱정거리가 있어도 그저 느긋하게 잘 대처하시더니, 친왕과의 일이 있은 뒤로는 늘 조바심을 내는 것이 오히려 이상스럽습니다."

---

*2 내사인(內舍人) : 궁중 경호원.

우근은 이렇게 위로했다. 사실 시녀들도 고민이 많았다. 그러나 사정을 모르는 유모는 기분이 좋아서 옷감에 물을 들이거나 마름질을 하기도 하고, 새로 온 얼굴이 예쁜 어린 시녀를 불러 앉혀놓고 이렇게 말했다.

"이런 아이라도 바라보고 마음을 편히 가지세요. 언제나 침울한 기분으로 누워만 있으면 악귀가 서울 가는 길을 방해할지 누가 압니까."

대장에게 돌려보낸 편지에 대해 아무런 답도 없이 며칠이 지났다. 그러던 어느 날, 우근이 우키후네를 위협하기 위해 말했던 내사인이라는 자가 산장에 나타났다. 소문에 듣던대로 우악스럽고 무뚝뚝한 노인이었는데 목소리까지 컬컬하였다.

"말귀를 알아듣는 시녀와 얘기를 해야겠어."

아랫사람을 보내 이 말을 전하고 우근이 나와 그를 만나보았다.

"가오루 나리 부름으로 새벽에 서울을 다녀오는 길이요. 여러 가지 잡일을 분부하시고 이리 말씀하셨습니다. '아씨가 우지에 있는 동안은 우리들이 장원 경비를 맡고 있으니 안심하고 숙직인을 배치하지 않았는데, 요즘 시녀 처소에 누군지도 모르는 사내가 드나든다'는 소문을 들으셨다 합니다. 나리는 '괘씸한 일이 아닌가. 숙직하는 자는 출입하는 자를 알 것이다. 모르고는 어찌 할 일을 다했다 할 수 있는가.' 이렇게 꾸짖었소. 난 아무것도 모르는 일이라 '저는 몇 달 동안 병을 앓고 있어 숙직 근무를 하지 못해 사정을 잘 모릅니다. 다만 쓸모 있는 사나이들만 보내 한눈팔지 말고 성실히 근무하도록 했습니다. 지금 말씀하신 그런 당치도 않은 사건이 있다면 제 귀에 들어오지 않을 리가 없습니다. 잘못 들은 것은 아닌지요.' 이렇게 말씀드렸소. 그러자 '앞으로 조심해서 별장을 지켜라, 무슨 일이 있으면 엄중히 문책할 것이다'라고 말씀하시니, 무엇 때문에 그러시는지 놀라 당황할 따름이오."

이 말을 듣고, 우근은 부엉이가 우는 소리보다도 더 무서워져 대답도 못했다. 내사인이 간 뒤에 우키후네에게 달려가 이렇게 말했다.

"끝내 이렇게 되고 말았습니다. 제가 드린 말씀과 똑같은 일이 벌어졌어요. 대장은 이 일을 눈치채신 듯해요. 그래서 그 뒤부터 편지도 오지 않는 것이지요."

우근이 한탄하는 말을 얼핏 들은 유모는 사정도 모르고 기뻐했다.

"가오루 나리께서 잘 꼬집어 주신 거예요. 이 근처에는 도둑도 많아 걱정이 큰데, 날이 갈수록 예전처럼 믿음직한 사람은 숙직으로 오지 않고 윗사람 대신 온 졸병들만 있으니, 그들이 제대로 순찰을 돌 리가 없지요."

우키후네가 이렇게 막바지로 쓸쓸한 운명에 이르고 있을 때, 친왕으로부터 편지가 왔다. '그대와 만날 날은 어느 때인고. 소나무의 이끼가 흩어져 수심만 늘어나네'라고 호소하니 난감한 일이 아닐 수 없었다.

'어느 쪽을 따르든 성가신 일이 벌어지겠지. 그러므로 자기 목숨을 버리는 것만이 온당한 해결법이다. 옛날에는 사랑을 고백해 오는 두 사나이의 우열을 가릴 수 없다고 괴로워하다가 죽은 사람도 있었다. 살아 있으면 반드시 한심스러운 일을 당하게 될 자신의 목숨 따위는 아깝지 않다. 어머니도 얼마간은 탄식하겠지만, 여러 아이들 뒷바라지를 하노라면 나의 죽음은 자연히 잊어버리리라. 몸을 망치고 비난받으며 사느니 차라리 어머니를 위해 내가 죽는 게 더 나을 것이다.'

우키후네는 이렇게 마음을 굳혔다. 천진하고 너그러우면서도 연약하여 그저 품위 있게 세상 물정 모르고 자란 아씨라 몸을 던져 목숨을 끊는다는 무서운 생각도 할 수 있었으리라. 남겨두면 나중에 폐가 될 만한 친왕의 연애편지 따위는 한 번에 처리하지 않고 어떤 것은 등불에 태우고 어떤 것은 강물에 떠내려 보내면서 조금씩 없애 버렸다. 사정도 모르는 시녀들은 서울로 이사하기에 앞서 한가한 나날을 보내며 써두었던 노래를 버리는 것으로만 생각하고 있었다. 시종이 이를 보고 말했다.

"왜 그렇게 하십니까. 사랑하는 연인끼리 주고받은 편지는 비록 남에게 보이지는 않더라도, 어디 상자 속에 깊이 간직했다가 때때로 남몰래 꺼내 보면 옛 감동이 느껴져 풍취가 있지요. 친왕이 좋은 종이에 훌륭하게 많은 사연을 쓴 편지인데, 그렇게 모두 없애 버리다니 너무 매정합니다."

이렇게 말리자 우키후네가 말했다.

"아니야. 남겨두면 오히려 번거로워질 뿐이야. 나는 오래 살지 못할 것 같아. 그런데 내가 죽은 뒤 이런 글들이 남아 있으면 그분에게도 폐가 될 뿐이야. 또한 이러한 것을 간직하고 있었다는 말이 대장의 귀에 들어가면 얼마나 부끄러운 일인가 말이다."

이렇게 헛된 생각을 하다보니 몸을 던지는 일도 쉽사리 결정하지 못했다.

'어버이에 앞서 죽는 자식은 그 죄업이 크다는데.'

어디선가 들은 말이 얼핏 머리에 떠올랐다.

3월 20일도 지났다. 친왕이 빌린 집 주인은 28일에 임지로 떠나게 되었다.

친왕은 이런 편지를 보냈다.

'28일 밤에 꼭 데리러 갈 겁니다. 하인들이 그대가 떠나는 것을 알지 못하게 조심하시오. 내 쪽에서 비밀이 새거나 하는 일은 결코 없을 것입니다. 나를 의심하지 말고 꼭 기다려 줘요.'

'친왕께서 몰래 찾아오셔도 만나서 이야기를 나누기는커녕 바로 돌려보내야 할 테지. 이렇게 감시가 심해서야 잠깐 안으로 들어오시라 하지도 못하리라. 그렇게 여기까지 온 보람도 없이 원망하며 돌아가시는 모습을 떠올리니 슬퍼 견딜 수가 없구나.'

이런 생각을 하니 우키후네는 친왕의 모습이 눈앞에 떠올라 사라지지 않았다. 복받치는 슬픔으로 편지에 얼굴을 묻고 소리내어 울었다. 우근이 당황하여 말했다.

"아씨, 이러시면 모두들 눈치를 챕니다. 요즘은 의심을 품기 시작한 사람들도 있다 합니다. 그렇게 고민만 마시고 친왕님을 따르겠다고 답장을 써 보내셔요. 제가 있는 이상 무슨 일이 있더라도 요령껏 처리할 것입니다. 조그마한 아씨 몸쯤이야 친왕이 하늘로라도 모시고 가실 겁니다."

우근이 이렇게 말하자, 우키후네는 눈물을 거두고 말했다.

"꼭 그래야만 하는 듯이 말하지 마세요. 이것이 올바른 일이라면 모를까, 도리에 어긋난 일임을 저는 잘 알고 있습니다. 그런데 마치 제가 간절히 바라기라도 한 것처럼 일을 이끌어 가시니, 앞으로 어찌 하실지 마음이 불안할 뿐이네요. 그저 괴로운 운명이 원망스럽기만 합니다."

우키후네는 끝내 답장을 쓰지 않았다.

니오노미야는 승낙도 없고 답장조차 없으니 이렇게 생각했다.

'아무래도 대장이 아씨를 잘 구슬렸나 보구나. 그래서 좀 더 마음 편히 지낼 수 있는 가오루 대장에게 마음이 기울었을 거야. 분명 도리에 맞는 일이기는 하지만, 너무나 아쉽고 분하구나. 아씨는 분명 나를 더 사랑하지 않았던가. 내가 곁에 없는 사이에 주위 사람들이 쓸데없는 충고를 하여 그녀 마음을 내게서 떠나게 했구나.'

친왕은 '내 사랑은 허공에만 가득 차 갈 곳을 모르는구나' 이런 심정이 되어 언제나처럼 우지 행차를 강행하였다.

도키카타가 갈대 울타리 가까이 다가가자 여느 때와는 분위기가 달랐다.

"거기 오는 게 누구냐!"

위협적인 목소리가 들려와 돌아보니, 파수꾼들이 빈틈없이 경계를 서고 있었다. 그는 얼른 뒤로 물러나고는, 언제나 산장으로 심부름을 보낸 사내를 대신 보냈다. 심부름꾼은 이제까지와는 많이 달라진 산장 모습에 일이 골치 아프게 되었다고 생각했다.

"서울에서 급한 편지를 가지고 왔소."

그는 우근의 몸종 이름을 대면서 불러달라고 했다. 우근은 '또 골치 아픈 일이 벌어졌구나' 생각했다.

"죄송합니다만 아무래도 오늘 밤은 안 되겠습니다."

그렇게 친왕께 전하게 했다. 왜 이리 쌀쌀맞게 대하는가 친왕은 어쩔 줄을 몰라 하다가 도키카타에게 지시했다.

"어쨌든 자네가 안으로 들어가 시종에게 아씨를 만날 수 있도록 잘 꾸며 보게."

그는 영리한 사람이라 그럴듯한 말로 무사를 속이고 시종을 불러 어찌된 일인지 들을 수 있었다.

"웬일인지 모르겠습니다만, 대장님 명령이라며 숙직하는 사람들이 경비를 엄중하게 서고 있는 터라 어쩔 도리가 없어 난감할 따름입니다. 아씨께서도 친왕님에게 폐가 될지 모른다는 걱정에 괴로워합니다. 더욱이 오늘 밤은 저 사람들이 철통같이 지키고 있으니 이대로 돌아가시고, 언젠가 서울로 맞아들이는 날 이쪽에서도 은밀하게 준비를 하고 수순을 궁리해 놓겠습니다."

시종은 그렇게 전하고서, 유모가 눈치 빠른 사람이라 언제 깨어날지 알 수 없다고 했다. 도키카타는 시종을 이렇게 꾀었다.

"벼르고 별러 험한 길을 오신 분이십니다. 저로서는 실망하실 말씀을 드릴 수가 없군요. 차라리 당신이 친왕님께 가서 설명해 주시오. 내가 옆에서 거들어 드릴 테니까요."

"그것은 무리한 얘기입니다."

이렇게 실랑이를 하느라 밤이 깊어졌다. 그 사이 친왕은 조금 멀리 떨어진 곳에서 말을 탄 채 기다리고 있었는데, 갑자기 마을의 개들이 우르르 몰려와 짖어대기 시작했다. 수행원들은 개 짖는 소리를 듣고 도적들이 나타날지도 모른다며 마음을 졸였다. 남모르게 찾아오느라 사람 수가 적었기 때문이다.

"서둘러 갑시다. 빨리, 빨리."

그때 대내기가 시종을 재촉하며 데려오고 있었다. 시종은 머리채를 가슴 앞으로 늘어뜨려 한 손으로 끌어안고 있었는데 그 모습이 참 아름다웠다.

시종을 말에 태우려고 해도 듣지를 않자, 도키카타가 의복의 아랫자락을 들어올려 쥐고 데리고 왔다. 그리고 자기 신을 시종에게 신기고, 대내기는 따라온 하인의 짚신을 빌려서 신었다.

도키카타는 친왕 곁으로 다가가 산장 사정을 이야기하고는 시종을 데리고 왔다고 알렸으나, 말할 장소도 없어 시골집 울타리의 잡초가 우거진 곳에다 거적 같은 것을 깔고 거기에 친왕을 모셨다.

친왕은 이런 생각을 하고 울었다.

'이 무슨 흉한 꼴인가. 나는 이런 색에 빠져 인생을 망칠 것이니, 마침내 별볼일 없는 삶을 보내겠지.'

마음씨 약한 시종은 초라한 친왕의 처지를 가엾게 여겨 슬픈 마음으로 바라보았다. 아무리 원한이 깊어 귀신처럼 모질어진 사람이라도 친왕의 이 모습을 본다면 동정하지 않을 수 없으리라.

잠시 뒤 눈물을 거둔 친왕이 시종에게 말했다.

"그 사람과 잠깐만 얘기할 수 없을까. 왜 이제 와서 그렇게 삼엄하게 지키는가. 이는 분명 시녀가 대장에게 말했기 때문이겠지."

시종은 산장의 내부 사정을 자세히 설명하고 이렇게 덧붙였다.

"오늘은 이대로 돌아가세요. 아씨를 서울로 맞이하는 그날 아무도 모르게 일러주시면 저희들이 할 수 있는 일은 모두 하겠습니다. 이렇게 황송한 말씀을 들었으니 저는 제 자신을 희생해서라도 기꺼이 뜻을 받들어 모시겠습니다."

친왕은 자신부터가 남의 눈을 의식해야 하는 터라 연인만을 원망하고 있을 수도 없었다.

밤은 깊어만 간다. 아까부터 짖어대던 개는 쉬지 않고 줄곧 시끄럽게 했다. 수행 졸병이 개를 쫓으려 하는데, 산장에서 우악스러운 무사가 활시위를 울리며 '불조심'이라고 외치자 그 소리가 마치 '어서 돌아가라'는 소리로 들렸다. 이대로 돌아가려니 친왕의 마음은 몹시 슬프기만 했다.

어디로든 몸을 숨기려 해도

구름 없는 산조차 없으니
나는 울면서 돌아설 수밖에 도리가 없지.

"너도 이만 돌아가거라."

친왕은 시종을 돌려보냈다. 친왕의 모습은 몹시도 처량하고, 밤이슬에 함초롬히 젖은 의복에서는 향기로운 냄새만이 사방에 물씬 풍기었다. 시종은 아쉬운 마음을 뒤로 하고 울며 돌아왔다. 친왕이 왔으나 딱 잘라 거절했다고 우근이 말하자, 우키후네는 더욱 번민하여 누워 있었다. 시종이 들어와서 방금 전일을 처음부터 끝까지 고하였다. 우키후네는 대답은 하지 않았으나 베개가 떠내려갈 정도로 눈물을 흘리니, 사람들이 어떻게 생각할까 부끄럽기도 했다.

이튿날 아침에도 우키후네는 퉁퉁 부은 자신의 눈을 생각하니 일어나기 괴로워 누워만 있었다.

'어버이보다 앞서 가는 죄를 용서해 주세요.'

힘없이 일어난 우키후네는 어깨에 띠를 두르고 경을 외었다. 친왕이 그려준 남녀 그림을 꺼내 바라보자니, 그때의 아름다웠던 손과 얼굴이 아직도 가까이에 있는 것처럼 느껴졌다. 그렇게도 마음에서 떠나지 않는 분이라, 어젯밤 이야기 한 마디 못 나누고 속절없이 떠나보냄이 못내 슬펐다.

'서울로 맞아들여 조용한 곳에서 여유롭게 만나자면서 영원히 사랑이 변치 않으리라 말한 대장도 내가 죽으면 얼마나 한탄을 할까.'

이런 생각을 하니 측은했다. 한편으로는 이런 생각도 했다.

'내가 죽은 뒤 그 사람에 대한 사랑도 잊고 마음이 변해서 죽었다고 말하는 사람도 있을 것이다. 그것을 상상하면 수치스러운 일이나, 살아 있어 천박하고 행실이 좋지 않은 사람이라고 웃음거리가 되는 일보다 나으리라.'

고민과 탄식 끝에 강물에 몸 던진다 해도
부끄러운 이름만은 남아 떠돌 테니 괴롭구나.

어머니도 사뭇 그리웠다. 평소에는 생각나지도 않고 보기 싫던 각성바지 동생들의 얼굴도 그리웠다. 이조원의 언니는 언제 떠올려도 그리워지는 사람이었다. 다시 한 번 보고 싶은 사람이 줄줄이 떠올랐다.

시녀들이 모두 이사 갈 준비로 옷감에 물을 들이거나 바느질을 하면서 이런 저런 얘기를 주고받는데 그런 말조차 우키후네 귀에는 들어오지 않았다. 이슥한 밤이 되어 남에게 들키지 않고 집을 나가려면 어디를 어떻게 가야 한다는 계획만이 떠올라, 우키후네는 잠을 이루지 못해 머리가 띵하고 병자처럼 허탈 상태에 빠졌다.

아침이 밝아오면 강을 바라보며 저 강에 몸을 던지리라 생각하니, 도살장으로 끌려가는 양처럼 죽음이 가까이 다가옴을 느꼈다.

친왕은 애처로웠던 그날 밤 걱정이 넘치는 편지를 보내왔다. 죽은 뒤에 남이 볼지도 모른다는 생각에 이에 대한 답장에도 쓰고 싶은 말을 쓸 수 없었다.

내 죽어 시신조차 세상에 남겨 놓지 않는다면
당신은 어느 곳을 찾아 내 무덤이라 원망을 늘어놓으리

이렇게만 써서 친왕의 사자에게 전했다.

'가오루 대장님께도 작별인사를 드리고 싶지만 이곳저곳에 이런 글을 써 보내면 안 되겠지. 더욱이 대장과 친왕님은 본디 서로 친한 사이이니 이야기 하다가 사정을 서로 알게 될지도 몰라. 그리되면 더욱 괴롭고 한심하니 아무에게도 내 죽음을 정확히 알지 못하게 해야겠어.'

이렇게 생각을 달리 먹고 가오루에게는 쓰지 않았다. 서울의 심부름꾼이 어머니 편지를 가지고 왔다.

'어젯밤에 너를 꿈에 보았기에 여러 절에 독경을 부탁했다. 그 꿈을 꾸고는 다시 잠을 이루지 못해 오늘 낮에 낮잠을 잤더니, 또 남들이 불길하다는 꿈을 꿨구나. 그래서 깜짝 놀라 이 편지를 쓴다. 근신할 때는 몸조심 해라. 쓸쓸한 그 저택으로 가끔 오시는 대장과의 관계로, 또 어떤 저주를 누구에게서 받고 있을지도 모르는 너이니 악몽이 끊이질 않아 걱정이 된다. 내가 몸소 가보고 싶지만 좌근소장에게 시집간 둘째가 출산을 앞두고 병세가 불안하고 헛것에 붙들려 있는 듯하니 잠시도 옆을 못 떠나도록 태수가 엄명을 내려 갈 수가 없구나. 그곳 산사 아사리에게 독경을 부탁하도록 해라.'

그런 편지와 함께 절에 공양할 물건과 부탁하는 글을 덧붙여 보내왔다.

'이제 죽을 각오를 하고 있는 줄도 모르고 이렇게 근심을 하는가.'

우키후네는 어머니의 사랑이 사무치도록 슬프기만 했다. 사람을 절로 보내 놓고는 어머니에게 답장을 썼다. 하고 싶은 말은 많았으나 마음이 내키지 않아, 다만 노래를 한 수 지어서 보냈다.

쓸데없는 꿈에 휘둘리지 마세요.
내세에 다시 만날 수 있다고 생각하세요.
강바람을 타고 은은히 들려오는 독경 종소리를 들으며 우키후네는 누워 있었다.

흩어져 가는 종소리야, 내 말도 전해주렴.
이 목숨 다했음을 어머니가 알 수 있도록.

이것은 절에서 가지고 온 불경책 목록에 써 놓은 노래지만, 심부름꾼이 오늘 밤은 서울로 갈 수 없다고 하므로 나뭇가지에 매어 건네주도록 해놓았다.
유모가 시녀에게 말했다.
"어쩐지 가슴이 방망이질을 하는군. 아씨 어머니께서도 자꾸만 악몽을 꾼다고 써 왔으니 숙직하는 사람들에게 경비 잘 서도록 일러둬요."
오늘 밤에 탈출하여 강으로 가려는 우키후네는 이 말을 괴로운 심정으로 듣고 있었다.
"음식을 도통 입에 대지 않으니, 그럼 죽이라도."
'나를 생각해서 이런저런 애를 쓰다 이제 저렇게 늙어 버렸으니, 내가 죽은 뒤 어디서 지낼까.'
이제는 천명과는 관계없이 이 세상을 떠나려고 한다는 말을 유모에게 넌지시 말할까 생각하나, 유모가 그 말을 들으면 얼마나 놀랄까 생각하니 눈물이 앞을 가려 아무 말도 못했다. 우근이 옆으로 와서 잠자리를 펴면서 탄식했다.
"너무 그렇게 상심하면 영혼이 몸을 빠져 나와 허공을 떠돈다 하니 그 때문에 어머니 꿈에 나타나는 거예요. 어느 쪽이든 한쪽으로 마음을 굳히고, 다음 일은 운에 맡겨야지요."
우키후네는 언제나 즐겨 입던 부드러운 의복으로 얼굴을 감싸고 잠든 듯 엎드려 있었다.

하루살이*1

　다음 날 아침, 우지 산장은 우키후네가 없어져 발칵 뒤집혔다. 산장 사람들이 사방팔방 찾아보았으나 아무런 보람도 없었다. 마치 공주가 침입자에게 납치된 소설 속 한 장면처럼 소란스러웠다.

　도읍에 있는 어머니는 전날 보낸 심부름꾼이 아직도 돌아오지 않자 불안해서 또 다른 사람을 우지로 보냈다.

　"새벽닭이 울 무렵 저더러 떠나라 하셨습니다."

　심부름 온 이에게 뭐라 말해야 좋을지, 유모와 시녀들은 그저 어찌할 바를 몰라 쩔쩔맬 뿐이었다. 사람들은 아씨가 왜 사라졌는지 짐작조차 하지 못하며 어수선하게 떠들었다. 다만 비밀을 알고 있었던 우근과 시종만이 몹시 고민하던 아씨의 모습을 떠올리곤, 그래서 강물에 몸을 던진 것은 아닐까하는 생각에까지 미쳤다. 그들은 울며불며 아씨의 어머니가 보내온 편지를 뜯어보았다.

　'네가 너무 근심되어 잠을 이루지 못했던 때문인지 오늘 밤은 꿈에서조차 네가 보이지 않는구나. 잠이 들 만하면 가위에 눌려 괴로울 뿐이다. 이사할 날이 가까워진 줄은 알고 있으나 그동안만이라도 너를 이쪽으로 오게 했으면 하고 생각한다. 그러나 오늘은 비가 올 듯하니 다음날에.'

　또 어제저녁에 우키후네가 어머니에게 쓴 답장을 열어 보고 우근은 몹시 울었다.

────────────

*1 하루살이(蜻蛉): 제52권. 가오루(薫) 27세의 봄부터 가을까지의 이야기. 우키후네가 우지 산장에서 사라져 버렸다는 이야기로 남은 사람들은 그녀가 투신자살한 것으로 단정하고 유품을 불살랐다. 우키후네와 니오노미야의 관계며, 첫째 황녀에 대한 가오루의 연모, 식부경 친왕 딸에 대한 니오노미야의 연모 등의 이야기가 전개된다. 하루살이는 글자 그대로 잠자리라는 해석과 아지랑이라는 해석도 있으나, 이들 해석은 따를 만한 것이 못 된다. 여기서는 덧없이 날아다닌다고 했으니 하루살이라고 해석함이 타당하다고 보는 견해가 지배적이다. 즉 덧없이 자취를 감춘 우키후네를 하루살이로 비유한 것이다. 그 진상은 다음의 '글씨쓰기'에서 밝혀진다.

'죽을 각오를 하고 있었기 때문에 서글픈 소리만 썼구나. 어렸을 때부터 아무런 숨김이나 흉허물 없이 지내온 처지가 아닌가. 내게 숨기는 일이라곤 손톱만큼도 없었다. 그런데 마지막에는 내게까지 감추고 자살할 낌새조차 보이지 않았으니, 이런 원통할 데가 또 어디 있나.'

우근은 슬픔을 억누를 수 없어 울면서 어린애처럼 발버둥을 쳤다.

'슬퍼하는 줄은 알고 있었으나 성품이 차분하여 자살과 같은 무서운 결심을 할 분으로는 보이지 않았는데, 대체 어찌하면 좋단 말인가.'

사실을 그대로 믿을 수가 없어 우근은 울기만 했다.

유모는 너무나 놀란 나머지 얼이 빠져 중얼거릴 뿐이었다.

"어떻게 한단 말이요, 어떻게?"

한편 니오노미야도 예사롭지 않은 답장을 받았던 터라, '무슨 생각을 하고 있을까, 나를 사랑하는 것만은 사실이지만, 이것을 한때 내 잘못된 바람기일 거라 의심하고 있는 게 틀림없다. 그래서 어쩌면 가오루 대장에게도 가지 않고 어디론가 자취를 감추려는 게 아닌가.' 이런 불안한 생각이 들어 곧장 심부름꾼에게 답장을 쥐어 보냈다.

심부름꾼이 막상 도착해 보니, 집안은 여자들의 울음판이 되어 있었고, 편지를 받으려는 사람도 없었다.

"어찌된 일입니까?"

아래 시녀에게 물었다.

"아씨가 어젯밤 갑자기 돌아가셨습니다. 의지하는 대장님도 계시지 않아 시녀들은 모두 당황하여 우왕좌왕하며 물건에 부딪치고 넘어지고 난리입니다. 그러니 말씀을 전해 봤자 소용없을걸요."

심부름꾼은 사정을 깊이 알지 못하는 사내인지라, 자세히 알아보지도 않고 그대로 도읍으로 달려가 보고하였다.

"아씨가 돌아가셨답니다."

이 소식을 들은 친왕은 놀라 꿈인 듯싶었다.

'이게 무슨 말인가. 딱히 병이 무겁다는 말도 듣지 못하였는데. 요즘 몸이 좋지 않다고는 했지만, 어제 보내온 답장에는 아픈 기색도 없었고, 도리어 여느 때보다 정취가 물씬 담겨 있지 않았던가.'

친왕은 납득할 수가 없으니 도키카타에게 '직접 우지로 가서 무슨 일인지 확실히 알아오라'고 분부하였다. 그러자 그가 말했다.

"가오루 대장 귀에 무슨 소문이 들어갔는지 '숙직하는 자들이 일을 충실히 하지 않았다'는 꾸지람이 있었다고 합니다. 그 뒤로는 제가 보내는 무사들이 드나드는 것을 숙직인이 일일이 조사하며 캐묻는다고 들었습니다. 마땅한 구실도 없이 제가 다녀간 일이 대장에게 알려진다면 친왕님의 일이 들통 나지는 않을까 걱정이 됩니다. 그리고 사람이 별안간 죽었다면 그런 곳에는 많은 사람들이 드나들고 있을 텐데요."

"그렇다고 무슨 영문인지 모르는 채 그대로 둘 수는 없지 않은가. 무슨 구실을 만들어서든지 우리 편인 시종을 만나 사정을 알아 오너라. 하인들이란 얼토당토않은 소리를 듣고 그것을 믿는 수가 많으니."

니오노미야가 몹시 초조해하니 도키카타는 할 수 없이 그날 저녁 우지로 떠났다.

몸이 가볍고 날랜 덕분에 곧 우지에 도착할 수 있었다. 다만 비가 조금 가늘어지긴 하였어도 진창인 산길을 넘어야 했기에 허름한 하급 관리차림이었다. 산장에 도착하니 많은 사람들이 모여 웅성대고 있었다.

"오늘 밤 장사를 치를 것입니다."

이런 말을 들은 도키카타는 깜짝 놀라 어이가 없었다. 우근을 만나게 해달라고 전했으나 만날 수가 없었다.

"뭐가 뭔지 통 정신을 못 차리고 일어날 힘조차 없습니다. 그대가 찾아오는 것도 오늘 밤이 마지막일 텐데 뵐 수도 없으니."

우근은 이렇게 말을 전해 왔다.

"그렇기는 하겠지만 이쪽 사정을 모르면 돌아갈 수가 없습니다. 다른 한 분이라도 만나게 해 주십시오."

도키카타가 간절하게 말하자 그제야 시종이 나왔다.

"어떻게 이럴 수가 있었을까요. 이렇게 돌아가시리라고는 그 누가 생각이나 했겠습니까. 슬프다는 말로는 저희들의 심정을 다 표현할 수가 없습니다. 마치 지금도 꿈인지 생시인지 분간이 가지 않아 모두가 넋을 잃고 있다고 친왕님께 전해 주세요. 얼마간 마음이 진정되면 아씨가 돌아가시기 전에 몹시 고민하셨던 일이나, 지난날 어렵게 찾아주신 친왕님과 만나지도 못하고 돌려보내고 슬퍼하시던 모습을 말씀드리겠습니다. 상을 다 치르고 근신기간이 풀리면 다시

한 번 들러 주십시오."

이렇게 말하고 시종은 하염없이 울었다. 안에서도 우는 소리가 여러 갈래로 들려왔다. 그 속에서 유모인 듯한 목소리가 들려왔다.

"대체 아씨는 어디로 가셨습니까. 시신조차 보이지 않으니 어떻게 되신 겁니까. 아씨가 행복하기만을 비는 것으로 보람을 느끼던 저인데, 저를 버리고 어딜 가셨어요. 귀신이 잡아갔다 해도 아씨만은 못 잡아갈 것입니다. 아씨를 데려간 자가 귀신인지 사람인지 시신이라도 보내줘요."

유모의 울부짖음을 듣고 이상하게 생각한 도키카타가 말했다.

"부디 사실대로 알려 주시오. 누가 아씨를 데려가 숨긴 거요? 무슨 일이 벌어졌는지 확실히 알아오라며 저를 대리인으로 삼아 여기로 보내셨습니다. 돌아가셨든 누군가가 데려갔든 지금은 상관이 없을지도 모릅니다. 하지만 나중에 친왕님께서 사실을 알게 되셨을 때 제가 보고한 내용과 다르다면 그 잘못은 다 제 책임이 되지 않겠습니까. 게다가 만일 누군가 데려갔다면 희망은 아직 남아있지 않습니까. 친왕께서 오죽하시면 저를 보내서 묻게 하셨겠습니까. 한 여성에게 마음을 쏟는 일은 다른 나라에서도 있는 일입니다만, 아씨를 그리는 친왕님의 마음은 세상에 다시없을 만큼 뜨겁다고 저는 생각합니다."

도키카타가 이리 말하니 시종은 이렇게 생각하였다.

'이분은 친왕의 심부름 온 자가 분명하니, 내가 숨긴다고 하더라도 아씨 죽음은 예삿일이 아니라는 소문도 필시 전해지고 말겠지, 이제 사실대로 전하는 것이 좋겠다.'

"누가 숨겼다는 의심이라도 간다면 이렇게 온 집안 사람들이 슬퍼하겠습니까. 아씨가 친왕님의 일로 몹시 괴로워할 때 가오루 대장님께서는 드나드는 남자가 있지 않느냐며 빈정대는 글을 보내셨습니다. 이즈음에는 어머니도 유모도 가오루 나리가 마련해 준 곳으로 이사할 준비를 서두르고 있었습니다. 아씨는 친왕님을 사람들에게 알리지 않고 혼자 남몰래 간직하고 사모하고 그리워하던 터라 머릿속이 어지러우셨던 거죠. 그러다가 끝내 스스로 목숨을 버린 듯하니, 유모도 어쩔 줄을 몰라 하며 저렇게 미친 사람처럼 우는 것입니다."

자세한 얘기는 하지 않았으나, 그는 내용을 대충 짐작할 수 있었다.

"그러면 조용해진 다음에 다시 오겠습니다. 이렇게 서서 얘기하는 일은 실례가 되는 일이니 며칠 내 친왕님께서 몸소 오시게 될 겁니다."

"황공합니다만 그럴 수는 없습니다. 이제 와서 모든 비밀이 드러난다는 것은 죽은 아씨로서야 전생의 인연이었다고 여길 일이겠지만, 아씨가 숨기려고 생각했던 일인 만큼 친왕께서도 남에게 이야기하지 않고 비밀은 그대로 덮어 두는 편이 죽은 아씨에 대한 배려입니다."

시종은 이렇게 말을 얼버무리고 도키카타를 어서 돌려보내려 했다. 여기서 이런 이야기를 하다가 아씨의 예사롭지 않은 죽음이 자연스레 새어나갈까봐 걱정했기 때문이다.

빗줄기가 다시 굵어지는 가운데 상륙 부인이 찾아왔다. 부인은 너무도 기가 막혀 할 말이 없을 정도로 슬퍼하며 울부짖었다.

"두 눈으로 죽은 딸을 보았다면, 그 슬픔이 아무리 커도 하는 수없이 체념했을 것이다. 그런데 이건 어떻게 된 일인가?"

요즘 있었던 우키후네와 친왕의 복잡한 사정을 모르는 어머니는 우키후네가 우지 강에 몸을 던지리라고는 상상도 못하고 이렇게 생각했다.

'귀신이 잡아먹었단 말인가, 여우가 채 갔단 말인가. 옛날 괴기소설에는 그런 일도 있었다지만 어디 이럴 수가 있단 말인가?'

이렇게 생각하다 보니 하인들이 의심스러웠다.

'아니면 가오루 나리의 정부에게 시중을 드는 심보 나쁜 유모가 있어, 우지의 여자를 데려온다고 고자질한 게 아닐까, 이를 괘씸하게 여긴 부인이 우키후네를 유괴한지도 모를 일이다.'

아씨의 어머니는 이렇게 생각하여 하녀들에 대하여 물었다.

"요즘 새로 온 시녀 가운데 신원을 알 수 없는 자는 없었던가?"

"신참 시녀들은 여기가 너무 쓸쓸해서 싫다며 서울로 이사한 뒤에 가뵙겠다는 인사를 하고, 이사 준비에 필요한 물건만을 가지고 돌아갔습니다. 지금 여긴 아무도 없는걸요."

그리고 전부터 있던 시녀들도 몇몇은 친정에 가고 얼마 남지 않았다. 시종은 아씨가 죽고만 싶다고 울던 모습을 생각하고는, 써놓은 것이라도 없나 하여 찾아보다 벼루 밑에 '내 죽은 뒤'라 흘려 쓴 노래를 발견하였다. 이것을 본 시종은 '우지 강에 몸을 던졌단 말인가' 강을 바라보면서 물소리에 귀를 기울여보니 불길하고 슬프게만 들렸다.

우근과 시종이 이런 얘기를 나눴다.

"강물에 몸을 던진 사람을 찾겠다며 이곳저곳을 들쑤시고 다니게 할 수는 없습니다. 저렇게 애태우시는 모습이 너무나 안쓰러워요. 친왕님과의 비밀도 스스로 원해서 그리 된 게 아니지 않습니까. 비록 따님이 돌아가신 뒤에야 알게 되셨지만 친왕님이 결코 부끄러운 상대는 아니시지 않습니까. 그러니 사실대로 말씀드려서 헤매고 있는 어머니의 괴로움만이라도 좀 덜어드려야겠다고 생각합니다."

그래서 우근은 아씨가 니오노미야와 은밀히 맺은 관계 때문에 몹시 번민한 이야기를 부인에게 있는 그대로 은밀하게 말했다.

'그렇다면 우리 딸이 저 우지 강에 몸을 던져 떠내려갔단 말인가?'

어머니는 자기도 강물에 뛰어들어 죽고 싶은 심정이었다.

"물이 흘러간 쪽을 뒤져 봅시다. 시체라도 찾아서 정중히 장례를 치르고 싶어요."

"벌써 바다로 떠내려갔을 터이니 소란을 피워 세상에 소문이라도 나면 오히려 민망해집니다."

우근과 시종이 이리 말하니 부인은 어쩌면 좋겠느냐고 갈피를 잡지 못하고 힘들어했다. 우근과 시종은 서둘러 아씨가 깔고 앉았던 방석과 자질구레한 일용품, 임자 없는 텅 빈 침구 따위를 수레에 실었다. 이것들을 시신 대신 불태우자는 것이었다. 우키후네의 젖형제이자 유모의 자식인 대덕 스님, 그의 숙부 아사리, 그 제자로 친근하게 드나들던 스님과 노법사 등이 장례에 참석하여 관을 실어냈다.

"불길해서 견딜 수가 없어요."

어머니와 유모는 체면도 돌보지 않고 땅바닥에 나뒹굴며 울부짖었다. 그때 대부와 내사인 등 지난번에 협박하듯이 캐묻던 자들이 찾아와 이렇게 말했다.

"장례식은 가오루 나리와 의논해서 날을 잡은 뒤 성대하게 치르는 게 어떻겠습니까."

이쪽에서 대꾸했다.

"아무래도 오늘 밤 안으로 끝내야 됩니다. 소문나지 않게 해야 할 사정이 있어요."

수레를 앞산 벌판에 내다가, 사람들이 접근하지 못하게 하고 시신이 없다는 것을 아는 스님들만 몇몇 입회하여 화장했다.

이곳 시골 사람들은 도읍 사람들보다 장례를 정중히 치르고 길흉 날짜도 따져 장례를 치르는데, 큰집의 부인답지 않은 장례식이라 헐뜯는 사람도 있었다. 또 어떤 이는 서울에 본처가 있어서 후처 장례식은 이처럼 소박하게 한다느니 이런 말들을 하기도 했다.

그런 소문을 들은 우근은 이렇게 생각했다.

'이런 산골 사람들이 쑥덕거리는 것도 수치인데, 하물며 나쁜 소문은 막을 길 없이 퍼져 가니 큰일이야. 우키후네가 유해도 없이 죽었음을 대장이 알게 되면 반드시 친왕이 숨겼다고 의심하리라. 또한 두 사람은 가까운 친척이니 결국 두 사람 모두 아씨를 데리고 있지 않다는 사실을 알게 될 것이며, 대체 어떤 남자가 아씨를 숨겼을까 하고 의심할 수도 있다. 살아 있었다면 고귀한 분에게 사랑받을 수 있는 분이 죽어서는 한심한 의심이나 받는구나.'

우근은 아씨의 실종으로 시끄러웠던 아침 상황을 처음부터 본 사람들에게 함구령을 내렸다. 이처럼 우키후네의 죽음을 여느 죽음처럼 가장하려고 시종과 우근은 애를 썼다.

"시간이 지난 뒤에는 아씨가 죽음을 결심하기까지의 경과를 대장에게도 친왕에게도 말할 수 있겠지만, 아씨의 죽음을 슬퍼할 겨를도 없이 사람들 입방아에 올라서야 고인을 위한 일이 아니지요."

이 두 사람은 책임을 느끼는 심정에서 모든 것을 감추기에 힘썼다.

이때 가오루 대장은 어머니 온나산노미야의 병환으로 아시야마 데라에서 분주한 때를 보내고 있었다. 서울에서도 훨씬 멀리 떨어진 곳인지라 우지의 일이 몹시 궁금했지만 쉽사리 전해 줄 사람도 없어서 이런 사건이 있는지도 모르고 지냈는데, 영지의 마름꾼이 찾아와서 사건 경위를 보고하니 너무나 놀란 대장은 정신이 혼미해질 지경이었다. 다음 날 일찍 가오루의 조문사절이 우지에 도착했다.

'청천벽력 같은 소리를 전해 듣고 지금 바로 달려가고 싶지만, 어머니 병환으로 일수를 정해 놓고 불공을 드리고 있어 그러지도 못합니다. 어젯밤에 장례식을 치렀다는데 어찌 나에게는 한마디 의논도 하지 않았습니까. 그리고 날짜도 연기하는 것이 보통이 아닙니까. 더욱이 장례식을 간단히 치렀다니 너무도 어이가 없고 야속합니다. 이러나저러나 마찬가지이지만, 아씨를 마지막으로 보내는 의식인데 시골 사람들이 수군거린다면 내게는 큰 불명예가 되지 않겠습니까."

가오루는 가장 믿는 대장대부를 보내어 이런 말을 전하게 했다. 심부름꾼이 도착하자, 슬픔이 또 되살아나면서 대답할 말도 없어 온 집안사람들은 울음으로 인사를 대신할 뿐이었다.

대부로부터 보고를 받은 가오루는 너무 허망한 일이라 괴로워했다. '우지는 불길한 장소였군, 귀신이 붙어 있어 때때로 그런 재앙을 가져오는 집이었나 보구나. 그런 줄도 모르고 왜 그렇게 오래도록 우지에 머물게 했던가, 뜻하지 않게 친왕이 드나들게 된 것도 내가 그녀를 그렇게 내버려뒀기 때문에 가볍게 보고 유혹한 것일 테지.'

이렇게 생각하고 가슴이 미어지도록 후회했다.

가오루는 병환으로 부처님께 지성을 드리고 있는 어머니 옆에서 그런 말을 한다는 게 죄스러워 도읍으로 돌아왔다. 정부인에게는 돌아가지 않고 사람을 보내 이야기만 전했다.

"별 일은 아니지만 가까운 사람에게 불행한 일이 생겨 마음이 복잡하니, 안정될 때까지 얼마간 근신하렵니다."

이렇게 양해를 구하고는, 우키후네와의 덧없는 사랑을 돌이키며 시름에 잠겨 있었다. 그러자니 애교가 넘치고 아름다웠던 우키후네 모습이 떠올라 몹시 그립고 슬프기만 했다.

'왜 그녀가 살아있을 때 좀 더 사랑하지 못하였을까. 이렇게 떠나보낼 것을 너무 여유를 부렸구나. 이제는 돌이킬 수 없으니 후회가 가슴에 사무친다. 아무래도 나는 평생 여자 때문에 고통 받을 운명을 타고났나 보다. 본디 출가하려던 내가 이처럼 속인으로 살아가는 모습이 부처님의 노여움을 샀는가. 이 아픔도 나를 부처의 길로 이끌기 위함인가.'

가오루 대장은 간절한 마음으로 불공을 드리는 나날을 보냈다.

한편 니오노미야는 2, 3일 동안 넋이 나간 사람처럼 정신을 차리지 못했다. 무슨 잡귀가 붙었는가 하고 주변 사람들이 떠들고 있는 동안에, 겨우 눈물이 말라 마음이 안정돼 갔으나 지난날의 우키후네가 그립기만 했다.

남에게는 짐짓 중병을 앓고 있는 듯이 꾸며 죽은 연인 생각에 비탄에 빠져 있음을 애써 알리지 않으려 했으나, 절로 마음속 괴로움이 얼굴에 드러났다.

"도대체 무슨 일로 그처럼 목숨이 위태로울 정도로 슬퍼하나?"

이렇게 걱정하는 사람들이 하나둘 늘어났다. 대장도 친왕의 병세를 캐물었다.

'내 짐작대로 편지만 주고받는 사이가 아니었어. 친왕이 반할 만한 여자니까. 만일 아씨가 살아 있었다면 친왕과 내가 서로 남남이 아닌 만큼, 지금보다 더욱 난처해졌을 게야.'

친왕을 문병하지 않는 사람이 없으니, 세상이 이 때문에 떠들썩한데 한낱 여자가 죽은 일로 슬퍼하며 문병을 가지 않는다면 자신을 속좁은 사람이라고 생각할까 싶어 가오루도 가 보기로 했다.

그 무렵 숙부인 식부경친왕이 세상을 떠났다.

가오루는 마침 숙부의 상을 치르느라 회색 옷을 입었는데, 속으로는 죽은 애인을 위한 상복이라 생각했다. 가오루의 얼굴은 조금 수척해서 야위어 보였다.

문병객이 다 돌아간 조용한 저녁때였다. 친왕은 병자처럼 기분이 침울해졌으나 견디기 어려운 고통은 아니니, 친하지 않은 사람과는 거리를 두되 평소에 발 안으로 맞아들이는 사람과 만나지 않는 것은 아니었다.

그래서 가오루를 안으로 들게 했는데, 가오루를 보니 까닭도 없이 낯이 뜨거워지고 부끄러웠으나 그래도 약해지려는 마음을 다잡았다.

"큰 병도 아닌데 모두들 조심해야 할 병이라고들 하니 폐하와 중궁께도 걱정을 끼쳐 죄송스럽군요. 그러나 세상살이란 덧없는 것이니 자꾸만 마음이 허전해 집니다."

친왕은 이렇게 말하고 소매로 슬쩍 눈물을 훔쳤는데, 어쩐 일인지 눈물이 쉴 새 없이 흘러내려 부끄러웠다.

'아무려면 우키후네 때문에 운다고 생각하겠어? 다만 인생에 집착을 느끼는 줄로만 알겠지.'

가오루의 가슴속을 헤아리지 못한 친왕은 그렇게 추측하고 있었다.

그러나 그는 생각이 달랐다.

'역시 애인의 죽음을 슬퍼하고 있구나. 언제부터 사랑해 왔을까. 그것도 몰랐던 나를 우스운 사내로 여겨 왔겠지.'

이리 생각하니 슬픔마저 잊히는 것 같았다.

한편 친왕은 또 다른 생각을 하고 있었다.

'이 사람은 애인의 죽음에도 냉담하구나, 심정이 몹시 슬플 때는 하늘을 나는 새소리에도 서글퍼지는 법인데, 내가 왜 슬퍼하는지를 안다면 동정해서라도 가만히 있을 수는 없겠지. 인생의 무상함을 깊이 깨달은 사람은 이렇게도 태연할 수가 있는 것일까?'

친왕은 가오루가 부럽기도 하고 그윽하게 느껴지기도 했다.

'사랑하는 여자가 기대어 있었던 노송나무 기둥이라 생각하니 그 기둥까지 그립다'는 옛 노래에도 있다시피, 그 여자와 사랑했던 사나이란 생각이 들자, 그리운 아씨 모습이 떠올라 가오루가 마치 그녀의 유품인 듯 정답게 느껴졌다.

둘은 이런저런 세상 잡담을 나누다가, 가오루는 우키후네에 대한 일을 언제까지 감출 수 없다 생각하고 말문을 열었다.

"전부터 제 마음속에만 담아두며 숨겨왔던 일이 있습니다. 그 탓에 오랫동안 마음이 불편했었지만, 저도 관직이 높아졌고 친왕께서도 이래저래 바쁘신 분이시니 말씀을 드릴 기회가 없었군요. 그렇다고 별일도 아닌데 쉬시는 밤중에 찾아뵐 수도 없는 노릇이니 어느새 부질없이 세월만 흘러 버렸습니다. 친왕께서도 돌아가신 우지 산장의 큰아씨를 기억하실 것입니다. 저는 우연히 큰아씨와 연고가 있는 우키후네라는 여인을 알게 되었습니다. 그녀가 생각지도 못한 곳에서 살고 있기에, 저는 그 이유를 묻고 먼저 그녀를 우지 산장으로 보내 살게끔 하였지요. 저 말고도 다른 남자가 있는 듯했지만, 딱히 제 정실로 맞이할 생각은 없었으니 그저 만나기만 할 뿐이라면 문제 삼지 않고 귀엽게 보려 했습니다. 그런데 느닷없이 그 아씨가 세상을 떠나버렸습니다. 세상의 덧없음을 새삼 떠올리니 참 슬프고 쓸쓸합니다. 친왕님께서도 아마 들어서 알고 계시리라 생각합니다만."

가오루 대장은 우키후네가 죽고 처음으로 눈물을 흘렸다. 약한 모습을 보여 웃음거리가 되고 싶지는 않았지만, 한번 흐르기 시작한 눈물은 도무지 멈출 줄을 몰랐다.

그 모습에는 다른 뜻도 포함된 것 같아 딱하다는 생각을 했지만, 친왕은 시치미를 뚝 떼고 말했다.

"슬픈 심정은 충분히 이해가 갑니다. 그 이야기는 어제 얼핏 들었지요. 조문을 보내야겠다고도 생각했으나, 당신이 숨기는 일이라고 들었기에……."

친왕은 끓어오르는 슬픔을 참을 수 없어 말끝을 흐렸다. 가오루가 말했다.

"당신에게도 말상대로 소개하려던 사람이었습니다. 어쩌면 이미 봤는지도 모르겠군요. 그대의 부인과도 연고가 있어 드나들었던 여자였으니⋯⋯."

이렇게 넌지시 한 마디 던지고 가오루는 조금 비아냥거렸다.

"몸이 불편하신데 쓸데없이 여자 얘기를 늘어놓아 쉬시는데 방해가 되는 듯하니 이만 물러갑니다."

가오루는 물러나면서 이런 생각을 했다.

'참으로 상심이 컸던가 보다. 덧없는 인생이었지만 그 여자도 대단한 운을 타고 났어. 친왕은 천황과 중궁이 아끼는 황자이다. 용모로 보든 학문으로 보든 따를 사람이 없는 훌륭한 사람으로 그가 아끼고 사랑하는 여자들만 해도 보통 분들이 아니지. 그런데 그런 분들을 두고 어찌 그 여자에게 빠져 병까지 얻어 주위를 걱정시키고, 기도나 독경이나 제사에 영험한 자들이 쾌유를 비는 기도를 올리는 법석을 떨게 하는가. 이것은 친왕이 그 여자에게 집착했기 때문에 크게 상심하여 생긴 병이 아닌가. 나 또한 높은 신분에다 천황의 둘째 황녀까지 부인으로 맞았는데, 그 여자에 대한 애착이 친왕 못지않았다. 이제 죽어 버린 사람이라 생각하니 슬픔을 어찌할 수가 없으나, 이 모두 어리석은 일이다. 슬퍼하는 것은 이제 그만두자.'

가오루는 온갖 생각에 어지러우므로 '사람은 목석이 아니라 모두 정이 있으니' 하고 읊조리며 침실로 돌아갔다.

'장례를 아주 간략하게 치렀다는데 정말 어이가 없다. 작은아씨가 이를 알면 어찌 생각할까? 어미의 신분이 낮고 형제가 남아 있으면 장례도 간소하게 한다는데, 그래서 그렇게 단출하게 치른 것일까?'

가오루는 이런 생각으로 심사가 좋지 않았다. 직접 가서 상황을 들어보고 싶지만 그곳에서 삼십일재까지 머물 수도 없고, 곧바로 돌아오는 일도 민망하니 온갖 궁리만 하고 있었다.

우키후네가 살아 있었다면 오늘이 바로 서울로 맞이하려던 그날이다. 저녁때가 되자 그의 마음은 또 쓸쓸해졌고, 귤꽃 향기가 그리움을 더하던 참에 두견새가 두어 마리 울며 날아갔다. '옛사람 찾는 길엔 두견새만 울어라' 이런 옛 노래를 읊어 보았지만 어딘지 부족했다. 오늘은 작은아씨가 있는 이조원으로 니오노미야가 오는 날이라, 가오루는 귤나무 가지를 꺾게 하여 노래를 곁들여서 보냈다.

그대도 홀로 앉아 남모르게 눈물짓겠지
죽은 영혼 거둔다는 두견새의 노래 소리 따라.

친왕이 우키후네와 많이 닮은 작은아씨에게서 위안을 받고 있을 때였다. '깊은 속뜻이 담겨 있는 노래'라 보고 친왕은 이렇게 적어 보냈다.

옛사람 살던 집은 귤꽃 향기 감도는 곳.
두견새 울더라도 그곳에서 울겠지.

"무슨 뜻인지 모르겠습니다."
작은아씨는 동생이 죽게 되기까지의 일들을 모두 알고 있었다.
'언니가 그러시더니, 이번에는 동생까지 깊은 수심으로 세상을 떠나게 되었구나. 나 홀로 이렇게 살아남아 있는 것은, 내 마음이 둔하기 때문일까. 하지만 이제 산다면 또 얼마나 살겠는가.'
그녀는 크게 슬퍼했다.
친왕도 아무리 감춘다 해도 어차피 알게 될 일이니, 벽을 두고 괴롭게 지내기보다는 우키후네와의 관계를 살짝 듣기 좋게 꾸며서 작은부인에게 얘기했다.
"누구라는 것을 끝까지 감추려고 했기 때문에 당신을 원망했소."
친왕은 얘기를 들어주는 사람이 우키후네의 자매라는 점에서 친근함을 느끼기도 했다.
육조원의 정부인인 육의군은 모든 일을 예법에 따라 엄격하게 처리하는 터라, 친왕이 조금만 아픈 듯해도 소란을 떨어 문안객도 많았고, 게다가 유기리 대신과 형제들까지 불러들여 법석을 떨기에 번거로우나, 이조원에서는 한결 편안한 기분이었다.
친왕은 아직도 우키후네가 죽은 게 꿈만 같고, 왜 그렇게 별안간 죽었는지 의심도 풀리지 않아 도키카타를 시켜 우근을 불러들이도록 했다.
우키후네 어머니인 상륙 부인도 우지 강 물소리를 들으면 자기도 뛰어들 것처럼 슬펐기에 할 수 없이 서울로 돌아가고 말았다.
염불하는 중들만 있는 듯해 도키카타는 집으로 들어갔는데, 전 같으면 산장을 에워싸고 경계하던 파수꾼들도 뭐라 하지 않았다.

'지금은 이토록 드나들기 쉬운데, 지난 마지막 밤에는 이자들이 방해를 하는 바람에 친왕을 못 들어가게 한 것이 아쉽구나.'

도키카타는 지난날을 떠올리며 슬퍼했다. 시녀들도 당시의 친왕을 딱하게 여겼다. 그는 본디 친왕의 억지스러운 불륜을 보기 흉하게 생각했지만, 막상 우지로 오니 친왕의 품에 안겨 강을 건너던 아씨의 아름다웠던 모습이 떠올라 슬픔이 복받쳐 올랐다. 우근이 대내기를 보고 우는 것도 마땅하게 생각됐다.

"친왕이 그대를 모셔오라는 분부를 내리셨습니다."

우근은 다른 시녀들이 이상하게 여기리라 꺼려져 이렇게 말했다.

"찾아뵈었자 잘 아실만큼 자세히 말할 자신이 없습니다. 삼십일재가 지난 다음 잠깐 외출하겠다는 핑계를 대고 의심받지 않을 때쯤 찾아가겠습니다. 지금은 죽고 싶은 심정뿐이니 만일 훗날까지 목숨이 붙어 있다면 부르지 않으셔도 가서 뵙고, 정말 꿈만 같았던 슬픈 이야기를 말씀드리려고 합니다."

우근은 이렇게 말하고 움직일 생각도 하지 않는다. 도키카타도 울면서 말했다.

"친왕님과 아씨가 어떤 관계였는지 자세히는 몰랐지만, 두 분이 뜨겁게 사랑하는 사이라는 것만은 알 수 있었습니다. 그러니 서둘러 여러분들과 친해지려 하지 않아도 언젠가는 같은 주인 아래서 지내게 되리라고 생각했지요. 그런데 이런 안타까운 일이 벌어지고 말았으니 무슨 말을 드려야 할 지 모르겠습니다. 그러나 친왕님께서 이렇게 수레까지 보내주셨으니 어찌 빈 수레로 돌아갈 수 있겠습니까. 우근께서 오시지 못하신다면 대신 갈 사람이라도 정해 주십시오."

그러자 우근은 시종을 불러 말했다.

"당신이 좀 가구려, 나 대신."

"아, 당신이 가도 얘기를 다 할지 못할지 모르는 판에 내가 어떻게 가서 말합니까. 더욱이 그쪽에도 초상 치른 사람이 온다고 하면 부정 탈지도 모른다 생각할 텐데요."

"병환 때문에 근행하는 처지이지만, 아씨의 죽음을 납득하기 어려워합니다. 그처럼 사랑하던 분이 돌아가셨는데, 직접 복상을 해도 될 일이 아니겠습니까. 삼십일재도 얼마 안 남았으니 한 분은 꼭 가셔야 합니다."

도키카타가 이렇게 설득하기에 시종도 친왕의 모습을 그립게 생각하는 마음에서, 아씨도 죽고 없으니 언제 다시 만나뵐 수 있는 기회가 있을까 싶어 못 이기는 척 따라 가기로 했다.

검은 상복이면서도 잘 손질해서 입은 모습은 무척 산뜻했다. 덧옷은 이제 섬기는 사람이 없으니 필요 없으리란 생각에 검게 물들여 놓지 않았으므로 대신 수행원에게 연보라색 겉옷을 들려서 수레에 올랐다.

'아씨가 살아 있었다면 친왕이 이렇게 맞아주셨으련만. 나 또한 그때 아씨를 따라가기로 작정하고 있었는데.'

이렇게 생각하니 슬픔이 북받쳤다. 시종은 도읍으로 가는 내내 울면서 이조원으로 갔다.

니오노미야는 시종이 왔다는 말만 듣고도 가슴이 저렸다. 그러나 작은부인에게는 부끄러워 말하지 않았다. 친왕은 침전으로 나와 그곳 마루에 수레를 대고 시종을 내리게 했다.

친왕이 아씨에 대해 물었다.

"아씨께서는 요즈음 줄곧 고민에 빠져 지내셨고, 돌아가시기 전날 밤에는 몹시 울기도 하셨습니다. 이상하리만치 말수가 없고 멍하니 넋을 놓고 계시기에, 저희들은 걱정이 이만저만 아니었습니다. 그래도 아씨께서는 결코 속마음을 털어놓으시지 않으셨을 뿐 아니라, 유언조차 남기시지 않으셨습니다. 아무려면 강물에 몸을 던질 굳은 결심을 하셨을 줄이야 꿈에라도 짐작했겠습니까?"

그렇게 시종이 소상하게 얘기하자, 친왕은 몹시 슬퍼했다.

'명이 다 돼서 죽었다면 모르지만, 얼마나 괴로움이 컸기에 그 무서운 강물에 몸을 던졌겠는가. 그때 어째서 미리 알아차리고 막지 못했는가?'

친왕은 안타까워했으나 이제 와서는 아무 소용도 없는 일이었다. 시종이 말했다.

"아씨가 편지들을 태울 때 왜 미리 낌새를 알아차리지 못했는지 원통하기만 합니다."

밤이 지새도록 말해도 오히려 모자랄 듯했다. 절에서 받은 경서에 어머니에게 보내는 답장을 썼다는 이야기도 했다. 이제껏 시종을 대수롭지 않게 생각하던 친왕이었지만 이제 친근하고 정겹게 느껴졌다. 친왕이 말했다.

"여기 머물도록 하거라. 이곳 작은부인도 그 사람과는 자매 사이였으니."

시종이 말했다.

"그렇게 한다면 모든 게 슬퍼서 어떻게 견디라는 말씀이신가요. 어쨌든 삼십일재나 지나고서 몸둘 바를 정하겠습니다."

"그럼 또 오도록 하게."

친왕은 시종과 이별하는 것마저도 아쉬웠다. 친왕은 우키후네를 위해서 장만했던 머리빗 상자 하나와 의복이 든 상자 하나를 선물로 내주었다. 그 사람을 위해서 장만한 물건은 많았으나, 그것들은 시종에게 과한 듯하여 신분에 맞는 것만 준 것이다.

시종은 별안간 산장을 나와 이렇게 많은 선물을 가지고 돌아간다면 다른 사람들이 어떻게 생각할까 걱정스러웠으나, 그렇다고 물리칠 수도 없는 노릇이었다.

우지로 돌아간 시종은 우근과 둘이서 몰래 그 빗 상자와 의복 상자를 열어보았다. 마침 한가한 때라 자세히 살펴봤다. 화려한 비단옷과 정교하게 만들어진 장신구들을 보며 두 사람은 서럽게 울었다. 한편으로는 상중인 자기들이 이것을 어떻게 감춰야 하나 하고 몹시 고민해야 했다.

가오루 대장도 생각다못해 우지로 가기로 했다. 가는 길부터 지난 일들이 가슴에 되살아나 괴롭기만 했다.

'대체 무슨 인연으로 나는 하치노미야 댁을 드나들게 됐던가. 두 아씨에게 실연당하고도 아버지로부터 자식이라고 인정받지 못한 사람을 보살피기까지 했으니, 이 집안과 인연을 맺고부터 나는 늘 괴로워하고 있구나. 본디 부처의 인도로 신심 깊은 하치노미야를 만나 내세의 극락왕생을 위해 정진하기로 맹세했는데, 끝내 아씨에게 마음이 끌려 불도를 버린 업보를 받는구나.'

가오루 대장은 우근을 불러 물었다.

"나는 아씨가 죽게 된 사정을 확실하게 듣지 못했다. 너무도 안타깝고 어이가 없구나. 이제 삼십일재도 며칠 남지 않았으니 끝난 다음에 오려 했으나, 아무래도 참고 기다릴 수가 없어서 왔다. 그분이 별안간 어떻게 죽었단 말인가."

'변 여승도 아씨의 시신이 없다는 것을 눈치챘을 터이고, 감춰 보았자 끝내 가오루 귀에 들어갈 게 틀림없다. 친왕과의 은밀한 밀회도 온갖 거짓말로 숨겨왔으나, 진지한 대장의 모습을 보니 미리 준비해뒀던 말도 다 잊어버렸다. 차

라리 오해를 받기 전에 다 털어 놓아야겠다.'

우근은 이렇게 생각하고 이제껏 있던 일들을 털어 놓았다.

이것은 가오루도 상상 못했던 일이라 너무나도 놀라워 한참 동안 말도 못하고 있었다.

'강물에 몸을 던졌다니 이 말이 사실일까. 평범한 사람들이라면 목숨을 스스로 끊기로 결심하고, 죽겠다는 말도 할 수 있겠지. 그러나 우키후네처럼 말수도 적고 온화한 여자가 그런 무서운 생각을 할 수 있었을까? 아무래도 시녀들이 아씨를 몰래 숨겨두고 말을 지어내는 것은 아닐까. 그러나 친왕이 몹시 슬퍼하고 있음은 누구의 눈으로 보아도 틀림없었다. 게다가 모든 말들이 거짓이라면 어딘가 수상한 점이 남아 있을 텐데, 이들은 아래위 할 것 없이 모여들어 울며불며 하지 않는가.'

모두가 거짓말 같지는 않아 가오루는 이렇게 물었다.

"아씨와 함께 사라진 사람은 없는가. 그때 일을 좀더 자세히 듣고 싶다. 나를 냉정한 사람으로 여겨 떠난 것은 아니라 생각된다. 아무 일도 없었는데 그런 사건이 일어날 수 있단 말인가. 난 아씨가 결코 강물에 몸을 던질 사람이 아니라고 믿는다."

가오루 대장은 우키후네의 죽음에 의심을 품었다. 예상했던 꾸지람이라 우근은 두려워했다.

"이미 알고 계셨을 줄 압니다만, 아씨는 하치노미야님의 친자식으로 자라신 게 아니기 때문에 여러 가지로 마음 고생을 하신 분입니다. 그래서 쓸쓸한 생활을 하게 되면서부터는 자연히 수심에 싸이게 되었지만, 가끔이나마 당신께서 오시는 기쁨으로 옛 불행을 스스로 달래셨습니다. 말씀은 하지 않았지만 늘 만날 수 있는 날이 오기를 기다렸나 봅니다. 그 소망이 마침내 이루어지게 되어서 저희들도 기꺼이 준비를 하고 있었고, 어머니 상륙 부인께서도 기뻐하시며 여러 가지 준비를 하고 있었습니다. 그런데 그 무렵 가오루 나리로부터 이해하기 힘든 편지를 받았을 뿐 아니라, 이곳 숙직자들까지 나리로부터 시녀들 가운데 품행이 좋지 않은 자가 있다고 꾸중을 들었다 하면서 무지한 시골 사람들이 함부로 말을 하며 마치 불미스럽고 수상한 일이 있는 듯 아씨한테 무례하게 굴기도 했습니다. 그리고 그 뒤로 가오루 나리께서 소식도 전해 주시지 않았기 때문에, '자기 팔자가 사나운 줄은 어려서부터 알고 있었지만, 남들

같은 행복을 얻게 하려고 애쓰는 어머니가 이제 와서 자기가 세상사람들 웃음 거리가 되었다는 걸 알면 얼마나 낙심할까' 이렇게 말하면서 탄식하였습니다. 그 밖에는 무슨 일이 있었을까 생각해 보아도 짚이는 일은 없습니다. 귀신이 데려갔다 하더라도 실마리 하나쯤은 남길 텐데요."

서글피 우는 우근의 모습이 너무나 안쓰러웠기에, 아씨의 죽음이 거짓일지 모른다는 작은 희망마저 사라져버렸다. 가오루는 마침내 참지 못하고 눈물을 흘리며 울었다.

"나는 사람들의 주목을 받는 신분이라, 내 몸 하나 마음대로 움직이지 못하는 사람이다. 무엇을 하든 바로 세상에 알려지고 말지. 그래서 몹시 걱정하면서도 머지않아 아씨를 도읍으로 불러들여 남들 눈을 두려워하지 않고 당당하게 만나고자 했다. 그리고 오랜 세월 보살피며 살리라 참아왔건만, 내가 매정한 사람처럼 보였는가. 어쩌면 나를 오롯이 믿지 못하였나 보군. 이제 와서 이런 말을 해도 아무 소용없음은 알지만 지금은 듣는 이가 없으니 솔직하게 말해 보게. 언제부터 니오노미야와 사귀게 된 것인가? 여자 마음을 흔드는 기술은 친왕이 으뜸이니, 우키후네도 친왕과 자주 만나지 못하는 현실이 괴로워 목숨을 끊은 것은 아닌가? 자, 하나도 빠짐없이 낱낱이 털어놓게."

가오루의 말을 들은 우근은 '모두 알고 있었구나' 생각했다. 또 대장이나 죽은 아씨나 참으로 가엾게 느껴졌다.

"그 무슨 말씀을 하십니까. 이 우근이 옆을 떠난 적이 없었는데요."

우근은 잠시 머뭇거리다가 그렇게 얼버무렸다. 그리고 지난 일이 생각난 듯 말했다.

"전에 아씨는 친왕 댁 작은아씨에게 잠시 가 있었던 적이 있습니다. 어느 날 친왕이 갑자기 아씨 방에 들어와서 큰 변을 당할 뻔했는데, 유모의 기지로 봉변을 면했습니다. 아씨가 크게 놀라셨기에 그 뒤 어머니가 마련해 준 삼조(三條)의 허름한 집으로 잠시 이사를 하셨던 것입니다. 그로부터는 소재를 알아내지 못하도록 경계를 했는데, 우지로 옮기고 나서 어찌 된 일인지 금년 2월 무렵부터 편지가 오지 않았겠습니까. 편지는 자주 왔습니다만 받아도 읽지는 않았습니다. 하지만 안 받는 것도 황공한 일이라 한두 번 답장을 하셨습니다. 그 이상은 아무것도 모릅니다."

'우근은 그렇게 말할 수밖에 없겠지.'

억지로 캐묻는 것도 어쩐지 가엾은 생각이 들어, 가오루는 한 곳만을 물끄러미 쳐다보면서 생각에 잠겼다.

　'그 사람은 친왕을 사랑했겠지만 나를 소홀할 수도 없어 어찌할 바를 몰랐을 것이다. 아직 사려가 깊지 못한 성품인데, 우지 강가에 살게 된 탓에 극단적으로 강물에 몸을 던질 생각을 했을 것이다. 내가 이런 적적한 산골에 숨겨 두지 않았더라면 모진 세상에 시달리더라도 자살까지는 하지 않았을 터인데.'

　이렇게 생각하자, 이 모든 결과가 저 무심한 강물 때문에 생긴 듯해 가오루 대장은 우지 강이 싫어졌다. 사랑하는 사람과의 인연으로 이 험한 산길을 오가는 일조차 조금도 괴롭지 않았는데, 그리운 사람 하나 없는 지금 이곳은 증오스럽기만 해 이제는 우지라는 이름만 들어도 불길한 느낌이 들었다.

　'작은아씨가 그 아씨를 처음에 장난 삼아 '인형'이라고 부른 것도 강물에 떠내려갈 예언 같아 불길했었는데, 어쨌든 내가 경솔해서 죽음에 이르게 하였구나.'

　어머니의 신분이 낮은 탓에 장례도 간단히 치렀을 것이라고 불쾌하게 생각했던 일도 자세히 이야기를 듣고보니 생각이 달라졌고, 그 어머니 심정을 그저 딱하게 여겼다.

　'어머니는 얼마나 슬퍼하고 있을까. 그런 신분을 지닌 어머니의 딸로서는 너무도 훌륭한 아씨였는데 친왕과 불미한 관계에 대해서는 몰랐을 터이고, 오히려 나와의 관계 때문에 아씨가 고민하며 슬퍼했으리라 짐작하고는 나를 원망하겠지.'

　산장에서 죽은 것이 아니니 부정 타는 일은 없겠지만, 동행한 사람들의 눈도 있고 해서 집안에는 들어가지 않고, 수레의 디딤판에 걸터앉아 쌍바라지 앞에서 지금까지 우근과 이야기를 나누었다. 가오루는 더 오래 말하는 것도 따분하게 여겨져 우거진 나무 밑 이끼 위에 앉아 잠시 쉬었다. 이제는 산장에 와 보는 일도 마음만 슬프게 할 뿐, 앞으로는 오는 일이 없으리라 생각하고 사방을 둘러보며 이렇게 읊조렸다.

　서러운 이 마을을 나마저 떠난다면
　뉘라서 겨우살이 나무 그늘을 생각하리.

이전의 아사리는 지금 율사(律師)가 되었다. 가오루 대장은 그 사람을 불러 우키후네의 넋을 달래는 법회에 대해 지시하고, 염불승 숫자를 늘리도록 명령했다. 또한 자살의 죄업이 무거우니 그 죄를 덜기 위해 7월 7일에 경문과 불상을 공양할 것도 일러두고는 어두워져서야 돌아갔다.

'그 사람이 살아 있었더라면 오늘 밤은 돌아가지 않았을 텐데.'

가오루는 변 여승에게 사람을 보냈다.

"이 몸이 불행을 부른 것만 같아 기력을 다 잃었습니다. 이제는 전보다 더 몽롱해져서 엎드려 누워 있기만 합니다."

이렇게 말을 하고는 나오지 않기에 굳이 들르지 않았다.

돌아오면서 가오루는 우키후네를 일찍이 서울로 데려오지 않았던 일이 자꾸만 후회되고, 물소리가 들리는 동안 마음은 끝없이 어수선하기만 했다.

'시신조차 찾지 못했다니. 이 얼마나 안타까운 일인가. 지금 어떤 모습으로 어느 바다 밑 조개들 사이에 묻혀 있을 것인가.'

이렇게 생각하니 한없이 슬프기만 했다.

상륙 부인은 해산을 하는 딸이 부정 탈까 걱정되어 도읍 저택에 들어가지도 못하고, 삼조의 숙소에서 슬픈 나날을 보내고 있었다. 이 딸도 해산이 잘못되지는 않을까 걱정이 컸으나 무사히 순산을 마쳤다. 그러나 상을 치르는 부정한 몸이라 가보지도 못하고 망연하게 시간을 보낼 때 가오루 우대장으로부터 편지가 왔다. 멍한 기분에도 몹시 반가웠으나 한편으로 슬프기도 했다.

'뜻하지 않은 불행을 만나 진작 편지 올리려고 생각했으나 마음이 안정되지 않고 또 눈물로 앞이 흐려져 쓰지 못했는데, 하물며 어머니는 자식 잃은 마음 미망에 얼마나 슬프시겠습니까. 편지를 올려도 읽으실 수도 없을 듯해 미적미적 세월만 흘렀습니다. 이번 일을 당하고 인생의 덧없음이 뼈저리게 느껴져 이 슬픔을 가눌 길이 없습니다. 만일 내가 죽지 않고 오래 살아 있다면, 고인과 연분을 가졌던 사람이니 무엇이든 어려운 일이 있으면 의논해 주십시오.'

이렇게 자상하게 쓰여 있었다. 심부름꾼으로 대장 대보가 왔는데, 그는 편지 말고는 이 말을 전하게 했다.

"서두를 것 없다며 늦장을 부리다가 세월만 흘러 내 진정한 성의를 보여 드리지 못했습니다. 그러나 지금은 무슨 일이든 그대에 대한 배려를 잊지 않겠습니다. 그렇게 믿고 의지해 주시오. 어린 자식들도 있다 들었는데, 그들이 출사하는 날 힘이 되어 드리겠습니다."

우키후네의 어머니 상륙 부인은 삼가야 할 일도 아니어서 대보를 집 안으로 불러들였다. 그리고 울면서 답장을 썼다.

'슬픈 심정을 억제하지 못하면서도 죽지 못함을 한탄하는 제게 그처럼 고마운 말씀을 주시리라고는 생각지도 못했습니다. 딸이 살아 있을 동안 불쌍히 여기면서도 저 자신은 아무런 힘이 없어, 다만 앞날에 대한 따뜻한 말씀만을 믿고 있었는데, 그 보람도 없이 딸을 떠나보내니 슬프기 한이 없습니다. 이제는 우지와의 인연이 원망스럽고 슬플 따름입니다. 앞으로 이런저런 기쁜 배려를 해 주신다니 좀더 목숨이 살아 있다면 아이들 일로 청을 드리지 않을까 생각됩니다. 지금은 너무나 슬퍼 눈물이 앞을 가릴 뿐, 감사한 말씀을 이루 헤아릴 수가 없습니다. 용서하십시오.'

보통 상중에는 심부름꾼에게 선물을 건네지 않는 법이다. 그러나 상륙 부인은 자신을 잊지 않고 찾아준 가오루 대장의 사자를 빈손으로 보낼 수 없었다. 그래서 언젠가 가오루에게 선물하려고 마련해 둔 무소뿔로 만든 훌륭한 각띠와 검을 자루에 담아 심부름꾼이 수레에 오르려할 때 함께 실었다.

"이것은 고인의 뜻입니다."

돌아간 사자가 선물로 보낸 물건을 가오루에게 보이자, 그가 말했다.

"상중인데 이런 것을 왜 보냈담."

사자는 이렇게 보고하였다.

"어머니와 직접 만났는데, 몹시 슬퍼하며 여러 말씀을 하셨습니다. '아이들 일까지 친절하게 걱정해 주셔서 기쁘기 그지없지만, 낮은 신분이라 부끄러워서…… 머지않아 다른 사람에게 어떤 연고라고 알리지 않고 부족한 자식이나마 모두 댁으로 찾아뵙고 시중들도록 하겠습니다'라고 하였습니다."

가오루는 이렇게 생각했다.

'남들은 탐탁지 않은 친척이라 여기겠지. 그러나 생각해보면 상감께 지방수령의 딸을 바치는 일도 드물지는 않다. 그렇게 인연이 닿아 상감의 총애를 받는다고 세상사람들이 수군대던가? 더욱이 신하된 자들은 지체 낮은 집 딸을 맞아들이기도 하고, 한번 혼인하였던 여자도 아내로 맞아들이는 일이 많다. 그러니 상륙 태수의 딸이라고 부끄러워 할 필요는 없다. 본처로 맞아들이겠다는 것도 아니었으니 겨우 그만한 일이 흠이 되진 않으리라. 소중한 딸을 잃고

슬퍼하고 있으니, 적어도 모녀의 인연이었음을 자랑스러워 할 수 있도록 내가 도와주어야겠구나.'

어느 날 우키후네 어머니가 있는 곳으로 상륙 태수가 찾아왔다. 그는 문앞에 서서 이렇게 말했다.

"딸이 해산을 하는데 이런 곳에 틀어박혀 있으니 말이 되는가."

혼약 파기 이후로 상륙 부인은 태수에게 우키후네가 어디 있는지 전혀 말하지 않았다. 태수는 이렇게 생각하고 있었다.

'불쌍하게 살고 있겠지.'

우키후네 어머니는 가오루가 딸을 서울로 맞이한 뒤 태수에게 알리려고 했다. 그런데 일이 이렇게 되고 만 것이다. 그래서 이제는 감춰 봤자 소용없다고 생각한 부인은 지금까지의 일을 울면서 이야기했다.

대장에게서 받은 편지도 보였다. 그러자 귀인을 숭배하는 시골 무사인 태수는 깜짝 놀라기도 하고 겁에 질리기도 하면서, 그 편지를 몇 번이고 읽었다.

"행운을 눈앞에 두고 죽어 버리다니. 나도 대장님의 신하로 출사하고 있지만 저택에 들어가더라도 가까이 뵙지는 못했소. 실로 고귀한 분이지. 그런 분이 아이들 걱정을 해 주신다니 고마운 일이 아닌가."

몹시 기뻐하는 태수를 보고, 부인은 딸이 살아 있었다면 가오루 대장의 부인으로서 얼마나 좋았을까 하고 엎드려 울기만 했다. 태수도 그제야 눈물을 보였다.

그러나 우키후네가 살아있었다면 태수의 자식들까지 마음을 쓰지는 않았으리라. 가오루는 자신의 실수로 소중히 키운 딸을 잃은 상륙 부인이 너무나 안쓰러웠기에 그녀를 위로하고 싶었다. 세상사람들이 손가락질 하더라도 정성껏 그녀를 돌보기로 다짐했다.

가오루는 사십구재 법회 준비를 시키면서도, 그 사람은 어떻게 되었을까 혹 살아 있는 것은 아닐까 한 가닥 미련을 품었지만, 부처님에게 불공을 드리는 일은 사람이 죽고 사는 일과는 별문제로 죄짓는 일이 아니니, 은밀히 율사의 절에서 성대한 불사를 올리게 했다. 60명의 스님에게 보내는 보시도 굉장하고 장엄했다.

어머니도 절에 와서 불공을 드리고, 니오노미야도 우근을 통해 은항아리에 황금을 가득 넣어서 보냈다. 그러나 겉보기에는 우근이 바친 물건이었기 때문에 모두 눈이 휘둥그레졌다.

"우근이 어째서……."

사정을 모르는 사람들은 이렇게 의아해하였다. 가오루는 심복들을 많이 보내 일을 돕도록 하였다.

"거참 이상하군. 지금까지 존재조차 알려지지 않았던 사람의 사십구재 법회를 성대하게 치르다니, 망자가 대체 어떤 분이기에……."

보는 사람마다 놀랐으며, 상륙 태수가 아무런 거리낌 없이 주인 행세를 하니 이상하게들 보고 있었다.

상륙 태수는 얼마 전 좌근소장의 자식이 태어난 일을 축하하기 위해 성대하게 잔치를 열려 했다. 바다 건너 대륙의 장식까지 구해 마련하고자 했으나 그의 신분으로는 부족한 점이 많았다. 그런데 여기 법회는 우지 산속에서 몰래 치러진 것임에도 그 규모가 장엄하였다. 이를 본 태수는 만일 우키후네가 살아서 가오루 대장의 부인이 되었다면 자기 따위와는 비교할 수도 없을 만큼 귀하신 몸이 되었으리라 생각하였다.

이조원에서 지내는 니오노미야 부인도 찾아와 경을 읊고 법회를 진행하는 승려들에게 공양을 하였다.

천황도 가오루에게 숨겨뒀던 아내가 있었음을 알고, '이토록 사랑했으면서 둘째 황녀를 배려해 우지에 숨겨둔 것이었구나' 하며 불쌍하게 여겼다.

우키후네의 죽음으로 두 귀인의 마음은 세월이 흘러도 좀처럼 슬픔이 가시지 않았다. 친왕은 옳지 못한 정열의 불꽃이 한창 피어오를 때 그런 사건이 일어났기 때문에 그 한탄이 특히 극심했다. 그러나 본디 바람기 많은 성품이라, 어쩌면 위로가 될까 하여 다른 여자와 불장난을 또다시 시도하게 되었다. 가오루는 법회를 정중히 치른 뒤, 고인의 남은 가족 뒷바라지를 열심히 하면서도 그리움은 여전하기만 했다.

중궁이 식부경인 숙부의 거상 때문에 육조원에 머무는 동안, 둘째 황자가 비어 있던 식부경으로 승진했다. 신분이 무거워지니 어머니 중궁전에 자주 문안을 드릴 수가 없었다. 셋째 황자인 니오노미야는 외롭고 쓸쓸한 채 그 누님 되는 첫째 황녀를 위안처로 삼고 지냈다.

가오루는 전부터 첫째 황녀를 모시는 많은 시녀들 가운데에서 몰래 소재상 댁이란 여인을 만나고 있었는데 용모가 매우 예뻤다. 거문고를 연주하는 솜씨

며 비파를 뜯는 소리도 고상하고, 편지를 쓰거나 남과 대화를 나눠도 세련된 데가 있어 보이는 여자였다.

니오노미야도 오래전부터 소재상에게 마음이 있었던 터라 가오루와의 사이를 떼놓으려 언제나 하는 솜씨로 말을 건네기는 했으나, 다른 시녀처럼 호락호락하지 않았다.

이즈음 죽은 사람 때문에 가오루가 수심에 빠져 있음을 잘 아는 소재상은 모르는 체할 수도 없어 편지를 써 보냈다.

슬픔을 헤아리는 마음 남만 못하리요만
하찮은 이내 몸은 위로도 삼가고 숨 죽여 지내는구나.

"제가 그 사람을 대신할 수 있다면 하는 생각도 해 봅니다."
고상한 빛깔의 종이에 이렇게 씌어 있었다. 저녁나절 사무치는 서러운 심정을 잘도 짐작하여 위로 편지를 보내 준 소재상의 마음씨를 가오루는 고맙게 여겼다.

덧없는 세상인 줄 익히 아는 이 몸은
남몰래 홀로서서 눈물겨워했거늘

"적적한 때에 보내 주신 위로의 편지는 각별히 감사했습니다."
가오루는 조문 편지를 받은 기쁨에 몸소 소재상의 방으로 찾아갔다. 귀인다운 품격이 갖춰진 가오루가 찾아들기에는 초라한 건물이었다. 소재상은 좁은 마루 문턱에 앉아 있는 가오루가 딱해 보였지만 그다지 자기 처지를 비하하지 않고 점잖게 말상대를 하고 있었다.

'죽은 애인보다 더 재기가 있어 보이지 않는가. 왜 시녀 일을 하는 걸까, 내 소실의 한 사람으로 삼아도 좋았을 것을'
가오루는 이렇게 생각하고 있었다. 그러나 우정 이상의 감정은 보이지 않았다.

연꽃이 한창일 무렵 중궁은 《법화경》 팔강회를 베풀었다. 돌아가신 육조원 겐지와 무라사키 부인을 위해 불경책과 불상을 부처님께 바치니, 엄숙하고 장엄한 법회였다.

《법화경》 제5권의 강독이 있는 날에는 화려한 장작 행도가 있어, 여기저기 연줄을 따라 들어와서 구경하는 사람도 많았다.

닷새째 아침의 법회가 끝나 불전 장식을 제거했다. 실내장식을 바꾸려고 북쪽 방 맹장지도 뜯어냈으므로 모두 사람들이 들어가 정돈작업을 하는 동안 첫째 황녀는 서쪽 건물에 있었다.

시녀들도 모두 제 방으로 물러가고 거실에 있는 사람들은 많지 않았다.

그날 저녁, 가오루는 팔강회에 참석한 승려 한 사람에게 전할 말이 있어서 평상복으로 갈아입고 찾아왔으나 이미 승려들은 모두 물러나 버리고 아무도 남지 않았다. 하는 수 없이 그는 연못이 보이는 곳에 앉아 더위를 식혔다. 이 가까이에는 사람도 없었고, 앞서 말했던 소재상과 시녀들이 휘장으로 가린 칸막이 방을 휴게소로 쓰고 있었다.

옷자락이 스치는 소리가 나는 듯해 안쪽 복도 장지문이 빠끔히 열려 있는 틈으로 슬며시 안을 들여다보니, 평소 시녀들 방으로 쓸 때와는 달리 실내장식이 화려했고, 칸막이도 여러 개가 엇걸려 놓여 있어 오히려 그 사이로 저쪽이 훤히 들여다보였다.

시녀 서넛과 동녀가 슬며시 얼음을 무슨 뚜껑 위에 놓고 쪼개려고 야단법석을 떨고 있었다. 시녀는 당의도 입지 않고, 동녀는 한삼도 입지 않은 채 아무렇게나 차리고 있었으니 가오루는 설마 첫째 황녀가 있는 곳이라 생각하지 못했다. 그런데 흰색 엷은 옷을 입고 손 위에 작은 얼음 조각을 놓은 채, 떠들고 있는 사람들을 바라보며 살포시 미소 짓는 황녀의 얼굴은 말할 수 없을 만큼 아름다웠다. 몹시 무더운 날이어서 풍성한 머리숱조차 귀찮게 여겨지는지, 어깨에서 한쪽으로 조금 비스듬히 흐르게 하고 있는 모습은 비길 데 없이 아름다웠다.

가오루는 지금까지 많은 미녀를 보아왔지만 그 누구와도 비길 수 없는 고귀한 아름다움이었다. 때문에 곁에 있는 시녀들은 모두 흙덩이로 보였는데, 마음을 가라앉히고 보니 노랑 명주 홑옷에 연보랏빛 치마를 입고 부채질을 하고 있는 시녀가 눈에 띄었다.

"깨지 말고 그대로 보기만 해요."

그 시녀는 이렇게 말하며 웃었는데 목소리를 들어보니 소재상임을 알았다.

말리는 사람이 있는데도 얼음을 쪼개어 버린 시녀들은 저마다 손에 하나씩 얼음덩이를 들고, 머리 위에 올려놓기도 하고 가슴에 대기도 하며 단정치 못한 짓을 하는 사람도 있었다. 소재상은 얼음을 종이에 싸 황녀에게 건넸으나, 황녀는 고운 손을 내저으며 손을 닦게 한 뒤 이렇게 말했다.

"이젠 주지 말아요. 물이 떨어지는 게 곤란하니."

그 목소리를 희미하게 들으니 가오루는 옛 생각이 나 기뻤다.

그는 황녀가 어렸을 때 무심코 쳐다보고는 매우 아름다운 유녀라고 생각했다. 그 뒤로는 황녀를 볼 기회가 없었는데, 어떤 신불이 고맙게도 이런 광경을 자신에게 보여 준 것인지, 또 사랑의 고뇌를 맛보게 하려는 것이 아닌가 하는 불안과 설렘으로 바라보고 있었다.

그때, 반대편 북쪽 방에서 더위를 피하고 있던 하급 하녀 한 사람이 장지를 열어놓은 채 물러났다는 생각이 나 꾸중 들을까 싶어 급히 되돌아오다가 장지 옆에서 평복 차림 남자를 보고 깜짝 놀랐다. 그러나 누구인가 하고 가슴이 설레는 바람에 자기 모습이 환히 드러나 보일 것은 잊어버린 채 곧바로 이쪽으로 걸어오는 것이었다.

'곧 여기서 물러가면 누구인지 모르리라, 들키면 호색한으로 보이리라.'

가오루는 재빨리 숨어 버렸다.

그 시녀는 어쩔 줄 몰라 하며 중얼거렸다.

'큰일 났다. 휘장도 바깥에서 보일 만큼 걷혀 있지 않은가. 유기리 대신 댁 공자들일 테지. 다른 사람들이 이런 깊숙한 데까지 올 리는 없다. 이것이 문제가 되면 누가 장지를 열어 두었는가 반드시 추궁할 것이다. 그 사람이 입고 있던 홑옷과 겉바지가 모두 명주여서 소리가 나지 않아, 알아채지 못한 것일 게야.'

가오루는 지난 일을 돌이켜 생각하며 번민했다.

'겨우 불도에 마음을 두기 시작했을 때, 우지의 큰아씨로 인해서 번뇌가 생기고, 또 그 뒤부터 갖가지 사랑의 아픔을 고뇌하는 꼴이 되고 말았구나. 일찌감치 출가하였더라면 지금은 깊은 산 속 생활에도 익숙해져 이처럼 심란한 마음이 되지 않았으리라.'

왜 오래도록 이 황녀를 보고 싶어했던가, 본다 한들 무슨 소용이 있단 말인가. 괴로운 번민만이 계속될 뿐이다.'

이튿날 아침에 가오루는 함께 잠자리에 들었던 둘째 황녀의 잠에서 깨어난 아름다운 자태를 보고는, '이분보다 그 첫째 황녀가 더 어여쁜 것도 아닌데' 생각했다.

'그런데 조금도 닮지 않았어. 그분은 품위가 있고 따스함이 풍기는 아름다움이 있었어. 내 기분 탓이었을까, 혹은 그렇게 보아서 그랬을까.'

이렇게 생각하며 부인에게 말했다.

"몹시 덥군요. 좀더 얇은 것으로 갈아입어요. 여자란 가끔 다른 의복을 입을 때 매력 있어 보입니다. 얇은 홑옷을 준비하도록 하라."

옆에 있던 시녀들은 자기가 모시는 부인이 더 예쁘게 보이는 것을 즐거워했다. 여느 때처럼 혼자 염송하는 방으로 가 있다가 점심때쯤 와보니까 일러두었던 홑옷이 휘장에 걸쳐져 있었다.

"왜 이걸 입지 않았소. 사람들이 많이 있을 때 살이 비치는 옷을 입는 것은 예법에 어긋난다 하겠지만, 지금은 괜찮지 않소?"

가오루는 이렇게 말하고 그 의복을 손수 입혀 주었다. 머리숱이 많기로나 그 머리의 모양새가 그 언니보다 못해 보이지는 않았으나, 아름다움에도 여러 계급이 있는지 둘째 황녀는 언니를 조금도 닮지 않았다(첫째 황녀는 중궁 소생이고, 둘째 황녀는 후지쓰보 여어 소생이다).

가오루는 어제 그 모습을 떠올리고는 얼음덩이를 가져오게 하여 시녀에게 깨게 하였다. 그리고 그 한 조각을 부인에게 들고 있도록 했으나, 어제 그분의 그런 감상은 느껴지지 않았다. 가오루는 속으로 자기 장난이 우습기만 했다. 그림을 그려놓고 연인 대신 바라보는 사람도 있기는 하다. 하물며 그분 대신이라 여겨도 이상할 것 없는 분을 옆에 두고 있는데도, '어제 그 시녀들처럼 첫째 황녀 곁에서 바라볼 수 있다면' 하고 한숨을 내쉬었다. 가오루는 부인에게 말했다.

"언니 황녀에게 편지를 드린 적이 있는지요."

"궁중에 있었을 때 아버지께서 말씀하시기에 보낸 적도 있었지만, 그 뒤로 오래도록 보내지 않았습니다."

"아니, 언니 황녀께서는 부인이 신하의 아내가 되었다고 편지를 보내시지 않는 건가요? 정말 너무하군요. 옳지, 제가 이번에 중궁마마를 뵙게 되면 부인이 언니 황녀님을 원망하고 있다고 말하리다."

"아니 정말 왜 그러세요? 제가 무슨 원망을 한다고. 제발 그러지 마세요."

"신분이 낮아졌다고 부인을 업신여기는 것 같은데, 그러면 부인도 결코 먼저 연락하지 않겠다고 하면 알아들으실 겁니다."

이런 말을 하며 그날은 그럭저럭 지내고, 다음 날 가오루 대장은 중궁전으로 입궁했다.

니오노미야도 와 있었다. 정향나무의 향기와 빛깔이 물든 얇은 비단 위에 짙은 웃옷을 입은 모습이 퍽 화려해 보였다.

중궁의 희고 깨끗한 피부 빛깔이, 어제 본 첫째 황녀보다 좀 여위기는 했어도 오히려 한층 아름다웠다. 비슷하게 생겨 예쁘다고 느껴지자, 또 억누를 수 없는 그리운 마음이 복받쳐 올랐다. 이런 일은 있을 수 없는 일이라고 고개를 내저으면서도 그 또한 지금까지 경험하지 못한 괴로움이었다.

니오노미야는 그림을 많이 가지고 왔다. 그리고 그것을 수행원을 시켜 첫째 황녀에게로 보내고, 그 자신은 다른 방으로 가버렸다.

가오루는 중궁 앞으로 나아가 지난 팔강회의 고마움을 말씀드리고 이렇게 말했다.

"저에게 시집온 둘째 황녀가 대궐을 떠나 쓸쓸히 지내는 게 불쌍하게만 보입니다. 첫째 황녀 소식을 듣지 못하는 것을 신하의 아내가 되었기 때문이라고 생각하는 모양입니다. 때로는 불러 이런 그림도 보여 주십시오. 제가 가져가 보일 수도 있으나, 그리하면 재미가 없지요."

이렇게 말하자 중궁은 펄쩍 뛰었다.

"아니, 그게 무슨 말인가. 첫째가 동생을 업신여기다니. 전에는 가까운 거리에 있어서 자주 연락을 하더니, 멀리 떨어져 있게 되니 그런 게로군. 내가 이제 거듭 권해서 편지를 보내게 해야지. 그보다 거기서 먼저 편지한들 어떻단 말인가."

"그건 너무 당돌한 행동이 아닌가 싶어서 못 하는 모양입니다. 전에는 그렇지 않다가 저에게 온 뒤로는 첫째 황녀가 못 본 체하는 것 같아 저로서도 몹시 안타깝습니다."

가오루는 이렇게 말했으나, 설마 다른 속내가 있는 줄을 중궁은 미처 알지 못했다.

중궁 거실에서 물러나온 가오루는 소재상을 만나러 갔다. 그는 마음이라

도 달랠 겸 중궁전 복도를 따라 서쪽으로 걸어들어갔다. 발 안쪽에 있는 시녀들은 그 존재만으로도 가오루 마음을 설레게 하였다. 안쪽에서는 유기리 대신 아들들이 시녀들과 이야기를 나누고 있어, 가오루는 쌍바라지 옆에 앉아 조카인 공자들을 보며 이렇게 말했다.

"나는 늘 이 저택에 들고 있지만, 이쪽 분들을 만날 기회는 좀처럼 없어 늙은이 같은 기분이 들기에 이제부터는 그러지 않으리라 결심하고 온 것이지요. 익숙지 못한 모습이 젊은이들에겐 우스꽝스럽게 보일 것입니다."

"지금부터라도 자주 오시면 회춘할 것입니다."

이렇게 희롱을 하며 말하는 시녀들에게서도 우아함을 맛볼 수 있었다. 중요한 화제도 따로 없이 가오루는 언제나 차분하게 세상 이야기를 하고 있었다.

첫째 황녀가 중궁 거실로 들어갔다.

"가오루 대장이 그쪽으로 갔는데 보았는가."

첫째 황녀를 따라온 여관 대납언이 대답했다.

"소재상에게 할 말이 있는 듯했습니다."

중궁은 가오루와 남매 사이지만 아무래도 조심스러워하며 이렇게 말했다.

"고지식한 분이, 그래도 여자 친구들은 많이 따르는 모양이군. 잡담이라도 나누려는 거겠지. 하지만 아무 재치도 없는 시녀가 상대하면 곤란하지 않겠나. 시녀들이 그 정도냐고 실망할 테니. 하지만 소재상이라면야 안심할 수 있겠지."

대납언이 말했다.

"가오루 대장은 소재상을 특히 친하게 여기고 가끔 그 방에도 들르는 모양입니다. 은근히 이야기를 나눌 때도 있어 밤이 이슥해지고서야 돌아가기도 하지만, 깊은 관계는 아닌 것으로 압니다. 소재상은 니오노미야의 바람기 많은 성품은 한심하게 생각해 답장도 잘 안 한다니 참으로 황망합니다."

대납언이 이렇게 말하자, 중궁도 따라 웃었다.

"친왕의 바람기를 잘 알고 있다니 다행이로구나. 어떻게 하면 그런 나쁜 버릇을 고칠 수가 있을지 어미로서 부끄러운 일이군. 누구나 다 그렇게 생각하겠지."

대납언이 말했다.

"저는 이상한 소문을 들었습니다. 저 대장이 잃었다고 하는 분은 니오노미야 이조원 부인 동생이라고 합니다. 상륙태수의 부인은 그분의 숙모라고도 하고 어머니라고도 하는데 어떤 말이 맞는지 모르겠습니다만, 저 대장이 숨겨둔 애인에게 니오노미야가 은밀하게 드나들었다고 합니다. 그 사실이 대장 귀에 들어가자, 그분을 급히 도읍으로 옮겨오기로 하고 파수꾼을 붙이는 등 감시를 엄하게 했다고 합니다. 친왕은 그 뒤에도 또 찾아갔지만, 차마 안으로 들어가지는 못하고 경비가 심해 말을 탄 채 산장 밖에서 서성거리다가 돌아왔답니다. 그런데 여자도 친왕을 사모했던지 별안간 행방불명이 됐는데, 강물에 빠져 죽은 것이라며 유모 되는 사람이 울고불고 하더랍니다."

이 말에 중궁은 깜짝 놀라 잠시 할 말을 잃었다.

"아니, 누가 그런 소문을 내던가? 정말 어처구니없는 이야기로군. 그런 이야기는 대번에 소문이 나는 법인데 그렇지도 않았고, 또 대장도 그런 말은 하지 않고 '인생의 덧없음이 새삼스레 느껴진다, 우지의 하치노미야 집안은 왜 그렇게 단명하는지 모르겠다'는 말만 하던데."

"정말인지 어떤지는 아랫사람들이 하는 말이라 알 수는 없습니다만, 그 우지 산장에서 시중들던 어린 시녀가 얼마 전에 소재상의 친정으로 왔사온데 사실인 것처럼 말하더랍니다. 그런데 그렇게 불길하게 죽은 사실을 세상에 알리지 않으려 모두들 쉬쉬하고 있답니다. 그래서 대장도 자세한 내막을 털어놓지도 못하는 것이 아니겠습니까."

"그 어린 시녀에게 그런 얘기를 절대 다른 사람들에게 전하지 말라고 하세요. 친왕이 색을 좋아하는 성품 때문에 사람들로부터 손가락질 받을 수도 있으니까."

중궁은 몹시 걱정스러운 듯 이렇게 말했다.

그로부터 얼마 뒤, 첫째 황녀가 가오루의 부인인 둘째 황녀에게 편지를 보냈다. 아리따운 필적을 본 그는 '기대에 어긋나지 않게 훌륭한 필적이구나, 진작 이렇듯 편지를 주고받도록 할 것을 그랬구나' 싶었다.

또 중궁은 많은 그림을 둘째 황녀에게 보내왔다. 가오루는 이에 대한 답례로 보다 좋은 그림들을 모아서 보냈다. 옛 이야기에 나오는 어느 대장이 공주를 못내 그리워하다 가을날 석양에 쓸쓸하게 집을 나서는 그림을, 마치 자신의 심정을 그린 것 같다고 그는 생각했다.

'이 이야기처럼 내게 마음을 주는 여인이 있다면 얼마나 좋을까.'

이렇게 생각하니 가오루 대장은 분하고 원통하였다.

물억새 잎새마다 이슬방울 맺으며
부는 바람 보아도 사무치는 그리움

이렇게 덧붙여 쓰고 싶은 심정이었으나, 그러한 눈치를 조금이라도 보인다면 세상사람들이 뭐라고 수군댈지 알 수 없었다. 생각한다는 말조차 비칠 수 없는 사랑에 가오루는 번민했다.

'우지의 큰아씨가 살아 있었더라면 내가 다른 어떤 여인에게 마음을 줄 리가 있었겠는가. 설령 천황이 황녀를 준다 한들 나는 받지 않았을 것이며, 또한 내게 그만큼 사랑하는 아내가 있는 줄 아시면 딸을 보내지도 않았으리라. 어쨌든 내 마음이 어수선해진 것은 모두 우지의 큰아씨 때문이다.'

이렇게 생각하니 가오루의 마음은 이조원 작은아씨에게로 옮아가 그립기도 하고 원망스럽기도 하여, 돌이킬 수 없는 옛날이 안타깝게만 생각되었다.

이젠 어쩔 도리가 없다고 단념하자니, 뜻밖에도 자살한 우키후네의 유치하고 경솔한 행동이 너무나도 원망스러웠다.

또 우근의 말대로, 두 남자에게서 사랑을 받아 몹시 괴로워하고 번민하던 차에 가오루의 태도가 달라졌다 생각하고 스스로 자책하며 고통스러워하는 우키후네의 모습을 떠올렸다.

한편으로는 아내라는 엄숙한 의미의 상대가 아니고 가련한 애인으로는 더없이 좋은 사람이었는데 이제 더 이상 친왕을 원망하지 말자, 우키후네도 원망하지 말자, 다만 내 태도가 우유부단하여 젊은 애인을 그런 곳에 내버려둔 일이 잘못이었다고 생각되니 한없이 침통한 기분이 되었다.

조용하고 침착한 그조차도 연애 사건에 대하여는 몸이 축나도록 괴로워하는 처지였다. 하물며 우키후네를 잃은 니오노미야는 더욱 울적한 마음을 달랠 길이 없는데 별채의 작은아씨만은 죽은 우키후네가 불쌍하다고 말했다.

그러나 두 사람은 자매로서 알게 된 기간이 짧았기 때문에 그다지 깊은 슬픔에 잠기는 일은 없었을 것이다. 다만 친왕은 작은아씨에게 마음속에 있는 말을 있는 그대로 다할 수 없으니 견딜 수가 없어 우지 산장에서 시종을 불러들이기로 했다.

우키후네의 시녀들은 모두 뿔뿔이 헤어졌지만 유모와 우근·시종만은 고인과 가장 친했던 사람들이라 그대로 산장에 눌러 있었다. 하지만 어려서부터 아씨를 모셔온 유모와 그 딸인 우근에 비해 최근에 들어 온 시종은 이제 거친 강물의 물결 소리만 들어도 소름이 끼친다면서, 서울의 아는 집에 가 있었다.

그런 시종을 친왕이 찾아내어 이조원 시녀로 들어오라고 했다.

'이조원에는 이미 아씨가 언니의 남편인 친왕님과 사랑을 나누었다는 사실이 알려져 있을 거야. 내가 그곳에서 일하면 틀림없이 다른 시녀들 손가락질을 받게 되겠지.'

이렇게 생각한 시종은 친왕의 제의를 받아들이는 대신 중궁 마마 시녀로 들어가고 싶다고 부탁을 했다.

"그것이 좋겠군. 당분간 중궁전에서 지내다가 뒤에 내가 보살펴 주면 되겠지."

친왕은 시종의 제안을 받아들였다. 시종은 아씨를 잃은 슬픔도 위로될까 하여 대궐로 들어갔으며 보기에도 깔끔한 하급 시녀라고 남들도 두루두루 인정하였다. 시종은 대장이 가끔 드나드는 모습을 볼 때마다 지난날이 그리워져 마음이 아팠다.

대궐은 귀족 딸들만이 시녀로 있는 곳이라 들었기에 사람들을 눈여겨보았으나 우키후네만큼 뛰어난 미모의 여인은 찾아볼 수 없었다.

지난봄 돌아가신 식부경친왕의 부인은 전처 딸을 몹시 싫어하였다. 계모의 오빠인 마두는 인품도 원만하지 못한 데다가 이 딸에게 연심을 품고 있었다. 그래서 계모가 두 사람을 맺어 주려 한다는 소문을 들은 중궁이 말했다.

"그런 가련한 일이 또 어디 있단 말인가. 아버지가 소중하게 키운 자식을 그렇게 푸대접하다니."

중무성에서 시종직을 맡고 있는 그녀의 친오라비가 '중궁전에서 시중들게 하면 어떻겠느냐'고 제의하자, 중궁은 아씨를 자신의 처소로 들어오게 했다. 이 아씨는 첫째 황녀의 말 상대로 어울릴 뿐 아니라 다른 궁녀들과 달리 고귀한 신분이라 특별대우를 했으며, 정해진 신분에 따라 '미야노키미'로 불렀다.

그러나 니오노미야는 엉뚱한 생각을 가지고 있었다.

'아버지 식부경궁은 하치노미야와 형제간이니 그리운 사람과 매우 닮았을지도 모른다.'

그러면서 새로운 호기심을 품게 되었다.

한편 가오루 대장은 이 미야노키미에 대해서도 그저 인생은 무상한 것이라고 생각했다.

'참으로 안타깝구나. 식부경이 돌아가시기 전만 하여도 동궁비가 될 지도 모르는 분이셨는데. 한때는 나와 혼담이 오가기도 하지 않았는가. 그런데 이제는 궁녀가 되어 입궐하시게 되었구나. 보잘것없는 몸이 되어 괴로워하느니 차라리 우지의 그녀처럼 강물에 몸을 던졌다면 어땠을까. 아무도 이분을 욕하지는 못했으리라.'

중궁이 퇴궐하여 육조원으로 돌아왔다. 대궐보다 넓고 정취가 있으며 지내기에도 편하다 여겼기에, 중궁의 궁녀들까지 이곳에 와서 한가롭고 편안하게 지냈다. 궁녀들은 육조원의 아래채, 위채, 복도 할 것 없이 넘쳐났다. 유기리 우대신은 아버지 겐지의 권력 못지않았으며 중궁을 극진히 모셨다. 자손이 많은 집안이어서 오히려 옛날보다도 육조원은 화려해졌다.

니오노미야가 이전과 같은 상태였다면 여기 모인 여성들 가운데 어느 누구와든 사고를 저질렀겠지만, 예전과는 다르게 차분해진 친왕은 드디어 철이 든 것만 같았으나, 요즘에 와서는 다시 본성을 드러내 미야노키미에게 눈독을 들이고 주변을 탐색하고 있었다.

선선한 가을 날씨가 되어 중궁은 대궐로 돌아가려 했지만, 젊은 궁녀들은 가을 단풍놀이를 못하는 게 못내 섭섭하여 육조원에 모여 있었다. 육조원에서는 배를 띄우고 달구경을 하며, 음악을 즐기는 행사가 날마다 벌어졌다.

니오노미야는 평소보다도 더욱 화려해진 육조원을 떠날 줄 모르고 날마다 보는 것이 즐거움이었다.

아침저녁으로 얼굴을 대하는데도 친왕은 이제 갓 핀 꽃을 보는 듯한 아름다움이 있었다. 그러나 가오루는 날마다 드나드는 편은 아니었기 때문에 젊은 시녀들은 그가 오기만 하면 저도 모르게 긴장하고는 했다.

마침 두 귀인이 동시에 중궁의 거실에 있었을 때였다. 우지에 있었던 시종이 몰래 넘겨다보고는 두 분이 똑같이 훌륭해 보여, 이렇게 생각했다.

'아씨가 살아 있었다면 얼마나 행복했을까, 그런데 강물에 몸을 던지다니 그 무슨 허망한 일이었는가.' 시종은 아무에게도 그 일에 얽힌 이야기는 아는 척하지 않고 자신의 가슴 속에 묻고 잊지 못한 채 마음 아파했다.

니오노미야가 궁중에서 일어난 일을 중궁에게 소상히 말씀드리고 있을 때, 가오루는 중궁 앞을 물러나왔다. 시종은 우키후네 탈상도 끝나기 전에 고인의 정을 잊고 여기에 와 있는 게 죄송스러워 이내 몸을 숨겼다.

동편 복도 쪽 문이 열린 방에서 시녀들 여럿이 모여 속닥거리고 있는 것을 보고, 그가 이렇게 말했다.

"우리는 좀 더 친해질 필요가 있겠군. 속 편하게 사귀기에는 도리어 같은 여자끼리 지내는 것보다 나을 거요. 그리고 무엇보다 쓸모 있는 지식이 많단 말이지. 앞으로 천천히 얼굴을 익히고 친해지길 바라오."

가오루의 농담에 시녀들이 어쩔 줄 몰라 머뭇거리는데, 이런 일에 익숙한 나이든 시녀인 변 댁이 이렇게 대꾸했다.

"아무 연고도 없으신 가오루 대장님께서 대뜸 친해지자고 하시니 난감하군요. 세상일이 다 그렇지 않던가요. 친해질 만한 이유가 있어야 사이좋게 지내게 되는 것이요. 저같이 뻔뻔한 여자는 조신한 척 내외해도 우스워 보일 것만 같아 이렇게 한 말씀 드렸습니다."

가오루가 말했다.

"뻔뻔한 여자라는 말은 너무 지나친듯하오."

이런 말을 하면서 가오루가 방 안을 빙 둘러보니, 변 댁은 당의를 벗은 편안한 차림으로 글씨 공부를 하는 듯했다. 벼룻집 뚜껑에 짧게 자른 꽃가지가 아무렇게나 놓여 있는 것을 보니 이 사람들이 이것을 가지고 놀았던 모양이다.

어떤 시녀는 휘장 뒤로 숨기도 하고, 어떤 여자는 반대쪽을 보기도 하고, 또 누구는 열어젖힌 문 뒤에 몸을 숨기듯이 가만히 앉아 있었으나, 머리만은 아름답게 보였다. 모든 것이 기분좋게 느껴진 가오루는 벼루를 앞으로 끌어당겨 노래 한 수를 지었다.

우거진 잡초 속에 피어난 마타리꽃
함초롬히 이슬에 젖은 모습 내 탓이라 이르는가.

"그런 나를 친밀하게 여기지 않는 것이오."

이렇게 써서 장지문 뒤에 이쪽을 등지고 있는 시녀에게 보이자, 상대방은 미동도 하지 않고 더욱 태연한 모습으로 이렇게 답가를 지어 보였다.

이름이 아리따워 들판의 마타리꽃
아무리 이슬인들 적시지는 못하리.

짧은 글이었으나 기품이 있어 보여, 가오루는 어떤 시녀일까 하고 바라봤다. 중궁의 거실로 가려고 그 문을 지나려다가 가오루가 있어 나갈 수도 없게 된 사람 같았다.

"일부러 늙은이 같은 노래를 지으시니 도리어 얄밉게 느껴집니다."

변 댁이 이렇게 말하고 노래 한 수를 지었다.

나그네처럼 하룻밤만 시험해 보시지요
꽃의 향기에 마음이 흔들리는지 아닌지를

"해 보지 않고선 무슨 말인들 못힐까요."

그런 말도 했다. 가오루가 응수했다.

잠자리를 빌려준다면 하룻밤쯤은 묵어볼까.
웬만한 꽃에는 동하지 않는 나이지만

변 댁이 말했다.

"저를 부끄럽게 하시다니 너무하세요. 그저 세상에 흔히 있는 들판에서 하룻밤을 농담 삼아 말했을 뿐입니다."

가오루가 사소한 농담이라도 하면 시녀들은 그 다음 말을 듣고 싶어했다. 가오루가 큰소리로 말했다.

"내가 눈치 없는 행동을 한 모양이군. 자, 그럼 길을 비켜 드리지요. 특히 나를 바로 보지 않으려는 그 태도에는 그만한 이유가 있음직한데요."

가오루가 이렇게 말하고 물러나니, 시녀들은 모두 변 댁처럼 수다스럽다고 여기지나 않을까 걱정하는 사람도 있었다.

가오루는 동쪽 난간에 기대서서, 저녁놀과 꽃들이 흐드러지게 피어 있는 정원을 바라보고 있었다.

모든 것이 처량하게만 느껴지는 가오루는 '애끓는 아픔은 가을하늘이다' 하고 《백씨문집》의 시를 읊조렸다.

장지문 뒤의 시녀인 듯한 사람이 옷 스쳐 지나가는 소리를 내면서 가운뎃방에서 빠져나가 저쪽으로 가는 듯했다. 그때 마침 니오노미야가 그쪽에서 들

어오며 말했다.

"방금 저리로 간 사람은 누군가?"

"첫째 황녀의 시녀 중장입니다."

휘장 너머로 시녀의 목소리가 들려왔다. 가오루는 너무 가볍게 이름을 가르쳐 준 게 아니냐는 생각에 화가 났다. 또한 친왕의 속셈을 뻔히 알면서도 질문에 순순히 답해야만 하는 시녀가 불쌍하게도 느껴졌다. 그리고 친왕이 모두와 친하게 지내는 모습이 부럽기도 했다.

'접근이 자유로우니 능숙한 솜씨로 유혹할 수도 있으리라. 그러나 나는 친왕에게 여자 일로 이렇게 고통당하고 있는데 참으로 분하다. 이곳에도 언제나 버릇대로 애착을 보이는 아름다운 시녀가 있을 터, 이번에는 내가 그 여자를 내 것으로 만들어, 우지에서 겪었던 괴로움을 되갚아주고 싶구나. 분별 있는 시녀라면 친왕보다 나를 고를 게 틀림없다. 그러나 그런 시녀가 저들 속에 있을 것인가? 이조원 작은아씨가 친왕의 방종한 연애생활에 지쳐 나를 의지하게 되고 그것이 사랑으로까지 발전하면 어쩌나. 세상의 평판을 수치스러워하면서도 우정만은 버리지 않으니 나로서도 기쁜 일이다. 그처럼 정이 깊은 사람이 이 시녀들 가운데 한 사람이라도 있을까. 깊이 사귀지 않은 탓에 모르는 것일까. 침울한 기분을 달래 줄 만한 연애 장난이나 흉내내어 볼까?'

이렇게 생각하면서도 가오루는 지금의 자신에게 그런 일은 옳지 않다 여기며 자기도 모르게 서쪽 복도로 발걸음을 옮겼다. 첫째 황녀는 밤이면 중궁 침전으로 들어가기 때문에 이미 거기에는 없었고, 시녀들만이 달구경을 한다고 모여 있었다. 거문고를 연주하는 그리운 소리가 들렸다. 모두들 생각지도 않은 때에 가오루가 찾아들어 이렇게 말했다.

"어찌하여 남의 애간장을 녹이는 거문고를 연주하고 있습니까. 마치 '유선굴'의 미녀 십랑 같군요."

시녀들은 놀란 듯했으나, 들어올려진 발을 내리려고도 하지 않고 한 사람이 몸을 일으키며 말했다.

"십랑도 있으나 최계규 같은 오라버니도 있습니다."

그 목소리는 틀림없이 중장이라고 불리는 시녀였다.

"난 첫째 황녀의 외척 숙부 되는 사람이오. 황녀는 여느 때처럼 중궁 침전으로 가신 게로군요. 사가에 있을 때는 무엇을 하고 지내는지요."

뜻밖에도 가오루는 이런 질문을 던졌다.

"어디 계시든 이렇다 할 다른 일은 하지 않아요. 그저 언제나 이렇게 지내시지요."

듣기만 해도 팔자가 좋으신 분이구나 싶어서 저절로 탄식이 나오니, 괴이하게 여길 사람이 있을지도 모르겠다는 생각에 얼버무리려고 시녀가 앞으로 내놓은 거문고를 그대로 받아들고 무심한 가락을 퉁겨 보았다.

거문고 가락은 가을 계절에 알맞은 곡조여서 별로 정성껏 뜯는 소리는 아니었지만 귀에 거슬리게 느껴지지는 않았으며, 열심히 듣던 사람들은 오히려 너무 짧게 끝난 연주를 못내 아쉬워하는 기색이었다.

'나의 어머니도 첫째 황녀만 못한 신분은 아니다. 황녀는 중궁 소생이고, 어머니는 여어 소생이라는 차이는 있으나, 아버지 천황께서 각별히 사랑하셨다는 점에서는 다를 바 없다. 그런데 황녀가 각별한 운세를 타고난 것처럼 여겨지는 것 기이한 일이다. 이분의 어머니가 태어나신 아카시 포구는 얼마나 속깊은 곳이기에 그러한가. 이분의 여동생을 부인으로 맞은 내 운세도 행운이지만, 그 언니까지 얻을 수 있다면 얼마나 화려한 운명일까.'

이렇게 생각하니 도리에 어긋난 욕망임에도 떨칠 수 없었다.

고 식부경친왕의 딸인 미야노키미는 첫째 황녀가 기거하는 서쪽 별채에 따로 자기 방이 있었다. 젊은 시녀들이 여러 사람인 듯, 모두 밖으로 나와 달밤의 정원 경치를 즐기고 있었다.

'애처로운 일이구나. 이 사람 또한 황녀와 같은 혈통이며, 아버지 식부경이 나를 사윗감으로 점찍은 적이 있었지.'

가오루는 지난 일을 떠올리면서 방 앞으로 다가갔다. 예쁜 잠옷을 차려입은 동녀가 두셋 마루에 나와 있다가 그를 보자 부끄럽다는 듯이 얼른 안으로 숨어버렸다. 이것은 보통 볼 수 있는 정경이지 하고 그는 생각했다.

남쪽 구석진 방 앞에서 헛기침을 하자 좀 나이가 든 듯한 시녀가 나왔다.

"은근히 미야노키미에게 연심을 가진 자라고 하면 너무 흔한 소리라 여길 것이고, 그렇다고 젊은 사람이나 하는 말을 흉내낼 수도 없습니다. 그보다도 미야노키미를 연모하는 제 진심을 어떻게 표현할까, 좋은 말을 찾고 있습니다."

가오루가 이렇게 말했더니, 시녀는 미야노키미에게 전하지도 않고 약삭빠르게 이렇게 말했다.

"돌아가신 아버지 식부경께서 가오루 나리를 사위로 점찍었던 일이 생각납니다. 때때로 아씨에 대한 말씀을 하신다는 것을 듣고 아씨도 기쁘게 생각하고 있답니다."

그는 시녀의 이런 인사말이 재치도 없고 흥미롭지도 않아 이렇게 말했다.

"아씨와 나는 종형제 사이로 멀지 않은 혈연관계입니다. 언제든 필요할 때 불러 주시면 힘이 되어 드리겠습니다. 그러나 이렇듯 사이에 중개하는 사람을 두어야 한다니 찾아뵙기도 어렵겠습니다."

'그렇기도 하겠구나' 생각한 시녀는 미야노키미에게 대답을 채근했다. 그녀가 말했다.

"소나무도 옛 친구는 될 수 없으니'라는 노래처럼 친구 하나 없다고만 생각하고 쓸쓸히 지내왔는데, 혈연이라 말씀하시니 믿음직합니다."

시녀를 통하지 않고 직접 말하는 그 목소리는 젊고 애교가 있어서 상냥한 느낌이 들었다. 보통 시녀라면 좋은 인상을 받았겠지만, 황가의 피를 이어받은 분이 직접 목소리를 전하는구나 생각하니 왠지 마음이 무거웠다. 용모도 아리따운 분이리라 생각되어 얼굴을 보고 싶은 충동을 느꼈으나, 그런 사람이라면 또 친왕의 바람기를 자극하게 될지 모르겠다고 생각하니 흥미가 나지 않았다. 그러고 보면 세상에 이렇다 할 여자는 좀처럼 찾기 어렵다는 생각이 들었다.

'아버지 식부경이 소중하게 키운 아씨이다. 그러나 그럴만한 사람이라면 세상에 많이 있을 것이다. 기이한 것은 저 성자 같은 하치노미야의 자녀들은 우지 산골에 살면서도 어디 하나 흠잡을 데 없이 모두 수려하다는 것이다. 경솔하게 세상을 떠난 우키후네도 이렇게 잠깐 보았을 때는 훌륭했었지.'

이렇게 가오루는 무슨 일에나 하치노미야 가족을 떠올렸다.

우지의 아씨들, 언니와 동생과는 모두 한심스러운 결과로 끝났구나 곰곰이 생각하던 가오루는, 저녁나절 덧없이 날아다니는 하루살이를 보고는 이렇게 노래했다.

보일 듯한데 보이지 않고
어느덧 자취도 없이 사라진 하루살이여.

'슬프다거나 한스럽다거나 하지 않으리라. 하루살이처럼 덧없이 사라지는 세상이 아닌가' 가오루는 여느 때처럼 혼자 중얼거리고 있었다.

글씨쓰기*1

그즈음 히에이 산 요카와(横川)에 덕이 높은 아무개 큰스님이 있었다. 이 큰스님은 팔순을 훌쩍 넘긴 여승 노모와 또 쉰 살쯤 되는 누이동생 여승과 함께 살았다. 어머니 여승은 예전에 발원한 소망이 이루어져 딸과 함께 하쓰세(初瀬)에 참배하러 갔다. 큰스님도 덕이 높은 제자 스님을 보내 경권과 불상을 공양토록 했다.

그 밖에도 공덕을 많이 베풀고 돌아오는 길에 나라 고개(奈良坂)를 넘을 즈음 어머니 여승이 병이 났다. 이대로 도읍까지 여행하기는 무리라 생각하여 우지의 아는 사람 집에 하루 묵기로 했으나 용태가 더 나빠져 요카와 큰스님에게 급히 심부름꾼을 보냈다.

큰스님은 근행의 염원이 굳건해 올해는 산에서 결코 내려가지 않을 결심을 했으나, 늙은 어머니가 여행하다 돌아가시면 큰일이라 여겨 서둘러 산에서 내려와 우지로 갔다.

나이가 많아 언제 이승을 떠나도 이상할 것 없는 노모지만 효심 지극한 큰스님은, 자신은 물론 제자들 가운데 기도의 효험을 잘 나타내는 중들에게도 가지기도를 올리게 하는 등 이래저래 소란스럽게 되니 그 집 주인이 걱정스러운 듯 말했다.

"우리는 미타께 참배를 하고자 정진하고 있습니다. 이러한 때 집에 늙고 병든 이가 있어서야 되겠습니까?"

노모가 이곳에서 죽으면 정진에 부정을 탈까 두려워하는 것이었다.

---

*1 글씨쓰기(手習) : 제53권. 가오루 27세의 3월 하순부터 다음 해 28세 여름까지의 이야기. 앞권 '하루살이'와 시대는 같지만 다른 곳에서의 사건을 다룬 것으로, 우키후네를 찾아내는 데서부터 이야기가 시작된다. 우키후네는 요카와 승도 일행에 의해 발견되어 여승의 보호를 받게 되는데, 사내들의 구애를 피해 출가하고 만다. 우키후네는 자살한 것이 아니라 투신 직전에 관음보살의 인도를 받아 구제된 것으로 되어 있다. 이성을 되찾은 우키후네는 노래 짓기에 몰두하고 글씨쓰기로 시간을 보낸다.

큰스님은 그도 맞는 말이라 딱하기도 하고, 또한 그 집이 너무 좁아 옮기려 했으나 공교롭게도 음양도 방향도 모두 막혀 쉬이 피할 수 없었다.

큰스님은 돌아가신 주작원 상황의 영지인 우지원이 가까이 있음을 생각해 내고, 아는 관리인에게 하루이틀 묵게 해달라며 심부름꾼을 보냈다.

마침 어제 관리인은 하쓰세로 가족과 함께 참배 갔다고 하여 심부름꾼은 집지기 할아범을 데리고 돌아왔다.

할아범은 이렇게 말했다.

"침전은 비어 있으니 지금이라도 쓰실 수 있습니다. 참배하러 가는 분들이 종종 거기서 묵고 갑니다."

"거기면 좋지. 나라의 소유이지만 사람도 없다니 한적하고 마음이 편할 테니까."

큰스님은 이렇게 말하고 그곳을 살펴보러 제자를 함께 보냈다. 그 집을 지키는 할아범은 이런 길손을 맞는 데 익숙해 있어 짧은 시간 안에 방정리를 마쳤고, 바로 심부름꾼이 일행을 모시러 왔다.

큰스님이 먼저 갔다. 우지원은 몹시 황폐한 모습이었다. 큰스님은 다른 스님들에게 독경을 하도록 했다.

"경을 읽으라."

그때 무슨 일이 생겼는지 하쓰세 참배에 따라갔던 아사리와 같은 승복을 입은 스님이 아래 스님에게 횃불을 들려, 사람이 드나들지 않는 듯한 건물 뒤쪽을 살펴보러 갔다. 숲으로 보일 만큼 우거진 큰 나무 밑을 자세히 보니, 거기에 활짝 펼쳐져 있는 하얀 것이 눈에 띄었다.

"저게 무언가?"

멈춰서서 횃불을 들어 비추어 보니 웅크리고 앉은 사람의 모습이었다.

"여우가 변신한 것일까. 고약한 놈이군. 얼른 정체를 밝혀내야겠다."

이렇게 말한 어떤 스님은 하얀 것 쪽으로 조금 다가가려 했다.

"그만두세요. 불길합니다."

또 다른 스님은 이렇게 말하며 요괴를 물리친다는 부동인을 하고 주문을 외면서 그쪽을 눈여겨 바라보았다. 머리털이 곤두설 만큼 무시무시한 일인데도, 횃불을 든 스님은 무섭지도 않은지 대담하게 가까이 다가가서 자세히 살펴보았다. 아무래도 그것은 여자인 듯했는데, 탐스럽고 윤기 있는 머리칼을 늘어뜨린 그녀는 크고 거친 나무뿌리에 기대어 흐느끼고 있었다.

"해괴한 일이군요. 큰스님에게 알려야겠습니다."

"정말 기괴하기 짝이 없는 일이군."

이렇게 말하고, 한 스님이 큰스님에게 알리러 갔다.

"여우가 사람으로 변신한다는 말은 예부터 들어왔지만 아직 나는 본 적이 없어."

이렇게 말하며 큰스님이 침전에서 나왔다.

여승 어머니가 이곳으로 온다고 하여 우지원 남녀 하인들은 모두 부엌일에 매달려 있었고 침전 쪽은 조용하였다. 큰스님은 제자 네댓 명을 데리고 보리 나왔으나 별다른 변화가 없었다. 큰스님은 아무래도 이상해서 시간 가는 줄도 모르고 쓰러져 있는 여자를 지켜보았다.

"빨리 날이 밝았으면 좋겠구나. 사람인지 뭔지 알 수 있을 터이니."

큰스님은 이렇게 말하며 마음속으로 진언송을 외고 요괴를 물리치기 위해 수인을 맺었다. 이윽고 큰스님은 확신에 찬 목소리로 말했다.

"이건 사람이야. 결코 괴상한 게 아니다. 곁에 가서 물어봐야겠다. 죽진 않은 듯하다. 어쩌면 죽은 사람을 갖다 버렸는데 되살아났는지도 모르겠구나."

"죽은 사람을 저택 안에 버리지는 못할 것입니다. 정말 사람이더라도 여우라든가 나무정령 같은 게 유괴해서 데려왔겠지요. 가엾은 일입니다. 마물 때문에 병자가 부정을 탈 수도 있어요."

제자 스님이 이렇게 말하고 집을 지키는 할아범을 부르자 메아리가 먼저 대답한다. 어쩐지 무서운 느낌이 들었다. 얼마 뒤에 할아범은 이상한 모자를 쓰고 얼굴을 내밀며 나왔다.

"이 가까이에 젊은 여자분이 살고 있는가? 이런 이상한 일이 벌어졌는데."

큰스님이 말하자, 할아범은 별일 아니라는 듯 말했다.

"여우가 한 짓이지요. 이 나무 밑에서 가끔 괴상한 짓을 해보이거든요. 재작년 가을에도 여기 살고 있던 사람의 두 살 된 어린아이를 홀려간 적이 있었습니다. 저희들은 이젠 익숙해져서 별로 놀라지도 않습니다."

"그 어린애는 죽었소?"

"아닙니다. 살았습니다. 여우는 그런 짓을 잘하지만 대수로운 놈은 아니지요."

그는 아무렇지도 않게 생각하는 모양이었다. 그보다는 늦은 밤에 불쑥 찾아온 손님들 식사에 더 신경 쓰이는 듯했다.

"그렇다면 여우 짓인지도 모르겠군. 아무튼 자세히 살펴보도록 하게."

큰스님은 제자들에게 그렇게 일렀다.

처음부터 겁이 없던 스님이 여자 옆으로 바짝 다가갔다.

"귀신이냐, 신령이냐, 여우냐, 나무정령이냐. 천하의 고승 앞에서 정체를 숨길수는 없으리라. 어서 정체를 밝혀라, 정체를."

그리고 옷자락을 손으로 잡아당기자, 여자는 얼굴을 옷깃에 파묻고 어깨를 들썩이며 울고 있었다.

"말귀가 어두운 나무정령이로군. 어찌 정체를 숨기려 하느냐?"

이렇게 말하면서 얼굴을 보려 하나, 그 옛날에 있었다던 눈도 코도 없는 여자 귀신이 아닐까 등골이 오싹했다. 그러나 남자다운 용감한 모습을 보이려고 억지로 그 겉옷을 벗기려 하니, 여자는 더욱 움츠러들며 소리내어 울었다.

"아무튼 이런 괴이한 일은 세상에 없는 일이다."

이렇게 말하며 끝까지 정체를 밝히려고 했다. 그때 비가 내리기 시작하더니 곧 심하게 퍼부을 기세로 바뀌어갔다. 큰스님이 말했다.

"이대로 그냥 내버려 두면 바로 죽을 것이다. 울타리까지라도 옮겨야겠어."

"틀림없는 사람의 모습이다. 목숨이 붙어 있는 것을 알면서도 모르는 척 내버려 두면 큰 죄가 된다. 못물의 물고기나 산에 사는 사슴일지라도 사람 손에 잡혀 죽을 지경에 있는 걸 구조하지 않는다면 참으로 슬픈 일이 아닌가. 인간의 생명이란 짧다. 단 하루라도 지킬 수 있는 생명이라면 그만큼 소중하게 여겨야 한다. 귀신이나 신에게 홀렸건 또 남에게 버림을 받았거나 못된 계략에 빠져 이런 꼴을 당하게 되었건, 어쨌든 이 여자는 스스로 목숨을 버릴 운명이었나 보구나. 그러나 부처님께서는 반드시 구제해 주실 것이다. 살아날 수 있도록 좀더 보살피고 따뜻한 물도 마시게 해보자. 그래도 죽는다면 할 수 없는 일이지."

큰스님은 그렇게 말하고, 겁 없는 스님을 시켜 여자를 집 안으로 들이게끔 했다.

그러자 제자들 중 이렇게 반대하는 사람도 있었다.

"당치도 않습니다. 중환자가 들어오는데 정체도 모르는 것을 들이다니요. 부정을 타서 불길한 일이 생길 텐데요."

이렇게도 말하는 중도 있었다.

"만일 요괴라 하더라도 아직 살아 있는데, 이런 큰비를 맞아 죽게 한다는 건 살생 아닌가."

아랫사람들은 으레 무슨 일이건 불길하다며 호들갑을 떠는 법이라, 큰스님은 별로 사람들이 오가지 않는 조용한 방에 그 여자를 들여 눕히도록 했다.

얼마 뒤 여승 일행의 수레가 저택에 닿았다. 환자인 어머니 여승은 수레에서 내릴 때에도 몹시 괴로워했고 집안은 어수선해졌다. 얼마간 상황이 조금 조용해지고 나자 큰스님은 제자에게 물었다.

"그 여자는 어찌되었나?"

"너무 연약해서 말도 제대로 못하더군요. 확실히 살아난 것 같지도 않고요. 꼭 넋 빠진 사람 같습니다."

큰스님의 동생 여승이 이 말을 듣고 물었다.

"무슨 이야기인데요?"

"사실은 여인 하나를 구해 주었는데, 육십 평생 이런 일은 처음 보았구나."

이 말을 듣고 동생 여승이 말했다.

"어머나, 제가 하쓰세 사찰에서 불공드릴 때 꿈을 꾼 일이 있어요. 그 꿈과 관계가 있는지 몰라요. 아무튼 보게 해주세요."

이렇게 말하고 울먹이자, 큰스님이 말했다.

"바로 동쪽 여닫이문 쪽에 있으니 어서 가 보아라."

동생 여승이 서둘러 그쪽으로 가 보니, 젊고 아름다운 여자가 옆에 아무도 없이 버림받다시피 누워 있었다. 흰 비단 홑옷을 걸치고 진홍빛 바지를 곱게 입은 자태에서 훈향이 향기롭게 풍기니 그지없이 고상한 기품이 느껴졌다.

"그리운 죽은 딸이 다시 살아 돌아온 듯하군요."

동생 여승은 울면서 시녀들을 시켜 그녀를 자기 방으로 안아 데려가게 했다. 발견된 곳이 그렇게 무시무시한 곳이었다는 걸 알지 못하는 여자들은 무서운 줄도 모르고 그렇게 했던 것이다.

그녀는 산 사람 같지 않은데도 눈을 어렴풋이 떴다.

"무슨 말이든 좀 해봐요. 그대가 누구인지, 무슨 일인지."

그렇게 여승은 말해 보았으나 여자는 여전히 의식이 또렷하지 않았다. 탕약을 가져오게 하여 손수 떠서 먹였으나, 너무 쇠약해서 곧 숨이 끊어질 듯했다.

'이렇게까지 했는데 또다시 떠나 보내는 슬픔을 겪어야 한단 말인가.'

여승은 이렇게 생각하고 영험하다는 아사리에게 부탁했다.

"이 사람은 죽을 것만 같아요. 가지기도를 해 주세요."

여승은 하쓰세에 함께 갔던 아사리에게 부탁했다.

"그러기에 부질없는 일은 관두라고 하지 않았습니까."

아사리는 이렇게 말했지만, 요괴를 떨쳐 버리기 위한 독경을 하며 기도를 드렸다. 큰스님은 거기에 잠깐 얼굴을 내밀고 말했다.

"어떤가? 왜 이리 되었는지 귀신을 다스려서 물어 보도록 하게."

여자는 너무나 쇠약해져서 곧 죽어 버릴 듯 보였다.

제자들은 이런 말을 하였다.

"어려울 듯합니다. 생각지도 않은 초상을 치르게 되어 우리는 여기서 나가지 못하게 될 테고, 지체가 높은 사람인 듯하니 죽더라도 내버려두진 못하게 되었으니 일이 딱하게 되었습니다."

여승이 말했다.

"좀 조용히들 하세요. 남들에게 이 사람 이야기는 더 이상 하지 말아 주세요. 귀찮은 일이 생기면 난감하니."

여승은 이렇게 입막음을 해놓고, 어머니 병환보다도 어떻게 해서든지 이 사람을 살려내고 싶어 살붙이처럼 줄곧 곁에 붙어 간병하였다. 모르는 사람이긴 했으나 용모가 매우 아름다운 사람이니, 이대로 죽게 해서는 안 된다며 모두들 각별히 시중을 들었다. 여인은 탈진해 기력은 없으나 이따금 눈을 뜨고 눈물을 흘렸다. 동생 여승이 안타까워하며 말했다.

"너무 슬프군요. 죽은 내 딸 자식 대신 부처님이 저에게 인도해 주신 분으로 알고 기뻐하고 있는데, 간병한 보람도 없이 이대로 죽어 버린다면 오히려 나는 전보다 더 괴로울 것입니다. 전생에 인연이 있어서 그대를 보살피게 된 것이니 무엇이든 조금이라도 말씀해 주세요."

여승이 이렇게 간절하게 말하고 나자, 그제야 여자는 겨우 숨이 넘어가는 소리로 말했다.

"살아난다 하더라도 저는 이미 이승에서는 쓸모없는 사람입니다. 남의 눈에 보이지 말고 저 강물에 던져 주십시오."

어쨌든 여인이 희한하게도 말을 하기 시작하자 여승은 매우 기뻐했다.

"어쩌다 말을 하여 반갑긴 하나 어째서 그런 슬픈 소리를 하는지요. 왜 그런 곳에 갔나요?"

여자는 더는 아무 말도 하지 않았다. 혹시 몸에 생채기라도 생기지 않았나 하고 가만가만 살펴보았으나, 긁힌 상처 하나 없고 그저 아름답기만 하니 놀랍고 슬프기도 하여, 아닌 게 아니라 오라버니 제자들이 말하듯 요괴가 사람 마음을 홀리기 위해 이런 모습으로 나타난 게 아닐까 하는 의심도 들었다.

일행이 이곳에 이틀을 머무는 동안 어머니 여승과 구조한 젊은 귀녀를 위해 가지기도를 하는 소리가 끊임없이 들려왔다. 우지 마을 사람으로 전에 큰스님을 섬겼던 하인 하나가 큰스님이 이곳에 머문다는 소식을 듣고 찾아와서 이런 이야기를 전했다.

"옛 하치노미야님의 따님으로 우대장이 친히 사귀어 오던 분이 이렇다 할 병환도 아니면서 갑자기 죽었다고 산장에선 야단이 났었습니다. 어제는 그 장례식을 도우러 갔었기 때문에 찾아뵙지 못했습니다."

여승은 그럼 귀신이 그분의 영혼을 뺏어 이 사람에게 옮긴 것이 아닐까 하는 생각이 들자, 지금은 눈으로 보고 있지만 언젠가 자취도 없이 사라져버릴 것만 같아 꼼꼼히 다시 들여다보니 곧 숨이 끊어질 듯 위태로웠다. 시녀들이 말했다.

"어젯밤 강 건너 불빛이 화장불처럼 크지는 않던데요."

그 사내가 말을 받았다.

"일부러 간단히 한 거랍니다."

그 사내는 시신을 만졌다 하니 병자가 있는 집에 들어오는 일은 불길하다 하여 뜰에서 이야기만 하고는 이내 돌려보냈다.

사람들이 이렇게 수군거렸다.

"대장님이 하치노미야의 딸 처소에 드나든 것은 오래된 이야기이고, 그 큰딸이 죽은 지도 몇 년이나 되었는데 대체 누구를 두고 하는 말일까. 황녀와 결혼하신 분이니 숨은 애인을 가지실 리도 만무하고."

어머니 여승의 병환은 어느덧 좋아졌다. 그리고 방위기피도 이제는 할 필요가 없게 되었으니, 이러한 괴변이 일어난 곳에 오래 머물면 좋지 못하다 해서 큰스님 일행은 이만 돌아가기로 했다.

"구조한 귀녀는 아직도 몸이 좋지 아니하니 가는 길이 걱정됩니다."

시녀들은 가엾은 일이라고 이렇게 말했다.

두 수레 가운데 어머니 여승이 탄 수레에는 수발드는 여승 둘이 탔으며, 다른 수레에는 구출한 여인을 눕히고 동생 여승과 시녀 한 사람이 탔다.

그들은 수레를 내쳐 몰지 않고 군데군데에서 세워 여인에게 탕약을 먹이기도 했다.

여승들 집이 있는 히에이의 오노까지는 아직 길이 멀었다.

"가는 길에 쉴 곳을 생각해 두었어야 했는데……."

그들은 밤이 이슥한 뒤에야 오노에 이르렀다.

큰스님은 노모를, 동생 여승은 이 낯선 여인을 껴안고 내렸다.

노모는 노쇠함에서 오는 병인 데다가 먼 여행을 한 뒤라서 얼마 동안 몸져 있었지만 조금씩 회복하는 기색이 보이자, 큰스님은 요카와의 절로 돌아갔다.

신원을 알 수 없는 젊은 여인을 데리고 왔다는 일은 스님으로서는 좋은 소문이 날 리 없어, 처음부터 알지 못하는 아들에게는 아무 말도 하지 않았다.

동생 여승도 이번 여행을 같이한 사람들에게 입단속을 단단히 하였다. 만일 이 사람을 찾아다니다가 이곳까지 오면 어쩌나 하고 걱정하였다.

'어째서 저 시골 사람들이 사는 곳에 이렇듯 귀녀가 버려져 있었을까. 혹 하쓰세 절 참배를 다녀오는 길에 병든 것을 계모 비슷한 사람이 고약한 심보로 내버렸을지도 모른다.'

여승은 이런 상상까지 하였다.

젊은 여인은 강물에 던져 달라는 그 한 마디 말고는 여태껏 아무 말도 하지 않아 더욱 불안하기 짝이 없었다. 어쨌든 건강을 되찾게 하고 싶은 마음뿐이었다. 그런데 여자는 일어나려는 기색도 보이지 않아서, 이대로 가다가 정말 죽어 버리지나 않을까 생각하니 너무 가여워 내버려둘 수도 없었다.

동생 여승은 우지원에서부터 가지기도를 부탁했던 아사리를 불러 자기가 하쓰세에서 꾸었던 꿈 이야기를 했다. 그렇게 여승은 이 젊은 여인을 자신의 죽은 딸 대신으로 삼고자 하니 자기를 도와 겨자씨를 태우는 호마의식을 도와달라고 아사리에게 부탁하였다. 이렇게 4월과 5월 내내 여인을 정성껏 보살 폈지만 전혀 차도가 없자, 안타까웠던 그녀는 간절한 마음으로 큰스님에게 편지를 썼다.

'다시 하산하여 이 사람을 살려 주세요. 의식이 없으면서도 오늘까지 살아 있는 것을 보면 아직 수명이 다하지 않은 것이에요. 그런데도 나아질 기미가 보이질 않으니 귀신이 붙어 괴롭히고 있으리라 생각됩니다. 오라버니, 도읍까지 나간다면 근행을 깨는 일이 되겠으나, 이곳 산기슭 정도는 불사(佛事)에 지장이 없을 것입니다.'

'알 수 없는 일이다. 지금까지 죽지 않고 살아 있지만, 만일 우지원 숲속에 내버려두었더라면 틀림없이 죽었으리라. 전생의 인연이 있었기에 내가 발견하게 되었을 것이다. 마지막까지 살리도록 애써 보겠다. 그래도 살릴 수 없는 목숨이라면 그 사람의 천명이 다했으려니 체념해 버리리라.'

큰스님은 이렇게 생각하고 산에서 내려왔다.

동생 여승은 기쁜 마음으로 큰스님에게 합장을 하면서 맞아들이고 오늘까지의 상태를 눈물로 이야기했다.

"이렇게 오래도록 드러누워 있는 사람이면 어딘가 병자다운 흉물스러운 기색을 보이게 되는 법인데, 이 사람의 아름다움은 조금도 변함이 없어요. 전혀 수척한 기색이 없고, 깔끔하고 깨끗하다는 말입니다. 그런 사람인 만큼 겉으로는 위독해 보이면서도 아직은 살아 있는가 봅니다."

여승은 여자를 간절히 아끼는 마음에 울상이 되어 말했다.

"그래, 처음 볼 때부터 보기 드문 미모를 가진 사람이었지. 어디 보자."

큰스님은 여자를 들여다보면서 말했다.

"참으로 뛰어난 미인이야. 전생의 공덕으로 이 같은 아름다움을 갖추고 태어난 것일 텐데, 어떤 거스를 수 없는 숙명으로 이런 꼴을 당하게 되었을까. 무슨 짐작이라도 할 만한 소문을 들은 적이 없느냐?"

"전혀 들은 바 없습니다. 굳이 밝힐 필요는 없다고 생각해요. 하쓰세 관세음보살님이 저에게 내려주신 사람인걸요."

"인연이 있어 주셨겠지. 인연이 없다면 이렇게 만날 수도 없지 않았겠나."

큰스님은 이 수수께끼 여인을 위해 가지기도를 올리기 시작했다.

여승은 궁중에서의 부르심마저 사퇴하고 산에 틀어박혀 있는 큰스님이 누군지도 모르는 여자를 위해 기도하고 있다는 소문이 퍼지면 퍽 곤란한 일이라 생각하였다. 큰스님의 제자들도 이 일에 대해 남들이 알지 못하게 조심했다. 그러나 큰스님은 그런 제자들에게 이렇게 말했다.

"조용히들 하게. 나는 어리석고 뻔뻔한 중이라 부처님 계율을 나도 모르게 깨뜨린 적도 많았겠지만, 여자에 대해서만큼은 아직 남들로부터 지탄받을 만한 과실을 저지른 적이 없었다. 나이 육십이 넘어 세인들에게 여색을 탐한다 비난을 받는다면, 이는 어쩔 수 없는 숙명이 아니겠는가."

제자들이 말했다.

"남을 헐뜯기 좋아하는 사람들이 이 수법을 잘못 해석해서 나쁜 소문을 퍼뜨리면, 불법에 흠이 될 것입니다."

제자들은 달갑게 여기지 않았다.

'수법을 하는 동안 효험이 없다면 나는 두 번 다시 가지기도를 올리지 않으리라.'

"나는 이런 곳에 불려나와 굴복당할 자가 아니다. 살아생전 성실히 부처님을 모신 법사였는데, 이승에 미련을 모두 버리지 못하여 성불하지 못한 채 떠돌다가 아름다운 여자들이 있는 곳에 살게 되었다. 그 가운데 한 여자를 죽게 했다. 하지만 이 여자는 세상을 원망하고 부디 죽고 싶다고 밤낮으로 말하기에, 어두운 밤 혼자 있는 여자 몸에 들어갔다. 그렇지만 하쓰세 관세음이 이 사람을 지키고 있으니, 마침내 큰스님의 법력에 지고 말았다. 이제 그만 물러가겠다."

"그런 말을 하는 너는 누구냐?"

큰스님이 이렇게 물었으나, 요괴가 옮겨 붙은 자는 기력이 다하였는지 더는 말하지 못했다.

이때 여자는 의식이 조금씩 되살아났다. 의식이 약간 분명해지면서 주위를 살펴보니 눈에 익은 얼굴은 한 사람도 없고 늙은 스님에 여승들뿐이라서 낯선 나라로 온 듯 몹시 슬퍼했다. 옛 기억을 되찾으려 하지만 어디에 살고 있었는지도, 자기가 무슨 이름을 가진 사람이었던가조차 기억할 수 없었다.

'강물에 몸을 던질 각오를 하고 나섰는데, 대체 어디에 와 있는 것일까.'

그러면서 억지로 과거를 떠올려 보려 애를 썼다.

'그래, 한탄하고 슬퍼한 나머지 사람들이 잠든 다음에 쌍바라지를 열고 밖으로 나갔어. 바람이 심하고 강물 소리도 거세었는데, 툇마루 끝에 혼자 있는 게 무서워 앞뒤 생각도 없이 발을 내디뎠는데, 어느 쪽으로 가야 할지조차 알수 없었지. 다시 집 안으로 돌아갈 수도 없어서 마음을 다잡고 목숨을 끊고자 결심했지. 남에게 들켜 창피를 당하기보다는 도깨비건 무엇이건 나를 잡아

먹고 죽여달라고 중얼거렸는데, 그때 정말 아름다운 사내가 나타나 내 곁으로 다가오더니 "자, 이리 와요. 나에게로" 하면서 안아주었어. 나는 그분이 친왕이 구나 망연히 생각하고는 의식을 잃었고, 그 사내는 나를 어느 낯선 곳에 내려 놓고 사라졌어. 나는 강에 몸을 던지지도 못하고 울고 있구나 싶었는데, 그 다음부터 일은 아무것도 기억에 없다. 여기 사람들 말을 들으니 그로부터 여러 날이 지난 듯하다. 내가 사람들 앞에서 얼마나 많은 추태를 드러냈고, 또 얼마나 많은 폐를 끼쳤을까.'

이렇게 생각하니 여자는 몹시 부끄러웠고, 또 어찌하여 살아남았는가 싶어 분하고 슬펐다. 그러기에 실신상태였던 때는 무의식적으로 음식을 입에 댔으나, 정신이 돌아온 지금은 오히려 따뜻한 물 한 모금 마시려 들지 않았다.

"왜 그렇게 미덥지 못한 태도를 보입니까. 이제는 열도 내리고, 병고는 거의 물러간 듯해 이토록 기뻐하고 있는데."

여승은 마음을 졸이며 여자 곁에서 떠나지 않고 시중 들었다. 다른 시녀들 도 아까운 미모를 가진 그녀의 회복을 빌어 진심으로 간병하였다.

그런데 정작 여자는 마음속으로 어떻게 해서라도 죽으려고 했다. 그러나 사경을 헤매는 중태도 견뎌낼 만큼 생명력이 강했기에 마침내 고개를 치켜들고 식사도 하게 되었다. 그러자 점차 부기도 빠져 나가고 하루가 다르게 상태가 좋아졌다. 여승은 하루 빨리 여인이 건강해지기를 기쁜 마음으로 기다렸다. 그런데 우키후네가 이렇게 입을 뗐다.

"출가하게 해주세요. 그렇지 않고서는 살아갈 수가 없어요."

"정말 애처롭습니다. 그대를 어찌 여승으로 만든답니까."

여승은 큰스님에게 부탁하여 우키후네의 정수리 머리만 약간 자르고 오계 만을 받게 했다. 우키후네는 그것만으로 안심할 수는 없었지만, 굳이 출가시켜 달라고 하지는 않았다.

"이젠 걱정할 것 없어요. 출가에 대해선 이 정도로 해두고, 부처님께 쾌유를 비는 게 좋을 거요."

큰스님은 이런 말을 남기고 요카와 산사로 돌아갔다.

여승은 하쓰세에서 꿈 속 계시를 받은 사람을 돌보게 되었다고 무척 기뻐하여 일부러 우키후네를 일으켜 손수 머리를 빗겨 주었다.

오랜 병중이라 손질 한 번 못했지만 빗길수록 머릿결이 반짝거리고 윤기가 흐르니 더욱 아름답게 보였다. '백 세에 한 살 모자라는 호호백발'이랄 늙은 사람들 사이로 눈부시게 아름다운 선녀가 내려온 듯 보이니, 또한 흔적도 없이 하늘로 올라가는 것은 아닐까 걱정스럽기도 했다.

"어찌하여 늘 우울한가요. 내가 그대를 얼마나 소중하게 생각하는지 모를 지경인데 뭐든 숨기려고만 하는군요. 어디의 어느 댁 분이며, 어째서 우지 같은 곳에 계셨는지요."

여승이 간곡히 물으니, 우키후네는 부끄러워 이렇게 둘러댔다.

"오래 앓아 의식을 잃은 동안 모두 다 잊어버린 걸까요. 어떻게 어디에서 무얼 하며 살았는지 전혀 기억하지 못하겠군요. 다만 희미하게 떠오르는 기억이 있다면, 살고 싶지 않았다는 것뿐입니다. 저녁때 툇마루에 서서 그 생각만 하고 있었는데, 그때 가까이 있던 큰 나무 뒤에서 웬 사람이 나와 저를 데리고 갔던 것 같아요. 그 밖에는 내가 누구인지 전혀 생각나지 않습니다."

우키후네는 이렇게 변명했다.

"제가 아직 살아 있다는 사실을 아무에게도 알리고 싶지 않습니다. 그걸 남들이 안다면 매우 난감한 일입니다."

우키후네는 이렇게 말하며 울었다. 너무 캐묻는 것이 괴로운 듯했기에 여승은 더는 물으려 하지 않았다. '카구야 아가씨'를 대나무 속에서 발견해낸 옛이야기의 할아범보다도 더 귀한 발견을 했다는 생각이 들었고, 여인이 어느 틈에 사라져 버릴지도 모른다는 생각에 마음을 놓지 못했다. 이 암자 주인은 귀족이었다. 동생 여승은 상달부 고위직의 정부인이었으나 남편과 사별한 뒤로 하나밖에 없는 딸을 금지옥엽으로 키우다가 귀공자를 사위로 맞아 정성껏 뒤를 보살폈는데, 그 딸이 병을 얻어 덧없이 죽어 버렸다. 그것이 너무 슬픈 나머지 여승이 되어 이 산골로 옮겨 왔다.

잊을 수 없이 사무치게 그리운 딸을 떠올릴 만한 사람이 있었으면 하고 수심에 잠겨 한탄하던 차에, 뜻밖에 얼굴도 모습도 죽은 딸보다 빼어난 사람을 얻게 되었으니, 여승은 이것이 꿈인지 생시인지 신기해하면서도 기쁘게 생각하였다.

이 여승은 나이는 들었으나 예쁘고 점잖으며 몸가짐과 사람 됨됨이에서 기품이 느껴졌다.

이곳은 우지 산장보다는 물소리도 조용하고 정다웠다. 그리고 무엇보다 이 암자는 집 모양새도 그윽한 멋이 있고 앞뜰에 있는 관목이며 화초 따위도 솜씨 있게 가꾸어져 있었다.

가을이 되자 더 높아진 하늘도 사람 마음을 울리는 듯하고, 집 앞 논밭은 추수 때를 맞아 시골스러운 제례가 벌어지니 젊은 여자들이 농가를 부르면서 흥을 돋우었다.

새 쫓는 딸랑이 소리도 흥취를 돋우니, 우키후네는 상륙에서 살던 가을이 떠오르곤 했다.

이곳은 같은 오노이긴 하지만, 유기리 대신의 부인 온나니노미야의 생모 일조궁 미야스도코로 부인이 살았던 오노 산장보다도 더 깊숙한 산기슭에 있는 동네였다. 소나무가 많아 바람소리조차 스산했다. 우키후네는 근행에 정진하면서 조용히 지냈다.

동생 여승은 달 밝은 밤 같은 때면 거문고를 탔다. 소장보살이라는 여승은 거문고에 맞추어 비파를 연주하였다.

"심심할 테니 음악놀이나 함께 하세요."

우키후네는 이렇게 생각했다.

'나는 불운한 처지에 있었기에 한가롭게 악기를 다룰 마음의 여유를 갖지 못했다. 그러다보니 이런 풍류스러운 취미도 소양도 갖추지 못했구나.'

이렇게 나이 많은 사람들조차 기악을 즐기는 모습을 보면서, 우키후네는 지난날 자신의 불행을 떠올렸다.

'이 얼마나 한심하여 쓸모 없는 인간인가.'

아무리 생각해도 자신이 한심하여 글씨 연습하듯 노래를 지었다.

눈물로 덮인 강물 물살 거센 강물을
누구라 막아놓고 이 목숨 건졌던고.

우키후네는 자신의 뜻과 다르게 살아난 사실이 괴롭고 앞날도 불안하여 자기 신세가 한스러울 뿐이었다.

달 밝은 밤마다 늙은 여승들은 풍류 있는 노래를 부르기도 하고, 옛 추억 이야기를 들려주었으나, 그 속에 끼어들 수 없는 우키후네는 다만 깊은 상념에 젖어 노래를 지었다.

도읍은 달 밝은데 뉘라서 생각하리
뜬세상 돌고 돌며 이 몸이 사는 줄을

　자살을 결심했을 적엔 만나보고 싶은 사람도 많았지만, 이제는 어머니 말고
는 그리 생각나지도 않는다.
　'어머니는 얼마나 놀라고 슬퍼하셨을까. 유모는 어떻게 해서든 내게 남 못지
않은 행복을 안겨다 주려고 애쓰고 있었는데, 그런 일을 당하고 얼마나 낙심
했을까. 내가 아직 살아 있다는 사실을 알 리 없을 테지. 마음 맞는 시림은 없
었지만 그나마 털어놓고 지냈던 우근은 어찌되었을까.'
　젊은 여자가 이런 산골 집에서 세상을 등지고 살기는 어려운 일이다. 이곳에
는 나이 든 여승 7, 8명이 살고 있을 뿐이다. 때때로 궁이나 도읍에 사는 여승
들 자손이나 친분 있는 사람들이 찾아오곤 했다. 이런 사람들이 오면 우키후
네는 결코 모습을 드러내지 않았다.
　'이 사람들 가운데 누군가 나를 알아보고, 나를 아는 이들에게 내가 살아 있
음을 넌지시 알리기라도 하면 얼마나 수치스러운 일인가. 그 사람들은 내가
얼마나 한심한 몰골로 떠돌고 있을까 제멋대로 상상들 하겠지.'
　여승은 시종이라 불리는 시녀와 고모키라는 사동으로 하여금 우키후네 시
중을 들게 하였으나, 이들 수준은 지난날 우키후네를 모셨던 사람들과는 비교
가 안 되었다. 그렇지만 우키후네는 이곳은 별세계라 생각했기에 모든 것을 체
념하고 적응해 나갔다.
　여승의 옛 사위는 지금은 중장이었다. 이 사람의 아우인 선사(禪師)는 큰스
님의 제자로 요카와 산사에 있어, 그 형은 동생을 보러 곧잘 산사를 찾았다.
이곳은 요카와 가는 길에 있기에 중장은 가끔 오노 여승을 찾아뵙곤 했는데,
어느 날 중장이 이 암자에 들렀다.
　수행원들이 길을 열고 기품 있는 남성이 들어오는 모습을 암자 안에서 바
라보던 우키후네는, 언제나처럼 눈에 띄지 않도록 은밀하게 우지 산장을 찾던
가오루 대장의 모습을 눈앞에 떠올렸다.
　이곳도 우지처럼 한적한 곳이라 여승들은 소박하면서도 우아하게 지내고
있었다. 울타리에는 패랭이, 마타리, 도라지꽃이 막 피기 시작하였다. 그런 곳
에 색색의 평상복 차림 젊은 남자들을 거느리고 중장도 같은 옷차림으로 들어

섰다.

남향 사랑방으로 안내된 중장은 뜰을 둘러보고 있었다. 나이는 스물일고여덟 되어 보였으며, 사려 깊은 성품을 갖춘 듯했다.

여승은 옆방 미닫이께까지 와서 휘장을 치고 말을 주고받았다. 여승은 눈물을 흘리며 이렇게 말했다.

"세월이 흐르니, 지난 일들이 아주 먼 옛날 일처럼 느껴집니다. 그래도 그대를 이 산골의 빛으로 여기고 기다리는 이 늙은이가 한편으로는 신기하게 느껴집니다."

중장은 울적해하면서 대답했다.

"마음속에서는 지난 일들이 떠나지 않는군요. 속세를 떠나 살고 계시니 삼가느라 소식을 자주 못 드립니다. 울적할 때면 산사의 동생이 부러워 요카와 산사에는 자주 찾아가지만, 꼭 동행하고 싶다는 사람들이 많아서 가는 길에 들르기조차 쉽지 않습니다. 그러나 오늘은 모두 떨쳐 버리고 왔습니다."

"산속에서 지내는 것을 부러워한다니, 요즘 유행을 쫓는 사람같이 보이는군요. 잊지 않고 이렇게 찾아 주는 마음 씀씀이가 박정한 세상 물정에 물들지 않은 것이라고 늘 고맙게 생각합니다."

여승은 따라온 사람들에게 물에 만 밥을 내놓고 중장에게는 연꽃 열매를 대접했다. 마침 소나기가 쏟아지기 시작한지라 중장은 길을 나서지 못하고 여승과 더불어 여전히 정답게 이야기를 나누었다.

'잃어버린 딸보다, 정이 두텁던 이 사위가 마음에 들었는데 남으로 여겨야 하니 참으로 슬프다. 어째서 내게는 피붙이 하나 남기지 않고 홀연히 가버렸던가.'

여승은 이렇게 한탄하는 마음에서, 가끔 이렇게 중장을 맞이하는 일이 더없는 기쁨이었다. 그래서 반가운 마음에 이야기 하다가 하마터면 묻지도 않은 이야기까지 털어놓을 뻔했다.

우키후네는 나름대로 생각나는 것이 많았다. 상념에 젖어 뜰 앞을 물끄러미 바라보고 있는 그 모습이 참으로 아름다웠다. 아무 풍취도 없는 흰 홑옷에, 이곳 사람들이 모두 입고 있는 붉은색 바지 차림이었다.

'이런 옷까지 입게 되다니 예전과는 다르다. 그러고 보니 많이도 변했구나.'

뻣뻣한 것을 그대로 입고 있는 모습마저 이 사람에게서만은 아리따운 느낌을 준다.

"요즘은 돌아가신 아씨가 되살아온 느낌이 드는 데다가, 중장마저 와 있으니 그 시절로 돌아간 듯한 착각이 드네요. 할 수만 있다면 옛날대로 이 아씨하고 부부의 연을 맺게 했으면 좋겠군요. 참 잘 어울리는 부부가 될 텐데."

불현듯 우키후네의 귀에 이런 소리가 들려왔다.

'이 무슨 소린가. 결코 결혼 생각은 없다. 결혼하면 괴로운 옛일이 생각날 터. 옛일은 모두 잊을 것이야'

여승이 안으로 들어가 버린 뒤에, 중장은 좀처럼 그치지 않는 비를 물끄러미 바라보는 것도 지루하여 소장댁이라고 하던 어승의 목소리를 기억하고는 불러내더니 이렇게 말했다.

"옛날에 친했던 사람들이 아직 여기 계실까 생각해 보지만, 이 같은 방문도 점차 어려워지니 나를 매정한 사람으로 여길 테지요."

소장댁은 중장 가까이에서 섬기던 시녀였다. 중장은 예전 아내에 대한 추억 이야기를 나누다가 이런 말을 꺼냈다.

"내가 아까 복도를 잠깐 지나노라니까 바람이 몰아치면서 발이 요란하게 흔들렸는데, 그 틈새로 여염집 아낙네 같지 않은 사람 뒤로 드리운 길고 검은 머리가 보이더군. 여승들 암자에 누가 와 있는가 해서 놀랐습니다."

'아씨가 일어나서 옆방으로 가는 뒷모습을 본 게로구나. 언뜻 보아도 이런데 자세히 본다면 크게 마음이 끌릴 게다. 저분에 비한다면 옛 분은 훨씬 용모가 떨어지는데도 아직껏 잊지 못하고 있는데.'

소장댁은 속으로 이렇게 제멋대로 생각하고는 말하였다.

"마님이 돌아가신 따님 생각을 잊지 못하고 있던 참에 뜻밖에 어느 아씨를 맞아들이게 되어, 이제는 오로지 아침저녁으로 그 아씨를 보는 낙으로 사신 답니다. 그런데 어쩌다 그대의 눈에 띄었을까요."

중장은 이곳에 그런 재미있는 일이 있었던가하고 흥미를 느꼈다. 어떤 집안 딸일까, 막 소장댁이 넌지시 말한 것처럼 아씨는 아리따운 사람으로 어렴풋이 보았을 뿐이지만 오히려 깊은 인상을 받았다. 자세히 듣고 싶었지만, 소장댁은 사실을 그대로 말하지는 않고 다만 이렇게 말했다.

"언젠가는 알게 되겠지요."

질문을 끈질기게 하자니 부끄러운 일이라 중장은 수행원이 재촉하는 소리에 그만 일어났다.

"비가 그쳤습니다. 날이 저물 테니 서둘러야 합니다."

중장은 툇마루에서 조금 떨어진 곳에 피어 있는 마타리꽃을 꺾어 들고, '이런 곳에 어찌하여 마타리꽃이 피어 있는가' 읊조리며 떠났다.

"역시 남들이 무슨 말을 할까봐 두려워하는군요."

늙은 여승들은 노래의 다음 구절 '세상 소문도 시끄러우니'로 답했다. 여승이 말했다.

"날이 갈수록 훌륭해지는군. 할 수만 있다면 옛날 사위를 이곳 아씨의 배필로 맞고 싶군."

"중장은 후지와라 중납언 댁을 드나들고는 있으나, 그곳 아씨가 썩 마음에 들지 않는지 아버지 댁에만 머물고 있답니다."

여승은 이런 말을 시녀들에게 하고는 우키후네에게 말했다.

"그대는 아직도 나에게 마음을 주지 않고 있으니 참으로 안타깝군요. 이젠 모든 일을 숙명이라 체념하고 명랑한 마음을 가지도록 애써 주세요. 지난 5, 6년 세월 동안 나는 죽은 딸을 한시도 잊어버리지 못하고 슬퍼했는데, 그대를 곁에 두고부터는 신기하게도 슬픔이 싹 가셨어요. 그대를 사랑하던 분들이 이 세상에 있다 하더라도, 이젠 그대가 이 세상에 없으리라 생각할 겁니다. 이 세상에는 기쁨도 슬픔도 첫느낌 그대로 남지 않는 법이거든요."

여승의 말에 우키후네는 눈물이 글썽해지며 말했다.

"저는 별달리 숨기려는 생각은 없습니다. 얄궂게 되살아난 뒤부터는 모든 과거가 꿈처럼 모호합니다. 다른 세상에 태어난 사람이 이런 기분이 아닐까 생각하지요. 이 세상에서 저를 알 만한 사람이 있는지 모르겠습니다. 저는 스님을 친근하게 진심으로 의지하고 있습니다."

이렇게 말하는 우키후네가 앙증맞고 순진하게만 보여, 여승은 미소를 지으면서 물끄러미 바라보고 있었다.

요카와 산사에 다다른 중장을 큰스님도 반겨 맞아들이고 여러 가지 세상일에 대해 묻기도 한다.

그날 밤은 그곳에서 머물면서 스님들에게 독경을 시키고 밤새도록 관현놀이를 했다.

아우인 선사와 이야기를 하다가 중장은 이런 말을 꺼냈다.

"오노에 들러왔는데 역시 들르길 잘했어. 장모님처럼 출가를 하고도 저토록 우아하게 취미를 즐기며 사시는 분은 아마 드물 게야."

그러고는 말을 이었다.

"바람에 발이 흔들리면서 틈새로 머리칼이 긴 아름다운 여인을 보았네. 문득 정신을 차린 듯 자리를 떴는데, 뒷모습이 평범한 사람 같지가 않았어. 여승들밖에 없는 암자에 젊은 귀녀가 있다니 곤란하잖은가. 밤낮으로 보는 사람이라곤 여승들뿐이니, 그 생활에 익숙해져서 여성스러움을 잃어버릴 게야. 가엾지 뭔가."

"올 봄에 하쓰세에 참배하러 갔다가 묘한 인연으로 데려오게 된 사람이라고 들었습니다."

선사는 자기가 관여한 사건이 아니라 더 자세히는 말하지 못했다. 중장이 말했다.

"가엾은 사람이구나, 어떤 여자일까. 무슨 몹쓸 일을 당하고 그런 절간에 와서 몸을 숨기고 있을까. 옛 소설 속에라도 있을 법한 일이군."

다음 날 돌아가는 길에 중장은 오노 암자에 들렀다.

"그냥 지나칠 수가 없어서."

암자에서도 미리 예상을 하고 있어서 식사 준비도 돼 있었다. 죽은 딸이 살아 있을 때와 조금도 다름없는 대접이었다. 옛날대로 식사 시중을 드는 소장댁 여승의 소매끝 빛깔도 언제나보다 다르게 아름답게 느껴졌다.

여승은 지난날이 떠올라 눈물 어린 눈으로 중장을 바라보았다. 중장이 무슨 이야기 끝에 불쑥 이렇게 물었다.

"사람의 눈을 피해 이곳에 와 있는 젊은 분은 대체 누구인가요?"

여승은 일이 귀찮아질 것 같았지만, 벌써 엿보아 알고 있는 사람에게 숨기는 건 좋지 못하다 생각하고 조심스레 말했다.

"죽은 딸을 너무나 마음속에 간직하고 있는 건 죄업을 짓는 일이라 생각되어, 위안이나 삼으려고 보살펴 주고 있는 사람입니다. 무슨 까닭에선지 침울한 기색만 하고 있는데, 자기 존재가 남에게 알려지는 걸 무척 꺼려합니다. 설마 이런 골짜기까지 누가 찾아오겠나 싶었는데, 그대는 어떻게 그 사람에 대해 들으셨는지요."

"그 사람이 궁금하여 왔다 하더라도, 먼 길도 멀다 않고 찾아왔다는 불평쯤

글씨쓰기 1543

은 말씀드릴 수 있겠지요. 더구나 그 사람을 죽은 아내 대신이라 여긴다면 내게 관계없는 일이라고 할 수도 없는데, 그렇듯 숨기시다니 뜻밖입니다. 어떤 이유로 인생을 비관하고 있는가요. 위로해 드리고 싶습니다."

중장은 호기심을 감출 수 없다는 듯이 말했다. 그 집에서 나설 때 중장은 종이에 몇 자 적어 소장댁을 시켜 우키후네에게 전하게 했다.

덧없는 세상 바람, 흔들리지 마라 마타리꽃아
비록 멀리 떨어져 있지만 금줄치고 지키리니.

여승이 곁에서 권했다.
"답장을 쓰세요. 중장은 고상한 분이라 답장해도 문제가 없을 게요."
"글씨가 서투른데 어떻게 쓰겠습니까."
우키후네가 거절하듯 말하자, 기다리는 사람에게 실례가 된다면서 여승이 대신 이렇게 썼다.
'말씀드린 대로 이 여인은 세상을 등진 듯 여느 사람과 다르게 살고 있습니다.'
마타리처럼 가련한 사람을 속세를 버린 암자에
거두어 들이기는 했으나 마음만은 열지 않으니.

중장은 첫 편지이니 그럴 수도 있다 생각하고 이만 돌아갔다.
중장은 편지를 보내고 싶었으나 새삼스레 유치한 것 같기도 해서 그러지도 못하고, 그저 어렴풋이 본 모습을 잊을 수 없어서 번민하고 있었다. 무엇 때문에 세상을 등지고 사는지 몰라도 가엾기 짝이 없었다.
그해 8월 10일이 지나 다시 매사냥을 하고 돌아오는 길에 오노 암자에 들러 소장댁을 불러내 말을 전하게 했다.
"그대의 모습을 본 뒤로 그리워 애타는 마음에 정신이 어지러워 아무 일도 손에 잡히지 않습니다."
우키후네가 대답할 리가 없기에 여승이 발 안에서 말했다.
"누군가 맹세를 주고받은 사람이 있는 듯합니다."
"무슨 번뇌를 간직한 분이라 들었습니다. 그분 이야기를 숨김없이 듣고 싶습니다. 저 또한 세상 일이 덧없어 차라리 출가하고 싶은 마음 간절한데 부모님이 허락하실 것 같지 않아 세월만 보내고 있습니다. 이런 성격 때문인지 걱정거리 없이 행복하게 자란 사람과는 마음이 맞지 않습니다. 무슨 사연으로 번뇌하는지 그 사람에게 내 마음을 다 털어놓고, 또 듣고 싶습니다."

중장은 우키후네에게 마음을 뺏긴 듯 말하였다.

"불행에 대해 말한다면 이야기 상대로는 알맞겠지요. 그러나 남들처럼 결혼할 생각은 없다고 결심한 듯합니다. 한탄스러울 정도로 세상을 원망하고 있습니다. 나처럼 여생이 얼마 남지 않은 사람도 출가하려면 불안한 법인데, 아직 앞날이 창창한 젊은이가 출가 생각을 하다니 걱정스럽군요."

여승은 어버이 같은 심정으로 중장에게 이렇게 말하고는 안으로 들어가 우키후네를 달랬다.

"너무 냉담하군요. 한 마디라도 답변해 드리도록 해요. 이런 산골 생활을 하는 우리들로선, 사소한 만남이라도 정감을 주고받는 게 마땅하답니다."

우키후네는 여전히 완강했다.

"무슨 말을 해야 하는지 그 방법조차 알지 못합니다. 저는 아무것도 할 수 없는 쓸모없는 사람입니다."

우키후네는 그대로 드러누워 버렸다.

"대답은 어찌되었는지요. 정말 푸대접을 하는군요. '가을이 되면'이라 약속한 것은 저를 속이려는 것이었습니까?"

중장은 저쪽에서 여승을 원망하는 말을 하고, 이렇게 읊조렸다.

방울벌레 울어대는 억새밭 기다린다 하여 왔는데
그대 박정함은 변함없으니 나는 괴로워 어찌할 줄 모르네.

"참으로 딱하군요. 한 마디라도."

여승이 이렇게 채근했으나, 우키후네는 그런 연애 장난은 하고 싶지 않으며, 한 번 답을 하면 앞으로도 이어질 텐데 그럴 때마다 상대하라 다그칠 테니 더욱 귀찮은 생각이 들어 대답조차 하지 않았다. 다른 여승들은 맥이 탁 풀렸다. 그런데 이 여승은 젊은 시절 재원이었던가 보다.

가을 들판 이슬에 함초롬히 젖은 옷
덩굴풀 우거진 암자 이슬이라 탓하지는 마오.

"이런 일로 난처해하고 있습니다."

여승이 이렇게 하는 말을 들으면서, 우키후네는 이런 일로 자신이 아직도 이 세상에 살아 있다는 사실이 사람들에게 알려지기 시작한 것을 괴로워했다. 우키후네의 이런 심정도 모르고 다른 여승들은 중장을 죽은 아씨의 사위로 여전히 따르니, 이렇게 말했다.

"깊은 뜻에서 그런 게 아니고 그저 잠깐 들르신 분이니 아씨의 마음을 상하게 하거나 걱정을 끼칠 분이 아닙니다. 세상에 흔한 남녀관계라 여기지 말고 호의를 가진 만큼 답변해 드리도록 하세요."

우키후네는 속세를 버렸다는 여승들이 엄숙함에 어울리지 않게 서툰 솜씨로나마 발랄하고 화려한 노래를 불러대는 게 왠지 불안했다.

'이 무슨 한심한 신세인가. 스스로 버리기를 서슴지 않았던 목숨마저 아직 살아남아 있으니, 앞으로 또 어떤 비참한 꼴을 보일 것인가. 아주 죽은 사람으로 누구에게나 잊힌 채 사라져 버렸으면 좋겠다.'

우키후네는 이렇게 자책하면서 누워 있었다.

중장은 달리 또 근심스러운 일이 있는지 몹시 탄식을 하고는 피리를 꺼내 불었다. 그러면서 노래를 읊조리는 모습이 퍽 우아한 남성으로 보였다.

"여기로 오기만 하면 죽은 아내 생각에 마음이 아픈데, 또 새로이 나를 불쌍히 여겨줄 만한 분은 냉담하기 짝이 없으니, 세상 번거로움이 없는 산속 같지 않군요."

중장은 이렇게 원망스러운 듯이 말하고 돌아가려 하였다.

그러자 여승이 무릎걸음으로 나와 말했다.

"모처럼 달 밝은 밤인데 그냥 돌아가시렵니까?"

"냉담한 사람이라는 걸 알았으니."

중장은 포기한 듯 이렇게 말했다. 여자에게 무턱대고 다가가려는 남자로 보이는 것도 좋지 않은 일이다. 얼핏 본 것만으로 공허한 마음을 달래려 애써 찾아왔건만, 방 깊숙이 들어앉아 상대도 해 주지 않으니 쌀쌀맞은 여자의 태도가 산골 정취에 어울리지 않아 흥이 깨져 이만 돌아가려는 것이었다. 여승은 중장의 피리 소리가 아쉬워 서투른 노래를 읊조렸다.

  산마루 가까운 곳 이 암자에 오셔서
  휘영청 밝은 달을 임과 함께 볼거나

"아씨가 이렇게 말했습니다."
  여승은 거짓으로 이렇게 둘러댔다. 중장은 기대감에 부풀어 곧바로 답가를 읊었다.

  저 달이 산마루에 기울 때까지 볼거나
  잠깐 기다려 무슨 보람이나 있는지

  이때 큰스님의 어머니인 큰여승이 아까 중장이 불었던 피리 소리를 듣고 마음이 이끌려 밖으로 나왔다.
  말하는 사이사이 기침이 쉴 새 없이 나와 떨리는 목소리로 이야기하는 이 노인은 생각과는 달리 옛 일을 길게 늘어놓지는 않았다. 더욱이 중장이 누구인지도 알아보지도 못하는 듯했다.
  "자네는 거문고를 타게. 피리는 달밤에 어울리지. 거문고를 가져오너라."
  큰여승은 딸에게 이렇게 말하였다. 아까부터 큰여승 같다고 중장은 짐작하고 있었지만, 이 암자에 이런 늙은이가 아직도 살아 있을까 하고는, 죽음은 나이와 무관하다 생각되어 슬퍼졌다. 중장은 반섭조의 가락을 재치 있게 불기 시작했다.
  "자, 어서."
  큰여승은 딸에게 재촉했다. 누구 못지않게 풍류를 좋아하는 여승은 거문고를 연주하면서 이렇게 말했다.
  "그대가 부는 피리 소리는 예전보다 훨씬 교묘해진 듯 들리니, 평소에 산바람 소리만 귀에 익은 때문인지도 모르겠군요. 내 거문고 소리는 옛날 같지 않을 텐데."
  요즘 사람들은 거문고를 별로 좋아하지 않아 그것을 타는 사람이 적어진 탓인지 오히려 정취가 그윽했다. 솔바람도 선선히 불어와 잔잔하게 반주를 하고, 달빛도 피리 소리를 북돋우듯 비치고 있었으므로 큰여승은 감동하여 졸지도 않았다.

"예전에는 이 늙은이도 화금을 제법 잘 탔지만 이제는 타는 법이 달라져 있을지도 모르겠군. 아들 승도로부터 듣기 몹시 거북하니 염불 말고는 모두 하지 말라는 핀잔을 들었지. 그런 소릴 듣고 연주를 할까 보냐 싶어 그만둔 거야. 참, 내가 아주 소리가 좋은 육현금을 가지고 있는데."

큰여승은 이렇게 말하며 육현금을 타고 싶어 하는 눈치인지라 중장은 웃으며 공치사를 했다.

"큰스님은 어째서 말리시는 것일까요. 극락이라는 곳에서는 보살들도 모두 악기를 연주하고, 천인들도 춤을 추고 노닐고 있으니, 극락이 아닌지요. 부처님을 모시는 데 방해가 되는 일도 아니니 오늘 밤엔 꼭 듣고 싶습니다."

중장이 이렇게 놀리는 기분으로 한 말에, 큰여승은 만족해서 기침을 섞어가며 말했다.

"그럼 큰방 시동들아, 육현금을 가져오너라."

이 짧은 말 사이에도 기침이 쉴 새 없이 나왔다. 다른 여승들은 흉한 꼴이 되리라 생각하고 큰스님까지 들먹이며 중장에게 부추기지 말도록 했지만, 큰여승을 동정하여 마음대로 하게 했다.

악기를 내오자 큰여승은 피리 소리가 무엇을 연주하고 있었는지도 생각해보지 않고, 그저 자기만 흥이 올라 손톱을 튕기는 소리조차도 상쾌하게 육현금을 타기 시작했다. 피리도 거문고도 소리가 멈추니 큰여승은 오로지 자신의 화금 소리에 감동한 것이라 여기고, 사이바라의 〈길의 초입〉을 빠르고 경쾌하게 연주하였다. 연주하면서 수다스러운 말을 곁들이는 것도 예스런 솜씨였다.

"재미있군요. 요즘엔 좀처럼 들을 수 없는 연주곡입니다."

이런 말로 중장이 칭찬하는 것을 귀가 어두운 큰여승은 옆 사람에게 되든고는 엉뚱한 말을 했다.

"요즘 젊은 여자들은 육현금을 좋아하지 않는 것 같아. 이 암자에 몇 달 전부터 와 있는 아씨도 용모만 아름답지 이런 놀이는 전혀 않고 틀어박혀만 있더군."

큰여승의 이 말에 딸 여승은 조마조마하여 당황스러울 따름이었다.

마침내 이 말에 모두 흥이 깨져, 중장은 그대로 돌아갔다. 중장이 돌아가며 부는 피리 소리가 산에서 불어오는 바람을 타고 아름답게 들려와, 여승들은 뜬눈으로 밤을 새웠다.

이튿날 중장으로부터 편지가 도착했다.

"어젯밤에는 옛날과 오늘날의 서글픔에 마음이 어지러워 번번이 인사도 제대로 하지 못하고 돌아왔습니다. 그분에게 내 마음을 헤아릴 수 있도록 전해주세요. 이 그리움을 견딜 수 있었다면 이런 부탁을 하겠는지요."

옛 아내는 이제껏 잊히지 않는데
아씨의 냉담한 처사에 소리내어 울었으니.

여승은 그치기 어려울 만큼 눈물을 흘린 뒤에 겨우 답장을 썼다.

피리 소리 듣고 죽은 딸 생각나 더욱 슬프니
그대 돌아가실 때 내 소맷자락 젖었다네.

"아씨가 냉담하다는 것은, 그때 노모가 제멋대로 한 말로도 충분히 짐작하겠지요."

새로울 것 없는 내용이라 맥이 풀린 중장은 편지를 읽고 그대로 내버려두었다.

억새잎 흔드는 가을바람만큼이나 자주 중장으로부터 편지가 오니 난처한 일이 아닐 수 없다.

'번거롭구나. 남자들은 어쩌자고 이렇게 고집을 부리는가.'

옛날의 괴로운 경험들이 요즈음 와서야 가까스로 생각나게 된 우키후네였다.

"저 사람이 나에 대한 집념을 포기할 수 있도록 나를 어서 여승으로 출가시켜 주세요."

우키후네는 경을 배워 읽고 부처님에게 빌고 또 빌었다.

이렇듯 우키후네가 남녀관계에는 전혀 관심을 보이지 않고 늘 우울하니 여승은 이렇게 생각했다.

'태생이 소심하고 우울한 성품인가 보다.'

그러나 보기만 해도 위로가 되는 아름다운 자태이니, 다른 결점을 너그러이 보아 넘기며, 우키후네가 생긋 웃기라도 하면 진심으로 즐거워지는 여승이었다.

9월이 되어 여승은 하쓰세 참배길에 올랐다. 의지할 데가 없어 쓸쓸하기만 했던 그녀는 죽은 딸을 잊지 못하고 언제나 그리워했는데, 이렇듯 남처럼 여겨지지 않는 사람을 얻었으니, 이는 오로지 관세음보살 덕분이라 믿고 참배길에 오른 것이었다.

"함께 가세요. 아무에게도 알리지 않을 것입니다. 같은 부처님이지만 존엄한 절간에 들어가서 기원하면 관세음보살의 영험이 너욱 큰 법이니, 그런 경하로운 예가 많습니다."

이렇게 여승이 권하자 우키후네는 자신의 신세를 한탄하였다. 그 먼 길을 여행하다. 무슨 일이 벌어질지 몰라 두려움이 밀려왔다.

'예전에 어머니도 유모도 같은 소리를 하며 번번이 참배하게 했지만 자신에겐 아무런 보람도 없었고, 목숨조차 제 뜻대로 하지 못하여 차마 말할 수 없는 슬픈 몸이 되지 않았는가. 게다가 알지 못하는 사람들을 따라 저 산길을 또 다시 가야하다니⋯⋯'

우키후네는 무서운 생각마저 들어 고집스럽게 말하지는 않고 부드럽게 말했다.

"그 같은 먼 길을 갔다간, 무슨 일이 생기지 않을까 걱정됩니다."

'귀신에 홀린 경험이 있으니 겁을 먹을 만하다.'

이렇게 생각한 여승은 더는 강요하지 않았다.

덧없이 살아 있는 이 몸이니 옛 터전 슬픈 곳에
두 그루 한 뿌리인 삼나무가 있는 하쓰세 강가를 내 어이 찾아가리.

우키후네가 글씨 쓰기를 하다 버린 종이를 발견한 여승이 농담 삼아 말했다.

"'두 그루 한 뿌리인 삼나무'라고 쓴 걸 보면, 다시 한 번 만나고 싶은 분이 있나 보군요."

우키후네는 정곡을 찔린 듯 가슴이 철렁하니, 그만 낯을 붉히는 모습도 애

교가 있어서 귀여웠다.

하쓰세 삼나무 그 내력은 몰라도
가버린 옛사랑처럼 그대를 아끼리.

여승은 평범한 노래로 답했다.

눈에 띄지 않게 가기로 했으나 다른 여승들도 모두 가고 싶어 했다. 여승은 사람이 얼마 남지 않을 빈 집에 아씨를 두고 가기가 걱정되어 똑똑한 소장 여승과 좌위문이라는 나이 많은 시녀, 그리고 시동만을 남겨놓고 떠났다.

모두가 길을 떠나는 그림자를 우키후네는 언제까지나 바라보고 있었다. 옛날과는 다른 황량한 생활이라고 하지만, 지금의 자기에게는 여승만이 의지할 분이라 여겨졌다. 그런 유일한 사람이 떠나고 없으니 다시금 불안하고 따분해하고 있는데, 중장에게서 편지가 왔다.

"읽어 보시지요."

그러나 우키후네는 소장댁 말을 들은 체도 하지 않았다. 그러고는 여느 때보다 더 쓸쓸해진 집의 뜰을 물끄러미 바라보면서 옛 추억에 잠기더니 곧 앞일을 생각하고는 탄식만 할 뿐이었다.

"보기 안타까울 정도로 울적해 하는군요. 바둑이라도 두세요."

소장이 권하자 우키후네가 말했다.

"바둑에 재주가 없어서 부끄러워요."

말은 이렇게 했으나, 싫지 않은 듯하여 소장은 바둑판을 가지고 오게 했다. 소장은 자신이 있는 듯 우키후네에게 먼저 돌을 놓으라 했으나, 우키후네의 실력이 생각보다 만만치 않아 지고 말았다. 그래서 이번엔 순서를 바꾸기로 했다.

"여승님이 빨리 돌아오셨으면 좋겠어요. 아씨가 바둑을 잘 두는 걸 보여드리고 싶군요. 그분은 무척 잘 두신답니다. 그 오라버니 되는 큰스님은 젊어서부터 바둑을 퍽 좋아해서 자기 솜씨를 대단하게 여겼는지 바둑의 명인인 기성이라도 된 줄 알고 여승에게 도전하였다가 두 번이나 진 일이 있지요. 아씨 바둑 실력도 그 기성 못지않네요. 대단합니다."

소장은 이렇게 감탄했다. 그러나 우키후네는 이마가 벗겨진 늙은 여승이 바둑놀이에 즐거워하는 모습을 보자 '괜한 것에 손을 대었다' 생각하고 몸이 불편하다면서 누워 버렸다. 소장이 말했다.

"가끔은 기분전환을 하세요. 청춘이 아깝지 않은가요. 그렇게 우울하게만 있으니 정말 옥에 티가 있는 것처럼 안타깝군요."

저녁 바람 소리도 슬프게 젖어드는 듯하니, 우키후네는 이런저런 상념에 젖어 한 수 읊었다.

가을 달 밝다 하여 새삼 느낄까.
시름에 잠긴 소맷자락 눈물만 얼룩지네.

휘영청 달이 떠올라 아름다운 밤, 낮에 편지를 보내왔던 중장이 갑자기 나타났다.

'아니, 이렇게 불쑥 찾아오다니, 어찌된 일인가?'

우키후네는 불쾌하기 짝이 없어 방 안쪽으로 들어가 버렸다. 소장이 말했다.

"그건 너무 하신 처사입니다. 저분이 늦은 밤에 찾아온 것을 보면, 그 마음이 짐작 됩니다. 이런 때 중장 말을 조금이나마 들어 주세요. 그런다고 어떻게 되지 않잖아요."

소장이 이런 말을 하자, '소장이 이리로 안내한 것이 아닌가' 의심이 들어 불안해졌다. '아씨는 없다' 중장에게 전했지만, 중장은 낮에 온 사자에게서 암자에 아씨 혼자 있다는 말을 듣고 온 모양이었다. 중장은 오래도록 불만을 늘어놓았다.

"굳이 목소리를 들려 달라 하지 않겠습니다. 다만 가까운 데서 내가 하는 이야기를 들어 주시고, 저에 대해서 천천히 생각해 주시기 바랍니다."

이런저런 말로 아무리 설득해도 대답이 없자 짜증이 난 중장은 아씨를 비난하기 시작했다.

"참으로 매정합니다. 이런 적막한 산골에 사는 사람은 다른 사람보다 정취도 깊이 느낄 텐데, 해도 너무 합니다."

산골 가을밤 깊어가니 슬픔도 깊어지네.
시름 있는 사람만이 이 시름 알아주네.

"쓸쓸한 마음을 아시니 제 마음도 동정 해주실 만한데요."

소장은 이런 편지를 우키후네에게 전하고 나서 말했다.

"여승님이 계시지 않으니 대신 답가를 써 드릴 수도 없습니다. 이대로 있으면 철모르는 여자로 여길 겁니다."

자기 자신도 잘 모르는데
다른 사람 마음을 어찌 알까요

우키후네가 대답이 아니라 이렇게 중얼거린 말을 듣고 소장이 그대로 전하니, 중장은 기뻐했다.

"조금만 가까이 나와 주십시오."

중장은 소장에게 이렇게 졸라대며 투덜거렸다.

"아씨는 이해가 안 되게 냉담한 분입니다."

소장이 이렇게 말하고 방 안으로 들어가 보니 우키후네는 이미 그 자리에 없었다. 그녀는 평소에 한 번도 들어가 본 적 없는 큰여승 방에 들어가선 숨어 있었다.

소장은 한심스레 생각하고 돌아와서 중장에게 본 그대로 말했다.

"이런 산골에서 시름에 잠겨 지내는 아씨가 가엾고 정이 없는 분은 아니라 생각되는데, 정취를 모르는 사람보다 더 매정하게 나를 대하니 너무합니다. 크게 실연당한 적이라도 있습니까. 무슨 사연이 있어 이렇게 세상을 원망하고 숨어 지내는지요."

어찌된 일인지 알고 싶어 하는 중장이었으나, 소장도 자세한 사정을 털어놓을 리 없다.

"본디 보살펴드려야 하는 분이었는데, 오랜 세월 소원하게 지내다가 하쓰세 참배길에서 우연히 만나 함께 왔습니다."

소장은 이렇게만 말했다.

우키후네는 언제나 이야기만 듣고 불길하게 여겼던 할머니 옆에서 엎드린 채 잠을 자지도 못했다. 저녁잠이 많은 할머니 코 고는 소리가 요란했으며, 그 앞쪽에도 할머니와 나이가 비슷한 두 여승이 서로 질세라 코를 시끄럽게 골고 있었다.

우키후네는 이 늙은 여승들이 끔찍하게 무서워져 이 사람들에게 잡아먹히는 게 아닐까 생각했다. 죽는다고 아까운 목숨은 아니지만, 죽으러 간 사람이 외나무다리가 약해서 무서워 되돌아왔다는 이야기처럼 불안에 떨고 있었다.

시녀 고모키를 데리고 이 방에 숨었지만, 고모키는 벌써 이성에 관심을 가져 사내다운 중장이 있는 큰방으로 돌아갔다. 우키후네는 곧 고모키가 오리라 믿고 기다렸지만, 고모키는 돌아올 기미가 없었다.

중장은 아씨를 기다리다 지쳐 실망하고 돌아가 버렸다. 그러자 소장은 이렇게 투덜거렸다.

"참으로 박정한 사람이군. 아름다운 용모가 아깝구나."

이렇게 우키후네를 비난하고는 모두가 자는 방에서 잠이 들었다.

한밤중에 큰여승은 심한 기침을 연거푸 하더니 어슬렁어슬렁 일어났다. 등불 아래, 흰 머리카락에 검은 것을 뒤집어 쓴 큰여승의 모습이 보였다. 그녀는 아씨가 여기 있는 게 이상하다는 듯, 마치 족제비처럼 이마에 한 손을 얹고 이쪽저쪽 살펴본다.

"참으로 괴이하군. 이건 누구인가?"

의심하는 목소리며 자신을 내려다보고 있는 모습이 당장이라도 잡아먹을 듯이 무서웠다.

'귀신이 나를 데리고 갔을 적엔 의식이 없어서 아무것도 몰랐지만, 이제는 어찌하면 좋은가.'

우키후네는 불안하기 짝이 없었다.

'뜻하지 않게 되살아나 평범한 사람처럼 건강을 회복하니, 다시 갖가지 고통스런 옛일이 생각나 두렵고 무서운 마음에 이런 고생을 하고 있구나. 그때 만약 내가 죽어 버렸다면, 지옥에 떨어져 이보다 더 끔찍한 모습을 한 귀신들이 나를 괴롭혔을지도 몰라.'

잠이 들지 못하고 옛날 일이 꼬리에 꼬리를 물고 떠오르자, 자신의 삶은 슬픈 일로 가득하구나 느꼈다.

'아버지는 어떻게 생긴 분인지 얼굴조차 모른다. 그리고 먼 동쪽 나라로 어머니를 따라 여기저기 돌아다니다가, 우연히 만난 반갑고도 믿음직스러운 언니의 호의에도 불구하고 니오노미야의 방해에 부딪쳐 모든 것이 엉망이 되고 말았다. 대장과 결혼하여 그 사람을 믿고 겨우 지난날 불행을 잊으려 할 때 일

생일대의 큰 실수를 저지르고 말았다. 그 생각을 하면 니오노미야를 조금이라도 사랑했던 일이 부끄럽고 한스럽다. 그분과의 인연으로 인해 내가 이렇게 떠돌이 신세가 된 게 아닌가.'

우지 강 나룻배를 탔을 때, 귤섬 상록수의 푸름에 걸고 변치 않겠다고 한 그 맹세가 어찌 그토록 기쁘고 감격스러웠던지, 그때 들떴던 마음이 지금은 싸늘하게 식어 버린 듯했다. 처음부터 담담하면서도 변함없는 애정으로 대해 준 가오루가 고맙고 그리울 뿐이다.

내가 이런 곳에 아직도 살아 있다고 그분이 알게 된다면 그 수치스러움은 말로 표현할 수가 없다. 하지만 이승에 살아 있는 동안 그분을 멀리시나마 볼 수 있는 날이 있을까 문득 생각하였다. 그러다 자신은 아직도 좋지 못한 집착에 빠져 있다 깨닫고, 다시는 이러지 않으리라 마음을 다졌다.

닭 우는 소리가 들려오니, 우키후네는 비로소 안심했다. 어머니의 목소리를 들을 수 있으면 얼마나 좋을까 생각하며, 뜬눈으로 밤을 지새운 탓에 몸도 불편했다. 어서 저쪽으로 돌아가야 할 텐데 그때까지도 고모키가 나타나지 않아 그냥 누워 있었다. 간밤에 코를 골던 늙은 여승들은 벌써 일어나 보기만 해도 속이 뒤집힐 듯한 죽을 맛있게 먹으면서 우키후네에게도 권했다.

"그대로 어서 드세요."

우키후네는 이런 사람들이 식사하는 모습을 본 적이 없어 그들이 하는 행동이 하나같이 마음에 들지 않았다.

"속이 좋지 않아서요."

정중히 거절하는데도 계속 권하니 귀찮아졌다.

허름한 차림의 법사들이 찾아와 소식을 전했다.

"큰스님이 오늘 하산하십니다."

"무슨 일입니까?"

"첫째 황녀가 악령에 시달리고 있어서 본산의 주지님이 기도를 드리고 있지만, 역시 큰스님이 아니고는 효험이 없어서 어젠 두 번이나 심부름꾼이 다녀갔습니다. 유기리 대신 댁의 아들 4위(四位) 소장이 어제 깊은 밤중에 또 찾아와 중궁께서 쓰신 편지를 전하자, 하산하기로 하셨어요."

법사는 자랑스레 말하였다.

'큰스님이 여기에 들를 때 부끄러워도 만나서 여승이 되게 해달라고 부탁해

야지. 잔소리할 여승도 없고 다른 사람도 얼마 없으니 마침 잘 되었다.'

이렇게 생각한 우키후네는 벌떡 일어나 큰여승에게 그 뜻을 전했다.

"늘 몸이 불편하고 늘 기분이 언짢아 괴롭습니다. 큰스님이 산에서 내려오셨을 때, 스님이 되고자 하니 그리 말씀해 주세요."

큰여승은 넋이 빠진 모습으로 고개를 끄덕였다.

자기 방으로 돌아온 우키후네는 여승이 지금까지 자신 말고는 다른 사람에게 머리를 빗지 못하게 한 일을 떠올리고, 시녀에게 머리를 빗게 하려니 살짝 망설여졌다. 하지만 제 손으로는 할 수 없는 일이었으므로 조금만 빗어내렸다. '어머님께 다시 한 번 이 모습을 보여 드리지 못하고 마는구나' 슬프기만 했다. 중병을 앓아 머리숱도 적어진 듯 느껴졌으나 크게 달라지지는 않았다. 아직도 풍성하고 6척이나 되는 머리 끝자락은, 무척이나 아름답다.

'이렇게 출가할지도 모르고 어머니는 머리를 쓰다듬으셨던가' 우키후네는 혼잣말로 중얼거렸다.

저녁에 큰스님이 절에서 내려왔다. 남쪽 방을 깨끗하게 치우고 정돈했다. 거기에 동그란 머리를 가진 스님들이 오가니 소란스러워 평소와 다른 분위기가 우키후네는 무섭기만 했다.

큰스님은 어머니 여승방을 찾았다.

"건강은 어떠신지요. 동생은 하쓰세 참배를 갔다고 들었습니다. 이곳에 있던 그분은 아직 계시는지요?"

"아직 있지요. 늘 기분이 언짢다고 그대에게 스님으로 만들어 달라는군요."

큰스님은 그 자리에서 일어나 이쪽으로 왔다.

"여기 계시는가요?"

그러면서 휘장 앞에 앉았다. 우키후네는 부끄러웠으나 무릎걸음으로 나와 대답하였다.

"우연히 당신을 구하게 된 것도 전생의 인연이라 여기고 열심히 기도드리고 있었는데 중이라는 신분 때문에 아무 일도 없이 여성에게 편지를 드릴 수 없어서 소식을 전하지 못했습니다. 세속을 버리고 여승이 된 이 사람들 속에 어찌 지내셨지요."

큰스님은 그렇게 말했다.

"저는 더 살고 싶지 않다 각오도 하였는데, 어찌된 일인지 오늘날까지 살아 있으니 슬프게만 여겨집니다. 한편으로는 여러 가지로 친절하게 돌보아주신 은혜는 황송하게 생각합니다. 이대로 있다간 더 살아갈 자신이 없으니 구원을 베풀어 여승이 되게 해주십시오. 꼭 그렇게 해주셨으면 합니다. 저는 살아 있다 하더라도 도저히 남들처럼 평범하게 살아갈 자신이 없습니다."

"앞날이 구만리 같은 당신이 어째서 출가를 원하는가요. 출가를 하여도 끝까지 지켜 내지 못하면 오히려 죄 짓는 일이 됩니다. 출가를 결심한 당장은 강한 신념이 있는 듯해도, 세월이 흐르는 동안 여성은 타락하기 쉬운 법이지요."

"저는 어릴 적부터 걱정 근심이 끊이지 않는 운명에 놓여 있었는지, 어머니도 한때 여승으로 만들까 하신 적이 있습니다. 더구나 철이 들이 인생을 알세 되면서부터 평범한 생활을 포기한 채 후세라도 편히 살고 싶다는 희망을 차츰 키워 왔답니다. 목숨이 다할 날이 다가왔기 때문인지 몸도 마음도 약해질 뿐입니다. 부디 이 소원을 이루게 해주십시오."

우키후네는 울면서 부탁하였다.

'참으로 기이한 일이다. 이렇게 용모가 뛰어난 사람이 어찌하여 세상을 싫어하게 되었을까. 그러고 보니 그 요괴도 살기 싫다 말하지 않았던가. 까닭 없는 일은 아니리라. 이 사람을 그대로 내버려둔다면 얼마 살지 못할 거다. 못된 요괴가 눈독을 들이고 홀리려는 사람이니, 이대로 두면 무슨 끔찍한 일이 생길지 알 수 없다.'

이렇게 생각한 큰스님이 말했다.

"어쨌든 출가를 결심하고 원하시니 불도의 선행으로선 훌륭한 일입니다. 나역시 법이니 반대할 일은 아닙니다. 수계를 하는 것은 간단한 일입니다. 하지만 지금 급한 용무로 산을 내려왔기에 오늘 밤 안에 궁중으로 가야 합니다. 그러니 내일부터 수법을 시작한다 하더라도 이레는 걸리겠지요. 수법이 끝나고 돌아오는 날에 수계를 하도록 하겠습니다."

큰스님은 그렇게 말했다. 그러나 여승이 참배길에서 돌아오면 반드시 반대하리라 생각하여 우키후네는 더욱 간절히 매달렸다.

"이곳에 올 때도 병이 깊어서 왔는데, 지금은 더욱 고통스러워 견디기 어렵습니다. 이 이상 병이 깊어지면 수계도 소용없을 것입니다. 역시 오늘이 가장 좋은 기회라 생각합니다."

큰스님은 성승의 마음에 우키후네가 몹시도 가여워 보였다.

"벌써 밤이 퍽 깊었어요. 예전엔 산에서 내려오는 일이 아무렇지 않았지만 나이 들어가니 금세 피로해져 이곳에서 휴식을 취하고 갈까 생각했습니다만, 그렇게 서둘러야 한다면 지금 수계를 하지요."

우키후네는 매우 기뻐했다. 손수 가위와 빗통을 내밀자 큰스님은 아사리를 불러들였다.

"어디 있는가, 대덕들은 이리로 오게."

처음 쓰러져 있는 우키후네를 발견했던 때 함께 있던 제자 두 명도 불러들이고 말했다.

"머리를 잘라 드려라."

'드물게 아름다운 미모를 가진 여인이니, 번민하는 일도 많은 게야'

아사리도 아씨가 스님이 되려 하는 게 당연하다 생각했다. 하지만 휘장 밖으로 나온 머리카락이 어찌나 소담스러운지 아사리는 한참 동안 가위질하기를 주저하고 있었다.

사랑채에서 이런 일이 있을 즈음, 소장 여승은 스승을 따라서 내려온 오라버니 아사리와 이야기를 나누려고 자기 방으로 가 있었다. 나이 먹은 시녀 좌위문도 아는 사람들과 인사를 나누느라 그 자리에 없었다.

이런 집안에선 저마다 친한 사람이 생기면 푸짐하게 대접하게 마련이다. 좀처럼 사람들이 찾지 않는 외진 곳에 친한 사람이 찾아왔으니 접대하느라 분주하였다.

시녀 고모키만 아씨 방에 있다가 소장이 있는 곳에 와서 사랑채에서 있었던 일을 보고했다. 소장 여승이 급하게 가보니, 이미 큰스님은 수계를 끝낸 징표로 아씨에게 자신의 법의와 가사를 입혀주고 있었다.

"어버이 계신 쪽을 향해 절하시오."

우키후네는 어머니가 있는 쪽이 어느 방향인지 짐작도 가지 않아 그만 울음을 터뜨렸다. 소장이 이를 보고 말했다.

"아니, 이게 무슨 일입니까. 분별없는 행동을 하는군요. 마님이 돌아오시면 면목 없지 않습니까."

소장 여승은 막으려 했으나, 신앙의 경지로 들어서기 위해 한 발짝 내디딘 사람의 마음을 혼란하게 하는 건 좋지 못하다고 생각한 큰스님은 이를 제지하였다. 소장 여승도 더는 이 의식을 방해할 수 없었다.

"유전삼계중(流轉三界中) 은애불능단(恩愛不能斷)"

큰스님 가르침에 우키후네는 은애의 정을 끊고 강물에 몸을 던지려고 결심했었던 때를 생각하니 슬픔이 복받쳐 올랐다.

아사리는 머리를 다 잘라내지 못하고 이렇게 말했다.

"여승님에게 천천히 깎아달라 하세요."

앞머리는 큰스님이 손수 잘랐다.

"이렇게 아름다운 모습이 여승으로 변했으니 후회하게 될지도 모르겠군요."

큰스님은 이렇게 말하고, 존엄한 불법을 들려주었다.

'모두가 만류하였던 출가를 드디어 했으니 기쁠 따름이다.'

우키후네는 이 일은 부처님의 자비심으로 이루어졌다 여기고 지금까지 목숨을 부지한 보람이 있다고 여겼다.

큰스님 일행이 암자를 떠나자 주변이 조용해졌다. 소장 여승은 밤바람 소리를 들으면서 말했다.

"이런 쓸쓸한 집에서 사는 것도 잠시뿐이고, 가까운 시일에 행복해지리라 믿고 있었는데, 소중한 몸을 이 꼴로 만들어 버렸으니 장차 어떻게 하실 작정인가요. 늙고 쇠약한 사람들도 출가할 때는 모든 일을 버리고 온갖 생각을 잊기 쉽지 않은 법인데."

'마음이 홀가분해져서 기쁘다. 무엇보다 속세에서 살아가지 않아도 되니 다행이다.'

우키후네는 비로소 가슴이 후련해졌다.

이튿날 아침이 되자, 누구에게도 동의를 구하지 않고 출가한 탓에 머리를 자른 모습을 다른 사람에게 보이려니 부끄러웠다. 자르다 만 머리채 끝이 들쭉날쭉하니 아무 말 않고 가지런히 다듬어줄 사람을 찾았으나, 아무래도 용기가 없어서 방 안을 어둡게 하고 앉아 있을 뿐이었다.

본디 자신의 심정을 남에게 터놓고 이야기하는 성격이 아닌데다가 이곳에는 이야기할 상대조차 없었다. 우키후네는 생각다 못해 먹을 갈아 자신의 생각을 노래로 옮겨 쓰기 시작했다.

이 몸도 이 마음도 없다 하여
버렸던 이승을 다시금 버렸어라.

"이제는 모든 것이 끝났구나."
이런 글을 써놓고 보니, 슬프고 애달팠다.

이미 마지막이라 버렸던 세상
다시금 버리게 될 줄이야.

이런 마음으로 글을 쓰고 있을 때 중장에게서 편지가 왔다. 아씨의 갑작스런 출가로 암자가 떠들썩했던 터라, 그만 심부름꾼에게도 아씨가 출가했다 이야기를 하고 말았다.
중장은 몹시 낙담했다.
'출가하기로 마음을 굳혔기에 애당초 나와 말 한 마디도 하지 않으려고 했구나. 그렇다 하더라도 참으로 애석한 일이다. 그토록 아름답다 엿보았던 검은 머리 여성을 다시 한 번 보게 해 달라고 그 소장에게 졸랐을 때, 소장은 언젠가는 보게 될 것이라 했건만.'
중장은 다시금 편지를 보냈다.
"무슨 말을 해야 좋을지. 이야기는 전해 들었습니다."

피안을 향하여 노 저어 가는 나룻배
나 역시 늦지 않으려 서둘러 노를 저어 보네.

평소와 달리, 우키후네는 이 편지를 손에 들고 읽었다. 출가한지 얼마 안 되어 구슬픈 심정에 젖어 있을 때라서, 모든 것을 버렸다 생각하니 감회가 새로워 문득 종이 끝머리에 또 글씨 연습을 하듯 썼다.

마음은 이승을 떠나 노 젓기 시작하였으나
어디로 가야 할지 모르는 나무 조각 같구나.

우키후네는 이것을 소장 여승에게 깨끗하게 옮겨 써서 보내도록 말했으나, 소장은 그러다 글씨를 틀릴 수도 있다 하며 그대로 보냈다.
중장은 그리운 사람이 직접 쓴 편지가 반갑기도 했지만, '이 편지를 출가하기 전에 썼다면' 아쉬워했다.

하쓰세 참배에서 돌아온 여승의 슬픔은 그지없었다.

"내가 여승인 몸이기에 출가를 권하는 것은 마땅한 일이었으나, 젊은 그대가 앞으로 기나긴 세월을 어찌 보내렵니까. 내가 죽어서라도 보살펴 드리겠다 부처님께 그리 빌고 왔는데요."

이렇게 울며불며 슬픔을 못 이기는 여승을 보자, 우키후네는 어머니가 자신의 시신조차 찾지 못해 비통해하는 모습이 상상되어 더더욱 슬퍼졌다.

"그대는 정말 동정심과 믿음이 없군요."

그러나 여느 때처럼 아무 말도 없이 어두운 쪽으로 얼굴을 돌리고 있는 젊고 아름다운 우키후네의 측은한 모습을 보고는 여승은 기분이 다소 가라앉아 법의(法衣)를 준비하기 시작했다.

진한 쥐색 천이 넉넉히 있었으므로 예복이며 가사 따위를 만들었다. 다른 여승들도 그 법의를 열심히 만들어서 우키후네에게 입히면서, '뜻하지 않게 이 산골에 비친 광명이라고 아침저녁으로 바라보았던 사람을 슬픈 여승의 옷으로 감싸게 되었다' 말하며 애석해하면서 큰스님을 원망하고 나무랐다.

첫째 황녀의 병은 그 제자가 말한 대로 큰스님 수법 덕에 갖가지 효험이 나타나더니 회복되었다. 그래서 큰스님은 더욱더 존경을 받게 되었다.

병세가 아직 안심할 수 없다는 중궁의 말을 듣고 수법 기간을 연장하니, 예정대로 돌아오지 못하고 아직도 중궁에 머물고 있었다.

비가 내려 습기가 서려 있는 밤에 큰스님은 숙직을 맡았다. 환자 간호와 수법을 하느라 지친 사람들은 모두 방으로 물러가서 휴식을 취하고 있었고, 거실 안에 있는 관녀들도 얼마 없을 때, 중궁은 첫째 황녀의 침소에 있었다. 그녀가 큰스님에게 말했다.

"예전부터 늘 큰스님을 믿어왔지만, 특히 이번에 보여주신 기도의 힘으로 내세의 길도 틀림없이 밝을 것이라는 믿음이 강해졌습니다."

"부처님께서 제게 수명이 짧으리라 알려 주셨으니, 올해 아니면 내년을 넘기기 힘들 거라 생각됩니다. 오로지 근행에만 힘써 은신하고 있었는데, 이렇게 황공하신 분부를 받고 하산했습니다."

큰스님은 첫째 황녀 몸에 붙었던 악귀는 집착이 강하였으며, 갖가지 모습을 한 악령으로 매우 끔찍하였다는 이야기를 한 뒤에 우지원에서 있었던 일을 말했다.

"기이한 일을 경험했습니다. 금년 3월에 소승의 늙은 어머니 서원을 위해 하쓰세 참배를 갔었는데, 돌아오는 길에 우지원에서 묵게 되었습니다. 사람이 오랫동안 살지 않는 큰 저택에는 반드시 악령이 나오고는 해서, 병이 중한 어머니에게 불길한 일이 일어나지 걱정을 하고 있는데, 아니나 다를까……."

큰스님은 그곳에서 악귀에 씌인 여인을 발견했다는 이야기를 했다.

"정말 이상한 일도 다 있군요."

중궁은 소름이 끼쳐 가까이에서 자고 있는 시녀들을 깨웠다.

가오루 대장의 정인인 소재상은 잠을 자지 않고 처음부터 이 이야기를 듣고 있었다. 자다가 깨어난 시녀들은 무슨 말인지 조금도 알지 못했다.

큰스님은 중궁이 무서워하는 기색을 눈치채고 경솔한 이야기를 들려드렸구나 싶어, 그날 밤의 일만은 자세히 말하지 않았다.

"그 여인 말인데요. 이번에 마마의 부름을 받고 오는 길에 노모와 여동생이 살고 있는 암자에 들렀는데 그 여인이 그곳에 있었습니다. 출가의 뜻을 밝히고 눈물로 호소하는지라 마침내는 수계를 내리고 왔습니다. 여동생은 죽은 위문독의 아내였는데 그 여인을 죽은 딸 대신이라 생각하고 매우 소중하게 아끼고 있었기 때문에, 그런 사람을 여승으로 만들었으니 소승을 원망하고 있는 모양이옵니다. 그 여인은 드물게 외모가 수려하고 기품 있는 미인입니다. 근행에 몸 상할 게 가여울 정도입니다. 대체 그 여인은 어떤 사람일까요?"

제법 말솜씨가 좋은 큰스님이었으므로 이런 긴 이야기를 쉬지 않고 이어갔다.

소재상이 이렇게 물었다.

"어찌하여 그런 곳에 아름다운 여인을 데리고 갔을까요. 지금은 그 사람이 누군지 알게 되었나요?"

"그것은 모릅니다. 혹 저의 여동생에게 말했을는지도 모릅니다. 실제로 고귀한 분의 딸이라면 소문이 나지 않을 리가 없으니, 그런 사람은 아닐 것입니다. 시골 사람 딸 가운데에도 그처럼 아름다운 사람이 있을 터이니. 용녀가 성불하는 경우도 있으니 평범한 신분 여인이라면 전생에서 착한 인연을 얻어 태어난 사람임에 틀림없습니다."

중궁은 문득 그 무렵 우지에서 사라져 버렸다는 사람을 생각하고 있었다.

소재상도 언니로부터 행방불명이 되었다고 들은 우지의 여인이 떠올라 그녀가 아닐까 생각했지만, 그저 짐작만 할 뿐 단언할 수 없었다.

"그 사람도 이 세상에 살아 있다 알리고 싶지 않아 하고, 알려지면 좋지 않은 일을 일으킬 사람이 있는 듯 어디까지나 숨기고 싶어서 저도 입 다물고 있어야 할 일이지만, 너무나 괴이한 일이기에 그 점만을 말씀드렸습니다."

큰스님은 이렇게 말하고 더는 말하기 싫은 눈치였으므로 소재상은 누구에게도 그 이야기를 하지 않았다.

중궁은 소재상에게 말했다.

"큰스님이 한 이야기 주인공은 우지의 그 사람인 것 같구나. 대장에게 들려주어야 하지 않느냐."

중궁은 소재상과 가오루 대장의 관계를 알고 있어 소재상에게 말했지만, 아직 털어놓기 조심스러웠다. 확실하지도 않은 일을 가오루에게 털어놓자니, 동생인 친왕과 관계가 있어 꺼려진 탓이기도 했다.

첫째 황녀가 완쾌되자 큰스님도 산사로 돌아가게 되었다. 가는 길에 암자에 들러보니 여승의 불만은 이만저만이 아니었다.

"젊어서 이런 꼴이 되었으니, 만의 하나 도중에 잘못되기라도 하면 오히려 죄업을 쌓게 될 터인데, 어찌 상의도 없이 그리했단 말입니까. 참으로 원망스럽습니다."

이렇게 말했으나, 이제는 어쩔 수 없는 일이었다.

"지금은 근행에만 전념하세요. 늙은이나 젊은이나 누가 먼저 죽을지 알 수 없는 것이 인생이지요. 덧없는 인생을 깨달은 것도, 그대가 도리를 아는 사람이었기에 그러했던 것입니다."

우키후네는 큰스님의 이런 말도 부끄럽게 들었다. 우지에서 발견되었을 때부터 일어난 일을 생각하면 그 말이 옳았기 때문이다.

"법복을 새로 지으시오."

큰스님은 이렇게 말하고 궁중에서 하사받은 능직이며 얇은 옷감, 비단 등을 주셨다.

"소승이 살아 있는 동안 그대를 잘 보살펴드리겠습니다. 걱정할 것은 조금도 없습니다. 덧없는 세상에 태어나 속세 영화에 현혹되어 있으면, 그에 사로잡혀 자유로울 수 없으니 세상을 버리지 못하게 되는 법입니다. 그러나 이 쓸쓸한 산중에서 불사에 전념하고 있으면, 원망도 부끄러워할 것도 없습니다. 이 세상에서 사람의 목숨이란 나뭇잎만큼 얇고 허망한 것이지요."

큰스님은 이렇게 설법하고 '송문효도 월배회(松門曉到月徘徊)' '백성진일 풍소슬(柏城盡日風蕭瑟)' 외면서 법사지만 문학적인 소양이 풍부한 시를 들려주기도 했다. 이는 당나라 시(詩)로, 능원을 지키는 후궁을 노래한 것으로 '송문에 새벽이 와서 달이 배회한다'는 뜻이다.

우키후네는 큰스님의 말 하나하나가 자신이 생각한 대로 깨우침을 주니 고맙게 듣고 있었다.

하루 종일 몰아치는 바람소리가 쓸쓸하게 들려왔다.

"이렇게 쓸쓸하게 바람부는 날이야말로 산속에 은거하는 중들은 울고 싶어지는 법입니다."

큰스님의 말에 우키후네는 '나도 스님이 되었구나. 그래서 눈물이 그치지 않는구나' 생각하면서 툇마루 끝으로 나가 바깥을 보니, 처마 저편에 보이는 산길에 색색의 평상복을 입은 사람들이 보였다. 예산(叡山)에 오르는 사람도 이 길을 지나는 건 드물고, 흑곡(黑谷)이라는 곳에서 오는 법사들만 가끔씩 볼 뿐이었는데 평상복을 입은 사람을 보는 것은 희귀한 일이었다. 그 사람들은 우키후네의 매정함을 원망하는 중장 일행이었다.

중장은 이젠 소용없는 일이겠지만 자신의 마음을 전해 두고 싶어서 왔다. 단풍이 빨갛게 물들어 다른 곳보다도 아름다우니 대문을 들어서자 이내 감회에 젖었다.

운치 있는 곳에 사는 아름다운 사람을 연인으로 가졌더라면 얼마나 좋았으랴 싶었다.

"잠시 여유가 생겨서 무료한 나머지 이곳 단풍을 구경할 만한 때가 되었으리라 찾아왔습니다. 언제 보아도 여기는 좋은 곳입니다. 역시 옛날처럼 이곳에서 하룻밤 묵어 가고픈 아름다운 풍경입니다."

중장은 이렇게 말하면서 뜰을 바라보고 있었다. 눈물이 많은 여승 역시 감추지 못하고 이렇게 읊었다.

세찬 바람 불어대던 이 산기슭에
몸을 숨길 나무 그늘조차 없어졌으니

저 사람 출가하여 그대 묵을 곳도 없어졌네.

중장이 답가를 읊었다.

기다려 주는 이 있을 리 없는 산골
아름답게 물든 단풍나무를 보면서
그냥 지나칠 수 없으니.

"여승이 된 모습을 잠깐만이라도 엿보게 해주십시오. 최소한 그렇게 해서라
도 언젠가 약속한 것을 지켜주세요."

중장은 새삼스럽게 무슨 말을 해도 이미 소용없는 일을 끝도 없이 이야기한
뒤, 아직도 단념하지 못하고 소장 여승에게 이렇게 부탁했다. 중장의 채근에
소장댁이 아씨 방으로 들어가보았더니, 우키후네는 이대로 숨어 지내기에는
너무 아까울 만큼 아름다운 모습으로 앉아 있었다.

위에는 엷은 쥐색 능직 옷을 입고 아래에는 밝은 빛깔 주황색 옷을 입은 모
습이 몹시 아름다웠다. 화사한 용모에 풍성한 머리숱이 오겹 부채를 활짝 펼
쳐놓은 듯 화려했다. 눈매와 콧날이 섬세하고 귀여운 얼굴이 짙은 화장을 한
듯 발그레한 것이 향기롭기까지 했다.

불도를 닦기는 하지만 염주는 아직 가까운 휘장대에 걸쳐 놓고 불경을 읽는
자태는 그림에 그려 담고 싶을 만큼 아리따웠다.

소장 여승은 그런 모습을 볼 때마다 눈물을 금치 못했다. 하물며 연모하는
남성은 어떤 심정으로 볼 것인가. 마침 좋은 기회이기도 해서 미닫이문 손잡이
에 뚫려 있는 구멍을 중장에게 알려주고, 방해가 되는 휘장을 옆으로 걷어 버
렸다.

중장은 구멍 틈으로 우키후네를 엿보고는 이토록 뛰어난 미모를 가진 사람
일 줄은 미처 짐작도 하지 못했다며, 자기가 상상해온 이상에 맞는 사람이었
는데 여승이 되게 내버려 둔 게 마치 자신의 잘못이라도 되는 듯 분해하였다.
그러나 이런 마음을 참지 못하고 기척이라도 내면 우키후네가 알아차릴까봐
황급히 그곳을 떠났다.

'이런 미녀를 잃어버린 사람이 찾지 않고 배길 수 있을까. 어느 집 누구 딸이

행방을 감추었다거나 누군가를 원망하여 여승이 되었다면 자연히 소문이 퍼뜨려지게 마련인데.'

중장은 생각할수록 수상하게 여겨졌다.

'여승이 되어 있어도 이처럼 아름다운 여자는 세상에 또 없을 것이다. 오히려 이 모습을 보고 마음이 더 끌리게 되리라. 극비리에 그 사람을 내 것으로 만들고 싶구나.'

중장은 이런 마음을 여승과 조심스레 이야기하였다.

"속세의 사람이었을 때는 삼가야 할 사정이 있었을 겁니다. 하지만 여승이 된 지금 오히려 안심하고 이야기를 나눌 수 있지 않을까 생각이 듭니다. 그렇게 깨닫게 해 주십시오. 죽은 아내를 잊을 수 없어 이렇게 찾아오지만, 우정을 나눌 수 있는 친구가 생긴다면 더 행복해질 수 있을 겁니다."

"앞날이 어찌 될는지 불안하고 걱정이 되어 견딜 수 없는 터에 그대가 이처럼 우정으로 찾아와 준다면 참으로 기쁠 것입니다. 그런 말을 들으니 제가 이승을 떠난 뒤 일도 안심이 됩니다."

이렇게 말하며 여승은 울었다.

'이런 모습을 보니 틀림없이 여승과 나는 인연이 있었을 거다. 그런데 대체 어떤 사람이란 말이냐.'

중장은 더욱 궁금해졌다.

"먼 훗날까지 보살펴 준다 하기에는 제 목숨이 얼마나 남았는지 알기 어려워 장담할 수 없지만, 내 마음만은 결코 변하지 않을 것입니다. 그분을 찾는 사람이 정말 없는 건가요. 그 점이 분명하지 않으니 걱정이 됩니다."

"사람 눈에 띄는 곳에서 산다면 찾아내는 사람도 있겠으나, 지금은 여승으로 은둔하겠다는 의지가 분명합니다."

중장은 우키후네 처소에 들렀다.

이승이 역겨워서 버리신 줄 알건만
이 내가 미우신가 생각되니 원망스러워

시와 함께 성의를 가지고 앞으로도 도움을 주고자 한다는 중장의 말을 여승이 우키후네에게 전했다.

"남매간이라고 생각해 주세요. 인생의 덧없음에 대해 서로 이야기를 나누어 보면 그나마 위안이 될 것입니다."

중장은 말을 계속했다. 여승을 통해 전해들은 우키후네가 말했다.

"아무리 깊이 있는 이야기를 들어도 어려워서 알아 듣지 못하니 유감입니다."

이렇게 말한 우키후네는 중장이 자신을 피했다고 원망하는 말에는 대답조차 하지 않았다.

'뜻하지 않은 잘못을 저지르고 말아 지난날을 돌이켜 생각하면 내 자신이 몹시 싫어진다. 이젠 아무것도 느끼지 못하는 썩은 나무처럼 남들로부터 무시당하면서 일생을 마치리라.'

우키후네는 이런 생각을 하고 있었다. 그런 마음가짐 때문에 지금까지는 우울함에서 자기를 해방시키지 못했지만, 요즘에는 조금이나마 마음이 밝아져 여승과 놀이를 하거나 바둑을 두며 지내는 때도 있었다. 불교 수행도 게을리 하지 않아《법화경》은 물론 다른 경전도 많이 읽었다.

그러나 눈이 잔뜩 쌓여 드나드는 사람이 전혀 없어졌을 무렵, 우키후네는 그지없는 적막함을 느꼈다.

새해가 되었다. 우키후네는 23세가 되었다. 그러나 오노 산골에서는 봄의 따스한 기운은 전혀 찾아볼 수 없었다. 꽁꽁 얼어붙은 냇물에서는 물 흐르는 소리조차 들리지 않아 쓸쓸하기에, '임 보고 헤매지, 길 보고 헤매던가' 말한 친왕이 모든 화근을 만든 분이라 싫어 미웠지만, 그때의 추억은 잊지 않고 있었다.

아침부터 어두워지며 눈 내리는 산골 바라보니
옛일 그립게 떠올라 오늘따라 슬프고 애틋한 마음

우키후네는 근행하는 짬짬이 기분전환 삼아 글씨쓰기를 연습하였다.

'내가 세상에서 모습을 감춘 뒤 해가 바뀌었는데, 아직 나를 생각해 주는 사람이 있을까?'

이런 생각이 나는 때도 있었다.

어느 날, 햇나물을 바구니에 담아온 사람이 있었다. 여승은 이것을 우키후네에게 주면서 이렇게 노래했다.

산골 눈 속에서 뜯어 온 햇나물을 찬양하자니
역시 그대의 앞날을 기대하게 됩니다.

우키후네가 답가를 읊었다.
앞으로 눈 쌓인 들판 햇나물도
당신의 장수를 위해 뜯게 되겠지요.
그 덕에 저 역시 나이를 먹으며 오래 살게 되겠지요.

우키후네의 그런 마음이 진심인 듯하여 여승은 감동했다. 그러나 여승은 우키후네가 '여승의 모습이 아니라 장래가 기대되어 보살피는 보람이 있는 모습이었으면' 바라니, 눈물이 앞을 가렸다.

침실 툇마루 가까이의 홍매화 빛깔과 향이 예전과 다름없으니, 이를 우키후네가 유난히 사랑하여 '봄도 봄이 아니려니, 이내 몸은 옛 몸 그대로고' 이리 노래하는 이유는 예전 친왕의 향기가 떠오를 때가 있기 때문이리라.

우키후네가 부처님에게 새벽녘 근행으로 꽃을 바칠 때, 젊은 하급 여승을 불러 이 홍매화 가지를 꺾게 하자, 꽃은 원망하듯 꽃잎이 똑똑 떨어지고 이때 향기도 짙게 풍기니 그 모습을 보고 이렇게 노래했다.

소맷자락 겹쳤던 그분 모습은 볼 수 없으나
혹 그분인가 여겨질 만큼 꽃향기 풍기는 봄 새벽이여

그 무렵 큰여승의 손자인 기이태수가 도읍에 올라왔다가 오노에 들렀다. 나이는 서른 살 정도로 용모가 수려하였다. 큰여승인 할머니에게 작년 일이며 재작년 일을 들으려 했지만 노망이 든 듯하여, 그곳에서 물러나 고모인 여승에게로 왔다.

"유난히 늙으신 듯합니다. 부모님이 세상을 떠난 뒤로는 할머니를 부모님 대신으로 여겼는데, 상륙태수 부인에게선 소식이 오는지요?"

상륙태수의 부인이라 함은 여동생을 뜻하는 듯했다.

"세월이 흐르니 주위에 슬픈 일만 많아지는군요. 상륙태수는 오래도록 소식이 없습니다. 소식이 올 때까지 어머니가 살아 계실지 모르겠습니다."

부모와 같은 이름이 나오자, 우키후네는 귀가 번쩍 뜨이는 기분이었다. 그가 이어 말했다.

"도읍으로 간 지 꽤 오래됐지만 일이 바빠서 그만, 어제도 찾아오려 했는데 가오루 대장의 우지 행차를 따라가느라 하치노미야가 사셨던 산장에서 해가 질 때까지 있었습니다. 대장님은 큰아씨 처소에 드나들었으나, 몇 년 전에 그 큰아씨는 죽었습니다. 그 뒤 다른 한 아씨를 그곳에 숨겨두었는데 작년 봄에 이분마저 잃었습니다. 그 일주기 법회를 치르기 위해 산사 율사에게 법회를 부탁했습니다. 저도 그분에게 바칠 여자 옷 한 벌을 마련하라는 명령을 받았는데, 이곳에서 만들 수 있겠는지요. 필요한 옷감은 제가 장만하겠습니다."

이런 소리를 듣고 우키후네의 마음은 갈기갈기 찢어지는 듯 아팠다. 우키후네는 남이 수상쩍게 여길까봐 반대쪽을 바라보고 앉아 있었다. 여승이 물었다.

"성인이라 불렀던 하치노미야 따님이 둘인 줄 알고 있는데, 니오노미야의 부인이 그 중 한 분 아닌가요?"

"대장이 숨겼던 분은 첩에게서 낳은 자식이겠지요. 그래서 대장은 드러내놓고 소중히 하질 못했는데, 죽은 뒤로 몹시 슬퍼하고 있습니다. 처음 큰아씨가 죽었을 때는 참으로 대단하였지요. 출가하는 줄 알았다니까요."

이 사람은 대장의 가신인 것 같았다. 우키후네는 두려운 생각이 들었다.

"두 분을 모두 우지에서 잃어버리게 되다니 기이한 일이지요. 어제도 가오루 대장의 모습이 매우 딱 했습니다. 강물 가까이에서 물을 들여다보더니, 어찌나 서럽게 우는지요. 기둥에 이런 노래를 써 놓았습니다.

예전에 사랑했던 사람의 자취조차 남아 있지 않은 이 강물에
떨어지는 내 눈물을 더는 억누를 수 없어라.

평소에 별로 말씀이 없는 분이지만, 몹시 한탄하시는 듯했습니다. 가오루 대장은 여자라면 누구나 흠모하지 않을 수 없는 훌륭한 분이지요. 나 역시 젊은 시절부터 훌륭한 분이라고 속으로부터 사모했거든요. 요즘 제일의 권세가 높

은 분이 누구이든 나는 그 사람 밑으로는 가고 싶지 않았기에, 오직 대장님만 의지해 왔습니다."

우키후네는 이 이야기를 들으면서 사려 깊게 생각되지 않는 이 사람조차 가오루 대장의 출중한 점은 잘 알고 있다는 생각이 들었다.

"빛나는 님이라 불렸던 돌아가신 겐지님의 풍채에는 도저히 비할 바가 못 된다고 생각하지만. 아무튼 요즘 세상에 영화를 누리는 분은 육조원의 자손 뿐인 듯합니다. 우선 유기리 대신이 그렇고."

"유기리 대신은 용모가 훌륭하며, 아름답고, 정말 중신다운 관록이 있으신 분입니다. 니오노미야는 용모가 아름답다는 점에서는 가장 빼어난 분이라고 생각되지요. 여자라면 그분의 시중을 들고 싶을 정도지요."

그는 마치 우키후네에게 들으라는 듯이 이야기하였다.

우키후네는 슬픈 심정으로 관심 깊게 듣다 보니, 자신의 운명이 현실같이 여겨지지 않았다. 마침내 기이태수는 돌아갔다.

'가오루 대장은 아직도 나를 잊지 않고 있다.'

우키후네는 슬프고 괴로운 심정이었다. 한편으로, 어머니는 얼마나 상심하고 계실까, 여승이 된 자신의 모습을 보인다면 더욱 슬프리라 생각되어 마음이 내키지 않았다.

기이태수가 부탁한 여자 옷을 지을 옷감을 서둘러 물들이는 것을 보고, 자신의 일주기 법회에 보시할 옷을 자신이 있는 곳에서 짓게 되다니, 이런 기이한 일도 다 있으랴 싶었다. 그렇다고 자신이 그 사람이었다고는 차마 말하지 못했다.

바느질을 하고 있던 여승 한 사람이 거들어 달라며 소례복 홑옷을 우키후네에게 건넸다.

"그대는 섶을 바느질 하는 솜씨가 뛰어나니까."

우키후네는 그것이 자신의 일주기 법회에 보시할 옷인지라 견딜 수 없는 심정이 되어 몸이 불편하다면서 만져보지도 않고 누워 버렸다.

여승은 바쁜 일도 버려두고 우키후네의 몸이 어떻게 불편한지 걱정이 되어 곁으로 다가왔다.

빨간 홑옷 천 위에 벚꽃 빛의 두꺼운 천을 겹쳐 보이며 이렇게 말하는 사람이 있었다.

"아씨에겐 이런 걸 입히고 싶었는데, 안타깝게 먹물 들인 옷을 입었군요."

이제는 승복 입은 하릴없는 몸이다만
화사한 이 옷을 몸에 걸치고 그 옛일이나 추억해 볼까.

'어차피 언젠가는 사람들 모두 내 소문을 알게 될 것이다. 모든 사실을 여승 님이 알게 되면 얄밉게도 줄곧 숨겨왔다고 나를 원망할지도 모른다.'
그런 생각으로 머리가 어지러웠으나 우키후네는 과감하게 말했다.
"예전 일은 모두 잊고 있었지만, 이런 옷가지를 지으시는 것을 보고 있자니 어쩐지 구슬퍼집니다."
여승이 말했다.
"생각나는 일이 많을 터인데 끝까지 숨기다니 원망스럽군요. 나는 세상 사람 들이 입는 옷색깔을 잊어버린 지 오래되어 제대로 지을 수는 없지만, 그래도 죽은 딸이 살아 있으면 생각합니다. 내가 그러하니 그대를 보살펴 준 어버이가 이 세상 어딘가에 있겠지요. 나처럼 딸의 죽음을 눈앞에서 확인한 사람조차도 어딘가 살아 있지 않을까, 어디 있을까 알고 싶어 하는데, 그대의 행방을 몰라 걱정하는 사람들은 분명 어딘가 있겠지요."
"어머니 한 분만은 살아 계셨습니다. 그 사이 돌아가셨는지도 모르지요."
이렇게 말하는 중에 우키후네는 흘러내리는 눈물을 훔치며 이렇게 얼버무 렸다.
"기억을 떠올리자니 괴로워질 뿐이기에, 뭐라 말하지 않았습니다. 어찌 숨기 려 하겠습니까."
가오루 대장은 우키후네의 일주기 불사를 치르고, 이 얼마나 덧없이 끝난 인연인가 슬퍼했다. 저 상륙태수의 아들로 성인이 된 자는 장인(藏人)으로 진 급시키고 보살펴 주었다. 아직 성인이 되지 않은 자 중에서 용모가 뛰어난 아 이는 자기 밑에 두자고 생각했다.
주룩주룩 비가 내리는 고요한 밤, 대장은 중궁전으로 올라갔다. 중궁전 거 실에 사람이 얼마 없을 때라 대장은 이런 이야기를 꺼냈다.
"지난 몇 해 동안 산골에 드나들며 돌보아 주던 여인 일로 주변의 비난을 받기도 했으나, 그것도 전세의 인연이 있었기 때문이겠지요. 매력을 느끼는 여

인은 모두가 이렇게 되는 것인가 생각하고 때때로 만나곤 했는데, 우지가 불길한 곳이었는지 그 여인을 잃고 말았습니다. 그 뒤로 멀게만 여겨져 찾지 않다가 얼마 전 볼일이 있어서 잠시 방문해 보니, 세상의 허망함을 통감하게 되었습니다. 그 산장이 사람들에게 불심을 일으킨 성자 하치노미야님의 거처였다는 것을 새삼 느끼고 돌아왔습니다."

중궁은 가오루와 이런 말을 듣고, 큰스님이 하던 이야기가 생각나서 가엾게 여기며 말했다.

"그 집에는 무서운 귀신이라도 살고 있는 게 아닌가요. 그분은 어떤 모습으로 죽었는지요?"

중궁이 이렇게 묻자, 가오루 대장은 자매 둘이 잇달아 죽은 것을 알고 있어 귀신 탓으로 생각하고 하는 말일 거라 해석했다.

"그럴 수도 있을 겁니다. 그처럼 사람의 발길이 없는 곳에는 반드시 사악한 악령이 살게 마련이니까요. 그 여인이 모습을 감춘 상황도 예사롭지가 않았습니다."

그러나 가오루는 더 이상 자세히 말하지 않았다. 중궁 역시 이렇게 숨기려는 이야기를 굳이 들먹거리는 것도 좋지 않은 데다, 오히려 그 사실을 이미 들어 다 알고 있음을 가오루가 알게 될까 염려하였다. 또 니오노미야가 번민하고 있다가 그 무렵에 병을 얻은 일을 생각하고는 그의 심정도 가엾어져 아무튼 누구에게도 입 밖에 낼 수 없는 기구한 운명의 여인이라 생각하여 이야기하려던 것도 그만두었다.

중궁은 소재상에게 살며시 이렇게 말했다.

"대장은 그 사람이 너무 그립다는 말을 하니, 가엾어서 큰스님에게 들은 이야기를 하마터면 털어놓을 뻔했으나, 만약 그 사람이 아닐 수도 있다는 생각에 말하지 않았네. 그러나 그대도 들어 알고 있으니 불편하게 여길 만한 말은 하지 말고, 다른 이야기를 하는 중에 이런 일이 있었다며 큰스님에게서 들은 이야기를 들려드리도록 하게."

"중궁께서도 말씀하기 어렵게 생각하는 일인데, 제가 어떻게 그런 이야기를 할 수 있겠습니까."

소재상은 이렇게 말하였으나 중궁은 이렇게 대답했다.

"때와 장소에 따라 다른 것이다. 나로서는 가엾고 또 말하기 어려운 까닭도 있으니까."

소재상은 자신과 니오노미야의 관계를 배려하신 중궁의 깊은 뜻을 헤아리고 마음 한 구석이 애잔했다.

그러던 어느 날 처소에 들른 가오루에게 소재상은 큰스님이 한 이야기를 꺼냈다. 가오루는 불가사의하고 희한한 이야기를 듣고는 놀라지 않을 수 없었다.

'중궁은 왜 당신 입으로 직접 말해 주지 않았을까?'

이렇게 원망스럽게 생각했다.

'나도 모든 것을 시작부터 끝까지 모두 말하지 않았으니, 소재상에게 들었다 하여 새삼스레 중궁께 다시 말하는 것도 어리석은 일이다. 나는 그동안 입밖에 내지도 않았는데 오히려 소문이 떠돌고 있으니, 아무리 몸을 숨기려 해도 살아 있는 사람은 숨길 수 없구나.'

가오루는 소재상에게도 털어놓기 어려워 이렇게 말했다.

"그 사람 처지가 모습을 감춘 여인과 비슷한 듯하구나. 그래 그 사람은 아직도 살아 있는지."

"저 큰스님이 산에서 내려오던 날 여승이 되었다 합니다. 중병을 앓는 동안에도 모두들 애석하다고 여승이 되지 못하게 했습니다만, 그 사람 자신이 강경하게 출가를 원하여 그리되었답니다."

'장소도 우지인 데다가 그즈음의 일을 생각해 보면 모두가 맞아떨어진다. 어떻게 하면 좀더 소상히 알 수 있을까. 내가 직접 허겁지겁 그 사람을 찾아다니는 일도 어리석다고 험담할 것이다. 설상가상으로 저 친왕의 귀에 들어가게 된다면 반드시 그냥 내버려두지는 않을 게고, 막 들어선 불제자의 길도 결국에는 방해받고 말 것이다.

이미 친왕은 모든 것을 알고 있어 '그 이야기를 대장에게 하지 마십시오' 중궁에게 부탁해 놓았기 때문에, 중궁이 이와 같은 기이한 이야기를 듣고도 하지 않은 듯하다. 니오노미야가 이 일과 관련 있다면, 나는 아무리 그 사람을 그립다 하더라도 이미 죽은 사람으로 체념하리라. 생사(生死)라는 벽이 갈라놓은 두 사람인 줄 알고, 언젠가는 황천 기슭에서 만나는 기회가 있으리라. 내 사람으로 되찾기 위한 일에 더는 마음 쓰지 말자.'

대장은 이렇게 번민하였다. 역시 물어봐야 말해 주지 않으리란 생각이 들었지만, 중궁이 생각하는 바를 알고 싶었던 대장은 기회를 만들어서 중궁을 찾아갔다.

"어이없이 죽은 줄 알고 있었던 여인이 아직 이 세상에 살아 있는 것 같다는 이야기를 들었습니다. 그런 일이 있을 리 없다고 생각되기는 하지만, 그 여인의 성품으로 보아 스스로 몸을 던질 만한 사람도 아닌 터라, 사람들의 이야기를 듣자 하니 어쩌면 맞을 수도 있겠다는 생각이 듭니다."

대장은 이렇게 말하고, 그때 일을 전보다 자세히 말했다.

니오노미야에 대해서는 조심스럽게, 원망하는 티가 나지 않도록 이야기하였다.

"그분이 살아 있음을 친왕이 알게 된다면, 저를 집착 강한 호색적인 사람으로 여길 겁니다. 그래서 저는 그 여인이 살아 있다는 사실을 모르고 있었던 사람처럼 지낼 작정입니다."

"큰스님이 우지 이야기를 했던 날은 무서운 느낌이 드는 밤이어서 그 일을 자세히 듣지 않았지만, 친왕이 들을 필요는 없어요. 듣자하니 친왕은 말도 안 되는 패씸한 소행을 저질렀다 하니, 이 일이 그 귀에 들어가면 다시 난감한 일이 벌어질 것이 뻔해요. 언제나 이런 일에는 신분도 아랑곳하지 않고 경솔하게 행동하는 사람이라 참으로 한심합니다."

'중궁은 신중한 사람이어서, 사소한 일이라도 은밀히 주고받은 대화를 남에게 흘리지는 않을 것이다.'

가오루는 이렇게 생각하였다.

'그 사람이 살고 있는 집은 오노 산골 어디쯤일까. 어떻게 하면 체면을 잃지 않고 찾아갈 수 있을까. 무엇보다도 큰스님을 먼저 만나 자세한 것을 알아둘 필요가 있다.'

가오루는 자나 깨나 이 일만을 생각하며 번민했다.

가오루는 매달 8일에는 반드시 불사를 베풀기로 약속이 되어 있어 약사여래 공양에 쓸 물품을 구하러 예산의 중당에 참배하였다. 그리고 가는 길에 요카와에 들르리라 생각하고 우키후네의 이복동생인 동자를 데리고 갔다.

'가족들에게 우키후네가 살아 있다는 사실을 서둘러 알릴 필요는 없다. 상황을 확인한 뒤에 알려도 늦지 않으리라.'

그래도 갑작스레 재회하면 꿈 같은 감회가 들 터이라 동생을 데리고 간 것일까.

'그 사람이 우키후네가 분명하다 해도 늙은 여승들과 함께 생활하는 데다, 만에 하나 다른 남자가 드나들고 있다는 꺼림칙한 소문이 난다면 또다시 얼마나 비참해질까.'

가오루는 가는 길 내내 이런저런 생각으로 어지러웠다.

꿈속의 다리*1

　　가오루는 히에이 산 연력사(延曆寺)에 이르자 여느 때와 같이 경전과 불상을 공양했다. 요카와 절에는 이튿날 갔는데, 큰스님은 대장이 몸소 행차한 것에 몸 둘 바를 몰라 했다. 이제까지 기도 때문에 나름 접촉은 해왔으나 남달리 가까운 사이는 아니었다. 저번에 큰스님의 수법으로 첫째 황녀의 병이 쾌유함을 계기로 가오루는 크게 존경하며 그전보다 더 두터운 불도의 인연을 맺게 되었다.

　　큰스님은 가오루가 고귀한 신분으로 일부러 이 산사를 찾아왔다며 한껏 환대를 했다. 부드럽게 마음을 가라앉히며 이런저런 이야기를 나누고, 손님에게 더운 죽 등을 내놓았다. 조금 조용해졌을 때 가오루 대장이 물었다.

　　"오노에 집이 있는지요?"

　　"있습니다. 아주 낡은 집인데, 여승이 된 소승의 늙은 어머니께서 살고 계십니다. 도읍에 거처가 있는 것도 아니기 때문에, 제가 산사에 은둔하는 동안 한밤이건 새벽녘이건 무슨 일이 있을 때 도움이 되리라 싶어 오노에 집을 마련한 것입니다."

　　"얼마 전까지만 해도 이 부근에 사람이 많이 살았다던데, 지금은 한적하더군요."

　　이렇게 말하고 나서 가오루는 앞으로 다가앉으며 목소리를 낮추며 말했다.

　　"확실한 일이라 생각되지 않고, 또 당신에게 물으면 무슨 까닭으로 내가 그 일을 깊이 알려고 하는지 이상하게 여길 것 같아 조심스럽지만, 그 산골 집에서 내가 예전에 보살펴 주어야 했던 사람이 신세를 지고 있다는 이야기를 들었습니다. 그것이 사실이라면 그렇게 되기까지의 과정도 들어볼까 생각하던

---

*1　꿈속 다리(夢浮橋) : 제54권 마지막 권. 가오루는 오노에서 여승이 되어 있는 우키후네와 끝내 만나지 못하면서 《겐지 이야기》도 끝난다. 그러나 이것은 하치노미야 딸들의 이야기가 끝난 것으로, 장편 《겐지 이야기》의 결말이라고 하기엔 조금 부족한 듯하다.

중에, 그 사람이 큰스님의 제자로서 여승이 되어 수계를 받았다는 소문을 들었습니다. 사실인가요? 아직 나이도 젊고 어버이도 있는 사람이라, 내가 그 처자를 죽음에 이르게 했다고 생트집을 잡는 사람도 있어요."

'역시 그렇군. 짐작했던 대로 그 사람은 평범한 집 딸은 아니었구나. 어떤 사연이 있어 보였는데, 대장이 몸소 와서 이렇게까지 말하는 것을 보면, 깊이 사랑했던 사람임에 틀림없어. 그런데 내가 법사로서 깊이 생각하지도 않고 머리를 깎아 버렸으니.'

큰스님은 이런 생각으로 가슴이 미어져 옴을 느끼며 어찌 대답할 궁리를 했다.

'이미 사실을 모두 알고 있는 듯하니 상황을 파헤치려 한다면 숨길 수도 없는 일, 억지로 아니라고 숨기려 한다면 오히려 해가 될 게야.'

큰스님은 마침내 말을 꺼내기 시작했다.

"어쩌다가 그런 일이 생겼을까 작년부터 이상하게만 생각하던 분의 일인 줄 짐작을 했습니다. 오노의 어머니와 여승이 된 여동생이 하쓰세 절에서 기도를 올리고 돌아오는 길에 우지원이라는 데서 묵었습니다. 그때 어머니께서 여독으로 병이 나 몸이 심상치 않다는 기별이 왔기에 서둘러 산을 내려가 우지로 갔습니다. 그런데 그곳에서 기괴한 일이 있었습니다."

큰스님은 잠시 숨을 고르고는 말을 이었다.

"그곳에서 여동생은 거의 반죽음에 이른 어머니도 제쳐놓고 기어이 그분 목숨을 구하고 싶다고 걱정하더군요. 그분은 죽은 사람처럼 보였는데 숨은 끊어지지 않았으니, 옛날 소설의 빈전(殯殿)에 둔 송장이 되살아났다는 이야기가 떠올라 여동생이, 그런 일인가 신기해 하며 저의 제자 가운데 기도를 잘하는 법사를 불러 번갈아 가지기도[2]를 시키더군요. 그때 소승은 비록 목숨이 아까울 나이는 아니지만, 여행중에 병을 얻으신 어머니에게 정념으로 염불도 시켜드린 뒤 임종을 맞게 하고자 부처님 도움을 빌고 있어서 그분을 자세히 보지는 못했습니다. 무슨 까닭으로 그 지경이 되게 했을까 생각하고 살펴보니 요괴나 나무정령 따위에 씌어 그곳으로 데리고 왔으리라 생각되었습니다.

목숨을 살려서 도읍에 데리고 간 뒤에도 석 달쯤은 죽은 사람과 다름없었

---

[2] 가지기도(加持祈禱) : 부처의 힘을 빌려서 병과 재난 등을 피하기 위해 올리는 기도.

습니다. 전에 죽은 위문독의 아내였던 저의 여동생 여승은 하나뿐인 딸을 잃어버리고서 줄곧 슬픔에 잠겨 있었는데 비슷한 또래에 매우 아름다운 여인을 발견하여, 이는 관세음보살이 자신에게 보내주신 것이라 기뻐하면서 미칠 듯이 울며불며 저를 보고 그 사람의 목숨을 구해 달라고 매달렸습니다. 그 뒤 소승이 몸소 자카모토로 내려가 호신을 위한 가지기도를 올렸습니다. 그로부터 기운도 차리고 정신도 되찾아 건강하게 회복되었습니다. 그런데도 그분은 '달라붙은 것이 떨어져 버리지 않은 듯이 생각된다. 악령의 방해에서 벗어나 내세의 안락을 기도하고 싶다'면서 간곡히 바라기에, 소승은 승려로서 출가를 권하는 게 마땅하다 여겨 수계를 받도록 해드렸던 것입니다. 대장님과 인연이 있는 분인 줄 알 리 없었지요. 이상한 일이라 사람들에게 이야기하면 찾고 있는 사람의 주의를 끌게 되었을지도 모르지만, 세상에 알려지면 번거로운 일일 것이라며 여동생이 그러지 못하게 말리기에 오랫동안 비밀에 붙여두고 있었습니다."

가오루는 소재상으로부터 조금 들은 이야기 때문에 이 산까지 멀리 큰스님을 찾아오기는 했으나, 정말 죽은 줄 알고 단념했던 사람이 살아 있는가 싶으니 너무나 뜻밖이고 마치 꿈을 꾸는 듯한 생각도 들어 가슴이 설레면서 자기도 모르게 눈시울이 뜨거워졌다. 그러나 고승 앞에서 그런 나약한 마음을 보여서는 안 된다고 단단히 마음먹고 애써 냉정한 표정을 짓고 있었다.

그런데 큰스님은 가오루가 이토록 사랑했던 사람을 세상에 없는 사람이나 다름없는 여승으로 만들어 버렸으니, 이것은 마치 자신의 잘못인 듯 죄스러워했다.

"악귀가 달라붙었다는 것은 전생에 약속된 일입니다. 반드시 지체 높은 집 자녀였을 것입니다. 대체 무슨 사연 있어 그토록 영락하였을까요?"

"황족의 피를 이어받은 사람이라 하겠지요. 그러나 나 또한 정식 부인으로 맞으려 했던 것은 아닙니다. 어떤 일이 인연이 되어 보살피게 된 사이였지요. 하지만 이렇게까지 영락하여 떠도는 처지가 될 줄은 몰랐고, 더군다나 어느 날 문득 흔적도 없이 사라져 버렸기 때문에 스스로 목숨을 끊었는가 생각했으나, 의심스러운 점도 많이 느끼고 있었습니다. 출가하여 죄업을 덜어 주었다 하시니 마음이 놓입니다. 그러나 어머니 되는 분이 몹시 그리워하고 슬퍼하고 있으니 그분에게만은 알려드리고 싶습니다. 그러면 이제까지 비밀로 지켜온 여승의 뜻을 저버리게 되는 걸까요? 끊을 수 없는 모녀의 정으로 찾아갈 수도 있겠다 생각되는데요."

가오루는 이렇게 말하고 나서 하기 힘든 말을 꺼냈다.

"번거로운 일이겠지만 자카모토까지 함께 내려가 주십시오. 자세한 내막을 들었으니 이대로 버려두면 안될 사람이기에, 꿈결 같은 이 이야기를 여승이 된 그 사람과 나누고 싶습니다."

'이렇게 말하는 모습이 그분을 여간 깊이 생각하는 게 아니구나. 출가한 모습이 되어 머리도 수염도 밀어버린 법사들조차 연심을 누르지 못하는 자가 있는데, 하물며 여인의 몸으로 계행을 지킬 수 있을지 매우 의심스러운 일이다. 가엾게도 더 많은 죄를 짓게 하는 것은 아닐까?'

승도는 마음 깊이 번민했다.

"바로 내려가기는 곤란합니다. 달이 바뀌면 이쪽에서 편지를 드리겠습니다."

가오루는 미덥지 못한 생각이 들었으나, 동행을 강요하면 갑자기 초조해하는 것처럼 보일까 해서 일단 큰스님의 말을 받아들였다.

"그렇다면 그리해 주십시오."

작별인사를 하고 돌아가려다가 가오루는 우키후네의 배다른 동생이 일행 안에 있는 것을 생각했다. 다른 형제보다 아름다운 그 동자를 대장은 가까이 불렀다.

"이 아이가 그 사람 동생입니다. 이 소년을 심부름 보내도록 하지요. 짤막한 편지를 한 통 써 주십시오. 처음부터 저라고는 말씀하지 말고 누군가 찾고 있는 사람이 있다는 것만을 써 주십시오."

"소승이 안내하면 반드시 죄업에 빠질 것입니다. 일의 과정은 말씀드린 대로입니다. 이제는 대장님이 몸소 들르셔서 하고 싶은 이야기를 하셔도 죄가 되지는 않습니다."

큰스님은 이렇게 거절했다. 가오루는 웃으며 예전부터 도심이 깊었던 것을 이야기했다.

"죄업을 짓는 안내라 생각하신다면 오해입니다. 저는 오늘날까지 속세 사람의 모습으로 있는 게 이상할 만큼 믿음이 두터운 사람입니다. 소년 시절부터 세상을 등지고 불문에 들어갈 뜻을 갖고 있었지만, 삼조의 어머님이 저 같은 사람 하나를 기대고 계시니, 그 일에서 헤어날 수 없어 속세를 떠나지 못했습니다. 그러다 보니 자연히 지위도 높아지고 처신도 함부로 하지 못하게 되어, 마음은 불도에 있으면서도 행동은 죄가 되는 속세로 끌려가고 있으니 끊을 수 없는 인연이 늘어날 뿐입니다. 공사(公私)의 어쩔 수 없는 일에서 생긴 사정인지는 몰라도, 그 밖의 일에서는 부처님의 계율과 가르침을 조금도 어기고 싶지 않아 조심하고 있었습니다. 마음속은 늘 성승 못지않다고 믿고 있는 저입니다. 하물며 작은 일로 무거운 죄업을 쌓게 되어서는 안 되지요. 그러하니 어찌 머리를 자르고 승려가 된 사람을 유혹하는 짓을 하겠습니까. 저를 믿어주십시오. 불쌍한 어머니의 한을 풀어주고 싶을 뿐입니다. 그리되면 그분도 마음의 안정을 찾을 수 있으리라 생각됩니다."

큰스님도 수긍하였다.

"참으로 갸륵한 일입니다."

가오루는 어느덧 날도 저물었으므로 오노에 들러 하룻밤 묵어 갔으면 했으나, 아직 사정도 모르고 갑자기 가는 것은 짐짓 좋지 않으리라 생각해 돌아가기로 작정했다.

그때 큰스님이 상륙태수의 아들을 보고 귀엽다고 칭찬했다.

"이 소년이 가지고 갈 편지에 써서 넌지시 알려 주십시오."

대장이 이렇게 말하자 큰스님은 곧 편지를 써서 소년의 손에 쥐어 주며 이렇게 말했다.

"이따금 산에도 올라오너라. 나와는 인연이 있으니."

소년은 인연이 있다고 하는 까닭을 헤아리지 못했지만, 그 편지를 받아들고 이내 일행 속으로 들어갔다.

자카모토에 가까워졌을 때, 대장은 주의를 주었다.

"앞에 가는 사람들은 여러 대열로 나누고 목소리도 낮추도록 하라."

오노에서 우키후네는 초록으로 무성히 우거진 여름 산을 바라보며 냇가의 반딧불이 우지 강 반디와 다름없다며 위안 삼아 바라보고 있었다. 처마 사이로 내다보이는 산비탈길을 따라 숱한 횃불이 내려오는 것을 보려고 보살 할멈들이 마루에 나가 있었다.

"누가 지나가는가요. 앞을 물리는 사람들이 많은데요. 낮에 큰스님에게 해초 말린 것을 갖다 드리러 요카와에 갔더니 대장님이 오셔서 서둘러 식사 준비를 하던 중인데 마침 잘 되었다고 하더군요."

"대장님이라면 지금의 둘째 황녀님의 바깥분이 아니던가요?"

그런 소리가 들리니 우키후네는 문득 이렇게 생각했다.

'속세를 떠난 시골 사람들답구나. 정말 그럴지도 모르지. 대장이 우지의 산길을 헤치고 올 때 들었던 수행원들의 목소리가 섞여 있는 듯 들려오는구나.'

우키후네는 세월이 흐르면 잊힐 법한데도 이처럼 떠올라 좀처럼 잊히지 않으니, 한심하게 여겨져 아미타불에 마음을 달래며 차분하게 앉아 있었다.

가오루는 돌아가는 길에 소년을 오노로 보내려 했으나, 사람들 눈이 많아 일단 서울로 돌아와 이튿날 아침에, 큰스님의 편지를 가지고 가게 했다.

주변에 사람이 없을 때 그 아이를 불러 놓고 단단히 타일렀다.

"세상을 떠난 네 누님 얼굴을 기억하느냐, 죽은 사람인 줄 알고 체념하고 있었는데 틀림없이 살아 계시단다. 다른 사람들에게는 알리고 싶지 않으니 네가 가서 살펴보고 오도록 해라. 어머니에게는 아직 아무 말하지 마라. 괜히 알리면 너무 놀라서 야단법석을 칠 테니. 그러면 알지 말아야 할 사람도 알게 될 터이다. 네 어머니 슬픔을 생각해서 이토록 애타게 찾는 거야. 그러니 그때까지는 절대 입 밖에 내서는 안 된다."

어린 마음에도 생각하길 형제는 많으나 이 누나만큼 아름다운 사람은 없다 기억하는데, 죽었다는 말을 듣고는 슬퍼했다. 이제 이런 기쁜 소식을 알았으니 감격해서 눈물을 뚝뚝 흘렸다. 그것이 부끄러워 괜스레 큰 소리로 대답했다.

"예에."

오노의 집에는 이른 아침에 큰스님이 보낸 편지가 도착했다.

'어젯밤에 대장의 심부름으로 어떤 소년이 찾아갔던가요. 사정 이야길 듣고 보니 출가시킨 게 당황스러운 일이 되어 소승이 스스로 책하고 있다고 아씨에게 말해 주시오. 나 자신이 찾아뵙고 들려드리고 싶은 말도 많지만, 며칠 지나고 나서 찾아가겠습니다.'

"대체 이건 무슨 소리인가?"

여승은 크게 놀라서 그 편지를 우키후네에게 가지고 와서 보여주었다. 우키후네는 낯을 붉히고 자신의 일이 낱낱이 알려지고 말았구나, 줄곧 숨겨 왔다고 여승이 원망할 것을 생각하니 무어라 대답할 수도 없어 잠자코 있었다.

"지금이라도 좋으니 말해 줘요. 원망스럽군요. 그토록 차갑게 남 대하듯 하다니."

사정을 모르니 이렇게 원망하는 것이었으나, 여승은 그저 가슴이 두근거리며 어쩔 줄 몰라 허둥지둥하고 있는데 누가 찾아왔다는 소리가 들렸다.

"큰스님의 편지를 전하러 오신 분이 계십니다."

여승은 이상하다 싶었지만, 이번 편지가 일을 뚜렷하게 해주는 오라버니의 편지일 테지 하고 안내하라 전했다.

"이리로 모셔라."

곱다랗고 기품 있는 모습으로 아름답게 차려 입은 소년이 마루 위를 걸어왔다. 발 안에서 방석을 내주자 공손히 무릎을 꿇고 앉으며 말했다.

"이처럼 서먹서먹한 대접을 받을 일이 없다고 큰스님이 말씀하셨는데요."

여승이 몸소 이야기를 하러 나섰다. 가져온 큰스님의 편지를 받아보니 '스님 아씨 앞. 산사에서'라는 말과 큰스님의 이름을 반듯하게 써 놓았다.

우키후네는 자기에게 잘못 온 편지라고 할 수 없으니 안쪽으로 들어가 버리고 얼굴도 보이려 하지 않는다.

"여느 때에도 명랑하게 행동하는 사람이 아니지만 참으로 야속한 사람이다."

'어찌 된 일일까?'

여승은 큰스님의 편지를 펼쳐서 읽었다.

'오늘 아침 산사에 대장이 찾아와 그대에 대해 묻는지라 일이 어떻게 되었는지 자세히 말씀드렸습니다. 애정이 깊었던 두 분 사이의 인연을 거스르고, 산사의 초라한 사람들 속에 출가시킨 것은 오히려 부처님 책망을 들을 일이라 말씀하시니 소승은 그저 놀랄 뿐입니다. 그러나 이제 와서 어찌합니까. 다시 두 사람의 인연을 회복해 대장의 애착에 대한 죄를 풀어드리세요. 하루라도 출가했던 공덕은 큰 것이니, 그리 되더라도 지금처럼 부처님에게 의지하세요. 다시 찾아뵙고 이런저런 말씀을 드리기로 하지요. 또한 충분치 못하지만 오늘은 이 소년이 그대에게 말씀드릴 겁니다.'

사연을 보면 일은 더욱 뚜렷해져야 되는데, 아씨 말고 다른 사람들은 아직 무슨 말인지 영문을 도무지 모르겠다는 눈치였다.

"저 소년은 누구입니까. 원망스러운 일입니다. 아직도 숨기려는 거요?"

여승의 꾸중을 듣고 우키후네가 얼핏 고개를 돌려 내다보니, 그 아이는 목숨을 끊으려 결심을 했던 그날 저녁에 그리워하던 동생이 아닌가. 한집에 살던 시절 아직 개구쟁이여서 응석받이로 얄미운 데도 있었다. 그러나 어머니가

꿈속의 다리 1587

무척 귀여워해서 우지에도 가끔씩 데리고 왔고, 조금씩 성장해서는 남매의 애정을 느끼게끔 되었던 동생인지라 마치 꿈처럼 여겨진다.

무엇보다도 어머니가 어찌 지내시는지 묻고 싶었다. 다른 사람들 소식은 요즘 누구한테서랄 것도 없이 이따금 듣는 터지만, 어머니 소식은 전혀 들을 수가 없었다. 동생을 보니 한결 더 슬퍼져 눈물을 흘리면서 울었다.

여승은 소년이 아름답고 어딘가 아씨를 닮은 구석도 있어 보이기에 이렇게 말했다.

"두 분이 남매 사이인가 보군요. 하고 싶은 이야기도 있을 테니 안으로 모시지요."

'이렇게 여승으로 변한 모습으로 혈육을 만나다니.'

우키후네는 이렇게 생각하고 얼마 동안 말이 없다가 이렇게 말했다.

"내 신원을 숨긴다고 여기시는 게 몹시 괴로워 이제까진 아무 말도 여쭙지 않았습니다. 우지에서 상상할 수 없을 만큼 산송장이 돼 있던 내 모습은 틀림없이 이상하게 보였겠지요. 나는 그렇게 정신을 잃고, 혼백이 그전과 달라졌는지 아무리 해도 지난날은 생각나지 않습니다. 다만 기이태수라는 사람이 세상 이야기를 할 때, 그 이야기 속에 내가 살았던 곳이 어렴풋이 떠오르기는 했습니다만, 그 뒤 이것저것 생각하려고 애써 보았지만 아무래도 떠오르는 게 없었습니다. 오로지 저 때문에 홀로 남은 어머니는 지금 어떻게 하고 계실까 그것만이 늘 마음에 걸려 슬프게 합니다. 그런데 오늘 가만히 보자니까 이 소년은 어릴 적에 본 듯한 얼굴로 여겨져 참을 수 없는 심정입니다. 이런 혈육에게도 내가 살아 있다는 사실은 알리고 싶지 않으니 만나지 않겠습니다. 만일 어머니께서 살아 있다면 만나고 싶습니다. 큰스님이 편지에 쓰신 그 사람에게는 단연코 저는 이 세상에 없는 사람으로 하고 싶습니다. 어떻게든 잘 둘러대어, 사람을 잘못 알아보았다 전하고 나를 숨겨주십시오."

여승이 말을 받았다.

"어려운 일이라고 생각합니다. 큰스님의 성품은 다른 큰스님들 중에서도 공명정대하니 대장님에게 아무 거짓도 없이 모두 다 밝힐 겁니다. 아무리 숨기려고 해도, 나중에 대장이 모두 알게 될 것입니다. 더욱이 대장님은 가볍게 다룰 신분도 아니니."

여승에게서 이야기를 듣고 모두가 흥분해서 떠들었다.

꿈속의 다리 1589

"지나치게 고집스럽다는 소릴 듣게 됩니다."

다들 그렇게 의논한 다음에, 우키후네가 있는 방 사이에 휘장을 드리우고 소년을 사랑채로 이끌었다.

이 소년도 누님이 살아 있다는 말을 듣고 왔지만, 아직 어린 나이라 버젓이 남매답게 말을 건네는 게 어쩐지 겸연쩍어서 눈을 내리깔고 말했다.

"다른 편지 한 통도 가지고 왔습니다만, 큰스님의 말씀으로는 모든 일이 분명해졌는데 어째서 이처럼 서먹서먹하게만 대하는지요."

여승이 소년에게 말했다.

"아유, 저것 보세요. 참으로 귀여운 분이군요. 편지를 받아야 할 분은 이쪽에 있어요. 우리들은 아직도 무엇이 어찌된 일인지 모르고 있으니, 좀 더 이야기해 보세요. 나이 어린 분을 심부름 보낸 데는 그만한 까닭이 있겠지요."

소년이 대답했다.

"휘장으로 가린 채 이렇게 서먹서먹하게 대하니 무슨 말을 할 수 있나요? 더구나 아무런 인연도 없는 남 대하듯 여기니 더 말씀 드릴 것도 없습니다. 다만 이 편지는 직접 드리라는 분부였기에 꼭 제 손으로 건네드려야겠습니다."

"마땅한 말이지요. 그렇게 고집을 부리면 안 됩니다. 귀신 탓인가, 기분이 꽤 언짢아 보이는군요."

여승은 그렇게 말하고, 여러 가지로 말을 바꾸어 거듭 권하면서 우키후네를 휘장 옆으로 밀어내는데도 우키후네는 그저 망연하게 앉아 있었다.

거기에 앉아 있는 사람의 모습이 어렴풋이 남이 아님을 느낄 수 있으니, 소년은 그쪽으로 다가가 편지를 들이밀었다.

"답장을 서둘러 받아 가야 합니다."

소년은 남처럼 대하는 게 기분이 좋지 않아 원망스러운 듯 황급하게 돌아갈 길을 서둘렀다.

여승은 대장의 편지를 펴서 우키후네에게 보였다. 예스러운 필적으로 종이에서 풍기는 향내가 전과 다름없이 짙었다.

그것을 언뜻 보고 무슨 일에나 감탄하는 주제를 모르는 사람은 더없이 진귀하고 훌륭한 편지라 할 것이다.

'뭐라 표현할 수 없을 만큼 여러 가지 중한 죄업을 저지른 그대의 심정을 큰스님을 보아 모두 용서하였으니, 이제는 그때 모습을 감춘 꿈 같은 일에 대해

서 함께 이야기를 나누고 싶은 마음이 앞섭니다. 나 자신이 그러한데 다른 이들의 마음은 어떠할까요?'

대장은 마저 다 쓰지 못했다.

큰스님 불도의 스승으로서 찾았던 산길이었는데
그 산길이 그대 있는 곳으로 나를 이끌어
뜻하지 않게 사랑의 산에서 헤매느라 길을 잃고 말았네.

'동생을 잊지 않았겠지요. 그 아이를 나는 행방을 모르는 그대의 유품으로 여기고 곁에 두고 있었습니다.'

편지는 그렇게 애정을 담아 상세하게 씌어 있었다.

이렇게 섬세하게 알고 써보낸 사람에게 잘못 보낸 편지라 할 수도, 자신의 행방을 숨길 수도 없는 게 아닌가. 그렇다고 해서 그 사람에게 바라지 않는 일이겠지만 달라진 자신의 모습을 보이게 되었을 때, 그 부끄러움은 또 얼마나 클까. 우키후네는 이처럼 번민하면서, 몹시 연약한 성격이기에 어쩔 줄을 몰라 한다.

우키후네가 울며 엎드린 모습을 보고 여승이 말했다.

"지나친 것 같은데요."

여승도 난처해한다.

"뭐라고 답장을 쓸 것인지요."

여승은 이렇게 은근히 채근하였다.

"지금은 마음이 어지럽습니다. 냉정을 되찾고 난 다음에 답변을 드리겠습니다. 옛 생각을 떠올려 봐도 이야기할 만한 게 없습니다. 그저 모두가 꿈 같은 일이라 하지만 대체 무슨 꿈인지도 알 수 없으니, 오늘은 그냥 돌려보내 드리세요. 편지 받을 사람이 다르다면 우스꽝스러운 일이 되니까요."

우키후네는 이렇게 말하고, 펼쳐 놓은 편지를 여승 쪽으로 살며시 밀어 놓았다.

"참으로 곤란한 처사입니다. 지나치게 실례를 범하면 옆에 있는 사람도 죄를 짓게 됩니다."

그런 소리를 듣자니, 거북하고 언짢아진 우키후네는 얼굴을 옷 속에 파묻고 엎드려 있었다.

여승은 소년에게 말했다.

"귀신에 씌어서 그런 겁니다. 아픈 몸으로 제정신일 때가 거의 없이 지내오다가 머리를 깎고 남에게 보이기 난처한 모습이 되었으니, 만약 이 아씨를 찾는 분이 있다면 어쩌나 하고 걱정했는데, 이렇듯 가슴 아픈 사연이 두 분 사이에 있을 줄이야. 그저 황망할 뿐이에요. 여느 때에도 그러했으나, 오늘 일로 한층 더 얼이 빠진 모습입니다."

산골에 어울리는 맛있는 요리를 대접하였으나, 소년은 마음이 좀처럼 가라앉지 않고 황당하기만 해 이렇게 말했다.

"대장님께서 굳이 저를 심부름꾼으로 보내셨으니, 돌아가서 뭐라 여쭈면 좋을지 한마디라도 해 주세요."

"참 그렇군요."

여승은 이 말을 전했지만, 우키후네는 여전히 대꾸가 없으니 몹시 실망해서 소년에게 이렇게 말했다.

"보는 바와 같이 아씨의 정신 상태가 아직 온전치 않다고 전할 수밖에 없겠군요. 구름처럼 멀리 떨어진 곳도 아니니, 산바람이 불면 다시 들러 주세요."

기대할 것도 없이 오랫동안 머물러 있는 게 좋지 못하다 싶어 소년은 그만 물러나려 했다.

소년은 그립던 누님과 만나는 기대를 가슴에 안고 왔던 만큼 크게 낙담해하면서 대장 댁으로 돌아갔다.

가오루 대장은 고기미가 돌아오기를 이제나저제나 기다렸으나, 이렇게 애매모호한 말만 듣고 돌아온 데에 크게 실망을 했다. 차라리 편지를 보내지 말았어야 했다고 후회하였다. 한편으로는 '누군가 남몰래 연인으로 숨겨두고 있는 게 아닐까' 상상하니, 자신이 우지에 아씨를 숨겨 놓은 채 돌아보지 않은 경험에서 그런 생각을 했노라 이 책에 씌어 있었다 한다.

시공을 초월 영원한 《겐지 이야기》 무라사키 시키부

김영련 차지선 김수민

1. 무라사키 시키부의 생애

아버지를 한숨짓게 하는 딸

무라사키 시키부는 970년경 교토(京都)의 쓰쓰미테이에서 지방 관료였던 아버지 후지와라노 다메토키와 같은 집안 출신의 어머니 사이에서 둘째 딸로 태어났다. 무라사키 시키부의 어린 시절 모습을 전해 주는 유명한 이야기가 있다. 그녀의 아버지는 학문을 좋아하는 아들(무라사키 시키부의 오빠인지 남동생인지는 알 수 없다)에게 한시 등 한문을 가르치는 일이 많았다. 무라사키 시키부도 그 옆에서 시 읊는 소리를 들으며 자랐다. 다음은 무라사키 시키부 일기의 한 구절이다.

> 나는 아버지께서 형제에게 읽기와 쓰기를 가르칠 때 어깨너머로 들으며 배웠다. 다른 사람들은 글을 읽으면 잊어버렸지만, 나는 신기하게 보일 정도로 한 번 쓱 훑어보고도 쉽게 외울 수 있었다. 글에 조예가 깊었던 부모님께서는 '이 딸아이가 사내아이였다면 좋았을 텐데……' 늘 이렇게 안타까워하셨다.
>
> 《무라사키 시키부 일기》에서

시키부란 시키부성(式部省), 현재 문무과학성에 해당하는 기관의 관료로 무라사키 시키부의 남자형제가 3등관(장관 다음 가는 직책)이었기 때문에 그렇게 불린 것이다.

무라사키 시키부의 어린 시절 회상을 보면 아버지께서 가르쳐 준 내용을 남자형제는 좀처럼 기억하지 못하고 잊어버리지만, 옆에서 듣고만 있던 무라사키 시키부가 놀랄 만큼 빨리 쉽게 기억해 내는 모습을 보고는 그녀가 사내아이였으면 좋겠다고 탄식한다.

무라사키 시키부의 집안은 대대로 나랏일을 하는 관리를 배출하였기 때문에 학문이 뛰어난 집안이었다. 그래서 앞으로 관리가 될 사람을 키우기 위해 아들에게 엄격한 가정교육을 시켰다. 딸이 우수하다고 탄식하는 모습은 오늘날 이상하게 보이지만, 헤이안

무라사키 시키부(970 또는 978?~1014?) 그림

시대 귀족 여성은 일생의 대부분을 그저 집안에 갇혀 살았기 때문에 재능이 있어도 그 실력을 펼칠 곳이 딱히 없었다. 어린 딸이 학문에 재능이 있어도 전혀 기쁜 일이 아니었고 한 집안을 책임져야 할 남자아이가 뛰어나야 했다. 아버지가 이런 탄식을 하는 일은 한두 번이 아니라 매일 같이 반복됐다. 그만큼 무라사키 시키부의 재능은 뛰어났다. 아버지는 남녀형제들을 함께 가르친 게 아니라 어디까지나 아들을 위해 수업을 했다. 그런데도 옆에서 그냥 듣고만 있던 딸아이가 더욱 뛰어났던 것이다. 그 총명한 아이가 나중에 겐지 이야기라는 대작을 저술하게 된다.

궁에서 일하는 시녀

앞에서 여성은 학문을 익혀도 그 재능을 발휘할 곳이 없다고 했지만, 단 하나 유력한 귀족 여성의 시녀가 되어 궁에서 일하는 것이 재능을 뽐낼 수 있는 유일한 기회였다. 무라사키 시키부는 그즈음 후지와라 씨(藤原氏)가 주인이던 미치나가(道長)의 집에서 일하게 되면서 《겐지 이야기》를 쓰게 된다.

그 시절에는 무라사키 시키부, 세이쇼나곤(淸少納言) 등 일본문학사에 빛나

는 재능 있는 궁정 여성들이 많았다. 일본문학 역사상 이렇게 여성들이 활약한 시기는 일찍이 없었다. 이것은 그때 일본 정치 체제와 깊은 연관이 있다. 정치와 문학은 크게 관계 없어 보이지만, 이 시기에는 신기하게도 깊은 연관이 있었다.

후지와라 씨의 섭관 정치제도가 정착해 있어 유력 귀족이 정권을 획득하기 위해서는 천황이나 황태자의 인척이 되는 일이 가장 좋은 기회였다. 자신의 딸이 천황이나 천황 자리에 직접 관련이 있는 황족의 부인이 되어 후궁으로 입궁하면 딸에게서 태어난 황자가 다음 천황이나 황태자가 되어 가문의 번영을 꾀할 수 있었다.

후궁에는 많은 귀인(부인)들이 있어 서로 경쟁이 심했다. 자신의 딸이 천황의 관심을 끌고 사랑받을 수 있도록 해야만 했다. 그래서 여성교육을 철저히 했다. 훌륭한 여성을 키우는 일이 한 집안의 발전과도 이어졌기 때문이다.

이런 귀인들의 가정교육뿐만 아니라 시중까지 맡아서 일한 사람이 시녀(女房)이다. 학문, 문학, 음악, 예술 등 여러 분야에 뛰어난 여성을 뽑아 귀인 옆에 시녀로 시중들게 했다. 시녀는 자신의 재능을 갈고 닦아 발휘할 수 있었고, 더불어 시녀의 명성은 주인의 이름도 드높였다.

무라사키 시키부 그 이름의 유래

무라사키 시키부는 《겐지 이야기》 작가의 이름으로 어울리게 우아하고 아름답다. 이 이름은 어디서 온 것일까?

물론 무라사키 시키부라는 이름은 본명이 아니다. 시녀로 궁으로 들어갈 때 지은 가명으로 메시나(召名)라고 한다. 오늘날로 치면 별명과 같은 개념이다. 연예인들이 예명을 쓰는 것과 같다.

헤이안 시대에는 실명을 부르면 불길하고 무례하다는 중국 인습의 영향을 받아 고급 관료나 관리들은 그 직책 이름으로 불렸다. 직책이 없거나 같은 직책의 사람이 이미 있을 때는 살고 있는 곳의 지명으로 부르기도 했다.

무라사키 시키부의 본명은 안타깝게도 지금은 전해지지 않는다. 성이 후지와라(藤原)라는 것은 확실하지만 이름은 모른다. 그 시대 여성들의 실명은 천황의 부인이 된 사람이나 아주 소수의 고급 관료들 말고는 전해지는 일이 거의 없다. 겐지 이야기로 세계적으로 유명한 작가라고 해도 예외가 아니다. 세이쇼나곤이나 이즈미 시키부(和泉式部)도 그렇다. 참고로 그 때 귀족 집안의 여자아이 이름은 '○코(○子)'라고 짓는 것이 일반적이었다. 그래서 무라사키 시키부는 후지와라 다카코(藤原香子)가 아니었을까 추측된다.

궁에서 일하는 여인들의 경우 대부분 아버지나 남자형제 또는 친척의 관직명으로 불리게 된다. 무라사키 시키부의 경우 남자형제가 시키부성의 관료였기 때문에 처음에는 성을 붙여 도노시키부(藤式部)라 불렸다. 그러나 《겐지 이야기》가 유명해지자 이

무라사키 시키부 동상　무라사키 시키부공원

야기의 주인공인 무라사키로 불린 게 아닐까 여겨진다.

같은 시키부라는 이름으로 알려진 이즈미 시키부는 오에 씨(大江氏) 출신으로 처음에는 고노(江) 시키부라 불렸지만 남편이 이즈미 관료였으므로 이즈미 시키부로 불리게 된 것이다.

무라사키 시키부라는 이름은 겐지 이야기 세계 속 이미지와 절묘하게 맞아떨어진다. 이 작품을 읽는 독자들의 깊은 감동과 꿈이 담겨 있는 듯하다.

무라사키 시키부는 어떤 여성인가?

무라사키 시키부가 《겐지 이야기》를 쓸 수 있었던 배경에는 하늘에서 내려준 재능과 함께 궁중에서 경험한 시녀 생활과 현실 인식, 또 어린 시절부터 한문 교육과 문학을 많이 접한 경험이 큰 보탬이 되었다.

하지만 그녀는 그런 재능을 뽐내며 과시하지 않고 항상 무식한 척하며 고양이가 발톱 숨기듯 모르는 체하고 주변 사람들과 원만하게 지내고자 노력했다.

무라사키 시키부가 미치나가의 가문에서 일하게 된 것은 《겐지 이야기》 작가로서 능력을 인정받았기 때문이지만 그녀를 맞이하는 다른 시녀들에게 있어서는 질투의 대상일 뿐이었다. 그런 이야기를 썼으니 건방지고 오만하리라는 사람들의 예상과는 반대로 무라사키 시키부는 겸손하고 조용했으며 재능을 과시하는 일이 전혀 없었다. 《무라사키 시키부 일기》를 보면 이렇게 쓰여 있다.

"당신이 이렇게 따뜻하고 상냥한 분일 줄은 몰랐어요. 말솜씨가 뛰어나고 건방진 사람일 거라 생각했는데." 이렇게 말하며 주위 사람들은 놀라워했다.

한일자도 나는 사람들 앞에선 쓰지 않는다. 항상 겸손해야 한다.

사람들이 병풍에 쓰여 있는 한시의 의미를 물어 와도 전혀 읽지 못하는 척하며 한자의 '一'이라는 글자도 쓰지 않았다. 아무나 흉내낼 수 없는 자기관리였다.

이런 겸손한 태도를 취함으로써 주위 사람들과 조화롭고 원만하게 지내면서 사람들의 시선이 닿지 않는 곳에서 이야기를 쓰면서 자신의 재능과 능력을 충분히 발휘할 장소를 얻을 수 있었다.

무라사키 시키부는 그 시대 유명했던 세이쇼나곤과 자주 비교를 하게 된다. 예를 들면 세이쇼나곤은 밝고 활발하며 적극적으로 사람들 앞에 나서는 성격이었던 반면, 무라사키 시키부는 내성적이고 소심하며 자신을 표현하는 행동을 피하는 그림자 같은 사람이다. 그러나 이 말은 반드시 옳다고 볼 수 없으며 어디까지나 일반론에 지나지 않는다.

앞서 살펴본 무라사키 시키부의 일기만 봐도 어린 시절 글을 빨리 외우는 자신의 능력을 얼마나 자랑스러워했는지 알 수 있다. 그리고 뒤에 이야기하겠지만 무라사키 시키부 일기에는 함께 일하던 시녀들의 험담도 신랄하게 쓰여 있다. 무라사키 시키부라는 사람은 교과서적이고 이상적인 사람이 아

무라사키 시키부가 살았던 교토의 쓰쓰미테이 집터에 세워진 로잔지(廬山寺) 할아버지가 세운 쓰쓰미테이 저택에서 자라고 결혼생활도 했으며, 외동딸 켄시를 낳았다. 이곳에 겐지 그림에서 볼 수 있는 헤이안 시대 정원이 구름 형상으로 조성되어 있고, 《무라사키 시키부 일기》《겐지 이야기》 원고 복제본, 기념물 등이 전시되어 있다.

니라 사람답고 인간미가 있는 친근한 사람이다. 그랬기에 이렇듯 복잡하고 다양한 사람들이 등장하는 이야기를 창조할 수 있었다.

무라사키 시키부가 자란 쓰쓰미테이(堤第)

쓰쓰미테이는 무라사키 시키부의 할아버지 후지와라노 가네스케(藤原兼輔)가 지은 오래된 저택이었다. 가네스케는 유명한 가인(歌人)으로 다이고 천황(醍醐天皇) 곁에서 일하며 쓰쓰미테이에서 기노 쓰라유키(紀貫之) 등과 문학 모임을 열었다. 가네스케는 쓰쓰미 중납언이라 불렸다.

이 집에는 가네스케가 모은 수많은 장서들이 보관되어 있었고 그 책들이 무라사키 시키부의 교양과 지식의 원천이 되었을 것이다. 그녀는 시가집이나 소설, 셀 수 없이 많은 한문책들에 둘러싸여 지냈다. 《겐지 이야기》에 여러 책에서 인용한 문장이 많이 나오는 이유는 이런 배경 때문이다.

시녀가 되기 전 무라사키 시키부

세이쇼나곤과 다르게 무라사키 시키부가 시녀가 되는 과정은 그다지 평탄치 못했다. 그녀는 항상 자기 의지와는 다른 나날을 보냈다. 때로는 쓴맛을 보기도 하고 여러 가지 장애가 많았다. 반짝이는 문학 재능을 충분히 발휘하고 열정을 불태웠지만 다른 사람이 보기에 평범한 시녀였던 여성이 궁에 들어가기 전에는 어떤 생활을 했을까?

앞에서도 말했듯이 그녀는 학문, 문학으로 뛰어난 집안에서 태어났다. 아버지는 후지와라노 다메토키(藤原爲時)로 수령(지방관) 급의 중간 계급이어서 부유한 집안은 아니었다. 같은 후지와라 씨라도 미치나가 집안과는 큰 격차가 있었다.

이 시대에 유명한 다른 여성작가들도 거의 비슷한 환경에서 자랐다. 헤이안 왕조 여성문학의 꽃은 초일류 귀족 아가씨들 시중을 들고 있던 2, 3류 귀족 딸들이 주도했다. 그녀들의 재능을 이끌어 내고 충분히 발휘할 수 있도록 적극적으로 협력한 사람이 귀족 아가씨들의 아버지나 남자형제들이었다. 화려한 왕조 여성문학이 꽃필 수 있었던 것은 그때의 귀족과 2, 3류 귀족 딸들의 훌륭한 합작이라 할 수 있다.

다메토키는 지방관으로 일했지만 눈에 띄는 존재는 아니었다. 비록 시문에 능하고 학문, 교육에 재능이 있는 사람이었지만 현실적으로 출세의 길과는 거리가 멀었다. 어머니는 같은 후지와라 씨 출신으로 무라사키 시키부가 어릴 때 세상을 떠났다. 같은 어머니 밑에서 태어난 남자형제와 언니가 있다고 하지만 언니는 일찍 세상을 떠났다.

어머니가 죽은 뒤 그녀 대신 형제들을 돌보며 무라사키 시키부를 가장 이해해 주고 어려울 때면 상담을 해 주었던 언니의 죽음은 집안에 큰 타격을 줬다. 그런 언니였기에 무라사키 시키부는 더욱 슬픔이 컸다. 두 자매는 다른 누구보다 친했기 때문에 언니의 죽음이 그녀 인생에 큰 영향을 끼쳤을 것이다. 무라사키 시키부 글에서 볼 수 있는 명랑하고 활발했던 소녀 뒤에서 인생에 대한 깊은 슬픔이 싹튼 것도 이때이다. 비슷한 시기에 동생을 잃은 여자 친구들과 자매의 약속을 맺거나 나중에 궁에 들어와서 고쇼쇼(子少將)라는 나이 어린 시녀를 여동생처럼 대한 것도 언니의 죽음과 관계가 있을지 모른다.

어머니에 이어 언니의 죽음으로 집안에는 아버지와 남자형제만 남게 되고

무라사키 시키부공원 후쿠이현

무라사키 시키부가 집안의 주부 역할을 맡아 하게 되었다. 이로 인해 그녀는 결혼 시기를 놓치게 된다. 하지만 그녀에게 있어서는 불만이 없는 나날이었다.

996년 아버지 다메토키는 에치젠(越前)으로 발령이 나서 아버지와 함께 임국(任國)에 가게 된다. 그녀가 스물대여섯 살 때 일이다. 수도인 교토에서 멀리 떨어진 곳에서의 생활은 산과 강이 많은 지형 덕분에 그녀에게 신선한 감동을 주었다. 어릴 때부터 문학을 좋아했던 무라사키 시키부에게 이야기 작가로서 재능을 발휘하기 위한 여러 가지 경험을 제공해 준 땅이었다. 생활하는 무대, 환경을 바꾸는 것은 지금까지 삶에서 알 수 없었던 새로운 감정과 생각을 키워 주는 계기가 되곤 했다. 겐지 이야기의 무대가 교토를 떠나 스마, 아카시, 우지 등으로 전개되는 것은 그녀의 이런 경험에서 비롯되었을 것이다.

교토를 떠나 늙은 아버지와 생활하는 가운데 시상이 풍부한 문화를 접하면서 문학소녀, 아니 문학가로서의 감성을 키워 나갔다 생각되지만 이 생활은 뜻밖에 일찍 끝나게 된다. 그곳으로 간지 겨우 1년이 되었을 때 그녀는 혼자서 교토로 돌아오게 된다. 아버지를 남겨두고 혼자 올라올 수밖에 없었던 이유는 뒤늦게 찾아온 혼인을 하기 위해서였다.

무라사키 시키부의 결혼

무라사키 시키부가 결혼한 나이는 정확하지 않지만, 남아 있는 자료를 살펴보면 교토로 돌아와서 이듬해에 결혼했다고 보는 게 보편적이다.

늦게 찾아온 봄. 그녀가 만나게 된 사람은 후지와라노 노부타카(藤原宣孝)로 먼 친척 되는 사람이었다. 무라사키 시키부보다 집안이 좋았고, 인망도 높은 엘리트였다. 집안, 학문, 교양, 관료로서의 재능 등 어느 한군데도 빠짐없이 배우자로서 완벽했다. 하지만 무라사키 시키부보다 나이가 많았는데 결혼 즈음 노부타카는 이미 마흔 살이 훌쩍 넘었다고 전해진다. 무라사키 시키부와는 부모와 자식만큼 차이가 있었으며 죽은 전처 사이에 아이도 많았는데 장남 다카미츠(隆光)가 무라사키 시키부와 나이가 같거나 오히려 많았다고 한다.

헤이안 시대에는 나이 차가 많은 결혼이 적지 않았으나 위화감이 있다. 《겐지 이야기》후반에 나오는 온나산노미야는 겐지의 부인이 되지만 겐지보다 무려 20년 연하이다. 무라사키 시키부 자신의 경험이 반영되었을지도 모른다.

노부타카는 인물과 견식이 뛰어나고 문학적 소양도 풍부하여 무라사키 시키부에게 이상적인 사람이었다고 생각된다. 그는 호방뇌락(豪放磊落)*1한 성격으로 포용력이 넓은 사람이었다.

인간 내면심리를 깊고 날카롭게 파헤친 겐지 이야기 작가의 사생활은 어떠했을까? 세이쇼나곤의 《마쿠라노소시(枕草子)》에 보면 이런 내용이 있다.

> 우위문좌 노부타카라는 사람은 "정말 한심한 일이군. 어떤 옷을 입든지 깨끗한 옷을 입고 참배를 하면 되지 않겠는가." 이렇게 말했다.
>
> 《마쿠라노소시》에서

미타케 신사에 참배를 드리러 갈 때 고귀한 사람이라도 소박한 옷차림을 하고 가는 게 상식이었던 시대, 노부타카는 기존의 생각을 부정하며 "화려한 옷을 입고 간다고 뭐가 나쁘겠느냐. 미타케 신사에 모셔져 있는 신은 간소한 차

---

*1 기개가 넘치며 마음이 넓어 작은 일에 얽매이지 않음.

림으로 참배오라고 하지 않았다." 이렇게 말하며 전처 아들 다카미츠와 함께 화려한 옷을 입고 참배를 하러 와서 주변 사람들을 놀라게 했다. 미타케는 나라의 요시노산에 있는 금봉산 신사를 가리키며 수도자들이 수행을 하는 산으로 유명했다. 그곳에는 귀천을 가리지 않고 교토를 포함한 전국 곳곳에서 참배객들이 끊임없이 왔

이시야마사 쓰키미 정자 시키부는 이시야마사에서 이야기의 아이디어를 얻었다고 한다. 스마, 아카시는 이 절에서 썼다고 한다. 시키부가 머물렀다는 방은 '겐지의 방'으로 보존하고 있다.

다. 수도자들이 수행하는 장소에 어울리게 소박한 복장으로 오는 것이 보편적이었다. 노부타카는 이런 관례에서 벗어난 행동으로 사람들을 놀라게 한 것이다. 하지만 이 일은 여기서 끝나지 않았다.

4월 1일 교토로 돌아와 6월 10일쯤 되어 치쿠젠 수령이 죽었다. 후임으로 노부타카가 추천받았다.

《마쿠라노소시》에서

다카노부가 미타케에 참배한 날은 3월 말쯤이었다. 4월 1일에 교토로 돌아와 6월 10일쯤 임기 중 죽은 치쿠젠 수령 후임으로 노부타카가 가게 되었다. 미타케에 화려한 옷을 입고 참배한 일이 운으로 작용했는지 노부타카가 한 말이 길운을 불러왔다. 헤이안 시대 수령 지위를 얻는 것은 경쟁자들이 많아 매우 어려운 일이었다. 결과만 보면 노부타카가 옳은 행동을 했다고 볼 수 있지만, 세이쇼나곤은 마쿠라노소시에서 그의 상식 밖에 행동을 비난했다. 이는 무라사키 시키부에게 반감을 사게 된다.

사람들에게 이해받지 못할 행동이지만 미타케 이야기를 쓰는 김에 적어

놓는다.

《마쿠라노소시》에서

이 문장을 보면 상당히 마음이 불쾌하다는 것을 알 수 있다. '안타까운 것들'이라는 제목으로 미타케에서 특별한 수행을 하고 있는 청년들의 모습을 기록한 다음에 적은 글인데 제목처럼 사람의 감정을 끌어내는 내용은 아니지만 '미타케 이야기를 하는 김에 꺼낸 말'이라고 쓰여 있다. 뒤에 무라사키 시키부 일기에서 볼 수 있는 세이쇼나곤 평가에 영향을 끼쳤다.

노부타카와 히카루 겐지

《사라시나 일기(更級日記)》의 작가인 스가와라노 다카스에(菅原孝標)의 딸은 어린 시절부터 겐지 이야기를 동경하면서 히카루 겐지 같은 사람, 가오루같은 남자와 결혼하고 싶다는 생각을 작은 가슴에 품고 자랐다. 하지만 너무나 늦게 찾아온 봄(서른세 살쯤) 만난 남성은 아주 평범한 중년의 수령으로 오랜 시간 품어 왔던 꿈이 깨어지고 말았다.

남편인 다치바나노 도시미치(橘俊通)는 성실하고 온화한 사람이었다. 하지만 늦은 나이에 결혼한 여성은 적령기에 결혼하는 여성들 이상으로 결혼 상대에게 품는 꿈이나 동경이 큰 경우가 많기 때문에 현실에 대한 좌절이나 기대에 어긋남도 커진다. 사라시나 일기 작가도 그런 전형적인 여인이다. 그렇다면 무라사키 시키부는 어땠을까?

부부의 애정이란 만나서 함께 지내는 시간, 공간 속에서 길러진다. 살아온 삶의 시간은 떼려야 뗄 수 없는 관계이다. 무라사키 시키부는 결혼 생활이 너무나 짧았고 진정한 의미의 부부로 평가하긴 힘들다. 하지만 지내온 시간이 반드시 중요한 것은 아니고 짧은 시간이기에 더욱 뜨겁고 열정적으로 타오르는 사랑도 많이 있다.

노부타카는 나이를 신경 쓰지 않는다면 출신, 집안, 재능, 경력 등 많은 부분에서 대단히 좋은 결혼 상대였다. 무라사키 시키부의 먼 친척으로 서로 성격을 잘 알고 마치 아버지 품 속 같은 따스한 안정감을 느낄 수 있었을 것이다. 《마쿠라소시》에서 볼 수 있는 대범한 기품이 내성적이고 사려 깊으며 섬세한 감수성을 지닌 젊은 부인을 너그러이 감싸주는 포용력을 느끼게 한다. 히카루 겐지 같은 귀공자와의 만남을 꿈꾸며 허무한 현실에 눈 뜰 수밖에 없었던 사라시나 일기 작가와는 다르게 나름 충실한 시작으로 보인다. 물론 일부 다처제 시대였기에 《가게로 일기(蜻蛉日記)》의 저자는 씁쓸한 경험을 했지만, 무라사키 시키부는 행운인지 불행인지 2~3년이라는 짧은 결혼 생활 때문에 질투, 집념 같은 아픈 경험을 할 만한 시간이 없었다.

무라사키 시키부는 《겐지 이야기》 속에서 다채로운 남성, 여성들을 등장시킨다. 실제 존재하는 인물 또는 주변 사람과의 경험이 그 토대가 되었다. 그 중에서도 남성의 경우 히카루 겐지의 모델로 후지와라노 미치나가와 고레치카, 미나모토노 다카아키라 등이 있는데 오랜 독신 생활 끝에 만난 남편은 어떤 모습으로 이야기에 등장할까?

유감스럽게도 노부타카와 비슷한 인물은 찾아볼 수 없다. 이렇게 많은 남성들을 만들면서 노부타카의 모습이 눈에 띄지 않는 것은 오히려 그녀에게 있어 그의 존재가 크고 소중했다고 볼 수 있다. 히카루 겐지는 어떠한 인물을 본떴다기보다는 여러 사람들의 종합적인 모습을 합친 것으로 보인다. 남편은 그 인물 중 하나였을 것이다.

순조롭게 도달한 봄이었지만 그 봄은 벚꽃이 지듯 눈 깜짝할 사이에 떠나가 버렸다. 결혼 뒤 딸을 낳은 지 얼마 안 되어 노부타카가 갑자기 세상을 떠나고 무라사키 시키부는 어린 딸을 홀로 키워야 하는 신세가 되었다. 그녀가 채 서른 살이 되기 전의 일이었다. 남편을 잃은 젊은 여인이 슬픔 속에서 붓을 들고 써 내려간 이야기가 바로 《겐지 이야기》이다. 이와 함께 점점 유명해지기 시작하고 그 시대의 권력 실세였던 후지와라노 미치나가(藤原道長)의 눈에 띄게 된다.

노부타카의 죽음은 무라사키 시키부 인생에서 가장 큰 불행이었다. 하지만 그녀는 이로 인해 삭막한 현실을 깨닫고 《겐지 이야기》 작가로서의 명성을 많은 사람에게 알릴 수 있었다. 또 결혼 생활이 짧았기 때문에 《가게로 일기》 작가가 경험한 괴로움을 알지 못했던 게 또 하나의 행복이라 볼 수 있다.

무라사키 시키부는 노부타카가 세상을 떠난 뒤 미치나가의 부탁을 받고 그의 딸 쇼시(彰子)의 시녀로 궁에 들어가게 된다. 메시나(궁에서 부르는 이름)는 도노시키부(藤式部)였다. 그때 쇼시는 열일고여덟의 나이로, 이치죠 천황(一絽天皇)의 중궁(中宮)이었다. 중궁이란 많은 천황의 부인들 가운데 가장 높은 신분으로 왕비와 같다. 쇼시는 후궁 안에 있는 후지쓰보(藤壺)라는 격식 높은 방에서 시녀들과 살았는데 무라사키 시키부도 이곳에서 일했다. 후궁의 시녀들은 때때로 본가에 돌아가는 일이 많았고 꽤 오랜 시간 돌아오지 않기도 했다. 무라사키 시키부도 쇼시의 본가에 가 있는 시간이 많았다.

무라사키 시키부 궁정 생활

시녀들의 생활을 어떤 모습이었을까? 무라사키 시키부 일기를 보면 어느 정도 알 수 있지만 먼저 무라사키 시키부와 세이쇼나곤(淸少納言)의 궁에 대한 의식, 자세의 차이를 말하고 싶다. 헤이안 시대 두 쌍이 꽃이라 불리는 천재적 재능을 가진 두 여인은 숙명이라 할 수 있을 만큼 서로 비교되고 대조적이었다.

세이쇼나곤은 중궁 테이시(定子)의 시녀였다. 그녀가 처음으로 궁에 왔을 때는 익숙지 못한 생활에 서투른 시녀였지만 나중에는 당당하게 이름을 떨치게 된다. 윗사람들 사이에서 고개도 들지 못하고 조용했던 그녀는 점점 남자들 앞에서도 당당해지고 적극적으로 의사를 표현한다. 와카나 한시를 지으며 테이시 주변을 밝게 만드는 존재로 성장해 간다. 이런 세이쇼나곤의 외향적이고 사교적인 성격이 궁정 생활에 잘 어울렸다.

무라사키 시키부는 그녀와 정반대였다. 권력자들과 친해지면서 그들을 통해 출세를 할 수도 있었지만 많은 남성들 앞에 나서야 하는 부끄러움도 이겨내지 않으면 안 되었다. 그때의 여성들은 남성들과 직접 만나는 일을 꺼려하고 수치로 생각했다. 하지만 궁에서 일하는 이상 많은 남성들과 만나는 것을 각오해야만 했다. 그리고 주인들은 물론이고 본디 일하고 있던 사람들과의 인간관계도 많은 부담을 주었다. 집을 떠나 경험하지 못한 세계에서 괴로움이 많은 생활을 하면서 궁정사회나 귀족사회의 차가운 현실을 깨닫고 그곳에서 여러 사람들의 모습을 관찰하면서 이야기 창작을 위해 꼭 필요한 소양과 재산을 얻을 수 있었다.

궁정 생활을 즐기며 반짝이는 《마쿠라노소시(枕草子)》를 탄생시킨 세이쇼나곤, 괴로움과 인내를 견디며 겐지 이야기를 창조한 무라사키 시키부, 이 두 여인이 같은 시대에 있었다.

《겐지 이야기》 집필

《겐지 이야기》는 무라사키 시키부가 남편이 세상을 떠난 뒤부터 쓰기 시작해 궁에서 일하던 중 또는 궁에서 나온 뒤 완성됐다는 의견이 많다. 그녀가 궁에서 얼마나 일했는지는 정확히 알려지지 않았지만 30대 중반까지로 추측된다.

무라사키 시키부는 처음부터 《겐지 이야기》를 54첩으로 구상하고 주제를 정한 뒤 쓴 걸까? 그렇지 않을 것이다. 그즈음 이야기를 쓸 때는 한꺼번에 끝까지 써서 완성작을 보이기보단 지금의 연재소설처럼 한 첩씩 쓰면서 사람들의 평을 듣고 그 다음을 이어서 썼다. 무라사키 시키부도 이런 식으로 《겐지 이야기》를 썼으리라 추측된다.

《겐지 이야기》가 어느 정도 완성되었을 무렵 그녀에 대한 높은 평판을 듣고 궁에서 일할 것을 부탁한 이가 미치나가였다. 미치나가는 친형 미치타카(道隆)의 아들 고레치카(伊周)와 정치적 대립관계에 있었다. 고레치카는 자신의 여동생 테이시를 이치죠 천황의 중궁으로 보내게 되고 테이시가 이치죠 천황의 총애를 받자 고레치카의 지위는 아주 견고해졌다. 이때 테이시의 시중을 들던 시녀 《마쿠라노소시》 작가로 유명한 세이쇼나곤이다.

미치나가도 자신의 딸 쇼시를 이치죠 천황의 중궁으로 보낸다. 그리고 얼마 뒤 세 번째 아이를 낳다가 테이시가 죽자, 이치죠 천황은 자연스럽게 쇼시를 총애하게 된다.

앞에서 말했듯이 시녀의 명성이 높아지면 주인 가문에도 명예로운 일이었다. 그래서 미치나가는 무라사키 시키부가 《겐지 이야기》를 집필하는 데 필요한 시간과 공간 그리고 그 시대에 귀했던 종이와 붓 같은 문구용품을 좋은 것으로 구해 와서 적극 도와주었다.

동료 시녀들과의 관계

학문이 뛰어난 집안에서 태어나 《겐지 이야기》 작가로서 명성이 자자하던 그녀의 입궁은 주인 생각과는 다르게 가시밭길이었다. 입궁한지 얼마 안 된 신참 시녀가 주인의 주목을 받자, 다른 동료 시녀들은 질투하고 무라사키 시키부를 시기하기도 했다. 그래서 무라사키 시키부는 절대로 자신의 재능을 과시하거나 자랑하지 않았다.

"소문을 듣고 당신은 학문과 재능을 과시하는 건방진 사람이라고 생각했습니다. 하지만 직접 만나보니 너무 조용하고 내성적이며 겸손하여 다른 분인 줄 알았어요."

《무라사키 시키부 일기》에서

《무라사키 시키부》 일기에 다른 시녀들이 본 무라사키 시키부의 모습이 이렇게 쓰여 있다. 그녀의 겸허한 태도에 사람들은 놀라워했다. 좋은 사람으로 보이기 위해 자신을 엄격하게 관리하며 노력했지만 그래도 여전히 적대시하는 사람이 있었다.

쇼시의 주변에는 명문가 출신 뛰어난 시녀들이 많았다. 이들은 무라사키 시키부의 겸손한 모습을 보고 금세 그녀와 친해졌다. 그녀는 스스로 한 발짝 물러나서 좋은 인간관계를 만들고 신뢰와 협조 속에서 자신의 재능을 마음껏 발휘할 수 있었다.

시녀들 중 가장 친했던 사람이 고쇼쇼(小少將)이다. 명문가 출신이었지만 조용하고 내성적인 사람이었다. 무라사키 시키부보다 나이는 어렸고 두 사람은 친자매처럼 정답게 지냈다. 무라사키 시키부 일기에 '고쇼쇼는 연약하고, 우아하며 마치 봄이 시작될 때 부드럽게 늘어진 버드나무 가지 같은 사람이다.' 이렇게 쓰여 있다. 이 모습은 《겐지 이야기》 후반에 등장하는 온나산노미야(女三宮)의 모습과 비슷하다.

고쇼쇼는 궁정이라는, 자신의 의지와 맞지 않는 곳에서 괴로움을 견디고 지내면서 주위 사람들과 교류로 마음의 위로를 받고 안정을 찾았다. 무라사키 시키부는 이런 사람들 사이에서 이야기 소재가 되는 다양한 모습을 관찰하면서 궁정 생활을 했다.

《무라사키 시키부 일기》

한편 그녀는 《무라사키 시키부 일기》라는 기록을 남겼다. 미치나가의 장녀 쇼시 밑에서 일하게 된 뒤 쇼시가 첫 황자를 낳을 때까지 일을 중심으로 쓴 비교적 짧은 일기다.

《무라사키 시키부 일기》에는 실존하는 인물들, 동료 시녀 등에 관한 이야기가 적혀 있다. 직접 같이 일하지 않았던 사람이라도 소문이나 이야기를 듣고 기록한 내용도 있다. 일기에는 함께 일한 시녀들을 긍정적으로 평가하는 글이 많았다. 고귀하고 아름다운 여인들을 인정하며 그 미(美)를 이해하고 찬양하는 무라사키 시키부의 성격도 엿볼 수 있다.

《무라사키 시키부 일기》에는 궁정 생활, 미치나가 가문의 공적인 기록과 함께 작자의 심

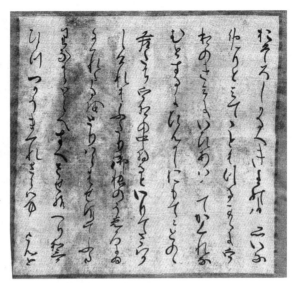

《무라사키 시키부 일기》 육필 원고

리, 사회관, 인간관, 여러 가치관이 자유롭게 쓰여 있어 무라사키 시키부의 성격과 생각을 잘 알 수 있는 훌륭한 자료가 되고 있다.

주인 가문과 무라사키 시키부의 관계

세이쇼나곤과 테이시는 신뢰와 사랑이 넘치는 주종관계를 보여 주는 미담으로 전해지고 있다. 무라사키 시키부와 쇼시의 관계는 과연 어땠을까?

무라사키 시키부가 시녀로 일하는 동안 미치나가의 가문은 안정적으로 유지됐다. 평온한 일상생활 속에서 마음을 주고받는 주종관계는 굳건히 지켜져 갔다. 앞에서 말했듯이 무라사키 시키부의 겸손한 태도에 주변 시녀들이 놀라워했듯이 쇼시도 그 모습을 호의적으로 바라봤다.

중궁께서 "이렇게 마음 편히 사귈 수 있는 분인지 몰랐습니다. 다른 누구보다 친한 사이가 됐군요." 이런 말을 자주했다.

《무라사키 시키부 일기》에서

쇼시는 무라사키 시키부 재능에 기가 죽어 걱정하고 있었지만 실제로 만나

보니 겸손한 태도에 쉽사리 마음을 열 수 있었다. 또한 자주 이런 말을 했다는 점에서 쇼시의 무라사키 시키부에 대한 신뢰를 알 수 있다.

모르는 척하며 겸손한 태도를 취한 무라사키 시키부였지만 쇼시가 '백씨 문집(당나라 시인 백거이의 시집)'에 관심이 있는 것을 알고 사람들 눈을 피해 몰래 가르쳐 주기도 했다. 이는 두 사람만의 비밀이었다. 그러나 곧 이 사실을 알게 된 미치나가가 중국 서적을 종류별로 구해 주었다. 중궁의 어머니 대신이자 후견인 역할을 하는 유모가 아닌 한낱 시녀가 쇼시와 깊은 유대감을 쌓은 것은 두 사람의 관계를 이해하는 데 흥미로운 점이다. 나중에 쇼시는 정신적으로도 크게 성장하여 아버지 미치나가의 정책을 비판하기도 하지만 정치의 장식품에 지나지 않았던 귀족의 딸이 이처럼 자기주장을 가질 수 있었던 것은 무라사키 시키부의 교육이 있었기 때문일지도 모른다.

무라사키 시키부 문학 활동의 거점인 쇼시 후궁의 배경이 미치나가였고, 또 그의 끈질긴 설득으로 쇼시의 시녀로 일하게 됐다. 따라서 미치나가의 지원 없이는 무라사키 시키부가 재능을 발휘하지 못했을 것이다. 미치나가는 외모, 교양, 정치수단도 뛰어났다. 두 사람은 공적인 부분뿐만 아니라 서로를 이해하고 통하는 부분이 있었다.

《무라사키 시키부 일기》에 보면 이런 장면이 나온다. 어느 날 미치나가가 정원에 활짝 핀 여랑화 가지를 꺾어와 무라사키 시키부에게 시를 지어 달라 했다. 무라사키 시키부는 미치나가에게 자다 일어난 맨얼굴을 보인 것을 부끄러워하며 서둘러 벼루가 있는 곳으로 달려갔다. 마치 이야기의 한 장면 같다. 이때 주고받은 시는 아래와 같다.

안개가 여랑화 꽃 빛깔을 더욱 아름답게 해 주는 걸 보니
안개가 아름답게 해주지 않는 내 모습이 참 추하구나.

무라사키 시키부

안개는 차별하지 않고 모든 것을 골고루 덮어주네
여랑화의 아름다움은 스스로 아름다워지려 하기 때문이리라.

미치나가

무라사키 시키부와 미치나 가는 주종의 관계를 넘어서 연인 사이였다는 이야기도 있다. 확실한 증거는 없지만 시녀가 사적으로 주인 곁에 있는 일이 많았던 시대였기에 그런 추측이 나오는 것도 당연하다.

그 시대 권력을 쥐고 있던 미치나가 앞에서도 당당했던 무라사키 시키부의 정신력과 인간상에 깊은 공감을 느끼는 것은 자연스러운 일이고, 때로는 농담을 주고받으며 그녀의 재능을 따뜻한 눈으로 지켜봐 주고 키워 준 미치나가 또한 마음이 넓고 큰 사람이었다.

《무라사키 시키부 일기》 야마모토 준코(山本淳子) 엮음

궁 밖의 생활

그 시대 궁에서 일하는 시녀들의 근무 조건은 자유로웠다. 고정적인 급료가 목적이라기보단 유력 귀족들과 친분을 쌓는 게 목표였기 때문에 일하는 시간 제약은 거의 없고 저마다 다양한 방법으로 일을 했다.

상류 시녀는 일하는 곳(중궁이나 주인의 집)에 저마다의 방이 있어 주인 곁에서 일을 하지 않을 때는 방에서 쉬거나 취미 활동을 했다. 또 친가에 돌아가는 일도 자유로웠다. 급한 일이 없는 한 장기간에 걸쳐 고향에 다녀올 수도 있었기 때문에 무라사키 시키부는 집필할 시간이 많았다. 고향으로 간 사람들은 궁의 정무에서 해방되어 안식을 즐기며 기를 보충했다. 하지만 화려한 세계 속에서 잊고 있었던 자신의 처지, 집안 사정 등 여러 가지를 실감하는 시간이기도 했다. 화려한 겉모습과 많은 사람들 바쁜 일상에 쫓겨 자신을 돌아볼 여유가 없었던 사람에게는 좋은 휴식 시간이 되지만 허무함과 고독을 느끼는 사람도 많았다.

　　화려한 궁 안에 훌륭하게 꾸며져 있는 정원과 비교해 볼품 없는 우리 집 정원을 바라보고 있노라니, 전혀 다른 세계에 온 것 같아 쓸쓸함과 허무함이 마음속에 가득하다. 여기에 있는 내가 진정한 나인데 그 아름다운 세계에서 화려한 연기를 펼치고 있는 사람은 누구일까? 궁에 가 있는 시간이 많은 나이기에 친했던 친구들도 더는 찾아오지 않는다.

　　　　　　　　　　　　　　　　　　　《무라사키 시키부 일기》에서

　　무라사키 시키부는 궁에서 질투하는 동료들을 피해 늘 자신을 감추면서 지냈다. 그나마 편히 쉴 수 있는 고향에 와서도 화려한 궁중 생활과 너무나 동떨어진 볼품 없는 자신의 집을 보며 마음을 터놓고 이야기할 사람 하나 없어 더욱 슬픔에 빠졌다.

무라사키 시키부의 여성관
　　사람들 평가를 마음대로 일기에 썼지만 무라사키 시키부는 자신에게 사람을 평가할 자격이 있는지 고민했다.

　　다른 사람 마음에 남을 만큼 좋은 사람도 아닌 내가 앞으로도 아무런 기대도 못 받고 위로받을 존재가 생길 리 없겠지만 자포자기만은 하고 싶지 않다.

　　　　　　　　　　　　　　　　　　　《무라사키 시키부 일기》에서

　　쓸쓸함과 허무함 속에서도 굳은 의지가 엿보인다. 어디까지나 겸손하고 겸허한 태도를 잃지 않는다. 주위와 타협하며 자신을 엄하게 단속하는 생활 속에선 마음의 피로가 쌓이겠지만 절대로 자포자기만은 하고 싶지 않다고 한다. 그런 그녀가 원했던 이상적인 사람의 모습은 어떤 것이었을까?

　　여인은 모름지기 분위기가 좋고 모든 일에 느긋하며, 마음이 넓고, 침착해야 한다. 그런 마음가짐을 가질 때야 비로소 풍류나 품위가 느껴진다. 또

《무라사키 시키부 일기》에서 궁녀 시절 시키부의 정장 앞모습 그림

남자를 좋아하고 바람을 피워도 성격이 솔직하고 주변을 불쾌하게 하지 않는다면 그리 밉진 않다. 온화하고 편안한 사람, 조금 날카로워도 나쁜 마음이 없고 다른 사람에게 상처를 주지 않는 사람이 되고 싶다.

《무라사키 시키부 일기》에서

그녀가 이상적으로 생각하는 여성의 모습이 이렇게 쓰여 있다. 궁정 생활이라는 엄격하고 힘든 세상을 경험한 그녀가 마음 깊이 원한 것은 너그럽고 거짓 없는 인간의 따스함이며 자기 영혼의 평안과 휴식이었다. 출세를 하여도 마음이 메마르지 않고 정신적으로 자멸하는 일이 없도록 사람에게 가장 중요한 것을 찾는 여행을 계속했다.

무라사키 시키부와 불교

세이쇼나곤도 이즈미 시키부도 물론이고 그 시대 여성 작가들은 모두 불교를 믿으며 자주 참배하러 다녔다. 물론 《겐지 이야기》 등장인물들도 깊은 신앙심을 갖고 있는 경우가 많다. 이야기 속에서 출가를 하지 못했지만 겐지도 젊은 시절부터 속세를 떠나고자 하는 욕망이 강하고 주작원이나 후지쓰보, 온나산노미야 등 많은 인물들이 출가를 했다. 무라사키는 여러 번 출가를 희망하지만 겐지의 반대로 실천하지 못했다. 그리고 가오루, 하치노미야, 우키후네 등 우지 이야기로 들어가면 그 경향이 더욱 강해져서 《겐지 이야기》는 불교로 가는 길고 긴 여정 속에서 우키후네가 출가하는 모습으로 끝나게 된다.

하지만 이 작품의 최종 주제라고 할 수 있는 우키후네 대사 속에 이상한 점을 볼 수 있다.

어릴 때 어머니와 유모가 하쓰세에 가서 기도를 드리면 부처님께서 소원을 들어주실 거라 하셨지요. 하지만 저에게는 아무런 행복도 찾아오지 않았어요. 결국에는 목숨을 버리는 일조차 뜻대로 되지 않고 다른 사람과는 비교도 안 될 괴로운 삶을 살고 있지요.

《겐지 이야기》에서

우키후네는 주변 사람 조언으로 몇 번이나 절에 불공을 드리러 갔다. 절에서 돌아오던 길에 하치노미야의 산장이 있는 우지에 가게 된 것이다. 우키후네가 구원을 믿지 않고 불도를 부정하는 것이라고 생각할 수 있지만 그 뒤 이야기를 보면 그녀가 출가하게 되면서 마음의 안식을 되찾게 된다. 하지만 마음속에 작은 의심이 남아 있는 건 사실이다. 그것은 불교 자체에 대한 의문이 아니라 속세를 거부하고 우키후네가 바란 영혼의 진정한 구제에 대한 의문이었을 것이다.

무라사키 시키부는 마흔 살 가까이 되어 신앙심 깊은 사람이 되고자 애쓴다.

나처럼 죄가 많은 사람이 이룰 수 있는 소원일까? 전생의 죄가 깊은 몸이니……

《무라사키 시키부 일기》에서

자신의 숙명을 깊이 생각하고 부처님께서 구원해 줄지 의문을 품고 있다.

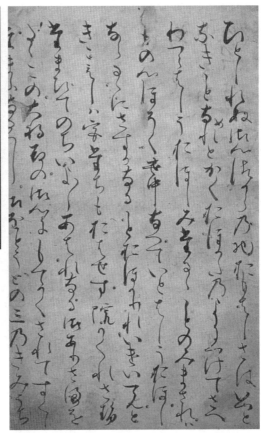

《겐지 이야기》 교정본
오늘날 원본으로서 널리 알려진
판본은 청표지본이다. 후지와라
노 사다이에가 펴낸 교정본으로
1225년쯤 정리되었다. 같은 시기
에 가와치 태수 미나모토노 미쓰
유키·지카유키 부자가 정리한 가
와치본도 존재한다. 시인 사다이
에의 명성이 높아지면서 청표지
본이 원전의 지위를 얻는다. 여운
을 남기는 생략기법이 특색이다.

불태우듯이 《겐지 이야기》를 엮어 냈다. 그녀의 삶과 《겐지 이야기》를 읽어나
가며 그런 장대한 이야기를 창조할 수 있었던 원천을 생각하고 삭막한 현대를
살아가는 우리들 정신의 양식으로 삼는다.

《겐지 이야기》란 무엇인가

《겐지 이야기》는 헤이안 시대 중기, 무라사키 시키부가 쓴 세상에서 가장 오
래된 장편소설이다. 천황 4대에 걸쳐 70년이 넘는 긴 이야기가 담겨 있다. 옛 이
야기를 잘 알고 있는 늙은 시녀가 그때를 회상하면서 사람들의 여러 가지 드
라마를 말하는 형식을 취하고 있다. 총 54첩(帖) 200자 원고지 약 4800장에
400명이 넘는 인물이 등장하는 대작이다.

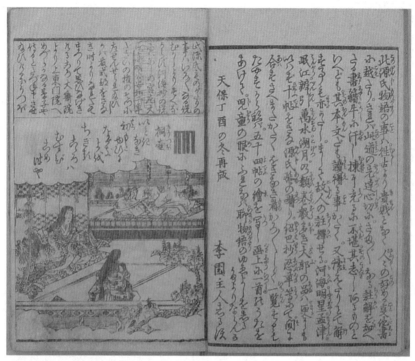

게이안 삽화본 《겐지 이야기》 1650년 출판된 게이안 간행본 《겐지 이야기》는 240점에 달하는 삽화를 넣어 구성하였다. 전통적인 겐지 그림은 물론이요, 잘 다루어지지 않았던 장면을 그리거나 설명 그림을 많이 덧붙여 놓았기에, 굳이 글씨를 읽지 않더라도 내용을 거의 이해할 수 있다. 국립국회도서관 소장.

소설이 걸작이라 평가되기 위해서는 여러 가지 조건을 갖추어야 한다. 그 조건으로는 재미있는 내용, 탁월한 문체, 매력 있는 등장인물, 읽은 뒤에도 오래도록 여운을 남기는 감동 등을 들 수 있다. 《겐지 이야기》는 이 모든 조건을 두루 갖추고 있다. 이 작품이 세계적으로 사랑받는 이유는 옛날이나 지금이나 변하지 않는 인간의 본성을 치밀하게 그려낸 점에 있지 않을까 생각된다.

《겐지 이야기》의 구성

《겐지 이야기》를 크게 3부 구성으로 보는 의견이 많다. 1첩에서 33첩까지가 1부이고, 34첩부터 41첩까지가 2부, 42첩부터 54첩까지가 3부이다.

1~3부 사이에는 내용뿐만 아니라 창작 방법과 사상, 바탕에도 큰 차이가 있다. 1부 청년기 겐지의 모습은 황족 주변을 무대로 밝고 행복한 분위기이다.

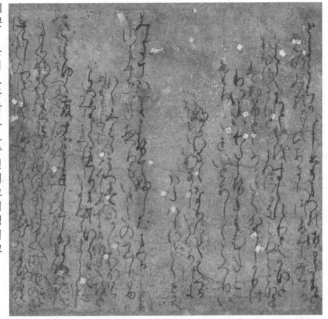

작품의 진행은 예언과 그 예언의 실현, 신앙과 결혼 이야기 등 일본 전통적인
이야기 형식을 따르고 있다. 인간을 초월하는 존재가 세상을 지배한다고 믿었
던 고대 신앙이나 민간의 구전설화에 가깝다. 그 구성은 조형이나 묘사에 일
관하는 사실성과 미묘하게 차이가 있으며 그 점에서 고전소설의 독특한 재미
를 읽을 수 있다. 하지만 혼돈스럽고 불투명한 인상도 준다.

2부에서는 겐지의 노년기로 접어들어 온나산노미야 이야기를 기점으로 무
대는 어두워지며 1부의 초월적인 신앙은 사라지고 사건은 인간의 행동에 의해
서 일어나며 집단을 구성하는 사람들의 관계 속에서 필연적으로 결과가 만들
어진다. 1부에서 많이 등장한 예술론과 교육론이 사라지고 화려한 연중행사
도 등장하는 장면이 눈에 띄게 줄어든다. 죽음을 앞둔 무라사키의 모습을 통
해서 여성의 고독, 남녀관계의 깊은 불안감이 풍겨오기 시작한다. 회환과 실망,
사랑하는 사람의 죽음으로 인한 슬픔을 경험하고 세상을 떠난 사람에 대한
추억을 떠올리며 명복을 비는 내용으로 2부는 끝난다.

3부에서는 새로운 이야기를 여는 3첩을 지나 우지(宇治) 10첩이 시작된다. 3
부로 들어가서 이야기는 투명도를 지니게 된다. 무대는 수도인 교토를 떠나

황궁 전체 사진(항공 사진) 오늘날의 교토 황궁 모습. 교토 가미교에 있는데, 남북조 시대 때 북조의 고곤 천황(재위, 1331~33)이 즉위하여 어전으로 삼은 것이 그 시작이다. 화재로 소실되고 재건되기를 되풀이하며 오늘날에 이른다. 시신전(紫辰殿)과 그 앞 세이료전(淸涼殿), 히쿄사(飛香舍) 등 《겐지 이야기》의 무대, 화려했던 헤이안 궁궐의 영화를 떠올릴 실마리가 되어 준다.

산골 마을 우지로 바뀐다. 주인공 가오루는 그 이름에 어울리게 체격이 작고 작가의 공감이 주인공이 아닌 우지의 아씨들에게 집중된다. 마치 큰 아씨가 가오루의 상냥한 구혼을 거절하고 스스로 죽음을 택한 듯 한 모습이나, 우키후네가 운명의 장난 속에서 우지 강에 몸을 던졌다가 목숨을 건지고 출가하는 모습은 2부에서 보여 줬던 불안한 그림자가 훨씬 짙어진 인상을 준다. 하지만 우키후네는 마지막까지 어머니를 그리워하며 정토신앙의 구제를 바라기보단 오히려 인간 원점에 시선을 두고 있다. 그것은 헤이안 왕조 문학이기 때문이다.

《겐지 이야기》 문장 표현의 특징
《겐지 이야기》가 칭송을 받는 이유는 문장에 있다. 이 작품의 문체는 근대

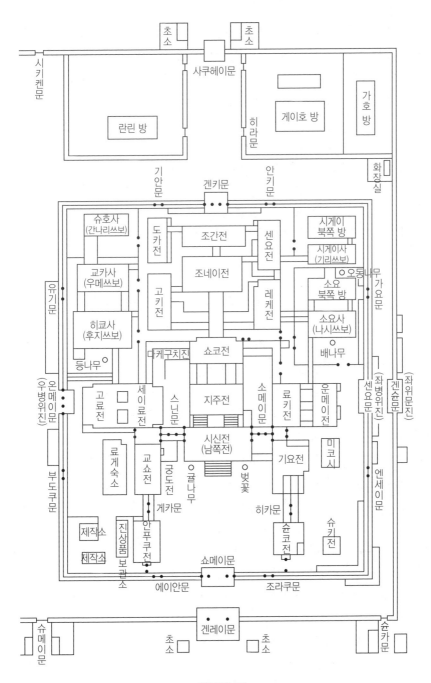

황궁 내부도

시공을 초월 영원한 《겐지 이야기》 무라사키 시키부 1621

산문에서 볼 수 있듯이 음악성을 배제하고 명석한 기술과 전달을 주로 삼는 것과는 다르다. 다양한 문체를 구사하고 있지만 기본적으로 낭독하기 좋은 문장으로 호흡의 길이에 맞춰서 문장을 나눠 놓았다. 예를 들어 이야기의 고조점에 이르렀을 때는 의식적으로 5·7조, 6·7조 운율의 문장으로 쓰여 있다. 또 고전 문학에서 인용한 내용이 많아 그 장면의 효과를 더욱 선명하게 만든다. 자연을 묘사할 때도 사물 저마다를 구체적, 객관적으로 즉석에서 묘사하는 것이 아니라 풀과 나무, 산과 들, 바람과 비, 해와 달, 음향 등 모든 것이 합쳐져서 조화된 모습을 포괄적으로 그려내고 있다. 이런 묘사에서 색채 같은 시각보다는 청각에 의한 인상이 훨씬 깊어지게 된다. 그럼 인물을 표현할 때는 어떤지 살펴보자. 미인을 묘사할 때는 그 생김새를 세부적으로 묘사하는 것은 피하고 있다.

봄 동이 틀 무렵 안개 사이로 벚꽃이 만발한 모습 같구나.

《겐지 이야기》에서

무라사키의 용모를 묘사한 표현이다. 이렇게 비유를 통한 상징을 나타내는 표현이 일반적이고 여성을 여러 꽃에 비유하는 것도 그 이유이다. 하지만 스에쓰무하나의 생김새를 표현할 때 집요할 정도로 구체적이고 속물적인 묘사를 볼 수 있다. 이는 아름다움의 전형적인 의식에서 나오는 표현이라 볼 수 있다. 아름다움이란 어디까지나 일회성의 직관적인 순간 체험이고 분석을 통해 이해할 수 있는 것이 아니다.

이 작품의 가장 큰 특징은 심리표현이다. 정성들인 치밀한 분석적 기술이 행해지고 앞에서 말했듯이 자연묘사가 여러 사물을 조화롭게 표현한 이유가 자연을 하나의 독립된 대상으로 보지 않고 그것에 등장인물의 심리를 투영한 경우가 많기 때문이다. 인간 마음속을 구석구석을 빈틈없이 확인하는 과정 중 날카로운 통찰과 자유롭고 섬세한 표현은 다른 어느 문학 작품과는 비교도 안 되게 훌륭하다.

또 작품 속에 이야기를 해주는 이가 가끔 등장하는 모습도 다채로운 발전의 흔적을 보여 주고 있다. 작가는 이를 사용하여 가상의 이야기꾼과 듣는 이, 읽는 이, 기록자를 자유롭게 작품 속에 등장시키며 이야기꾼을 통해 작가의

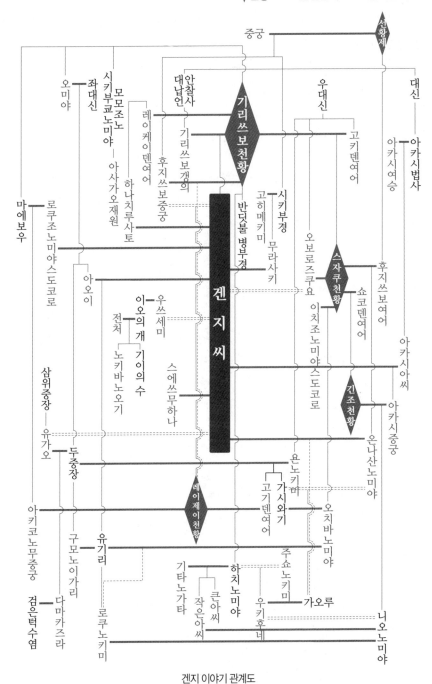

◆ 천황　── 혼인관계　┈┈ 남녀관계

겐지 이야기 관계도

시공을 초월 영원한 《겐지 이야기》 무라사키 시키부 1623

객관적인 서술을 넣을 수 있다. 이런 이야기 문체를 자유자재로 씀으로써 주인공 변호나 인물의 다원묘사, 또는 현장의 생생한 느낌을 증폭시키는 게 가능하다. 이야기를 해주는 이가 등장하는 것은 겐지 이야기의 표현 능력을 늘려주는 중요한 수단이다.

《겐지 이야기》로 보는 헤이안 시대 신분제도

이 시대 신분이 높은 사람들은 일부다처제였다. 천황에게는 여어(女御)나 갱의(更衣)로 불리는 수많은 부인이 있었다. 남성은 30가지 순위로 나뉘고 그중 약 150명 정도의 상위계급에 속한 사람을 귀족이라 불렀다. 3위 이내 신분은 쿠교(公卿)라 불리며 여러 특권이 있었다. 여성은 아버지 신분에 따라 자신의 신분도 정해졌는데, 여어는 아버지가 대신(大臣)계급 이상인 집안의 딸이어야 했고, 갱의는 그 아래의 가문 출신 딸들이었다. 부인 수가 많을수록 천황의 치세가 안정돼 있고 세상이 평안하다는 증거였다.

신분이 모든 것의 기준이 되는 시대로 천황의 총애 또한 그 신분에 따라야 했다. 천황의 부인들이 살고 있는 곳을 후궁이라 부른다. 그 안에 사는 여인들 계급을 살펴보면 중궁이 가장 높은 신분이며 중궁은 여어 중에서 간택되었다. 갱의는 중궁이나 여어가 될 수 없는 신분이었는데 작품에서 기리쓰보가 심한 괴롭힘을 당한 것은 이 때문이다. 이런 힘든 상황에서도 두 사람 사랑의 결실로 히카루 겐지가 태어나게 된다.

그 시절은 천황의 아들이라 해도 어린 시절 양육은 물론이고 성년이 된 뒤 정치적 뒷받침까지 모두 어머니 가문에서 도맡아 해왔다. 때문에 신분이 낮은 어머니 밑에서 태어난 히카루 겐지에게는 불리한 환경이었다. 그럼에도 겐지는 화려한 용모와 뛰어난 재능으로 인기가 많았다.

히카루 겐지는 실존 인물인가?

매우 사실적인 시대배경 때문에 오래 전부터 누가 히카루 겐지의 실제 모델인지 많은 추측이 있었는데, 가장 유력한 후보는 사가천황(嵯峨天皇)의 아들 미나모토노 토오루(源融, 822~895)가 있다. 미나모토노 토오루가 살고 있었던 가와라노인(河原院)이라는 광대한 땅은 유가오(夕顔)가 죽음을 맞이한 나니가시원(なにがしの院) 또는 히카루 겐지의 집인 육조원 모델로 추측된다. 또 미

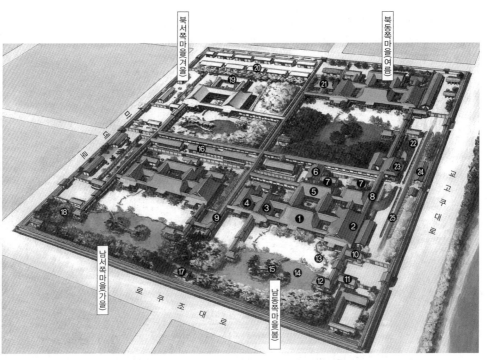

북서쪽 마을(겨울)　북동쪽 마을(여름)　남서쪽 마을(가을)　로쿠조 대로　남동쪽 마을(봄)　교고쿠 대로

❶ 침전　　　❻ 창고　　　　　⓫ 차고 하인처소　⓰ 조시마을　　㉑ 후미전
❷ 동쪽 별채　❼ 미쿠시계전　　⓬ 히가시노쓰리전　⓱ 배 보관소　㉒ 아야메 연못
❸ 서쪽 일별채　❽ 동쪽 복도　　⓭ 인공 강　　　　⓲ 폭포　　　㉓ 바바 대전
❹ 서쪽 이별채　❾ 중간 복도　　⓮ 동쪽 연못　　　⓳ 중간 별채　㉔ 마굿간
❺ 북쪽 별채　❿ 지 복도　　　　⓯ 나카노 섬　　　⓴ 미쿠라 마을　㉕ 승마장

육조원 복원도 육조원은 천황에도 비할 수 없는 권위와 풍아를 보여 주었던 히카루 겐지의 여러 행사들이 치러진 공간이다. 여기서는 사계절을 대표하는 꽃나무와 함께 네 저택을 그려 보였다. 남동쪽 저택에는 겐지와 무라사키 부인, 남서쪽 저택에는 아키고노무 중궁, 북동쪽 저택에는 하나치루사토, 북서쪽 저택에는 아카시 부인이 살았다.

육조원 복원도는 이제껏 많은 학자들의 손에 고쳐 그려져 왔는데, 이를 어떻게 그리느냐에 따라 저마다가 《겐지 이야기》를 바라보는 관점이 뚜렷이 드러난다. 여기서는 헤이안 시대 저택다운 자연스러운 건물 배치에 주의하며 되도록 원문에 충실하게 복원했다. 의식과 일상이 교차하는 공간이라는 점을 염두하며 그렸는데, 《겐지 이야기》에서는 계절마다 전개되는 의식이 저마다 구경하는 사람들에게 어떻게 비추어졌는지를 세세하게 기록해 두었으므로 이 점에도 고려하여 복도와 관람석 등의 위치를 정하였다. 덧붙여 이 거대한 저택을 유지하고 관리하는 하인들의 생활공간 동선을 배려하며 건물 배치를 상상했다.

나모토노 토오루는 우지에 별장을 갖고 있었는데 이 별장이 우지 10첩(宇治十帖)의 배경이 되었다는 추측도 있다.

다른 유력한 후보로 다이고 천황(醍醐天皇)의 아들 미나모토노 다카아키라

(源高明, 914~982)가 있다.

미나모토노 토오루, 미나모토노 다카아키라 두 사람 모두 황족 신분을 버리고 귀족의 신분으로 내려가 성을 받은 사람들이며 좌대신(左大臣)으로 권력을 행사한 것과 후지와라 씨(藤原氏)의 견제를 받은 점이 히카루 겐지와 비슷하다.

히카루 겐지처럼 많은 연애를 한 남성으로 《이세 이야기(伊勢物語)》의 아리와라노 나리히라(在原業平, 825~880)와 다자이(大宰府)에 유배된 스가와라노 미치자네(菅原道眞, 845~903), 그리고 잘 생긴데다 뛰어난 재능을 가진 아츠요시 친왕(敦慶親王, 888~930)도 후보에 올라 있다. 또, 고대 중국 주왕조 시대 인물 주공단(周公旦)이나 무라사키 시키부와 관련이 깊은 후지와라노 미치나가(藤原道長, 966~1027)와 그의 조카인 후지와라노 고레치카(藤原伊周, 974~1010)도 히카루 겐지의 모델이 아닐까 추측된다.

그 모델에는 여러 추측이 있지만 히카루 겐지는 특정 인물 한 명을 모델로 삼은 게 아니라 헤이안 시대나 그 이전 시대에서 인기가 많았던 인물, 화려한 귀공자 또는 시대의 총애를 받은 뛰어난 인물들의 좋은 점을 모아 만든 이상적인 영웅의 모습이라 할 수 있다. 그중에는 어릴 때 신적강하(臣籍降下)*² 된 인물이나 정치적으로 밀려난 인물들도 있다.

히카루 겐지의 등장

어떤 천황의 시대였던가, 모시는 여어(女御)와 갱의(更衣)가 많이 있는 중에서도 그리 고귀한 가문도 아닌데 각별히 천황의 총애를 받는 갱의가 있었다.

《겐지 이야기》에서

유명한 기리쓰보 권의 첫머리인데, 어떤 황제의 시대였는지, 여어와 갱의가 많이 모시는 가운데 그리 높은 신분은 아닌데 특별히 황제의 사랑을 받는 사람이 있었다 하며 한 여성이 소개된다. 고귀한 사람들에게는 일부다처제가 허

---

*2 천황은 대대로 신의 자손이라 여겼기에 성(姓)을 가지지 않는다. 황족 지위를 버리고 귀족 신분이 될 때 성을 받게 되는데 겐지(源氏)나 헤이지(平氏) 같은 성이 대표적이다.

락되었던 시대에 황제에게는 부인들이 여럿 존재했다. 부인들의 수가 많다는 것은 황제의 치세가 안정되고 나라가 번영하고 있다는 증거이기도 했다. 여기에 등장하는 여성도 부인 중 하나인데, 고귀한 신분은 아니라고 하니 후자(갱의)에 해당하며, 기리쓰보 갱의라고 불리는 사람이었다.

신분의 높고 낮음이 모든 것의 기준이 되는 시대에 총애(황제로부터 받는 애정, 호의)도 그에 비례하는 것이어야만 하고 위반은 금물이었다. 서열과 질서를 깨면 주위에 엄청난 반격의 폭풍을 일으키게 되므로, 이 갱의에 대한 황제의 한결같은 사랑은 오히려 그녀에게 고통을 주게 되는 일이다. 사람들의 증오와 적대적인 시선의 집중포화를 맞은 갱의는 고립되어 곤경에 처한다. 그야말로 방해와 온갖 심술을 겪지만, 그것을 가엾게 여기는 황제의 사랑이 더욱 깊어지자 주위의 압박은 차츰 더해간다. 이러한 악순환 속에서 그녀는 심신 모두 소모되어 가지만, 전생에서의 두 사람의 깊은 정을 보여주기라도 하듯이 옥동자가 태어난다. 이것이 뒷날의 히카루 겐지, 히카루키미이다.

겐지노키미라고 하면 미모와 재주가 뛰어나고 모든 것을 다 가진 눈부신 존재라는 인상을 갖고 있지만, 실제로는 어머니의 낮은 신분과 그 어머니 가문의 가세가 기운다는 치명상을 갖고서 등장하는 것이었다. 그즈음은 황제의 황자라 해도 어릴 때부터 양육 전반은 물론, 성인 후의 갖가지 후견 등을 모두 어머니 쪽 집안으로부터 물심양면으로 지원받았어야 했다. 갱의의 아버지는 이미 죽고 늙은 어머니 혼자라, 의지할 형제도 없는 생모의 처지는 어린 겐지의 장래에 몹시 불리했다. 그러나 이런 어려운 상황이기 때문에 황제와 갱의의 지고지순한 사랑과 오랜 소망을 맥맥히 물려받은 다감한 귀공자의 영상이 또렷하게 떠오르게 된다.

그가 세 살 때, 어머니 갱의는 오랜 심신의 피로로 세상을 떠난다. 할머니(갱의의 어머니)도 얼마 있어 죽자, 이례적인 일이기는 하지만 어린 겐지는 아버지인 기리쓰보 황제의 비호 아래 궁중에서 자라게 된다. 타고난 미모와 총명한 지성, 재주에 능한 이 소년은 아버지의 사랑을 한 몸에 받으며 건강하게 성장해 가지만, 눈부신 미래로 막 출발하려는 때에 커다란 장해를 만나게 된다. 그것은 영원히 용서받을 수 없는 불모의 연인과의 숙명적인 만남이었다.

부제는 갱의가 죽자 슬픔에 잠긴 나머지 정무도 제대로 돌보지 않았다. 주위에서 권하는 아름다운 부인들도 위로가 되지 못했다. 오직 죽은 사람만 그

시공을 초월 영원한 《겐지 이야기》 무라사키 시키부 1627

리워하는 황제에게 고인이 살아 돌아온 듯한 모습의 고귀한 여어가 시집오고 나서야 사태는 호전된다. 이것이 후지쓰보 중궁이다. 황제는 그녀를 무척 아꼈다. 죽은 갱의에 대한 속죄의 마음도 있어서였는지 히카루 겐지와 후지쓰보를 모자처럼 꾸며서 두 사람의 친교를 꾀했다.

후지쓰보는 황제의 뜻을 받아들여 그를 사랑했고, 소년은 젊고 아름다운 계모를 동경하고 가깝게 따르며 행복한 어린시절을 보내게 된다. 그러나 어느새 어린 마음속에서는 어머니를 뛰어넘은 인간적인 감정이 자라나는 것이었다. 그의 안에서 서서히 싹튼 이 감정을 현실에서 확인하게 된 것은 겐지가 성인이 되어 다이진 가문의 딸과 결혼하게 된 것이 계기였다.

청년 히카루 겐지의 고뇌

앞서 이야기한 바와 같이 황제의 황자라도 어머니쪽 집안의 원조가 필수였던 그 무렵, 그것을 바랄 수 없는 경우는 권문귀족의 데릴사위가 되어 신변의 안전을 꾀하기도 했다. 겐지도 12세에 성인식을 마친 뒤, 좌대신 집안의 장녀 아오이노우에와 결혼하게 된다. 이른바 정략결혼이다. 부제는 만사에 뛰어난 그에게 제위를 물려주고 싶었지만 제반사정을 고려해서 단념하고, 우대신 가문의 여어를 어머니로 하는 제1황자(황제의 맏아들, 훗날의 스자쿠 천황)를 황태자로 정했다. 아니, 그렇게 하지 않을 수 없었던 것이다. 겐지는 차남이었지만 고립무원의 동생을 후계자로 세우기란 불가능에 가깝고, 예컨대 세웠다 해도 본인의 장래에 평안과 행복을 바랄 수 없었기 때문이다. 황제는 그를 좌대신 가문(후지와라 씨)에 양자로 보낸 게 아니라 귀족의 적을 떠나 신적(민간인으로서의 호적)으로 강등시켜서 겐지의 성을 준 것이다. 이것을 사성원씨(賜姓源氏, 황제로부터 겐지의 성을 받는 것)라 하는데, 이에 그는 비로소 겐지노키미가 되어 좌대신 가문의 딸과 통하게 된다. 황제는 사랑하는 자식을 황족에서 강등시킴으로써 유력 귀족의 데릴사위로서 고위관료의 길을 걷게 하여 앞날의 평안을 기원했던 것이다. 그즈음 정계에서는 좌대신 가문과 우대신 가문이 두 세력이 팽팽하게 맞서고 있었는데, 좌대신의 정부인은 황제의 막내딸이고 아오이노우에는 그 딸이었다.

이렇게 성인식과 결혼식을 거쳐서 기리쓰보 갱의의 와카기미는 '겐지노키미'로서 새로운 인생을 걷기 시작하는데, 또한 히카루키미, 히카루 겐지라고도 불린다. 밝고 눈부시게 아름답다는 의미로, 세상 사람들의 찬미를 받았기 때문이라고 한다. 그 무렵 흔했던 정략결혼이긴 하지만, 오로지 아들의 행복을 기원하는 황제와 딸을 무척 아끼는 좌대신 부부가 깔아놓은 길 위를 무난히 걸어가면 그의 미래는 별다른 고생 없이 영광과 행복으로 가득한 것이 되었을 것이다.

그러나 '겐지노키미'의 탄생과 함께 청년 겐지의 마음은 줄곧 사랑의 고뇌로 이어지고 마는 것이다. 그것은 아오이노우에와의 결혼생활에서 행복을 찾지 못했다기보다는 그의 마음속에서 이제까지는 그다지 타격이 없었던 뜻밖의 사랑의 아픔이 급속도로 커졌기 때문이다. 그것은 어릴 때부터 사랑과 동경의 대상이었던 계모 후지쓰보에 대한 허락되지 않는 감정이었다.

그즈음 고귀한 여인들은 남편, 아버지, 동복의 형제(같은 어머니를 가진 형제)를 제외하고 성인남자와 직접 얼굴을 마주하기를 피했는데, 겐지도 성인식과 동시에 성인 취급을 받으며 후지쓰보의 얼굴을 이전처럼 가까이에서 볼 수 없게 되었다.

성인이 되고 나서는 이전처럼 어렴 안으로 들어갈 수 없었다. 아악을 연주하면서 가끔씩 고토나 피리 소리로 서로 마음을 통하고 희미하게 들려오는 목소리를 위로 삼아 궁중에서 지내는 것만을 즐거움으로 여겼다.

《겐지 이야기》에서

부제가 아무리 겐지를 사랑했어도 성인이 된 뒤에는 아들을 성인 취급하여 어렴 안(어전에 친 발의 안쪽)으로 들어가는 것을 허락하지 않았다. 후지쓰보와 직접 만날 기회를 영원히 잃은 겐지는 어렴이나 휘장(칸막이. 커튼류) 등을 사이에 두고 들려오는 작은 목소리나 고토의 소리를 듣는 것으로밖에 그녀를 가까이에서 느낄 수단이 사라진 것이다. 이제는 지금까지처럼 그분을 만날 수 없다, 목소리를 듣는 것도 내 마음처럼 안 된다 하는 데서 오는 실의가 후지쓰보에 대한 사모를 더 깊고 한결 격하게 부채질하게 된다. 그녀를 대신하기라도 하듯 주어진 부인(아오이노우에)은 자신의 마음을 달래 주지 못했다. 좌대신 가문의 외동딸로서 커다란 자부심, 강한 기질, 배려심 부족 등등 아오이노우에의 결점은 수없이 많았는데, 만일 그녀가 아무리 훌륭한 여성이었다 할지라도 겐지의 마음속 깊은 곳에 다른 여인이 살고 있는 한 그의 마음을 채울 수는 없었을 것이다. 그래도 겐지는 만날 수 없을지라도 후지쓰보가 사는 궁중에 머무르기를 좋아했고 좌대신의 집은 그다지 찾지 않았다. 한편 딸이 가여웠던 아오이노우에의 부모님은 데릴사위의 방문을 진심으로 바라며 최대한의 봉사와 헌신을 아끼지 않았다.

얼마 지나지 않아 생모의 고향집을 대대적으로 수리하여 웅장한 대궐이 완성된다. 이것이 겐지의 자택이 되었는데, 이제부터 이런저런 드라마의 무대가 되는 니조인이다. 그는 이곳에서 좌대신의 집을 드나들게 되는데, 아주 잠깐만 머물고 후지쓰보가 사는 궁중에서 지내는 일이 더 많았다. 이 훌륭한 대궐을 손에 넣고도,

> 이런 곳에 내가 바라는 여성을 곁에 두고서 함께 살고 싶다.
>
> 《겐지 이야기》에서

하고 후지쓰보에 대한 생각은 깊어갈 뿐이었다. '이런 아름다운 대궐에 저 그리운 분을 모실 수 있다면……' 하고 미래를 향해 힘차고 눈부시게 날아가야 할 인생의 출발점에서 아직 앳됨이 남아 있는 청년의 마음은 속절없는 사랑의 어둠 속에 깊이 광적으로 갇혀 있었던 것이다.

청춘의 아픈 사랑

부와 명예와 고귀한 새 부인, 청년 히카루키미의 인생은 안정된 길 위를 순조롭게 미끄러지기 시작한 듯이 보였으나, 그 깊숙한 곳에는 끝 모를 고뇌가 깃들어 있었다. 17,8세의 그야말로 아리따운 귀공자로 성장했어도 그 마음은 변함이 없어서 영원한 금기의 사람을 내내 그리며 언제 끝날지 모르는 덧없는 사랑의 여행을 계속해 갔던 것이다. 그런 속사정과는 반대로, 재기와 미모로 그의 명성과 관직은 날이 갈수록 높아지고, 안팎의 괴리감에 고뇌는 더욱 깊어만 갔다.

아오이노우에와는 마음을 터놓는 사이가 되지 못하고, 마음속의 아픔을 달랠 길도 없는 일상에서 벗어나기라도 하듯 가끔 새로운 사랑을 구하기도 했지만 모두 실패로 끝났다. 우쓰세미와 유가오, 이것은 그의 청춘의 사랑의 대

〈무라사키 시키부〉 기요하라 유키노부. 책상 위에 두루마리, 필기구가 놓여 있다. 시키부는 편지 또는 소설을 쓰고 있는 것 같다.

명사라고도 할 수 있는 여인들의 이름인데, 전자는 생별하고 후자는 사별하는 아픈 결과로 끝난다.

중류귀족 출신인 우쓰세미는 생가가 몰락해 늙은 지방관의 후처가 되었는데, 모노이미(악한 신이 있는 방향을 피해서 일시적으로 다른 집으로 옮기는 일)로 가 있던 집에서 우연히 겐지를 만나게 되었다. 그 수줍고 배려심 많은 성품에 끌린 겐지는 그녀를 집요하게 쫓아다니게 된다. 영광과 화려함 속에 있는 귀공자에게 마음이 끌리면서도 현재의 자신의 처지와 신분을 잘 아는 우쓰세미는 그의 구애를 줄곧 거절하다가 마침내 남편의 임국인 이요국(현재의 아이치 현)으로 떠난다.

단비가 내리는 초겨울의 어느 날, 겐지는 교토를 떠나는 사람에게 이별편지를 보내면서 얇은 여름옷을 같이 보낸다. 그것은 그 해 여름의 어느 밤, 우쓰세미의 방에 몰래 들어간 겐지의 기척을 느낀 그녀가 황급히 달아나면서 버리고 간 곳이었다. 겐지는 원망스러운 마음을 곱씹으면서 우쓰세미가 버리고 간 그 옷을 가지고 돌아가 무정한 사람을 그리워했는데, 그 사람이 교토를 떠나게 되자 만감을 담아 이별의 노래와 함께 돌려준 것이었다.

시공을 초월 영원한 《겐지 이야기》 무라사키 시키부 1631

다시 만날 때까지의 정표 정도로 생각하며 가지고 있었지만 눈물에 젖어 완전히 썩고 말았습니다.

《겐지 이야기》에서

내가 싫어 숨어 버린 당신을 다시 한 번 만나게 될 때까지 갖고 있을 정표로 생각했지만 이제 그런 희망도 사라져 버렸으니 돌려드리겠습니다. 당신을 향한 나의 괴로움의 눈물에 젖어 소매가 해지고 말았습니다만……. 참고로 우쓰세미라는 이름은 본인은 없고 여름옷만 남은 데에서 매미의 허물을 떠올려서 붙인 이름이다.

또 하나의 사랑, 그것은 여름 저녁에 희끄무레한 꽃을 피웠다가 그날 밤 사이에 시들어 버리는 박꽃(유가오)과 닮은 사람과의 덧없는 인연이다.

여름 저녁, 교토의 한 마을로 병든 유모를 만나러 간 겐지는 박꽃이 핀 이웃집 울타리를 발견하고 짧은 노래를 주고받은 것을 계기로 그 집의 주인과 가까워진다. 그것은 겐지의 친구, 도노추죠(아오이노우에의 오빠)의 예전 연인이었는데, 다정하고 청순가련한 그녀의 모습에 매혹되어 간다. 어느 밤, 마을의 소음을 피해 폐원(사람이 살지 않게 된 황폐한 집)으로 그녀를 데리고 갔다가 원령에게 살해당하고 만다. 원령이란 사람의 사령이나 생령 등을 말하는 것으로, 다른 사람들의 몸으로 들어가 온갖 화를 일으킨다고 믿어졌다.

갑작스러운 사고에 망연자실한 겐지는 유가오를 향한 한없는 추모의 마음에 중병에 걸리게 되는데, 덧없는 사랑의 기억은 이후 오랫동안 그의 마음속에 깊은 그림자를 드리우게 된다.

한때 맹세를 나누었던 사람을 화장한 연기가 저 구름인가 하고 바라보고 있으려니 이 저녁의 하늘도 그립구나.

《겐지 이야기》에서

그 사람은 화장재가 되어 하늘로 사라져 버렸지만, 그 연기가 하늘로 올라가 구름이 되었구나 생각하니 구름이 떠 있는 저녁 하늘까지 고인을 그리워하는 것만 같아 그리운 마음이 든다.

덧없이 사라진 두 개의 사랑, 결실을 맺지 못한 사랑의 기억은 히카루 겐지의 청춘의 고뇌, 슬픔과 함께 그 후로 그의 가슴에 오래도록 아픔을 남긴다. 그것은 그의 인생에서 뜻대로 되는 사랑이 없는 것을 상징적으로 보여 주는 것만 같았다.

무라사키노우에의 등장

《겐지 이야기》에 나오는 여성이라고 하면 먼저 무라사키노우에를 들 수 있는데, 그녀는 어떤 여성일까? 겐지가 사랑해 마지않는 금기의 사람, 후지쓰보와 매우 닮은 인물로 등장하는 것이 그 처음이다. 나중에 무라사키노우에는 후지쓰보와 동등하게, 또는 그 이상의 사람으로서 겐지의 마음속에 자리 잡지만, 처음에는 그녀를 대신하는 존재에 지나지 않았다. 물론 본인은 그런 줄도 몰랐다.

유가오, 우쓰세미와의 사랑이 끝난 뒤 얼마 동안 학질(열병의 일종)을 앓은 겐지는 치료를 위해 기타야마(구라마야마 부근?)로 갔다. 치료라고 해도 그때는 고승에게 부탁하여 기도를 올리는 것이었는데, 그 산에서 우연히 사랑스러운 소녀를 만나게 된다. 그 등장 장면은 기타야마 단이라고 하여 《겐지 이야기》 중에서도 가장 잘 알려져 있는데, 실로 파릇파릇하게 인상적으로 그려져 있다. 어느 봄 새벽에 산에 도착해 기도가 끝난 정오 무렵, 산 정상에서 내려다보니 승방(승려들이 사는 작은 건물)이 드문드문 놓인 가운데 문득 한 소녀의 모습이 보였다. 이상하게 여긴 겐지가 저녁에 하인 하나를 데리고 가까이에 가 보니, 고상한 아마기미(높은 신분 출신의 여승을 높여 부르는 말)가 불경을 읽고 있고 소녀 몇 명이 놀고 있었다. 그중

10살쯤 되었을까 싶어 보이는, 하얀 속옷에 자주 입어 부드러워진 적갈색의 옷을 입고 달려온 소녀가 있었는데, 다른 소녀들과는 비교도 되지 않을 만큼 성장 뒤의 아름다움이 보이는 사랑스러운 용모였다. 머리카락은 부채를 펼쳐 놓은 듯 너풀너풀하고, 얼굴은 (손으로) 문질러 빨갛게 하고 서 있었다.

《겐지 이야기》에서

어디에서인지 달려온 10살 남짓의 소녀, 아이들 중에서도 유독 사랑스럽게

눈길을 잡아끄는 그 소녀에게 그는 시선을 빼앗기고 만다. 순진한 우는 얼굴에, 부채를 펼쳐 놓은 듯한 긴 단발머리가 너풀거리는 것이, 앞으로 어떤 모습으로 자랄지 기대되는 사랑스러움이었다. 그러나 그를 잡아끈 것은 소녀의 모습, 외형만이 아니었다.

　　매우 귀여운 얼굴로, 눈썹이 옅고 천진난만하게 뒤로 넘긴 이마, 머리카락이 자라난 그 이마의 선이 몹시 사랑스러웠다. "성장해 가는 모습을 보고 싶은 사람이구나" 하고 눈을 떼지 못했다.

《겐지 이야기》에서

　　울어서 빨개진 통통한 귀여운 볼과 이마, 머리카락의 느낌, 그리고 성장 뒤의 아름다움에 대한 기대감 따위가 묘사되고, 그다음에 다음과 같은 문장이 온다.

　　한없이 진심으로 그리워하고 있는 사람과 매우 닮아서 저절로 바라보게 되는 것이구나 하고 생각하자 눈물이 뚝 떨어졌다.

《겐지 이야기》에서

즉 이 처음 보는 소녀에게 눈길이 끌리고 마는 것은 귀여운 얼굴이나 아름다움 때문만이 아니었다. 그것은 그나 사모해 마지않는 저 그리운 사람의 얼굴이 어린 소녀의 모습에서 보였기 때문이다. 저도 모르게 가슴이 북받쳐 눈물이 흐르는 것을 금할 수 없었다. 이 아이는 후지쓰보와 매우 닮았던 것이다.

이 시대의 이야기에는 '유카리'라는 주제가 자주 등장한다. '유카리'란 인연, 유대, 관계 등의 의미로, 혈연관계를 비롯해서 어떤 관계로 사람과 사람이 이어지는 것을 말한다. 사랑을 다룬 이야기의 경우, 사랑을 구해도 허락되지 않는 사람 대신 그 사람과 관계 있는 어떤 사람을 얻음으로써 자신의 마음을 위로하고 구원을 얻는다. 대부분 남성 쪽의 발의에 근거하는데, 이를테면 사랑하는 사람의 언니나 여동생, 또는 친족 등을 본인 대신으로 삼는 것이다. 혈연의 경우에는 마땅히 용모나 성격 등의 유사성이 큰 요인이 된다.

"그런데 정말 귀여운 아이였어. 어떤 사람일까? 그분 대신, 매일 위로 삼아 보고 싶구나" 하고 생각하는 마음이 깊이 자리 잡았다.

《겐지 이야기》에서

그런데 정말 귀여운 아이야, 도대체 누구일까? 그분 대신에 그 아이를 곁에 두고 매일 마음의 위로로 삼고 싶다, 겐지는 이런 생각이 깊어진다. 그리고 그날 밤, 실은 이 소녀가 후지쓰보와 혈연관계라는 것을 알고 드디어 결심을 굳힌다.

이 아이는 후지쓰보의 오빠인 병부경의 딸이었는데, 서자(정식으로는 세상으로부터 인정받지 못하는 아이) 신분으로, 어머니는 벌써 죽고 할머니인 아마기미의 손에 자라고 있었다. 할머니가 병에 걸리자 오빠인 소즈(소죠 다음으로 높은 지위의 승려)를 의지해서 기타야마로 요양 와 있었는데 소녀도 따라왔던 것이다. 이것이 겐지와 와카무라사키의 만남이다. 이후 겐지에게 거두어져 성장하여 무라사키노우에가 되는데, 어린 시절 처음 등장하는 권명을 따서 와카무라사키노키미라고 불리고 있다.

무라사키노키미의 성장

얼마 지나지 않아 와카무라사키는 니조인으로 옮겨서 겐지의 밑에서 딸처럼 양육되는데, 예상처럼 아름다운 모습으로 성장해 간다. 할머니인 아마기미는 손녀가 니조인으로 옮기는 것이 불안해서 반대했지만, 자신이 병으로 죽고 나면 고아나 다름없는 소녀는 미래의 남편의 손에 맡겨지게 된다. 그러나 그녀는 왜 그렇게 되었는지, 자신이 겐지의 사랑의 대상이 된 진짜 이유와 진상에 대해서는 평생 알지 못했다. 이후 소녀에게는 언뜻 보기에 행복하고 평온한 나날이 약속되는 듯하는데, 이런 인생이 본인에게 어떤 의미를 지니는지는 둘째로 치더라도, 이 박복한 처녀는 일단 안정된 인생 항로를 걷기 시작하게 된다.

보기 드문 귀공자인 히카루키미가 첫눈에 사랑에 빠진 신데렐라 같은 무라사키노키미, 세상 사람들은 그녀를 선망의 눈빛으로 맞이하지만, 남녀로서의 이러한 두 사람의 관계는 그때로서는 이례적인 것이었다. 본디 가문 대 가문이 격식과 권위 등을 고려해서 결정해야 할 귀족의 결혼이 남자의 뜻으로 일방적으로 결정되고, 여자에게는 아무런 경제적 기반이 없어서 처음부터 동거의 형식으로 시작되었던 것이다. 따라서 어린 와카무라사키는 아무 사정도 모르는 채 그야말로 평생 겐지의 사랑에만 의지해서 니조인에 들어간 셈이다.

여자가 생가에 남편을 출입시키는 일이 일반적이었던 시대에 두 사람의 관계는 남자의 순수한 사랑을 바탕으로 한 이상적이고 아름다운 관계였던 반면, 그것을 지속하기 위해서는 여자의 엄청난 노력과 인내가 필요했다. 더욱이 그 사랑의 원천은 무라사키노키미 본인과는 다른 차원에 있었다. 두 사람이 실제로 결혼하는 것은 훨씬 나중의 일이지만, 그 시작에 위와 같은 사정이 있었다는 것은 무라사키노우에에게 평생의 부담 또는 치명상이 되어 여자의 긍지를 크게 훼손시켰던 것이다.

그러나 아무튼 그런 어른, 세상의 생각, 규칙은 모르는 채 이 천진난만한 소녀는 아버지나 오빠뻘 되는 겐지의 손에 따뜻하게 길러져 건강하게 아름다움과 재기를 갖춘 지복한 처녀로 성장해 간다. 무명의 소녀는 어느새 니조인의 아가씨로서 세상의 각광을 받게 되고, 겐지도 내심으로 사모하는 후지쓰보의 모습을 떠올리면서 만족스러운 마음으로 양육에 여념이 없었다.

실제 결혼까지는 아직 세월이 걸리지만, 어릴 때부터 겐지가 바라고 동경하는 사람을 대신하는 '유카리'로서 조금이라도 그 사람과 가까워지도록 길러지며 온갖 교육을 받은 와카무라사키는 그 기대에 충분히 부응하는 아름답고 총명한 처녀로 꽃을 피워 가는 것이었다.

작은 휘장을 들어 올리고 들여다보니, 옆을 보고 웃는 모습이 흠 잡을 데 없다. "등불에 비춰진 옆얼굴이며 머리모양이 정말이지 온 마음을 다해 그리워하고 있는 그분과 조금도 다르지 않게 성장하고 있구나" 하고 보니 몹시 기쁘다.

《겐지 이야기》에서

이것은 와카무라사키가 니조인으로 와서 몇 년쯤 지났을 때의 장면인데, 정실인 아오이노우에가 죽고 좌대신 저택에서 49제를 지낸 겐지가 드디어 자택으로 돌아왔을 때이다. 오랜만에 보는 무라사키노우에는 수줍은 얼굴을 옆으로 돌렸는데, 불완전한 부분을 조금도 찾을 수 없을 만큼 아름다웠다. 등불에 비친 옆얼굴과 머리모양 등이 오로지 순정을 바치고 있는 그분과 똑같았다. 그는 감동해서 기쁨을 음미하지만, 소녀에서 성인으로 자라는 과정 중에 자신이 후지쓰보의 유카리라는 사실을 알게 된 무라사키노키미는 그 역할을 충실히 하고 있는 것이다.

얼마 지나지 않아 그녀는 겐지의 부인이 되어 와카무라사키노키미에서 무라사키노우로 여인으로서 성장해 간다. 겐지의 사랑을 듬뿍 받으며 수많은

중궁에게 신악부를 가르치는 시키부 왼쪽이 예복 차림의 중궁, 마주 앉은 시키부는 간편 예복 차림이다. 《무라사키 시키부 일기》에서 스가이 미노루 그림

여자들의 정점에 선 그녀는 그야말로 신데렐라 이야기의 실현이라 할 수 있지만, 무라사키 시키부가 무라사키노우라는 인물을 만들어낸 의도가 단순히 행복한 여자의 꿈같은 이야기를 만들어내는 것이 아니었음은 명백하다.

아내의 자리를 둘러싸고

이야기를 다시 되돌리면, 와카무라사키가 니조인으로 온 지 3,4년쯤 지났을 무렵, 겐지의 정실인 아오이노우에가 회임했다. 겐지와는 사랑이 거의 없는 결혼생활이었지만 좌대신 가문에서는 오랫동안 고대하던 꿈이 이루어져 매우 기뻐했다. 물론 겐지도 자식을 얻게 된 데에 감사하며 아오이에게 극진한 배려를 아끼지 않았다. 그러나 이 기쁜 소식에 불쾌감을 금하지 못하는 사람이 있었다.

그것은 로쿠조노미야스도코로라고 하는 고귀한 여인으로, 겐지가 사귀던 여자 중 하나였다. 그녀는 다이진 가문의 딸로, 황태자의 부인이 되어 나중에는 황후까지 오를 몸이었지만, 불행하게도 남편이 갑자기 죽자 젊어서 과부가 되고 말았다. 겐지는 그 고귀한 미모와 뛰어난 재주, 교양에 끌려서 구애하지만 자신보다 나이가 어린 겐지와의 사이가 세상에 소문날까 두려워 미야스도코로는 응하지 않았다. 그러나 집요하게 쫓아다니는 그의 열의에 마침내 굴하

게 되지만, 그녀가 사랑을 받아들이고 겐지를 사랑하게 되자 얄궂게도 남자의 열정은 빠르게 식어 갔다. 자존심 센 여자는 치욕과 허탈감을 맛보지만, 이성과는 반대로 겐지에 대한 정애는 갈수록 깊어가는 것을 어찌할 수가 없었다.

왜 그는 미야스도코로를 피하게 된 걸까? 그것은 상대가 지나치게 자존심 세고 격식을 차리며 딱딱하게 구는 것이 싫어졌기 때문일 것이다. 여자가 심하게 격식을 차리는 바람에 차츰 멀리하다가 발길이 끊어지고 만다. 편하게 마음을 내려놓을 곳이 없었기 때문이기도 하겠지만, 한편 원하는 것을 손에 넣고 나면 갑자기 정열이 식어 버리는 본디 남자가 갖고 있는 이기주의 때문인지도 모른다.

세상에 소문이 퍼져 황태자비의 자존심이 무참히 짓밟힌 미야스도코로를 더욱 자극한 것은 아오이노우에가 임신했다는 소식이었다. 이제까지 아오이와 겐지는 차가운 부부관계라는 소문에 나름대로 기대를 걸고 있었지만 이제 겐지가 자신에게서 더욱 멀어질 것은 불보듯 뻔한 일이었다. 이런 때에 그녀의 신경을 갈가리 찢어놓는 사건이 일어났다.

4월, 아오이마쓰리 무렵, 수많은 사람이 축제행렬을 구경하기 위해 큰길에 자리(수레를 두는 자리)를 잡고 있었는데, 아오이 일행은 너무 늦게 도착해서 수레 둘 자리를 찾지 못했다. 그러나 좌대신 가의 권세를 과시하는 하인들은 힘없는 사람들의 수레를 다 제치고 나가서 아오이노우에의 수레와 수행궁녀들의 수레까지 좋은 곳에다 배치해 버렸다. 그런데 그 피해를 입은 수레 가운데 미야스도코로의 수레가 있었던 것이다.

고민만 계속하던 미야스도코로는 축제행렬에 공봉(수행)하는 겐지의 모습을 보고 싶어서 남들 눈을 피해 소박한 수레로 행차했던 것이었다. 하인들끼리 서로 어느 댁에서 왔는지 알아보았는데, 아오이의 하인이 미야노스도코로의 수레를 알아보고 무례를 저지른 것이었다. 행렬도 잘 보이지 않는 곳으로 밀려난 데다 수레가 여기저기 상한 미야스도코로의 분노와 굴욕감은 비할 길이 없었다. 곧 행렬이 지나갔다. 겐지는 아오이 일행에게 정중히 인사하고 지나갔지만 뒤쪽에 있는 미야스도코로의 존재는 알아채지 못했다. 수많은 사람들 앞에 정실과의 격차를 뚜렷이 드러내 자존심이 철저하게 짓밟힌 원통함은 비할 데 없었지만, 한편 사람들 머리 너머로 희미하게 보이는 겐지의 아름다운 자태에 저도 모르게 눈길을 빼앗겨 버렸다. 이런 곳에서라도 만나게 된 기뽐을 음미하면서, 무정한 남자에 대한 연정이 끓어오르는 것을 자신도 주체할 수가 없었다.

이날을 경계로 미야스도코로의 신경은 한껏 곤두섰다. 어느새 아오이노우에에 대한 원한이 깊어지고, 자제심도 잃어갔다. 날로 격하게 불타오르던 질투와 원망은 어느새 원령이 되어 출산을 앞둔 아오이노우에를 괴롭히게 된다.

그 무렵 병의 원인은 주로 원령이라고 여겨졌다. 원령이란 사람의 생령이나 사령 따위를 말한다. 죽은 사람의 영혼은 물론이고, 산 사람의 경우에도 어떤 사람에 대한 생각이나 괴로움이 지나치게 커서 신경이 동요하면 그 혼이 육체를 떠나 생령이 되어 타인에게 옮겨가고 병을 일으켜서 상대를 괴롭힌다고 한다. 병을 치유하려면 부처의 힘에 의지해서 고승의 기도수행으로 원령을 조복(악령을 제압하는 것)하고 물리쳐야 했다.

미야스도코로의 생령이 아오이노우에에게 씌워 출산을 방해하고 있다는 소문은 순식간에 퍼지고, 겐지도 불쾌감을 금할 수 없었다. 그러나 몇 번의 위기를 넘기고 아오이는 사내아이를 낳는다. 이것이 뒷날 유기리라고 불리게 되는 맏아들이다. 그러나 사람들의 안도도 잠시, 얼마 못 가 갑자기 상태가 나빠지더니 아오이는 끝내 돌아올 수 없는 사람이 되고 만다.

아이는 태어나자마자 어머니를 여의어 주위의 눈물을 자아내지만, 겐지의 생각은 복잡했다. 여자의 질투와 격렬한 정념, 그 무서움에 아연실색했지만, 그런 비극 속에서도 죽음을 앞두고 아오이와의 사이에서 조금이라도 마음이 통하는 것을 느꼈던 것은 다행이었다. 오랫동안 마음의 벽을 허물지 못했던 두 사람이었지만, 임종자리에서 아오이는 남편의 사랑을 이해하고 어느 때보다도 따뜻한 눈빛을 보내 주었다. 오랫동안 아내를 배신해 온 겐지의 후회도 무척 컸다.

그러나 한편 미야스도코로의 여자로서의 애증의 괴로움, 번뇌의 슬픔에 대해서도 깊은 생각을 금할 수 없었다.

스마, 몰락의 길

아오이노우에가 죽자 유기리를 좌대신 부부에게 맡기고 실의의 나날을 보내는 겐지의 신변에서 이런저런 그늘이 보이기 시작한다. 아오이노우에와의 대결 끝에 아내의 자리를 얻지 못했던 로쿠조노미야스도코로는 원령 사건도 있고 해서 교토를 떠나기로 결심한다. 겐지는 동시에 아오이와 로쿠조라는 두 명의 고귀한 여인을 잃게 되었다.

미야스도코로의 목적지는 이세였다. 히카루 겐지의 최대 배후였던 기리쓰보 천황이 퇴위하고 스자쿠 천황이 즉위하자, 이에 따라 이세의 사이구(齋宮)로서 미야스도코로의 딸이 복정(신의 뜻에 따라서 임명되는 것)되었기 때문이다. 사이구는 사이인과 함께 천황이 바뀔 때마다 정해지는, 신에게 봉사하는 것을 임무로 하는 고귀한 여인으로, 전자는 이세진구, 후자는 교토의 가모진자에서 봉사한다. 대부분 결혼을 하지 않은 황녀(내친왕)에 해당하며, 해당자가 없을 경우는 황녀가 아니라도 황족에서 직당한 여성이 임명되기도 했다. 미야스도코로의 딸은 죽은 황태자의 딸이기 때문에 여기에 해당한다.

아오이노우에가 죽자 미야스도코로가 겐지의 정실이 되는 것은 아닐까 하는 소문도 있었지만, 그의 태도는 변하지 않았다. 그 이상의 치욕을 피하기 위해서라도 고심 끝에 딸을 따라간다는 핑계로 미야스도코로는 이세로 떠날 것을 결심한다.

얼마 안 있어 기리쓰보인도 죽자 겐지는 가장 큰 비호자를 잃게 되지만, 그와 후지쓰보의 장래를 걱정한 아버지 기리쓰보인이 스자쿠 천황의 동궁(황태자)으로 후지쓰보의 아들(뒷날의 레이제이 천황, 후술)을 세우고 그의 후견인으로 겐지를 지명해 두었던 것이다.

그러나 사실 이 아들은 기리쓰보 천황의 자식이 아니었다. 겉으로는 후지쓰보를 어머니로 하여 선제가 늘그막에 얻은 귀한 자식이지만, 친부는 겐지였다. 와카무라사키 권, 바로 그 소녀를 만났을 무렵에 금지된 사랑에 괴로워하던 겐지는 마침 요양차 고향에 와 있던 후지쓰보에게 몰래 밀회를 청했던 것이었다. 물론 기리쓰보 천황은 이 사실을 알 길이 없었지만, 아니 그런 것으로 쳐두었지만.*3

기리쓰보인 붕어 1주기를 계기로 후지쓰보는 죽은 남편에 대한 속죄와 자

---

*3 오랫동안 겐지는 부제가 자신과 후지쓰보의 비밀을 몰랐다고 생각했지만, 훗날 가시와기와 온나산노미야의 죄를 알았을 때 다음과 같이 생각한다. "돌아가신 아바마마도 이렇게 속으로는 알고 있었으면서 모르는 척을 하셨던 것일까? 생각해 보면 그때의 일은 정말 무섭고, 있어서는 안 될 실수였다." 즉 "돌아가신 아버님도 지금의 나처럼 마음속으로는 알고 계셨으면서 모르는 척을 하셨던 것일까? 지금 돌이켜 보면 그 당시의 일은 무척 무서운 일로, 결코 있어서는 안 되는 잘못이었다"고 한탄했다..

식에 대한 사랑으로 출가하여 승려가 되기로 결심한다. 천황이 세상을 떠나자 자신에 대한 겐지의 집념을 피해서, 그리고 아들의 안위를 꾀하기 위해서 했던 결심인데, 겐지는 이로써 영원한 여성을 끝끝내 잃게 되었다.

그러나 그 이후 후지쓰보와 겐지는 남녀의 차원을 넘어서 자식의 미래를 지킨다는 공통의 목표를 위해 새로 맺어진다. 물론 두 사람에게는 고난의 길의 선택이기도 했다.

그러나 이런 고난의 세계를 극복하고자 하는 숨은 노력도 헛되게 외압은 급속히 심해져갔다. 새 천황(스자쿠 천황)의 즉위와 동시에 그 어머니인 고키덴노 여어의 본가인 우대신 가의 세력이 일시에 커져서 좌대신 가 및 그 계열의 사람들에게는 혹독한 겨울의 시대가 찾아왔다. 특히 새 천황의 어머니는 기리쓰보 갱의 시절 이후의 원한을 풀기라도 하듯이 후지쓰보와 히카루 겐지 등을 인정사정없이 궁지로 내몬다. 때마침 우대신 집안의 처녀(오보로즈쿠요)와 겐지와의 스캔들이 도화선이 되어 그는 마침내 교토를 떠날 결심을 한다. 동궁의 앞날을 생각해서 자신이 물러남으로써 사태를 수습하려 했던 것이다. 이것은 그즈음의 귀중류이담(고귀한 사람이 변방으로 쫓겨나는 이야기)의 형식인데, 겐지 자신도 스가와라 미치자네, 미나모토노 다카아키, 아리와라노 유키히라 등 같은 운명을 걸었던 선인들의 이미지를 가슴에 품고서[*4] 변방에서 부활의 때를 기다리게 된다.

목적지는 스마노우라(오늘날의 고베 시)였다. 교토를 떠나면서 수많은 사람들과 이별하는 장면이 펼쳐지는데, 무라사키노우에와의 그것은 특히 애처롭게 그려진다. 출발이 가까웠을 때, 배웅을 와준 가까운 사람(이복형제)을 만나기 위해 수수한 옷을 입은 겐지의 조금 수척한 모습이 거울 속에 비치자 무라사키노우에는 가슴이 찢어지는 심정이었다.

여군이 눈 가득 눈물을 글썽이며 보고 있는 모습이 실로 애처로웠다. "이 몸은 멀리 떠나지만 당신을 떠나지 않을 겁니다. 거울에 비치는 모습처럼 곁에 있을 겁니다" 하자 "헤어져도 당신의 모습이 머물러 있다면 거울을 보고 위로로 삼고 싶습니다" 하고 눈물을 보이지 않으려고 기둥 뒤에 숨는 모습

---

*4 스가와라 미치자네, 미나모토노 다카아키, 아리와라노 유키히라 등은 각각 고귀한 신분이면서 주위의 정치적 책모 등에 의해 억울한 죄를 뒤집어쓰고 지방에 유배되었다.

이, "수없이 만난 여자들 가운데서도 또 없는 여군이로다" 하고 겐지는 깨닫는 것이었다.

《겐지 이야기》에서

"이 몸은 교토를 떠나 타국으로 가지만, 이 거울에 비치고 있는 나의 모습은 언제나 당신의 곁을 떠나지 않겠습니다" 하고 겐지가 말하자, 무라사키노우에는 "헤어져도 이 거울 속에 당신의 모습이 언제까지고 여기에 남아 준다면 저는 언제든 이 거울을 보고 마음을 위로할 수 있겠지요. 하지만 거울의 모습은 당신과 함께 곧 사라져 버릴 거예요……" 하고 중얼거린다. 기둥에 숨어서 눈물을 감추는 그 애처로운 모습에 겐지는 새삼 무라사키노우에에 대한 사랑을 깨닫는다. 이미 승려가 되어 버린 후지쓰보의 유카리로서 무라사키노키미는 이제 겐지에게 현세에서 무엇과도 바꿀 수 없는 여인으로 성장해 갔던 것이다. 이 스마의 이별은 두 사람의 오랜 인생 여정에서 처음으로 맞닥뜨린 혹독한 시련이었다.

유배지의 달

스마, 그리고 아카시 해변 등 겐지에게는 인생의 굴곡, 고난의 시절이 약 2,3년 이어지지만, 잠시 화려한 교토를 떠나서 무위무관의 몸으로 청량하고 맑은 땅에서 지내는 일은 여러 의미에서 결코 의미 없지 않았다. 평생 살던 곳과는 전혀 다른 환경 속에서 얼마쯤의 세월을 보내는 것은 귀중한 인생경험이 되는 경우도 드물지 않다.

봄도 끝나갈 무렵에 스마에 도착해서 처음으로 맞이한 가을 즈음, 쓸쓸한 계절의 도래와 함께 감상도 더해갈 무렵, 《겐지 이야기》의 정점이라고 일컬어지는 다음의 구절이 나온다.

스마에서는 점점 더 사색에 잠기게 하는 가을바람 때문에, 바다는 조금 멀지만, 쥬나곤 유키히라가 "관문을 자유롭게 불어 넘어가는"이라고 노래했다고 하는 바닷바람의 소리가 밤마다 실로 가까이에서 들려와, 둘도 없이 절절하게 가슴에 사무치게 느껴지는 것은 이런 토지의 가을이었다.

《겐지 이야기》에서

초가을의 쌀쌀한 바람과 파도소리를 배경으로 한 폭의 수묵화 같은 소재가 배열되어 있다. 무라사키 시키부는 비와 호 호반의 이시야마지에서 절에서 바라다보이는 수면에 비친 달그림자를 보고 스마 권을 구상했다는 이야기가 있는데, 이 변방의 경승지에서 보내는 일상은 겐지의 인간조형에, 또 이야기의 전개와 진전에 커다란 공헌을 하게 된다. 스마, 그리고 곧 옮겨가는 인접한 아카시노우라에서 앞으로 히카루 겐지의 영화의 밑바탕이 되는 사람들을 만나는 것이다. 그것은 아카시노 뉴도 일족이다.

아카시 뉴도라 불리는 사람은 본디 고귀한 집안 출신이었지만, 지방관으로서 아카시(하리마국, 현재의 효고 현)에 부임한 후 임기를 마치고도 교토로 돌아가지 않고 정착해서 부유한 재산을 형성하고 있었다. 아내와 딸이 있었지만, 자신은 출가했으면서도 어떻게 해서든 잃어버린 가문의 명성을 되찾고 싶어했다. 그것은 사랑하는 딸에게 맡겨진 하나의 꿈이기도 했다.

유복한 전임 지방관의 외동딸로 재주도 많은 그녀에게는 많은 혼담이 들어왔지만, 뉴도는 모두 거절해 버렸다. 그 이유는 신분이 동등한 남자들이었기 때문이다. 노령에 가까운 지금으로서 꿈의 구현자는 딸밖에 없었던 그는 오로지 고귀한 남성과의 결혼을 꿈꾸면서 자손들에 의해서 고귀한 핏줄을 되찾기를 염원하고 있었던 것이다. 그야말로 비원이지만, 이 촌구석에서는 이상적인 혼담이 있을 리 만무했다. 그렇게 고심하던 차에 마침 겐지가 스마로 내려온 것이었다.

겐지는 아카시노 뉴도의 간곡한 청에도 교토에 남기고 온 연인인 무라사키노우에에 대한 그리움이 있어 마음이 내키지 않았지만, 끝내 그 열의에 항복하여 반강제로 딸의 처소에 드나들게 된다. 그녀 또한 낮은 신분이 부끄럽기도 하여 교토 사람의 일시적인 노리개가 되는 데에는 소극적이었지만, 아버지의 오랜 소원을 거부할 수도 없는 노릇이었다. 이 딸이 뒷날 아카시노키미라 불리는 사람으로, 평생 겐지와 관계하게 되는데, 신분을 제외하면 품격, 교양, 재주 등 모든 면에서 뛰어나 교토의 귀부인들에게도 결코 뒤지지 않았다. 조용하고 얌전하면서 매사에 긍지 높은 인물을 만들어낸 배경에는 무라사키 시키부 자신이 투영되어 있다고도 일컬어진다.

아니나 다를까 겐지의 발걸음은 멀어지고, 여자는 남자의 무정한 사랑을 슬퍼하며 비천한 신분을 원망한다. 그러나 어느새 회임하여 겐지와 숙명의 끈으로 이어지게 된다. 그의 사랑도 차츰 확고해져 가지만, 이별의 시간도 가까워지고 있었다. 겐지는 마침내 유배지를 떠나도 좋다는 허락을 받은 것이었다.

형 스자쿠 천황은 병약해서 젊은 나이에 퇴위를 결심하고 동궁이 다음 천황 자리에 오르게 되었는데, 그 후견인으로 부름을 받아 겐지는 교토로 돌아가게 된 것이다. 이별의 때가 다가오자 그는 아카시의 딸에 대한 애정이 깊어지지만, 아버지인 뉴도에게 모든 것을 맡기고 끝까지 진심을 다할 것을 약속하고 이 땅을 뒤로한다. 나중에 아카시노우라에서 여자아이가 탄생하는데, 이것이 뒷날 겐지의 영화의 바탕이 되어 주는 아카시노히메기미이다.

귀경 그리고 두 명의 어머니

인생의 위기라고도 할 수 있는 스마, 아카시 시절을 극복하고 교토로 돌아온 겐지는 착실히 영광에의 길을 걸어간다. 그런 그에게 늘 진심어린 격려를 보내주고, 지지해 주고, 위로가 되어 준 것이 무라사키노우에였는데, 오랜 이별의 나날은 두 사람의 애정을 더욱 깊게 해 주고 한결 단단히 맺어주었다. 오랜만에 재회한 장소가 다음과 같이 그려진다. 드디어 니조인에 도착하여 수행원들도 저마다의 가족과 지인을 만나 기쁨과 감격의 눈물로 떠들썩한 정경이 그려진다.

여군도 사는 보람이 없다고 생각하고 있던 목숨은 오늘까지고, 겐지를 맞이하게 된 것을 기쁘게 생각하고 있을 것이다. 무척 아름답게 성장하여, 고생하는 동안 그 숱 많던 머리가 다소 줄어든 것도 도리어 매우 멋진 것을 보면서, "이제는 이렇게 매일같이 볼 수 있다" 하고 마음이 놓이는 동시에, 한편으로는 아쉬운 이별을 한 사람이 슬퍼하던 모습을 가슴 아프게 떠올리지 않을 수 없다.

《겐지 이야기》에서

쓰라린 이별의 세월을 넘어서 무라사키노우에는 명실상부 겐지의 처로서 훌륭하게 성장해 있었다. "무척 아름답게 성장하여"란 나이를 먹으면서 그에 어울리는 충실한 아름다움, 차분한 풍모가 더해져 육체적, 물리적인 성장과 동시에 인간으로서의 내면적, 정신적 성장을 한 것을 일컫는다. 남편을 유배지로 보내고 그 빈자리를 지키면서 쓸쓸한 나날을 굳세게 견디며 살아온 증거가 "무척 아름답게 성장하여"라는 말에 집약되어 있다 해도 좋다. 이어서 오랜 시간이 흐른 뒤에 보는 무라사키노우에의 뛰어난 용모를 말하면서 머리카락을 인상적으로 묘사하고 있다.

그즈음 여성에게 머리카락은 아름다움의 제1조건이라 해도 좋았다. 까맣고, 길고, 숱이 많고, 윤기가 있는 것이 요건이었는데,

미치나가와 시키부 미치나가가 와카미야를 위해 축하 시를 읊으라고 한다. 《무라사키 시키부 일기》에서

여기서는 숱이 조금 적어져 차분한 인상을 준다. 마음고생 탓이지만, 그 적어진 머리숱이 풍성했던 옛날과는 다르게 청초하고 기품 있는 분위기를 자아낸다. 이 세월, 무라사키노우에의 내면 깊이 자리 잡고 있던 고난의 자취를 보는 듯해서 겐지의 심안은 그 연륜이 느껴지는 성인 여자의 모습을 물끄러미 응시하는 것이다.

이렇게 쓸쓸한 이별의 시련은 무라사키노우에에게 겐지의 아내로서 큰 꽃을 피우게 하는 양식이 되었지만, 한편 그토록 그리던 남편의 귀경 뒤의 안일도 그녀에게는 참된 의미에서의 평안과 행복을 가져다주지 못했다. 그것은 아카시노키미의 존재이다. 아니, 아사키노키미 한 사람이 아니라 그 딸의 탄생이 지금의 무라사키노우에에게는 치명상이 될 수도 있었기 때문이다. 남편이 유배지에 있었을 때, 교토에서 그의 안부에 애태우던 아내에 대하여 그곳에서 새로운 여인과 만났다는 것은 용서하기 힘든 배신 행위이다. 더욱이 히메기미의 출현은 아직 자식을 낳지 못한 무라사키노우에에게 견디기 힘든 것이었다.

아카시노우라에서 탄생한 딸을 겐지는 정중히 대우해서 모녀를 모두 교토로 불러들였다. 앞으로 이 아이가 그의 정치 생명을 받쳐 줄 것(천황의 부인이

되어 황자를 낳는 것)을 예측해서였기도 했지만, 차츰 커져가던 무라사키노우에의 두려움, 질투, 불안은 뜻밖의 사건으로 일단 회피되게 된다. 미래의 황후 후보라고도 할 수 있는 히메기미가 신분이 낮은 생모 아래 자라는 것은 훗날의 불명예와 흠이 될 수도 있는 탓에 니조인의 여주인인 무라사키노우에의 손에 맡겨지게 되었기 때문이다. 어린 외동딸과의 이별은 아카시노키미로서는 견디기 힘들었지만 자식의 미래를 생각해서 눈물을 삼키고 허락하게 되었고, 겐지도 심사숙고 끝에 억지로 모녀를 떼어 놓은 것이었다. 남편과의 인연도 히메기미가 있기에 가능한 것. 딸을 떠나보낸 아카시노키미는 앞으로 닥칠 자신의 쓸쓸할 운명을 떠올렸지만, 한편 무라사키노우에의 속마음도 복잡했다. 지금으로 치면 남편의 애인의 자식을 거두게 된 것이니 나름의 각오가 필요했지만, 겐지를 사랑하는 그녀는 그의 장래의 안녕을 꾀하기 위해 그의 뜻에 따랐던 것이다.

그러나 무라사키노우에는 결코 여자의 타산으로 히메기미를 받아들인 것이 아니었다. 본디 아이를 좋아하기도 했지만, 진심으로 양녀를 사랑하여 자애의 손으로 기르면서 계모로서, 아니 어머니로서 사랑과 헌신을 아끼지 않았다. 어느새 생모 아카시노키미에 대한 질투심도 조금씩 사라지고, 어린 딸을 떠나보낸 사람에 대한 안타까움으로 바뀌어 간다. 히메기미는 두 어머니의 무한한 고통과 희생, 그리고 넘치는 사랑을 온몸에 받으면서 성장해 간다.

로쿠조인으로 가는 길

교토로 돌아온 겐지는 무라사키노우에를 비롯한 많은 사람들과 재회의 기쁨을 나누었지만, 그와 동시에 소중한 사람들과의 이별—사별—도 기다리고 있었다. 그것은 오랫동안 뜨거운 사모의 정을 바쳤던 후지쓰보, 그리고 겐지와 그의 아들 유기리를 물심양면으로 지지해 주었던 좌대신, 또 덧없는 사랑의 불꽃 속에 여자의 정념과 집념을 담아 이세로 떠난 로쿠조노미야스도코로이다.

출가 후 자식인 동궁(황태자)에 대한 모성애로 살았던 후지쓰보는 겐지와도 동궁의 후견이라는 공통의 비원 아래 마음을 서로 허락하고 있었다. 그의 귀경 뒤 그 비장한 소원은 결실을 맺어 아이가 레이제이 처황으로 즉위하자 어머니로서 무한한 기쁨을 느끼지만, 한편으로 죽은 기리쓰보인을 배신했다는 죄책감과 겐지에 대한 여인으로서의 사랑을 가슴에 품은 채 38세의 생애를 마감하는 것이다. 출가로 인해 현세에서는 그의 손이 닿지 않는 사람이 되고 말았지만 동궁의 안위를 바라며 서로를 지탱해 준 둘도 없이 소중한 존재였다. 어린 시절부터 자신의 온 인생을 지배해 왔다고도 할 수 있는 여인과 이별하면서 겐지의 마음은 필설로 다 표현할 수 없는 것이었다. 그러나 어린 천황의 후견이라는 큰 임무를 혼자 지게 된 지금은 쉽게 출가도 못하고, 후지쓰보의 유지를 잇기 위해서라도 속세의 길을 가는 수밖에 없었다.

후지쓰보가 죽고 얼마 지나지 않아, 생전에 그녀를 가까이에서 모셔서 모든 것을 알고 속죄의 기도를 올리고 있던 노승이 천황의 부모에 대한 불효를 염려하여 레이제이 천황에게 진상을 고한다. 불교에서는 친부모에게 효도를 게을리 하는 것을 죄로 보았기 때문이다. 물론 새 천황은 동요를 감추지 못했다. 신하로서 자신을 섬기는 친부인 겐지와 임종자리까지 죄와 고뇌를 감추었던 돌아가신 어머니의 흉중을 생각하자 뭐라 말할 수 없는 심정이었다. 그러나 부모의 명예를 지키기 위해서라도 천황은 사실을 가슴에 묻을 수밖에 없었고, 겐지 자신도 새 천황의 태도 변화로 사태가 어떻게 흘러가는지 짐작했지만 서로의 금지를 해치지 않기 위해서라도 불문에 부치는 수밖에 없었다.

한편 로쿠조노미야스도코로는 새 천황의 즉위로 딸 사이구가 임무에서 벗어나 교토로 돌아와 있었지만 건강이 나빠져 출가하고 말았다. 겐지는 미야스노도코로의 자존심을 짓밟아 여자를 애증의 업고로 떨어뜨리고 만 자책감에 괴로워하면서 정중히 병문안을 가지만 곧 타계한다. 유언으로 딸의 후견을 겐지에게 맡겼지만, 결코 어머니와 같은 고통을 겪게 해서는 안 된다고 못을 박는다. 그즈음 아름답게 여인으로 성장하기 시작한 젠사이구에게 겐지는 내심 집착을 금할 수 없었지만, 죽은 어머니의 유지를 지켜 양녀로서 아끼다가 곧 레이제이 천황의 여어로서 입궁시킨다. 이것이 뒷날 중궁(황후)이 되어 아키코노무 중궁으로 불리게 되는 사람이다.

생전에 미야스도코로의 원한을 산 데다 부정을 많이 저지른 데 대한 후회도 있어서 겐지는 젠사이구에게는 진심을 다했고, 그의 행복을 빌며 후견에 여념이 없었다. 그러나 딸의 그러한 행복에도 여인으로서의 미야스도코로의 원한이 풀리지 않았음을 아주 뒤에 가서야 그는 알게 된다.

이렇게 겐지의 청춘의 비석이라고도 할 수 있는 여인들을 차례차례 보내고,

또 한편으로 아카시의 딸도 무라카미노우에에게 맡겨져 안녕의 길을 걷기 시작하자, 우여곡절은 있었지만 그의 신변도 한차례 일단락된다. 이제부터 충실한 인생의 중반기를 맞이하게 되는데, 그 태평한 시기를 상징하듯이 생활의 무대가 니조인에서 로쿠조인이라는 화려하고 넓은 저택으로 옮겨 간다. 니조인을 자택으로 삼은 지 오래되었지만, 이제는 젠사이구의 후견인이자 양부로서의 처지도 있어서 로쿠조노미야스도코로의 구택을 기점으로 그 주변의 장대한 땅을 사들이고 일반 귀족의 저택이 4채는 들어갈 법한 대규모의 저택을 짓는다. 이것이 로쿠조인으로, 《겐지 이야기》 후반의 주요 무대가 되는 곳이다. 봄, 여름, 가을, 겨울이라는 4개의 마을로 이루어지는데, 각각에 독립된 대궐과 정원이 만들어지고 4개의 마을에 4명의 여성이 배치된다. 봄에는 겐지와 무라카미노우에가 살고, 여름에는 하나치루사토라고 하는 사람, 가을에는 로쿠조인 구택의 주인이었던 로쿠조노미야스도코로의 딸인 젠사이구가, 겨울에는 딸을 떠나보낸 아카시노키미가 살게 된다. 하나치루사토는 겐지의 여자 가운데 신분은 높지만 매우 소극적이고 온후한 성품으로, 겐지의 신뢰도 두터워 맡아들인 유기리의 계모로서 후견을 맡은 인물이다.

이 사계절을 본 딴 대궐을 중심으로 아름다운 그림이 화려하게 펼쳐지며 겐지 중년기의 평안기가 찾아오는데, 그 새로운 무대에는 또 그에 걸맞는 젊은 여주인공이 등장하게 된다.

유기리와 구모이노카리의 풋풋한 사랑

태어나자마자 어머니 아오이노우에를 여의고 좌대신 가에서 조부모의 손에 길러졌던 유기리도 어느새 성인이 되어 혹독한 학문수양의 길을 걷기 시작하며 장래에 대비하고 있었다. 성실하고 온순한 성격으로, 언젠가 아버지 겐지의 뒤를 이어 세상에 설 인물로서 미래를 촉망받았지만, 사춘기를 맞아 슬픈 사랑을 경험한다. 상대는 마찬가지로 좌대신 가에서 자라던 사촌누이에 해당하는 소녀였다.

그것은 좌대신의 맏아들로 일찍이 도노추죠라고 불리며 겐지의 좋은 친구이자 경쟁자이기도 했던 인물(현재의 내대신)의 측실의 딸로 구모이노카리라고 하며, 그 무렵 약 14세였다. 어려서부터 조부모의 사랑 아래 자란 두 사람은 어느새 서로를 의식하게 되었지만, 소녀의 아버지인 내대신은 절대반대였다. 유

쟁을 연주하는 무라사키 시키부 말아 올린 발 아래서 쟁을 연주하는 시키부. 겹옷을 입었다. 뒤에는 비파도 보인다.

기리가 사위가 되는 것을 반대했다기보다는 구모이노카리를 황태자의 부인으로 입궐시켜 정권을 얻으려는 욕심이 있었기 때문이다. 또 한편으로 겐지에게 대항의식도 작용했다. 그것은 구모이노카리의 언니이자 내대신의 본처의 딸인 고키덴노여어가 한참 전에 레이제이 천황에게 시집가 놓고도 황자를 낳지 못하고, 겐지의 후견으로 나중에 입궐한 젠사이구(아키코노무 중궁)는 똑같이 자식이 없는데도 중궁의 자리에 올랐기 때문이었다. 모든 희망이 사라진 지금, 내대신으로서는 다음 대의 후궁(천황의 부인들이 지내는 곳) 대책에서 이기기 위해서 반드시 둘째 딸의 힘이 필요했던 것이다.

매우 자연스럽게 순수한 사랑의 싹을 틔웠던 첫사랑은 어른들의 정략싸움으로 말미암아 무참히 깨졌다. 두 사람은 사는 곳도 따로 떨어지게 되었다. 구모이노카리는 할머니의 밑에서 아버지인 내대신의 집으로 옮겨졌다. 그것을 지켜보는 소년의 안타까움과 슬픔은 비할 데 없었지만, 아버지인 겐지는 적극적으로 개입하지도 못했다.

두 사람은 이후 꽤 오랫동안 이루어질 수 없는 사랑을 그리며 따로 떨어져 지내지만, 마침내 내대신이 뜻을 굽힘으로써 행복한 결말을 맞이하게 된다. 오래간만에 다시 만난 기쁨 속에서 서로 깊은 감격을 금하지 못하지만, 얄궂게도 이 겐지 2세의 행복이 이후에 펼쳐지는 히카루 겐지 후년의 고뇌이야기의 원인이 된다.

다마카즈라의 등장

로쿠조인의 사계를 그린 그림은 이 세상의 정토를 떠오르게 하지만, 겐시는 이미 중년의 안정기에 접어들어 아름다운 히메기미와 싱그러운 사랑을 펼쳐 나가지는 않았다. 무라사키노우에도 아카시노키미도 저마다 충실한 모습으로 그려지고, 하나치루사토는 성실하게 가정을 돌보며 유기리의 후견역을 했으며, 아키코노무 중궁도 로쿠조인의 가을에서 안정된 나날을 보내고 있었다. 아름다운 여인들이 모여 사는 로쿠조인은 문자 그대로 화려한 대궐이 되었지만, 어딘지 모르게 생기롭고 신선한 색채가 없다는 불만도 부정할 수 없다. 그 틈을 메우듯이 등장하는 인물이 로쿠조인의 이마히메기미라 불리는 다마카즈라이다.

겐지의 청춘의 덧없는 사랑이야기 중 하나로 유가오와의 사건이 있었는데, 유가오가 허무하게 세상을 떠난 뒤에도 그는 오래도록 그녀에 대한 기억을 지울 수 없었다. 유가오처럼 속절없고 다정하고 온후한 사람, 그런 여자를 동경하고 찾았지만 찾지 못하여 답답하기도 했지만, 마음에 걸리는 것이 또 하나 있었다. 그것은 그녀가 남기고 간 딸이었다.

유가오는 겐지와 만나기 전에 도노추죠(현재의 내대신)의 애인이었는데, 그와의 사이에 히메기미가 있었다. 그 무렵 유모에게 맡겨 놓았지만, 유가오의 갑작스러운 죽음과 함께 소식이 끊기고 말았던 것이다. 유가오를 마지막까지 모셨던 시녀 우콘은 여주인이 죽자 겐지의 저택에서 일하고 있었는데, 어려서 헤어진 히메기미의 안부가 걱정되어 재회를 바라며 하츠세의 관음에 재회를 빌고 있었다. 그러던 어느 날 절에 며칠 머물며 수행하고 있는데 우연히 그 히메기미와 딱 마주친 것이었다.

먼 옛날 유모의 남편이 쓰쿠시(지금의 후쿠오카 현)의 지방관으로 임국에 부임한 적이 있는데, 그때 유모를 따라 어린 히메기미도 동행했던 것이다. 그곳에 20년 가까이 머물다가 유모들은 아름답게 성장한 주인댁 딸의 장래를 위해 온 가족이 교토로 올라왔지만 낯선 도시에서 정신없이 지내고 있었다. 그러다가 우연히 다마카즈라를 데리고 하츠세에 기도를 드리러 왔던 것이다. 우콘이 겐지에게 곧바로 사정을 알려 비운의 히메기미는 당장 로쿠조인에서 살게 되었다. 바로 신데렐라 이야기가 시작되는 것이다.

히카루 겐지의 영화를 떠받친 인물들

다마카즈라를 둘러싼 아름다운 헤이안의 풍경들이 그려지는 가운데 히카루 겐지의 영화는 정점에 이른다. 이마히메기미에게는 겐지 일가와의 결연을 맺고 싶은 희망도 있어 귀공자들의 구혼이 쇄도하고, 아름다운 사랑이야기가 펼쳐진다. 이윽고 다마카즈라가 우대장의 부인이 되어 로쿠조인을 떠나자 이야기의 흐름은 본류로 돌아와 겐지의 친딸, 아카시노 히메기미의 동궁 입궐(황태자에게 시집가는 것)이라는 경사가 그려진다. 이로써 사내아이가 태어나면 겐지의 정치 생명은 흔들림이 없어져 저 미치나가가 손에 넣었던 영광의 세상이 허구세계에 재현되게 된다.

어릴 적에 생모 아카시노키미로부터 무라사키노우에에게 맡겨진 히메기미는 계모의 헌신적인 사랑을 받으며 건강하게 자라 미래의 황후 후보로서 부끄럽지 않은 명성을 얻고 있었다. 아름답게 성장한 아카시노 히메기미는 무라사키노우에의 한없는 사랑, 그리고 배후에 있는 아카시노키미의 고독한 기도와 인내라는 두 어머니의 헌신적인 노력에 의한 것이었다. 생살을 찢는 심정으로 하나뿐인 딸을 떠나보낸 아카시노키미는 로쿠조인의 낙성과 동시에 북쪽의 마을로 옮겨와 살지만, '후유노온카타'라는 별명대로 남들 모르게 조용히 딸의 성장을 기원하며 겨울과도 같은 시대를 보냈다. 그러나 한편 무라사키노우에도 내심 아카시노키미에 대한 질투심을 꾹 누르면서 히메기미의 계모로서 최선의 노력을 게을리 하지 않았다. 그리고 진심으로 딸을 사랑했고 딸도 자신을 키워준 어머니를 둘도 없는 존재로 여기며 사랑했지만, 입궐을 계기로 새로운 인간관계가 열리게 된다.

히메기미가 궁으로 시집갈 경우에는 어머니나 유모가 시녀들과 함께 늘 수발을 들며 일상생활의 시중을 드는 것이 통례였지만, 무라사키노우에는 후견역으로 아카시노키미를 지정하고 자신은 뒤로 물러설 결심을 한다. 겐지는 무라사키노우에의 배려에 감사하고, 아카시노키미는 드디어 딸과 만나게 되어 감격했다. 3살쯤에 헤어진 이래 첫 번째 재회였는데, 아름답고 훌륭하게 자란 자식의 모습에 눈물을 흘리며 무라카미노우에게 감사의 마음을 드러내는 것이었다.

집을 떠나는 히메기미의 모습에 가슴이 북받쳐오르는 것은 무라카미노우에도 마찬가지였지만, 그녀의 눈물은 아카시노키미의 기쁨의 눈물과는 전혀 달랐다. 오랫동안 사랑으로 키워온 딸을 생모의 곁으로 돌려보내는 것은 계모로서 비통하기 짝이 없는 일로, 화려한 옷을 입고 궁으로 떠나는 히메기미의 앞에서 감격에 겨울 뿐이었다.

> 한없는 사랑으로 길러온 무라사키노우에는 "정말 사랑스럽구나" 하고 애틋한 생각이 들어 '다른 사람에게 주고 싶지 않다', '이 아이가 정말 내 아이였다면 얼마나 좋을까?' 하고 생각했다.
>
> 《겐지 이야기》에서

온 영혼을 담아 사랑으로 기른 히메기미가 예복을 입은 모습을 보고 진실로 가슴속에서 새삼 사랑이 솟구친다. "이 아이를 다른 사람에게 맡기고 싶지 않아", "이 아이가 내 친자식이었다면……." 무라사키노우에는 요동치는 가슴을 진정할 수가 없었다.

그러나 생모의 손에 맡겨지고도 이후 히메기이와 아카시노키미는 무라사키노우에에 대한 감사를 잊지 않았다. 계모를 첫 번째 어머니로 세우고 생모는 숨은 어머니로서 딸의 시중을 드는 데만 전념하는 것이었다. 아카시노키미의 겸손한, 그리고 총명한 성품은 궁중 사람들을 놀라게 하여 히메기미는 아카시노여어로서 안정된 출발을 시작한다.

애증을 극복한 두 어머니의 무한한 사랑으로 여어는 순조롭게 궁정 생활을 계속하다가 얼마 안 있어 아들을 낳는다. 나중에 더 많은 아들과 딸을 낳아 중궁으로서 황후의 자리에 오름으로써 명실상부 겐지 영화의 상징으로서 후궁에 군림하게 된다. 이로써 아카시노뉴도의 오랜 소원은 이루어지지만, 이 행복을 이끌기 위해 맛봐야 했던 뉴도 일족의 고통과 인내는 엄청났다. 그리고 두 어머니의 오랜 마음고생과 고뇌라는 큰 대가를 수반하며 겐지의 영화로운 세계는 확립된다.

그러나 이 영광이 어디까지 계속될 것인가? 과연 흔들림 없는 것일까?

온나산노미야의 등장과 어두운 이야기의 시작

유기리, 아카시노 히메기미의 인생도 저마다 행복해지고 후지노우라하 권으로써 히카루 겐지의 영화 이야기도 일단락된다. 비밀을 간직한 아이인 레이제이 천황도 별 탈 없이 제위를 지키고, 이 상태가 이어진다면 겐지의 인생도 이상적이고 원만한 끝을 맞이할 것이었다.

그러나 참된 의미에서의 《겐지 이야기》는 이제부터 시작된다고 해도 지나친 말이 아니다. 이때 겐지는 약 40세, 오늘날로 치면 환갑 무렵에 해당하는데, 거의 모든 것에 걸쳐서 순조로운 항해가 이어졌을 때도 그 후년의 과정은 새로운 전환을 맞이하게 된다. 그것은 그의 인생의 어두움이라 해도 좋았다. 그러나 그것은 어디까지나 정신세계의 문제이고, 겉으로는 로쿠조인의 생활이 빛을 바래는 일은 없었다. 아니, 그 이상으로 또렷하게 묘사되는 것이다. 표층의 화려함과 풍부한 색채와는 달리 내면 깊이 침잠하는 끝 모를 고뇌로 가득한 심층 세계의 개시와 전개, 그것이 와카나 권의 실상이다.

로쿠조인의 화려한 모습은 이제까지 무라사키노우에와 겐지를 중심으로 펼쳐졌는데, 여기에 새로운 여주인공이 등장한다. 일찍이 로쿠조인에 새 바람을 불어넣은 다마카즈라는 이 대궐을 아름답게 연출하고 신선한 활력을 불어넣었지만, 어디까지나 겐지와 무라사키노우에의 연계를 바탕으로 한 존재였

무라사키 시키부 그림　아리하라 고간. 언덕 위에 위치한 겐지의 방. 바깥 풍경을 바라보는 무라사키 시키부. 비와호에 비친 추석 보름달.

다. 그러나 이번에는 전혀 다른, 두 사람의 신뢰관계를 완전히 무너뜨리는 존재다. 그런 무거운 짐을 지고 등장하는 것이 스자쿠인의 히메미야, 온나산노미야이다.

스자쿠인에게는 많은 자녀가 있었는데, 레이제이 천황의 황태자(동궁)가 되어 차기 천황으로서 장래를 촉망받던 이치노미야(맏아들)는 부인으로 아카시 노여어를 맞이했다. 딸들 중에서는 특히 셋째 딸인 온나산노미야를 매우 아꼈는데, 그 이유는 그녀의 생모가 빨리 세상을 떠났다는 것, 그래서 외가의 비호도 받지 못하고 온나산노미야가 고독한 처지에 있다는 것 등이 있지만, 특히 스자쿠인이 그녀의 어머니를 무척 사랑했었다는 것도 큰 원인이었다.

후지쓰보노여어라고 불리는 온나산노미야의 어머니는 출신(생가의 신분이나 격식)도 높아 황후 후보라고 일컬어졌지만, 다른 여어들에게 선수를 빼앗겨 원통함 속에서 일찍 세상을 떠나고 말았다. 후지쓰보를 각별히 사랑했던 스자쿠인은 그녀의 죽음을 슬퍼하며 그녀가 남기고 간 딸인 온나산노미야를 지나친 보호라 할 만큼 사랑하며 길렀지만, 나이가 들어 병약해져 출가를 희망하는 지금에 와서는 이 딸의 장래가 몹시 걱정되었다. 그래서 고심 끝에 유력귀족에게 시집보내 비호를 부탁하기로 했는데, 그 상대로 히카루 겐지를 점찍은 것이었다.

그즈음 황녀(천황의 딸)들은 평생 독신으로 보내는 것이 일반적이었다. 그러나 외가의 경제력이 없는 경우에는 결혼의 길을 선택하여 남편의 원조와 비호 아래 안정된 생애를 보내는 경우도 드물게 보였다. 황녀로서의 긍지를 지키기 위해서는 그다지 바람직하지 않았지만, 아버지는 자신이 출가한 뒤, 그리고 사망한 뒤 딸의 평안을 염원하여 과감히 차선책을 선택했던 것이다. 그가 딸의 자존심을 버리면서까지 현실노선을 택한 것 자체에는 결코 잘못이 없지만, 그 상대를 겐지로 정한 것은 큰 실수였다. 또한 이것은 스자쿠인의 뜻을 받아들인 겐지 자신에게도 마찬가지여서 그의 인생에서 가장 큰 착오였다 해도 좋다.

겐지에게는 가장 사랑하는 무라사키노우에를 비롯하여 수많은 부인들이 있었는데, 온나산노미야는 아직 어려서(약 13세) 나이를 봐도 전혀 맞지 않았다. 그럼 왜 이런 결혼이 진행되었을까? 거기에는 몇 가지 이유를 찾아볼 수 있는데, 하나는 그 무렵 젊고 고귀한 여성이 꽤 나이차가 나는 부유한 귀족의 처가 되어 신변의 안전을 꾀하는 사례는 그리 드물지 않았다. 또 아오이노우에의 사후에 겐지의 정실자리가 비어 있었다는 사실도 있을 것이다. 실제로는 무라사키노우에가 그 후임 같은 대우를 받아 왔지만, 앞서 이야기한 바와 같이 그녀는 겐지와 정식적인, 즉 사회적 통념과 관례에 따른 형태로 맺어진 것이 아니다. 따라서 명목상으로는 비어 있는 정실자리에 겐지에게 어울리는 신분의 여성이 들어오는 것은 있을 수 있는 일이었다. 또 나이로 볼 때 가장 어울리는 유기리가 염원하던 풋사랑을 이루어 얼마 전에 구모이노카리와 맺어진 것도 하나의 원인이라 할 수 있겠다.

그러나 진심으로 서로 믿고 고락을 같이해 온 무라사키노우에의 슬픔과 고뇌는 상상을 넘어서는 것이었는데, 그녀에게 그러한 아픔을 강요하면서까지 어째서 온나산노미야를 맞이할 필요가 있었을까? 그것은 황녀라는 고귀한 핏줄에 대한 동경도 다분히 있었겠지만, 그 이상으로 겐지의 마음을 움직인 것은 온나산노미야가 무라사키노우에처럼 후지쓰보의 유카리였기 때문이다. 온나산노미야의 어머니인 후지쓰보노여어는 겐지가 영원한 사모의 정을 바쳤던 사람, 후지쓰보노미야의 여동생이었던 것이다. 즉 온나산노미야도 후지쓰보의 조카로, 겐지는 어린 히메미야에게서 다시 저 그리운 사람의 모습을 희미하게나마 찾기 시작했던 것이다. 먼 옛날 와카무라사키노키미를 대했을 때의 그 감동을 다시 느끼고 싶다는 바람에서였지만, 그의 소망은, 아니 야망이라고도 할 수 있는 이 소원은 완전히 배신당하여 그의 말년에 끝 모를 고통으로 가득한 현실을 초래하는 것이었다.

무라사키노우에의 고뇌

온나산노미야가 로쿠조인으로 시집을 가자 가장 타격을 받은 사람은 물론 무라사키노우에였다. 히카루 겐지의 영화의 상징이라고도 할 수 있는 봄의 대궐의 침소(안채)에서 쫓겨나 다이노야(별채)로 물러나는 굴욕감도 컸지만, 그녀에게 가장 큰 타격을 준 것은 이제까지 오랜 세월에 걸쳐 쌓아 온 겐지와의 신뢰가 흔들리는 것을 뚜렷하게 느낀 것이었다. 아내로서의 처지의 역전에서 비참함을 실감하는 것 이상으로, 남편의 사랑에 불신감을 갖지 않을 수 없게 된 것은 무라사키노우에에게 치명적이었다.

그러나 그녀는 그런 내면의 고통과 갈등을 결코 겉으로 드러내지 않았다. 조신하고 너그럽게 모든 시련을 받아들이며 겐지, 그리고 온나산노미야에 대한 봉사와 헌신을 아끼지 않았던 것이다. 혼례에 따르는 여러 일에도 적극적으로 협력했고, 오로지 자신을 억제하면서 품위와 겸손함을 잃지 않았다. 지나치게 자기희생적인 처신에 주위의 궁녀들이 답답해 할 정도였지만, 그런 무라사키노우에의 모습에 겐지는 배신에 대한 자책감을 금할 수 없었다. 그리고 이제 와서 그 여인으로서의, 인간으로서의 본질과 존재감을 새로이 인식하지 않을 수 없었던 것이다.

그러나 한편 무라사키노우에의 신뢰를 회복하기란 불가능에 가까웠다. 이제까지 후지쓰보의 유카리로서 출발하여 그 연장선상에서 겐지에게 사랑받아 온 무라사키노우에가 후지쓰보를 뛰어넘은 참된 이상의 여성으로서 그의 심안 깊이 비춰졌을 때, 무참하게도 그 관계는 결정적으로 훼손되고 말았던 것이다.

무라사키노우에를 아무리 사랑하더라도, 그녀를 로쿠조인의 주요 자리에서 끌어내리고 만 이상, 다음으로 그 자리에 앉은 온나산노미야에게도 무례를 범할 수는 없는 노릇이었다. 아버지인 스자쿠인이나 오빠인 동궁(황태자)를 비롯해 수많은 온나산노미야의 후원자들이 주목하는 가운데 겐지는 세상의 평판이 두려워 새로 정실자리에 앉힌 이 어린 아내를 최대한 정중하게 대우하지 않을 수 없었다.

　오늘밤만은 무리도 아니다 하고 용서해 주세요. 앞으로 오지 않는 밤이 있다면 나 자신도 내가 싫어질 겁니다. 하지만 저 원(부원=온나산노미야의 아버지)이 어떻게 생각하실지……

《겐지 이야기》에서

이것은 신혼 사흘째 밤에 온나산노미야에게 가는 겐지가 무라사키노우에게 했던 말이다. 당시는 남성이 여성을 사흘 동안 잇따라 찾아가야 비로소 결혼이 성립했는데, 로쿠조인으로 온 온나산노미야의 방을 겐지도 사흘 동안 찾아가야 했다. 남편 될 사람이 아내 될 사람을 찾아가는 것이 일반적인 시대였지만, 황녀의 경우는 남편이 궁중으로 찾아가는 게 아니라 처음부터 자택에서 맞이하는 것이 보통이었다. 무라사키노우에는 일찍이 봄의 대궐의 중앙에서 살았지만, 그 자리를 온나산노미야에게 내주고 무라사키노우에가 별채로 물러

가자 겐지도 평소에는 별채에서 지냈던 것이다.

신부에게 남편을 보내는 것은 무라사키노우에게 견딜 수 없는 일이었지만, 그것을 참고 겐지의 옷에 향냄새를 스며들게 하면서 문득 눈물을 흘린다. 그무렵 향 피우는 냄새는 귀족들의 일상생활에 필수 요소로, 특히 외출 시에는 더 좋은 향기를 옷에 스며들게 했다. 무라사키노우에를 남기고 가는 겐지는 "오늘밤만은 용서해 주세요. 사흘째라 세상이 정한 관례로는 어쩔 수가 없습니다. 하지만 앞으로 당신을 혼자 두는 일이 있다면 나 자신도 내가 싫어질 겁니다." 이렇게 변명하지만 무라사키노우에는 대꾸하지 않는다. 겐지가 아무리 위로의 말을 건넨들, "저 원이 어떻게 생각하실지……" 하고 온나산노미야의 대우에 대해서는 앞으로도 스자쿠인의 생각을 무시할 수 없다는 것을 그 자신도 잘 알고 있었기 때문이다. 그런 무라사키노우에의 마음을 아는지 모르는지 겐지는 그저,

어떤 사정이 있었건 어떻게 아내를 한 명 더 들일 수가 있을까? 색을 밝히고 정에 움직이기 쉬운 나의 잘못으로부터 이런 사태가 벌어진 것이다.

《겐지 이야기》에서

시공을 초월 영원한 《겐지 이야기》 무라사키 시키부 1657

하고 자신의 실수를 곱씹을 뿐이다. 어째서 자신이 이제 와서 아내를 둘이나 두려고 해 버린 것인지, 이 또한 다 나잇값도 못하고 색을 밝힌 데서 온 결과인가 하고 후회하는 것이었다.

그런데 겐지가 이런 희생을 치르면서까지 정실자리에 들인 온나산노미야는 과연 어떤 인물이었을까? 그것은 기대를 완전히 빗나갔다고밖에 표현할 길이 없었다. 천성이 천진난만하고 사랑스럽고 아름다운 소녀였지만 재주나 지식은 전혀 없어, 예전에 와카무라사키노키미를 얻었을 때 느꼈던 그 맑은 감동과 설렘과는 전혀 거리가 멀었다. 스자쿠인 같은 사람이 애지중지하게 길렀는데 어떻게 이렇게 무능하고 부식한지 겐지는 이상하게 여기는 한편, 이런 여자라면 거만하게 굴다가 로쿠조인에 파란을 일으킬 일도 없겠다 하고 안도감마저 느껴졌다.

온나산노미야가 로쿠조인으로 들어온 일은 겐지와 무라사키노우에를 비롯하여 주위에 커다란 파문을 던졌지만, 그것은 그녀 혼자의 책임이 아니다. 아니, 온나산노미야 자신도 엄청난 피해자였는지도 모른다. 자신의 뜻과는 전혀 무관하게 낯선 세계로 보내졌는데 남편이라는 사람은 이미 수많은 애인을 거느리고 있고, 게다가 자신이 시집온 후 그 사랑은 급속히 이전보다 더 깊어지면서 확고해져가는 것이다. 남편으로부터 결코 인정받지 못하고 따뜻한 시선도 받지 못한 채 정처자리에 장식처럼 놓인 온나산노미야야말로 가장 큰 피해자라 할 수 있을지도 모른다. 그리고 이 공허한 정처자리, 사랑의 조각조차 찾아볼 수 없는 날들이 뒷날의 비극을 초래하게 된다. 세 사람의 불행과 고독을 품고서 로쿠조인은 더 캄캄한 세계, 종반으로 치닫는 것이다.

사랑과 죄

온나산노미야가 로쿠조인으로 들어오기 전에 사위를 고르는 단계에서 수많은 후보자가 있었는데, 그중 가장 열심이었던 것이 가시와기라고 하는 인물이다. 그는 태정대신(예전의 도노추쇼, 내대신)의 맏아들로, 구모이노카리의 이복 오빠이자 아오이노우에의 조카이다. 구모이노카리와 달리 태정대신의 정처가 어머니이며, 출신과 학문, 교양, 용모, 인격 등 모든 면에서 뛰어나고 주위의 신뢰도 매우 두터운 청년이었다.

가시와기가 온나산노미야를 원한 데에는 몇 가지 이유가 있는데, 그중 하나는 당연히 고귀한 핏줄에 대한 동경이었다. 그는 남달리 자존심이 세서 아내로는 황녀 아니면 황족 계열의 여자를 들이기를 바랐는데, 그와 동시에 유모를 통한 인연도 있었다. 즉 가시와기의 유모와 온나산노미야의 유모는 자매지간이라 어릴 적부터 온나산노미야의 소문을 많이 들었던 것이다. 스자쿠인이 얼마나 딸을 사랑하는지, 그리고 그녀가 얼마나 사랑스럽고 아름다운지, 가시와기의 귀에 들어오는 갖가지 소문을 통해서 점차 온나산노미야는 그의 마음속에서 무한한 동경의 여성으로 자리잡아 갔다. 정보를 가져다주는 것은 주로 온나산노미야의 유모의 딸로, 백모(가시와기의 유모)를 만나러 가시와기의 저택에도 자주 드나들던 고지쥬라는 궁녀였다.

그러나 그의 바람과는 다르게 온나산노미야는 로쿠조인으로 시집을 가 이제 쳐다보지도 못할 세상의 사람이 되어 버렸다. 실의의 충격은 엄청났다. 나이로 보나 지위며 신분으로 보나 가장 유력했던 사람이 유기리와 가시와기였지만 전자는 이미 결혼했으니, 아직 독신인 가시와기가 누구보다 가능성이 있었던 것이다. 그 정도의 신분이라 지금까지도 권문귀족들로부터 혼담이 수도 없이 들어왔지만 고집스럽게 거절한 것은 온나산노미야에 대한 집념이 내면 깊숙이 자리잡고 있었기 때문이었다.

가시와기와 유기리는 사촌지간으로 어릴 때부터 가깝게 지냈는데, 가시와기는 백부인 겐지로부터도 특히 귀여움을 받았고 그도 겐지를 따르고 있었다. 그러나 이 신뢰관계를 뿌리째 뒤흔드는 사태가 벌어진다.

온나산노미야가 로쿠조인에 오고 나서도 가시와기는 그녀의 동정에 무관심할 수가 없었다. 히카루 겐지의 정부인이자 화려한 대궐의 여주인으로서 군림하고 있어도 표면의 화려함과는 달리 복잡한 속내와 쓸쓸함 같은 것도 자연스레 그의 귀에 들어가 그의 심중도 복잡했다. 무라사키노우에에 대한 겐지의 사랑은 날이 갈수록 깊어지고 온나산노미야가 명목뿐인 정처자리에 앉혀져 있다는 것은 누가 봐도 명백한 일이었는데, 그 간격을 메우기라도 하듯이 가시와기의 마음은 허락되지 않는 사랑으로 격렬하게 기울어갔던 것이다.

겐지와 온나산노미야가 결혼하고 몇 년쯤 지난 어느 늦봄의 오후, 로쿠조인에서 축국놀이를 하던 가시와기는 저녁 봄바람의 장난으로 획 걷혀 올라간 휘장의 틈으로 아름다운 여인의 모습을 엿보고 만다. 그것은 복도로 도망친 고양이에 정신이 팔려 있던 온나산노미야였다. 그 그림 같은 아름다움과 사랑스러움에 마음을 빼앗긴 가시와기는 이제까지 쌓이고 쌓였던 무거운 마음을 견딜 수 없다는 듯이 고지쥬를 졸라 자신의 의중을 호소한다. 얼마 지나지 않아, 겐지와 온나산노미야의 결혼으로 오랜 속앓이를 하다 무라사키노우에가 병이 나자 겐지와 무라사키노우에는 요양을 위해 니조인으로 옮겨 간다. 궐 안에 사람이 적어지자 그는 마침내 잘못을 저지르고 만다. 그리고 덧없는 만남 속에서 온나산노미야는 숙명의 아이를 회임하고 마는 것이다.

두 사람은 엄청난 괴로움과 두려움을 겪게 되고 이윽고 겐지가 이 사실을 알게 된다. 온나산노미야에게 보낸 가시와기의 편지를 겐지가 우연히 손에 넣었기 때문이었는데, 비밀이 들통 난 것을 알게 된 두 사람의 고통은 끝을 모르고 커져만 갔다. 사랑하는 무라사키노우에를 별채로 보내고 그녀의 신뢰에 바닥부터 흠집을 내면서까지 정실자리에 앉혔던 어린 아내의 배신을 무엇보다도 용서할 수 없어서 겐지는 격렬한 분노를 감추지 못했다. 또 오랫동안 사랑하고 애정을 쏟아온 조카 가시와기에 대한 증오심도 억누를 수 없었다.

그러나 질투와 분노의 불길에 휩싸이면서도 그의 뇌리를 차가운 상념이 스쳐 지나가는 것을 어찌할 수가 없었다. 그것은 자신의 젊은 시절에 아버지를 배신하고 후지쓰보와의 사랑을 숨기다가 죄의 아들(레이제이인)을 낳은 것이었다. 타인의 사랑의 암로와 과실을 탓할 자격이 자신에게 과연 있을까, 겐지는 망연자실해서 암담한 기분을 금할 수 없었다. 아버지도 어쩌면 모든 것을 알고 있었는데 자식과 아내의 죄가 세상에 알려질까 봐 홀로 가슴에 묻어 버린 것은 아니었을까? 그리고 진실로 그랬다면…… 아버지의 원통함과 아들에 대한 사랑의 일념을 생각하자 겐지의 분노와 흥분도 빠르게 식어갔다. 그리고 자신도 지금 젊은 두 사람의 잘못을 눈감아 주고, 앞으로 태어날 아이를 친자식처럼 사랑으로 길러주면 지난날 저지른 죄의 1만 분의 1이라도 갚을 수 있을지도 모른다고 결심했던 것이다.

그러나 이성과 감정은 전혀 별개의 것이었다. 냉정과 침착을 가장하면서 겐지는 자신의 감정이 틈만 나면 두 사람을 향해 폭주하는 것을 억누를 수가 없었다. 결과적으로 앞날이 창창한 두 사람을 퇴로 없이 내몰고 마는 것이다.

파멸, 죽음과 출가

겐지로부터 진상을 들은 온나산노미야와 가시와기는 전보다 더 무한지옥을

가오루를 품에 안은 히카루 겐지
국보 《겐지 이야기 에마키》 〈떡갈나무〉 편에 나오는 가오루가 태어난 지 50일 잔치를 여는 장면. 겐지의 부인 온나산노미야와 가시와기가 밀통하여 낳은 아이인 가오루. 아기를 덮어 버리듯 품에 안고 바라보는 겐지의 모습이 인상적이다. 자신과 후지쓰보가 밀통하여 태어난 레이제이 천황을 아버지 기리쓰보 천황은 이런 마음으로 품에 안았을까. 헤이안 말기. 아이치현 도쿠가와 미술관 소장.

헤메는 나날을 보냈는데, 그러던 어느 날 가시와기는 겐지로부터 로쿠조인에서 열리는 무도회에 초대받게 된다. 스자쿠인 50년 축연(50세 생일을 축하하는 자리)을 위해 관현(음악)과 무용을 준비하는 자리였는데, 평소 친하게 지내고 예능방면에서도 달인으로 일컬어지는 가시와기를 초대객으로 부르지 않을 수도 없는 노릇이었다. 일단 세상의 눈을 생각해서, 그리고 어쩐지 그의 모습도 보고 싶은 생각이 들어서 아무렇지 않은 듯 초대했던 것이다. 가시와기도 물론 기분은 내키지 않았지만 참석을 거절하는 것은 상대의 의혹만 부채질하는 꼴이라고 생각해서 건강이 나쁘지만 참석한다.

오랜만의 대면이었지만 서로 속내를 탐색하면서 아무렇지도 않게 인사를 마쳤으나, 겐지는 가시와기의 초췌한 모습에 의심이 확신으로 바뀌는 심정이었다. 시악(음악 등의 예행연습)이 있은 뒤 연회로 옮겨가자, 주연에서 무의식중에 가시와기에게서 시선을 떼지 못하고 있던 겐지가 가시와기에게 한껏 비아냥거렸다. 와라와마이(소년들의 무용)를 보고 동석해 있던 늙은 귀족들이 감탄하며 술에 취해 감격의 눈물을 흘리는 모습을 화제로 삼아,

나이가 들수록 술에 취해 우는 것은 억제하기 힘든 일이지. 그것을 에몬노카미가 재빨리 발견하고 미소를 짓으니 무척 민망하구나. 하지만 네 젊음도 잠시야. 거꾸로는 가지 않는 세월이거든. 늙음은 피할 수 없는 일이지.

《겐지 이야기》에서

노인들이 툭하면 눈물을 보이는 것은 꼴사나운 일이지만 어쩔 수 없는 일이다. 젊은 가시와기는 아주 우습다는 듯이 웃고 있지만 참으로 부끄러운 일이다. 그러나 세월은 결코 거꾸로는 흘러가지 않는 법. 사람은 누구든 늙음으로부터 벗어날 수 없다.

즉 가시와기는 자신의 젊음을 과시하며 노인들의 추태를 비웃고 있는 것 같지만, 그런 너도 언젠가는 노인이 된다, 그리고 젊은이의 비웃음을 받을 것이다. 이렇게 말하면서 그 말 속에는 '늙어서 아내를 빼앗긴 노인(겐지)을 비웃고 있지만 언젠가 너도 그런 꼴이 될 거다'라는 뜻을 담고 있는 듯하다. 겐지가 이런 뜻을 담아서 비아냥거린 것인지 아닌지는 알 수 없지만, 가시와기는 이렇게 받아들이고 한 대 얻어맞은 기분이었다. 그런 기분에 술까지 억지로 강요받아 마시자 갑자기 속이 울렁거려서 도중에 집으로 돌아갔는데, 그대로 중병에 걸려 몸져 눕고 말았다.

그 이후 회복의 기미도 보이지 않는 채로 해가 바뀌는데, 자랑스러운 아들의 몰라보게 변한 모습에 부모의 슬픔은 몹시 컸다.

한편 온나산노미야는 겐지의 차가운 시선에 벌벌 떨면서 가시방석에 앉은 듯한 나날을 보내다가 난산 끝에 아들을 낳았다. 그러나 겐지 말년의 고귀한 정처의 출산이라는 경사에도 불구하고 주위의 기쁨과는 반대로 겐지의 태도는 차가웠다. 갓난아기를 안으려고도 들지 않았다. 궁녀들로부터 그 이야기를 들은 온나산노미야는 절망하여 건강 악화를 핑계로 출가를 청하지만, 그는 허락하지 않았다. 이대로 자신이 속세에 있으면 아기는 평생 겐지의 사랑을 받지 못할 것이다. 본능적인 모성에서인지는 모르지만, 평생 순종적이던 온나미야가 이때만큼은 강력하게 주장을 굽히지 않았다. 때마침 병문안을 와 있던

아버지의 자비에 매달려 젊어서 출가하는 것이다.

아버지 스자쿠인의 심경은 복잡했다. 딸의 오랜 행복을 위해 겐지에게 맡겼지만 행복과는 거리가 먼 채 허울뿐인 정처자리에 앉혀져 있다가 끝내 아버지 자신의 손으로 한창 젊은 딸의 머리카락을 내리고 말았다. 그야말로 안타까움과 원망만이 가슴에 가득했다. 그러나 그것을 입 밖에 내어 겐지에게 항의하지도 못하고, 딸의 실수를 대충 상상하면서 살날이 창창한 젊은 목숨을 비구니의 세계로 떠나보내고 만다.

어렵게 숙원을 이룬 온나산노미야는 드디어 생의 길로 돌아오지만, 한편 가시와기는 비밀의 아이의 탄생과 그 어머니의 출가라는 희비가 엇갈리는 소식을 들으면서 덧없는 생을 마감한다. 죽음 직전에 읊어진 가시와기와 온나산노미야의 노래와 문장은 나중에 여기서 탄생한 '죄의 아이'의 손에 맡겨지게 되는데, 그가 뒷날의 우지쥬조의 주인공, 가오루키미이다.

겐지는 정신적으로 두 사람을 내몰았지만 가시와기의 죽음에 진심으로 눈물을 흘렸고, 온나산노미야의 출가에도 후회를 금하지 못한다. 그리고 젊은 두 사람의 고뇌가 조금이라도 결실을 맺도록 하겠다는 염원에서 이후 이 아이는 겐지의 사랑의 손에 자라고 성장해 간다. 이 아이의 출생을 이끌어내기 위해 저 슬픈 비극은 일어날 수밖에 없었던 숙명이었던가, 천진난만한 아기를 품에 안으면서 겐지는 운명의 불가사의한 죄와 사랑을 생각한다.

무라사키노우에의 죽음

《겐지 이야기》에는 인간의 죽음을 다루는 장면이 많이 나오는데, 그중에서 가장 무겁게 지은이의 영혼을 담아 묘사되는 것이 무라사키노우에의 경우이다.

와카나 권에 들어가서 무라사키우에노 운명은 예상치 못했던 방향으로 흘러갔지만, 남편에 대한 불신, 불안한 사랑, 그리고 인간 불신이라고도 할 수 있는 괴로운 시련의 대가이기라도 하듯이 겐지의 한없는 사랑과 헌신을 받게 되었다. 물론 겐지는 그 이전부터도 무라사키노우에를 사랑해 왔지만, 그것은 후지쓰보의 유카리라는 시선에서 완전히 자유롭지 못했다. 영원한 여성 대신 그 대리인으로서 곁에 두었고, 소녀 시절은 물론이거니와 그 뒤 기대대로 이상적인 여성으로 성장한 다음에도 겐지는 그녀의 배후에서 후지쓰보의 모습과

고지
관 비녀
갓끈
포
관
홀
덧소매
(손으로 든다)
란
란 끝부분
겉바지
아사구쓰
(정장용 신발)

남성 옷차림

유카리의 실을 계속 찾고 있었던 것이다. 물론 무라사키노우에 자신은 전혀 모르는 차원의 일이었지만, 여자로서, 아내로서 남편의 내면 깊숙한 곳에 다른 여성이 들어앉아 있다는 것은 얼마나 허망한 일인가.

그러나 온나산노미야가 로쿠조인에 들어온 것을 계기로 무라사키노우에는 겐지의 마음의 거울에 후지쓰보를 넘어선 진정한 이상의 여성으로서 초연하게 빛나며 재생되는 것이다. 여주인의 자리에서 쫓겨나다시피 로쿠조인의 본채에서 물러남으로써 마음의 고뇌, 고통, 그리고 굴욕을 견디면서 자학적이라고도 할 수 있을 만큼 자아를 억누르고 겐지에게 관용과 무상의 헌신을 아끼지 않았는데, 그 모습을 보면서 그는 새삼 무라사키노우에의 존재감을 인정하지 않을 수 없었다. 이 사람이야말로 내가 진정으로 구하던 영원의 여성이었구나, 어째서 나는 이제까지 그것을 모르고 새 아내를 들이는 불찰을 저지른 것일까 하고 후회막급한 심정이었다. 그러나 겐지가 무라사키노우에의 안에서 참된 이상의 여인상을 확인할 수 있었던 사실과 그녀의 믿음을 뿌리부터 뒤흔든 사실은 거의 시기를 같이하는 것이었다. 아니, 그녀의 신뢰를 흔듦으로써 비로소 그 본질과 실상을 깨달은 것이라고 할 수 있으리라.

그렇다면 한 번 잃어버린 무라사키노우에의 겐지에 대한 사랑과 신뢰감은 이후에 회복될 수 있을까? 겐지가 그것을 깨닫고 자신의 불찰을 후회하고 그녀를 그리면 그릴수록 상대의 마음은 더 멀어져가는 것은 아닐까?

다행인지 불행인지 무라사키노우에는 가시와기와 온나산노미야의 사건에 대해서는 전혀 권외에 놓여 있었다. 가오루의 탄생을 둘러싸고 당사자들이 어떤

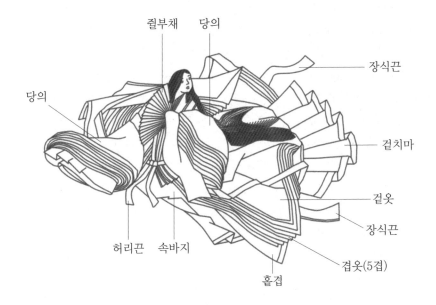

죌부채　당의

당의

장식끈

겉치마

겉옷

장식끈

허리끈　속바지

겹옷(5겹)

홑겹

여성 옷차림

고통을 맛보았는지는 알 턱도 없었지만, 그것을 알 것까지도 없이 오랜 속앓이
가 쌓여서 병상에 누운 뒤로 다시 일어날 가망성은 보이지 않고 있었다. 겐지는
식음을 전폐하고 간호에 몰두하며 자신의 배신죄에 괴로워했지만, 무라사키노
우에는 병세가 좋아졌다가 나빠졌다가를 반복하면서 점차 피안의 땅으로 향해
갔다. 그런 때, 그녀의 심정을 잘 보여주는 다음과 같은 구절이 있다.

　　그다지 중병은 아니지만 오랫동안 건강이 좋지 않아 더욱 쇠약해진 모습
　을 보니 원(院)은 무척 마음이 아팠다. 이 사람이 죽은 후에 조금이라도 이
　세상에 남는 것은 견디기 힘든 일이라는 것을 깨달았고, 부인 자신도 이 세
　상에 아무런 부족함이 없고 남기고 가야 할 자식도 없는 몸이라 억지로 이
　세상에 남을 필요도 없는 목숨이라고 생각했지만, 오랜 부부의 연이 끊어지
　면 원이 얼마나 슬플까 하는 것만을 마음속에서 몰래 슬프게 생각하는 것
　이었다.

《겐지 이야기》에서

시공을 초월 영원한 《겐지 이야기》 무라사키 시키부　1665

특별히 어디가 어떻게 아프다는 증상은 없지만 나이가 들면서 차츰 눈에 띄게 쇠약해진다. 겐지가 어찌할 바를 모르자, 그런 그를 보고 무라사키노우에는 가슴이 미어졌다. 자신에게는 자식이 없어 언제 세상을 떠나더라도 미련은 없지만, 오랫동안 함께 살아온 겐지가 자신의 죽음을 얼마나 슬퍼할까 생각하니 그것만이 아쉽다는 것이다. 즉, 특별히 오래 살고 싶은 마음도 없지만 남겨진 그 사람의 슬픔을 생각하면 조금이라도 더 살아야지 하고 자신을 격려하고 있는 것이다. 이것이 겐지에 대한 사랑과 용서가 아니고 무엇이겠는가? 아니, 사랑이라고 해도 단순한 남녀의 사랑을 뛰어넘은 보편적인 사랑, 인간애, 마치 어머니가 자식을 사랑하는 그런 지고지순한 사랑이다.

무라사키노우에는 오랫동안 쌓였던 원망과 질투와 불신감을 언제까지고 마음속에 간직하는 게 아니라 깨끗이 정화하고 그것을 뛰어넘었다. 말하자면 피안적 시점, 경지에 서서 겐지에게 따뜻한 사랑의 눈빛을 보내고 있는 듯하다. 그 어머니와도 같은 따뜻한 시선을 충분히 몸 안에, 그리고 마음 속 깊이 받으면서 겐지는 그녀와의 영원한 이별에 임하는 것이다. 그것은 갓난아기가 천진하게 어머니의 품에 파고들어 안도하는 것과도 같다.

싸리나무의 하얀 이슬이 바람에 후두두 떨어지던 가을 저녁, 계모의 병문안을 위해 고향으로 내려온 아카시 중궁의 손을 잡고서 겐지와 아카시노키미가 지켜보는 가운데 무라사키노우에는 덧없는 생을 마감했다. 인간의 애증을 뛰어넘은 청안(淸安)의 경지에서 맞은 최후로, 이러한 평안함 가득한 종언은 배신의 자책감에 잠겨 있는 겐지에게 일말의 구원이 되어주었으리라.

무라사키노우에가 남긴 것

무라사키노우에를 잃은 겐지에게 무엇이 남겨졌을까? 그녀가 사랑했던 겐지는 마음속에 영원히 메우기 힘든 틈이 벌어지기 시작하는 것을 어찌할 수가 없었다. 남들이 보기에는 그토록 헌신적으로 병상에서 그녀를 돌보았으니 아무런 후회도 없을 것 같았지만, 그는 결코 마음이 편해지지 않는다.

자신은 어째서 무라사키노우에를 그토록 괴롭혔던 것일까? 겐지의 배신에 대하여 그녀는 결코 항의의 자세를 보인 적이 없었지만, 그 마음속 깊은 곳은 얼마나 견디기 힘든 번민과 슬픔과 고통으로 가득 차 있었을까? 생전의 무라사키노우에는 오히려 그것을 자신의 삶의 증거라고까지 생각했었던 것 같다.

와카나 하권에서 무라사키노우에를 상대로 여자의 운명에 대해서 이야기했던 겐지는 문득 그녀의 지금까지의 인생을 떠올리고 다음처럼 말한다.

　당신에게는 내 여자문제로 여러모로 마음고생을 시켰지만, 어려서부터 내 밑에서 마치 부모 밑에서 오랜 세월을 보내는 것처럼 편하게 지냈으니 나름대로 행복한 인생이었다고 생각해 주겠지요. 이렇게 말하자 무라사키노우에는,
　"말씀하시는 것처럼 저 같이 미천한 몸에는 과분한 행복이라고 남들은 생각하겠지만, 마음에 견디기 힘든 슬픔만이 계속해서 저를 따라다니니, 그런 생각을 하지 않게 해 달라고 부처님께 기도하고 있답니다" 하고 많은 말을 꾹 참고 이것만 이야기하는 모습은 그윽했다.
《겐지 이야기》에서

　겐지가 던진 물음에 그녀는 긍정하지 않았다. 그 말 밖에 담긴 조심스럽지만 당찬 기색에 겐지는 할 말을 잃는다. 그가 말하는 "부모의 창 안에서"(부모 밑에서 그대로 계속)라는 니조인, 로쿠조인에서의 생활은 소녀시절은 모르겠으나, 무라사키노우에에게는 겐지의 생각만큼 편한 곳이 아니었던 것이다. 아버지 병부경을 뒷배로 삼을 수도 없고 외가도 몰락하여 돌아갈 집이 없는 무라사키노우에에게 겐지의 집은 유일무이한 장소였고, 생활을 보장해 주는 것은 겐지의 사랑과 비호뿐이었다. 그에 기대서 그 어떤 억울함과 굴욕이 있어도 그 집에서 머무르며 참는 수밖에 길이 없었던 것이다. 다른 여자들처럼 남자를 본가로 오게 하는, 또는 동거하더라도 돌아갈 곳이 있는 결혼생활과는 전혀 차원이 다른 삶이었다. 그런 그녀의, 말하자면 그런 약점을 알고 그런 것은 아니겠지만, 겐지는 하고 싶은 대로 다 하며 살아왔지만, 배신을 거듭해 온 남편을 관용과 자비로 용서하고 포용하면서 무라사키노우에는 이 땅을 영원히 뒤로한 것이다.
　그로부터 거의 1년의 세월을 묘사하는 마보로시 권에서는 정취 있는 자연이 계절마다 모습을 바꿔가는 로쿠조인의 봄의 대궐을 배경으로 마음의 상처를 입은 겐지의 심상이 그려진다. 가끔씩 온나산노미야나 아카시노키미를 찾아가 회포를 풀기도 하지만, 어디를 가도 누구를 만나도 위화감과 덧없음을 금

하지 못했다. 아아, 그 사람은 이렇지 않았는데, 그 사람이라면 분명 이렇게 했을 텐데, 내 마음속 생각을 헤아려 이렇게 위로하고 이렇게 받아들여 주었을 텐데……. 저마다 아름답고 그리운 여인들을 찾아 돌아다녀도 결코 채워지지 않는 마음의 공백을 새삼 실감할 뿐이었다. 그와 동시에 한편으로는 그런 공허한 영혼의 껍데기 같은 겐지를 맞이하는 부인들도 가엾다고 말하지 않을 수 없을 것이다. 그 해 끝 무렵, 마지막 불명(한 해의 죄에 대한 용서를 부처에게 비는 불교행사) 자리에 참석한 겐지는 젊어서부터 오랫동안 친교가 있었던 노승을 만나 오랜 봉사에 대하여 위로의 술잔을 건넨다. 그리고 속세와 결별하기로 하고 출가를 결심한다.

이듬해 봄, 눈부신 햇빛 속에서 니오노미야(아카시 중궁의 셋째 아들, 겐지의 손자)와 가오루(온나산노미야와 가시와기의 아들)의 사랑스럽고 천진난만한 성장을 흐뭇하게 지켜보는 겐지의 모습이 나오는데, 이것이 이야기에서 그가 등장하는 마지막 장면이다. 출가를 결심하고 맞이한 속세에서의 아쉬운 봄볕에 나무들은 싹을 틔우고 꽃은 다시 피어 생명 재생의 징조를 한껏 보여주지만, 고인은 결코 돌아오지 않는다.

그러나 겐지의 발밑에서는 튼튼하게 성장해 가는 어린 생명의 증거가 뚜렷하게 전해져 온다. 절분의 귀신쫓기를 하며 뛰어다니는 아이들의 천진난만한 모습에 자기 인생의 종언과 자손들의 미래에 대한 꿈을 흐뭇하게 꾸면서 히카루 겐지의 이야기는 여기에서 막을 내리게 된다.

사람들의 고뇌 속에서 싹을 틔운 가오루의 생명도 겐지의 후계자로서 이야기 속에 확실하게 들어오게 되는데, 그 어린 생명이 지금의 겐지에게 더없는 평안과 구원을 주게 된 것이다.

우지 10첩 새로운 세계의 시작

미노리, 마보로시 등 히카루 겐지 이야기의 마지막 권들이 끝나고 다음으로 나오는 것은 니오노미야 권이다. 이 권의 첫머리에는

빛이 가려지고 난 뒤…….

《겐지 이야기》에서

이렇게 시작되고 있어 이미 겐지가 죽은 다음이라는 사실을 알 수 있는데, 계속 읽어가다 보면 사망 후 거의 8년이 지난 시점이 된다. 길고 긴 겐지 이야기(약 70여년) 가운데 8년 동안은 완전한 공백인데, 이 사이에 있었을 겐지의 출가와 죽음에 얽힌 이야기 등 이런저런 상황 변화에 대해서는 완전히 생략되어 있다. 단, 거기에 만족하지 못하는 일부 독자들에 대한 배려에서인지 후년에는 그간의 사정을 상세히 설명하는 '구모가쿠레 6첩' 등과 같은 권들도 남아 있지만, 그것은 무라사키 시키부와는 무관한 후세사람들의 보필, 가필에 지나지 않는다는 것은 말할 것도 없다. 단, 마보로시 권 다음에 구모가쿠레 권이라는 1첩이 있었다는 것은 완전한 공상이라고 말할 수 없을지도 모른다. 달이 구름에 가린다는 제목은 틀림없이 겐지의 죽음을 암시하지만, 권명만 있고 현재 본문은 전해지지 않는다. 후세사람들이 지어낸 것이라는 설, 무라사키시키부의 작품이라고 하는 설, 또 권명만 작자가 짓고 본문은 처음부터 없었다는 설 등등 여러 이야기가 있다.

아무튼 이렇게 니오노미야, 거기에 이어지는 고바이, 다케카와 등 3첩에 걸쳐서 히카루 겐지 죽음 뒤의 다양한 사람들과 여러 가문의 동향이 개략적으로 소개된 다음 이야기는 갑자기 주요무대를 교토에서 우지로 옮기면서 전혀 새로운 구상 아래 펼쳐진다. 그 주요인물로서 활약하는 사람이 종전 세계에서 보내진 가오루와 니오노미야이다.

히카루 겐지 자신의 이야기는 이미 끝났는데 왜 작가는 《겐지 이야기》를 계속 써 나간 것일까? 아니, 계속 집필하지 않으면 안 되었던 것일까? 그것은 이제부터 이야기할 10첩에 걸친 권들(우지 10첩이라고 불리는)의 이야기, 그 이야기의 주제와 내용이 대답해 줄 것이다. 구(舊)에서 신(新)으로 넘어오는 다리와도 같은 3첩(니오노미야, 고바이, 다케카와)를 포함해서 나중의 13첩은 《겐지 이야기》 제3부라고 불리며, 히카루키미 사망 후 자손들의 이야기이다. 참고로 기리쓰보에서 후지노우라하까지를 제1부, 온나산노미야의 결혼을 이야기하는 와카나 상에서 마보로시까지를 제2부라고 한다. 또 기리쓰보에서 마보로시까지를 정편, 그 이후를 속편이라고 부르기도 한다.

중계 3첩 다음, 새로운 이야기의 개시는 하시히메 권(우지 10첩의 첫 번째)인데, 그 첫머리는 다음과 같다.

그즈음 세상이 황족으로 치지 않았던 노령의 황족이었다.

《겐지 이야기》에서

고궁(古宮)이란 나이 든 황족을 말하는데, 여기서는 죽은 기리쓰보인의 황자이자 겐지의 이복동생인 하치노미야라 불리는 인물이다. 어머니의 태생도 고귀하여 장래를 촉망받았지만 이런저런 사정으로 영락하여 세상으로부터 버림받은 쓸쓸한 처지였다. 그 사정 중 하나는 겐지가 스마와 아카시에서 불행한 나날을 보내고 있을 무렵, 그즈음의 황태자(뒷날의 레이제이 천황)을 폐하고 다른 황태자를 세우려는 우대신 집안의 사람들(고키덴여어나 우대신)의 책모로 말미암아 그 후보자로 이름을 올렸던 일이다. 그러나 겐지가 부활해서 좌대신 가의 천하가 되자 예상대로 레이제이 천황이 즉위하고 하치노미야는 쓸모없는 존재가 되고 말았던 것이다.

그 이후는 중앙세력으로부터 버림받고 자신도 정쟁에 휘말리는 데에 어리석음과 무상함을 통감하여 현세로부터 도피하다시피 살고 있었다. 속세를 떠나 불도, 학문, 문학, 예술 등의 길을 걸으며 유유자적한 생활을 했지만, 외가도 몰락해 경제적으로는 어려웠다. 검소하고 소박한 생활이었지만 기타노가타(아내)를 사랑하고 꽤 늦게 그토록 기다리던 아이(맏딸)도 얻어 평온하게 지냈다. 그러나 곧 둘째 딸이 생기고 기타노가타가 출산을 하다가 죽었다. 게다가 자택이 화재를 당해 우지의 별장으로 옮기게 된다. 우지는 어디까지나 임시거주지였지만, 교토의 저택을 재건할 여유도 없어 경치가 무척 아름다운 이곳에서 두 딸을 기르면서 속성(俗聖)처럼 살아왔던 것이다.

속성이란 출가는 하지 않았지만 세속에서 고덕한 승려와 같은 사상과 이상 아래 엄격하게 자신의 행동을 통제하면서 사는 사람을 가리키는 말로, 인격과 식견이 모두 뛰어나고 온후하며 너그러운 성품의 하치노미야는 그 이름에 딱 어울렸다. 기리쓰보인의 여덟째 황자라 하치노미야라고 불린다.

두 딸들은 저마다 건강하고 아름답게 성장해 갔는데, 언니인 오오이기미(맏딸)는 아버지 하치노미야처럼 신앙심이 깊고 총명하고 겸손하며 내성적인 성격이었다. 한편 동생인 나카노키미(둘째 딸)는 밝고 사랑스럽고 다정한 딸이었다. 이 두 자매 외에 이복동생으로 우키후네라고 불리는 여동생이 있었는데, 이 세 사람이 우지 10첩의 여주인공들이다.

한편 남자들은 가시와기와 온나산노미야의 비극으로 태어난 가오루와 겐지의 손자이자 긴조 천황과 아카시 중궁의 셋째 황자인 니오노미야이다. 가오루는 겐지 말년에 정처에게서 얻은 자식으로 귀하게 자랐지만, 어려서부터 주변 상황, 특히 젊은 어머니의 어울리지 않는 비구니 모습에 의심을 품고 출생의 비밀에 불안감을 느끼고 있었다. 조용하고 소극적이며 불도에 뜻을 두었고, 현실도피적인 청년으로 자랐다. 한편 부모의 사랑을 듬뿍 받고 자란 니오노미야는 근심걱정을 모르는 천진난만하고 화려한 귀공자로 여성에게 관심도 많아, 조용하고 고독한 가오루와는 정반대였다. 히카루 겐지는 스케일이 장대한 남주인공이었지만, 니오노미야가 그런 히카루의 부분을, 즉 화려하고 아름답고 풍류를 사랑하고 여성과의 교제도 다채로운 점을, 그리고 가오루가 또 다른 부분을, 즉 성실하고 진실하며 안정감 있고 밋밋한 점을 저마다 나눠 갖듯이 조형되어 있다고도 일컬어진다.

이 다섯 명의 남녀 주인공들은 각각 20세 전후로 성장했는데, 그 무렵 교토 귀족들의 피서지로 산장이 여기저기 흩어져 있던 유수한 우지를 무대의 중심으로 하여 《겐지 이야기》의 마지막 이야기가 전개되어 간다. 여기서 이야기되는 세계는 어떤 것일까? 《겐지 이야기》 제1부의 분위기를 이어가는 것일까 아니면 제2부의 그것일까? 물론 후자이다.

가오루의 사랑

이 산장에 있던 하치노미야 집안의 가풍과 기풍은 가오루의 뜻과 이상에 잘 맞았다. 작은 인연으로 우지에 사는 어느 승려의 소개로 하치노미야와 가오루는 불도를 통해서 친교를 깊이 해갔는데, 아버지가 없는 가오루는 하치노미야를 아버지처럼 사랑했고 그도 이 독실한 청년에게 따뜻한 사랑을 쏟았다.

가오루가 우지에 다니기 시작한 것은 불교의 길을 통해서 하치노미야와 가깝게 이야기를 나누고 가르침을 청하기 위해서였고, 도시의 현세적 번잡함을 떠나 맑고 깨끗한 향기를 구하기 위해서였다. 적어도 속세적인 생각으로부터는 완전히 자유로웠지만, 그 본의와 다르게 어느새 뜻하지 않은 방향으로 흘러가고 만다. 하치노미야의 딸인 오오이기미에 대한 사랑의 미로이다. 불도를 강하게 동경하는 그에게 여인에 대한 연정은 본디 거리가 먼 것이었지만.

앞에서도 말했듯, 가오루는 본디 배속적인 경향이 있어서 여성을 대하는 태도도 조심스러워 니오노미야와 그야말로 대조가 되었다. 어려서부터 어머니의 젊은 비구니 모습을 보고 자란 탓인지, 자세한 이유도 모른 채 어느새 어머니의 죄에 대해서 무의식중에 뭔가를 짐작하고 있었던 것이리라. 어머니는 예전에 무슨 잘못을 저지른 게 틀림없을 것이다. 그 죄를 속죄하기 위해서 출가했다면 나는 무엇을 할 수 있을까? 아무리 현세를 버렸다고는 해도 그로써 어머니의 죄가 완전히 지워질 리는 없다. 그렇다면 내가 조금이라도 빨리 출가해서 부처님을 섬겨 그 공덕으로 어머니의 죄를 조금이라도 속죄할 수 있다면……이런 생각도 있어서 가오루는 차츰 속세로부터 등을 돌리게 된다.

그렇다면 그렇게 결심이 굳었던 가오루가 갑자기 방향을 바꾼 원인은 무엇일까? 그것은 오오이기미에게서 가오루가 갖고 있던 여인의 이상상을 보았기 때문이다. 가장 큰 이유는 오오이기미가 자신처럼 현실을 떠난 차원을 향하고 있는 맑고 투철한 시선을 갖고 있었다는 것이었다. 불도에 관심이 매우 깊고, 아버지의 삶을 따르듯이 청춘의 명령을 이 청량한 땅에 묻으려는, 오로지 불심을 구하는 성실하고 총명한 성품에 평생의 벗이자 반려자를 찾은 듯한 기분이 들었던 것이다.

가오루 정도의 지위와 신분과 품격을 가진 사람이니 지금까지도 여러 귀족들로부터 혼담이 들어왔고, 궁정 궁녀들 중에서도 호의를 표시하는 사람도 많았다. 그러나 본디 여인에 대한 연정이나 결혼 따위에는 관심이 없었던 가오루는 그 어느 것에도 마음이 흔들리는 일이 없었다. 그러나 그런 그가 자신의 의지를 뒤집지 않을 수 없는 이상적인 여성을 만나 작정하고 자신의 마음을 상대에게 전하게 된다.

그러나 본디의 삶까지 바꾸는 가오루의 오랜 소망이라고도 할 수 있는 이 사랑은 안타깝게도 받아들여지지 않았다. 그것은 역설적이게도 상대가 자신과 같은 뜻을 가진 사람이었기 때문이다. 오오이기미는 결코 그가 싫었던 것이 아니다. 아니, 가오루 정도로 명성과 내실을 두루 갖춘 이상적인 귀공자가 또 있을 리 없었고, 인격, 교양, 이상, 이념 등 모든 의미에서 흠잡을 데 없는 가오루를 하치노미야도, 그리고 오오이기미 자신도 충분히 인정하고 마음속 깊이 경애하고 있었다. 그러나 아버지의 가르침으로 불도에 뜻을 둔 그녀도 현세적인 남녀관계에는 회의적이었다. 가오루가 오오이기미에게 사랑을 고백한 것은 하치노미야가 이미 타계하여 1주기를 맞이했을 무렵이었는데, 그녀는 아버지의 유지를 지켜 불연을 구해서 이곳에서 사는 것을 자신의 숙명으로 정하고 있었다. 그리고 그저 어린 여동생의 행복만을 빌었던 것이다.

오오이기미가 가오루보다 나이가 많았다는 사실도 그녀는 부담스러웠다. 아무리 황족의 딸이라고는 하나 가운은 이미 기울었고, 나이도 많고, 앞으로 늙어갈 모습도 불안했다. 상대가 이상적인 귀공자이면 그럴수록 자신의 나이와 처지가 한스러울 뿐이었다. 일부다처제의 시대에 예컨대 가오루의 마음을 받아들였다 해도 그가 평생 자신 한 사람을 계속 사랑해 주리라는 보장은 어디에도 없다. 지금은 서로 상대를 존경하고 사랑해도 어느새 남자의 정열은 식고 여자가 그것을 원망하고 눈물로 지새우는 날이 올지도 모른다. 서로 상처를 주고받고 미워하는 상황이 되었을 때 상대가 가오루가 아닌 평범한 사람이라면 또 모를까, 도저히 견딜 수 없을 듯하다.

그런 망설임에서 오오이기미는 가오루를 거절했지만, 자

쇼시 중궁 해산 때의 기도 승려들의 기도로 '원령'을 내쫓고 있다. 병풍으로 둘러싸인 침소에서는 '원령'이 씌인 영매들이 옷깃과 머리를 풀어헤치고 날뛰고 있다. 1914년, 야스다 유키히코《무라사키 시키부 에마키》에서.

신은 뒤로 빠지면서 여동생인 나카노키미와의 결혼을 권한다. 아버지가 돌아가신 지금, 자신을 후견해 줄 사람은 아무도 없다. 그렇다면 젊고 아름다운 동생을 가오루의 아내로 삼게 하고, 자신은 동생의 후견으로서 그 행복을 지켜보고 싶다…… 이런 일종의 자기희생이라고도 할 수 있는 방법을 선택한다. 그러나 여기에 가오루가 응할 리도 없었다.

오오이기미가 가오루와의 결혼을 거절한 이유는 자신에 대한 열등감이 많기도 했지만, 그와 동시에 그즈음 귀족사회 전제 아래 결혼 방식에 깊은 의심과 절망감을 느꼈기 때문이기도 할 것이다. 그것은 일부다처제가 현재도 밑바탕은 바뀌지 않았다는 것일지도 모르지만, 덧없고 쉽게 변하는 남녀의 사랑을 충분히 알고 있었기에 총명하고 영리한 판단이 앞섰기 때문일 것이다.

그러나 이런 오오이기미의 참뜻은 가오루에게는 전혀 전달되지 않았다. 그보다 그는 오오이기미가 자신의 구혼을 거절한 것은 동생의 행복만을 바라서라고 속단하고, 그 결과 나카노키미의 결혼 상대로서 니오노미야를 추천하고는 반강제로 두 사람을 맺어 주는 것이다. 이런 결과에 오오이기미는 동요를 감추지 못했고, 가오루에 대한 신뢰도 완전히 깨져서 마음이 더 떠나가게 된다. 니오노미야는 부제와 모후가 사랑하는 당대 으뜸의 귀공자였지만 여성편력도 심했다. 우지와 교토라는 원거리이기도 해서 부모와 주위의 감시도 심해 마음대로 찾아오지도 못했다.

신부 나카노키미의 슬픔은 말할 것도 없었다. 자신은 이대로 니오노미야에게 버림받을지도 모른다, 잠깐 가지고 노는 노리개가 되었는지도 모른다. 동생의 슬픔을 목격한 오오이기미도 남녀의 사랑이 얼마나 불확실한가를 절실히 느끼고, 적어도 자신만은 그런 꼴을 보지 않겠다 하고 더욱 마음을 닫지만, 바로 그때 치명적인 타격이 가해진다. 그것은 니오노미야와 좌대신 유기리의 딸의 혼담이 진행되고 있다는 소식이었다. 그 무렵 황제의 황자들은 모두 기타노가타(정처)의 본가의 경제력에 의해서 인생이 좌우되었다 해도 지나친 말이 아니었다. 힘없는 하치노미야 가와의 결연으로는 니오노미야의 장래가 불안정해서 아무래도 강력한 귀족의 딸과의 결연이 필요했기 때문에 부제와 모후도 적극적이었다.

무상한 애인의 처지로 전락할지도 모르는 나카노키미의 장래에서 위기 의식을 느끼고 절망에 빠진 오오이기미는 속으로 끙끙 앓다가 곧 몸져 눕고 만다. 가오루는 자신의 생각 없는 실수에 후회막급한 심정이었지만, 때는 이미 늦어서 어찌할 도리가 없었다.

오오이기미의 유카리

돌이킬 수 없는 실수에 깊은 자책감에 빠진 가오루는 오오이기미를 온 정성을 다해 간호하지만, 그런 보람도 없이 그녀는 그 짧은 생을 마감했다. 병중에 아버지 하치노미야의 시대 이래로 가오루로부터 받은 따뜻한 대접에 대하여 감사의 뜻을 표현하지만, 임종자리에서 오오이기미는 다음과 같은 생각을 가오루에게 고백한다. 당신의 넘치는 배려와 따뜻한 마음에는 뭐라 감사해야 할지 모르겠으나, 단 하나 원망스러운 것이 있다. 그것은 나의 간절한 소원을 무시하고 동생을 억지로 니오노미야의 아내로 만들어 버린 것인데, 이 일만은 원통스럽기 짝이 없다.

가오루도 자신의 경박함, 아니 비열하기까지 한 행위에 후회를 금할 수 없어서, 오오이기미가 죽은 뒤 고인의 원한을 달래주기 위해 우지에서 49일 동안 근신하며 지냈다. 하늘도 잔뜩 찌푸린 나날이 이어져 오오기미에 대한 생각은 조금도 사라지지 않고 날이 갈수록 무겁고 깊게 마음속에 침잠해 갔다. 그리고 곱씹어 생각할수록 고인의 참뜻을 져버린 실수가 후회스럽고 부끄러울 뿐이었는데, 언니의 죽음 뒤 가까이에 있는 동생 나카노키미의 존재가 문득 이전과는 다른 관점에서 그의 심안에 들어온 것이다.

예전에는 단순히 사랑스럽고 아름답고 젊은 처녀였지만, 언니가 죽은 지금은 용모와 분위기가 고인과 매우 닮게 느껴지고 그리움도 한결 더해지는 것이었다. 일반적으로 자매나 형제 중 한쪽이 세상을 떠나면 남은 한 사람이 생전보다 더 고인과 닮게 느껴지는 경우도 많은데, 가오루의 경우도 바로 그랬다. 예전에는 그렇게까지 생각하지 않았지만, 이제 보니 죽은 오오이기미 그 자체라고 할 정도로 가깝고 애틋하게 느껴졌다. 그러나 안타깝게도 이미 나카노키미는 유부녀였다. 아무리 사랑이 불안정하다고는 하나 니오루노미야의 부인이고, 밤에 찾아오는 일이 그다지 없는 남편이라도 그런 남편을 멀리 우지에서 얌전하게 기다릴 수밖에 없는 신세였다. 더욱이 그녀를 그런 처지로 내몬 것은 다름 아닌 가오루 자신이었다.

이듬해 봄, 우지에 밤마다 찾아가기가 물리적으로도 불가능에 가깝다는 것을 깨달은 니오노미야는 나카노키미를 교토의 니조인으로 맞이하게 된다. 나카노키미의 고립된 상황에 마음 아파하는 가오루의 후원도 있어서 그녀는 곧 교토로 간다. 나카노키미가 들어간 니조인은 오래전 겐지가 와카무라사키노키미를 불러들였던 저택인데, 나카노키미는 바로 무라사키노키미처럼 화려한 대궐에 들어가 일단 행복한 아내의 자리에 앉게 되었다. 얼마 지나지 않아 회임하여 기쁨도 한결 더했지만, 그런 안정과 안일과는 반대로 니오노미야와 로쿠노키미(유기리의 딸)의 혼인도 배후에서 착실히 진행되어 갔던 것이다.

가오루는 두 사람의 상황에 일희일비하면서도 제3자적인 처지에 놓여 있었지만, 나카노키미가 불행하면 불행할수록 애착은 더해가고 자제심도 잃어간다. 한편 나카노키미도 우지 이래로 마음의 기댈 곳이 되어 준 가오루에 대한 신뢰가 깊어가는 동시에, 니오노미야의 아내로서 자신의 앞날에 암담함을 느끼는 일이 많았다. 마음 같지 않은 결혼생활과 절망을 실감하는 속에서 생전의 오오이기미의 현명한 마음가짐이 더욱 절실하고 생생하게 느껴졌다.

언니는 남녀의 사랑과 결혼이라는 것의 본질, 허무함, 덧없음을 충분히 알고서 가오루 님의 구혼을 받아들이지 않았던 거야. 아무리 이상적인 결합이라도 평생 똑같은 사랑이 이어지리라는 보장은 없어, 아니 그런 건 있을 수 없어. 그것을 분명히 꿰뚫어보았으니 얼마나 신중한 생각이었나! 그에 비해 나는 얼마나 어리석은가! 아버님의 가르침을 저버리고 경솔하게 우지를 떠나 버리다니…… 하치노미야는 유언으로 자매에게 결혼을 자중하라고, 황족의 딸로서 가문의 명예를 더럽히는 결혼을 하느니 이 우지에 머물면서 평생 깨끗하게 긍지를 갖고 살라고 그토록 당부하셨다. 이제 와서 나카노키미는 아버지와 언니의 참뜻을 생각하며 속세로 나와 버린 자신이 후회스러운 것이었다.

로쿠노키미와의 혼례도 끝나자 남편에 대한 믿음을 배신당한 나카노키미는 다시 가오루를 의지해 우지로 돌아갈 생각도 했지만, 그는 나카노키미의 상상과는 다른 마음으로 그녀에게 접근해 실망과 혼란을 준다. 어차피 남녀 사이에 진실한 우정과 친애관계를 구하기란 불가능한 일인가…… 고민 끝에 나카노키미는 가오루를 멀리하고 니오노미야의 아내로서 공허하게 살아가는 것을 자신의 숙명으로 생각하는 것이다. 가오루의 집념을 억제할 방법은 없을까? 그녀가 물리치면 물리칠수록 그의 망상은 더 깊고 격하게 이성을 뛰어넘어 불타는 듯했다.

그러던 어느 날, 나카노키미는 가오루에게 어떤 여인의 존재를 고백한다. 그것은 우키후네라고 불리는 겐지 이야기의 마지막 여주인공이다. 우키후네는 하치노미야의 측실의 딸로, 죽은 언니인 오오이기미를 꼭 닮았다. 언니가 죽은 뒤 그 어떤 혼담에도 귀를 기울이지 않고 오로지 그녀의 모습만을 찾는, 그리고 나카노키미를 사모하여 조금이라도 닮은 사람을 찾고 싶어 하는 가오루의 심정을

몸에서 떠나려는 미야스도코로의 생령

미야스도코로의 혼이 꿈과 현실이 뒤섞인 아득한 무의식 가운데 몸에서 떨어져 나오게 된다. 붉은 입술과 푸른 입술, 손에 쥔 노송나무 부채와 섬뜩하게 붉은 석산화, 기모노의 나비와 거미집 무늬와 같은 차이를 두어 육체와 혼령의 차이를 교묘하게 드러내고 있다. 거미집무늬 기모노는 〈덧없는 꿈 에마키〉에서도 생령이 된 미야스도코로를 나타내는 특징으로 삼고 있다.

눈치챈 나카노키미는 고결한 아버지의 명예를 훼손하게 될지도 모른다는 것에 괴로워하면서도 이복언니인 우키후네의 존재를 고백하는 것이다.

우키후네의 앞날

그럼 우키후네는 어떤 태생과 출신의 처녀일까? 그녀의 어머니는 일찍이 하치노미야 가의 궁녀(시녀)로 주쇼노키미라고 불렸으며, 하치노미야의 정실의 친족이기도 했다. 하치노미야는 정실을 열렬히 사랑했는데, 아내가 두 딸을 남기고 세상을 떠나자 자녀의 양육과 불도수행에 전념하고 재혼 이야기에는 전혀 무관심했다. 그러나 우연히 주쇼노키미와의 사이에서 딸이 생긴 것이다. 그러나 정실을 배신했다는 죄책감 때문인지 하치노미야는 그 뒤 주쇼노키미를 멀리했다. 버려진 그녀는 어린 우키후네를 데리고 지방관의 후처가 되어 황가를 떠났다. 남편의 임지는 히타치국(오늘날의 이바라기 현)으로, 이후 우키후네

는 동쪽의 시골마을에서 조용히 성장해 갔던 것이다. 계부는 우키후네를 사랑하지 않아 오로지 어머니의 사랑에 매달리는 나날이었지만, 황족의 핏줄을 갖고 태어나 품위 있고 아름다운 그녀는 오오이기미와 꼭 닮은 모습으로 20세가 되었다. 그 무렵에는 교토로 돌아와 있었는데, 나카노키미를 보러 니조인을 찾아온 주쇼노키미는 니오노미야 부인이 우키후네의 앞날에 힘이 되어 줄 것을 기대했던 것이다. 우키후네를 시골처녀로 끝나게 하고 싶지 않다는 어머니의 일념에서였다.

처음으로 우키후네와 맞닥뜨린 나카노키미는 이복동생에게서 오오이기미의 모습을 발견했고, 아버지의 명예에 먹칠을 하는 줄 알면서도 가오루에게 진상을 밝힌 것이다. 나카노키미에 대한 미련을 버리지 못하는 가오루는 이 처녀에게 매우 마음이 끌리면서도 신중한 자세를 버리지 않았다. 한편 우키후네의 어머니도 이 결연에는 반대였다. 자신의 젊은 날의 불행한 체험과 너무 닮았던 것이다.

그때의 신분서열사회에서 가오루와 우키후네는 정식 부부로서 맺어지는 것이 아니라 가오루의 애인, 또는 수많은 측실들 중 하나에 불과하게 된다. 겐지 말년에 얻은 고귀한 정처의 적자이자 당대 으뜸가는 귀공자인 가오루에 비해 우키후네는 하치노미야 가의 피를 이어받았다고는 하나 시골출신인 데다 지방관의 후처의 소생인 것이다. 상대가 아무리 훌륭한 남성일지라도 애인과 같은 존재에 만족하는 것은 여자에게 얼마나 괴롭고 비참한 일인지 하치노미야와의 가혹한 옛 경험이 떠오르는 것이었다. 가난해도, 신분이나 지위는 낮아도 집안의 수준이 맞는 적당한 남자의 정식 부인으로서 살아가는 편이 얼마나 마음 편하고 행복한 일인지, 이것 또한 그녀의 반평생이 가르쳐준 철학이었다. 촌스럽고 거칠고 다툼이 잦은 후부(後夫)이긴 하지만 남편인 히타치노스케는 자신을 정실로서 늘 아껴 주었고, 진심으로 대해 주었다. 고상하고 아름답지만 결코 자신을 인정하지 않았던 하치노미야보다 더……. 우키후네의 어머니는 자기 딸에게는 자신과 똑같은 아픔을 주고 싶지 않았던 것이다.

한편 가오루도 앞에서 말한 것처럼 오오이기미나 나카노키미에 대한 끝없는 사모에서 헤어나오지 못했고, 신분이 낮은 어머니에게서 나온 처녀에게는 그다지 열의도 생기지 않았다. 그것은 우키후네의 신분에 대한 불만이라기보다는, 새로 나타난 여동생 쪽으로 벌써 마음이 돌아선 것을 나카노키미가 어떻게 생각할지 하는 불안감에서였을 것이다. 그러나 우키후네 당사자의 생각은 전혀 묻지 않은 채, 그녀를 둘러싼 사람들의 복잡한 상념을 꼬아가며 이야기는 펼쳐져 간다. 곧 우키후네는 가오루의 손에 맡겨지고, 우지의 산장에서 그의 드문 방문을 기다리는 신세가 되었다.

처음에는 반대하던 어머니도 가오루의 인격과 진심에 감동해 눈에 넣어도 아프지 않은 딸의 미래를 그에게 맡겼지만, 당연하게도 교토에서 멀리 우지까지 자주 걸음을 하기란 무리였다. 우키후네를 아끼면서도 가오루는 고인에 대한 마음도 지우지 못했고, 오오이기미와 나카노키미와는 태생이 다른 이복동생에 대한 가벼운 시선도 있어 온몸과 마음으로 사랑을 바치지는 않았다. 그녀를 찾아가는 일은 드물었고, 언젠가 교토로 불러들여야지 하면서도 소식은 뜸했다.

뒷날 우키후네는 가오루와의 관계에 대해서,

> 처음부터 정열적이진 않았지만 느긋하게 사랑해 주셨던 사람은 지금 와서 그때를 떠올려 보아도 매우 그립게 생각되는 것이었습니다.
>
> 《겐지 이야기》에서

이렇게 술회한다. 정열적이었던 적이 없고 담담하고 조금 차가운 면도 있지만 안심하고 모든 것을 맡길 수 있는 그 성품을 그립게 떠올리고 있는 것이다. 찾아오는 일은 드물었어도 가오루는 우키후네를 도중에 버리는 무정한 남자가 아니었다. 그런 독실한 귀공자를 만난 것은 여자로서 행운이고, 본인도 그 어머니도 이렇게 된 것에 안도했다. 그즈음 우키후네는 가오루의 대우에 조금도 불만을 갖지 않았고, 모녀가 고생 끝에 드디어 다다른 안식의 경지에 감사하는 일념이었을 것이다. 그리고 이런 상황이 계속되면 언젠가 교토로 불려가서 그녀의 인생도 매우 편해질 것이었다.

그러나 안타깝게도 미래의 광명을 느끼는 우지에서의 평안한 날들은 찰나의 꿈에 지나지 않았다. 갑자기 무대는 암전하여 순박한 시골출신의 처녀의 인생은 단숨에 궤도를 이탈하는 것이다. 그것은 나카노키미의 남편, 니오노미야의 출현이었다. 일찍이 우키후네가 언니인 나카노키미를 의지하여 니조인에 몸을 의탁하고 있었을 때 우연히 그 모습을 보냈던 니오노미야는 아내를 닮은 우키후네에게 마음이 끌렸는데, 우연히 그녀가 어디에 있다는 정보를 손에 넣고 우지로 찾아간 것이었다. 처음에는 우키후네가 정말 맞는지 확인할 생각이었지만 당사자라는 것을 알자 자제심을 잃고서 니오노미야는 가오루인 척하고 강제로 그녀의 방으로 들어간다.

갑작스러운 사태에 우키후네는 당황하고 고뇌할 뿐이었지만, 그녀에 대한 정념을 억제하기 힘든 니오노미야는 이후에도 반강제적인 만남을 이어간다.

한편 우키후네도 가오루에 대한 배신에 죄책감이 들었지만, 침착하고 냉정하며 언제나 오오이기미의 모습으로부터 자유롭지 못한 가오루의 차가운 시선에 비해 신분도 지위도 다 내던지고 오로지 정열적인 사랑을 바쳐 주는 니오노미야에게 자기도 모르게 끌리는 것을 어쩔 수 없었다. 이성과 감정이 날카롭게 부딪치는 중에 상황은 더 나빠져 간다. 두 사람이 주고받은 편지가 발각되어 가오루가 이 사실을 알게 된 것이다. 우키후네는 궁지에 몰리게 된다.

진상을 알게 된 가오루는 분노를 금할 수 없었지만, 우키후네는 차치하고 신분이 있는 니오노미야를 정면에서 규탄할 수도 없는 노릇이었다. 다만 우키후네에게 잔뜩 비꼬는 편지를 보낼 뿐이었지만, 우키후네는 사면초가의 상태에 내몰린다. 가오루가 교토로 불러줄 날을 꿈꾸며 기쁘게 교토로 옮겨갈 준비에 여념이 없는 어머니와 유모들 앞에서 우키후네는 자신이 가야 할 길을 정한다. 우지가와에 몸을 던져 죽는 것이다.

피안에의 길

그러나 우키후네는 죽지 않았다. 아니, 죽을 수 없었다고 하는 편이 옳을지도 모른다. 우지가와에 몸을 던지는 것을 미룬 게 아니라, 실천에 옮기려 했지만 미수에 그쳐 정신을 잃은 것을 지나가든 승려들이 구해주었던 것이다. 반죽음 상태의 우키후네를 발견한 것은 요카와에 사는 고덕한 소즈(僧都)로, 어머니와 여동생 아마기미와 동료 승려들이 하츠세의 하세 관음을 참배하고 돌아가던 길에 우연히 우지에 들렀을 때였다. 요카와는 히에잔에서 불당이 있는 가장 깊은 곳이고, 하츠세는 야마토의 하세데라이다. 하세데라는 관음신앙 때문에 많은 사람들이 참배를 오는 곳으로 그즈음 여성 작가들도 자주 찾았는데, 저 다마카즈라의 이야기도 하세에서 시작되었었다.

먼 옛날, 외동딸을 잃은 여동생 아마기미는 살아 있었다면 자신의 딸과 같

다다스 숲과 미타라시 강
가모 강과 고노 강이 서로 만나는 곳에서 그리 멀리 떨어지지 않은 곳, 시모가모 신사와 가와이 신사 일대가 다다스 숲이다. 울창하게 우거진 나무들 사이로 미타라시 강과 이즈미 강이 흐르고 있다. 미야스도코로가 노래한 '미타라시 강'은 가모 강을 가리킨다.

은 나이였을 아름다운 우키후네를 더없이 사랑해 주고 병의 회복을 기원하며 헌신적인 간호를 아끼지 않았다. 요카와 소즈의 특별기도가 효험을 발휘했는지 두 달쯤 지나자 우키후네는 드디어 정신이 들지만, 절대 정체를 밝히려 하지 않았다. 히에잔의 기슭인 사카모토에 있는 비구니들의 거처에서 요양하게 되는데, '죽지도 않는 목숨'을 원망하면서도 출가하여 여생을 보내기를 기도했다.

주변 사람들은 너무나도 젊고 아름다운 우키후네가 출가하는 것을 안타깝게 생각했다. 아마기미는 특히 반대했지만, 본인의 의지는 변하지 않았다. 얼마 후 여동생 아마기미가 다시 하츠세로 떠나자, 그 틈을 타서 마침 요카와에서 하산해 있던 소즈에게 애원하여 마침내 숙원을 이룬다. 젊은 비구니로서 우키후네는 마침내 평정을 되찾을 수 있었지만, 하츠세에서 돌아온 아마기미는 탄식을 금하지 못했다.

다시 살아난 우키후네는 자신의 죄를 떠올리고 사랑의 고뇌와 슬픔, 복잡함, 덧없음을 곱씹으면서도 거기에서 헤어 나오고 싶었다. 그리고 이성과 얽혀서 그 고통스러운 지옥도를 보는 것만은 피하고 싶다고 절실히 바랐지만, 그녀의 주변에는 다시 남자의 그림자가 꼬이기 시작했던 것이다. 아마기미의 사위였던 츄조노키미였다. 아마기미의 딸은 이미 죽었지만, 아직껏 죽은 아내를 잊지 못해 장모님에게 인사를 드리고 있던 츄조노키미는 우연히 목격한 산간과는 어울리지 않을 만큼 아름다운 우키후네에게 격렬하게 마음을 빼앗겨 아마기미를 통해서 적극적으로 속마음을 전달하려 했던 것이다. 우키후네가 출가의 결심을 굳혔던 직접적인 원인은 여기에도 있었다.

그녀는 모든 것으로부터 도망치듯이 의지를 관철해 마침내 평안을 얻을 수 있었다. 여동생 아마기미는 처음에는 안타깝게 여기면서도 비구니로서의 새 생활을 모두 지원해 주었는데, 죄를 뇌우치고 겨우 암로에서 탈출한 지금 우키후네는 무슨 생각을 했을까? "처음부터 정열적이진 않았지만 느긋하게" 자신을 대해 주었던 가오루의 사랑이 그립고, 순간의 정열에 불타는 니오노미야에게 한 순간이라도 마음을 허락하고 마음이 끌렸던 자신의 죄가 쓰라리고 한심했다. 다시는 그런 실수를 저지르지 않으리, 그런 무참한 세계로는 결코 돌아가지 않으리, 조용히 불도수행에 힘쓰면서 이렇게 되돌아 봤던 것이다.

그러나 그 고요함도 어느새 깨지는 때가 온다. 사소한 계기로 우키후네가 살아 있다는 소식이 가오루에게 전해지자 그가 보낸 사자가 산골을 찾은 것이다. 가오루는 그 소문을 듣고 처음에는 반신반의했지만, 자살에 실패하여 소즈와 비구니들의 자비로운 손길에 이끌려 지금은 부처를 모시는 젊은 비구니에게 마음을 담아 편지를 보냈던 것이다. 사자로 간 사람은 우키후네의 씨다른 형제인 소년이었다. 가오루는 우키후네를 잃은 어머니의 슬픔을 생각하여 스스로 책임감을 느끼고 동생들(우키후네의 어머니가 재혼 뒤에 낳은 자식들)을 후하게 비호해 주고 있었던 것이다. 편지에는

예전에 당신이 저지른 죄는 이제 와서 뭐라 말할 수 없지만, 딱 한 번만 더 만나서 옛이야기라도 좀 나누고 싶습니다……

이렇게 적혀 있었다. 가오루로부터 사정을 들은 요카와 소즈도 우키후네를 서둘러 출가시켜 버린 것을 후회하여 그녀에게 환속(출가를 그만두고 속인으

로 돌아가는 것)을 권하는 편지를 보냈다. 사람이 현세에서 하루 출가하면 부처의 공덕으로 그 자손이 7대에 이르도록 구원받는다고 했는데, 그만큼 출가의 의지는 존귀한 것이고 당신은 벌써 충분히 부처님을 모시며 공덕을 쌓았으니 환속하여 가오루 님의 곁으로 돌아가세요, 그리고 그분의 '애집의 죄를 없애 주세요' 하고 타이르는 것이었다. '애집의 죄'란 누군가를 사랑하여 그 사람에게 집착하는 것으로, 불교의 가르침에서는 죄가 된다. 가오루가 우키후네를 계속 사모하고 그녀가 그것을 줄곧 거부하면 가오루는 영원히 그 죄를 범하게 된다. 그녀에게 속세로 돌아가 그 사랑을 받아들임으로써 그를 애집의 죄에서 구원해 주라는 것이었다.

그러나 우키후네는 동생인 고기미와 직접 만나는 것조차 거절한다. 발 너머로 보이는 동생의 모습을 보니 옛 생각이 떠오르고, 어릴 때부터 자신의 행복만을 바라며 고생에 고생을 거듭한 어머니가 떠올랐다. 그리고 아무 말이 없는 우키후네에게 자꾸만 대답을 재촉하는 아마기미에게 다음과 같이 말한다.

이리저리 생각하고 있지만 전혀 기억이 나지 않습니다. 다만 한 사람, 어머니께서 어떻게든 저를 행복하게 해 주려고 고생하면서 정성껏 길러 주셨으니, 지금도 살아 계실까 하는 그 생각만은 잊지 않고 슬퍼지는 적은 간혹 있습니다. 이 아이의 얼굴을 지금 보니 어릴 적에 봤던 모습이 떠올라 정말 절절한 심정이지만, 지금에 와서는 이런 동생이 살아 있다는 사실을 모른 채로 지내고 싶습니다.

《겐지 이야기》에서

이렇게 말하는 것이다. 아무것도 생각나지 않는 가운데 희미한 기억을 더듬어 보니 단 한 사람, 언제나 자신을 걱정하고 염려해 주었던 사람이 있습니다. 그 사람이 아직 존명해 있는지 그것만이 안타깝고 슬픈 심정입니다. 만일 그 사람이 살아 있다면 그 사람만은 만나고 싶습니다. 이렇게 말하며 가오루와의 일은 문제 삼지 말아달라고 부탁하면서 그의 편지를 펼친 채로 아마기미에게 돌려주는 것이다. 지금 우키후네가 재회를 바라는 것은 어머니뿐이었다.

비구니들에게 "오늘은 무리인 것 같으니 다음에 다시 오라"는 말을 들은 고기미는 어쩔 수 없이 누이의 답장도 받지 못한 채로 가오루에게로 돌아갔다. 귀가

가 늦자 불안해하면서 기다리던 가오루는 사정을 듣고 영문을 몰라 답답했다.

기리쓰보 권부터 시작된 《겐지 이야기》 54첩의 마지막 권, 유메노우키하시는 여기서 끝난다.

《겐지 이야기》의 마음

기나긴 이야기는 유메노우키하시 권에서 드디어 완결된다. 그러나 과연 완결되었다고 할 수 있을까? 지나치게 모호한 결말에 석연치 않은 것은 현대의 우리만이 아니었던 것 같다. 오래전부터 이 결말에는 많은 의문이 던져져 왔던 것이다. 《겐지 이야기》의 종착점은 여기가 아니지 않을까? 뒤의 이야기가 더 남아 있을 것이다, 그것이 현재 전해지고 있지 않을 뿐이다…… 등등.

그 뒤 우키후네는 어떻게 되었을까? 한 번은 가오루의 청을 거절했지만 나중에 재회해서 환속해 가오루의 아내로서 늦은 행복의 길을 걷지 않았을까? 아니 환속까지는 아니더라도, 이후 가오루와 따뜻한 친교를 맺으며 그의 두터운 비호 아래 우키후네는 속세의 번뇌를 벗어난 안정된 생활을 한다는 둥 다양한 억측이 있으며, 급기야는 《겐지모노가타리 야마지노츠유》라는 속편의 권들까지도 등장해 있다. 결말에 만족하지 못한 후세사람들이 만든 것이다.

그러나 사람들의 생각은 둘째치더라도 《겐지 이야기》는 유메노우키하시로써 완결된다, 적어도 무라사키 시키부의 손은 이것을 끝으로 떠났다, 이렇게 보는 것이 일반적이고 가장 타당한 추측일 것이다. 이 얼핏 보기에 결말답지 않은 결말이야말로 참된 의미에서 《겐지 이야기》 작가의 생각이 담겨 있다고 볼 수 있기 때문이다. 앞으로 두 사람의 모습, 삶의 방식에 대해서 작가는 아무것도 이야기하고 있지 않다. 모든 것을 독자들의 상상의 세계에 맡기고 있는데, 우리를 포함해서 무한하다고도 할 수 있는 고래 이래의 수많은 독자들은 결국 작가에 의해서 엄청난 짐과 숙제를 넘겨받은 셈이 된다. 그것은 《겐지 이야기》라는 양으로 보나 질로 보나 고금에 없었던 장대한 작품을 만난 이들의 영원한 숙명이라고 할 수 있을지도 모른다.

작가, 무라사키 시키부는 《겐지 이야기》를 일단 하나의 이야기가 마무리되는 후지노우라바(제1부의 마지막, 33첩) 권으로 끝내지 않았다. 그리고 기존의 것과는 매우 색깔이 다른 제2부 세계를 와카나 권부터 이어가다가 겐지도 독자들도 가장 사랑하는 인물인 무라사키노우에를 배웅하면서 히카루 겐지 이

여름 축제 나니와 가가미

단시치 구로베가 장인 기헤이지를 죽이는 장면. 장인으로 받는 모욕을 견디지 못한 단시치는 끝내 그를 죽이고 마는데, 그 뒤로 고즈 신사의 여름 축제 가마가 지나가는 모습이 보인다. 무대 뒤로 오가는 축제 가마와 시끌벅적한 사람들의 소리는 이 사건이 여름 축제날 오후에 벌어졌다는 이미지를 전해 준다.

야기를 마친다. 그리고 그런 다음에도 붓을 놓지 않고 제3부의 우지 세계를 펼쳐갔던 것이다. 제2부, 제3부로 권이 진행됨에 따라서 이야기의 색채는 차츰 화려함과 밝음에서 멀어져 약하고 둔하게 채색되어 간다. 내용도 무대장치도 자연배경도 조금씩 색채감을 잃어갔던 것이다.

이렇게 해서 맞이한 유메노우키하시 권, 봄의 꿈속에서 덧없이 보이는, 공중에 떠 있는 듯한 실체 없는 다리, 언제 사라질지 모르는 권명과도 통하는 맺다만 것 같은 결말에서 어떤 색깔을 볼 수 있다는 것일까? 앞으로 어떤 전개가 펼쳐지는 것일까? 우키후네의 대답은 이미 정해져 있다, 그 길을 마음을 비우고 계속 걸어갈 뿐이지 마음이 바뀔 여지는 남아 있지 않다, 이렇게 생각하지 않을 수 없지 않을까?

그렇다면 여기서 이 이야기가 끝났다고 치고, 《겐지 이야기》의 주제는 과연 무엇이었을까? 무라사키 시키부가 기나긴 세월 동안 아마도 몸과 마음을 다해서 썼을 것으로 추측되는 이 허구세계를 통해서 그녀는 무엇을 말하고 호소하려고 했던 것일까?

최근의 작가론, 작품론 중에는 작품과 작가는 본디 별개이기 때문에 반드시 작품의 주제나 사상을 작가의 그것과 동일하게 할 필요는 없다는 사고방식도 있는 듯하다. 분명 일리 있는 말이긴 하지만, 이른바 전문적인 직업작가가 다수인 시대라면 몰라도 헤이안 시대의 여성문학에서는 짐짓 작가와 작품을 밀접하게 연관시켜 논하는 것이 아주 자연스러운 흐름이었다고 할 수 있을 것이다. 이렇게 생각할 때 무라사키 시키부의 《겐지 이야기》에 담긴 생각이란 무엇이었을까, 그것을 밝히는 것은 의미 있는 일이고 또 규명하고 싶어 하는 것도 인지상정일 것이다.

그러나 그 대답을 내기란 매우 어려운 일이다. 아니 불가능에 가깝다 해도 좋을지 모른다. 본디 하나의 작품이나 작가에 대해서 명확한 하나의 정답을 구하는 것은 문학의 참뜻이 아니고, 특히 이 위대한 작품에서는 더할 것이다. 아무래도 이것은 우리 독자들 한 사람 한 사람이 개개의 개성과 지성, 지식과 경험 등 다양한 마음의 거울을 통해서 저마다 파악하고 이해해 가야 할 것이다.

《겐지 이야기》를 깊이 연구하고 우리가 삶을 계속하는 한, 이 난제로부터 해방되는 일은 없을지도 모르지만, 그런 끝없는 인간의 마음의 여행에 무거운 과제를 계속 던져주는 것도 이 작품의 본연일 것이다.

영원한 사랑에 대한 회의

그런데 이렇게 정답을 구할 수 없는 현상에도 그 대답을 구해서 여러 모색이 이어져 왔다. 그중에서도 《겐지 이야기》에 등장하는 여인들의 삶을 살펴보면서 결혼거부의 윤리라는 관점에서 고찰하기도 했다.

이것은 이야기의 마지막 우지의 오오이기미의 이야기를 중심으로 했을 경우이다. 가오루에 대한 오오이기미의 사랑은 사랑하기에 물러설 수밖에 없다는 그녀의 열등감과 동생에 대한 한없는 사랑, 육친애에 따른 것이지만 결코 그게 다가 아니다. 아무리 이상적인 상대라도 현실적으로 함께 살면서 평생 불변의 사랑을 지속하기란 어려운 일이라는, 아니 불가능하다는 이른바 남녀의 사랑에 대한 불신, 나아가서는 인간불신이라고도 할 수 있는 냉정한 사고방식 때문

청해파 춤 중국풍 꽃과 풀 무늬로 테두리를 장식한 상자 뚜껑에 〈기리쓰보〉, 〈단풍놀이〉 편과 같은 장면을 그려 넣었다. 그림 가운데 두 남성이 춤추는 모습이 바로 〈단풍놀이〉 편에서 겐지와 두중장이 청해파 춤을 추는 장면이다. 겐지 이야기 금박 옻칠그림 책갑. 에도시대 초기. 런던 빅토리아 앨버트 미술관 소장.

이었다는 것이다. 오오이기미의 이러한 상념이 얼마나 합당한 것이었는가에 대해서는 나중에 니오노미야를 따라 교토로 간 나카노키미가 남편과 로쿠노키미의 혼례를 앞두고 절실히 체감했다는 부분에서 이미 설명한 바 있다.

이것이 일부다처제라는 그 무렵 사회체제 속에서 매우 불리한 상황 아래 있었던 여성의 처지에서 바라본 시선이라는 것은 명백하지만, 여성의 사회 지위가 옛날과는 비교도 되지 않을 만큼 향상된 현대에서도 그것이 완전히 무관한 과거의 일이라고 잘라 말할 수 있을까? 여기에 그렇다고 대답하는 것도 꽤 용기가 필요한 일 아닐까?

《겐지 이야기》속에 나오는 남녀의 사랑드라마를 더듬어 가다 보면 행복으로 가득한 이야기는 매우 드물고, 대부분은, 특히 주요인물들이 엮어내는 이야기는 마음속 깊이 온갖 고뇌와 슬픔과 고독감을 품은, 말하자면 불모의 사랑으로 끝나는 경우가 참으로 많다. 겐지와 후지쓰보, 로쿠조노미야스도코로,

아오이, 아카시노키미 등, 그리고 온나산노미야와 가시와기, 우지의 히메기미들과 가오루, 니오노미야 등, 그 가운데에는 젊어서 속세의 번뇌에서 벗어나는 선택을 하는 경우도 있었다. 저 로쿠조인의 한 송이 꽃이라고도 일컬어지는 무라사키노우에도 말년은 고뇌와 질병 속에서 사랑의 불신과 불안, 겐지의 배신에 대한 용서와 사랑의 회복 때문에 뼈를 깎는 고통으로 속을 끓이다가 출가의 뜻도 이루지 못한 채 세상을 떠나갔다.

무라사키노우에가 남녀 간의 사랑에 대하여 품는 회의감은 오오이기미로 확실하게 이어지고, 그 이루지 못한 출가와 낙식(落飾)에 대한 바람은 오오이기미의 유카리를 몸속에 계승한 우키후네에 의해서 이루어졌다고나 할까?

그러나 《겐지 이야기》는 인간의 사랑이나 삶 그 자체를 부정하고 있는 것이 아닐 것이다. 말년의 무라사키노우에는 배신감에 전율하는 겐지를 어머니의 자애심과도 같은 마음으로 비켜보고, 한편 겐지는 죄의 자식인 가오루의 어린 생명에서 가시와기와 온나산노미야의 숙명의 사랑을 생각하면서 자애심을 찾는다. 건강한 생명의 약동이 모든 것을 잃은 늙은 몸에 따뜻함과 삶에 대한 기쁨과 기대감을 가져오고 삶의 양식까지 주는 것을 느꼈던 것이다.

어차피 사랑도 일반적으로 영원할 수는 없다. 허무함도 슬픔도 괴로움도 불즉불리의 것이긴 하지만, 반대로 이 섭리를 깨닫고 저마다의 전생과 숙명을 받아들이는 관용과 순응의 정신에 따라 자신의 혼과 자신의 마음을 구속하지 말고 자유롭게 살아갈 수 있다면 그것도 삶의 지복이라 할 수 있을 것이다. 현세의 허무함과 덧없음을 꿰뚫어보고 모든 것에 대하여 사랑과 용서의 길을 구하고, 자신의 마음으로 솔직하게 살아갈 것을 바라고 노력해갈 수밖에 없다……. 지금 그런 무라사키 시키부의 중얼거림이 들려오는 듯하지 않은가?

헤이안 시대 후궁

헤이안 시대 후궁에는 남성들이 자유롭게 드나들 수 있었다. 여러 귀공자들도 후궁을 출입했다. 그곳에는 여주인들을 위해 많은 시녀(女房 : 卿)들이 일을 하고 있었다.

시녀 중에는 무라사키 시키부, 세이쇼나곤, 이즈미 시키부(和泉式部) 등 훌륭한 재능과 뛰어난 미모를 지닌 사람들이 많이 있었다. 그렇기에 여러 귀공자들의 관심을 끌었다. 그들은 후궁에서 시녀들과 연애를 하고, 그 과정에서 주고

받은 노래들이 후세에 남아 명작이 되었다. 그리고 귀공자들은 후궁에서 일하는 여성들과 결혼하기도 했다.

《겐지 이야기》에도 가족이나 친한 귀족이 후궁에 출입하는 장면이 그려지고 있다.

헤이안 시대 유모의 존재

궁에서 살며 귀인들의 교육을 맡은 여성을 여방이라 하는데 그들 가운데서도 특별한 역할을 수행하며 대우를 받았던 사람이 유모이다. 유모란 어머니 대신 아기를 양육하는 여성을 뜻하며 태어났을 때부터 귀인 옆에서 일하기 때문에 주인과 유모 사이에는 친어머니 이상의 끈끈한 정이 있다. 그리고 주인과 운명을 같이 하겠다는 각오가 유모들의 마음가짐이었다.

유모의 자식은 유모자(乳母子)라 불리며 유모와 함께 어린 주인을 섬긴다. 예를 들어 히카루 겐지에게는 대이유모(大武乳母)의 아들인 고레미쓰(惟光)가 유모자가 된다. 우근(右近)은 유가오(夕顔)의 유모자이다.

주인과 유모는 공동운명체로 주인의 번영과 몰락이 유모와 유모자의 생활에 큰 영향을 끼쳤다. 그래서 유모들은 주인이 출세하도록 좋은 남자와 결혼시키려 평소에 쌓아둔 정보망을 최대한 이용했다. 사랑을 이루게 하고 안 좋은 소문을 감추는 등 주인을 구하기 위해 유모는 온갖 노력을 아끼지 않았다.

겐지 이야기에서도 유가오가 죽었을 때 뒤처리를 하고 소문이 나지 않게 한 것도 겐지의 유모자인 고레미쓰이다. 또 스에쓰무하나(末摘花)와 히카루 겐지를 만나게 한 사람은 히카루 겐지의 유모자 대보명부(大輔命婦)이다. 거짓말은 하지 않으면서도 스에쓰무하나의 나쁜 점은 감추고 힘이 없어진 집안의 가여운 아가씨임을 강조하여 히카루 겐지의 관심을 끌게 했다.

헤이안 시대 귀족 생활

헤이안 시대 일반귀족들은 관료이기 때문에 대내리(大內裏 : 궁궐구역)나 내리(內裏) 등 관공서에 출근한다. 6시에 관공서 문이 열리기 때문에 그들은 새벽 3시에 일어나 6시쯤 출근했다. 귀족 생활에는 관례가 많아서 목욕하는 날이나 손톱 깎는 날까지 자세히 정해져 있었다. 이 관례를 기억하는 것뿐만 아니라 달력을 보고 길흉을 점치고, 그 전날 있었던 일을 일기에 쓰는 것도 중요한 일이었다.

고급귀족의 하는 일은 주로 관료회의이다. 회의에서는 국정 전반의 방향을 정한다. 그 결정권은 천황에게 있고, 섭관(攝關)과 상담해서 정했다. 또 연중행사에 참석하는 일도 중요했다. 새해, 단오 등의 행사에는 연회를 열고 술을 마셨다.

거의 모든 업무는 오전 중에 끝나고 점심때쯤 집으로 돌아간다. 집에 가서는 식사를 하고 가족과 시간을 보내거나, 밤을 대비한 준비를 한다. 밤의 사교계에서 시를 읊고 악기를 연주하는 등 귀족들은 자신의 재능을 뽐내는데, 이것은 단순히 노는 것이 아니라, 밤에 어떻게 활동하느냐에 따라 출세에 영향을 주고, 부인을 얻는 일로 이어지므로 귀족들은 밤을 대비해서 철저하게 준비를 했다.

히카루 겐지는 열일곱 살에 중장(中將)이 되고, 순조롭게 출세하여 서른세 살에 태정대신(太政大臣), 그리고 서른아홉 살에는 준태정천황(准太政天皇) 자리에까지 오른다. 태정대신은 관료 중에서 가장 높은 지위지만 섭관정치 시대인지라 명예만 있고 일은 많지 않았다.

귀족은 급료로 땅이나 비단 등을 받았는데, 태정대신은 땅을 114정(町) 받았다. 1정이 120m², 114정이 약 50만평 정도이니, 이를 한국 돈으로 환산한다면 약 3~4억 정도의 연 수입을 받은 셈이다.

발을 통한 헤이안 시대의 문화

헤이안 시대 귀족의 집은 신덴즈쿠리(寢殿造り)라는 양식 목조 건축물이었는데, 넓고 방이 따로 나눠져 있지 않아 커다란 원룸과 비슷한 구조라 할 수 있다. 사람들은 장지나 병풍을 이용해 경계를 나누고 방으로 썼다.

이때 여성이나 귀인의 방 주변에는 발을 쳤다. 발(주렴)은 커튼이나 블라인드같이 사용하는데 얇게 자른 대나무를 엮어서 만들었다. 발은 방과 방을 구별하는 물건이지만 밖에서 방 안을 보지 못하게 하는 용도 또한 있었다.

헤이안 시대 여성은 여덟 살이 되면 타인은 물론이고 아버지나 남자 형제와도 얼굴은 마주치지 않고 생활해야만 했다. 그 때문에 여성은 항상 발 뒤에서 생활하고 발을 사이에 두고 대화를 나누었다. 하지만 발은 그림자가 밖에 그대로 보이기 때문에 키쵸(几帳)라는 이동식 커튼을 함께 사용했다.

재왕군행
재왕(재궁)은 천황이 즉위한 해에 선발되어 이세로 내려가게 되는데, 황궁부터 5박 6일에 걸쳐 세타 강, 고가 강, 스즈카 강 등에서 제계 의식을 치르고 이세재궁으로 들어간다. 사진은 시가현에서 재현한 군행 모습.

여성의 얼굴을 볼 수 있는 사람은 남편뿐이었다. 그래서 그 시대 남성들은 결혼을 할 때까지 발 안으로 들어갈 수 없었기 때문에 얼굴도 모르고 결혼하는 일이 많았다.

보통 밖이 더 밝기 때문에 발을 쳐 두면 밖에서 안은 보이지 않지만 안에 있는 사람은 비교적 밖을 잘 볼 수 있었다. 이처럼 여성이나 귀인이 대화를 할 때 발은 유용한 물건이었다.

마찬가지로 《겐지 이야기》에서도 남녀가 발을 사이에 두고 만날 수밖에 없었다. 발은 쉽게 넘어올 수도 있지만 그럼에도 그 시대 발이 강한 경계처럼 작용한 것은 '선을 넘어서는 안 된다' 이런 암묵의 약속이 사람들 마음속에 존재했기 때문이다. 물리적인 벽뿐만 아니라 마음을 가로막는 장치가 발이라고 할 수 있다.

헤이안 시대의 결혼

헤이안 시대 귀족 남성은 소문으로 듣거나 담장 너머로 엿본 여인의 모습으로 마음에 드는 상대를 정하고 그 마음을 담은 편지를 보냈다. 여성에게서 답장이 오면 남성은 밤중에 여성의 방으로 가 하룻밤을 보내고 해가 뜨기 전에 자신의 집으로 돌아갔다. 집에 돌아온 남성은 바로 여성에게 편지를 쓰고 이를 받은 여성도 바로 답장하는 것이 예의였다.

남성이 3일간 여성의 방에 들면 여성의 집에선 미카요노모치(三日夜のもち : 쌀밥떡)를 준비하고 도코로아라와시(所顯)라는 결혼잔치를 연다.

음양도

헤이안 시대의 귀족은 이 음양도에 맞춰 생활했다. 음양도는 중국에서 전해온 천문, 역술의 한 종류이다. 가려는 목적지가 음양도에 나쁜 방향이라 나오면 친척집에 묵거나 다른 방향으로 이동한 뒤 목적지로 향했다. 또 나쁜 꿈을 꾸거나 음양도에서 흉(凶)이라 나오는 날에는 집안에서 나오지 않았다. 그런 때는 일도 당당하게 쉴 수 있었다고 한다.

헤이안 시대 의상의 아름다움

겐지 이야기를 소재로 그린 그림들을 보면 쥬니히토에(十二單衣 : 12겹옷로된겉옷)의 화려한 옷을 입고 검고 긴 머리를 늘어뜨린 여인들과 관을 쓰고 노시(直衣 : 귀족의 평상복)에 부채를 들고 있는 귀공자들의 모습을 볼 수 있다. 그리고 배경, 무대장치에서 빠지지 않는 게 계절마다 독특한 자연의 풍광이다. 이런 모습에서 일본 전통미의 세계를 엿볼 수 있다.

《겐지 이야기》나 《마쿠라노 소시(枕草子)》《무라사키 시키부 일기》 등에 등장하는 많은 사람들은 저마다 색채가 풍부하고 고운 복장으로 몸을 치장해 한 폭의 그림 같은 분위기를 풍겼다.

서로 다른 홍색을 3중, 5중으로 겹쳐 입은 사람, 같은 색의 옷을 7겹 입은 사람, 포도빛 문양을 새긴 옷을 입은 사람. 붉은색 당나라 비단에 꽃무늬를 새긴 옷을 입은 사람, 당나라풍 문양이 수놓여 있는 사람. 모두 평소보다 머리카락을 정성들여 다듬고 이렇게 꾸미니 빛이 맑아 보이는구나.

《무라사키 시키부 일기》에서

가을에 태어난 미치나가 가문 후계자 생일 축하연회에 참석한 많은 시녀들의 옷차림이 자세히 쓰여 있다. 본디 가지고 있던 밝고 화려한 용모가 공들인 아름다운 의상을 입음으로써 한층 더 살아난 모습을 볼 수 있다. 물론 겐지 이야기에도 화려한 여인들의 의상이 많이 등장한다.

　　벚꽃 빛깔 옷에 머리는 좌우로 흘러내려서 마치 버드나무 가지 같았다.
《겐지 이야기》에서

　　붉은 매화빛 옷에 머리카락이 물결치는 모습이 이 세상의 모습이 아닌 듯 아름답다.
《겐지 이야기》에서

　　온나산노미야와 아카시 중궁을 그려낸 내용이다. 두 사람 모두 아직 젊은 여인들인데 벚꽃 빛깔(앞이 희고 속이 붉은 천) 옷과 붉은매화빛(앞이 붉고 속이 푸른 천) 고운 색색의 옷을 입고 아름다운 머릿결이 흘러넘칠 듯이 사랑스런 모습을 보여 준다.

　　포도색으로 물들인 짙은 고치기(小袿 : _{상류여성들의 의례식 예복})에 연한 검붉은빛 겉옷을 걸치고 머리카락이 흘러내리고 느긋하고 우아하게 행동하니 그 모습이 한층 아름답다. 주변에는 향기가 풍겨오는 것 같다.
《겐지 이야기》에서

　　버드나무 무늬 옷에 노란색을 띤 푸른빛의 고치기를 입고 얇은 천이 하늘거리며……
《겐지 이야기》에서

　　무라사키와 아카시 아씨의 모습으로 성인 여성으로서 충실한 아름다움이 담겨 있다. 짙은 포도빛이나 푸른빛, 초록, 노란색 등의 색채가 육조원 여성으로서 존재감을 드러내고 있다. 저마다 개성 있는 빛깔의 옷을 입어 겐지 집안의 영화를 상징적으로 보여 준다.
　　무라사키 시키부는 전통을 중시하고 헤이안 귀족들의 취미와 취향에 대한 지식이 풍부했다. 이 때문에 《겐지 이야기》에는 헤이안 시대의 의상이 자세히 그려져 있고 그 아름다움이 조용히 배여 있다.

모든 물건들이 빠짐없이 흰색으로 통일된 방 사람들, 옷 장신구의 색상마저 한층 짙게 보인다. 훌륭한 수묵화를 보는 것처럼 검은 머리카락이 돋보이는구나.

《무라사키 시키부 일기》에서

헤이안 시대 귀족은 일반적으로 아이를 낳으면 저택 방 하나를 산실로 꾸미고 조명에서 산모의 옷, 시중드는 사람들 복장, 가구에 이르기까지 모든 것을 흰색으로 통일했다. 최고 권력을 가진 귀족 저택에서 평소의 화려한 이미지와는 대조적으로 깨끗한 흰색으로 통일된 배경에 검게 빛나는 머릿결이 한층 돋보인다고 쓰여 있다. 자주 볼 수 없는 무채색의 방이 그곳에 출입하는 사람들의 용모를 한층 더 돋보이게 해주고 먹으로 멋지게 한 폭의 그림을 그린 듯 머릿결이 검게 보인다고 평한다. 일상에서 벗어난 아름다움을 찬양하는 것으로 이는 《겐지 이야기》에서도 찾아볼 수 있다.

여자는 꾸미지 않은 모습마저 사랑스럽다. 하얀 소매와 옷이 색색의 옷을 겹쳐 입은 것보다 아름답게 보인다.

《겐지 이야기》에서

우키후네에게 마음을 쏟는 니오노미야는 어느 새벽녘 그녀를 작은 배에 태우고 우지 강을 건너 반대편에 있는 산장으로 데려가 버린다. 너무도 갑작스러운 일이라 아무런 준비도 못한 우키후네는 겉옷을 벗으니 5겹의 흰 옷만 입고 있었다. 풀을 먹이지 않아 부드러운 옷감이 색색의 의상보다 단정하고 기품 있는 분위기를 자아낸다. 니오노미야는 더욱 그녀의 매력에 끌리게 된다. 새벽녘 강물 위를 위태롭게 건너가는 작은 배에서 우키후네는 '이 작은 배는 어디로 가나요. 저는 어디로 흘러가게 될까요.'라고 노래를 읊는다.

《무라사키 시키부 일기》와 같은 출산 장면을 묘사한 내용은 겐지 이야기 속에서 아오이를 들 수 있다.

흰 옷을 입고 있는 모습이 한 송이 꽃 같다. 길고 검은 머리카락을 하나로 묶은 아오이를 보고 "이렇게 아름다운 사람이 뭐가 부족해서 나는 다른 여인에게 눈길을 준 걸까" 하셨다.

《겐지 이야기》에서

머리를 자르다
아오이 축제날, 겐지는 손수 어린 무라사키의 머리끝을 잘라 다듬어 준다. 소타쓰파 화가가 그린 《겐지 이야기 그림병풍》에서. 에도 시대 초기. 도쿄 이데미쓰미술관 소장.

평소 어색한 둘 사이였지만 회임을 축하하러 간 겐지가 아오이의 모습을 보고는 애정을 느낀다. 겐지는 자주 오지 못한 미안함 속에 흰 옷을 입고 검은 머릿결 묶고 있는 그녀의 모습에 이끌리고 있다. 아오이의 화려한 모습을 질릴 만큼 자주 본 겐지이지만 평소와 다른 소박한 색채에 둘러싸인 여인 앞에서 다시 사랑에 빠진다.

지금까지 흰색을 바탕으로 한 깨끗하고 밝은 의상의 아름다움을 살펴보았다. 한편 어두운 색의 아름다움을 느낄 수 있는 장면에는 상복이 있다. 겐지 이야기에서는 사람의 죽음을 다루는 장면이 많아서 상복에 대한 묘사도 자주 볼 수 있다.

오늘날의 상복은 검은색이지만 헤이안 시대에는 죽은 사람과의 친분 정도, 죽은 뒤 얼마가 지났느냐에 따라 검은색부터 옅은 회색까지 다양한 농도의 상복을 입었다. 고인(故人)과 친분이 깊을수록 검은색에 가까운 색이 짙은 옷을 입었고 친하지 않을수록 옅은 색 옷을 입었다. 상복의 색은 니비이로(鈍色 : 회색)라 하는데 장례식 때뿐만 아니라 죽은 뒤 49일에서 3개월 또는 1년 동안 상복을 입으며 외출을 자제하는 관습이 있었다. 또한 실내조명이나 소지품(부채, 문구용품)도 그에 어울리게 어두운 색을 사용했다. 상복을 벗고 평상복을 입는 것을 제복(除服)이라 하는데 장례식부터 제복 때까지 시간이 지날수록 점점 엷은 옷을 입었다.

상복이라고 정해진 색이 있는 것은 아니지만 이런 상복을 입은 여인들의 모습은 알록달록하고 화려한 모습과 상반된 아름다움을 느끼게 한다. 상복은 성인 남녀뿐만 아니라 어린아이들도 입었다. 예를 들어 어린 무라사키가 이조원에 처음 오는 장면을 살펴보자. 아무런 말도 없이 끌려와 눈물을 흘리며 슬프게 잠이 들 것 같은 밤이 지난 뒤 아침 이야기이다.

　　겨우 일어나 나가보니 짙은 회색빛의 오래된 옷을 입고 아무 생각 없이 쓸쓸한 미소를 지은 모습마저 사랑스럽게 느껴졌다.
《겐지 이야기》에서

아침 햇살이 비치는 이조원에서 이 소녀는 지금까지 본 적 없는 화려한 세상에 갑자기 오게 된 황당함과 허무함을 화려한 옷이 아닌 상복을 입고 느낀다. 게다가 상당히 진한 색깔 옷으로 갓 만든 게 아니라 낡은 옷을 입고 있다. 북산에서 겐지가 처음으로 어린 무라사키와 만났을 때 함께 있던 할머니가 죽었기 때문이다. 소녀에게는 어울리지 않는 어두운 색이지만 어릴 때부터 어머니 대신 키워 주신 할머니와의 정을 생각해서 유모들이 짙은 옷을 입힌 것이다. 이런 소박한 상복으로 몸을 감싼 소녀의 모습은 화려한 차림과는 또다른 드러나지 않는 아름다움과 사랑스러움을 느끼게 해 겐지의 마음이 끌리게 한다.

　　엷은 회색 옷, 가여울 정도로 수척해진 모습인데, 전에 보던 화사한 치장이 없는데도 꽃같이 아름답다.
《겐지 이야기》에서

다마카즈라는 처음에는 겐지의 딸로 세상 사람들에게 알려져 있다가 뒤늦게 내대신의 딸임이 밝혀지게 된다. 그래서 할머니와 사이가 멀었기 때문에 엷은 회색 상복을 입고 있다. 같은 할머니라도 어린 무라사키의 경우 일찍 돌아 가신 어머니 대신으로 돌봐주신 관계였기 때문에 깊은 유대로 짙은 상복을 입었다. 다마카즈라는 본디 밝고 화려한 용모였지만 평소와 다른 빛깔의 옷과 단정한 장식이 오히려 아름답게 보이고 다마카즈라의 미모를 한층 더 돋보이 게 한다. 항상 보던 아름다움과는 또 다른 풍취를 보여 준다.

상복 입은 여인들은 평소의 화려한 색채를 뛰어넘어 조용하고 단정한, 마치 성스러운 세계로 가는 듯한 미학을 담고 있다.

이제까지 여성들 의상을 살펴봤다. 그럼 남자들은 어떤 의상을 입었을까? 오늘날의 남성들은 다양한 패션을 즐기고 여성 못지않은 화려함이 있지만 헤 이안 시대에는 오늘날 남성들 패션 이상으로 복장들이 다양하고 아름다웠다. 그리고 평소에도 화장을 하거나 눈썹을 다듬었다. 헤이안 시대 그림을 아름답 게 보이게 하는 것은 여성뿐만이 아니었다.

포도색으로 물들인 비단에 벚꽃 빛깔 바지, 기다란 천이 하늘하늘 흔들 린다. "아, 아름다우십니다." 나도 모르게 이런 말을 해 버렸다.
《겐지 이야기》에서

미유키(行幸)에서 다마카즈라(玉鬘)의 정체를 알아내려고 히카루 겐지와 두 중장(頭中將)이 대화하는 장면에서 이 시대 남성들의 복장을 엿볼 수 있다. 보 랏빛 상의에 겉이 희고 속이 붉은 바지를 입고 긴 소매가 하늘거리는 고귀한 귀족들의 의상으로 저도 모르게 아름답다는 탄성이 나올 정도로 화려한 모습 이다. 그 시대에는 붉은색이 들어간 옷을 겹쳐 입고 편히 쉬고 있는 모습이 그 무엇도 비할 것이 못될 정도로 아름다웠다. 화려한 옷을 입었지만 너무도 편 안하게 쉬고 있는 겐지의 모습에서 매력이 느껴진다.

《겐지 이야기》를 통해 그즈음 남성들의 복장에 대한 준비, 배려, 의식 등을 알 수 있는데 헤이안 시대 남성들은 오늘날 남성들보다 더 아름다워 보이기 위 해 노력을 아끼지 않았다.

화려한 여성들이 수수한 복장을 했을 때 더욱 아름다움을 느꼈는데 남성들 은 어땠을까? 겐지도, 유기리도, 그리고 가오루와 가시와기도 특별한 날 입는 화려한 의상 말고도 여성들처럼 상황에 맞추어 입는 옷이 있었다.

겐지는 많은 사람들의 장례를 치르게 되는데 상복을 입은 모습이 여러 번 그려진다. 성인이 된 그가 실제로 사람의 죽음을 접한 것은 유가오 때. 그러나 사람들에게 알릴 수 없는 여인이었기에 겐지는 상복을 입을 수 없었다. 그래서 그는 아오이가 죽었을 때 처음으로 상복을 입게 된다.

아무런 무늬가 없는 윗옷에 회색 바지, 갓끈을 동여맨 모습이 화려한 모습보다 아름답고 돋보인다.

《겐지 이야기》에서

그때의 관습은 남편의 죽음보다 부인의 죽음을 가볍게 생각했다. 그래서 겐지의 상복은 검은색이 아닌 아무런 무늬가 없는 회색 옷이다. 장례 예법에 따라 갓끈을 묶은 모습이 평소 알록달록한 차림새에 비해 점잖고 깊이 있는 아름다움을 자아내고 있다. 갓끈을 묶는다는 것은 남자들이 쓰는 관 뒤쪽에 길게 늘어져 있는 부분을 안쪽으로 동그랗게 말아 짧게 만든다는 의미이다.

회색 옷을 입으셔도 배색이 너무나 잘 어울려 하얗게 쌓인 눈빛에 더욱 아름답게 보인다.

《겐지 이야기》에서

회색 옷이지만 여러 겹 겹쳐 입은 옷마다 그 색의 농도가 조금씩 달라 조화를 이룬다. 또한 흰 눈 쌓인 풍경과 어우러져 한층 아름답게 보이고 있다. 겐지는 오랫동안 아사가오에게 마음이 끌리고 있어서 그녀의 아버지가 죽은 것을 핑계로 그녀를 보러 간다. 그런 겐지를 저녁 무렵 배웅하는 무라사키의 시선을 그려낸 글이다. 남편과 아사가오 사이의 소문에 괴로워하면서 상복을 입은 겐지의 매력에 포기하듯이 "만약 이대로 그가 돌아오지 않는다면" 이렇게 괴로운 심정을 말하고 있다. 화려함을 벗은 겐지의 모습은 무라사키의 눈에 그만큼 우아하게 보였다.

《겐지 이야기》에 등장하는 귀공자들은 밝은 날의 화려함과 함께 슬픈 날에도 이처럼 깊은 매력을 느끼게 한다.

영화 〈겐지 이야기〉 하세가와 가즈오가 연기한 겐지와 오토와 노부코가 연기한 아오이 부인.
1951년. 요시무라 고자부로 감독

헤이안 시대 머릿결의 그 아름다움

헤이안 시대 그림을 보면 여인들의 머리카락이 인상적으로 그려져 있다. 그 시대 머리카락은 여자의 목숨이라고 할 정도로 소중했다.

여성은 4~5세부터 머리를 기르기 시작해 끝을 다듬기만 하고 짧게 자르는 일이 드물었다. 머리카락은 여성의 아름다움을 나타내는 중요한 요소였는데 결, 숱, 윤기 등 몇 가지 조건을 만족시켜야 했다. 검고 길며 숱이 많아야 했고, 머리 끝부분은 부채를 펼친 듯 풍성한 게 아름답다고 여겨졌다.

무라사키(若紫)가 어렸을 때 겐지는 가끔 그녀의 머리를 다듬어 주면서 숱이 많다며 불평하기도 했다. 스에쓰무하나(末摘花)는 아름다움과는 거리가 먼 여성이었지만 머리카락만큼은 다른 여인들에게 비교되지 않을 정도로 훌륭했다.

이와 반대로 마음이 괴롭고 고생을 해서 머리숱이 적어져도 그 모습이 추하지 않고 다른 미를 느끼게 한다.

아카시(明石)에서 돌아온 겐지가 무라사키와 재회했을 때 무라사키는 나이들고 성숙해졌으며 머리숱이 줄어 있었다. 이 모습은 오히려 깨끗하고 성숙해 보였다. 이는 두 사람이 고난의 시간을 함께한 증거이기도 하다.

육조원 여인들 가운데 아카시는 겨울 아씨라고도 불린다. 거처가 북쪽에 있었던 탓도 있지만 신분이 낮았기에 어린 딸과 떨어져 그늘 속에 핀 꽃처럼 언제나 참아 견디어 내며 아이가 무사히 자라기만을 기도하고 고독과 외로움 속에서 살았기 때문이다.

겨울이라는 별명에 어울리는 머리카락 묘사가 있다. 새해가 밝자 겐지가 부인들에게 인사를 하러 찾아온다. 연말에 아카시는 고급스런 흰색 옷을 받았는데 겐지가 옷을 고를 때 함께 있었던 무라사키는 "당신이 그분을 생각하시는 만큼 고운 옷이군요." 이렇게 말하며 질투를 감추지 못했다. 겐지가 고른 옷은 아카시에게 너무나 잘 어울리고 기품있게 보였다.

> 하얀 천에 짙은 빛깔의 머리칼이 더해지니 조금 숱이 없어 보이긴 해도 사르르 떨어질 듯 보인다.
>
> 《겐지 이야기》에서

흰 옷에 검은 머리가 뚜렷하게 보이는 그 모습이 오히려 더 아름답게 느껴진다. 새해부터 외박을 하면 무라사키의 질투를 받는다는 사실을 알면서도 겐지는 아카시에 대한 마음을 참지 못하고 하룻밤을 아카시 거처에서 보내게 된다.

충실하고 완전한 상태에 대한 동경이나 아름다움은 마땅한 것이지만 그렇지 않은 모습에서도 또다른 차원의 아름다움을 찾아 그려낸 것이 《겐지 이야기》의 뛰어난 점이다.

자연의 아름다움과 인간
활짝 피어 향기를 퍼뜨리는 봄꽃들, 초록색 잎을 드리우는 버드나무, 왕가의 모습을 그린 그림에는 이런 아름다운 자연 풍경이 그려져 있다. 물론 겐지 이야기도 마찬가지이다.

> 2월 10일 이슬비에 촉촉이 젖어 봄 향기를 가득 풍기는 홍매화꽃, 해질 무렵 가지가 부러질 듯이 가득 피어 있는 백매화.

봄 안개 속에서 비단으로 만든 듯이 서로 아름다움을 뽐내는 알록달록
한 꽃들, 초록빛 선명한 어린 버드나무.

《겐지 이야기》에서

꽃들이 피어 있는 봄 풍경이 잘 나타나 있다. 이런 풍경 속에서 아름다운
옷을 입은 사람들이 차례로 등장하며 화려한 봄의 빛깔을 잘 전달해 준다. 그
곳에 모인 사람들 앞으로 전개될 이야기와 사건은 밝고, 행복으로 가득 찰 것
만 같다. 아카시 아씨의 입궁 때나 육조원에서의 평온한 봄날들, 겐지 집안의
영화를 보여 주는 대표적인 구절이다. 그러나 이 이야기의 밝은 봄 경치에는
다른 의미가 하나 숨어 있다. 화려한 바깥 모습과 대조적인 인간의 어두운 내
면이 숨겨져 있다.

일반적으로 자연이나 배경이 맑으면 사람의 마음 또한 밝고 기분 좋은 것이
어야 하지만, 그 속에 슬픔과 고민을 안고 있을 때 주위의 화려하고 아름다운
풍경은 오히려 허무하고 더욱 깊은 고독감과 슬픔을 자아낸다. 《겐지 이야기》
에는 그런 봄 이야기가 자주 등장한다.

예를 들면 사람의 죽음에 대한 이야기이다. 《겐지 이야기》에서는 많은 사람
들이 죽음을 맞이하는데 주로 가을에서 겨울 사이에 세상을 떠나고 남은 사
람들이 슬픔 속에 장례를 치르며 해가 바뀌어 봄을 맞이하는 내용이 많다. 돌
아온 봄을 기뻐하는 게 보편적이지만 마음의 상처를 입은 이에게는 생명이 태
어나는 봄은 잃어버린 사람이 다시 살아날 수 없음을 절감하게 하고 허무한
기분을 더욱 고조시킨다. 봄이 돌아오고 꽃들도 풀들도 되살아나는데 그 사
람은 다시는 돌아오지 않는다. 그런 기분들이 절절하게 가슴을 찌른다.

겨울이 아니라 이른 봄에 세상을 떠나긴 했지만 겐지가 그 누구보다 마음
속 깊이 사랑한 후지쓰보 이야기를 보면 그녀의 죽음 뒤 활짝 핀 벚꽃은 슬픔
의 빛 그 자체였다.

이조원 벚꽃이 예년처럼 아름다운 빛으로 물들어도, 꽃놀이 생각을 않
으신다. '올해만이라도……' 이렇게 중얼거리며 홀로 사람들이 없는 방에 들

어가서 매일 눈물로 지새운다.

《겐지 이야기》에서

'올해만이라도……' 이 말은 일본의 유명한 시 한 구절을 인용한 것이다. 친구의 죽음 뒤 처음으로 핀 벚꽃을 보며 말하는 이가 친구를 생각하며 읊은 시이다.

교토 주변에 핀 벚꽃이여
만약 너희들이 사람의 마음을 이해할 수 있다면
그 사람이 죽어서 슬픔에 빠져 있는 나를 위해
올해만이라도 회색 꽃을 피워주지 않겠니?

가무쓰케노 미네오(上野岑雄)

회색 꽃이란 상복 색을 의미한다. 이 시를 인용해서 후지쓰보를 잃은 슬픔을 표현하고 있다. 겐지는 계모의 죽음을 슬퍼하는 모습을 사람들이 볼까 두려워서 하루 종일 방 안에 숨어서 눈물을 흘렸다. 화려한 자연 풍경은 기쁨과 행복을 느끼게 해 주는 동시에 사람 마음속의 슬픔을 더욱 강조한다. 이렇게 또 하나의 봄의 풍취를 느끼게 해 주는 것도 겐지 이야기 묘사 방법의 특징이다.

계절이나 시간은 절대로 멈추지 않고 영원히 흘러간다. 화려한 탄생의 계절이 지난 뒤에는 시듦의 계절이 어김없이 돌아온다. 일본 왕조 여성문학은 사계절의 풍취를 깊이 느끼고 표현한다. 어느 계절을 어떻게 표현하는가는 작가마다 다른데 《마쿠라노소시》와 《겐지 이야기》를 비교해 보면 그 차이를 확연히 알 수 있다. 《마쿠라노소시》는 봄에서 여름에 걸친 밝은 계절을 많이 사용한 데 비해 겐지 이야기는 그 반대이다. 《무라사키 시키부 일기》는 가을부터 집필했기에 가을에서 겨울로 가는 계절이 많이 나오는 게 마땅하지만 《겐지 이야기》에는 그런 제약이 없는데도 추위와 시들어 가는 자연 풍경을 묘사한 내용이 많다.

이 작품에는 사람과의 이별, 죽음을 다루는 장면이 자주 등장한다. 그 대부분이 가을에서 겨울로 가는 계절에 일어난다. 색이 사라지고 나무들이 말라가는 풍경이 등장인물들의 쓸쓸한 감정과 잘 어울린다. 《겐지 이야기》의 중요한 장면들은 그런 자연을 배경으로 펼쳐진다고 할 수 있다.

무라사키 부인의 죽음 원작에서는 부인의 임종을 지켜보는 의붓딸 아카시 중궁의 존재가 비중 있게 다루어지지만, 여기 이 〈덧없는 꿈〉에서는 겐지와 무라사키의 관계에 초점이 맞추어져 있다. 숨을 거두는 순간 무라사키 부인은 겐지와의 사랑을 스스로에게 묻고, 자신의 생애를 돌이켜본다. 야마토 와키의 독자적 해석이 어우러져 독자들을 감동의 절정으로 이끌어 간다. 야마토 와키 〈덧없는 꿈 에마키〉에서.

겐지가 젊었을 때 처음으로 헤어진 우쓰세미와의 이별 장면을 살펴보자. 이는 여름에 시작된 사랑이었다. 다른 사람의 부인이라 마음속으로는 겐지를 사랑해도 거절할 수밖에 없었던 우쓰세미는 초겨울, 남편과 함께 먼 곳으로 떠난다. 신분 때문에 가는 모습조차 지켜볼 수 없었던 겐지는 이별의 아픔을 담은 시를 우쓰세미에게 보낸다. 그리고 이미 가을이 끝나가고 겨울로 들어서는 계절. 추위를 맞이하듯 비가 내리고 구름이 잔뜩 끼어 흐린 날씨. 추위마저 몸속으로 파고들어 겐지는 하루 종일 일을 하지 못하고 그저 생각에 잠겨 있다.

이런 이별의 아픔은 겐지 말고도 다른 남성들도 경험하게 된다. 유기리는 아버지 겐지와는 반대로 매우 성실한 성격이라 여성 문제가 거의 없었다. 어린 시절부터의 사랑을 이루어 구모노이카리와 평온한 가정을 꾸리게 된다. 그러나 중년이 되어 죽은 친구 가시와기의 부인 오치바노미야에게 마음이 끌리게 되고 그는 성실한 성격대로 일방적으로 구애를 한다. 오치바노미야는 황당할 따름이었다. 그러던 중 유기리와 오치바노미야 사이의 소문을 들은 그녀의 어머니는 괴로워하다 세상을 떠나게 된다. 유기리가 문상을 하러 찾아왔지만 오치바노미야는 그를 원망하며 만나주지 않는다. 9월 중순의 일로 짙은 가을 풍경이 감정을 잘 느낄 수 있게 해준다. 상처 입은 유기리의 마음이 더욱 강조된다.

겐지 이야기에는 이렇듯 계절의 모습을 다루는 장면이 많다. 차갑고 쓸쓸하며 사라져 가는 것에 관심이 깊음을 알 수 있다. 이는 앞에서 살펴본 인간의 여러 모습을 다루면서 이 작품과 작가의 취향, 미의식까지 들여다보게 한다.

겐지의 꽃

앞서 이야기했듯이 《겐지 이야기》의 묘미는 자연과 인간의 관계, 인생과 사계(四季)·풍물의 정취가 이루는 화합이 이야기와 함께 펼쳐지는 그 눈부신 아름다움에 있다. 자연과 인간이 이렇게도 멋지게 어우러져 하나가 된, 이토록 행복하면서도 우아한 시대는 달리 없었다. 사계절이 바뀔 때마다 인생의 운명도 그에 걸맞게 그려지고, 등장인물들의 심리는 자연의 풍취에 맞게 언어와 행동보다 더욱 웅변적으로 묘사되었다. 우리는 《겐지 이야기》에서 자연미에 대한 향유와 자연의 풍취에 대한 끝없는 감흥을 배웠다.

봄의 즐거움, 가을의 정취, 그밖에 자연을 관조하는 갖가지 감회는 《겐지 이야기》가 모범이 되었다. 이를테면 사랑에 빠질 때의 즐겁고 도취하는 마음은 봄날 저녁이 아니면 안 된다. 왠지 모르게 사람이 그립고 젊은 피가 설레어 가슴이 싱숭생숭해지는 봄날 저녁, 겐지는 오보로즈쿠요노키미(朧月夜)를 만나 파란만장한 사랑에 빠진다. 그렇기에 그토록 화사한 봄을 등지고 죽어가는 사람은 더욱 더 애절하다. 그래서 벚꽃을 볼 때마다 "올해만큼은 먹빛으로 피어라"라고 노래하는 것이다. 후지쓰보노미야가 세상을 떠난 봄의 벚꽃은 겐지에게 사무치는 풍경이었다.

그런가 하면 누군가와 헤어지는 안타까운 계절은 가을이 아니면 안 된다.

겐지는 자기를 버리고 이세로 내려가는 로쿠조미야스도코로를 만나기 위해 사가노의 노노미야를 찾아간다. 사가노 들판은 메마를 대로 메말라 이미 벌레 소리도 끊어졌고, 겐지는 가슴이 답답하고 마음이 어지러울 뿐이다. 이제 지난날과 같은 사랑의 계절은 돌아올 수 없는 두 사람이지만 그래도 미련은 남아, 하고 싶은 말도 못 다한 채 먼동이 트기 시작한다. 바람은 차갑게 불어치고 청귀뚜라미는 구슬프게 울고 있다.

돌아오는 들길에는 이슬이 맺혀 있고, 겐지는 그 이슬과 눈물에 흠뻑 젖어버린다. 여인도 겨우 버티고 있던 마음이 무너져, 달그림자에 어슴푸레한 겐지의 모습, 아직도 남아있는 향기에 사무치는 감정이 복받친다. 사랑의 불길은 꺼졌지만 아직 미련이 남은 연인들의, 끊어질 듯 끊어지지 않는 이별을 표현하는 데 이보다 어울리는 계절이 있을까. 그 점에서 《겐지 이야기》 속에서도 가장 아름다운 장면일 것이다.

눈에 보이는 건 온통 새하얀 색뿐인 눈 내리는 밤, 겐지가 무라사키노우에와 얘기를 나누는 깊은 겨울밤의 정취. 아사가오노미야에게 집착하는 겐지. 무라사키노우에는 그런 겐지에 대한 마음을 접고 그를 원망한다. 겐지는 갖은 말로 위로한다. "달빛은 점점 더 교교해지면서 조용한 정취가 흐르는" 터질 듯한 긴장감 속의 이 장면에 깊은 겨울밤 눈 내리는 풍경은 또 얼마나 잘 어울리는가.

또 장마철의 어두운 밤, 아련한 구름 사이로 한 순간 가인(佳人)을 떠올리게 하는 파르스름한 반딧불. 반딧불에 비춰진 아름다운 다마카즈라의 모습에 풍류남 병부경궁의 마음은 꿈결처럼 도취되고 만다. 여름 저녁의 정취와 어우러지는 사랑의 기교.

그리하여 우리는 《겐지 이야기》가 전개하는 아름다운 사계에 황홀함을 느낀다. 그때, 거기에 그려지는 여인들은 이미 꽃에 비유되는 경지를 넘어서 꽃이 여인인지, 여인이 꽃인지, 꽃 자체가 여인이 되어버리는 것은 마땅한 일일 것이다.

'폭풍'의 권에서 청년 유기리가 아버지 겐지의 애인들을 엿보는 장면에 등장하는 여인들은 저마다 향기로운 꽃을 연상시키도록 그려진다. 유기리는 전부터 마음을 품고 있던 무라사키노우에를 폭풍 덕분에 처음으로 엿볼 수 있었다. 그 사람은 봄날 새벽, 안개 속에 화사하게 흐드러진 벚꽃 같은 가인이었다.

고지식한 유기리는 그 옛날의 겐지와 달리, 계모라고 할 수 있는 무라사키노우에에게 불온한 마음을 일으키지는 않지만, 그때부터 그 모습이 가슴에 깃들어 망연해할 뿐이다.

다마카즈라도 겐지의 집에서 양육되었다. 유기리는 그 시점에는 아직 겐지와 다마카즈라를 친부녀 사이로 알고 있었기 때문에, 폭풍 속에 문안차 찾아간 겐지가 다마카즈라를 끌어안는 광경을 엿보고, 충격을 받은 나머지 눈을 떼지 못한다.

다마카즈라는 거부하는 듯 마는 듯하면서 겐지의 품에 안긴다. 이쪽은 말하자면 '흐드러지게 핀 황매화에 이슬이 맺히는 저녁놀'을 연상시키는 화려한 미녀이다. 애교가 넘치는 여인이었다.

유기리의 누이인 아카시노히메기미, 이때는 아직 어린 소녀였는데, 유기리가 휘장 사이로 엿보니 엷은 자줏빛 옷을 입은 모습이 작고 사랑스러워,

'등꽃이라고나 할까' 하고 청년은 생각한다. "높은 나뭇가지에 피어 바람에 실어 보내는 향기가 바로 이러할 것" 같은 아름다움이었다.

그 뒤 '봄나물 하(下)'권의 여악(女樂) 장면에도 그 비유는 그대로 이어진다. '봄나물 하'는 '태풍'에서 10년 뒤, 아카시노히메기미는 동궁에 들어가 회임중이지만 여전히 탐스럽게 피어있는 등꽃처럼 아름답다. 무라사키노우에는 흐드러진 벚꽃을 닮았고, 온나산노미야는 작고 사랑스러워 버들가지가 늘어진 모습을 옮겨놓은 것처럼 나긋나긋하고 가녀리다.

이들에 비해 아카시노우에(明石の上)는 신분은 아래이지만, 당당하고 고상한 모습과 5월을 기다리는 탱자꽃 향기처럼 고아한 정취는 누구보다 뛰어나다고 말하고 싶을 정도이다.

이 얼마나 향기롭고 탐스러운 꽃들인가.

《겐지 이야기》를 읽어나가는 우리는 그대로 꽃의 방향에 숨이 막혀 꽃잎에 얼굴을 파묻은 채 그저 취해 있을 뿐이다.

그밖에도 온갖 꽃들이 이야기의 중요한 암시로서 아낌없이 뿌려지고 수놓여 있어서 우리의 환상을 촉발한다.

이를테면 박꽃(夕顔). 투명한 이슬이 반짝이는 박꽃은 황혼에 아슴푸레하게 피는 덧없는 꽃이다. 그와 같이 유가오(夕顔)는 저주에 걸려 덧없이 죽어버린다.

또 나팔꽃(朝顔)도 있다. 겐지는 깊은 교양과 높은 취향을 갖춘 고귀한 사키노사이인에게 집념어린 연심을 품게 된다. 대부분의 여자들이 겐지에게 기울어지지만, 이 사키노사이인은 끝내 꺾을 수 없는 높은 봉우리에 핀 꽃이었다.

처음으로 나팔꽃에 곁들여 이 여인에게 편지를 보낸 것이 몇 해 전이던가. 겐지는 한번 마음을 품으면 결코 잊지 못하는 사내이다. 그는 여러 해에 걸쳐 여인에게 끊임없이 구애를 계속한다. 있는 듯 없는 듯 시든 나팔꽃을 편지에 붙여서 보낸다.

"지난 날 보았던 꿈에도 잊을 수 없는 나팔꽃,

이제는 시들어버렸을까."

여인 또한 단호하게 내치지 못하고, 그렇다고 이제 와서 싱그러운 마음으로 돌아가 겐지의 연모를 받아들일 심정은 되지 않았다.

"가을이 끝나 안개 서린 울타리에 매달린 채,

언제 말라버릴지 모르는 나팔꽃"

한창때가 지난 나팔꽃이 자신을 닮았다는 비유이다. 여름은 끝났다.

"이슬에 젖어"

그렇게 적혀 있는 검푸른 색 편지를 겐지는 오랫동안 들여다본다.

신을 모시다 혼기를 놓치고 그대로 고풍을 띤 채 나이를 먹어가는 고귀한 여인에게 이슬 맺힌 나팔꽃이 잘 어울린다.

또 그때그때의 안부편지에 그 편지지의 색깔에 어울리는 꽃을 곁들이는 것도 인상적인 꽃의 활용법이다. 아오이노우에를 잃은 가을, 외롭게 혼자 누운 허전한 잠자리에서 밤을 새운 겐지에게, 활짝 핀 국화꽃에 곁들여 그 잎을 닮은 짙푸른 색의 편지가 배달된다. 참으로 재치 있고 고상한 취향을 띤 그것은 로쿠조노미야스도코로가 보낸 것이었다. 우아하고 다정한 위로의 노래도 편지의 취향도 높은 교양인다운 운치를 보여주지만, 이미 겐지는 죽은 아내에게 앞에 나타났던 미야스도코로의 역겨운 생령을 보고 말았다.

그 뒤였기 때문에 그 세련된 편지는 더더욱 속이 빤히 들여다보이는 느낌이었다. 잔뜩 멋을 부린 것이 겐지에게는 오히려 불쾌하게 여겨져 답장을 쓰는 것도 주저한다.

또는 꽃이 진 매화나무 가지를 곁들인 쪽지. ('매화가지'의 권) 이것은 아사가오(朝顔), 즉 사키노사이인노미야가 겐지의 요구에 따라 아카시노히메기미를 위해 조합한 향에 곁들인 것이었다.

단풍나무 가지에 넌지시 묶어 둔 쪽지.

겐지는 운린인(雲林院)을 참배한 뒤, 산골의 이슬이 맺혀 아름답게 빛나는 가지 하나를 후지쓰보에게 선물로 가지고 왔다. 후지쓰보는 기뻐하며 바라보다가 조그맣게 묶여 있는 쪽지를 발견하고 "안색이 바뀌어" 밖으로 내던져버렸다. 후지쓰보는 겐지가 아무리 애원해도 두 번 다시 그의 사랑을 받아주지 않았다. 퇴짜를 맞은 겐지는 상심한 나머지, 가을색이 짙어가는 무라사키노의 운린인에 틀어박혀 수행에 힘쓰며 괴로움을 잊으려 했다.

혹시라도 눈에 띌까 하여 단풍나무 가지에 편지를 묶어두었다. 그 불타는 듯 붉은 단풍잎은 이루어질 수 없는 사랑에 심신이 타들어가는 청년 겐지의 연심을 상징하는 것일까.

그렇게 꽃은 일상생활의 구석구석까지 늘 사람과 함께 있었다. 그리고 언어 이상으로 심리의 미묘한 무늬를, 정감의 구석구석까지 이야기하고 전달했다. 인생의 향기를 배어들게 했다.

《겐지 이야기》에는 다양한 꽃이 나오지만, 그중 가장 인상적인 것은 벚꽃과 등꽃이 아닐까. 이 벚나무와 등나무가 등장하는 장면 가운데 빼어난 장면이 많다.

겐지가, 벚꽃에 비유되는 무라사키노우에를 처음 만난 것은 봄의 기타야마(北山)에서였다. 열 살 남짓 된 소녀 와카무라사키는 깊은 산속 암자에서 겐지에게 발견된다. 교토의 벚꽃은 이미 져버렸지만, 산과 봉우리, 골짜기의 벚꽃은 지금이 한창이다. 사모하는 후지쓰보노미야의 조카인 줄 알자, 겐지는 소녀를 데려가기를 열망한다. 겐지와 무라사키노우에, 이 숙명적인 연인들이 만나는 계절로서 봄은 참으로 어울린다하겠다.

"어제 저녁, 꽃처럼 아름다운 사람을 보았기에, 안개 피어오르는 오늘 아침 이곳을 떠날 결심이 좀처럼 서지 않네."

새끼 참새에게 정신이 팔리고 인형 놀이에 여념이 없는 순진무구한 소녀이다. 그러면서도 아름답게 성장할 것 같은 기대를 겐지에게 안겨준다. 겐지의 보호 속에 자라나는 무라사키노우에는 밝고 다정한 데다 재치도 뛰어나고 배려심도 깊다. 그렇게 동경하던 이상적인 여인으로 성장한다. 그리하여 사계 가운데 벚꽃 피는 봄을 가장 좋아하는 여인이 된다. 로쿠조인의 한 곳을 봄의 저택으로 삼는 것도 그녀이다.

로쿠조인의 가인들은 저마다의 기호에 따라 여름, 겨울, 또는 가을로 조성된 정원과 저택에서 살고 있지만, '나비'의 권에 이르러 독자는 로쿠조인의 영

매화가지

화와 호사의 극치는 결국 봄에 있었음을 알게 된다.

봄을 좋아하는 무라사키노우에는 가을을 좋아하는 레이제이인 중궁(中宮)의 궁녀들을 뱃놀이에 초대한다. 봄 저택에는 지금 벚꽃이 한창이라 마치 붉은 안개가 자욱한 것처럼 보인다. 용두익수(龍頭鷁首)의 배는 아름답게 장식한 궁녀들을 가득 싣고, 정원의 연못을 유유히 저어나가 못 한가운데 있는 작은 섬의 후미에 다가간다. 봄 저택을 처음으로 구경하는 궁녀들은 선망하는 마음으로 황홀하게 바라본다.

그 이튿날은 무라사키노우에 쪽에서, 중궁이 개최하는 법회에 꽃을 공양하는 헌화가 있다. 아름다운 동자들을 시켜 부처님에게 꽃을 바치는 것이다. 여덟 명의 동자에게 새와 나비 의상을 입히고, 새 동자에게는 벚꽃을 꽂은 은 화병을, 나비 동자에게는 황매화를 꽂은 황금 화병을 각각 받쳐 들게 하여 배에 태운다. 안개 속에 꽃을 받쳐 든 미동들을 태운 배가 저어왔을 때의 그 호사스러운 광경이란! 배에서 중궁 어전의 앞뜰에 내려선 동자들은 음악 소리가 울리는 가운데 꽃을 바친다. 그때 산들바람이 불어 꽃잎이 팔랑팔랑 흩날린다.

무라사키노우에도 중궁도, 겐지도, 그리고 독자까지도, 머지않아 다가올 로쿠조인의 질서 붕괴를 아직 모르고 있다. 그래서 이 꿈속처럼 화려한 향연이 더욱 더 이 세상의 것이 아닌 것처럼 아름답게 느껴질 뿐이다.

그리고 또 하나의 인상적인 벚꽃 장면을 잊을 수가 없다.

로쿠조인의 춘삼월, 유기리와 가시와기가 겐지 앞에서 즐겁게 공차기를 하고 있다. 흩날리는 벚꽃 아래에서 '저녁놀에 비쳐 더욱 아름다운' 귀공자들이 서로 질세라 실력을 겨룬다. 가시와기는 이 저택의 여주인인 온나산노미야에게 끌리고 있다. 공차기를 가장 잘하는 것도 가시와기였다. 가시와기는 어쩌다가 주렴을 통해 온나산노미야를 보았다. 그러한 일들과 함께, 가시와기와 온나산노미야의 운명적인 사랑은, "꽃잎이 눈처럼 내리는" 그 아래에서 싹트는 것이다.

비극의 도입부로서 참으로 아름답고도 슬픈 정경이 아닐까. 가시와기는 이윽고 금지된 사랑에 목숨을 잃게 되어, 지금까지 버려둔 채 돌아보지 않았던 아내 오치바노미야를 뒤늦게 걱정하면서 죽어간다. 친구인 유기리가 어느덧 오치바노미야를 사랑하게 되었을 때, 계절은 돌아와서 다시 봄이 되어 있었다.

"시간이 흘러, 변치 않는 색으로 빛나던
　한쪽 가지 말라버린 뜨락의 벚나무"

그리고 무라사키노우에가 세상을 떠난 뒤, 허전한 로쿠조인의 뜰에도 봄은 그대로 이어진다. 벚꽃은 옛날과 다름없이 피지만 겐지 곁에 무라사키노우에는 이제 없다. 부침하면서 돌고 도는 인간들의 운명과 함께, 벚꽃은 관점을 바꾸면 하나의 배후인물이라고 할 수 있지 않을까.

또 하나인 등꽃의 사용법도 재미있고 정취가 있다.

우대신의 저택에서 등꽃놀이가 열린 것은 겐지의 젊은 날이었다. 오보로즈쿠요노기미와 재회한 것도 그날 밤이다. 오보로즈쿠요는 다음 달 동궁비로서 입궐하기로 내정되어 있었다. 형의 후궁으로 들어가야 하는 그녀를 겐지가 빼앗은 셈이다.

걸림돌이 많은 사랑일수록 더욱 정열을 불태우는 겐지에게 그것은 긴장감 가득한 충실한 모험이었다. 게다가 오보로즈쿠요는 정치적 적대자 일족의 딸이었다.

마침내 그것이 발각되어 겐지는 실각하고 스스로 스마로 떠난다.

그로부터 15, 6년의 세월이 흘렀다. 오보로즈쿠요는 스자쿠인의 출가로 인해 홀로 친정에 돌아와 죽은 듯이 살아간다. 여전히 오보로즈쿠요를 잊지 못하고 있던 겐지는 남몰래 그녀를 찾아갔다. 무모하게 정열이 향하는 대로 모험을 거듭하던 스물너덧 살의 겐지는 이제 마흔 살이 되었다. 오보로즈쿠요도 이미 중년이 되어 있었다.

변천하는 세상, 인간의 신상은 변했으나, 겐지는 오보로즈쿠요를 생각하면 아직도 청년의 마음으로 돌아간다. 지난날 과오를 공유한 두 사람은, 중년의 어른이 되어서도 부도덕한 향기가 짙은, 세상의 눈을 꺼려야 하는 사랑을 공유한다.

이튿날 아침은 아름답고 화창하고 새소리도 영롱하다. 뜨락의 등꽃도 그 옛날의 등꽃놀이 이후 15, 6년 만에 보는 것, 오래간만의 밀회에 겐지는 싫증도 내지 않고 몸을 던져 가라앉는다.

오보로즈쿠요는 마음이 강하지 않은 여인, 그 가녀림의 배경에 등꽃이 되풀이 사용되는 것은 어울리는 느낌이 든다.

'요모기우(蓬生)' 권에서는 등꽃 향기가 다뤄진다.

스마 귀양살이 이후 겐지에게 잊히고 영락한 스에쓰무하나는 그럼에도 겐지를 줄곧 기다리면서 황폐해진 옛집에 홀로 있는 듯 없는 듯 살고 있다. 교토로 돌아가 옛날보다 더한 위세를 떨치면서 그녀를 완전히 잊어버리고 있던 겐지는, 문득 황폐해진 집 앞을 지나가다가 향기로운 등꽃 냄새를 맡는다. 소나무 가지에 걸린 등꽃송이가 달빛 아래 바람을 타고 살랑거리며 향기를 물씬 내뿜고 있었다. 비로소 겐지는 그곳이 히타치의 저택임을 깨닫는다. 그것이 스에쓰무하나를 떠올리는 계기가 되었다. 오랫동안 기다리던 스에쓰무하나에게 마침내 행운이 미소를 지은 것이다.

등꽃과 연관이 있는 것으로서 또 하나 잊을 수 없는 장면에 '후지노우라바(藤裏葉)' 권이 있다. 유기리와 구모이노카리가 결혼을 허락받는 경사스럽고 행복한 잔치이다.

내대신은 도노추조였던 옛날부터 겐지의 친구였는데, 정치가 대열에 들어서게 된 뒤부터는 각자의 처지 상, 대립을 피할 수 없게 된다. 내대신의 딸인 구모이노카리는 내대신의 의도를 배반하고 유기리와 사랑에 빠져 내대신의 분노를 산다. 젊은 연인들은 오랫동안 사이가 갈라져 있었으나 마음은 변치 않고 있었다. 여러 우여곡절 끝에 마침내 내대신은 고집을 꺾고 두 사람의 결혼을 허락한다.

내대신의 저택에는 소나무가 운치 있게 뻗어있고 등나무가 그 가지에 모양 좋게 늘어져 있다. 때는 4월 7일, 달이 뜬 저녁, 연못 수면은 거울처럼 맑고 주위는 아련하게 안개가 서려있다.

내대신과 유기리 사이의 오랜 응어리는 풀렸다.

"보랏빛 탓으로 할까요,

등꽃을 너무 오래 기다린 것은 원망스럽지만."

기다렸습니다, 오늘의 기쁜 날을.

소나무에 기대어 피어 있는 등꽃은 믿음직한 청년 유기리에게 기대는 구모이노카리의 모습과 그대로 중첩된다. 술잔은 돌고 사람은 취한다. 짙은 보랏빛 등꽃송이가 새신랑 유기리의 술잔에 곁들여진다.

"고운 여인의 옷소매처럼 보이는 등꽃, 보는 이에 따라 더욱 아름다워라."

등꽃 아래에서 화기애애한 잔치는 더욱 고조된다. 그리고 유기리는 사람들의 축복을 받으면서 신부가 기다리는 신방으로 안내된다.

꽃과 사람의 향연.

꽃과 사람이 엮어내는 이야기 만다라.

《겐지 이야기》를 읽음은 꽃의 아름다움을 통해 자연과 인간의 관계에 눈을 뜨고, 살아 있는 기쁨을 창조하는 일이기도 하리라.

무라사키 시키부 연보

970~978 무라사키 시키부, 일본 교토(京都)에서 태어남.

996 아버지 다메토키, 에치젠 수령으로 발령. 여름 아버지와 함께 에치젠의 쿠니후(현재 후쿠이현)로 감.

997 겨울, 결혼을 위해 아버지를 남겨두고 교토로 돌아옴.

998 겨울, 노부타카와 결혼.

1000 딸 켄시(賢子) 태어남.

1001 4월 남편 노부타카 세상을 떠남. 그 뒤 《겐지 이야기》 집필을 시작한 것으로 추정됨.

1004~1005 12~2월 사이 쇼시의 시녀로 궁에 들어감.

1007~10 《무라사키 시키부 일기》를 집필하여 작가의 생애를 알 수 있는 중요한 자료가 됨.

1011 아버지 다메토키, 에치고 수령으로 임관, 남자형제 노부노리(惟規)와 함께 임명받은 땅(현재 니이가키)으로 감. 10월 노부노리, 임명받은 땅에서 세상을 떠남.

1013 이 시기까지 궁에서 일한 것으로 추정됨.

1014 6월 아버지 다메토키, 임기 중간에 에치고 수령직을 사임하고 교토로 돌아옴. 이 무렵에 무라사키 시키부가 교토에서 세상을 떠난 걸로 보임. 딸 켄시, 쇼시 밑에서 시녀로 일하게 됨.

1016 4월 아버지 다메토키, 미츠이(三井) 절로 출가함(70세).

1024 켄시, 후지와라노 가네타카(藤原兼隆)와 결혼.

1025 켄시, 레이제이 천황(冷泉天皇)의 유모가 됨.

1037 켄시, 다카시나노 나리아키라(高階成章)와 재혼.

1054 켄시의 남편 다카시나노 나리아키라 태정대이로 임관. 이미 삼위의 지위에 있었던 켄시는 '대이삼위'로 불리게 됨.

추영현(秋泳炫)

서울대학교 사범대학 사회학과·서울신문학원 졸업. 조선일보·경향신문·한
국일보 편집위원 역임. 한국가톨릭대사전 편집부장. 율리시스학회 간사. 지
은책《그리운 아내 김계숙》옮긴책 야마오카 소하치《대망》다니자키 준이
치로《싸락눈》베네딕트《국화와 칼》이사벨라 비숍《조선여행기》등이 있다.

World Book 294
紫式部
源氏物語
겐지 이야기Ⅲ
무라사키 시키부/추영현 옮김
1판 1쇄 발행/2020. 5. 1
발행인 고정일
발행처 동서문화사
창업 1956. 12. 12. 등록 16-3799
서울 중구 마른내로 144(쌍림동)
☎ 546-0331~6 Fax. 545-0331
www.dongsuhbook.com

사업자등록번호 211-87-75330
ISBN 978-89-497-1744-9 04080
ISBN 978-89-497-0382-4 (세트)